中华正史经典

史记

三

〔汉〕司马迁 撰
〔南朝宋〕裴骃 集解
〔唐〕司马贞 索隐
〔唐〕张守节 正义

中华书局

史记卷三十八

宋微子世家第八

微子开者,[1]殷帝乙之首子而帝纣之庶兄也。[2]纣既立,不明,淫乱于政,微子数谏,纣不听。及祖伊以周西伯昌之修德,灭阢国,[3]惧祸至,以告纣。纣曰:“我生不有命在天乎?是何能为!”于是微子度纣终不可谏,欲死之,及去,未能自决,乃问于太师、少师[4]曰:“殷不有治政,不治四方。[5]我祖遂陈于上,[6]纣沈湎于酒,妇人是用,乱败汤德于下。[7]殷既小大好草窃奸宄,[8]卿士师师非度,[9]皆有罪辜,乃无维获,[10]小民乃并兴,相为敌雠。[11]今殷其典丧!若涉水无津涯。[12]殷遂丧,越至于今。”[13]曰:“太师,少师,[14]我其发出往?[15]吾家保于丧?[16]今女无故告[17]予,颠跻,如之何其?”[18]太师若曰:“王子,天笃下菑亡殷国,[19]乃毋畏畏,不用老长。[20]今殷民乃陋淫神祇之祀。[21]今诚得治国,国治身死不恨。为死,终不得治,不如去。”遂亡。

①【集解】孔安国曰："微，畿内国名。子，爵也。为纣卿士。"【索隐】按：尚书微子之命篇云命微子启代殷后，今此名开者，避汉景帝讳也。

②【索隐】按：尚书亦以为殷王元子而是纣之兄。按：吕氏春秋云生微子时母犹为妾，及为妃而生纣。故微子为纣同母庶兄。

③【集解】徐广曰："阢音耆。"【索隐】阢音耆，耆即黎也。邹诞本云"𩮰音黎"。孔安国云"黎在上党东北，即今之黎亭是也"。

④【集解】孔安国曰："太师，三公，箕子也。少师，孤卿，比干也。"

⑤【集解】孔安国曰："言殷不有治政四方之事，将必亡也。"

⑥【集解】马融曰："我祖，汤也。"孔安国曰："言汤遂其功，陈力于上世也。"

⑦【集解】马融曰："下，下世也。"

⑧【集解】孔安国曰："草野盗窃，又为奸宄于外内。"

⑨【集解】马融曰："非但小人学为奸宄，卿士已下转相师效，为非法度。"

⑩【集解】郑玄曰："获，得也。群臣皆有是罪，其爵禄又无常得之者。言屡相攻夺。"

⑪【集解】孔安国曰："卿士既乱，而小民各起，共为敌雠。言不和同。"

⑫【集解】徐广曰："一作'陟水无舟航'，言危也。"骃谓典，国典也。【索隐】尚书"典"作"沦"，篆字变易，其义亦殊。徐广曰"典，国典也"。丧音息浪反。

⑬【集解】马融曰："越，于也。于是至矣，于今到矣。"

⑭【集解】马融曰："重呼告之。"

⑮【集解】郑玄曰："发，起也。纣祸败如此，我其起作出往也。"【索隐】往，尚书作"狂"，盖亦今文尚书意异耳。

⑯【集解】徐广曰："一云'于是家保'。"骃案：马融曰"卿大夫称家"。

⑰【集解】王肃曰："无意告我也，是微子求教诲也。"

⑱【集解】马融曰："跻犹坠也。恐颠坠于非义，当如之何也。"郑玄曰："其，语助也。齐鲁之间声如'姬'。记曰'何居'。"

⑲【集解】孔安国曰："微子，帝乙子，故曰'王子'。天生纣为乱，是下菑

也。”郑玄曰：“少师不答，志在必死。” 【正义】菑音灾。

⑳【集解】孔安国曰：“上不畏天菑，下不畏贤人，违戾耇老之长，不用其教。”

㉑【集解】徐广曰：“一云‘今殷民侵神牺’，又一云‘陋淫侵神祇’。”骃案：马融曰“天曰神，地曰祇’。 【索隐】陋淫，尚书作“攘窃”。刘氏云“陋淫犹轻秽也”。

箕子者，①纣亲戚也。②纣始为象箸，③箕子叹曰：“彼为象箸，必为玉桮；为桮，则必思远方珍怪之物而御之矣。舆马宫室之渐自此始，不可振也。”纣为淫泆，箕子谏，不听。人或曰：“可以去矣。”箕子曰：“为人臣谏不听而去，是彰君之恶而自说于民，吾不忍为也。”乃被发详狂而为奴。遂隐而鼓琴以自悲，故传之曰箕子操。④

①【集解】马融曰：“箕，国名也。子，爵也。”

②【索隐】箕，国；子，爵也。司马彪曰“箕子名胥馀”。马融、王肃以箕子为纣之诸父。服虔、杜预以为纣之庶兄。杜预云“梁国蒙县有箕子冢”。

③【索隐】箸音持略反。按：下云“为象箸必为玉杯”，杯箸事相近，周礼六尊有牺、象、著、壶、泰、山。著尊者，著地无足是也。刘氏音直虑反，则杯箸亦食用之物，亦并通。

④【集解】风俗通义曰：“其道闭塞忧愁而作者，命其曲曰操。操者，言遇菑遭害，困厄穷迫，虽怨恨失意，犹守礼义，不惧不慑，乐道而不改其操也。”

王子比干者，亦纣之亲戚也。见箕子谏不听而为奴，则曰：“君有过而不以死争，则百姓何辜！”乃直言谏纣。纣怒曰：“吾闻圣人之心有七窍，信有诸乎？”乃遂杀王子比干，刳视其心。

微子曰：“父子有骨肉，而臣主以义属。故父有过，子三谏不听，则随而号之；人臣三谏不听，则其义可以去矣。”于是太师、少师乃劝微子去，遂行。①

①【集解】时比干已死，而云少师者似误。

周武王伐纣克殷，微子乃持其祭器造于军门，肉袒面缚，①左牵羊，右把茅，膝行而前以告。于是武王乃释微子，复其位如故。

①【索隐】肉袒者，袒而露肉也。面缚者，缚手于背而面向前也。刘氏云“面即背也”，义亦稍迂。

武王封纣子武庚禄父以续殷祀，使管叔、蔡叔傅相之。

武王既克殷，访问箕子。

武王曰：“於乎！维天阴定下民，相和其居，①我不知其常伦所序。”②

①【集解】孔安国曰：“天不言而默定下民，助合其居，使有常生之资也。”

②【集解】孔安国曰：“言我不知天所以定民之常道理次序，问何由。”

箕子对曰：“在昔鲧陻鸿水，汩陈其五行，①帝乃震怒，不从鸿范九等，常伦所斁。②鲧则殛死，禹乃嗣兴。③天乃锡禹鸿范九等，常伦所序。④

①【集解】孔安国曰：“陻，塞；汩，乱也。治水失道，是乱陈五行。”

②【集解】徐广曰：“一作‘释’。”骃案：郑玄曰“帝，天也。天以鲧如是，乃震动其威怒，不与天道大法九类，言王所问所由败也”。

③【集解】郑玄曰：“春秋传曰‘舜之诛也殛鲧，其举也兴禹’。”

④【集解】孔安国曰：“天与禹，洛出书也。神龟负文而出，列于背，有数至于九，禹遂因而第之，以成九类。”

“初一曰五行；二曰五事；三曰八政；四曰五纪；五曰皇极；六曰

三德；七曰稽疑；八曰庶征；九曰向用五福，畏用六极。①

①【集解】马融曰："言天所以畏惧人用六极。"

"五行：一曰水，二曰火，三曰木，四曰金，五曰土。①水曰润下，火曰炎上，②木曰曲直，③金曰从革，④土曰稼穑。⑤润下作咸，⑥炎上作苦，⑦曲直作酸，⑧从革作辛，⑨稼穑作甘。⑩

①【集解】郑玄曰："此数本诸阴阳所生之次也。"

②【集解】孔安国曰："言其自然之常性也。"

③【集解】孔安国曰："木可揉使曲直也。"

④【集解】马融曰："金之性从人而更，可销铄。"

⑤【集解】王肃曰："种之曰稼，敛之曰穑。"

⑥【集解】孔安国曰："水卤所生。"

⑦【集解】孔安国曰："焦气之味。"

⑧【集解】孔安国曰："木实之性。"

⑨【集解】孔安国曰："金气之味。"

⑩【集解】孔安国曰："甘味生于百谷。五行以下，箕子所陈。"

"五事：一曰貌，二曰言，三曰视，四曰听，五曰思。貌曰恭，言曰从，①视曰明，听曰聪，思曰睿。②恭作肃，从作治，③明作智，聪作谋，④睿作圣。⑤

①【集解】马融曰："发言当使可从。"

②【集解】马融曰："睿，通也。"

③【集解】马融曰："出令而从，所以为治也。"

④【集解】孔安国曰："所谋必成审也。"马融曰："上聪则下进其谋。"

⑤【集解】孔安国曰："于事无不通，谓之圣。"

"八政：一曰食，二曰货，三曰祀，四曰司空，①五曰司徒，②六曰司寇，③七曰宾，④八曰师。⑤

①【集解】马融曰："司空，掌营城郭，主空土以居民。"

②【集解】孔安国曰："主徒众，教以礼义。"

③【集解】马融曰："主诛寇害。"

④【集解】郑玄曰："掌诸侯朝觐之官。"

⑤【集解】郑玄曰："掌军旅之官。"

"五纪：一曰岁，二曰月，三曰日，四曰星辰，①五曰历数。②

①【集解】马融曰："星，二十八宿。辰，日月之所会也。"郑玄曰："星，五星也。"

②【集解】孔安国曰："历数，节气之度。以为历数，敬授民时。"

"皇极：皇建其有极，①敛时五福，用傅锡其庶民，②维时其庶民于女极，③锡女保极。④凡厥庶民，毋有淫朋，人毋有比德，维皇作极。⑤凡厥庶民，有猷有为有守，女则念之。⑥不协于极，不离于咎，皇则受之。⑦而安而色，曰予所好德，女则锡之福。⑧时人斯其维皇之极。⑨毋侮鳏寡而畏高明。⑩人之有能有为，使羞其行，而国其昌。⑪凡厥正人，既富方穀。⑫女不能使有好于而家，时人斯其辜。⑬于其毋好，女虽锡之福，其作女用咎。⑭毋偏毋颇，遵王之义。⑮毋有作好，遵王之道。⑯毋有作恶，遵王之路。毋偏毋党，王道荡荡。⑰毋党毋偏，王道平平。⑱毋反毋侧，王道正直。⑲会其有极，⑳归其有极。㉑曰王极之傅言，㉒是夷是训，于帝其顺。㉓凡厥庶民，极之傅言，㉔是顺是行，㉕以近天子之光。㉖曰天子作民父母，以为天下王。㉗

①【集解】孔安国曰："太中之道，大立其有中，谓行九畴之义。"

②【集解】马融曰："当敛是五福之道，用布与众民。"

③【集解】马融曰："以其能敛是五福，故众民于汝取中正以归心也。"

④【集解】郑玄曰："又赐女以守中之道。"

⑤【集解】孔安国曰："民有善则无淫过朋党之恶，比周之德，惟天下皆大为中正也。"

⑥【集解】马融曰："凡其众民有谋有为，有所执守，当思念其行有所趣舍也。"

⑦【集解】孔安国曰："凡民之行虽不合于中，而不罹于咎恶，皆可进用大法受之。"

⑧【集解】孔安国曰："女当安女颜色，以谦下人。人曰我所好者德也，女则与之爵禄。"

⑨【集解】孔安国曰："不合于中之人，女与之福，则是人此其惟大之中，言可勉进也。"

⑩【集解】马融曰："高明显宠者，不枉法畏之。"

⑪【集解】王肃曰："使进其行，任之以政，则国为之昌。"

⑫【集解】孔安国曰："正直之人，既当爵禄富之，又当以善道接之。"

⑬【集解】孔安国曰："不能使正人有好于国家，则是人斯其诈取罪而去也。"

⑭【集解】郑玄曰："无好于女家之人，虽锡之以爵禄，其动作为女用恶。谓为天子结怨于民。"

⑮【集解】孔安国曰："偏，不平；颇，不正。言当循先王正义以治民。"

⑯【集解】马融曰："好，私好也。"

⑰【集解】孔安国曰："言开辟也。"郑玄曰："党，朋党。"

⑱【集解】孔安国曰："言辨治也。"

⑲【集解】马融曰："反，反道也。侧，倾侧也。"

⑳【集解】郑玄曰："谓君也当会聚有中之人以为臣也。"

㉑【集解】郑玄曰："谓臣也当就有中之君而事之。"

㉒【集解】马融曰："王者当尽极行之，使臣下布陈其言。"

㉓【集解】马融曰："是大中而常行之，用是教训天下，于天为顺也。"

㉔【集解】马融曰："亦尽极敷陈其言于上也。"

㉕【集解】王肃曰："民纳言于上而得中者，则顺而行之。"

㉖【集解】王肃曰："近犹益也。顺行民言，所以益天子之光。"

㉗【集解】王肃曰："政教务中，民善是用，所以为民父母，而为天下所归往。"

"三德：一曰正直，①二曰刚克，三曰柔克。②平康正直，③强不友刚克，④内友柔克，⑤沈渐刚克，⑥高明柔克。⑦维辟作福，维辟作威，维辟玉食。⑧臣无有作福作威玉食。臣有作福作威玉食，其害于而家，凶于而国，人用侧颇辟，民用僭忒。⑨

①【集解】郑玄曰："中平之人。"

②【集解】郑玄曰："克，能也。刚而能柔，柔而能刚，宽猛相济，以成治立功。"

③【集解】孔安国曰："世平安，用正直治之。"

④【集解】孔安国曰："友，顺也。世强御不顺，以刚能治之。"

⑤【集解】孔安国曰："世和顺，以柔能治之也。" 【索隐】内，当为"燮"。燮，和也。

⑥【集解】马融曰："沈，阴也。潜，伏也。阴伏之谋，谓贼臣乱子非一朝一夕之渐，君亲无将，将而诛。" 【索隐】尚书作"沈潜"，此作"渐"字，其义当依马注。

⑦【集解】马融曰："高明君子，亦以德怀也。"

⑧【集解】马融曰："辟，君也。玉食，美食。不言王者，关诸侯也。"郑玄曰："作福，专爵赏也。作威，专刑罚也。玉食，备珍美也。"

⑨【集解】孔安国曰："在位不端平，则下民僭差。"

"稽疑：择建立卜筮人。①乃命卜筮，曰雨，曰济，曰涕，②曰雾，③曰克，曰贞，曰悔，凡七。卜五，占之用二，衍貣。④立时人为卜筮，⑤三人占则从二人之言。⑥女则有大疑，谋及女心，谋及卿士，谋及庶人，谋及卜筮。⑦女则从，龟从，筮从，卿士从，庶民从，是之谓大同，⑧而身其康强，而子孙其逢吉。⑨女则从，龟从，筮从，卿士逆，庶民逆，吉。卿士从，龟从，筮从，女则逆，庶民逆，吉。庶民从，龟从，筮从，女则逆，卿士逆，吉。⑩女则从，龟从，筮逆，卿士逆，庶民逆，作内吉，作外凶。⑪龟筮共违于人，用静吉，用作凶。⑫

①【集解】孔安国曰："龟曰卜，蓍曰筮。考正疑事，当选择知卜筮人而建立之。"

②【集解】尚书作"圛"。【索隐】涕音亦，尚书作"圛"。孔安国云"气骆驿亦连续"。今此文作"涕"，是涕泣亦相连之状也。

③【集解】徐广曰："一曰'涣'，曰'被'。"【索隐】雾音蒙，然"蒙"与"雾"亦通。徐广所见本"涕"作"涣"，"蒙"作"被"，义通而字变。

④【集解】郑玄曰："卜五占之用，谓雨、济、圛、雾、克也。二衍貣，谓贞、悔也。将立卜筮人，乃先命名兆卦而分别之。兆卦之名凡七，龟用五，易用二。审此道者，乃立之也。雨者，兆之体，气如雨然也。济者，如雨止之云气在上者也。圛者，色泽而光明也。雾者，气不释，郁冥冥也。克者，如祲气之色相犯也。内卦曰贞，贞，正也。外卦曰悔，悔之言晦也，晦犹终也。卦象多变，故言'衍貣'也。"

⑤【集解】郑玄曰："立是能分别兆卦之名者，以为卜筮人。"

⑥【集解】郑玄曰："从其多者。蓍龟之道幽微难明，慎之深。"

⑦【集解】孔安国曰："先尽谋虑，然后卜筮以决之。"

⑧【集解】孔安国曰："大同于吉。"

⑨【集解】孔安国曰："动不违众，故后世遇吉也。"

⑩【集解】郑玄曰："此三者皆从多，故为吉。"

⑪【集解】郑玄曰："此逆者多，以故举事于境内则吉，境外则凶。"

⑫【集解】孔安国曰："安以守常则吉，动则凶。"郑玄曰："龟筮皆与人谋相违，人虽三从，犹不可以举事。"

"庶征：曰雨，曰阳，曰奥，曰寒，曰风，曰时。①五者来备，各以其序，庶草繁庑。②一极备，凶。一极亡，凶。③曰休征：④曰肃，时雨若；⑤曰治，时旸若；⑥曰知，时奥若；⑦曰谋，时寒若；⑧曰圣，时风若。⑨曰咎征：⑩曰狂，常雨若；⑪曰僭，常旸若；⑫曰舒，常奥若；⑬曰急，常寒若；⑭曰雾，常风若。⑮王眚维岁，⑯卿士维月，⑰师尹维日。⑱岁月日时毋易，⑲百谷用成，治用明，⑳畯民用章，家用平康。㉑日月岁时既易，百谷用不成，治用昏不明，畯民用微，家用不宁。庶民维星，㉒星有好风，星有好雨。㉓日月之行，有冬有夏。㉔月之从星，则以风雨。㉕

①【集解】孔安国曰："雨以润物，阳以干物，暖以长物，寒以成物，风以动物。五者各以时，所以为众验。"

②【集解】孔安国曰："言五者备至，各以次序，则众草木繁庑滋丰也。"

③【集解】孔安国曰："一者备极过甚则凶，一者极无不至亦凶，谓其不时失叙之谓也。"

④【集解】孔安国曰："叙美行之验。"

⑤【集解】孔安国曰："君行敬，则时雨顺之。"

⑥【集解】孔安国曰："君政治，则时旸顺之。"

⑦【集解】孔安国曰："君昭哲，则时暖顺之。"

⑧【集解】孔安国曰："君能谋，则时寒顺之。"

⑨【集解】孔安国曰："君能通理，则时风顺之。"

⑩【集解】孔安国曰："叙恶行之验也。"

⑪【集解】孔安国曰："君行狂妄，则常雨顺之。"

⑫【集解】孔安国曰："君行僭差，则常旸顺之。"

⑬【集解】孔安国曰："君臣逸豫，则常暖顺之。"　【索隐】舒，依字读。按：下有"曰急"也。

⑭【集解】孔安国曰："君行急，则常寒顺之。"

⑮【集解】孔安国曰："君行雾暗，则常风顺之。"

⑯【集解】马融曰："言王者所眚职，如岁兼四时也。"

⑰【集解】孔安国曰:“卿士各有所掌,如月之有别。”

⑱【集解】孔安国曰:“众正官之吏分治其职,如日之有岁月也。”

⑲【集解】孔安国曰:“各顺常。”

⑳【集解】孔安国曰:“岁月无易,则百谷成;君臣无易,则正治明。”

㉑【集解】孔安国曰:“贤臣显用,国家平宁。”

㉒【集解】孔安国曰:“星,民象,故众民惟若星也。”

㉓【集解】马融曰:“箕星好风,毕星好雨。”

㉔【集解】孔安国曰:“日月之行,冬夏各有常度。”

㉕【集解】孔安国曰:“月经于箕则多风,离于毕则多雨。政教失常,以从民欲,亦所以乱。”

“五福:一曰寿,二曰富,三曰康宁,①四曰攸好德,②五曰考终命。③六极:一曰凶短折,④二曰疾,三曰忧,四曰贫,五曰恶,⑤六曰弱。”⑥

①【集解】郑玄曰:“康宁,平安。”

②【集解】孔安国曰:“所好者德,福之道。”

③【集解】孔安国曰:“各成其短长之命以自终,不横夭。”

④【集解】郑玄曰:“未龀曰凶,未冠曰短,未婚曰折。” 【索隐】未龀,未毁齿也。音楚忲反。

⑤【集解】孔安国曰:“恶,丑陋也。”

⑥【集解】郑玄曰:“愚懦不壮毅曰弱。”

于是武王乃封箕子于朝鲜①而不臣也。

①【索隐】潮仙二音。地因水为名也。

其后箕子朝周,过故殷虚,感宫室毁坏,生禾黍,箕子伤之,欲哭则不可,欲泣为其近妇人,①乃作麦秀之诗以歌咏之。其诗曰:“麦秀渐渐兮,禾黍油油。②彼狡僮兮,不与我好兮!”所谓狡童者,纣也。殷民闻之，皆为流涕。③

①【索隐】妇人之性多涕泣。

②【索隐】渐渐，麦芒之状，音子廉反，又依字读。油油者，禾黍之苗光悦貌。

③【集解】杜预曰："梁国蒙县有箕子冢。"

武王崩，成王少，周公旦代行政当国。管、蔡疑之，乃与武庚作乱，欲袭成王、周公。①周公既承成王命诛武庚，杀管叔，放蔡叔，乃命微子开代殷后，奉其先祀，作微子之命以申之，国于宋。②微子故能仁贤，乃代武庚，故殷之馀民甚戴爱之。

①【集解】徐广曰："一云'欲袭成周'。"

②【集解】世本曰："宋更曰睢阳。"

微子开卒，立其弟衍，是为微仲。①微仲卒，子宋公稽立。②宋公稽卒，子丁公申立。丁公申卒，子湣公共立。湣公共卒，弟炀公熙立。炀公即位，湣公子鲋祀弑炀公而自立，③曰"我当立"，是为厉公。厉公卒，子釐公举立。

①【集解】礼记曰："微子舍其孙腯而立衍也。"郑玄曰："微子適子死，立其弟衍，殷礼也。"【索隐】按：家语微子弟仲思名衍，一名泄，嗣微子为宋公。虽迁爵易位，而班级不过其故，故以旧官为称。故二微虽为宋公，犹称微，至于稽乃称宋公也。

②【索隐】谯周云："未谥，故名之。"

③【集解】徐广曰："鲋，一作'鲂'。"【索隐】徐云一本作"鲂"，谯周亦作"鲂祀"，据左氏，即湣公庶子也。弑炀公，欲立太子弗父何，何让不受。

釐公十七年，周厉王出奔彘。

二十八年，釐公卒，子惠公覸立。①惠公四年，周宣王即位。三十年，惠公卒，子哀公立。哀公元年卒，子戴公立。

①【集解】吕忱曰："覸音古苋反。"

戴公二十九年，周幽王为犬戎所杀，秦始列为诸侯。

三十四年，戴公卒，子武公司空立。武公生女为鲁惠公夫人，生鲁桓公。十八年，武公卒，子宣公力立。

宣公有太子与夷。十九年，宣公病，让其弟和，曰："父死子继，兄死弟及，天下通义也。我其立和。"和亦三让而受之。宣公卒，弟和立，是为穆公。

穆公九年，病，召大司马孔父谓曰："先君宣公舍太子与夷而立我，我不敢忘。我死，必立与夷也。"孔父曰："群臣皆愿立公子冯。"穆公曰："毋立冯，吾不可以负宣公。"于是穆公使冯出居于郑。八月庚辰，穆公卒，兄宣公子与夷立，是为殇公。君子闻之，曰："宋宣公可谓知人矣，立其弟以成义，然卒其子复享之。"

殇公元年，卫公子州吁弑其君完自立，欲得诸侯，使告于宋曰："冯在郑，必为乱，可与我伐之。"宋许之，与伐郑，至东门而还。二年，郑伐宋，以报东门之役。其后诸侯数来侵伐。

九年，大司马孔父嘉妻好，出，道遇太宰华督，①督说，目而观之。②督利孔父妻，乃使人宣言国中曰："殇公即位十年耳，而十一战，③民苦不堪，皆孔父为之，我且杀孔父以宁民。"是岁，鲁弑其君隐公。十年，华督攻杀孔父，取其妻。殇公怒，遂弑殇公，而迎穆公子冯于郑而立之，是为庄公。

①【集解】服虔曰："戴公之孙。"

②【集解】服虔曰："目者，极视精不转也。"

③【集解】贾逵曰："一战，伐郑，围其东门；二战，取其禾；三战，取邾田；四战，邾郑伐宋，入其郛；五战，伐郑，围长葛；六战，郑以王命伐宋；七战，鲁败宋师于菅；八战，宋、卫入郑；九战，伐戴；十战，郑入宋；十一战，郑伯以虢师大败宋。"

庄公元年，华督为相。九年，执郑之祭仲，要以立突为郑君。祭仲许，竟立突。十九年，庄公卒，子湣公捷立。

湣公七年，齐桓公即位。九年，宋水，鲁使臧文仲往吊水。[①]湣公自罪曰："寡人以不能事鬼神，政不修，故水。"臧文仲善此言。此言乃公子子鱼教湣公也。

①【集解】贾逵曰："问凶曰吊。"

十年夏，宋伐鲁，战于乘丘，[①]鲁生虏宋南宫万。[②]宋人请万，万归宋。十一年秋，湣公与南宫万猎，因博争行，湣公怒，辱之，曰："始吾敬若；今若，鲁虏也。"万有力，病此言，遂以局杀湣公于蒙泽。[③]大夫仇牧闻之，以兵造公门。万搏牧，牧齿著门阖死。[④]因杀太宰华督，乃更立公子游为君。诸公子奔萧，公子御说奔亳。[⑤]万弟南宫牛将兵围亳。冬，萧及宋之诸公子共击杀南宫牛，弑宋新君游而立湣公弟御说，是为桓公。宋万奔陈。宋人请以赂陈。陈人使妇人饮之醇酒，[⑥]以革裹之，归宋。[⑦]宋人醢万也。[⑧]

①【集解】徐广曰："乘，一作'媵'。"骃案：杜预曰"乘丘，鲁地。"

②【集解】贾逵曰："南宫，氏；万，名。宋卿。"

③【集解】贾逵曰："蒙泽，宋泽名也。"杜预曰："宋地，梁国有蒙县。"

④【集解】何休曰："阖，门扇。"

⑤【集解】服虔曰："萧，亳，宋邑也。"杜预曰："今沛国有萧县，蒙县西北有亳城也。"

⑥【集解】服虔曰："宋万多力，勇不可执，故先使妇人诱而饮之酒，醉而缚之。"

⑦【集解】左传曰："以犀革裹之。"

⑧【集解】服虔曰："醢，肉酱。"

桓公二年，诸侯伐宋，至郊而去。三年，齐桓公始霸。二十三年，迎卫公子燬于齐，立之，是为卫文公。文公女弟为桓公夫人。秦穆公即位。三十年，桓公病，太子兹甫让其庶兄目夷为嗣。桓公义太子意，竟不听。三十一年春，桓公卒，太子兹甫立，是为襄公。以其庶兄目夷为相。未葬，而齐桓公会诸侯于葵丘，襄公往会。

襄公七年，宋地霣星如雨，与雨偕下；①六鹢退蜚，②风疾也。③

①【集解】左传曰："陨石于宋五，陨星也。" 【索隐】按：僖十六年左传"霣石于宋五，霣星也。六鹢退飞，过宋都"。是当宋襄公之时。访内史叔兴曰"吉凶焉在"？对曰"君将得诸侯而不终"也。然庄七年传又云"恒星不见，夜中星霣如雨，与雨偕也"。且与雨偕下，自在别年，不与霣石退鹢之事同。此史以霣石为霣星，遂连恒星不见之时与雨偕为文，故与左传小不同也。

②【集解】公羊传曰："视之则六，察之则鹢，徐察之则退飞。"

③【集解】贾逵曰："风起于远，至宋都高而疾，故鹢逢风却退。"

八年，齐桓公卒，宋欲为盟会。十二年春，宋襄公为鹿上之盟，①以求诸侯于楚，楚人许之。公子目夷谏曰："小国争盟，祸也。"不听。秋，诸侯会宋公盟于盂。②目夷曰："祸其在此乎？君欲已甚，何以堪之！"于是楚执宋襄公以伐宋。冬，会于亳，以释宋公。子鱼曰："祸犹未也。"十三年夏，宋伐郑。子鱼曰："祸在此矣。"秋，楚伐宋以救郑。襄公将战，子鱼谏曰："天之弃商久矣，不可。"冬，十一月，襄公与楚成王战于泓。③楚人未济，目夷曰："彼众我寡，及其未济击之。”公不听。已济未陳，又曰：“可击。”公曰：“待其已陳。”陳成，宋人击之。宋师大败，襄公伤股。国人皆怨公。公曰：“君子不困人于厄，不鼓不成列。”④子鱼曰：“兵以胜为功，何常言与！⑤必如公言，即奴事之耳，又何战为？”

①【集解】杜预曰：“鹿上，宋地。汝阴有原鹿县。” 【索隐】按：汝阴原鹿其地在楚，僖二十一年“宋人、楚人、齐人盟于鹿上”是也。然襄公始求诸侯于楚，楚才许之，计未合至女阴鹿上。今济阴乘氏县北有鹿城，盖此地也。

②【集解】杜预曰：“盂，宋地。”

③【集解】穀梁传曰：“战于泓水之上。”

④【集解】何休曰：“军法，以鼓战，以金止，不鼓不战也。不成列，未成陳。”

⑤【集解】徐广曰：“一云‘尚何言与’。”

楚成王已救郑，郑享之；去而取郑二姬以归。①叔瞻曰：“成王无礼，②其不没乎？为礼卒于无别，有以知其不遂霸也。”

①【索隐】谓郑夫人芈氏、姜氏之女。既是郑女，故云“二姬”。

②【正义】谓取郑二姬也。

是年，晋公子重耳过宋，襄公以伤于楚，欲得晋援，厚礼重耳以马二十乘。①

①【集解】服虔曰：“八十匹。”

十四年夏，襄公病伤于泓而竟卒，①子成公王臣立。

①【索隐】按：春秋战于泓在僖二十三年，重耳过宋及襄公卒在二十四年。今此文以重耳过与伤泓共岁，故云“是年”。又重耳过与宋襄公卒共是一岁，则不合更云“十四年”。是进退俱不合于左氏，盖太史公之疏耳。

成公元年，晋文公即位。三年，倍楚盟亲晋，以有德于文公也。四年，楚成王伐宋，宋告急于晋。五年，晋文公救宋，楚兵去。九年，晋文公卒。十一年，楚太子商臣弑其父成王代立。十六年，秦穆公卒。

十七年，成公卒。①成公弟御杀太子及大司马公孙固②而自立为君。宋人共杀君御而立成公少子杵臼，③是为昭公。

①【正义】年表云公孙固杀成公。

②【正义】世本云："宋庄公孙名固，为大司马。"

③【正义】年表云宋昭元年。杵臼，襄公之子。徐广曰："一云成公少子。"

昭公四年，宋败长翟缘斯于长丘。①七年，楚庄王即位。

①【集解】鲁世家云宋武公之世，获缘斯于长丘。今云此时，未详。

【索隐】徐广曰"鲁系家云宋武公之代，获缘斯于长丘，今云此时未详"者，春秋文公十一年，鲁败翟于咸，获长狄缘斯于长丘，齐系家惠公二年，长翟来，王子城父攻杀之，此并取左传之说，载于诸国系家，今考其年岁亦颇相协。而鲁系家云武公，此云昭公，盖此"昭"当为"武"，然前代虽已有武公，此杵臼当亦谥武也。若将不然，岂下五系公子特为君，又合谥昭乎？

九年，昭公无道，国人不附。昭公弟鲍革①贤而下士。先，襄公夫人欲通于公子鲍，不可，②乃助之施于国，③因大夫华元为右师。④昭公出猎，夫人王姬使卫伯攻杀昭公杵臼。弟鲍革立，是为文公。

①【集解】徐广曰："一无'革'字。"

②【集解】服虔曰："襄公夫人，周襄王之姊王姬也。不可，鲍不肯也。"

③【正义】施，贰是反。襄夫人助公子鲍布施恩惠于国人也。

④【正义】公子鲍因华元请，得为右师。华元，戴公五代孙，华督之曾

孙也。

文公元年，晋率诸侯伐宋，责以弑君。闻文公定立，乃去。二年，昭公子因文公母弟须与武、缪、戴、庄、桓之族为乱，文公尽诛之，出武、缪之族。①

①【集解】贾逵曰："出，逐也。"

四年春，(郑)〔楚〕命(楚)〔郑〕伐宋。宋使华元将，郑败宋，囚华元。华元之将战，杀羊以食士，其御羊羹不及，①故怨，驰入郑军，故宋师败，得囚华元。宋以兵车百乘文马四百匹②赎华元。未尽入，华元亡归宋。

①【集解】左传曰御羊斟也。

②【集解】贾逵曰："文，貍文也。"王肃曰："文马，画马也。" 【正义】按：文马者，装饰其马。四百匹，用牵车百乘，遗郑赎华元也。又云文马赤鬣缟身，目如黄金。

十四年，楚庄王围郑。郑伯降楚，楚复释之。

十六年，楚使过宋，宋有前仇，执楚使。九月，楚庄王围宋。十七年，楚以围宋五月不解，宋城中急，无食，华元乃夜私见楚将子反。子反告庄王。王问："城中何如？"曰："析骨而炊，①易子而食。"庄王曰："诚哉言！我军亦有二日粮。"以信故，遂罢兵去。

①【集解】何休曰："析破人骨也。"

二十二年，文公卒，子共公瑕立。始厚葬。君子讥华元不臣矣。

共公(元)〔十〕年，华元善楚将子重，又善晋将栾书，两盟晋楚。十三年，共公卒。华元为右师，鱼石为左师。司马唐山攻杀太子肥，欲杀华元，华元奔晋，鱼石止之，至河乃还，①诛唐山。乃立共公少子成，是为平公。②

①【集解】皇览曰："华元冢在陈留小黄县城北。"

②【集解】左传曰鱼石奔楚。

平公三年，楚共王拔宋之彭城，以封宋左师鱼石。四年，诸侯共诛鱼石，而归彭城于宋。三十五年，楚公子围弑其君自立，为灵王。四十四年，平公卒，子元公佐立。

元公三年，楚公子弃疾弑灵王，自立为平王。八年，宋火。十年，元公毋信，诈杀诸公子，大夫华、向氏作乱。楚平王太子建来奔，见诸华氏相攻乱，建去如郑。十五年，元公为鲁昭公避季氏居外，为之求入鲁，行道卒，子景公头曼[①]立。

①【索隐】音万。

景公十六年，鲁阳虎来奔，已复去。二十五年，孔子过宋，宋司马桓魋恶之，欲杀孔子，孔子微服去。三十年，曹倍宋，又倍晋，宋伐曹，晋不救，遂灭曹有之。[①]三十六年，齐田常弑简公。

①【正义】宋景公灭曹在鲁哀公八年，周敬王三十三年也。

三十七年，楚惠王灭陈。荧惑守心。心，宋之分野也。景公忧之。司星子韦曰："可移于相。"景公曰："相，吾之股肱。"曰："可移于民。"景公曰："君者待民。"曰："可移于岁。"景公曰："岁饥民困，吾谁为君！"子韦曰："天高听卑。君有君人之言三，荧惑宜有动。"于是候之，果徙三度。

六十四年，景公卒。宋公子特[①]攻杀太子而自立，是为昭公。[②]昭公者，元公之曾庶孙也。昭公父公孙纠，纠父公子褍秦，[③]褍秦即元公少子也。景公杀昭公父纠，[④]故昭公怨杀太子而自立。

①【索隐】昭公也。左传作"德"。

②【索隐】按左传，景公无子，取元公庶曾孙公孙周之子德及启畜于公宫。及景公卒，先立启，后立德，是为昭公。与此全乖，未知太史公据何而为此说。

③【集解】徐广曰："褍音端。"

④【索隐】左传名周。

昭公四十七年卒，子悼公购由立。①悼公八年卒，②子休公田立。休公田二十三年卒，子辟公辟兵立。③辟公三年卒，子剔成立。④剔成四十一年，剔成弟偃攻袭剔成，剔成败奔齐，偃自立为宋君。

①【集解】年表云四十九年。【索隐】购音古候反。

②【索隐】按纪年为十八年。

③【集解】徐广曰："一云'辟公兵'。"【索隐】按：纪年作"桓侯璧兵"，则璧兵谥桓也。又庄子云"桓侯行，未出城门，其前驱呼辟，蒙人止之，后为狂也"。司马彪云"呼辟，使人避道。蒙人以桓侯名辟，而前驱呼'辟'，故为狂也"。

④【集解】年表云剔成君也。【索隐】王劭按：纪年云宋易城肝废其君辟而自立也。

君偃十一年，自立为王。①东败齐，取五城；南败楚，取地三百里；西败魏军，乃与齐、魏为敌国。盛血以韦囊，县而射之，命曰"射天"。淫于酒、妇人。群臣谏者辄射之。于是诸侯皆曰"桀宋"。②"宋其复为纣所为，不可不诛"。告齐伐宋。王偃立四十七年，齐湣王与魏、楚伐宋，杀王偃，遂灭宋而三分其地。③

①【索隐】战国策、吕氏春秋皆以偃谥曰康王也。

②【索隐】晋太康地记言其似桀也。

③【集解】年表云偃立四十三年。

太史公曰：孔子称"微子去之，箕子为之奴，比干谏而死，殷有三仁焉。①春秋讥宋之乱自宣公废太子而立弟，②国以不宁者十世。③襄公之时，修行仁义，欲为盟主。其大夫正考父美之，故追道契、汤、高宗，殷所以兴，作商颂。④襄公既败于泓，而君子或以为多，⑤伤中国阙礼义，褒之也，⑥宋襄之有礼让也。

①【集解】何晏曰："仁者爱人。三人行异而同称仁者，何也？以其俱在忧乱宁民也。"夏侯玄曰："微子，仁之穷也；箕子、比干，智之穷也。故或尽材而止，或尽心而留，皆其极也。致极，斯君子之事矣。是以三仁不同，而其归一揆也。"

②【集解】公羊传曰："君子大居正。宋之祸宣公为之也。"

③【索隐】按：春秋公羊有此说，左氏则无讥焉。

④【集解】韩诗商颂章句亦美襄公。　【索隐】按：裴骃引韩诗商颂章句亦美襄公，非也。今按：毛诗商颂序云正考父于周之太师"得商颂十二篇，以那为首"。国语亦同此说。今五篇存，皆是商家祭祀乐章，非考父追作也。又考父佐戴、武、宣，则在襄公前且百许岁，安得述而美之？斯谬说耳。

⑤【集解】公羊传曰："君子大其不鼓不成列，临大事而不忘大礼，有君而无臣，以为虽文王之战亦不过此也。"

⑥【索隐】襄公临大事不忘大礼，而君子或以为多，且伤中国之乱，阙礼义之举，遂不嘉宋襄之盛德，故太史公褒而述之，故云褒之也。

【索隐述赞】殷有三仁，微、箕纣亲。一囚一去，不顾其身。颂美有客，书称作宾。卒传冢嗣，或叙彝伦。微仲之后，世载忠勤。穆亦能让，实为知人。伤泓之役，有君无臣。偃号"桀宋"，天之弃殷。

史记卷三十九

晋世家第九

晋唐叔虞者,①周武王子而成王弟。初,武王与叔虞母会时,②梦天谓武王曰:"余命女生子,名虞,余与之唐。"及生子,文在其手曰"虞",故遂因命之曰虞。

①【索隐】按:太叔以梦及手文而名曰虞,至成王诛唐之后,因戏削桐而封之。叔,字也,故曰唐叔虞。而唐有晋水,至子燮改其国号曰晋侯。然晋初对于唐,故称晋唐叔虞也。且唐本尧后,封在夏墟,而都于鄂。鄂,今在大夏是也。及成王灭唐之后,乃分徙之于许、郢之间,故春秋有唐成公是也,即今之唐州也。

②【集解】左传曰:"邑姜方娠太叔。"服虔曰:"邑姜,武王后,齐太公女也。"

武王崩,成王立,唐有乱,①周公诛灭唐。成王与叔虞戏,削桐叶为珪以与叔虞,曰:"以此封若。"史佚因请择日立叔虞。成王曰:"吾与之戏耳。"史佚曰:"天子无戏言。言则史书之,礼成之,乐歌之。”于是遂封叔虞于唐。唐在河、汾之东，方百里，故曰唐叔虞。②姓姬氏，字子于。

①【正义】括地志云：“故唐城在绛州翼城县西二十里，即尧裔子所封。春秋云夏孔甲时，有尧苗裔刘累者，以豢龙事孔甲，夏后嘉之，赐氏御龙，以更豕韦之后。龙一雌死，潜醢之以食夏后；既而使求之，惧而迁于鲁县。夏后(召孟)〔盖〕别封刘累之孙于大夏之墟为侯。至周成王时，唐人作乱，成王灭之，而封大叔，更迁唐人子孙于杜，谓之杜伯，即范匄所云‘在周为唐杜氏’。按：鲁县汝州鲁山县是。今随州枣阳县东南一百五十里上唐乡故城即〔是〕。后子孙徙于唐。”

②【集解】世本曰：“居鄂。”宋忠曰：“鄂地今在大夏。”【正义】括地志云：“故鄂城在慈州昌宁县东二里。”按：与绛州夏县相近。禹都安邑，故城在县东北十五里，故云“在大夏”也。然封于河、汾二水之东，方百里，正合在晋州平阳县，不合在鄂，未详也。

唐叔子燮，是为晋侯。①晋侯子宁族，②是为武侯。武侯之子服人，是为成侯。成侯子福，③是为厉侯。厉侯之子宜臼，是为靖侯。靖侯已来，年纪可推。自唐叔至靖侯五世，无其年数。

①【正义】燮，先牒反。括地志云：“故唐城在并州晋阳县北二里。城记云尧筑也。〔徐才〕宗国都城记云‘唐叔虞之子燮父徙居晋水傍。今并理故唐城。唐者，即燮父所徙之处，其城南半入州城，中削为坊，城墙北半见在’。毛诗谱云‘叔虞子燮父以尧墟南有晋水，改曰晋侯’。”

②【索隐】系本作“曼期”，谯周作“曼旗”也。

③【索隐】系本作“辐”字。

靖侯十七年，周厉王迷惑暴虐，国人作乱，厉王出奔于彘，大臣行政，故曰“共和”。①

①【正义】厉王奔彘，周、召和其百姓行政，号曰“共和”。

十八年，靖侯卒，子釐侯司徒立。釐侯十四年，周宣王初立。十八年，釐侯卒，子献侯籍①立。献侯十一年卒，子穆侯费王②立。

①【索隐】系本及谯周皆作"苏"。

②【索隐】邹诞本作"弗生"，或作"濆王"，并音秘。

穆侯四年，取齐女姜氏为夫人。七年，伐条。生太子仇。①十年，伐千亩，有功。②生少子，名曰成师。③晋人师服曰：④"异哉，君之命子也！太子曰仇，仇者雠也。少子曰成师，成师大号，成之者也。名，自命也；物，自定也。今適庶名反逆，此后晋其能毋乱乎？"

①【集解】杜预曰："条，晋地。"

②【集解】杜预曰："西河介休县南有地名千亩。"

③【集解】杜预曰："意取能成其众也。"

④【集解】贾逵曰："晋大夫。"

二十七年，穆侯卒，弟殇叔自立，太子仇出奔。殇叔三年，周宣王崩。四年，穆侯太子仇率其徒袭殇叔而立，是为文侯。

文侯十年，周幽王无道，犬戎杀幽王，周东徙。而秦襄公始列为诸侯。

三十五年，文侯仇卒，子昭侯伯立。

昭侯元年，封文侯弟成师于曲沃。①曲沃邑大于翼。翼，晋君都邑也。②成师封曲沃，号为桓叔。靖侯庶孙栾宾③相桓叔。桓叔是时年五十八矣，好德，晋国之众皆附焉。君子曰："晋之乱其在曲沃矣。末大于本而得民心，不乱何待！"

①【索隐】河东之县名，汉武帝改曰闻喜也。

②【索隐】翼本晋都也，自孝侯已下一号翼侯，平阳绛邑县东翼城是也。

③【正义】世本云栾叔宾父也。

七年，晋大臣潘父弑其君昭侯而迎曲沃桓叔。桓叔欲入晋，晋人发兵攻桓叔。桓叔败，还归曲沃。晋人共立昭侯子平为君，是为孝侯。诛潘父。

孝侯八年，曲沃桓叔卒，子鱓[①]代桓叔，是为曲沃庄伯。孝侯十五年，曲沃庄伯弑其君晋孝侯于翼。晋人攻曲沃庄伯，庄伯复入曲沃。晋人复立孝侯子郄[②]为君，是为鄂侯。

①【索隐】音时战反。又音善，又音陁。

②【索隐】系本作"郄"，而他本亦有作"都"。 【正义】音丘戟反。

鄂侯二年，鲁隐公初立。

鄂侯六年卒。曲沃庄伯闻晋鄂侯卒，乃兴兵伐晋。周平王使虢公将兵伐曲沃庄伯，庄伯走保曲沃。晋人共立鄂侯子光，是为哀侯。

哀侯二年，曲沃庄伯卒，子称代庄伯立，[①]是为曲沃武公。哀侯六年，鲁弑其君隐公。哀侯八年，晋侵陉廷。[②]陉廷与曲沃武公谋，九年，伐晋于汾旁，[③]虏哀侯。晋人乃立哀侯子小子为君，是为小子侯。[④]

①【正义】称，尺证反。

②【集解】贾逵曰："翼南鄙邑名。"

③【正义】白郎反。汾水之旁。

④【集解】礼记曰："天子未除丧曰余小子，生名之，死亦名之。"郑玄曰："晋有小子侯，是取之天子也。"

小子元年，曲沃武公使韩万杀所虏晋哀侯。[①]曲沃益强，晋无如之何。

①【集解】贾逵曰："韩万，曲沃桓叔之子，庄伯弟。"

晋小子之四年，曲沃武公诱召晋小子杀之。周桓王使虢仲[①]

伐曲沃武公，武公入于曲沃，乃立晋哀侯弟缗为晋侯。

①【正义】马融云："周武王克商，封文王异母弟虢仲于夏阳。"

晋侯缗四年，宋执郑祭仲而立突为郑君。晋侯十九年，齐人管至父弑其君襄公。

晋侯二十八年，齐桓公始霸。曲沃武公伐晋侯缗，灭之，尽以其宝器赂献于周釐王。釐王命曲沃武公为晋君，列为诸侯，于是尽并晋地而有之。

曲沃武公已即位三十七年矣，更号曰晋武公。晋武公始都晋国，前即位曲沃，通年三十八年。

武公称者，先晋穆侯曾孙也，①曲沃桓叔孙也。桓叔者，始封曲沃。武公，庄伯子也。自桓叔初封曲沃以至武公灭晋也，凡六十七岁，而卒代晋为诸侯。武公代晋二岁，卒。与曲沃通年，即位凡三十九年而卒。子献公诡诸立。

①【索隐】晋有两穆侯，言先，以别后也。

献公元年，周惠王弟穨攻惠王，惠王出奔，居郑之栎邑。①

①【索隐】栎，郑邑，今河南阳翟是也。故郑之十邑有栎有华也。

五年，伐骊戎，得骊姬、①骊姬弟，俱爱幸之。

①【集解】韦昭曰："西戎之别在骊山也。"

八年，士蒍说公①曰："故晋之群公子多，不诛，乱且起。"乃使尽杀诸公子，而城聚都之，②命曰绛，始都绛。③九年，晋群公子既亡奔虢，虢以其故再伐晋，弗克。十年，晋欲伐虢，士蒍曰："且待其乱。"

①【集解】贾逵曰："士蒍，晋大夫。"

②【集解】贾逵曰："聚，晋邑。"

③【索隐】春秋庄二十六年传"士蔿城绛"是也。杜预曰"今平阳绛邑县"。应劭曰"绛水出西南"也。

十二年,骊姬生奚齐。献公有意废太子,乃曰:"曲沃吾先祖宗庙所在,而蒲边秦,屈边翟,①不使诸子居之,我惧焉。"于是使太子申生居曲沃,公子重耳居蒲,公子夷吾居屈。献公与骊姬子奚齐居绛。晋国以此知太子不立也。太子申生,其母齐桓公女也,曰齐姜,早死。申生同母女弟为秦穆公夫人。重耳母,翟之狐氏女也。夷吾母,重耳母女弟也。献公子八人,而太子申生、重耳、夷吾皆有贤行。及得骊姬,乃远此三子。

①【集解】韦昭曰:"蒲,今蒲阪;屈,北屈:皆在河东。"杜预曰:"蒲,今平阳蒲子县是也。"

十六年,晋献公作二军。①公将上军,太子申生将下军,赵夙御戎,毕万为右,伐灭霍,灭魏,灭耿。②还,为太子城曲沃,赐赵夙耿,赐毕万魏,以为大夫。士蔿曰:"太子不得立矣。分之都城,③而位以卿,④先为之极,⑤又安得立!不如逃之,无使罪至。为吴太伯,不亦可乎,⑥犹有令名。"⑦太子不从。卜偃曰:"毕万之后必大。⑧万,盈数也;魏,大名也。⑨以是始赏,天开之矣。⑩天子曰兆民,诸侯曰万民,今命之大,以从盈数,其必有众。"⑪初,毕万卜仕于晋国,遇屯之比。⑫辛廖占之曰:"吉。⑬屯固比入,吉孰大焉。⑭其后必蕃昌。"

①【集解】左传曰王使虢公命曲沃伯以一军,为晋侯。今始为二军。

②【集解】服虔曰:"三国皆姬姓,魏在晋之蒲阪河东也。"杜预曰:"平阳皮氏县东南有耿乡,永安县东北有霍太山也。" 【索隐】按:永安县西南汾水西有霍城,古霍国;有霍水,出霍太山。地理志河东河北县,古魏国。地记亦以为然。服虔云在蒲阪,非也。地记又曰皮氏县汾水

南耿城，是故耿国也。

③【集解】服虔曰："邑有先君之主曰都。"

④【集解】贾逵曰："谓将下军也。"

⑤【集解】服虔曰："言其禄位极尽于此也。"

⑥【集解】王肃曰："太伯知天命在王季，奔吴不反。"

⑦【集解】王肃曰："虽去犹可有令名，何与其坐而及祸也。"

⑧【集解】贾逵曰："卜偃，晋掌卜大夫郭偃。"

⑨【集解】服虔曰："数从一至万为满。魏喻巍，巍，高大也。"

⑩【集解】服虔曰："以魏赏毕万，是为天开其福。"

⑪【集解】杜预曰："以魏从万，有众多之象。"

⑫【集解】贾逵曰："震下坎上屯，坤下坎上比。屯初九变之比。"

⑬【集解】贾逵曰："辛廖，晋大夫。"

⑭【集解】杜预曰："屯，险难也，所以为坚固。比，亲密，所以得入。"

十七年，晋侯使太子申生伐东山。①里克谏献公曰：②"太子奉冢祀社稷之粢盛，以朝夕视君膳者也，③故曰冢子。君行则守，有守则从，④从曰抚军，⑤守曰监国，古之制也。夫率师，专行谋也；⑥誓军旅，⑦君与国政之所图也：⑧非太子之事也。师在制命而已，⑨禀命则不威，专命则不孝，故君之嗣適不可以帅师。君失其官，⑩率师不威，将安用之？"⑪公曰："寡人有子，未知其太子谁立。"里克不对而退，见太子。太子曰："吾其废乎？"里克曰："太子勉之！教以军旅，⑫不共是惧，何故废乎？且子惧不孝，毋惧不得立。⑬修己而不责人，则免于难。"太子帅师，公衣之偏衣，⑭佩之金玦。⑮里克谢病，不从太子。太子遂伐东山。

①【集解】贾逵曰："东山，赤狄别种。"

②【集解】贾逵曰："里克，晋卿里季也。"

③【集解】服虔曰:“厨膳饮食。”

④【集解】服虔曰:“有代太子守则从之。”

⑤【集解】服虔曰:“助君抚循军士。”

⑥【集解】杜预曰:“率师者必专谋军事。”

⑦【集解】杜预曰:“宣号令。”

⑧【集解】贾逵曰:“国政,正卿也。”

⑨【集解】杜预曰:“命,将军所制。”

⑩【集解】杜预曰:“太子统师,是失其官也。”

⑪【集解】杜预曰:“专命则不孝,是为师必不威也。”

⑫【集解】贾逵曰:“将下军。”

⑬【集解】服虔曰:“不得立己也。”

⑭【集解】服虔曰:“偏裻之衣,偏异色,驳不纯,裻在中,左右异,故曰偏衣。”杜预曰:“偏衣左右异色,其半似公服。”韦昭曰:“偏,半也。分身之半以授太子。” 【正义】上“衣”去声,下“衣”如字。

⑮【集解】服虔曰:“以金为玦也。”韦昭曰:“金玦,兵要也。” 【正义】玦音决。

十九年,献公曰:“始吾先君庄伯、武公之诛晋乱,而虢常助晋伐我,[①]又匿晋亡公子,果为乱。弗诛,后遗子孙忧。”乃使荀息以屈产之乘[②]假道于虞。虞假道,遂伐虢,[③]取其下阳以归。[④]

①【正义】言虢助晋伐曲沃也。

②【集解】何休曰:“屈产,出名马之地。乘,备驷也。”

③【集解】贾逵曰:“虞在晋南,虢在虞南。”

④【集解】服虔曰:“下阳,虢邑也,在大阳东北三十里。穀梁传曰下阳,虞、虢之塞邑。”

献公私谓骊姬曰:“吾欲废太子,以奚齐代之。”骊姬泣曰:“太子之立,诸侯皆已知之,而数将兵,百姓附之,奈何以贱妾之故废適立庶？君必行之，妾自杀也。”骊姬详誉太子，而阴令人谮恶太子，而欲立其子。

二十一年，骊姬谓太子曰：“君梦见齐姜，太子速祭曲沃，①归厘于君。”太子于是祭其母齐姜于曲沃，上其荐胙于献公。献公时出猎，置胙于宫中。骊姬使人置毒药胙中。居二日，②献公从猎来还，宰人上胙献公，献公欲飨之。骊姬从旁止之，曰：“胙所从来远，宜试之。”祭地，地坟；③与犬，犬死；与小臣，小臣死。④骊姬泣曰：“太子何忍也！其父而欲弑代之，况他人乎？且君老矣，旦暮之人，曾不能待而欲弑之！”谓献公曰：“太子所以然者，不过以妾及奚齐之故。妾愿子母辟之他国，若早自杀，毋徒使母子为太子所鱼肉也。始君欲废之，妾犹恨之；至于今，妾殊自失于此。”⑤太子闻之，奔新城。⑥献公怒，乃诛其傅杜原款。或谓太子曰：“为此药者乃骊姬也，太子何不自辞明之？”太子曰：“吾君老矣，非骊姬，寝不安，食不甘。即辞之，君且怒之。不可。”或谓太子曰：“可奔他国。”太子曰：“被此恶名以出，人谁内我？我自杀耳。”十二月戊申，申生自杀于新城。⑦

①【集解】服虔曰：“齐姜庙所在。”

②【索隐】左传云“六日”，不同。

③【集解】韦昭曰：“将饮先祭，示有先也。坟，起也。”

④【集解】韦昭曰：“小臣，官名，掌阴事，今阉士也。”

⑤【索隐】太子之行如此，妾前见君欲废而恨之，今乃自以恨为失也。

⑥【集解】韦昭曰：“新城，曲沃也，新为太子城。”

⑦【索隐】国语云：“申生乃雉经于新城庙。”韦昭云：“曲沃也，新为太子城，故曰新城。”

此时重耳、夷吾来朝。人或告骊姬曰：“二公子怨骊姬谮杀太子。”骊姬恐，因谮二公子：“申生之药胙，二公子知之。”二子闻之，恐，重耳走蒲，夷吾走屈，保其城，自备守。初，献公使士芀为[①]二公子筑蒲、屈城，弗就。夷吾以告公，公怒士芀。士芀谢曰：“边城少寇，安用之？”退而歌曰：“狐裘蒙茸，一国三公，吾谁适从！”[②]卒就城。及申生死，二子亦归保其城。

①【正义】芀，为诡反。为，於伪反。

②【集解】服虔曰：“蒙茸以言乱貌。三公言君与二公子。将敌，故不知所从。”

二十二年，献公怒二子不辞而去，果有谋矣，乃使兵伐蒲。蒲人之宦者勃鞮[①]命重耳促自杀。重耳逾垣，宦者追斩其衣祛。[②]重耳遂奔翟。使人伐屈，屈城守，不可下。

①【正义】勃，白没反。鞮，都提反。韦昭云：“伯楚，寺人披之字也，于文公时为勃鞮也。”

②【集解】服虔曰：“祛，袂也。”

是岁也，晋复假道于虞以伐虢。虞之大夫宫之奇谏虞君曰：“晋不可假道也，是且灭虞。”虞君曰：“晋我同姓，不宜伐我。”宫之奇曰：“太伯、虞仲，太王之子也，太伯亡去，是以不嗣。虢仲、虢叔，王季之子也，为文王卿士，其记勋在王室，藏于盟府。[①]将虢是灭，何爱于虞？且虞之亲能亲于桓、庄之族乎？桓、庄之族何罪，尽灭之。虞之与虢，唇之与齿，唇亡则齿寒。”虞公不听，遂许晋。宫之奇以其族去虞。其冬，晋灭虢，虢公醜奔周。[②]还，袭灭虞，虏虞公及其大夫井伯百里奚[③]以媵秦穆姬，[④]而修虞祀。[⑤]荀息牵曩所遗虞屈产之乘马奉之献公，献公笑曰：“马则吾马，齿亦老矣！”[⑥]

①【集解】杜预曰：“盟府，司盟之官也。”

②【集解】皇览曰：“虢公冢在河内温县郭东，济水南大冢是也。其城南

有虢公台。”

③【正义】南雍州记云:“百里奚宋井伯,宛人也。”

④【集解】杜预曰:“穆姬,献公女。送女曰媵,以屈辱之。”

⑤【集解】服虔曰:“虞所祭祀,命祀也。”

⑥【集解】公羊传曰:“盖戏之也。”何休曰:“以马齿戏喻荀息之年老也。”

二十三年,献公遂发贾华等伐屈,①屈溃。②夷吾将奔翟。冀芮曰:“不可,③重耳已在矣,今往,晋必移兵伐翟,翟畏晋,祸且及。不如走梁,梁近于秦,秦强,吾君百岁后可以求入焉。”遂奔梁。二十五年,晋伐翟,翟以重耳故,亦击晋于啮桑,④晋兵解而去。

①【集解】贾逵曰:“贾华,晋右行大夫。”

②【正义】民逃其上曰溃。

③【集解】韦昭曰:“冀芮,晋大夫。”

④【集解】左传作“采桑”,服虔曰“翟地”。　【索隐】裴氏云左传作“采桑”。按:今平阳曲南七十里河水有采桑津,是晋境。服虔云翟地,亦颇相近。然字作“啮桑”,啮桑卫地,恐非也。

当此时,晋强,西有河西,与秦接境,北边翟,东至河内。①

①【索隐】河内,河曲也。内音汭。

骊姬弟生悼子。①

①【索隐】左传作“卓子”,音耻角反。弟,女弟也。

二十六年夏,齐桓公大会诸侯于葵丘。①晋献公病,行后,未至,逢周之宰孔。宰孔曰:“齐桓公益骄,不务德而务远略,诸侯弗平。君弟毋会,②毋如晋何。”献公亦病,复还归。病甚,乃谓荀息曰:“吾以奚齐为后,年少,诸大臣不服,恐乱起,子能立之乎?”荀息曰："能。"献公曰："何以为验？"对曰："使死者复生，③生者不惭，④为之验。"于是遂属奚齐于荀息。荀息为相，主国政。秋九月，献公卒。里克、邳郑欲内重耳，以三公子之徒作乱，⑤谓荀息曰："三怨将起，秦、晋辅之，子将何如？"荀息曰："吾不可负先君言。"十月，里克杀奚齐于丧次，献公未葬也。荀息将死之，或曰不如立奚齐弟悼子而傅之，荀息立悼子而葬献公。十一月，里克弑悼子于朝，⑥荀息死之。君子曰："诗所谓'白珪之玷，犹可磨也，斯言之玷，不可为也'，⑦其荀息之谓乎！不负其言。"初，献公将伐骊戎，卜曰"齿牙为祸"。⑧及破骊戎，获骊姬，爱之，竟以乱晋。

①【正义】在曹州考城县东南一里。

②【索隐】弟，但也。

③【索隐】谓荀息受公命而立奚齐，虽复身死，不背生时之命，是死者复生也。

④【索隐】言生者见荀息不背君命而死，不为之羞惭也。

⑤【集解】贾逵曰："邳郑，晋大夫。三公子，申生、重耳、夷吾也。"

⑥【集解】列女传曰："鞭杀骊姬于市。"

⑦【集解】杜预曰："诗大雅，言此言之玷难治甚于白珪。"

⑧【集解】韦昭曰："齿牙，谓兆端左右衅坼有似齿牙，中有纵画，以象谗言之为害也。"

里克等已杀奚齐、悼子，使人迎公子重耳于翟，①欲立之。重耳谢曰："负父之命②出奔，父死不得修人子之礼侍丧，重耳何敢入！大夫其更立他子。"还报里克，里克使迎夷吾于梁。夷吾欲往，吕省、③郤芮④曰："内犹有公子可立者而外求，难信。计非之秦，辅强国之威以入，恐危。"乃使郤芮厚赂秦，约曰："即得入，请以晋河西之地与秦。"及遗里克书曰："诚得立，请遂封子于汾阳之邑。”⑤秦缪公乃发兵送夷吾于晋。齐桓公闻晋内乱，亦率诸侯如晋。秦兵与夷吾亦至晋，齐乃使隰朋会秦俱入夷吾，立为晋君，是为惠公。齐桓公至晋之高梁而还归。

①【正义】国语云：“里克及邳郑使屠岸夷告公子重耳于翟曰：‘国乱民扰，得国在乱，治民在扰，子盍入乎？’”

②【正义】负音佩。

③【正义】省音眚。杜预曰：“姓瑕吕，名饴甥，字子金。”

④【正义】郄成子，即冀芮。

⑤【集解】贾逵曰：“汾，水名。汾阳，晋地也。”【索隐】按：国语“命里克汾阳之田百万，命邳郑以负蔡之田七十万”。今此不言，亦其疏略也。

惠公夷吾元年，使邳郑谢秦曰：“始夷吾以河西地许君，今幸得入立。大臣曰：‘地者先君之地，君亡在外，何以得擅许秦者？’寡人争之弗能得，故谢秦。”亦不与里克汾阳邑，而夺之权。四月，周襄王使周公忌父①会齐、秦大夫共礼晋惠公。惠公以重耳在外，畏里克为变，赐里克死。谓曰：“微里子寡人不得立。虽然，子亦杀二君一大夫，②为子君者不亦难乎？”里克对曰：“不有所废，君何以兴？欲诛之，其无辞乎？乃言为此！臣闻命矣。”遂伏剑而死。于是邳郑使谢秦未还，故不及难。

①【集解】贾逵曰：“周卿士。”

②【集解】服虔曰：“奚齐、悼子、荀息也。”

晋君改葬恭太子申生。①秋，狐突之下国，②遇申生，申生与载而告之③曰：“夷吾无礼，余得请于帝，④将以晋与秦，秦将祀余。”狐突对曰：“臣闻神不食非其宗，君其祀毋乃绝乎？君其图之。”申生曰：“诺，吾将复请帝。后十日，⑤新城西偏将有巫者见我焉。”⑥

许之，遂不见。[7]及期而往，复见，申生告之曰："帝许罚有罪矣，弊于韩。"[8]儿乃谣曰："恭太子更葬矣，[9]后十四年，晋亦不昌，昌乃在兄。"

①【集解】韦昭曰："献公时申生葬不如礼，故改葬之。"

②【集解】服虔曰："晋所灭国以为下邑。一曰曲沃有宗庙，故谓之国；在绛下，故曰下国也。"

③【集解】杜预曰："忽如梦而相见。狐突本为申生御，故复使登车。"

④【集解】服虔曰："帝，天帝。请罚有罪。"

⑤【集解】左传曰："七日。"

⑥【集解】杜预曰："将因巫以见。"

⑦【集解】杜预曰："狐突许其言，申生之象亦没。"

⑧【集解】贾逵曰："弊，败也。韩，晋韩原。"

⑨【索隐】更，作也。更丧谓改丧。言后十四年晋不昌。

邳郑使秦，闻里克诛，乃说秦缪公曰："吕省、[1]郤称、冀芮实为不从。[2]若重赂与谋，出晋君，入重耳，事必就。"秦缪公许之，使人与归报晋，厚赂三子。三子曰："币厚言甘，此必邳郑卖我于秦。"遂杀邳郑及里克、邳郑之党七舆大夫。[3]邳郑子豹奔秦，言伐晋，缪公弗听。

①【索隐】左传作"吕甥"。

②【集解】杜预曰："三子，晋大夫。不从，不与秦赂也。"【索隐】吕省、郄称、冀芮三子，晋大夫。

③【集解】韦昭曰："七舆，申生下军之众大夫也。"杜预曰："侯伯七命，副车七乘。"

惠公之立，倍秦地及里克，诛七舆大夫，国人不附。二年，周使召公过[1]礼晋惠公，惠公礼倨，[2]召公讥之。

①【集解】韦昭曰："召武公，为王卿士。"

②【索隐】谓受玉惰也。事见僖十一年。

四年，晋饥，乞籴于秦。缪公问百里奚，[①]百里奚曰："天灾流行，国家代有，救灾恤邻，国之道也。与之。"邳郑子豹曰："伐之。"缪公曰："其君是恶，其民何罪！"卒与粟，自雍属绛。

①【集解】服虔曰："秦大夫。"

五年，秦饥，请籴于晋。晋君谋之，庆郑曰：[①]"以秦得立，已而倍其地约。晋饥而秦贷我，今秦饥请籴，与之何疑？而谋之！"虢射曰：[②]"往年天以晋赐秦，秦弗知取而贷我。今天以秦赐晋，晋其可以逆天乎？遂伐之。"惠公用虢射谋，不与秦粟，而发兵且伐秦。秦大怒，亦发兵伐晋。

①【集解】杜预曰："庆郑，晋大夫。"

②【集解】服虔曰："虢射，惠公舅。"

六年春，秦缪公将兵伐晋。晋惠公谓庆郑曰："秦师深矣，[①]奈何？"郑曰："秦内君，君倍其赂；晋饥秦输粟，秦饥而晋倍之，乃欲因其饥伐之：其深不亦宜乎！"晋卜御右，庆郑皆吉。公曰："郑不孙。"[②]乃更令步阳御戎，家仆徒为右，[③]进兵。九月壬戌，秦缪公、晋惠公合战韩原。[④]惠公马鷙不行，[⑤]秦兵至，公窘，召庆郑为御。郑曰："不用卜，败不亦当乎！"遂去。更令梁繇靡御，[⑥]虢射为右，辂秦缪公。[⑦]缪公壮士冒败晋军，晋军败，遂失秦缪公，反获晋公以归。秦将以祀上帝。晋君姊为缪公夫人，衰绖涕泣。公曰："得晋侯将以为乐，今乃如此。且吾闻箕子见唐叔之初封，曰'其后必当大矣'，晋庸可灭乎！"乃与晋侯盟王城[⑧]而许之归。晋侯亦使吕省等报国人曰："孤虽得归，毋面目见社稷，卜日立子圉。"晋人闻之，皆哭。秦缪公问吕省："晋国和乎？"对曰："不和。小人惧失君亡亲，⑨不惮立子圉，曰'必报仇，宁事戎、狄'。⑩其君子则爱君而知罪，以待秦命，曰'必报德'。有此二故，不和。"于是秦缪公更舍晋惠公，馈之七牢。⑪十一月，归晋侯。晋侯至国，诛庆郑，修政教。谋曰："重耳在外，诸侯多利内之。"欲使人杀重耳于狄。重耳闻之，如齐。

①【集解】韦昭曰："深，入境。一曰深犹重。"

②【集解】服虔曰："孙，顺。"

③【集解】服虔曰："二子，晋大夫也。"

④【索隐】在冯翊夏阳北二十里，今之韩城县是。

⑤【索隐】鷙音竹二反。谓马重而陷之于泥。

⑥【正义】韦昭云："梁由靡，大夫也。"

⑦【集解】服虔曰："辂，迎也。"【索隐】辂音五稼反。邹诞音五额反。

⑧【集解】杜预曰："冯翊临晋县东有王城。"

⑨【正义】君，惠公也。亲，父母也。言惧失君国乱，恐亡父母，不惮立子圉也。

⑩【正义】小人言立子圉为君之后，必报秦。终不事秦，宁事戎、狄耳。

⑪【正义】馈音匮。一牛一羊一豕为一牢。

八年，使太子圉质秦。①初，惠公亡在梁，梁伯以其女妻之，生一男一女。梁伯卜之，男为人臣，女为人妾，故名男为圉，女为妾。②

①【正义】质音致。

②【集解】服虔曰："圉人掌养马臣之贱者。不聘曰妾。"

十年，秦灭梁。梁伯好土功，治城沟，①民力罢，怨；②其众数相惊，曰"秦寇至"，民恐惑，秦竟灭之。

①【集解】贾逵曰："沟，堑也。"

②【正义】罢音皮。

十三年，晋惠公病，内有数子。太子圉曰："吾母家在梁，梁今秦灭之，我外轻于秦而内无援于国。君即不起，病大夫轻，更立他公子。"乃谋与其妻俱亡归。秦女曰："子一国太子，辱在此。秦使婢子侍，①以固子之心。子亡矣，我不从子，亦不敢言。"子圉遂亡归晋。十四年九月，惠公卒，太子圉立，是为怀公。

①【集解】服虔曰："曲礼曰'世妇以下自称婢子'。婢子，妇人之卑称。"

子圉之亡，秦怨之，乃求公子重耳，欲内之。子圉之立，畏秦之伐也，乃令国中诸从重耳亡者与期，期尽不到者尽灭其家。狐突之子毛及偃从重耳在秦，弗肯召。怀公怒，囚狐突。突曰："臣子事重耳有年数矣，今召之，是教之反君也，何以教之？"怀公卒杀狐突。秦缪公乃发兵送内重耳，使人告栾、郤之党①为内应，杀怀公于高梁，入重耳。重耳立，是为文公。

①【正义】栾枝、郄縠之属也。

晋文公重耳，晋献公之子也。自少好士，年十七，有贤士五人：曰赵衰；狐偃咎犯，文公舅也；贾佗；先轸；魏武子。自献公为太子时，重耳固已成人矣。献公即位，重耳年二十一。献公十三年，以骊姬故，重耳备蒲城守秦。献公二十一年，献公杀太子申生，骊姬谗之，恐，不辞献公而守蒲城。献公二十二年，献公使宦者履鞮①趣杀重耳。重耳逾垣，宦者逐斩其衣袪。重耳遂奔狄。狄，其母国也。是时重耳年四十三。从此五士，其馀不名者数十人，至狄。

①【索隐】即左传之勃鞮，亦曰寺人披也。

狄伐咎如，①得二女：以长女妻重耳，生伯鯈、②叔刘；以少女妻赵衰，生盾。③居狄五岁而晋献公卒，里克已杀奚齐、悼子，乃使人迎，欲立重耳。重耳畏杀，因固谢，不敢入。已而晋更迎其弟夷吾立之，是为惠公。惠公七年，畏重耳，乃使宦者履鞮与壮士欲杀重耳。重耳闻之，乃谋赵衰等曰："始吾奔狄，非以为可用與，④以近易通，故且休足。休足久矣，固愿徙之大国。夫齐桓公好善，志在霸王，收恤诸侯。今闻管仲、隰朋死，此亦欲得贤佐，盍往乎？"于是遂行。重耳谓其妻曰："待我二十五年不来，乃嫁。"其妻笑曰："犁二十五年，⑤吾冢上柏大矣。⑥虽然，妾待子。"重耳居狄凡十二年而去。

①【集解】贾逵曰："赤狄之别，隗姓。"【索隐】赤狄之别种也，隗姓也。咎音高。邹诞本作"囷如"，又云或作"囚"。

②【正义】直留反。

③【索隐】左传云伐廧咎如，获其二女，以叔隗妻赵衰，生盾；公子取季隗，生伯鯈、叔刘。则叔隗长而季隗少，乃不同也。

④【索隐】與音余。诸本或为"興"。興，起也。非翟可用興起，故奔之也。

⑤【索隐】犁犹比也。

⑥【正义】杜预云："言将死入木也，不复成嫁也。"

过卫，卫文公不礼。去，过五鹿，①饥而从野人乞食，野人盛土器中进之。重耳怒。赵衰曰："土者，有土也，君其拜受之。"

①【集解】贾逵曰："卫地。"杜预曰："今卫县西北有地名五鹿，阳平元城县东亦有五鹿。"

至齐，齐桓公厚礼，而以宗女妻之，有马二十乘，重耳安之。重耳至齐二岁而桓公卒，会竖刀等为内乱，齐孝公之立，诸侯兵数至。

留齐凡五岁。重耳爱齐女,毋去心。赵衰、咎犯乃于桑下谋行。齐女侍者在桑上闻之,以告其主。其主乃杀侍者,[①]劝重耳趣行。重耳曰:"人生安乐,孰知其他!必死于此,[②]不能去。"齐女曰:"子一国公子,穷而来此,数士者以子为命。子不疾反国,报劳臣,而怀女德,窃为子羞之。且不求,何时得功?"乃与赵衰等谋,醉重耳,载以行。行远而觉,重耳大怒,引戈欲杀咎犯。咎犯曰:"杀臣成子,偃之愿也。"重耳曰:"事不成,我食舅氏之肉。"咎犯曰:"事不成,犯肉腥臊,何足食!"乃止,遂行。

①【集解】服虔曰:"惧孝公怒,故杀之以灭口。"

②【集解】徐广曰:"一云'人生一世,必死于此'。"

过曹,曹共公不礼,欲观重耳骈胁。曹大夫釐负羁曰:"晋公子贤,又同姓,穷来过我,奈何不礼!"共公不从其谋。负羁乃私遗重耳食,置璧其下。重耳受其食,还其璧。

去,过宋。宋襄公新困兵于楚,伤于泓,闻重耳贤,乃以国礼礼于重耳。[①]宋司马公孙固善于咎犯,曰:"宋小国新困,不足以求入,更之大国。"乃去。

①【索隐】以国君之礼礼之也。

过郑,郑文公弗礼。郑叔瞻谏其君曰:"晋公子贤,而其从者皆国相,且又同姓。郑之出自厉王,而晋之出自武王。"郑君曰:"诸侯亡公子过此者众,安可尽礼!"叔瞻曰:"君不礼,不如杀之,且后为国患。"郑君不听。

重耳去之楚,楚成王以适诸侯礼待之,[①]重耳谢不敢当。赵衰曰:"子亡在外十馀年,小国轻子,况大国乎?今楚大国而固遇子,子其毋让,此天开子也。"遂以客礼见之。成王厚遇重耳,重耳甚卑。成王曰："子即反国，何以报寡人？"重耳曰："羽毛齿角玉帛，君王所馀，未知所以报。"王曰："虽然，何以报不穀？"重耳曰："即不得已，与君王以兵车会平原广泽，请辟王三舍。"②楚将子玉怒曰："王遇晋公子至厚，今重耳言不孙，请杀之。"成王曰："晋公子贤而困于外久，从者皆国器，此天所置，庸可杀乎？且言何以易之！"③居楚数月，而晋太子圉亡秦，秦怨之；闻重耳在楚，乃召之。成王曰："楚远，更数国乃至晋。秦晋接境，秦君贤，子其勉行！"厚送重耳。

①【索隐】適音敌。

②【集解】贾逵曰："司马法'从遁不过三舍'。三舍，九十里也。"

③【索隐】子玉请杀重耳，楚成王不许，言人出言不可轻易之。

重耳至秦，缪公以宗女五人妻重耳，故子圉妻与往。重耳不欲受，司空季子①曰："其国且伐，况其故妻乎！且受以结秦亲而求入，子乃拘小礼，忘大丑乎！"遂受。缪公大欢，与重耳饮。赵衰歌黍苗诗。②缪公曰："知子欲急反国矣。"赵衰与重耳下，再拜曰："孤臣之仰君，如百谷之望时雨。"是时晋惠公十四年秋。惠公以九月卒，子圉立。十一月，葬惠公。十二月，晋国大夫栾、郤等闻重耳在秦，皆阴来劝重耳、赵衰等反国，为内应甚众。于是秦缪公乃发兵与重耳归晋。晋闻秦兵来，亦发兵拒之。然皆阴知公子重耳入也。唯惠公之故贵臣吕、郤之属③不欲立重耳。重耳出亡凡十九岁而得入，时年六十二矣，晋人多附焉。

①【集解】服虔曰："胥臣臼季也。"

②【集解】韦昭曰："诗云'芃芃黍苗，阴雨膏之'。"

③【正义】吕甥、郤芮也。

文公元年春，秦送重耳至河。咎犯曰："臣从君周旋天下，过亦多矣。臣犹知之，况于君乎？请从此去矣。"重耳曰："若反国，所不与子犯共者，河伯视之！"①乃投璧河中，以与子犯盟。是时介子推从，在船中，乃笑曰："天实开公子，而子犯以为己功而要市于君，固足羞也。吾不忍与同位。"乃自隐渡河。秦兵围令狐，晋军于庐柳。②二月辛丑，咎犯与秦晋大夫盟于郇。③壬寅，重耳入于晋师。丙午，入于曲沃。丁未，朝于武宫，④即位为晋君，是为文公。群臣皆往。怀公圉奔高梁。戊申，使人杀怀公。

①【索隐】视犹见也。

②【集解】韦昭曰："庐柳，晋地也。"

③【集解】杜预曰："解县西北有郇城。"　【索隐】音荀，即文王之子所封。又音环。

④【集解】贾逵曰："文公之祖武公庙也。"

怀公故大臣吕省、郤芮本不附文公，文公立，恐诛，乃欲与其徒谋烧公宫，杀文公。文公不知。始尝欲杀文公宦者履鞮知其谋，欲以告文公，解前罪，求见文公。文公不见，使人让曰："蒲城之事，女斩予祛。其后我从狄君猎，女为惠公来求杀我。惠公与女期三日至，而女一日至，何速也？女其念之。"宦者曰："臣刀锯之馀，不敢以二心事君倍主，故得罪于君。君已反国，其毋蒲、翟乎？且管仲射钩，桓公以霸。今刑馀之人以事告而君不见，祸又且及矣。"于是见之，遂以吕、郤等告文公。文公欲召吕、郤，吕、郤等党多，文公恐初入国，国人卖己，乃为微行，会秦缪公于王城，①国人莫知。三月己丑，吕、郤等果反，焚公宫，不得文公。文公之卫徒与战，吕、郤等引兵欲奔，秦缪公诱吕、郤等，杀之河上，晋国复而文公得归。夏，迎夫人于秦，秦所与文公妻者卒为夫人。秦送三千人为卫，以备晋乱。

①【索隐】杜预云："冯翊临晋县东有故王城，今名武乡城。"

文公修政，施惠百姓。赏从亡者及功臣，大者封邑，小者尊爵。未尽行赏，周襄王以弟带难出居郑地，来告急晋。晋初定，欲发兵，恐他乱起，是以赏从亡未至隐者介子推。推亦不言禄，禄亦不及。推曰："献公子九人，唯君在矣。惠、怀无亲，外内弃之；天未绝晋，必将有主，主晋祀者，非君而谁？天实开之，二三子以为己力，不亦诬乎？窃人之财，犹曰是盗，况贪天之功以为己力乎？下冒其罪，上赏其奸，上下相蒙，[①]难与处矣！"其母曰："盍亦求之，以死谁怼？"推曰："尤而效之，罪有甚焉。且出怨言，不食其禄。"母曰："亦使知之，若何？"对曰："言，身之文也；身欲隐，安用文之？文之，是求显也。"其母曰："能如此乎？与女偕隐。"至死不复见。

①【集解】服虔曰："蒙，欺也。"

介子推从者怜之，乃悬书宫门曰："龙欲上天，五蛇为辅。[①]龙已升云，四蛇各入其宇，一蛇独怨，终不见处所。"文公出，见其书，曰："此介子推也。吾方忧王室，未图其功。"使人召之，则亡。遂求所在，闻其入绵上山中，[②]于是文公环绵上山中而封之，以为介推田，[③]号曰介山，"以记吾过，且旌善人"。[④]

①【索隐】龙喻重耳。五蛇即五臣，狐偃、赵衰、魏武子、司空季子及子推也。旧云五臣有先轸、颠颉，今恐二人非其数。

②【集解】贾逵曰："绵上，晋地。"杜预曰："西河介休县南有地名绵上。"

③【集解】徐广曰："一作'国'。"

④【集解】贾逵曰："旌，表也。"

从亡贱臣壶叔曰："君三行赏，赏不及臣，敢请罪。"文公报曰："夫导我以仁义，防我以德惠，此受上赏。辅我以行，卒以成立，此受次赏。矢石之难，汗马之劳，此复受次赏。若以力事我而无补吾缺者，此〔复〕受次赏。三赏之后，故且及子。”晋人闻之，皆说。

二年春，秦军河上，①将入王。赵衰曰：“求霸莫如入王尊周。周晋同姓，晋不先入王，后秦入之，毋以令于天下。方今尊王，晋之资也。”三月甲辰，晋乃发兵至阳樊，②围温，入襄王于周。四月，杀王弟带。周襄王赐晋河内阳樊之地。

①【索隐】晋地也。

②【集解】服虔曰：“阳樊，周地。阳，邑名也，樊仲山之所居，故曰阳樊。”

四年，楚成王及诸侯围宋，宋公孙固如晋告急。先轸曰：“报施定霸，于今在矣。”①狐偃曰：“楚新得曹而初婚于卫，若伐曹、卫，楚必救之，则宋免矣。”于是晋作三军。②赵衰举郤縠将中军，郤臻佐之；使狐偃将上军，狐毛佐之，命赵衰为卿；栾枝将下军，③先轸佐之；荀林父御戎，魏犨为右：④往伐。冬十二月，晋兵先下山东，而以原封赵衰。⑤

①【集解】杜预曰：“报宋赠马之施。”

②【集解】王肃曰：“始复成国之礼，半周军也。”

③【集解】贾逵曰：“栾枝，栾宾之孙。”

④【正义】犨，昌由反，又音受。

⑤【集解】杜预曰：“河内沁水县西北有原城。”

五年春，晋文公欲伐曹，假道于卫，卫人弗许。还自河南度，侵曹，伐卫。正月，取五鹿。二月，晋侯、齐侯盟于敛盂。①卫侯请盟晋，晋人不许。卫侯欲与楚，国人不欲，故出其君以说晋。卫侯居襄牛，②公子买守卫。楚救卫，不卒。③晋侯围曹。三月丙午，晋师入曹，数之以其不用釐负羁言，而用美女乘轩者三百人也。令军毋入僖负羁宗家以报德。楚围宋，宋复告急晋。文公欲救则攻楚，为楚尝有德，不欲伐也；欲释宋，宋又尝有德于晋：患之。④先轸曰："执曹伯，分曹、卫地以与宋，楚急曹、卫，其势宜释宋。"⑤于是文公从之，而楚成王乃引兵归。

①【集解】杜预曰："卫地也。"

②【集解】服虔曰："卫地也。"

③【集解】徐广曰："一作'胜'。"

④【索隐】晋若攻楚，则伤楚子送其入秦之德；又欲释宋不救，乃亏宋公赠马之惠。进退有难，是以患之。

⑤【索隐】楚初得曹，又新婚于卫，今晋执曹伯而分曹、卫之地与宋，则楚急曹、卫，其势宜释宋。

楚将子玉曰："王遇晋至厚，今知楚急曹、卫而故伐之，是轻王。"王曰："晋侯亡在外十九年，困日久矣，果得反国，险厄尽知之，能用其民，天之所开，不可当。"子玉请曰："非敢必有功，愿以间执谗慝之口也。"①楚王怒，少与之兵。于是子玉使宛春告晋：②"请复卫侯而封曹，臣亦释宋。"咎犯曰："子玉无礼矣，君取一，臣取二，勿许。"③先轸曰："定人之谓礼。楚一言定三国，子一言而亡之，我则毋礼。不许楚，是弃宋也。不如私许曹、卫以诱之，执宛春以怒楚，④既战而后图之。"⑤晋侯乃囚宛春于卫，且私许复曹、卫。曹、卫告绝于楚。楚得臣怒，⑥击晋师，晋师退。军吏曰："为何退？"文公曰："昔在楚，约退三舍，可倍乎！"楚师欲去，得臣不肯。四月戊辰，宋公、⑦齐将、⑧秦将⑨与晋侯次城濮。⑩己巳，与楚兵合战，楚兵败，得臣收馀兵去。甲午，晋师还至衡雍，⑪作王宫于践土。⑫

①【集解】服虔曰："子玉非敢求有大功，但欲执蔿贾谗慝之口，谓子玉过三百乘不能入也。"杜预曰："执犹塞也。"

②【集解】贾逵曰："宛春，楚大夫。"

③【集解】韦昭曰："君，文公也。臣，子玉也。一谓释宋围，二谓复曹、卫。"

④【集解】韦昭曰："怒楚，令必战。"

⑤【集解】杜预曰："须胜负决乃定计。"

⑥【集解】得臣即子玉。

⑦【索隐】成公王臣。

⑧【索隐】国归父。

⑨【索隐】小子慭也。

⑩【集解】贾逵曰："卫地也。"

⑪【集解】杜预曰："衡雍，郑地，今荥阳卷县也。"

⑫【集解】服虔曰："既败楚师，襄王自往临践土，赐命晋侯，晋侯闻而为之作宫。" 【索隐】杜预云践土，郑地。然据此文，晋师还至衡雍，衡雍在河南也。故刘氏云践土在河南。下文践土在河北，今元城县西有践土驿，义或然也。

初，郑助楚，楚败，惧，使人请盟晋侯。晋侯与郑伯盟。

五月丁未，献楚俘于周，①驷介百乘，徒兵千。②天子使王子虎命晋侯为伯，③赐大辂，彤弓矢百，玈弓矢千，④秬鬯一卣，珪瓒，⑤虎贲三百人。⑥晋侯三辞，然后稽首受之。⑦周作晋文侯命："王若曰：父义和，⑧丕显文、武，能慎明德，⑨昭登于上，布闻在下，⑩维时上帝集厥命于文、武。⑪恤朕身，继予一人永其在位。"⑫于是晋文公称伯。癸亥，王子虎盟诸侯于王庭。⑬

①【正义】俘音孚，囚也。

②【集解】服虔曰："驷介，驷马被甲也。徒兵，步卒也。"

③【集解】贾逵曰:"王子虎,周大夫。"

④【集解】贾逵曰:"大辂,金辂。彤弓,赤;玈弓,黑也。诸侯赐弓矢,然后征伐。" 【正义】彤,徒冬反。玈音庐。

⑤【集解】贾逵曰:"秬,黑黍;鬯,香酒也。所以降神。卣,器名。诸侯赐珪瓒,然后为鬯。"

⑥【集解】贾逵曰:"天子卒曰虎贲。"

⑦【集解】贾逵曰:"稽首首至地。"

⑧【集解】孔安国曰:"同姓,故称曰父。"马融曰:"王顺曰,父能以义和我诸侯。" 【索隐】按:尚书文侯之命是平王命晋文侯仇之语,今此文乃襄王命文公重耳之事,代数悬隔,勋策全乖。太史公虽复弥缝左氏,而系家颇亦时有疏谬。裴氏集解亦引孔、马之注,而都不言时代乖角,何习迷而同醉也?然计平王至襄王为七代,仇至重耳为十一代而十三侯。又平王元年至鲁僖二十八年,当襄二十年,为一百三十馀岁矣,学者颇合讨论之。而刘伯庄以为盖天子命晋同此一辞,尤非也。

⑨【索隐】孔安国曰:"文王、武王能详慎显用明德。"

⑩【集解】马融曰:"昭,明也。上谓天,下谓人。"

⑪【集解】孔安国曰:"惟以是故集成其王命,德流子孙。"

⑫【集解】孔安国曰:"当忧念我身,则我一人长安王位。"

⑬【集解】服虔曰:"王庭,践土也。" 【索隐】服氏知王庭是践土者,据二十八年五月"公会晋侯,盟于践土",又此上文"四月甲午,作王宫于践土"。王庭即王宫也。

晋焚楚军,火数日不息,文公叹。左右曰:"胜楚而君犹忧,何?"文公曰:"吾闻能战胜安者唯圣人,是以惧。且子玉犹在,庸可喜乎!"子玉之败而归,楚成王怒其不用其言,贪与晋战,让责子玉,子玉自杀。晋文公曰:"我击其外,楚诛其内,内外相应。"于是乃喜。

六月，晋人复入卫侯。壬午，晋侯度河北归国。行赏，狐偃为首。或曰："城濮之事，先轸之谋。"文公曰："城濮之事，偃说我毋失信。先轸曰'军事胜为右'，吾用之以胜。然此一时之说，偃言万世之功，奈何以一时之利而加万世功乎？是以先之。"

冬，晋侯会诸侯于温，欲率之朝周。力未能，恐其有畔者，乃使人言周襄王狩于河阳。壬申，遂率诸侯朝王于践土。①孔子读史记至文公，曰"诸侯无召王"、"王狩河阳"者，春秋讳之也。

①【索隐】按：左氏传"五月，盟于践土；冬，会诸侯于温，天王狩于河阳；壬申，公朝于王所"。此文亦说冬朝于王，当合于河阳温地，不合取五月践土之文。

丁丑，诸侯围许。曹伯臣或说晋侯曰："齐桓公合诸侯而国异姓，今君为会而灭同姓。曹，叔振铎之后；晋，唐叔之后。合诸侯而灭兄弟，非礼。"晋侯说，复曹伯。

于是晋始作三行。①荀林父将中行，先縠将右行，②先蔑将左行。③

①【集解】服虔曰："辟天子六军，故谓之三行。"

②【索隐】左传屠击将右行，与此异。

③【集解】杜预曰："三行无佐，疑大夫帅也。" 【索隐】据左传，荀林父并是卿，而云"大夫帅"者，非也。不置佐者，当避天子也。或新置三行，官未备耳。

七年，晋文公、秦缪公共围郑，以其无礼于文公亡过时，及城濮时郑助楚也。围郑，欲得叔瞻。叔瞻闻之，自杀。郑持叔瞻告晋。晋曰："必得郑君而甘心焉。"郑恐，乃间令使①谓秦缪公曰："亡郑厚晋，于晋得矣，而秦未为利。君何不解郑，得为东道交？"②秦伯说，罢兵。晋亦罢兵。

①【索隐】使谓烛之武。

②【索隐】交犹好也。诸本及左传皆作“主”。

九年冬，晋文公卒，子襄公欢立。是岁郑伯亦卒。

郑人或卖其国于秦，[①]秦缪公发兵往袭郑。十二月，秦兵过我郊。襄公元年春，秦师过周，无礼，王孙满讥之。兵至滑，郑贾人弦高将市于周，遇之，以十二牛劳秦师。秦师惊而还，灭滑而去。

①【正义】左传云秦、晋伐郑，烛之武说秦，师罢。令杞子、逢孙、杨孙三大夫戍郑。杞子自郑使告于秦曰：“郑人使我掌其北门之管，若潜师以来，国可得也。”

晋先轸曰：“秦伯不用蹇叔，反其众心，此可击。”栾枝曰：“未报先君施于秦，击之，不可。”先轸曰：“秦侮吾孤，伐吾同姓，何德之报？”遂击之。襄公墨衰绖。[①]四月，败秦师于殽，虏秦三将孟明视、西乞秫、白乙丙以归。遂墨以葬文公。[②]文公夫人秦女，谓襄公曰：“秦欲得其三将戮之。”公许，遣之。先轸闻之，谓襄公曰：“患生矣。”轸乃追秦将。秦将渡河，已在船中，顿首谢，卒不反。

①【集解】贾逵曰：“墨，变凶。”杜预曰：“以凶服从戎，故墨之。”

②【集解】服虔曰：“非礼也。”杜预曰：“记礼所由变也。”

后三年，秦果使孟明伐晋，报殽之败，取晋汪以归。[①]四年，秦缪公大兴兵伐我，度河，取王官，[②]封殽尸而去。晋恐，不敢出，遂城守。五年，晋伐秦，取新城，[③]报王官役也。

①【索隐】按：左传文二年，秦孟明视伐晋，报殽之役，无取晋汪之事。又其年冬，晋先且居等伐秦，取汪、彭衙而还。则汪是秦邑，止可晋伐秦取之，岂得秦伐晋而取汪也？或者晋先取之秦，今伐晋而收汪，是汪从晋来，故云取晋汪而归也。彭衙在郃阳北，汪不知所在。

②【正义】括地志云："王官故城在同州澄城县西北六十里。"左传文公三年，秦伐晋，取王官，即此。先言度河，史文颠倒耳。

③【集解】服虔曰："秦邑，新所作城也。"

六年，赵衰成子、栾贞子、咎季子犯、霍伯皆卒。①赵盾代赵衰执政。

①【集解】贾逵曰："栾贞子，栾枝也。霍伯，先且居也。"

七年八月，襄公卒。太子夷皋少。晋人以难故，①欲立长君。赵盾曰："立襄公弟雍。好善而长，先君爱之；且近于秦，秦故好也。立善则固，事长则顺，奉爱则孝，结旧好则安。"贾季曰："不如其弟乐。辰嬴嬖于二君，②立其子，民必安之。"赵盾曰："辰嬴贱，班在九人下，③其子何震之有！④且为二君嬖，淫也。为先君子，⑤不能求大而出在小国，僻也。母淫子僻，无威；⑥陈小而远，无援：将何可乎！"使士会如秦迎公子雍。贾季亦使人召公子乐于陈。赵盾废贾季，以其杀阳处父。⑦十月，葬襄公。十一月，贾季奔翟。是岁，秦缪公亦卒。

①【集解】服虔曰："晋国数有患难。"

②【集解】服虔曰："辰嬴，怀嬴也。二君，怀公、文公。"

③【集解】服虔曰："班，次也。"

④【集解】贾逵曰："震，威也。"

⑤【正义】乐，文公子也。

⑥【正义】僻，匹亦反。言乐僻隐在陈，而远无援也。

⑦【集解】案：左传，此时贾他为太师，阳处父为太傅。

灵公元年四月，秦康公曰："昔文公之入也无卫，故有吕、郤之患。"乃多与公子雍卫。太子母缪嬴日夜抱太子以号泣于朝，曰：

“先君何罪？其嗣亦何罪？舍適而外求君，将安置此？”①出朝，则抱以适赵盾所，顿首曰：“先君奉此子而属之子，曰‘此子材，吾受其赐；不材，吾怨子’。②今君卒，言犹在耳，③而弃之，若何？”赵盾与诸大夫皆患缪嬴，且畏诛，乃背所迎而立太子夷皋，是为灵公。发兵以距秦送公子雍者。赵盾为将，往击秦，败之令狐。先蔑、随会亡奔秦。秋，齐、宋、卫、郑、曹、许君皆会赵盾，盟于扈，④以灵公初立故也。

①【集解】服虔曰：“此，太子。”

②【集解】王肃曰：“怨其教导不至也。”

③【集解】杜预曰：“在宣子之耳。”

④【集解】杜预曰：“郑地。荥阳卷县西北有扈亭。”

四年，伐秦，取少梁。秦亦取晋之郩。①六年，秦康公伐晋，取羁马。晋侯怒，使赵盾、赵穿、郤缺击秦，大战河曲，赵穿最有功。七年，晋六卿患随会之在秦，常为晋乱，乃详令魏寿馀反晋降秦。秦使随会之魏，因执会以归晋。

①【集解】徐广曰：“年表云北徵也。” 【索隐】徐云年表曰徵。然按左传，文十年春，晋人伐秦，取少梁。夏，秦伯伐晋，取北徵，北徵即年表之徵。今云郩者，字误也。徵音惩，亦冯翊之县名。

八年，周顷王崩，公卿争权，故不赴。①晋使赵盾以车八百乘平周乱而立匡王。②是年，楚庄王初即位。十二年，齐人弑其君懿公。

①【索隐】按：春秋鲁文十二年“顷王崩，周公阅与王孙苏争政，故不赴”是也。

②【索隐】文十四年传又云“晋赵盾以诸侯之师八百乘纳捷菑于邾，不克，乃还”。而“周公阅与王孙苏讼于晋，赵宣子平王室而复之”。则以车八百乘，自是宣子纳邾捷菑，不关王室之事，但文相连耳，多恐是误也。

十四年，灵公壮，侈，厚敛以雕墙。①从台上弹人，观其避丸也。宰夫胹熊蹯不熟，②灵公怒，杀宰夫，使妇人持其尸出弃之，过朝。赵盾、随会前数谏，不听；已又见死人手，二人前谏。随会先谏，不听。灵公患之，使鉏麑刺赵盾。③盾闺门开，居处节，鉏麑退，叹曰："杀忠臣，弃君命，罪一也。"遂触树而死。④

①【集解】贾逵曰："雕，画也。"

②【集解】服虔曰："蹯，熊掌，其肉难熟。"　【正义】胹音而。蹯音樊。

③【集解】贾逵曰："鉏麑，晋力士。"　【正义】鉏音锄。麑音迷。

④【集解】杜预曰："赵盾庭树也。"

初，盾常田首山，①见桑下有饿人。饿人，示眯明也。②盾与之食，食其半。问其故，曰："宦三年，③未知母之存不，愿遗母。"盾义之，益与之饭肉。已而为晋宰夫，赵盾弗复知也。九月，晋灵公饮赵盾酒，伏甲将攻盾。公宰示眯明知之，恐盾醉不能起，而进曰："君赐臣，觞三行④可以罢。"欲以去赵盾，令先，毋及难。盾既去，灵公伏士未会，先纵⑤啮狗名敖。⑥明为盾搏杀狗。盾曰："弃人用狗，虽猛何为。"然不知明之为阴德也。已而灵公纵伏士出逐赵盾，示眯明反击灵公之伏士，伏士不能进，而竟脱盾。盾问其故，曰："我桑下饿人。"问其名，弗告。⑦明亦因亡去。

①【集解】徐广曰："蒲阪县有雷首山。"

②【索隐】邹诞云示眯为祁弥也，即左传之提弥明也。提音市移反，刘氏亦音祁为时移反，则祁提二字同音也。而此史记作"示"者，示即周礼古本"地神曰祇"，皆作"示"字。"邹"为"祁"者，盖由祇提音相近，字遂变为"祁"也。眯音米移反。以"眯"为"弥"，亦音相近耳。又左氏桑下饿人是灵辄也。其示眯明，是嗾獒者也，其人斗而死。今合二人为一人，非也。

③【集解】服虔曰："宦，宦学事也。"

④【索隐】如字。

⑤【索隐】纵，足用反。又本作"嗾"，又作"蹴"，同素后反。

⑥【集解】何休曰："犬四尺曰獒。"

⑦【集解】服虔曰："不望报。"

盾遂奔，未出晋境。乙丑，盾昆弟将军赵穿袭杀灵公于桃园①而迎赵盾。赵盾素贵，得民和；灵公少，侈，民不附，故为弑易。②盾复位。晋太史董狐书曰"赵盾弑其君"，以视于朝。盾曰："弑者赵穿，我无罪。"太史曰："子为正卿，而亡不出境，反不诛国乱，非子而谁？"孔子闻之，曰："董狐，古之良史也，书法不隐。③宣子，良大夫也，为法受恶。④惜也，出疆乃免。"⑤

①【集解】虞翻曰："园名也。"

②【索隐】以豉反。

③【集解】杜预曰："不隐盾之罪。"

④【集解】服虔曰："闻义则服。"杜预曰："善其为法受屈也。"【正义】为，于伪反。

⑤【集解】杜预曰："越境则君臣之义绝，可以不讨贼也。"

赵盾使赵穿迎襄公弟黑臀于周而立之，是为成公。

成公者，文公少子，其母周女也。壬申，朝于武宫。

成公元年，赐赵氏为公族。①伐郑，郑倍晋故也。三年，郑伯初立，附晋而弃楚。楚怒，伐郑，晋往救之。

①【集解】服虔曰："公族大夫也。"

六年，伐秦，虏秦将赤。①

①【索隐】赤即斥，谓斥候之人也。按：宣八年左传"晋伐秦，获秦谍，杀诸绛市"。盖彼谍即此赤也。晋成公六年为鲁宣八年，正同，故知然。

七年，成公与楚庄王争强，会诸侯于扈。陈畏楚，不会。晋使中行桓子[①]伐陈，因救郑，与楚战，败楚师。是年，成公卒，子景公据立。

①【索隐】荀林父也。

景公元年春，陈大夫夏徵舒弑其君灵公。二年，楚庄王伐陈，诛徵舒。

三年，楚庄王围郑，郑告急晋。晋使荀林父将中军，随会将上军，赵朔将下军，郤克、栾书、先縠、韩厥、巩朔佐之。六月，至河。闻楚已服郑，郑伯肉袒与盟而去，荀林父欲还。先縠曰："凡来救郑，不至不可，将率离心。"卒度河。楚已服郑，欲饮马于河为名而去。楚与晋军大战。郑新附楚，畏之，反助楚攻晋。晋军败，走河，争度，船中人指甚众。楚虏我将智罃。归而林父曰："臣为督将，军败当诛，请死。"景公欲许之。随会曰："昔文公之与楚战城濮，成王归杀子玉，而文公乃喜。今楚已败我师，又诛其将，是助楚杀仇也。"乃止。

四年，先縠以首计而败晋军河上，恐诛，乃奔翟，与翟谋伐晋。晋觉，乃族縠。縠，先轸子也。

五年，伐郑，为助楚故也。是时楚庄王强，以挫晋兵河上也。

六年，楚伐宋，宋来告急晋，晋欲救之，伯宗谋曰：[①]"楚，天方开之，不可当。"乃使解扬给为救宋。[②]郑人执与楚，楚厚赐，使反其言，令宋急下。解扬给许之，卒致晋君言。楚欲杀之，或谏，乃归解扬。

①【集解】贾逵曰："伯宗，晋大夫。"

②【集解】服虔曰："解扬，晋大夫。"

七年，晋使随会灭赤狄。

八年，使郤克于齐。齐顷公母从楼上观而笑之。所以然者，郤克偻，而鲁使蹇，卫使眇，故齐亦令人如之以导客。郤克怒，归至河上，曰："不报齐者，河伯视之！"至国，请君，欲伐齐。景公问知其故，曰："子之怨，安足以烦国！"弗听。魏文子请老休，辟郤克，克执政。

九年，楚庄王卒。晋伐齐，齐使太子强为质于晋，晋兵罢。

十一年春，齐伐鲁，取隆。①鲁告急卫，卫与鲁皆因郤克告急于晋。晋乃使郤克、栾书、韩厥以兵车八百乘与鲁、卫共伐齐。夏，与顷公战于鞌，伤困顷公。顷公乃与其右易位，下取饮，以得脱去。齐师败走，晋追北至齐。顷公献宝器以求平，不听。郤克曰："必得萧桐侄子②为质。"齐使曰："萧桐侄子，顷公母；顷公母犹晋君母，奈何必得之？不义，请复战。"晋乃许与平而去。

①【索隐】刘氏云"隆即龙也，鲁北有龙山"。又此年当鲁成二年，经书"齐侯伐我北鄙"，传曰"围龙"。又邹诞及别本作"偩"字，偩当作"郓"。文十二年"季孙行父帅师城诸及郓"，注曰"偩即郓也，字变耳"。地理志云在东莞县东也。

②【索隐】左传作"叔子"。

楚申公巫臣盗夏姬以奔晋，晋以巫臣为邢大夫。①

①【集解】贾逵曰："邢，晋邑。"

十二年冬，齐顷公如晋，欲上尊晋景公为王，景公让不敢。晋始作六(卿)〔军〕，①韩厥、巩朔、赵穿、荀骓、②赵括、赵旃皆为卿。智蓥自楚归。

①【集解】贾逵曰："初作六军，僭王也。"

②【索隐】音佳。谥文子。

十三年，鲁成公朝晋，晋弗敬，鲁怒去，倍晋。晋伐郑，取汜。

十四年，梁山崩。①问伯宗，伯宗以为不足怪也。②

①【集解】公羊传曰："梁山，河上山。"杜预曰："在冯翊夏阳县北也。"

②【集解】徐广曰："年表云伯宗隐其人，用其言。"

十六年，楚将子反怨巫臣，灭其族。巫臣怒，遗子反书曰："必令子罢于奔命！"乃请使吴，令其子为吴行人，教吴乘车用兵。吴晋始通，约伐楚。

十七年，诛赵同、赵括，族灭之。韩厥曰："赵衰、赵盾之功岂可忘乎？奈何绝祀！"乃复令赵庶子武为赵后，复与之邑。

十九年夏，景公病，立其太子寿曼为君，是为厉公。后月馀，景公卒。

厉公元年，初立，欲和诸侯，与秦桓公夹河而盟。归而秦倍盟，与翟谋伐晋。三年，使吕相让秦，①因与诸侯伐秦。至泾，败秦于麻隧，虏其将成差。

①【集解】贾逵曰："吕相，晋大夫。"

五年，三郤谗伯宗，杀之。①伯宗以好直谏得此祸，国人以是不附厉公。

①【集解】贾逵曰："三郤，郤锜、郤犨、郤至也。"

六年春，郑倍晋与楚盟，晋怒。栾书曰："不可以当吾世而失诸侯。"乃发兵。厉公自将，五月度河。闻楚兵来救，范文子请公欲还。郤至曰："发兵诛逆，见强辟之，无以令诸侯。"遂与战。癸巳，射中楚共王目，楚兵败于鄢陵。①子反收馀兵，拊循欲复战，晋患之。共王召子反，其侍者竖阳穀进酒，子反醉，不能见。王怒，让子反，子反死。王遂引兵归。晋由此威诸侯，欲以令天下求霸。

①【集解】徐广曰："鄢，一作'焉'。"服虔曰："鄢陵，郑之东南地也。"【索隐】鄢音偃，又於连反。

厉公多外嬖姬，归，欲尽去群大夫而立诸姬兄弟。宠姬兄曰胥童，尝与郤至有怨，及栾书又怨郤至不用其计而遂败楚，[①]乃使人间谢楚。楚来诈厉公曰："鄢陵之战，实至召楚，欲作乱，内子周立之。会与国不具，是以事不成。"厉公告栾书。栾书曰："其殆有矣！愿公试使人之周[②]微考之。"果使郤至于周。栾书又使公子周见郤至，郤至不知见卖也。厉公验之，信然，遂怨郤至，欲杀之。八年，厉公猎，与姬饮，郤至杀豕奉进，宦者夺之。[③]郤至射杀宦者。公怒，曰："季子欺予！"[④]将诛三郤，未发也。郤锜欲攻公，曰："我虽死，公亦病矣。"郤至曰："信不反君，智不害民，勇不作乱。失此三者，谁与我？我死耳！"十二月壬午，公令胥童以兵八百人袭攻杀三郤。胥童因以劫栾书、中行偃于朝，曰："不杀二子，患必及公。"公曰："一旦杀三卿，寡人不忍益也。"对曰："人将忍君。"[⑤]公弗听，谢栾书等以诛郤氏罪："大夫复位。"二子顿首曰："幸甚幸甚！"公使胥童为卿。闰月乙卯，厉公游匠骊氏，[⑥]栾书、中行偃以其党袭捕厉公，囚之，杀胥童，而使人迎公子周[⑦]于周而立之，是为悼公。

①【集解】左传曰："栾书欲待楚师退而击之，郤至云'楚有六间，不可失也'。"

②【集解】虞翻曰："周京师。"

③【索隐】宦者孟张也。

④【集解】杜预曰："公反以为郤至夺豕也。"

⑤【集解】杜预曰："人，谓书、偃。"

⑥【集解】贾逵曰："匠骊氏，晋外嬖大夫在翼者。"

⑦【集解】徐广曰:"一作'纠'。"

悼公元年正月庚申,栾书、中行偃弑厉公,葬之①以一乘车。②厉公囚六日死,死十日庚午,智罃迎公子周来,至绛,刑鸡与大夫盟而立之,是为悼公。辛巳,朝武宫。二月乙酉,即位。

①【集解】左传曰:"葬之于翼东门之外也。"

②【集解】杜预曰:"言不以君礼葬也。诸侯葬车七乘。"

悼公周者,其大父捷,晋襄公少子也,不得立,号为桓叔,桓叔最爱。桓叔生惠伯谈,谈生悼公周。周之立,年十四矣。悼公曰:"大父、父皆不得立而辟难于周,客死焉。寡人自以疏远,毋几为君。①今大夫不忘文、襄之意而惠立桓叔之后,赖宗庙大夫之灵,得奉晋祀,岂敢不战战乎?大夫其亦佐寡人!"于是逐不臣者七人,修旧功,施德惠,收文公入时功臣后。秋,伐郑。郑师败,遂至陈。

①【索隐】几音冀,谓望也。

三年,晋会诸侯。①悼公问群臣可用者,祁傒举解狐。解狐,傒之仇。复问,举其子祁午。君子曰:"祁傒可谓不党矣!外举不隐仇,内举不隐子。"方会诸侯,悼公弟杨干乱行,②魏绛戮其仆。③悼公怒,或谏公,公卒贤绛,任之政,使和戎,戎大亲附。十一年,悼公曰:"自吾用魏绛,九合诸侯,④和戎、翟,魏子之力也。"赐之乐,三让乃受之。冬,秦取我栎。⑤

①【索隐】于鸡泽也。

②【集解】贾逵曰:"行,陈也。"

③【集解】贾逵曰:"仆,御也。"

④【集解】服虔曰:"九合:一谓会于戚,二会城棣救陈,三会于鄬,四会于邢丘,五同盟于戏,六会于柤,七戍郑虎牢,八同盟于亳城北,九会于萧鱼。"

⑤【索隐】音历。释例云在河北，地阙。

十四年，晋使六卿率诸侯伐秦，度泾，大败秦军，至棫林而去。

十五年，悼公问治国于师旷。师旷曰："惟仁义为本。"冬，悼公卒，子平公彪立。

平公元年，伐齐，齐灵公与战靡下，①齐师败走。晏婴曰："君亦毋勇，何不止战？"遂去。晋追，遂围临菑，尽烧屠其郭中。东至胶，南至沂，齐皆城守，晋乃引兵归。

①【集解】徐广曰："靡，一作'历'。"【索隐】刘氏靡音眉绮反，即靡笄也。

六年，鲁襄公朝晋。晋栾逞有罪，奔齐。八年，齐庄公微遣栾逞于曲沃，以兵随之。齐兵上太行，栾逞从曲沃中反，袭入绛。绛不戒，平公欲自杀，范献子止公，以其徒击逞，逞败走曲沃。曲沃攻逞，逞死，遂灭栾氏宗。逞者，栾书孙也。①其入绛，与魏氏谋。齐庄公闻逞败，乃还，取晋之朝歌去，以报临菑之役也。

①【集解】左传"逞"作"盈"。

十年，齐崔杼弑其君庄公。晋因齐乱，伐败齐于高唐去，报太行之役也。

十四年，吴延陵季子来使，与赵文子、韩宣子、魏献子语，曰："晋国之政，卒归此三家矣。"

十九年，齐使晏婴如晋，与叔向语。叔向曰："晋，季世也。公厚赋为台池而不恤政，政在私门，其可久乎！"晏子然之。

二十二年，伐燕。二十六年，平公卒，子昭公夷立。

昭公六年卒。六卿强,[①]公室卑。子顷公去疾立。

①【索隐】韩、赵、魏、范、中行及智氏为六卿。后韩、赵、魏为三卿,而分晋政,故曰三晋。

顷公六年,周景王崩,王子争立。晋六卿平王室乱,立敬王。

九年,鲁季氏逐其君昭公,昭公居乾侯。十一年,卫、宋使使请晋纳鲁君。季平子私赂范献子,献子受之,乃谓晋君曰:"季氏无罪。"不果入鲁君。

十二年,晋之宗家祁傒孙,叔向子,相恶于君。六卿欲弱公室,乃遂以法尽灭其族,而分其邑为十县,各令其子为大夫。晋益弱,六卿皆大。

十四年,顷公卒,子定公午立。

定公十一年,鲁阳虎奔晋,赵鞅简子舍之。十二年,孔子相鲁。

十五年,赵鞅使邯郸大夫午,不信,欲杀午,午与中行寅、[①]范吉射[②]亲攻赵鞅,鞅走保晋阳。定公围晋阳。荀栎、韩不信、魏侈与范、中行为仇,乃移兵伐范、中行。范、中行反,晋君击之,败范、中行。范、中行走朝歌,保之。韩、魏为赵鞅谢晋君,乃赦赵鞅,复位。二十二年,晋败范、中行氏,二子奔齐。

①【索隐】寅,荀偃之孙也。

②【索隐】音亦。范献子,士鞅之子。

三十年,定公与吴王夫差会黄池,争长,赵鞅时从,卒长吴。[①]

①【集解】徐广曰:"吴世家说黄池之盟云'赵鞅怒,将战,吴乃长晋定公'。左氏传云'乃先晋人',外传云'吴公先歃,晋公次之'。"

三十一年,齐田常弑其君简公,而立简公弟骜为平公。三十三年,孔子卒。

三十七年，定公卒，子出公凿立。

出公十七年，①知伯与赵、韩、魏共分范、中行地以为邑。出公怒，告齐、鲁，欲以伐四卿。②四卿恐，遂反攻出公。出公奔齐，道死。故知伯乃立昭公曾孙骄为晋君，是为哀公。③

①【集解】徐广曰："年表云出公立十八年。或云二十年。"

②【索隐】时赵、魏、韩共灭范氏及中行氏，而分其地，犹有智氏与三晋，故曰"四卿"也。

③【索隐】按：赵系家云骄是为懿公。又年表云出公十八年，次哀公忌二年，次懿公骄十七年。纪年又云出公二十三年奔楚，乃立昭公之孙，是为敬公。系本亦云昭公生桓子雍，雍生忌，忌生懿公骄。然晋、赵系家及年表各各不同，何况纪年之说也！

哀公大父雍，晋昭公少子也，号为戴子。①戴子生忌。忌善知伯，蚤死，故知伯欲尽并晋，未敢，乃立忌子骄为君。当是时，晋国政皆决知伯，晋哀公不得有所制。知伯遂有范、中行地，最强。

①【集解】徐广曰："世本作'相子雍'，注云戴子。"

哀公四年，赵襄子、韩康子、魏桓子共杀知伯，尽并其地。①

①【索隐】如纪年之说，此乃出公二十二年事。

十八年，哀公卒，子幽公柳立。

幽公之时，晋畏，反朝韩、赵、魏之君。①独有绛、曲沃，馀皆入三晋。

①【索隐】畏，惧也。为衰弱故，反朝韩、赵、魏也。宋忠引此注系本，而"畏"字为"衰"。

十五年，魏文侯初立。①十八年，幽公淫妇人，夜窃出邑中，盗杀幽公。[2]魏文侯以兵诛晋乱，立幽公子止，是为烈公。[3]

①【索隐】按纪年，魏文侯初立在敬公十八年。

②【索隐】纪年云夫人秦嬴贼公于高寝之上。

③【索隐】系本云幽公生烈公止。又年表云魏诛幽公，立其弟止。

烈公十九年，周威烈王赐赵、韩、魏皆命为诸侯。

二十七年，烈公卒，子孝公颀立。[1]孝公九年，魏武侯初立，袭邯郸，不胜而去。十七年，孝公卒，[2]子静公俱酒立。[3]是岁，齐威王元年也。

①【索隐】系本云孝公倾。纪年以孝公为桓公，故韩子有"晋桓侯"。

②【索隐】纪年云桓公二十年赵成侯、韩共侯迁桓公于屯留。已后更无晋事。

③【索隐】系本云静公俱。

静公二年，魏武侯、韩哀侯、赵敬侯灭晋后而三分其地。[1]静公迁为家人，晋绝不祀。

①【索隐】按：纪年魏武侯以桓公十九年卒，韩哀侯、赵敬侯并以桓公十五年卒。又赵系家烈侯十六年与韩分晋，封晋君端氏，其后十年，肃侯迁晋君于屯留。不同也。

太史公曰：晋文公，古所谓明君也，亡居外十九年，至困约，及即位而行赏，尚忘介子推，况骄主乎？灵公既弑，其后成、景致严，至厉大刻，大夫惧诛，祸作。悼公以后日衰，六卿专权。故君道之御其臣下，固不易哉！

【索隐述赞】天命叔虞，卒封于唐。桐珪既削，河、汾是荒。文侯虽嗣，曲沃日强。未知本末，祚倾桓庄。献公昏惑，太子罹殃。重耳致霸，朝周河阳。灵既丧德，厉亦无防。四卿侵侮，晋祚遽亡。

史 记 卷 四 十

楚世家第十

楚之先祖出自帝颛顼高阳。高阳者，黄帝之孙，昌意之子也。高阳生称，①称生卷章，卷章生重黎。②重黎为帝喾高辛居火正，③甚有功，能光融天下，帝喾命曰祝融。④共工氏作乱，帝喾使重黎诛之而不尽。帝乃以庚寅日诛重黎，而以其弟吴回为重黎后，复居火正，为祝融。

①【正义】尺证反。

②【集解】徐广曰："世本云老童生重黎及吴回。"谯周曰："老童即卷章。"【索隐】卷章名老童，故系本云"老童生重黎"。重氏、黎氏二官代司天地，重为木正，黎为火正。案：左氏传少昊氏之子曰重，颛顼氏之子曰黎。今以重黎为一人，仍是颛顼之子孙者，刘氏云"少昊氏之后曰重，颛顼氏之后曰重黎，对彼重则单称黎，若自言当家则称重黎。故楚及司马氏皆重黎之后，非关少昊之重"。愚谓此解为当。

③【索隐】此重黎为火正，彼少昊氏之后重自为木正，知此重黎即彼之黎也。

④【集解】虞翻曰:"祝,大;融,明也。"韦昭曰:"祝,始也。"

吴回生陆终。陆终生子六人,坼剖而产焉。①其长一曰昆吾;②二曰参胡;③三曰彭祖;④四曰会人;⑤五曰曹姓;⑥六曰季连,芈姓,楚其后也。⑦昆吾氏,夏之时尝为侯伯,桀之时汤灭之。彭祖氏,殷之时尝为侯伯,殷之末世灭彭祖氏。季连生附沮,⑧附沮生穴熊。其后中微,或在中国,或在蛮夷,弗能纪其世。

①【集解】干宝曰:"先儒学士多疑此事。谯允南通才达学,精核数理者也,作古史考,以为作者妄记,废而不论。余亦尤其生之异也。然按六子之世,子孙有国,升降六代,数千年间,迭至霸王,天将兴之,必有尤物乎?若夫前志所传,修己背坼而生禹,简狄胸剖而生契,历代久远,莫足相证。近魏黄初五年,汝南屈雍妻王氏生男儿从右胳下水腹上出,而平和自若,数月创合,母子无恙,斯盖近事之信也。以今况古,固知注记者之不妄也。天地云为,阴阳变化,安可守之一端,概以常理乎?诗云'不坼不副,无灾无害'。原诗人之旨,明古之妇人尝有坼副而产者矣。又有因产而遇灾害者,故美其无害也。" 【索隐】系本云:"陆终娶鬼方氏妹,曰女嬇。"

②【集解】虞翻曰:"昆吾名樊,为己姓,封昆吾。"世本曰:"昆吾者,卫是也。" 【索隐】长曰昆吾。系本云:"其一曰樊,是为昆吾。"又曰:"昆吾者,卫是。"宋忠曰:"昆吾,国名,己姓所出。"左传曰:"卫侯梦见披发登昆吾之观。"按:今濮阳城中有昆吾台。 【正义】括地志云:"濮阳县,古昆吾国也。昆吾故城在县西三十里,台在县西百步,即昆吾墟也。"

③【集解】世本曰:"参胡者,韩是也。" 【索隐】系本云:"二曰惠连,是为参胡。参胡者,韩是。"宋忠曰:"参胡,国名,斟姓,无后。"

④【集解】虞翻曰:"名翦,为彭姓,封于大彭。"世本曰:"彭祖者,彭城是也。" 【索隐】系本云:"三曰篯铿,是为彭祖。彭祖者,彭城是。"虞

翻云:"名翦,为彭姓,封于大彭。" 【正义】括地志云:"彭城,古彭祖国也。外传云殷末灭彭祖国也。虞翻云名翦。神仙传云彭祖讳铿,帝颛顼之玄孙,至殷末年已七百六十七岁而不衰老,遂往流沙之西,非寿终也。"

⑤【集解】世本曰:"会人者,郑是也。" 【索隐】系本云:"四曰求言,是为郐人。郐人者,郑是。"宋忠曰:"求言,名也。妘姓所出,郐国也。" 【正义】括地志云:"故郐城在郑州新郑县东北二十二里。毛诗谱云'昔高辛之土,祝融之墟,历唐至周,重黎之后妘姓处其地,是为郐国,为郑武公所灭也'。"

⑥【集解】世本曰:"曹姓者,邾是也。" 【索隐】系本云:"五曰安,是为曹姓。曹姓,邾是。"宋忠曰:"安,名也。曹姓者,诸曹所出。" 【正义】括地志云:"故邾国在黄州黄冈县东南百二十一里,史记云邾子,曹姓也。"

⑦【索隐】系本云:"六曰季连,是为芈姓。季连者,楚是。"宋忠曰:"季连,名也。芈姓所出,楚之先。"芈音弥是反。芈,羊声也。

⑧【集解】孙检曰:"一作'祖'。" 【索隐】沮音才叙反。

周文王之时,季连之苗裔曰鬻熊。鬻熊子事文王,蚤卒。其子曰熊丽。熊丽生熊狂,熊狂生熊绎。

熊绎当周成王之时,举文、武勤劳之后嗣,而封熊绎于楚蛮,封以子男之田,姓芈氏,居丹阳。①楚子熊绎与鲁公伯禽、卫康叔子牟、晋侯燮、齐太公子吕伋俱事成王。

①【集解】徐广曰:"在南郡枝江县。" 【正义】颍容(云)传例云:"楚居丹阳,今枝江县故城是也。"括地志云:"归州巴东县东南四里归故城,楚子熊绎之始国也。又熊绎墓在归州秭归县。舆地志云秭归县东有丹阳城,周回八里,熊绎始封也。"

熊绎生熊艾，熊艾生熊黮，①熊黮生熊胜。熊胜以弟熊杨②为后。熊杨生熊渠。

①【索隐】一作"䵣"，音土感反。黮音但，与"亶"同字，亦作"亶"。

②【索隐】邹诞本作"熊钖"。一作"炀"。

熊渠生子三人。当周夷王之时，王室微，诸侯或不朝，相伐。熊渠甚得江汉间民和，乃兴兵伐庸、①杨粤，②至于鄂。③熊渠曰："我蛮夷也，不与中国之号谥。"乃立其长子康为句亶王，④中子红为鄂王，⑤少子执疵为越章王，⑥皆在江上楚蛮之地。及周厉王之时，暴虐，熊渠畏其伐楚，亦去其王。

①【集解】杜预曰："庸，今上庸县。" 【正义】括地志云："房州竹山县，本汉上庸县，古之庸国。昔周武王伐纣，庸蛮在焉。"

②【索隐】有本作"杨雩"，音吁，地名也。今音越。谯周亦作"杨越"。

③【正义】五各反。刘伯庄云："地名，在楚之西，后徙楚，今东鄂州是也。"括地志云："邓州向城县南二十里西鄂故城是楚西鄂。"

④【集解】张莹曰："今江陵也。" 【索隐】系本"康"作"庸"，"亶"作"袒"。地理志云江陵，南郡之县也。楚文王自丹阳徙都之。

⑤【集解】九州记曰："鄂，今武昌。" 【索隐】有本作"艺经"二字，音挚红，从下文熊挚红读也。古史考及邹氏、刘氏等音无艺经，恐非也。 【正义】括地志云："武昌县，鄂王旧都。今鄂王神即熊渠子之神也。"

⑥【索隐】系本无执字，越作"就"。

后为熊毋康，①毋康蚤死。熊渠卒，子熊挚红立。②挚红卒，其弟弑而代立，曰熊延。③熊延生熊勇。

①【集解】徐广曰："即渠之长子。"

②【索隐】如此史意即上鄂王红也。谯周以为"熊渠卒，子熊翔立；卒，长

子挚有疾，少子熊延立"。此云"挚红卒，其弟杀而自立，曰熊延"。欲会此代系，则翔亦毋康之弟，元嗣熊渠者。毋康既蚤亡，挚红立而被延杀，故史考言"挚有疾"，而此言"弑"也。【正义】即上鄂王红也。

③【正义】谯周言"挚有疾"，此言"弑"，未详。宋均注乐纬云："熊渠嫡嗣曰熊挚，有恶疾，不得为后，别居于夔，为楚附庸，后王命曰夔子也。"

熊勇六年，而周人作乱，攻厉王，厉王出奔彘。熊勇十年，卒，弟熊严为后。

熊严十年，卒。有子四人，长子伯霜，中子仲雪，次子叔堪，①少子季徇。②熊严卒，长子伯霜代立，是为熊霜。

①【索隐】一作"湛"。

②【索隐】旬俊反。

熊霜元年，周宣王初立。熊霜六年，卒，三弟争立。仲雪死；叔堪亡，避难于濮；①而少弟季徇立，是为熊徇。熊徇十六年，郑桓公初封于郑。二十二年，熊徇卒，子熊咢②立。熊咢九年，卒，子熊仪立，是为若敖。

①【集解】杜预曰：建宁郡南有濮夷。" 【正义】按："建宁，晋郡，在蜀南，与蛮相近。刘伯庄云："濮在楚西南。"孔安国云："庸、濮在汉之南。"按：成公元年"楚地千里"，孔说是也。

②【索隐】噩音鄂，亦作"咢"。

若敖二十年，周幽王为犬戎所弑，周东徙，而秦襄公始列为诸侯。

二十七年，若敖卒，子熊坎①立，是为霄敖。霄敖六年，卒，子熊眴立，②是为蚡冒。③蚡冒十三年，晋始乱，以曲沃之故。蚡冒十七年，卒。蚡冒弟熊通弑蚡冒子而代立，是为楚武王。

①【索隐】苦感反。一作"菌",又作"钦"。

②【集解】徐广曰:"眴音舜。"【索隐】徐音舜。按:玉篇在口部,顾氏云"楚之先,即蚡冒也"。刘音舜,其近代本即有字从目者。刘舜音,非。

③【索隐】古本"蚡"作"羒",音愤。冒音亡北反,或亡报反。

武王十七年,晋之曲沃庄伯弑主国晋孝侯。十九年,郑伯弟段作乱。二十一年,郑侵天子之田。二十三年,卫弑其君桓公。二十九年,鲁弑其君隐公。三十一年,宋太宰华督弑其君殇公。

三十五年,楚伐随。①随曰:"我无罪。"楚曰:"我蛮夷也。今诸侯皆为叛相侵,或相杀。我有敝甲,欲以观中国之政,请王室尊吾号。"随人为之周,请尊楚,王室不听,还报楚。三十七年,楚熊通怒曰:"吾先鬻熊,文王之师也,蚤终。成王举我先公,乃以子男田令居楚,蛮夷皆率服,而王不加位,我自尊耳。"乃自立,为武王,与随人盟而去。于是始开濮地而有之。

①【集解】贾逵曰:"随,姬姓也。"杜预曰:"随国今义阳随县。"【正义】括地志云:"随州外城古随国地。"世本云:"楚武王墓在豫州新息。随,姬姓也。武王卒师中而兵罢。"括地志云"上蔡县东北五十里"是也。

五十一年,周召随侯,数以立楚为王。楚怒,以随背己,伐随。武王卒师中而兵罢。①子文王熊赀立,始都郢。②

①【集解】皇览曰:"楚武王冢在汝南郡鲖阳县葛陂乡城东北,民谓之楚王岑。汉永平中,葛陵城北祝里社下于土中得铜鼎,而名曰'楚武王',由是知楚武王之冢。民传言,秦、项、赤眉之时欲发之,辄颓坏填压,不得发也。"【正义】有本注"葛陂乡"作"葛陵乡"者,误也。地理志云新蔡县西北六十里有葛陂乡,即费长房投竹成龙之陂,因为乡名也。

②【正义】括地志云："纪南故城在荆州江陵县北五十里。杜预云国都于郢，今南郡江陵县北纪南城是也。"括地志云："又至平王，更城郢，在江陵县东北六里，故郢城是也。"

文王二年，伐申过邓，①邓人曰"楚王易取"，邓侯不许也。②六年，伐蔡，③虏蔡哀侯以归，已而释之。楚强，陵江汉间小国，小国皆畏之。十一年，齐桓公始霸，楚亦始大。

①【正义】括地志云："故申城在邓州南阳县北三十里。晋太康地志云周宣王舅所封。故邓城在襄州安养县北二十里。春秋之邓国，庄十六年楚文王灭之。"

②【集解】服虔云："邓，曼姓。"

③【正义】豫州上蔡县在州北七十里，古蔡国也。县外城，蔡国城也。

十二年，伐邓，灭之。十三年，卒，子熊囏立，①是为庄敖。②庄敖五年，欲杀其弟熊恽，③恽奔随，与随袭弑庄敖代立，是为成王。

①【集解】史记音隐云："囏，古'艰'字。"

②【索隐】上音侧状反。

③【索隐】恽音纡粉反。左传作"頵"，纡贫反。

成王恽元年，初即位，布德施惠，结旧好于诸侯。使人献天子，天子赐胙，曰："镇尔南方夷越之乱，无侵中国。"于是楚地千里。

十六年，齐桓公以兵侵楚，至陉山。①楚成王使将军屈完②以兵御之，与桓公盟。桓公数以周之赋不入王室，楚许之，乃去。

①【正义】杜预云："陉，楚地。颍川召陵县南有陉亭。"括地志云："陉山在郑州西南一百一十里，即此山也。"

②【正义】屈，曲勿反。完音桓，楚族也。

十八年，成王以兵北伐许，①许君肉袒谢，乃释之。二十二年，伐黄。②二十六年，灭英。③

①【集解】地理志曰颍川许昌县，故许国也。

②【索隐】汝南弋阳县，故黄国。【正义】括地志云："黄国故城，汉弋阳县也。秦时黄都，嬴姓，在光州定城县四十里也。"

③【集解】徐广曰："年表及他本皆作'英'，一本作'黄'。"【正义】英国在淮南，盖蓼国也，不知改名时也。

三十三年，宋襄公欲为盟会，召楚。楚王怒曰："召我，我将好往袭辱之。"遂行，至盂，①遂执辱宋公，已而归之。三十四年，郑文公南朝楚。楚成王北伐宋，败之泓，射伤宋襄公，襄公遂病创死。

①【正义】音于，宋地也。

三十五年，晋公子重耳过楚，成王以诸侯客礼飨，而厚送之于秦。

三十九年，鲁僖公来请兵以伐齐，楚使申侯将兵伐齐，取榖，①置齐桓公子雍焉。齐桓公七子皆奔楚，楚尽以为上大夫。灭夔，夔不祀祝融、鬻熊故也。②

①【集解】杜预曰："济北榖城县。"【正义】括地志云："榖在济州东阿县东二十六里。"

②【集解】服虔曰："夔，楚熊渠之孙，熊挚之后。夔在巫山之阳，秭归乡是也。"【索隐】谯周作"灭归"，归即夔之地名归乡也。

夏，伐宋，宋告急于晋，晋救宋，成王罢归。将军子玉请战，成王曰："重耳亡居外久，卒得反国，天之所开，不可当。"子玉固请，乃与之少师而去。晋果败子玉于城濮。成王怒，诛子玉。

四十六年，初，成王将以商臣为太子，语令尹子上。子上曰："君之齿未也，①而又多内宠，绌乃乱也。楚国之举常在少者。②且商臣蜂目而豺声，忍人也，③不可立也。"王不听，立之。后又欲立子职④而绌太子商臣。商臣闻而未审也，告其傅潘崇曰："何以得其实？"崇曰："飨王之宠姬⑤江芈⑥而勿敬也。"商臣从之。江芈怒曰："宜乎王之欲杀若而立职也。"商臣告潘崇曰："信矣。"崇曰："能事之乎？"⑦曰："不能。""能亡去乎？"曰："不能。""能行大事乎？"⑧曰："能。"冬十月，商臣以宫卫兵围成王。成王请食熊蹯而死，⑨不听。丁未，成王自绞杀。商臣代立，是为穆王。

①【集解】杜预曰："齿，年也。言尚少。"

②【集解】贾逵曰："举，立也。"

③【集解】服虔曰："言忍为不义。"

④【集解】贾逵曰："职，商臣庶弟也。"

⑤【集解】姬，当作"妹"。

⑥【正义】芈，亡尔反。

⑦【集解】服虔曰："若立职，子能事之？"

⑧【集解】服虔曰："谓弑君。"

⑨【集解】杜预曰："熊掌难熟，冀久将有外救之也。"

穆王立，以其太子宫予潘崇，使为太师，掌国事。穆王三年，灭江。①四年，灭六、蓼。六、蓼，皋陶之后。②八年，伐陈。十二年，卒。子庄王侣立。

①【集解】杜预曰："江国在汝南安阳县。"

②【集解】杜预曰："六国，今庐江六县。蓼国，今安丰蓼县。"

庄王即位三年，不出号令，日夜为乐，令国中曰："有敢谏者死无赦！"伍举入谏。庄王左抱郑姬，右抱越女，坐钟鼓之间。伍举曰："愿有进。"隐①曰："有鸟在于阜，三年不蜚不鸣，是何鸟也？"庄王曰："三年不蜚，蜚将冲天；三年不鸣，鸣将惊人。举退矣，吾知之矣。"居数月，淫益甚。大夫苏从乃入谏。王曰："若不闻令乎？"

对曰："杀身以明君，臣之愿也。"于是乃罢淫乐，听政，所诛者数百人，所进者数百人，任伍举、苏从以政，国人大说。是岁灭庸。②六年，伐宋，获五百乘。

①【集解】隐谓隐藏其意。

②【正义】今房州竹山县是也。

八年，伐陆浑戎，①遂至洛，观兵于周郊。②周定王使王孙满劳楚王。③楚王问鼎小大轻重，④对曰："在德不在鼎。"庄王曰："子无阻九鼎！楚国折钩之喙，⑤足以为九鼎。"王孙满曰："呜呼！君王其忘之乎？昔虞夏之盛，远方皆至，贡金九牧，⑥铸鼎象物，⑦百物而为之备，使民知神奸。⑧桀有乱德，鼎迁于殷，载祀六百。⑨殷纣暴虐，鼎迁于周。德之休明，虽小必重；⑩其奸回昏乱，虽大必轻。⑪昔成王定鼎于郏鄏，⑫卜世三十，卜年七百，天所命也。周德虽衰，天命未改。鼎之轻重，未可问也。"楚王乃归。

①【集解】服虔曰："陆浑戎在洛西南。"【正义】允姓之戎徙居陆浑。

②【集解】服虔曰："观兵，陈兵示周也。"

③【集解】服虔曰："以郊劳礼迎之也。"

④【集解】杜预曰："示欲逼周取天下。"

⑤【正义】喙，许卫反。凡戟有钩。喙，钩口之尖也。言楚国戟之钩口尖有折者，足以为鼎，言鼎之易得也。

⑥【集解】服虔曰："使九州之牧贡金。"

⑦【集解】贾逵曰："象所图物著之于鼎。"

⑧【集解】杜预曰："图鬼神百物之形，使民逆备之也。"

⑨【集解】贾逵曰："载，辞也。祀，年也。商曰祀。"王肃曰："载祀者，犹言年也。"

⑩【集解】杜预曰："不可迁。"

⑪【集解】杜预曰："言可移。"

⑫【集解】杜预曰："郏鄏今河南也，河南县西有郏鄏陌。武王迁之，成王定之。"【索隐】按周书，郏，雒北山名，音甲。鄏谓田厚鄏，故以名焉。

九年，相若敖氏。①人或谗之王，恐诛，反攻王，王击灭若敖氏之族。十三年，灭舒。②

①【集解】左传曰子越椒。

②【集解】杜预曰："庐江六县东有舒城也。"

十六年，伐陈，杀夏徵舒。徵舒弑其君，故诛之也。已破陈，即县之。群臣皆贺，申叔时使齐来，不贺。王问，对曰："鄙语曰，牵牛径人田，田主取其牛。径者则不直矣，取之牛不亦甚乎？且王以陈之乱而率诸侯伐之，以义伐之而贪其县，亦何以复令于天下！"庄王乃复国陈后。

十七年春，楚庄王围郑，三月克之。入自皇门，①郑伯肉袒牵羊以逆，②曰："孤不天，不能事君，君用怀怒，以及敝邑，孤之罪也。敢不惟命是听！宾之南海，若以臣妾赐诸侯，亦惟命是听。若君不忘厉、宣、桓、武，③不绝其社稷，使改事君，孤之愿也，非所敢望也。敢布腹心。"楚群臣曰："王勿许。"庄王曰："其君能下人，必能信用其民，庸可绝乎！"庄王自手旗，左右麾军，引兵去三十里而舍，遂许之平。④潘尪入盟，子良出质。⑤夏六月，晋救郑，与楚战，大败晋师河上，遂至衡雍而归。

①【集解】贾逵曰："郑城门。"何休曰："郭门也。"

②【集解】贾逵曰："肉袒牵羊，示服为臣隶也。"

③【集解】杜预曰："周厉王、宣王，郑之所自出也。郑桓公、武公，始封之贤君也。"

④【集解】杜预曰："退一舍而礼郑。"

⑤【集解】潘尪，楚大夫。子良，郑伯弟。

二十年，围宋，以杀楚使也。①围宋五月，城中食尽，易子而食，析骨而炊。宋华元出告以情。庄王曰："君子哉！"遂罢兵去。

①【索隐】左传宣十四年"楚子使申舟聘于齐，曰：'无假道于宋。'华元曰：'过我而不假道，鄙我也，鄙我，亡也；杀其使者必伐我，伐我亦亡也：亡一也。'乃杀之。楚子闻之，投袂而起。九月，围宋"是也。

二十三年，庄王卒，子共王审立。

共王十六年，晋伐郑。郑告急，共王救郑。与晋兵战鄢陵，晋败楚，射中共王目。共王召将军子反。子反嗜酒，从者竖阳穀进酒，醉。王怒，射杀子反，遂罢兵归。

三十一年，共王卒，子康王招立。康王立十五年卒，子员①立，是为郏敖。

①【索隐】音云。左传作"麇"。

康王宠弟公子围、①子比、子晳、弃疾。郏敖三年，以其季父康王弟公子围为令尹，主兵事。四年，围使郑，道闻王疾而还。十二月己酉，围入问王疾，绞而弑之，②遂杀其子莫及平夏。使使赴于郑。伍举问曰："谁为后？"③对曰："寡大夫围。"伍举更曰："共王之子围为长。"④子比奔晋，而围立，是为灵王。

①【集解】徐广曰："史记多作'回'。"

②【集解】荀卿曰："以冠缨绞之。"左传曰："葬王于郏，谓之郏敖。"

③【集解】服虔曰："问来赴者。"

④【集解】杜预曰："伍举更赴辞，使从礼告终称嗣，不以篡弑赴诸侯。"

灵王三年六月，楚使使告晋，欲会诸侯。诸侯皆会楚于申。伍举曰："昔夏启有钧台之飨，①商汤有景亳之命，周武王有盟津之誓，成王有岐阳之蒐，②康王有丰宫之朝，③穆王有涂山之会，齐桓有召陵之师，晋文有践土之盟，君其何用？"灵王曰："用桓公。"④时郑子产在焉。于是晋、宋、鲁、卫不往。灵王已盟，有骄色。伍举曰："桀为有仍之会，有缗叛之。⑤纣为黎山之会，东夷叛之。⑥幽王为太室之盟，戎、翟叛之。⑦君其慎终！"

①【集解】杜预曰："河南阳翟县南有钧台坡。"

②【集解】贾逵曰："岐山之阳。"

③【集解】服虔曰："丰宫，成王庙所在也。"杜预曰："丰在始平鄠县东，有灵台，康王于是朝诸侯。"

④【集解】杜预曰："用会召陵之礼也。"

⑤【集解】贾逵曰："仍，缗，国名也。"

⑥【集解】服虔曰："黎，东夷国名也，子姓。"

⑦【集解】杜预曰："太室，中岳也。"

七月，楚以诸侯兵伐吴，围朱方。八月，克之，囚庆封，灭其族。以封徇，曰："无效齐庆封弑其君而弱其孤，以盟诸大夫！"①封反曰："莫如楚共王庶子围弑其君兄之子员而代之立！"②于是灵王使(弃)疾杀之。

①【集解】杜预曰："齐崔杼弑其君，庆封其党，故以弑君之罪责之也。"

②【集解】穀梁传曰："军人粲然皆笑。"

七年，就章华台，①下令内亡人实之。

①【集解】杜预曰："南郡华容县有台，在城内。"

八年，使公子弃疾将兵灭陈。十年，召蔡侯，醉而杀之。使弃疾定蔡，因为陈蔡公。

十一年，伐徐以恐吴。①灵王次于乾溪以待之。王曰："齐、晋、鲁、卫，其封皆受宝器，我独不。今吾使使周求鼎以为分，其予我乎？"②析父对曰："其予君王哉！③昔我先王熊绎辟在荆山，荜露蓝蒌④以处草莽，跋涉山林⑤以事天子，唯是桃弧棘矢以共王事。⑥齐，王舅也；⑦晋及鲁、卫，王母弟也：楚是以无分而彼皆有。周今与四国服事君王，将惟命是从，岂敢爱鼎？"灵王曰："昔我皇祖伯父昆吾旧许是宅，⑧今郑人贪其田，不我予，今我求之，其予我乎？"对曰："周不爱鼎，郑安敢爱田？"灵王曰："昔诸侯远我而畏晋，今吾大城陈、蔡、不羹，⑨赋皆千乘，诸侯畏我乎？"对曰："畏哉！"灵王喜曰："析父善言古事焉。"⑩

①【集解】左传曰使荡侯等围徐。

②【集解】服虔曰："有功德，受分器。"

③【集解】贾逵曰："析父，楚大夫。" 【索隐】据左氏此是右尹子革之词，史盖误也。

④【集解】徐广曰："荜，一作'暴'。"骃案：服虔曰"荜露，柴车素木辂也。蓝蒌，言衣敝坏，其蒌蓝蓝然也"。

⑤【集解】服虔曰："草行曰跋，水行曰涉。"

⑥【集解】服虔曰："桃弧棘矢所以御其灾，言楚地山林无所出也。"

⑦【集解】服虔曰："齐吕伋，成王之舅。"

⑧【集解】服虔曰："陆终氏六子，长曰昆吾，少曰季连。季连，楚之祖，故谓昆吾为伯父也。昆吾曾居许地，故曰旧许是宅。"

⑨【集解】韦昭曰："二国，楚别都也。颍川定陵有东不羹，襄城有西不羹。" 【正义】括地志云："不羹故城在许州襄城县东三十里。地理志云此乃西不羹者也。"

⑩【正义】左传昭十二年，析父谓子革曰："吾子楚国之望也，今与王言如响，国其若之何？"杜预曰："讥其顺王心如响应声也。"按：此对王言是

子革之辞，太史公云析父，误也。析父时为王仆，见子革对，故叹也。

十二年春，楚灵王乐乾溪，不能去也。国人苦役。初，灵王会兵于申，僇越大夫常寿过，①杀蔡大夫观起。②起子从亡在吴，③乃劝吴王伐楚，为间越大夫常寿过而作乱，为吴间。使矫公子弃疾命召公子比于晋，至蔡，与吴、越兵欲袭蔡。令公子比见弃疾，与盟于邓。④遂入杀灵王太子禄，立子比为王，公子子晳为令尹，弃疾为司马。先除王宫，观从从师于乾溪，令楚众曰："国有王矣。先归，复爵邑田室。后者迁之。"楚众皆溃，去灵王而归。

①【索隐】僇，辱也。

②【索隐】观音官。观，姓；起，名。

③【索隐】从音才松反。

④【集解】杜预曰："颍川邵陵县西有邓城。"【正义】括地志云："故邓城在豫州郾城县东三十五里。"按：在古召陵县西十里也。

灵王闻太子禄之死也，自投车下，而曰："人之爱子亦如是乎？"侍者曰："甚是。"王曰："余杀人之子多矣，能无及此乎？"右尹曰：①"请待于郊以听国人。"②王曰："众怒不可犯。"曰："且入大县而乞师于诸侯。"王曰："皆叛矣。"又曰："且奔诸侯以听大国之虑。"王曰："大福不再，祇取辱耳。"于是王乘舟将欲入鄢。③右尹度王不用其计，惧俱死，亦去王亡。

①【集解】左传曰右尹子革。

②【集解】服虔曰："听国人欲为谁。"

③【集解】服虔曰："鄢，楚别都也。"杜预曰："襄阳宜城县。"【正义】音偃。括地志云："故鄢城在襄州安养县北三里，在襄州北五里，南去荆州二百五十里。"按：王自夏口从汉水上入鄢也。左传云"王沿夏将欲

入鄢”是也。括地志云：“鄢水源出襄州义清县西界托仗山。水经云蛮水即鄢水是也。”

灵王于是独傍偟山中，野人莫敢入王。王行遇其故铝人，[①]谓曰：“为我求食，我已不食三日矣。”铝人曰：“新王下法，有敢饷王从王者，罪及三族，且又无所得食。”王因枕其股而卧。铝人又以土自代，逃去。王觉而弗见，遂饥弗能起。芋尹申无宇之子申亥曰：“吾父再犯王命，[②]王弗诛，恩孰大焉！”乃求王，遇王饥于釐泽，奉之以归。夏五月癸丑，王死申亥家，[③]申亥以二女从死，并葬之。

①【集解】韦昭曰：“今之中涓也。”

②【集解】服虔曰：“断王旌，执人于章华之宫。”

③【正义】左传云“夏五月癸亥，王缢于芋尹申亥”是也。

是时楚国虽已立比为王，畏灵王复来，又不闻灵王死，故观从谓初王比曰：“不杀弃疾，虽得国犹受祸。”王曰：“余不忍。”从曰：“人将忍王。”王不听，乃去。弃疾归。国人每夜惊，曰：“灵王入矣！”乙卯夜，弃疾使船人从江上走呼曰：“灵王至矣！”国人愈惊。又使曼成然告初王比及令尹子晳曰：“王至矣！国人将杀君，司马将至矣！[①]君蚤自图，无取辱焉。众怒如水火，不可救也。”初王及子晳遂自杀。丙辰，弃疾即位为王，改名熊居，是为平王。

①【集解】杜预曰：“司马谓弃疾。”

平王以诈弑两王而自立，恐国人及诸侯叛之，乃施惠百姓。复陈蔡之地而立其后如故，归郑之侵地。存恤国中，修政教。吴以楚乱故，获五率以归。[①]平王谓观从：“恣尔所欲。”欲为卜尹，王许之。[②]

①【集解】服虔曰："五率，荡侯、潘子、司马督、嚣尹午、陵尹喜。"

②【集解】贾逵曰："卜尹，卜师，大夫官。"

初，共王有宠子五人，无適立，乃望祭群神，请神决之，使主社稷，而阴与巴姬①埋璧于室内，②召五公子斋而入。康王跨之，③灵王肘加之，子比、子皙皆远之。平王幼，抱其上而拜，压纽。故康王以长立，至其子失之；围为灵王，及身而弑；子比为王十馀日，子皙不得立，又俱诛。四子皆绝无后。唯独弃疾后立，为平王，竟续楚祀，如其神符。

①【集解】贾逵曰："共王妾。"

②【正义】左传云："埋璧于太室之庭。"杜预曰："太室，祖庙也。"

③【集解】服虔曰："两足各跨璧一边。"杜预曰："过其上。"

初，子比自晋归，韩宣子问叔向曰："子比其济乎？"对曰："不就。"宣子曰："同恶相求，如市贾焉，①何为不就？"对曰："无与同好，谁与同恶？"②取国有五难：有宠无人，一也；③有人无主，二也；④有主无谋，三也；⑤有谋而无民，四也；⑥有民而无德，五也。⑦子比在晋十三年矣，晋、楚之从不闻通者，可谓无人矣；⑧族尽亲叛，可谓无主矣；⑨无衅而动，可谓无谋矣；⑩为羁终世，可谓无民矣；⑪亡无爱征，可谓无德矣。⑫王虐而不忌，⑬子比涉五难以弑君，谁能济之！有楚国者，其弃疾乎？君陈、蔡，方城外属焉。⑭苛慝不作，盗贼伏隐，私欲不违，⑮民无怨心。先神命之，国民信之。芈姓有乱，必季实立，楚之常也。子比之官，则右尹也；数其贵宠，则庶子也；以神所命，则又远之；民无怀焉，将何以立？"宣子曰："齐桓、晋文不亦是乎？"⑯对曰："齐桓，卫姬之子也，有宠于釐公。有鲍叔牙、宾须无、隰朋以为辅，有莒、卫以为外主，⑰有高、国以为内主。[18]从善如流，[19]施惠不倦。有国，不亦宜乎？昔我文公，狐季姬之子也，有宠于献公。好学不倦。生十七年，有士五人，有先大夫子馀、子犯以为腹心，[20]有魏犨、贾佗以为股肱，有齐、宋、秦、楚以为外主，[21]有栾、郤、狐、先以为内主。[22]亡十九年，守志弥笃。惠、怀弃民，[23]民从而与之。[24]故文公有国，不亦宜乎？子比无施于民，无援于外，去晋，晋不送；归楚，楚不迎。何以有国！"子比果不终焉，卒立者弃疾，[25]如叔向言也。

①【集解】服虔曰："谓国人共恶灵王者，如市贾之人求利也。"

②【集解】服虔曰："言无党于内，当与谁共同好恶。"

③【集解】杜预曰："宠须贤人而固。"

④【集解】杜预曰："虽有贤人，当须内主为应。"

⑤【集解】杜预曰："谋，策谋也。"

⑥【集解】杜预曰："民，众也。"

⑦【集解】杜预曰："四者既备，当以德成之。"

⑧【集解】杜预曰："晋、楚之士从子比游，皆非达人。"

⑨【集解】杜预曰："无亲族在楚。"

⑩【集解】服虔曰："言灵王尚在，而妄动取国，故谓无谋。"

⑪【集解】杜预曰："终身羁客在于晋，是无民。"

⑫【集解】杜预曰："楚人无爱念者。"

⑬【集解】杜预曰："灵王暴虐，无所畏忌，将自亡。"

⑭【正义】方城山在许州叶县西十八里也。

⑮【集解】服虔曰："不以私欲违民心。"

⑯【集解】服虔曰："皆庶子而出奔。"

⑰【集解】贾逵曰："齐桓出奔莒，自莒先入，卫人助之。"

⑱【集解】服虔曰："国子，高子，皆齐之正卿。"

⑲【集解】服虔曰："言其疾。"

⑳【集解】贾逵曰："子馀，赵衰。"

㉑【集解】贾逵曰："齐以女妻之，宋赠之马，楚享以九献，秦送内之。"

㉒【集解】贾逵曰："四姓，晋大夫。"【正义】杜预云："谓栾枝、郤縠、狐突、先轸也。"

㉓【集解】服虔曰："皆弃民不恤。"

㉔【正义】以惠、怀弃民，故民相从而归心于文公。

㉕【正义】左传云："获神，一也；有民，二也；令德，三也；宠贵，四也；居常，五也。有五利以去五难，谁能害之！"杜预云："获神，当璧拜也；有民，民信也；令德，无苛慝也；宠贵，妃子也；居常，弃疾季也。"

平王二年，使费无忌①如秦为太子建取妇。②妇好，来，未至，无忌先归，说平王曰："秦女好，可自娶，为太子更求。"平王听之，卒自娶秦女，生熊珍。更为太子娶。是时伍奢为太子太傅，无忌为少傅。无忌无宠于太子，常谗恶太子建。建时年十五矣，其母蔡女也，无宠于王，王稍益疏外建也。

①【集解】服虔曰："楚大夫。"【索隐】左传作"无极"，极忌声相近。

②【正义】左传云："楚子之在蔡也，郹阳之女奔之，生太子建。"杜预云："郹，蔡邑也。"郹，古觅反。

六年，使太子建居城父，守边。①无忌又日夜谗太子建于王曰："自无忌入秦女，太子怨，亦不能无望于王，王少自备焉。且太子居城父，擅兵，外交诸侯，且欲入矣。"平王召其傅伍奢责之。伍奢知无忌谗，乃曰："王奈何以小臣疏骨肉？"无忌曰："今不制，后悔也。"于是王遂囚伍奢。（而召其二子而告以免父死）乃令司马奋扬召太子建，欲诛之。太子闻之，亡奔宋。

①【集解】服虔曰："城父，楚北境邑。"杜预曰："襄城城父县。"【正义】父音甫。括地志云："城父故城在许州叶县东北四十五里，即杜预云

襄城城父县也。又许州襄城县东四十里亦有父城故城一所，服虔云'城父，楚北境'，乃是父城之名，非建所守。杜预云(言)成父，又误也。传及郦元水经注云'楚大城城父，使太子建居之'，即十三州志云太子建所居城父，谓今亳州城父县也。"按：今亳州见有城父县，是建所守者也。地理志云颍川有父城县，沛郡有城父县，此二名别耳。

无忌曰："伍奢有二子，不杀者为楚国患。盍以免其父召之，必至。"于是王使使谓奢："能致二子则生，不能将死。"奢曰："尚至，胥不至。"王曰："何也？"奢曰："尚之为人，廉，死节，慈孝而仁，闻召而免父，必至，不顾其死。胥之为人，智而好谋，勇而矜功，知来必死，必不来。然为楚国忧者必此子。"于是王使人召之，曰："来，吾免尔父。"伍尚谓伍胥曰："闻父免而莫奔，不孝也；父戮莫报，无谋也；度能任事，知也。子其行矣，我其归死。"伍尚遂归。伍胥弯弓属矢，出见使者，曰："父有罪，何以召其子为？"将射，使者还走，遂出奔吴。伍奢闻之，曰："胥亡，楚国危哉。"楚人遂杀伍奢及尚。

十年，楚太子建母在居巢，①开吴。吴使公子光伐楚，遂败陈、蔡，取太子建母而去。楚恐，城郢。②初，吴之边邑卑梁③与楚边邑鍾离小童争桑，两家交怒相攻，灭卑梁人。卑梁大夫怒，发邑兵攻鍾离，楚王闻之怒，发国兵灭卑梁。吴王闻之大怒，亦发兵，使公子光因建母家攻楚，遂灭鍾离、居巢。楚乃恐而城郢。④

①【正义】庐州巢县是也。

②【正义】在江陵县东北六里，已解于前。按：传城郢在昭公二十三年，下重言城郢。杜预云"楚用子囊遗言以筑郢城矣，今畏吴，复修以自固也。"

③【正义】卑梁邑近鍾离也。

④【索隐】去年已城郢，今又重言。据左氏昭二十三年城郢，二十四年无

重城郢之文，是史记误也。

十三年，平王卒。将军子常曰："太子珍少，且其母乃前太子建所当娶也。"欲立令尹子西。子西，平王之庶弟也，有义。子西曰："国有常法，更立则乱，言之则致诛。"乃立太子珍，是为昭王。

昭王元年，楚众不说费无忌，以其谗亡太子建，杀伍奢子父与郤宛。宛之宗姓伯氏子嚭及子胥皆奔吴，吴兵数侵楚，楚人怨无忌甚。楚令尹子常①诛无忌以说众，众乃喜。

①【正义】名瓦。左传云囊瓦伐吴。

四年，吴三公子①奔楚，楚封之以扞吴。五年，吴伐取楚之六、潜。②七年，楚使子常伐吴，吴大败楚于豫章。③

①【索隐】昭三十年，二公子奔楚，公子掩馀奔徐，公子烛庸奔锺离。此言三公子，非也。

②【正义】故六城在寿州安丰县南百三十二里，偃姓，皋陶之后所封也。潜城，楚之潜邑，在霍山县东二百步。

③【正义】今洪州也。

十年冬，吴王阖闾、伍子胥、伯嚭与唐、蔡俱伐楚，楚大败，吴兵遂入郢，辱平王之墓，以伍子胥故也。吴兵之来，楚使子常以兵迎之，夹汉水阵。吴伐败子常，子常亡奔郑。楚兵走，吴乘胜逐之，五战及郢。己卯，昭王出奔。庚辰，吴人入郢。①

①【集解】春秋云十一月庚辰。

昭王亡也至云梦。云梦不知其王也，射伤王。王走郧。①郧公之弟怀曰："平王杀吾父，②今我杀其子，不亦可乎？"郧公止之，然恐其弑昭王，乃与王出奔随。③吴王闻昭王往，即进击随，谓随人曰:“周之子孙封于江汉之间者,楚尽灭之。”欲杀昭王。王从臣子綦乃深匿王,自以为王,谓随人曰:“以我予吴。”随人卜予吴,不吉,乃谢吴王曰:“昭王亡,不在随。”吴请入自索之,随不听,吴亦罢去。

①【正义】走音奏。郧音云。括地志云:“安州安陆县城,本春秋时郧国城也。”

②【集解】服虔曰:“父曼成然。” 【正义】成然立平王,贪求无厌,平王杀之。

③【正义】括地志云:“随州城外古随国城。随,姬姓也。”又云:“楚昭王城在随州县北七里。左传云吴师入郢,王奔随,随人处之公宫之北,即此城是也。”

昭王之出郢也,使申鲍胥①请救于秦。秦以车五百乘救楚,楚亦收馀散兵,与秦击吴。十一年六月,败吴于稷。②会吴王弟夫概见吴王兵伤败,乃亡归,自立为王。阖闾闻之,引兵去楚,归击夫概。夫概败,奔楚,楚封之堂谿,③号为堂谿氏。

①【集解】服虔曰:“楚大夫王孙包胥。”

②【集解】贾逵曰:“楚地也。”

③【正义】(地理)〔括地〕志云:“堂谿故城在豫州郾城县西八十有五里也。”

楚昭王灭唐。①九月,归入郢。十二年,吴复伐楚,取番。②楚恐,去郢,北徙都鄀。③

①【集解】杜预曰:“义阳安昌县东南上唐乡。” 【正义】括地志云:“上唐乡故城在随州枣阳县东南百五十里,古之唐国也。世本云唐,姬姓之国。”

②【正义】片寒反,又音婆。括地志云:“饶州鄱阳县,春秋时为楚东境,秦为番县,属九江郡,汉为鄱阳县也。”

③【正义】音若。括地志云："楚昭王故城在襄州乐乡县东北三十二里，在故都城东五里，即楚国故昭王徙都鄀城也。"

十六年，孔子相鲁。二十年，楚灭顿，①灭胡。②二十一年，吴王阖闾伐越。越王句践射伤吴王，遂死。吴由此怨越而不西伐楚。

①【集解】地理志曰："汝南南顿县，故顿子国。"【正义】括地志云："陈州南顿县，故顿子国。应劭云古顿子国，姬姓也，逼于陈，后南徙，故曰南顿也。"

②【集解】杜预曰："汝南县西北胡城。"【正义】括地志云："故胡城在豫州郾城县界。"

二十七年春，吴伐陈，楚昭王救之，军城父。十月，昭王病于军中，有赤云如鸟，夹日而蜚。①昭王问周太史，太史曰："是害于楚王，然可移于将相。"将相闻是言，乃请自以身祷于神。昭王曰："将相，孤之股肱也，今移祸，庸去是身乎！"弗听。卜而河为祟，大夫请祷河。昭王曰："自吾先王受封，望不过江、汉，②而河非所获罪也。"止不许。孔子在陈，闻是言，曰："楚昭王通大道矣。其不失国，宜哉！"

①【集解】杜预曰："云在楚上，惟楚见之。"

②【集解】服虔曰："谓所受王命，祀其国中山川为望。"【正义】按：江，荆州南大江也，汉，江也，二水楚境内也。河，黄河，非楚境也。

昭王病甚，乃召诸公子大夫曰："孤不佞，再辱楚国之师，今乃得以天寿终，孤之幸也。"让其弟公子申为王，不可。又让次弟公子结，亦不可。乃又让次弟公子闾，五让，乃后许为王。将战，庚寅，昭王卒于军中。子闾曰："王病甚，舍其子让群臣，臣所以许王，以广王意也。今君王卒，臣岂敢忘君王之意乎！"乃与子西、子綦谋，伏师闭[①]涂，迎越女之子章立之，[②]是为惠王。然后罢兵归，葬昭王。

①【集解】徐广曰："一作'壁'。"

②【集解】服虔曰："闭涂，不通外使也。越女，昭王之妾。"【索隐】闭涂即攒涂也，故下云惠王后即罢兵归葬。服虔说非。【正义】左传云"谋潜师闭涂"。按：潜师，密发往迎也；闭涂，防断外寇也。为昭王薨于军，嗣子未定，恐有邻国及诸公子之变，故伏师闭涂，迎越女之子章立为惠王也。

惠王二年，子西召故平王太子建之子胜于吴，以为巢大夫，号曰白公。[①]白公好兵而下士，欲报仇。六年，白公请兵令尹子西伐郑。初，白公父建亡在郑，郑杀之，白公亡走吴，子西复召之，故以此怨郑，欲伐之。子西许而未为发兵。八年，晋伐郑，郑告急楚，楚使子西救郑，受赂而去。白公胜怒，乃遂与勇力死士石乞等袭杀令尹子西、子綦于朝，因劫惠王，置之高府，[②]欲弑之。惠王从者屈固负王亡走昭王夫人宫。[③]白公自立为王。月馀，会叶公来救楚，楚惠王之徒与共攻白公，杀之。惠王乃复位。是岁也，[④]灭陈而县之。

①【集解】徐广曰："伍子胥传曰使胜守楚之边邑鄢。"骃案：服虔曰"白，邑名。楚邑大夫皆称公"。杜预曰"汝阴褒信县西南有白亭"。【正义】巢，今庐州居巢县也。括地志云："白亭在豫州褒信东南三十二里。褒信本汉鄎县之地，后汉分鄎置褒信县，在今褒信县东七十七里。"

②【集解】贾逵曰："高府，府名也。"杜预曰："楚别府。"

③【集解】服虔曰："昭王夫人，惠王母，越女也。"

④【集解】徐广曰："惠王之十年。"

十三年，吴王夫差强，陵齐、晋，来伐楚。十六年，越灭吴。[①]四十二年，楚灭蔡。[②]四十四年，楚灭杞。[③]与秦平。是时越已灭吴而不能正江、淮北；[4]楚东侵，广地至泗上。

①【正义】表云越灭吴在元王四年。

②【正义】周定王二十二年。

③【正义】周定王二十四年。

④【正义】正，长也。江、淮北谓广陵县，徐、泗等州是也。

五十七年，惠王卒，子简王中立。[1]

①【正义】中音仲。

简王元年，北伐灭莒。[1]八年，魏文侯、韩武子、赵桓子始列为诸侯。

①【正义】括地志云："密州莒县，故国也。"言"北伐"者，莒在徐、泗之北。

二十四年，简王卒，子声王当立。[1]声王六年，盗杀声王，子悼王熊疑立。悼王二年，三晋来伐楚，至乘丘而还。[2]四年，楚伐周。郑杀子阳。九年，伐韩，取负黍。十一年，三晋伐楚，败我大梁、榆关。[3]楚厚赂秦，与之平。二十一年，悼王卒，子肃王臧立。

①【正义】谥法云"不生其国曰声"也。

②【集解】徐广曰："年表三年归榆关于郑。" 【正义】年表云：三晋公子伐我，至乘丘，误也，已解在年表中。(地理志)〔括地志〕云"乘丘故城在兖州瑕丘县西北三十五里"是也。

③【索隐】此榆关当在大梁之西也。

肃王四年，蜀伐楚，取兹方。[1]于是楚为扞关以距之。[2]十年，魏取我鲁阳。[3]十一年，肃王卒，无子，立其弟熊良夫，是为宣王。

①【索隐】地名，今阙。 【正义】古今地名云："荆州松滋县古鸠兹地，即楚兹方是也。"

②【集解】李熊说公孙述曰："东守巴郡，距扞关之口。" 【索隐】按：郡

国志巴郡鱼复县有扞关。

③【集解】地理志云南阳有鲁阳县。 【正义】括地志云："汝州鲁山本汉鲁阳县也。古鲁县以古鲁山为名也。"

宣王六年，周天子贺秦献公。秦始复强，而三晋益大，魏惠王、齐威王尤强。三十年，秦封卫鞅于商，南侵楚。是年，宣王卒，子威王熊商立。

威王六年，周显王致文武胙于秦惠王。

七年，齐孟尝君父田婴欺楚，楚威王伐齐，败之于徐州，①而令齐必逐田婴。田婴恐，张丑伪谓楚王曰："王所以战胜于徐州者，田盼子不用也。②盼子者，有功于国，而百姓为之用。婴子弗善而用申纪。申纪者，大臣不附，百姓不为用，故王胜之也。今王逐婴子，婴子逐，盼子必用矣。复搏其士卒以与王遇，③必不便于王矣。"楚王因弗逐也。

①【集解】徐广曰："时楚已灭越而伐齐也。齐说越，令攻楚，故云齐欺楚。"

②【索隐】盼子，婴之同族。

③【索隐】搏音膊，亦有作"附"读。战国策作"整"。

十一年，威王卒，子怀王熊槐立。魏闻楚丧，伐楚，取我陉山。①

①【正义】括地志云："陉山在郑州新郑县西南三十里。"

怀王元年，张仪始相秦惠王。四年，秦惠王初称王。

六年，楚使柱国昭阳将兵而攻魏，破之于襄陵，①得八邑。②又移兵而攻齐，齐王患之。③陈轸适为秦使齐，齐王曰："为之奈何？"陈轸曰："王勿忧，请令罢之。"即往见昭阳军中，曰："愿闻楚国之法，破军杀将者何以贵之？”昭阳曰：“其官为上柱国，封上爵执珪。”陈轸曰：“其有贵于此者乎？”昭阳曰：“令尹。”陈轸曰：“今君已为令尹矣，此国冠之上。④臣请得譬之。人有遗其舍人一卮酒者，舍人相谓曰：‘数人饮此，不足以遍，请遂画地为蛇，蛇先成者独饮之。’一人曰：‘吾蛇先成。’举酒而起，曰：‘吾能为之足。’及其为之足，而后成人夺之酒而饮之，曰：‘蛇固无足，今为之足，是非蛇也。’今君相楚而攻魏，破军杀将，功莫大焉，冠之上不可以加矣。今又移兵而攻齐，攻齐胜之，官爵不加于此；攻之不胜，身死爵夺，有毁于楚：此为蛇为足之说也。不若引兵而去以德齐，此持满之术也。”昭阳曰：“善。”引兵而去。

①【索隐】县名，在河东。

②【索隐】古本作“八邑”，今亦作“八城”。

③【集解】徐广曰：“怀王六年，昭阳移和而攻齐。军门曰和。”

④【索隐】冠音官。令尹乃尹中最尊，故以国为言，犹如卿子冠军然。

燕、韩君初称王。秦使张仪与楚、齐、魏相会，盟啮桑。①

①【正义】徐广曰：“在梁与彭城之间也。”

十一年，苏秦约从山东六国共攻秦，楚怀王为从长。至函谷关，秦出兵击六国，六国兵皆引而归，齐独后。十二年，齐湣王伐败赵、魏军，秦亦伐败韩，与齐争长。

十六年，秦欲伐齐，而楚与齐从亲，秦惠王患之，乃宣言张仪免相，使张仪南见楚王，谓楚王曰：“敝邑之王所甚说者无先大王，虽仪之所甚愿为门阑之厮者亦无先大王。敝邑之王所甚憎者无先齐王，虽仪之所甚憎者亦无先齐王。而大王和之，①是以敝邑之王不得事王，而令仪亦不得为门阑之厮也。王为仪闭关而绝齐，今使使者从仪西取故秦所分楚商於之地方六百里，②如是则齐弱矣。是北弱齐，西德于秦，私商於以为富，此一计而三利俱至也。”怀王大悦，乃置相玺于张仪，日与置酒，宣言“吾复得吾商於之地”。群臣皆贺，而陈轸独吊。怀王曰：“何故？”陈轸对曰：“秦之所为重王者，以王之有齐也。今地未可得而齐交先绝，是楚孤也。夫秦又何重孤国哉，必轻楚矣。且先出地而后绝齐，则秦计不为。先绝齐而后责地，则必见欺于张仪。见欺于张仪，则王必怨之。怨之，是西起秦患，北绝齐交。西起秦患，北绝齐交，则两国之兵必至。③臣故吊。”楚王弗听，因使一将军西受封地。

①【索隐】和谓楚与齐相和亲。

②【集解】商於之地在今顺阳郡南乡、丹水二县，有商城在於中，故谓之商於。【索隐】商於在今慎阳。案：地理志丹水及商属弘农，今言顺阳者，是魏晋始分置顺阳郡，商城、丹水俱隶之。

③【索隐】两国，韩、魏也。

张仪至秦，详醉坠车，称病不出三月，地不可得。楚王曰：“仪以吾绝齐为尚薄邪？”乃使勇士宋遗北辱齐王。齐王大怒，折楚符而合于秦。秦齐交合，张仪乃起朝，谓楚将军曰：“子何不受地？从某至某，广袤六里。”楚将军曰：“臣之所以见命者六百里，不闻六里。”即以归报怀王。怀王大怒，兴师将伐秦。陈轸又曰；“伐秦非计也。不如因赂之一名都，与之伐齐，是我亡于秦，①取偿于齐也，吾国尚可全。今王已绝于齐而责欺于秦，是吾合秦齐之交而来天下之兵也，国必大伤矣。”楚王不听，遂绝和于秦，发兵西攻秦。秦亦发兵击之。

①【索隐】谓失商於之地。

十七年春，与秦战丹阳，①秦大败我军，斩甲士八万，虏我大将军屈匄、裨将军逢侯丑等七十馀人，遂取汉中之郡。楚怀王大怒，乃悉国兵复袭秦，战于蓝田，②大败楚军。韩、魏闻楚之困，乃南袭楚，至于邓。楚闻，乃引兵归。

①【索隐】此丹阳在汉中。

②【正义】蓝田在雍州东南八十里，从蓝田关入蓝田县。

十八年，秦使使约复与楚亲，分汉中之半以和楚。楚王曰："愿得张仪，不愿得地。"张仪闻之，请之楚。秦王曰："楚且甘心于子，奈何？"张仪曰："臣善其左右靳尚，靳尚又能得事于楚王幸姬郑袖，袖所言无不从者。且仪以前使负楚以商於之约，今秦楚大战，有恶，臣非面自谢楚不解。且大王在，楚不宜敢取仪。诚杀仪以便国，臣之愿也。"仪遂使楚。

至，怀王不见，因而囚张仪，欲杀之。仪私于靳尚，靳尚为请怀王曰："拘张仪，秦王必怒。天下见楚无秦，必轻王矣。"又谓夫人郑袖曰："秦王甚爱张仪，而王欲杀之，今将以上庸之地六县赂楚，以美人聘楚王，以宫中善歌者为之媵。楚王重地，秦女必贵，而夫人必斥矣。夫人不若言而出之。"郑袖卒言张仪于王而出之。仪出，怀王因善遇仪，仪因说楚王以叛从约而与秦合亲，约婚姻。张仪已去，屈原使从齐来，谏王曰："何不诛张仪？"怀王悔，使人追仪，弗及。是岁，秦惠王卒。

二十(六)年，齐湣王欲为从长，①恶楚之与秦合，乃使使遗楚王书曰："寡人患楚之不察于尊名也。今秦惠王死，武王立，张仪走魏，樗里疾、公孙衍用，而楚事秦。夫樗里疾善乎韩，而公孙衍善乎魏；楚必事秦，韩、魏恐，必因二人求合于秦，则燕、赵亦宜事秦。四国争事秦，则楚为郡县矣。王何不与寡人并力收韩、魏、燕、赵，与为从而尊周室，以案兵息民，令于天下？莫敢不乐听，则王名成矣。王率诸侯并伐，破秦必矣。王取武关、蜀、汉之地，②私吴、越之富而擅江海之利，韩、魏割上党，西薄函谷，则楚之强百万也。且王欺于张仪，亡地汉中，兵锉蓝田，天下莫不代王怀怒。今乃欲先事秦！愿大王孰计之。”

①【索隐】按：下文始言二十四年，又更有二十六年，则此错。云二十六年，衍字也，当是二十年事。又徐广推校二十年取武遂，二十三年归武遂，则此必二十年、二十一年事乎？

②【正义】武关在商州东一百八十里商洛县界。蜀，巴蜀；汉中，郡也。

楚王业已欲和于秦，见齐王书，犹豫不决，下其议群臣。群臣或言和秦，或曰听齐。昭雎①曰：“王虽东取地于越，不足以刷耻；必且取地于秦，而后足以刷耻于诸侯。王不如深善齐、韩以重樗里疾，如是则王得韩、齐之重以求地矣。秦破韩宜阳，②而韩犹复事秦者，以先王墓在平阳，③而秦之武遂去之七十里，④以故尤畏秦。不然，秦攻三川，⑤赵攻上党，楚攻河外，韩必亡。楚之救韩，不能使韩不亡，然存韩者楚也。韩已得武遂于秦，以河山为塞，⑥所报德莫如楚厚，臣以为其事王必疾。齐之所信于韩者，以韩公子眛为齐相也。⑦韩已得武遂于秦，王甚善之，使之以齐、韩重樗里疾，疾得齐、韩之重，其主弗敢弃疾也。今又益之以楚之重，樗里子必言秦，复与楚之侵地矣。”于是怀王许之，竟不合秦，而合齐以善韩。⑧

①【索隐】七余反。

②【索隐】弘农之县，在渑池西南。

③【索隐】非尧都也。

④【索隐】亦非河间之县，则韩之平阳，秦之武遂，并当在宜阳左右。

⑤【正义】三川，洛州也。

⑥【正义】河，蒲州西黄河也。山，韩西境也。

⑦【正义】眛，莫葛反，后同。

⑧【集解】徐广曰："怀王之二十二年，秦拔宜阳，取武遂，二十三年，秦复归韩武遂，然则已非二十年事矣。"

二十四年，倍齐而合秦。秦昭王初立，乃厚赂于楚。楚往迎妇。二十五年，怀王入与秦昭王盟，约于黄棘。秦复与楚上庸。二十六年，齐、韩、魏为楚负其从亲而合于秦，三国共伐楚。楚使太子入质于秦而请救。秦乃遣客卿通将兵救楚，三国引兵去。

二十七年，秦大夫有私与楚太子斗，楚太子杀之而亡归。二十八年，秦乃与齐、韩、魏共攻楚，杀楚将唐眛，取我重丘而去。二十九年，秦复攻楚，大破楚，楚军死者二万，杀我将军景缺。怀王恐，乃使太子为质于齐以求平。三十年，秦复伐楚，取八城。秦昭王遗楚王书曰："始寡人与王约为弟兄，盟于黄棘，太子为质，至欢也。太子陵杀寡人之重臣，不谢而亡去，寡人诚不胜怒，使兵侵君王之边。今闻君王乃令太子质于齐以求平。寡人与楚接境壤界，故为婚姻，[①]所从相亲久矣。而今秦楚不欢，则无以令诸侯。寡人愿与君王会武关，面相约，结盟而去，寡人之愿也。敢以闻下执事。"楚怀王见秦王书，患之。欲往，恐见欺；无往，恐秦怒。昭雎曰："王毋行，而发兵自守耳。秦虎狼，不可信，有并诸侯之心。"怀王子子兰劝王行，曰："奈何绝秦之欢心！"于是往会秦昭王。昭王诈令一将军伏兵武关，号为秦王。楚王至，则闭武关，遂与西至咸阳，[②]朝章台，如蕃臣，不与亢礼。楚怀王大怒，悔不用昭子言。秦因留楚王，要以割巫、黔中之郡。楚王欲盟，秦欲先得地。楚王怒曰："秦诈我而又强要我以地！”不复许秦。秦因留之。

①【正义】婿之父为姻，妇之父为婚，妇之父母婿之父母相谓为婚姻，两婿相谓为娅。

②【索隐】右扶风渭城县，故咸阳城也，在水北山南，故曰咸阳。咸，皆也。

楚大臣患之，乃相与谋曰：“吾王在秦不得还，要以割地，而太子为质于齐，齐、秦合谋，则楚无国矣。”乃欲立怀王子在国者。昭雎曰：“王与太子俱困于诸侯，而今又倍王命而立其庶子，不宜。”乃诈赴于齐，齐湣王谓其相曰：“不若留太子以求楚之淮北。”相曰：“不可，郢中立王，是吾抱空质而行不义于天下也。”或曰：“不然。郢中立王，因与其新王市曰‘予我下东国，吾为王杀太子，不然，将与三国共立之’，然则东国必可得矣。”齐王卒用其相计而归楚太子。太子横至，立为王，是为顷襄王。乃告于秦曰：“赖社稷神灵，国有王矣。”

顷襄王横元年，秦要怀王不可得地，楚立王以应秦，秦昭王怒，发兵出武关攻楚，大败楚军，斩首五万，取析十五城而去。①二年，楚怀王亡逃归，秦觉之，遮楚道，怀王恐，乃从间道走赵以求归。赵主父②在代，其子惠王初立，行王事，恐，不敢入楚王。楚王欲走魏，秦追至，遂与秦使复之秦。怀王遂发病。顷襄王三年，怀王卒于秦，秦归其丧于楚。楚人皆怜之，如悲亲戚。诸侯由是不直秦。秦楚绝。

①【集解】徐广曰：“年表云取十六城，既取析，又并取左右十五城也。”骃按：地理志弘农有析县。 【正义】括地志云：“邓州内乡县城本楚析邑，一名丑，汉置析县，因析水为名也。”

②【索隐】主字亦或作“王”。

六年，秦使白起伐韩于伊阙，[①]大胜，斩首二十四万。秦乃遗楚王书曰："楚倍秦，秦且率诸侯伐楚，争一旦之命。愿王之饬士卒，得一乐战。"楚顷襄王患之，乃谋复与秦平。七年，楚迎妇于秦，秦楚复平。

①【正义】括地志云："伊阙山在洛州南十九里也。"

十一年，齐秦各自称为帝；月馀，复归帝为王。

十四年，楚顷襄王与秦昭王好会于宛，结和亲。十五年，楚王与秦、三晋、燕共伐齐，取淮北。十六年，与秦昭王好会于鄢。其秋，复与秦王会穰。

十八年，楚人有好以弱弓微缴加归雁之上者，顷襄王闻，召而问之。对曰："小臣之好射鶀雁，[①]罗鸗，[②]小矢之发也，何足为大王道也。且称楚之大，因大王之贤，所弋非直此也。昔者三王以弋道德，五霸以弋战国。故秦、魏、燕、赵者，鶀雁也；齐、鲁、韩、卫者，青首也；[③]驺、费、[④]郯、邳者，罗鸗也。外其馀则不足射者。见鸟六双，[⑤]以王何取？王何不以圣人为弓，以勇士为缴，时张而射之？此六双者，可得而囊载也。其乐非特朝昔之乐也，[⑥]其获非特凫雁之实也。王朝张弓而射魏之大梁之南，加其右臂而径属之于韩，则中国之路绝而上蔡之郡坏矣。还[⑦]射[⑧]圉之东，[⑨]解魏左肘[⑩]而外击定陶，则魏之东外弃而大宋、方与二郡者举矣。[⑪]且魏断二臂，颠越矣；膺击郯国，大梁可得而有也。王绮缴兰台，[⑫]饮马西河，定魏大梁，此一发之乐也。若王之于弋诚好而不厌，则出宝弓，碆新缴，[⑬]射噣鸟于东海，还盖长城以为防，[⑭]朝射东莒，[⑮]夕发浿丘，[⑯]夜加即墨，顾据午道，[⑰]则长城之东收而太山之北举矣。[⑱]西结境于赵[⑲]而北达于燕，[⑳]三国布翄，[㉑]则从不待约而可成也。北游目于燕之辽东而南登望于越之会稽，此再发之乐也。若夫泗上十二诸侯，左萦而右拂之，可一旦而尽也。今秦破韩以为长忧，得列城而不敢守也；伐魏而无功，击赵而顾病，㉒则秦魏之勇力屈矣，楚之故地汉中、析、郦可得而复有也。王出宝弓，碆新缴，涉鄳塞，㉓而待秦之倦也，山东、河内㉔可得而一也。劳民休众，南面称王矣。故曰秦为大鸟，负海内而处，东面而立，左臂据赵之西南，右臂傅楚鄢郢，膺击韩魏，㉕垂头中国，㉖处既形便，势有地利，奋翼鼓䎕，方三千里，则秦未可得独招而夜射也。"欲以激怒襄王，故对以此言。襄王因召与语，遂言曰："夫先王为秦所欺而客死于外，怨莫大焉。今以匹夫有怨，尚有报万乘，白公、子胥是也。今楚之地方五千里，带甲百万，犹足以踊跃中野也，而坐受困，臣窃为大王弗取也。"于是顷襄王遣使于诸侯，复为从，欲以伐秦。秦闻之，发兵来伐楚。

①【索隐】鵱音其，小雁也。

②【集解】徐广曰："吕静曰鸗，野鸟也。音龙。" 【索隐】吕静音聋，邹亦音卢动反，刘音龙。鸗，小鸟。

③【索隐】亦小凫，有青首者。

④【索隐】邹秘二音。

⑤【索隐】以喻下文秦赵等十二国，故云"六双"。

⑥【索隐】昔犹夕也。

⑦【索隐】音患，谓绕也。

⑧【索隐】音石。

⑨【正义】圉音语。城在汴州雍丘县东。

⑩【索隐】解音纪买反。

⑪【正义】言王朝张弓射魏大梁、汴州之南，即加大梁之右臂；连韩、郑，则河北中国之路向东南断绝，则韩上蔡之郡自破坏矣。复绕射雍丘圉城之东，便解散魏左肘宋州，而外击曹定陶，及魏东之外解弃，则

宋、方与两郡并举。

⑫【集解】徐广曰："绢，萦也，音争。兰，一作'简'。"【正义】郑玄云："绢，屈也，江沔之间谓之萦，收绳索绢也。"按：缴，丝绳，系弋射鸟也。若膺击郑，围大梁已了，乃收弋缴于兰台。兰台，桓山之别名也。

⑬【集解】徐广曰："以石傅弋缴曰碆。碆音波。"【索隐】碆作"磻"，音播。傅音附。

⑭【集解】徐广曰："噣，一作'独'。还音宦。盖，一作'益'。益县在乐安，盖县在泰山。济北卢县有长城，东至海也。"【索隐】噣音昼，谓大鸟之有钩喙者，以比齐也。还音患，谓绕也。盖者，覆也。言射者环绕盖覆，使无飞走之路，因以长城为防也。徐以盖为益县，非也。长城当在济南。【正义】太山郡记云："太山西北有长城，缘河径太山千馀里，至琅邪台入海。"齐记云："齐宣王乘山岭之上筑长城，东至海，西至济州千馀里，以备楚。"括地志云："长城西北起济州平阴县，缘河历太山北冈上，经济州淄川，即西南兖州博城县北，东至密州琅邪台入海。蓟代记云齐有长城巨防，足以为塞也。"

⑮【正义】括地志云："密州莒县，故莒子国。地理志云周武王封少昊之后嬴姓于莒，始都计斤，春秋时徙居莒也。"

⑯【集解】徐广曰："在清河。"【正义】括地志云："浿丘，丘名也，在青州临淄县西北二十五里也。"

⑰【索隐】顾，反也。午道当在齐西界。一从一横为午道，亦未详其处。【正义】刘伯庄云"齐西界"。按：盖在博州之西境也。

⑱【正义】言从济州长城东至海，太山之北，黄河之南，尽举收于楚。

⑲【正义】言得齐地约结于赵，为境界，定从约也。

⑳【索隐】北，一作"杜"。杜者，宽大之名。言齐晋既伏，收燕不难也。【正义】北达，言四通无所滞碍。言燕无山河之限也。

㉑【集解】徐广曰："音翅。一作'属'。"【索隐】亦作"翅"，同式豉反。三国，齐、赵、燕也。

㉒【索隐】顾犹反也。

㉓【集解】徐广曰："或以为'冥'，今江夏。一作'黾'。" 【正义】括地志云："故鄍城在陕州河北县东十里，虞邑也。杜预云河东大阳有鄍城是也。"徐言江夏，亦误也。

㉔【正义】谓华山之东，怀州河内之郡。

㉕【索隐】谓韩、魏当秦之前，故云"膺击"。俗本作"鹰"，非。

㉖【索隐】垂头犹申颈也。言欲吞山东。

楚欲与齐韩连和伐秦，因欲图周。周王赧使武公①谓楚相昭子曰："三国以兵割周郊地以便输，而南器以尊楚，臣以为不然。夫弑共主，臣世君，②大国不亲；以众胁寡，小国不附。大国不亲，小国不附，不可以致名实。名实不得，不足以伤民。夫有图周之声，非所以为号也。"昭子曰："乃图周则无之。虽然，周何故不可图也？"对曰："军不五不攻，城不十不围。夫一周为二十晋，③公之所知也。韩尝以二十万之众辱于晋之城下，锐士死，中士伤，而晋不拔。公之无百韩以图周，此天下之所知也。夫怨结于两周以塞驺鲁之心，④交绝于齐，⑤声失天下，其为事危矣。夫危两周以厚三川，⑥方城之外必为韩弱矣。⑦何以知其然也？西周之地，绝长补短，不过百里。名为天下共主，裂其地不足以肥国，得其众不足以劲兵。虽无攻之，名为弑君。然而好事之君，喜攻之臣，发号用兵，未尝不以周为终始。是何也？见祭器在焉，欲器之至而忘弑君之乱。今韩以器之在楚，臣恐天下以器仇楚也。臣请譬之。夫虎肉臊，其兵利身，⑧人犹攻之也。若使泽中之麋蒙虎之皮，人之攻之必万于虎矣。⑨裂楚之地，足以肥国；诎楚之名，足以尊主。今子将以欲诛残天下之共主，居三代之传器，⑩吞三翮六翼，⑪以高世主，非贪而何？周书曰'欲起无先'，故器南则兵至矣。"于是楚计辍不行。

①【集解】徐广曰："定王之曾孙，而西周惠公之子。"

②【索隐】共主，世君，俱是周自谓也。共主，言周为天下共所宗主也；世君，言周室代代君于天下。

③【正义】言周王之国，其地虽小，诸侯尊之，故敌二十晋也。

④【索隐】驺鲁有礼义之国，今楚欲结怨两周而夺九鼎，是塞邹鲁之心。

⑤【正义】楚本与齐韩和伐秦，因欲图周；齐不与图周，故齐交绝于楚。

⑥【正义】三川，两周之地，韩多有之，言厚韩也。

⑦【正义】方城之外，许州叶县东北也。言楚取两周，则韩强，必弱楚方城之外也。

⑧【索隐】谓虎以爪牙为兵，而自利于防身也。

⑨【索隐】攻易而利大也。【正义】野泽之麋蒙衣虎皮，人之攻取必万倍于虎也。譬楚伐周收祭器，其犹麋蒙虎皮矣。

⑩【索隐】谓九鼎也。

⑪【索隐】翮，亦作"鬲"，同音历。三翮六翼，亦谓九鼎也。空足曰翮。六翼即六耳，翼近耳旁，事具小尔雅。

十九年，秦伐楚，楚军败，割上庸、汉北地予秦。①二十年，秦将白起拔我西陵。②二十一年，秦将白起遂拔我郢，烧先王墓夷陵。③楚襄王兵散，遂不复战，东北保于陈城。二十二年，秦复拔我巫、黔中郡。

①【正义】谓割房、金、均三州及汉水之北与秦。

②【集解】徐广曰："属江夏。"【正义】括地志云："西陵故城在黄州黄山西二里。"

③【集解】徐广曰："年表云拔郢，烧夷陵。"【索隐】夷陵，陵名，后为县，属南郡。【正义】括地志云："峡州夷陵县是也。在荆州西。应劭云夷山在西北。"

二十三年，襄王乃收东地兵，得十馀万，复西取秦所拔我江旁十五邑以为郡，距秦。二十七年，使三万人助三晋伐燕。复与秦平，而入太子为质于秦。楚使左徒侍太子于秦。

三十六年，顷襄王病，太子亡归。秋，顷襄王卒，太子熊元①代立，是为考烈王。考烈王以左徒为令尹，封以吴，号春申君。

①【索隐】系本作"完"。

考烈王元年，纳州于秦以平。①是时楚益弱。

①【集解】徐广曰："南郡有州陵县。"

六年，秦围邯郸，赵告急楚，楚遣将军景阳救赵。七年，至新中。①秦兵去。②十二年，秦昭王卒，楚王使春申君吊祠于秦。十六年，秦庄襄王卒，秦王赵政立。二十二年，与诸侯共伐秦，不利而去。楚东徙都寿春，③命曰郢。

①【索隐】按：赵地无名新中者，"中"字误。钜鹿有新市，"中"当为"市"。【正义】新中，相州安阳县也。七国时魏宁新中邑，秦庄襄王拔之，更名安阳也。

②【集解】徐广曰："年表云六年春申君救赵，十年徙于钜阳。"

③【正义】寿春在南寿州，寿春县是也。

二十五年，考烈王卒，子幽王悍立。李园杀春申君。幽王三年，秦、魏伐楚。秦相吕不韦卒。九年，秦灭韩。十年，幽王卒，同母弟犹代立，是为哀王。哀王立二月馀，哀王庶兄负刍之徒袭杀哀王而立负刍为王。是岁，秦虏赵王迁。

王负刍元年，燕太子丹使荆轲刺秦王。二年，秦使将军伐楚，大破楚军，亡十馀城。三年，秦灭魏。四年，秦将王翦破我军于蕲，①而杀将军项燕。

①【索隐】机祈二音。

五年，秦将王翦、蒙武遂破楚国，虏楚王负刍，灭楚名为(楚)郡云。①

①【集解】孙检曰："秦虏楚王负刍，灭去楚名，以楚地为三郡。"

【索隐】裴注频引孙检，不知其人本末，盖齐人也。

太史公曰：楚灵王方会诸侯于申，诛齐庆封，作章华台，求周九鼎之时，志小天下；及饿死于申亥之家，为天下笑。操行之不得，悲夫！势之于人也，可不慎与？弃疾以乱立，嬖淫秦女，甚乎哉，几①再亡国！

①【索隐】音祈。

【索隐述赞】鬻熊之嗣，周封于楚。僻在荆蛮，荜路蓝缕。及通而霸，僭号曰武。文既伐申，成亦赦许。子围篡嫡，商臣杀父。天祸未悔，凭奸自怙。昭困奔亡，怀迫囚虏。顷襄、考烈，祚衰南土。

史记卷四十一

越王句践世家第十一

越王句践，其先禹之苗裔，①而夏后帝少康之庶子也。封于会稽，以奉守禹之祀。文身断发，披草莱而邑焉。后二十馀世，至于允常。②允常之时，与吴王阖庐战而相怨伐。允常卒，子句践立，是为越王。

①【正义】吴越春秋云："禹周行天下，还归大越，登茅山以朝四方群臣，封有功，爵有德，崩而葬焉。至少康，恐禹迹宗庙祭祀之绝，乃封其庶子于越，号曰无馀。"贺循会稽记云："少康，其少子号曰於越，越国之称始此。"越绝记云："无馀都，会稽山南故越城是也。"

②【正义】舆地志云："越侯传国三十馀叶，历殷至周敬王时，有越侯夫谭，子曰允常，拓土始大，称王，春秋贬为子，号为於越。"杜注云："於，语发声也。"

元年，吴王阖庐闻允常死，乃兴师伐越。越王句践使死士挑战，三行，至吴陈，呼而自刭。吴师观之，越因袭击吴师，吴师败于槜李，①射伤吴王阖庐。阖庐且死，告其子夫差曰："必毋忘越。"

①【集解】杜预曰："吴郡嘉兴县南有槜李城。"【索隐】事在左传鲁定公十四年。

三年，句践闻吴王夫差日夜勒兵，且以报越，越欲先吴未发往伐之。范蠡谏曰："不可。臣闻兵者凶器也，战者逆德也，争者事之末也。阴谋逆德，好用凶器，试身于所末，上帝禁之，行者不利。"越王曰："吾已决之矣。"遂兴师。吴王闻之，悉发精兵击越，败之夫椒。①越王乃以馀兵五千人保栖于会稽。②吴王追而围之。

①【集解】杜预曰："夫椒在吴郡吴县，太湖中椒山是也。"【索隐】夫音符。椒音焦，本又作"湫"，音酒小反。贾逵云地名。国语云败之五湖，则杜预云在椒山为非。事具哀公元年。

②【集解】杜预曰："上会稽山也。"【索隐】邹诞云"保山曰栖，犹鸟栖于木以避害也，故六韬曰'军处山之高者则曰栖'。"

越王谓范蠡曰：①"以不听子故至于此，为之奈何？"蠡对曰："持满者与天，②定倾者与人，③节事者以地。④卑辞厚礼以遗之，不许，而身与之市。"⑤句践曰："诺。"乃令大夫种行成于吴，⑥膝行顿首曰："君王亡臣句践使陪臣种敢告下执事：句践请为臣，妻为妾。"吴王将许之。子胥言于吴王曰："天以越赐吴，勿许也。"种还，以报句践。句践欲杀妻子，燔宝器，触战以死。种止句践曰："夫吴太宰嚭贪，可诱以利，请间行⑦言之。"于是句践乃以美女宝器令种间献吴太宰嚭。⑧嚭受，乃见大夫种于吴王。种顿首言曰："愿大王赦句践之罪，尽入其宝器。不幸不赦，句践将尽杀其妻子，燔其宝器，悉五千人触战，必有当也。"⑨嚭因说吴王曰："越以服为臣，若将赦之，此国之利也。”吴王将许之。子胥进谏曰：“今不灭越，后必悔之。句践贤君，种、蠡良臣，若反国，将为乱。”吴王弗听，卒赦越，罢兵而归。

①【正义】会稽典录云：“范蠡字少伯，越之上将军也。本是楚宛三户人，佯狂倜傥负俗。文种为宛令，遣吏谒奉。吏还曰：‘范蠡本国狂人，生有此病。’种笑曰：‘吾闻士有贤俊之姿，必有佯狂之讥，内怀独见之明，外有不知之毁，此固非二三子之所知也。’驾车而往，蠡避之。后知种之必来谒，谓兄嫂曰：‘今日有客，愿假衣冠。’有顷种至，抵掌而谈，旁人观者耸听之矣。”

②【集解】韦昭曰：“与天，法天也。天道盈而不溢。” 【索隐】与天，天与也。言持满不溢，与天同道，故天与之。

③【集解】虞翻曰：“人道尚谦卑以自牧。” 【索隐】人主有定倾之功，故人与之也。

④【集解】韦昭曰：“时不至，不可强生；事不究，不可强成。” 【索隐】国语“以”作“与”，此作“以”，亦与义也。言地能财成万物，人主宜节用以法地，故地与之。韦昭等解恐非。

⑤【集解】韦昭曰：“市，利也。谓委管籥属国家，以身随之。” 【正义】卑作言辞，厚遗珍宝。不许平，越王身往事之，如市贾货易以利。此是定倾危之计。

⑥【索隐】大夫，官；种，名也。一曰大夫姓，犹司马、司徒之比，盖非也。成者，平也，求和于吴也。 【正义】吴越春秋云：“大夫种姓文名种，字子禽。荆平王时为宛令，之三户之里，范蠡从犬窦蹲而吠之，从吏恐文种惭，令人引衣而鄣之。文种曰：‘无鄣也。吾闻犬之所吠者人，今吾到此，有圣人之气，行而求之，来至于此。且人身而犬吠者，谓我是人也。’乃下车拜，蠡不为礼。”

⑦【索隐】间音纪闲反。间行犹微行。

⑧【索隐】国语云:“越饰美女二人,使大夫种遗太宰嚭。”

⑨【索隐】言悉五千人触战,或有能当吴兵者,故国语作“耦”,耦亦相当对之名。又下云“无乃伤君王之所爱乎”,是有当则相伤也。

句践之困会稽也,喟然叹曰:“吾终于此乎?”种曰:“汤系夏台,文王囚羑里,晋重耳奔翟,齐小白奔莒,其卒王霸。由是观之,何遽不为福乎?”

吴既赦越,越王句践反国,乃苦身焦思,置胆于坐,坐卧即仰胆,饮食亦尝胆也。曰:“女忘会稽之耻邪?”身自耕作,夫人自织,食不加肉,衣不重采,折节下贤人,厚遇宾客,振贫吊死,①与百姓同其劳。欲使范蠡治国政,蠡对曰:“兵甲之事,种不如蠡;填②抚国家,亲附百姓,蠡不如种。”于是举国政属大夫种,而使范蠡与大夫柘稽③行成,为质于吴。二岁而吴归蠡。

①【集解】徐广曰:“吊,一作‘葬’。”

②【索隐】镇音。

③【索隐】越大夫也。国语作“诸稽郢”。

句践自会稽归七年,拊循其士民,欲用以报吴。大夫逢同①谏曰:“国新流亡,今乃复殷给,缮饰备利,吴必惧,惧则难必至。且鸷鸟之击也,必匿其形。今夫吴兵加齐、晋,怨深于楚、越,名高天下,实害周室,德少而功多,必淫自矜。为越计,莫若结齐,亲楚,附晋,以厚吴。吴之志广,必轻战。是我连其权,三国伐之,越承其弊,可克也。”句践曰:“善。”

①【索隐】逢,姓;同,名。故楚有逢伯。

居二年,吴王将伐齐。子胥谏曰:“未可。臣闻句践食不重味,与百姓同苦乐。此人不死,必为国患。吴有越,腹心之疾,齐与吴,疥瘢①也。愿王释齐先越。”吴王弗听，遂伐齐，败之艾陵，②虏齐高、国③以归。让子胥。子胥曰：“王毋喜！”王怒，子胥欲自杀，王闻而止之。越大夫种曰：“臣观吴王政骄矣，请试尝之贷粟，以卜其事。”请贷，吴王欲与，子胥谏勿与，王遂与之，越乃私喜。子胥言曰：“王不听谏，后三年吴其墟乎！”太宰嚭闻之，乃数与子胥争越议，因谗子胥曰：“伍员貌忠而实忍人，其父兄不顾，安能顾王？王前欲伐齐，员强谏，已而有功，用是反怨王。王不备伍员，员必为乱。”与逢同共谋，谗之王。王始不从，乃使子胥于齐，闻其托子于鲍氏，王乃大怒，曰：“伍员果欺寡人！”役反，使人赐子胥属镂剑以自杀。子胥大笑曰：“我令而父霸，④我又立若，⑤若初欲分吴国半予我，我不受，已，今若反以谗诛我。嗟乎，嗟乎，一人固不能独立！”报使者曰：“必取吾眼置吴东门，以观越兵入也！”⑥于是吴任嚭政。

①【索隐】疥瘢音介匙。

②【索隐】在鲁哀十一年。

③【索隐】国惠子、高昭子。

④【索隐】而，汝也。父，阖庐也。

⑤【索隐】若亦汝也。

⑥【索隐】国语云吴王愠曰“孤不使大夫得见”，乃盛以鸱夷，投之于江也。

居三年，句践召范蠡曰：“吴已杀子胥，导谀者众，可乎？”对曰：“未可。”

至明年春，吴王北会诸侯于黄池，①吴国精兵从王，惟独老弱与太子留守。②句践复问范蠡，蠡曰“可矣”。乃发习流二千人，③教士四万人，④君子六千人，⑤诸御千人，⑥伐吴。吴师败，遂杀吴太子。吴告急于王，王方会诸侯于黄池，惧天下闻之，乃秘之。吴王已盟黄池，乃使人厚礼以请成越。越自度亦未能灭吴，乃与吴平。

①【索隐】在哀十三年。

②【索隐】据左氏传，太子名友。

③【索隐】虞书云"流宥五刑"。按：流放之罪人，使之习战，任为卒伍，故有二千人。【正义】谓先惯习流利战阵死者二千人也。

④【索隐】谓常所教练之兵也。故孔子曰"以不教民战，是谓弃之"是也。

⑤【集解】韦昭曰："君子，王所亲近有志行者，犹吴所谓'贤良'，齐所谓'士'也。"虞翻曰："言君养之如子。"【索隐】君子谓君所子养有恩惠者。又按：左氏"楚沈尹戌帅都君子以济师"，杜预曰"都君子谓都邑之士有复除者"。国语"王以私卒君子六千人"。

⑥【索隐】诸御谓诸理事之官在军有职掌者。

其后四年，越复伐吴。吴士民罢弊，轻锐尽死于齐、晋。而越大破吴，因而留围之三年，吴师败，越遂复栖吴王于姑苏之山。吴王使公孙雄[①]肉袒膝行而前，请成越王曰："孤臣夫差敢布腹心，异日尝得罪于会稽，夫差不敢逆命，得与君王成以归。今君王举玉趾而诛孤臣，孤臣惟命是听，意者亦欲如会稽之赦孤臣之罪乎？"句践不忍，欲许之。范蠡曰："会稽之事，天以越赐吴，吴不取。今天以吴赐越，越其可逆天乎？且夫君王蚤朝晏罢，非为吴邪？谋之二十二年，一旦而弃之，可乎？且夫天与弗取，反受其咎。'伐柯者其则不远'，君忘会稽之厄乎？"句践曰："吾欲听子言，吾不忍其使者。"范蠡乃鼓进兵，曰："王已属政于执事，[②]使者去，不者且得罪。"[③]吴使者泣而去。句践怜之，乃使人谓吴王曰："吾置王甬东，君百家。"[④]吴王谢曰："吾老矣，不能事君王！"遂自杀。乃蔽其面，[⑤]曰："吾无面以见子胥也！"越王乃葬吴王而诛太宰嚭。

①【集解】虞翻曰："吴大夫。"

②【集解】虞翻曰："执事，蠡自谓也。"

③【集解】虞翻曰："我为子得罪。" 【索隐】虞翻注盖依国语之文，今望此文，谓使者宜速去，不且得罪于越，义亦通。

④【集解】杜预曰："甬东，会稽句章县东海中洲也。" 【索隐】国语云"与之夫妇三百"是也。

⑤【正义】今之面衣是其遗象也。越绝云："吴王曰'闻命矣！以三寸帛幎吾两目。使死者有知，吾惭见伍子胥、公孙圣；以为无知，吾耻生者'。越王则解绶以幎其目，遂伏剑而死。"幎音觅。顾野王云大巾覆也。

句践已平吴，乃以兵北渡淮，与齐、晋诸侯会于徐州，致贡于周。周元王使人赐句践胙，命为伯。句践已去，渡淮南，以淮上地与楚，①归吴所侵宋地于宋，与鲁泗东方百里。当是时，越兵横行于江、淮东，诸侯毕贺，号称霸王。②

①【集解】楚世家曰："越灭吴而不能正江、淮北。楚东侵广地至泗上。"

②【索隐】越在蛮夷，少康之后，地远国小，春秋之初未通上国，国史既微，略无世系，故纪年称为"於粤子"。据此文，句践平吴之后，周元王始命为伯，后遂僭而称王也。

范蠡遂去，自齐遗大夫种书曰："蜚鸟尽，良弓藏；狡兔死，走狗烹。①越王为人长颈鸟喙，可与共患难，不可与共乐。子何不去？"种见书，称病不朝。人或谗种且作乱，越王乃赐种剑曰："子教寡人伐吴七术，②寡人用其三而败吴，其四在子，子为我从先王试之。"种遂自杀。

①【集解】徐广曰："狡，一作'郊'。"

②【正义】越绝云："九术：一曰尊天事鬼；二曰重财币以遗其君；三曰贵籴粟稿以空其邦；四曰遗之好美以荧其志；五曰遗之巧匠，使起宫室

高台，以尽其财，以疲其力；六曰贵其谀臣，使之易伐；七曰强其谏臣，使之自杀；八曰邦家富而备器利；九曰坚甲利兵以承其弊。”

句践卒，①子王鼫与立。②王鼫与卒，子王不寿立。王不寿卒，③子王翁立。王翁卒，④子王翳立。王翳卒，子王之侯立。⑤王之侯卒，子王无彊立。⑥

①【索隐】纪年云："晋出公十年十一月，於粤子句践卒，是为菼执。"

②【索隐】鼫音石。与音馀。按：纪年云"於粤子句践卒，是菼执。次鹿郢立，六年卒"。乐资云"越语谓鹿郢为鼫与也"。

③【索隐】纪年云："不寿立十年见杀，是为盲姑。次朱句立。"

④【索隐】纪年於粤子朱句三十四年灭滕，三十五年灭郯，三十七年朱句卒。

⑤【索隐】纪年云："翳三十三年迁于吴，三十六年七月太子诸咎弑其君翳，十月粤杀诸咎。粤滑，吴人立子错枝为君。明年，大夫寺区定粤乱，立无余之。十二年，寺区弟忠弑其君莽安，次无颛立。无颛八年薨，是为菼蠋卯。"故庄子云"越人三弑其君，子搜患之，逃乎丹穴不肯出，越人薰之以艾，乘以王舆"。乐资云"号白无颛"。盖无颛后乃次无彊也，则王之侯即无余之也。

⑥【索隐】盖无颛之弟也。音其良反。

王无彊时，越兴师北伐齐，西伐楚，与中国争强。当楚威王之时，越北伐齐，齐威王使人说越王曰："越不伐楚，大不王，小不伯。图越之所为不伐楚者，为不得晋也。韩、魏固不攻楚。韩之攻楚，覆其军，杀其将，则叶、阳翟危；①魏亦覆其军，杀其将，则陈、上蔡不安。②故二晋之事越也，③不至于覆军杀将，马汗之力不效。④所重于得晋者何也？"⑤越王曰："所求于晋者，不至顿刃接兵，而况于攻城围邑乎？⑥愿魏以聚大梁之下，愿齐之试兵南阳⑦莒地，以聚常、郯之境，⑧则方城之外不南，⑨淮、泗之间不东，商、於、析、郦、⑩

宗胡之地，⑪夏路以左，⑫不足以备秦，江南、泗上不足以待越矣。⑬则齐、秦、韩、魏得志于楚也，是二晋不战而分地，不耕而获之。不此之为，而顿刃于河山之间以为齐秦用，所待者如此其失计，奈何其以此王也！”齐使者曰：“幸也越之不亡也！吾不贵其用智之如目，见豪毛而不见其睫也。今王知晋之失计，而不自知越之过，是目论也。⑭王所待于晋者，非有马汗之力也，又非可与合军连和也，将待之以分楚众也。今楚众已分，何待于晋？”越王曰：“奈何？”曰：“楚三大夫张九军，北围曲沃、於中，⑮以至无假之关者⑯三千七百里，⑰景翠之军北聚鲁、齐、南阳，分有大此者乎？⑱且王之所求者，斗晋楚也；晋楚不斗，越兵不起，是知二五而不知十也。此时不攻楚，臣以是知越大不王，小不伯。复雠、庞、⑲长沙，⑳楚之粟也；竟泽陵，楚之材也。越窥兵通无假之关，㉑此四邑者不上贡事于郢矣。㉒臣闻之，图王不王，其敝可以伯。然而不伯者，王道失也。故愿大王之转攻楚也。”

①【正义】叶，式涉反，今许州叶县。阳翟，河南阳翟县也。二邑此时属韩，与楚犬牙交境，韩若伐楚，恐二邑为楚所危。

②【正义】陈，今陈州也。上蔡，今豫州上蔡县也。二邑此时属魏，与楚犬牙交境，魏若伐楚，恐二国为楚所危也。

③【正义】言韩、魏与楚邻，今令越合于二晋而伐楚。

④【集解】徐广曰：“效犹见也。”

⑤【正义】从“不至”已下此是齐使者重难越王。

⑥【正义】顿刃，筑营垒也。接兵，战也。越王言韩魏之事越，犹不至顿刃接兵，而况更有攻城围邑，韩、魏始服乎？言畏秦、齐而故事越也。

⑦【索隐】此南阳在齐之南界，莒之西。

⑧【索隐】常，邑名，盖田文所封邑。郯，故郯国。二邑皆齐之南地。

⑨【正义】方城山在许州叶县西南十八里。外谓许州、豫州等。言魏兵在大梁之下，楚方城之兵不得南伐越也。

⑩【索隐】四邑并属南阳，楚之西南也。 【正义】郦音掷。括地志云："商洛县则古商国城也。荆州图副云'邓州内乡县东七里於村，即於中地也'。"括地志又云："邓州内乡县楚邑也。故郦县在邓州新城县西北三十里。"按：商、於、析、郦在商、邓二州界，县邑也。

⑪【集解】徐广曰："胡国，今之汝阴。" 【索隐】宗胡，邑名。胡姓之宗，因以名邑。杜预云"汝阴县北有故胡城"是。

⑫【集解】徐广曰："盖谓江夏之夏。" 【索隐】徐氏以为江夏，非也。刘氏云"楚适诸夏，路出方城，人向北行，以西为左，故云夏路以左"，其意为得也。【正义】括地志云："故长城在邓州内乡县东七十五里，南入穰县，北连翼望山，无土之处累石为固。楚襄王控霸南土，争强中国，多筑列城于北方，以适华夏，号为方城。"按：此说刘氏为得，云邑徒众少，不足备秦峣、武二关之道也。

⑬【正义】江南，洪、饶等州，春秋时为楚东境也。泗上，徐州，春秋时楚北境也。二境并与越邻，言不足当伐越。

⑭【索隐】言越王知晋之失，不自觉越之过，犹人眼能见豪毛而自不见其睫，故谓之"目论"也。

⑮【集解】徐广曰："一作'北面曲沃'。" 【正义】括地志云："曲沃故城在陕县西三十二里。於中在邓州内乡县东七里。"尔时曲沃属魏，於中属秦，二地相近，故楚围之。

⑯【集解】徐广曰："无，一作'西'。"

⑰【正义】按：无假之关当在江南长沙之西北也。言从曲沃、於中西至汉中、巴、巫、黔中千馀里，皆备秦、晋也。

⑱【正义】鲁，兖州也。齐，密州莒县邑南至泗上也。南阳，邓州也，时属韩也。言楚又备此三国也，分散有大此者乎？

⑲【集解】徐广曰："一作'宠'。"

⑳【索隐】刘氏云“复者发语之声”，非也。言发语声者，文势然也，则是脱“况”字耳。雠当作“犨”，犨，邑名，字讹耳。则犨、庞、长沙是三邑也。下云“竟泽陵”，当为“竟陵泽”。言竟陵之山泽出材木，故楚有七泽，盖其一也。合上文为四邑也。【正义】复，扶富反。

㉑【集解】徐广曰：“无，一作‘西’。”

㉒【正义】言今越北欲斗晋楚，南复雠敌楚之四邑，庞、长沙、竟陵泽也。庞、长沙出粟之地，竟陵泽出材木之地，此邑近长沙潭、衡之境，越若窥兵西通无假之关，则四邑不得北上贡于楚之郢都矣。战国时永、郴、衡、潭、岳、鄂、江、洪、饶并是东南境，属楚也。袁、吉、虔、抚、歙、宣并越西境，属越也。

于是越遂释齐而伐楚。楚威王兴兵而伐之，大败越，杀王无强，尽取故吴地至浙江，北破齐于徐州。①而越以此散，诸族子争立，或为王，或为君，滨于江南海上，②服朝于楚。

①【集解】徐广曰：“周显王之四十六年。”【索隐】按：纪年粤子无颛薨后十年，楚伐徐州，无楚败越杀无强之语，是无强为无颛之后，纪年不得录也。

②【正义】今台州临海县是也。

后七世，至闽君摇，佐诸侯平秦。汉高帝复以摇为越王，以奉越后。东越，闽君，皆其后也。

范蠡①事越王句践，既苦身勠力，与句践深谋二十馀年，竟灭吴，报会稽之耻，北渡兵于淮以临齐、晋，号令中国，以尊周室，句践以霸，而范蠡称上将军。还反国，范蠡以为大名之下，难以久居，且句践为人可与同患，难与处安，为书辞句践曰：“臣闻主忧臣劳，主辱臣死。昔者君王辱于会稽，所以不死，为此事也。今既以雪耻，臣请从会稽之诛。”句践曰：“孤将与子分国而有之。不然，将加诛于子。”范蠡曰：“君行令，臣行意。”乃装其轻宝珠玉，自与其私徒属乘舟浮海以行，终不反。于是句践表会稽山以为范蠡奉邑。②

①【集解】太史公素王妙论曰：“蠡本南阳人。”列仙传云：“蠡，徐人。”【正义】吴越春秋云：“蠡字少伯，乃楚宛三户人也。”越绝云：“在越为范蠡，在齐为鸱夷子皮，在陶为朱公。”又云：“居楚曰范伯。谓大夫种曰：‘三王则三皇之苗裔也，五伯乃五帝之末世也。天运历纪，千岁一至，黄帝之元，执辰破巳，霸王之气，见于地户。伍子胥以是挟弓矢干吴王。’于是要大夫种入吴。此时冯同相与共戒之：‘伍子胥在，自馀不能关其词。’蠡曰：‘吴越之邦同风共俗，地户之位非吴则越。彼为彼，我为我。’乃入越，越王常与言，尽日方去。”

②【索隐】国语云“乃环会稽三百里以为范蠡之地”。奉音扶用反。

范蠡浮海出齐，变姓名，自谓鸱夷子皮，①耕于海畔，苦身戮力，父子治产。居无几何，致产数十万。齐人闻其贤，以为相。范蠡喟然叹曰：“居家则致千金，居官则至卿相，此布衣之极也。久受尊名，不祥。”乃归相印，尽散其财，以分与知友乡党，而怀其重宝，间行以去，止于陶，②以为此天下之中，交易有无之路通，为生可以致富矣。于是自谓陶朱公。复约要父子耕畜，废居，候时转物，逐什一之利。居无何，则致赀累巨万。③天下称陶朱公。

①【索隐】范蠡自谓也。盖以吴王杀子胥而盛以鸱夷，今蠡自以有罪，故为号也。韦昭曰“鸱夷，革囊也”。或曰生牛皮也。

②【集解】徐广曰：“今之济阴定陶。” 【正义】括地志云：“陶山在济州平阴县东三十五里。”止此山之阳也，今山南五里犹有朱公冢。

③【集解】徐广曰：“万万也。”

朱公居陶，生少子。少子及壮，而朱公中男杀人，囚于楚。朱公曰："杀人而死，职也。然吾闻千金之子不死于市。"告其少子往视之。乃装黄金千溢，置褐器中，载以一牛车。且遣其少子，朱公长男固请欲行，朱公不听。长男曰："家有长子曰家督，今弟有罪，大人不遣，乃遣少弟，是吾不肖。"欲自杀。其母为言曰："今遣少子，未必能生中子也，而先空亡长男，奈何？"朱公不得已而遣长子，为一封书遗故所善庄生。①曰："至则进千金于庄生所，听其所为，慎无与争事。"长男既行，亦自私赍数百金。

①【索隐】据其时代，非庄周也。然验其行事，非子休而谁能信任于楚王乎？【正义】年表云周元王四年越灭吴，范蠡遂去齐，归定陶，后遗庄生金。庄周与魏惠王、(周元王)〔齐宣王〕同时，从周元王四年至齐宣王元年一百三十年，此庄生非庄子。

至楚，庄生家负郭，披藜藋到门，居甚贫。然长男发书进千金，如其父言。庄生曰："可疾去矣，慎毋留！即弟出，勿问所以然。"长男既去，不过庄生而私留，以其私赍献遗楚国贵人用事者。

庄生虽居穷阎，然以廉直闻于国，自楚王以下皆师尊之。及朱公进金，非有意受也，欲以成事后复归之以为信耳。故金至，谓其妇曰："此朱公之金。有如病不宿诫，后复归，勿动。"而朱公长男不知其意，以为殊无短长也。

庄生閒时入见楚王，言"某星宿某，此则害于楚"。楚王素信庄生，曰："今为奈何？"庄生曰："独以德为可以除之。"楚王曰："生休矣，寡人将行之。"王乃使使者封三钱之府。①楚贵人惊告朱公长男曰："王且赦。"曰："何以也？"曰："每王且赦，常封三钱之府。昨暮王使封之。"②朱公长男以为赦，弟固当出也，重千金虚弃庄生，无所为也，乃复见庄生。庄生惊曰："若不去邪？"长男曰："固未也。初为事弟，弟今议自赦，故辞生去。"庄生知其意欲复得其金，曰："若自入室取金。"长男即自入室取金持去，独自欢幸。

①【集解】国语曰："周景王时将铸大钱。"贾逵说云："虞、夏、商、周金币三等，或赤，或白，或黄。黄为上币，铜铁为下币。"韦昭曰："钱者，金币之名，所以贸买物，通财用也。"单穆公云："古者有母权子，子权母而行，然则三品之来，古而然矣。"骃谓楚之三钱，贾韦之说近之。

②【集解】或曰"王且赦，常封三钱之府"者，钱币至重，虑人或逆知有赦，盗窃之，所以封钱府，备盗窃也。汉灵帝时，河内张成能候风角，知将有赦，教子杀人，捕得七日赦出，此其类也。

庄生羞为儿子所卖，乃入见楚王曰："臣前言某星事，王言欲以修德报之。今臣出，道路皆言陶之富人朱公之子杀人囚楚，其家多持金钱赂王左右，故王非能恤楚国而赦，乃以朱公子故也。"楚王大怒曰："寡人虽不德耳，奈何以朱公之子故而施惠乎！"令论杀朱公子，明日遂下赦令。朱公长男竟持其弟丧归。

至，其母及邑人尽哀之，唯朱公独笑，曰："吾固知必杀其弟也！彼非不爱其弟，顾有所不能忍者也。是少与我俱，见苦，为生难，故重弃财。至如少弟者，生而见我富，乘坚驱良逐狡兔，①岂知财所从来，故轻弃之，非所惜吝。前日吾所为欲遣少子，固为其能弃财故也。而长者不能，故卒以杀其弟，事之理也，无足悲者。吾日夜固以望其丧之来也。"

①【集解】徐广曰："狡，一作'郊'。"

故范蠡三徙，成名于天下，非苟去而已，所止必成名。卒老死于陶，故世传曰陶朱公。①

①【集解】张华曰："陶朱公冢在南郡华容县西，树碑云是越之范蠡也。"

【正义】盛弘之荆州记云："荆州华容县西有陶朱公冢，树碑云是越范蠡。范蠡本宛三户人，与文种俱入越，吴亡后，自适齐而终。陶朱公登仙，未闻葬此所由。”括地志云陶朱公冢也。又云：“济州平阴县东三十里陶山南五里有陶公冢。并止于陶山之阳。”按：葬处有二，未详其处。

太史公曰：禹之功大矣，渐九川，①定九州，至于今诸夏艾安。及苗裔句践，苦身焦思，终灭强吴，北观兵中国，以尊周室，号称霸王。②句践可不谓贤哉！盖有禹之遗烈焉。范蠡三迁皆有荣名，名垂后世。臣主若此，欲毋显得乎！

①【集解】徐广曰：“渐者亦引进通导之意也，字或宜然。”

②【集解】徐广曰：“一作‘主’。”

【索隐述赞】越祖少康，至于允常。其子始霸，与吴争强。槜李之役，阖闾见伤。会稽之耻，句践欲当。种诱以利，蠡悉其良。折节下士，致胆思尝。卒复仇寇，遂殄大邦。后不量力，灭于无强。

史记卷四十二

郑世家第十二

郑桓公友者，周厉王少子而宣王庶弟也。①宣王立二十二年，友初封于郑。②封三十三岁，百姓皆便爱之。幽王以为司徒。③和集周民，周民皆说，河雒之间，人便思之。为司徒一岁，幽王以褒后故，王室治多邪，诸侯或畔之。于是桓公问太史伯④曰："王室多故，予安逃死乎？"太史伯对曰："独雒之东土，河济之南可居。"公曰："何以？"对曰："地近虢、郐，⑤虢、郐之君贪而好利，⑥百姓不附。今公为司徒，民皆爱公，公诚请居之，虢、郐之君见公方用事，轻分公地。公诚居之，虢、郐之民皆公之民也。"公曰："吾欲南之江上，何如？"对曰："昔祝融为高辛氏火正，其功大矣，而其于周未有兴者，楚其后也。周衰，楚必兴。兴，非郑之利也。"公曰："吾欲居西方，何如？"⑦对曰："其民贪而好利，难久居。"公曰："周衰，何国兴者？"对曰："齐、秦、晋、楚乎？夫齐，姜姓，伯夷之后也，伯夷佐尧典礼。秦，嬴姓，伯翳之后也，伯翳佐舜怀柔百物。及楚之先，皆尝有功于天下。而周武王克纣后，成王封叔虞于唐，⑧其地阻险，以此有德与周衰并，亦必兴矣。”桓公曰：“善。”于是卒言王，东徙其民雒东，而虢、郐果献十邑，⑨竟国之。⑩

①【集解】徐广曰：“年表云母弟。”

②【索隐】郑，县名，属京兆。秦武公十一年“初县杜、郑”是也。又系本云“桓公居棫林，徙拾”。宋忠云“棫林与拾皆旧地名”，是封桓公乃名为郑耳。至秦之县郑，盖是郑武公东徙新郑之后，其旧郑乃是故都，故秦始县之。

③【集解】韦昭曰：“幽王八年为司徒。” 【索隐】韦昭据国语以幽王八年为司徒也。

④【集解】虞翻曰：“周太史。”

⑤【集解】徐广曰：“虢在成皋，郐在密县。”骃案：虞翻曰“虢，姬姓，东虢也。郐，妘姓”。 【正义】括地志云：“洛州汜水县，古东虢叔之国，东虢君也。”又云：“故郐城在郑州新郑县东北三十二里。”

⑥【索隐】郑语云“虢叔恃势，郐仲恃险，皆有骄侈，又加之以贪冒”是也。虢叔，文王弟。郐，妘姓之国也。

⑦【索隐】国语曰：“公曰‘谢西之九州何如’。”韦昭云“谢，申伯之国。谢西有九州。二千五百家为州”。其说盖异此。

⑧【集解】徐广曰：“晋世家曰唐叔虞，姓姬氏，字子于。” 【索隐】唐者，古国，尧之后，其君曰叔虞。何以知然者？据此系家下文云“唐人之季代曰唐叔虞。当武王邑姜方动大叔，梦天命而子曰虞，与之唐。及生有文在手曰‘虞’，遂以名之。及成王灭唐而国太叔，故因以称唐叔虞”。杜预亦曰“取唐君之名”是也。

⑨【集解】虞翻曰：“十邑谓虢、郐、鄢、蔽、补、丹、依、畴、历、莘也。”

【索隐】国语云：“太史伯曰‘若克二邑，鄢、蔽、补、丹、依、畴、历、莘君之土也’。”虞翻注皆依国语为说。

⑩【集解】韦昭曰:“后武公竟取十邑地而居之,今河南新郑也。”

二岁,犬戎杀幽王于骊山下,并杀桓公。郑人共立其子掘突,①是为武公。②

①【正义】上求勿反,下户骨反。

②【索隐】谯周云“名突滑”,皆非也。盖古史失其名,太史公循旧失而妄记之耳。何以知其然者?按下文其孙昭公名忽,厉公名突,岂有孙与祖同名乎?当是旧史杂记昭厉忽突之名,遂误以掘突为武公之字耳。

武公十年,娶申侯女①为夫人,曰武姜。生太子寤生,生之难,及生,夫人弗爱。后生少子叔段,段生易,夫人爱之。②二十七年,武公疾。夫人请公,欲立段为太子,公弗听。是岁,武公卒,寤生立,是为庄公。

①【正义】括地志云:“故申城在邓州南阳县北三十里。左传云郑武公取于申也。”

②【集解】徐广曰:“年表云十四年生寤生,十七年生太叔段。”

庄公元年,封弟段于京,①号太叔。祭仲曰:“京大于国,非所以封庶也。”庄公曰:“武姜欲之,我弗敢夺也。段至京,缮治甲兵,与其母武姜谋袭郑。二十二年,段果袭郑,武姜为内应。庄公发兵伐段,段走。伐京,京人畔段,段出走鄢。②鄢溃,段出奔共。③于是庄公迁其母武姜于城颍,④誓言曰:“不至黄泉,⑤毋相见也。”居岁馀,已悔思母。颍谷之考叔⑥有献于公,公赐食。考叔曰:“臣有母,请君食赐臣母。”庄公曰:“我甚思母,恶负盟,奈何?”考叔曰:“穿地至黄泉,则相见矣。”于是遂从之,见母。

①【集解】贾逵曰:“京,郑都邑。”杜预曰:“今荥阳京县。”

②【正义】邬音乌古反。今新郑县南邬头有村，多万家。旧作“鄢”，音偃。杜预云：“鄢，今鄢陵也。”

③【集解】贾逵曰：“共，国名也。”杜预曰：“今汲郡共县也。”【正义】按：今卫州共城县是也。

④【集解】贾逵曰：“郑地。”【正义】疑许州临颍县是也。

⑤【集解】服虔曰：“天玄地黄，泉在地中，故言黄泉。”

⑥【集解】贾逵曰：“颍谷，郑地。”【正义】括地志云：“颍水源出洛州嵩高县东南三十里阳乾山，今俗名颍山泉。源出山之东谷。其侧有古人居处，俗名为颍墟，故老云是颍考叔故居，即郦元注水经所谓颍谷也。”

二十四年，宋缪公卒，公子冯奔郑。郑侵周地，取禾。①二十五年，卫州吁弑其君桓公自立，与宋伐郑，以冯故也。二十七年，始朝周桓王。桓王怒其取禾，弗礼也。②二十九年，庄公怒周弗礼，与鲁易祊、许田。③三十三年，宋杀孔父。三十七年，庄公不朝周，周桓王率陈、蔡、虢、卫伐郑。庄公与祭仲、④高渠弥⑤发兵自救，王师大败。祝聸⑥射中王臂。祝聸请从之，郑伯止之，曰：“犯长且难之，况敢陵天子乎？”乃止。夜令祭仲问王疾。

①【索隐】隐二年左传“郑武公、庄公为平王卿士。王贰于虢，及王崩，周人将畀虢公政。夏四月，郑祭足帅师取温之麦，秋又取成周之禾”是。

②【索隐】杜预曰：“桓王即位，周郑交恶，至是始朝，故言始也。”左传又曰：“周桓公言于王曰‘我周之东迁，晋郑焉依。善郑以劝来者，犹惧不蔇，况不礼焉，郑不来矣’。”

③【索隐】许田，近许之田，鲁朝宿之邑。祊者，郑所受助祭太山之汤沐邑。郑以天子不能巡守，故以祊易许田，各从其近。

④【索隐】左传称祭仲足，盖祭是邑，其人名仲字仲足，故传云祭封人仲足是也。此繻葛之战在鲁桓公五年。

⑤【索隐】一作“弥”，一作“眯”，并名卑反。

⑥【索隐】左传作“祝聃”。

三十八年，北戎伐齐，齐使求救，郑遣太子忽将兵救齐。齐釐公欲妻之，忽谢曰：“我小国，非齐敌也。”时祭仲与俱，劝使取之，曰：“君多内宠，①太子无大援将不立，三公子皆君也。”所谓三公子者，太子忽，其弟突，次弟子亹也。②

①【集解】服虔曰：“言庶子有宠者多。”

②【索隐】此文则数太子忽及突、子亹为三，而杜预云不数太子，以子突、子亹、子仪为三，盖得之。

四十三年，郑庄公卒。初，祭仲甚有宠于庄公，庄公使为卿；公使娶邓女，生太子忽，故祭仲立之，是为昭公。

庄公又娶宋雍氏女，①生厉公突。雍氏有宠于宋。②宋庄公闻祭仲之立忽，乃使人诱召祭仲而执之，曰：“不立突，将死。”亦执突以求赂焉。祭仲许宋，与宋盟。以突归，立之。昭公忽闻祭仲以宋要立其弟突，九月(辛)〔丁〕亥，忽出奔卫。己亥，突至郑，立，是为厉公。

①【集解】贾逵曰：“雍氏，黄帝之孙，姞姓之后，为宋大夫。”

②【集解】服虔曰：“为宋正卿，故曰有宠。”

厉公四年，祭仲专国政。厉公患之，阴使其婿雍纠欲杀祭仲。①纠妻，祭仲女也，知之，谓其母曰：“父与夫孰亲？”母曰：“父一而已，人尽夫也。”②女乃告祭仲，祭仲反杀雍纠，戮之于市。厉公无奈祭仲何，怒纠曰：“谋及妇人，死固宜哉！”夏，厉公出居边邑栎。③祭仲迎昭公忽，六月乙亥，复入郑，即位。

①【集解】贾逵曰：“雍纠，郑大夫。”

②【集解】杜预曰："妇人在室则天父，出则天夫。女以为疑，故母以所生为本解之。"

③【集解】宋忠曰："今颍川阳翟县。" 【索隐】按：栎音历，即郑初得十邑之历也。

秋，郑厉公突因栎人杀其大夫单伯，①遂居之。诸侯闻厉公出奔，伐郑，弗克而去。宋颇予厉公兵，自守于栎，郑以故亦不伐栎。

①【集解】杜预曰："郑守栎大夫也。" 【索隐】依左传作"檀伯"。檀伯，郑守栎大夫，事在桓十五年。此文误为"单伯"者，盖亦有所因也。按鲁庄公十四年，厉公自栎侵郑，事与周单伯会齐师伐宋相连，故误耳。

昭公二年，自昭公为太子时，父庄公欲以高渠弥为卿，太子忽恶之，庄公弗听，卒用渠弥为卿。及昭公即位，惧其杀己，冬十月辛卯，渠弥与昭公出猎，射杀昭公于野。祭仲与渠弥不敢入厉公，乃更立昭公弟子亹为君，是为子亹也，无谥号。

子亹元年七月，齐襄公会诸侯于首止，①郑子亹往会，高渠弥相，从，祭仲称疾不行。所以然者，子亹自齐襄公为公子之时，尝会斗，相仇，及会诸侯，祭仲请子亹无行。子亹曰："齐强，而厉公居栎，即不往，是率诸侯伐我，内厉公。我不如往，往何遽必辱，且又何至是！"卒行。于是祭仲恐齐并杀之，故称疾。子亹至，不谢齐侯，齐侯怒，遂伏甲而杀子亹。高渠弥亡归，②归与祭仲谋，召子亹弟公子婴于陈而立之，是为郑子。③是岁，齐襄公使彭生醉拉杀鲁桓公。

①【集解】服虔曰："首止，近郑之地。"杜预曰："首止，卫地。陈留襄邑县东南有首乡。"

②【索隐】左氏云轘高渠弥。

③【索隐】左传以郑子名子仪，此云婴，盖别有所见。

郑子八年，齐人管至父等作乱，弑其君襄公。十二年，宋人长万弑其君湣公。郑祭仲死。

十四年，故郑亡厉公突在栎者使人诱劫郑大夫甫假，①要以求入。假曰："舍我，我为君杀郑子而入君。"厉公与盟，乃舍之。六月甲子，假杀郑子及其二子而迎厉公突，突自栎复入即位。初，内蛇与外蛇斗于郑南门中，内蛇死。居六年，厉公果复入。入而让其伯父原②曰："我亡国外居，伯父无意入我，亦甚矣。"原曰："事君无二心，人臣之职也。原知罪矣。"遂自杀。厉公于是谓甫假曰："子之事君有二心矣。"遂诛之。假曰："重德不报，诚然哉！"

①【索隐】左传作"傅瑕"。此本多假借，亦依字读。

②【索隐】左传谓之原繁。

厉公突后元年，齐桓公始霸。

五年，燕、卫与周惠王弟穨伐王，①王出奔温，立弟穨为王。六年，惠王告急郑，厉公发兵击周王子穨，弗胜，于是与周惠王归，王居于栎。七年春，郑厉公与虢叔袭杀王子穨而入惠王于周。

①【索隐】惠王，庄王孙，僖王子。子穨，庄王之妾王姚所生。事在庄十九年。

秋，厉公卒，子文公踕①立。厉公初立四岁，亡居栎，居栎十七岁，复入，立七岁，与亡凡二十八年。

①【索隐】音在接反。系本云文公徙郑。宋忠云即新郑。

文公十七年，齐桓公以兵破蔡，遂伐楚，至召陵。

二十四年，文公之贱妾曰燕姞，①梦天与之兰，②曰："余为伯儵。余，尔祖也。③以是为而子，④兰有国香。"以梦告文公，文公幸之，而予之草兰为符。遂生子，名曰兰。

①【集解】贾逵曰："姞，南燕姓。"

②【集解】贾逵曰："香草也。"

③【集解】贾逵曰："伯儵，南燕祖。"

④【集解】王肃曰："以是兰也为汝子之名。"

三十六年，晋公子重耳过，文公弗礼。文公弟叔詹曰："重耳贤，且又同姓，穷而过君，不可无礼。"文公曰："诸侯亡公子过者多矣，安能尽礼之！"詹曰："君如弗礼，遂杀之；弗杀，使即反国，为郑忧矣。"文公弗听。

三十七年春，晋公子重耳反国，立，是为文公。秋，郑入滑，滑听命，已而反与卫，于是郑伐滑。[①]周襄王使伯犕[②]请滑。郑文公怨惠王之亡在栎，而文公父厉公入之，而惠王不赐厉公爵禄，[③]又怨襄王之与卫滑，故不听襄王请而囚伯犕。王怒，与翟人伐郑，弗克。冬，翟攻伐襄王，襄王出奔郑，郑文公居王于氾。三十八年，晋文公入襄王成周。

①【索隐】僖二十四年左传"郑公子士泄、堵俞弥帅师伐滑"。

②【索隐】音服。左传"王使伯服、游孙伯如郑请滑"。杜预云"二子周大夫"。知伯犕即伯服也。

③【索隐】此言爵禄，与左氏说异。左传云"郑伯享王，王以后之鞶鉴与之。虢公请器，王予之爵"。则爵酒器，是太史公与丘明说别也。

四十一年，助楚击晋。自晋文公之过无礼，故背晋助楚。四十三年，晋文公与秦穆公共围郑，讨其助楚攻晋者，及文公过时之无礼也。初，郑文公有三夫人，宠子五人，皆以罪蚤死。公怒，溉[①]逐群公子。子兰奔晋，从晋文公围郑。时兰事晋文公甚谨，爱幸之，乃私于晋，以求入郑为太子。晋于是欲得叔詹为僇。郑文公恐，不敢谓叔詹言。詹闻，言于郑君曰："臣谓君，君不听臣，晋卒为患。

然晋所以围郑，以詹，詹死而赦郑国，詹之愿也。”乃自杀。郑人以詹尸与晋。晋文公曰：“必欲一见郑君，辱之而去。”郑人患之，乃使人私于秦曰：“破郑益晋，非秦之利也。”秦兵罢。晋文公欲入兰为太子，以告郑。郑大夫石癸曰：“吾闻姞姓乃后稷之元妃，[2]其后当有兴者。子兰母，其后也。且夫人子尽已死，馀庶子无如兰贤。今围急，晋以为请，利孰大焉！”遂许晋，与盟，而卒立子兰为太子，晋兵乃罢去。

①【集解】徐广曰：“一作‘瑕’。” 【索隐】音甝。左传作“瑕”。

②【集解】杜预曰：“姞姓之女，为后稷妃。”

四十五年，文公卒，子兰立，是为缪公。

缪公元年春，秦缪公使三将将兵欲袭郑，至滑，逢郑贾人弦高诈以十二牛劳军，故秦兵不至而还，晋败之于崤。初，往年郑文公之卒也，郑司城缯贺以郑情卖之，秦兵故来。三年，郑发兵从晋伐秦，取秦兵于汪。

往年[1]楚太子商臣杀其父成王代立。二十一年，与宋华元伐郑。华元杀羊食士，不与其御羊斟，怒以驰郑，郑囚华元。宋赎华元，元亦亡去。晋使赵穿以兵伐郑。

①【集解】徐广曰：“缪公之二年。”

二十二年，郑缪公卒，子夷立，是为灵公。

灵公元年春，楚献鼋于灵公。子家、子公将朝灵公，[1]子公之食指动，[2]谓子家曰：“佗日指动，必食异物。”及入，见灵公进鼋羹，子公笑曰：“果然！”灵公问其笑故，具告灵公。灵公召之，独弗予羹。子公怒，染其指，[3]尝之而出。公怒，欲杀子公。子公与子家谋先。夏，弑灵公。郑人欲立灵公弟去疾，去疾让曰："必以贤，则去疾不肖；必以顺，则公子坚长。"坚者，灵公庶弟，④去疾之兄也。于是乃立子坚，是为襄公。

①【集解】贾逵曰："二子郑卿也。"

②【集解】服虔曰："第二指。"

③【集解】左传曰："染指于鼎。"

④【集解】徐广曰："年表云灵公庶兄。"

襄公立，将尽去缪氏。缪氏者，杀灵公，子公之族家也。去疾曰："必去缪氏，我将去之。"乃止。皆以为大夫。

襄公元年，楚怒郑受宋赂纵华元，伐郑。郑背楚，与晋亲。五年，楚复伐郑，晋来救之。六年，子家卒，国人复逐其族，以其弑灵公也。

七年，郑与晋盟鄢陵。八年，楚庄王以郑与晋盟，来伐，围郑三月，郑以城降楚。楚王入自皇门，郑襄公肉袒掔羊以迎，曰："孤不能事边邑，使君王怀怒以及弊邑，孤之罪也。敢不惟命是听。君王迁之江南，及以赐诸侯，亦惟命是听。若君王不忘厉、宣王，桓、武公，哀不忍绝其社稷，锡不毛之地，①使复得改事君王，孤之愿也，然非所敢望也。敢布腹心，惟命是听。"庄王为却三十里而后舍。楚群臣曰："自郢至此，士大夫亦久劳矣。今得国舍之，何如？"庄王曰："所为伐，伐不服也。今已服，尚何求乎？"卒去。晋闻楚之伐郑，发兵救郑。其来持两端，故迟，比至河，楚兵已去。晋将率或欲渡，或欲还，卒渡河。庄王闻，还击晋。郑反助楚，大破晋军于河上。十年，晋来伐郑，以其反晋而亲楚也。

①【集解】何休曰："墝埆不生五谷曰不毛。谦不敢求肥饶。"

十一年，楚庄王伐宋，宋告急于晋。晋景公欲发兵救宋，伯宗谏晋君曰："天方开楚，未可伐也。"乃求壮士得霍人解扬，字子虎，诓楚，令宋毋降。过郑，郑与楚亲，乃执解扬而献楚。楚王厚赐与约，使反其言，令宋趣降，三要乃许。于是楚登解扬楼车，①令呼宋。遂负楚约而致其晋君命曰："晋方悉国兵以救宋，宋虽急，慎毋降楚，晋兵今至矣！"楚庄王大怒，将杀之。解扬曰："君能制命为义，臣能承命为信。受吾君命以出，有死无陨。"②庄王曰："若之许我，已而背之，其信安在？"解扬曰："所以许王，欲以成吾君命也。"将死，顾谓楚军曰："为人臣无忘尽忠得死者！"楚王诸弟皆谏王赦之，于是赦解扬使归。晋爵之为上卿。

①【集解】服虔曰："楼车所以窥望敌军，兵法所谓'云梯'也。"杜预曰："楼车，车上望橹也。"

②【集解】服虔曰："陨，坠也。"

十八年，襄公卒，子悼公溃①立。

①【索隐】刘音秘。邹本一作"沸"，一作"弗"。左传作"费"，音扶味反。

悼公元年，鄦公①恶郑于楚，悼公使弟睔②于楚自讼。讼不直，楚囚睔。于是郑悼公来与晋平，遂亲。睔私于楚子反，子反言归睔于郑。

①【集解】徐广曰："鄦音许。许公，灵公也。"

②【索隐】公逊反。

二年，楚伐郑，晋兵来救。是岁，悼公卒，立其弟睔，是为成公。

成公三年，楚共王曰"郑成公孤有德焉"，使人来与盟。成公私与盟。秋，成公朝晋，晋曰"郑私平于楚"，执之。使栾书伐郑。

四年春，郑患晋围，公子如乃立成公庶兄繻[①]为君。其四月，晋闻郑立君，乃归成公。郑人闻成公归，亦杀君繻。迎成公。晋兵去。

①【索隐】音须。邹氏云："一作'繐'，音训。"

十年，背晋盟，盟于楚。晋厉公怒，发兵伐郑。楚共王救郑。晋楚战鄢陵，楚兵败，晋射伤楚共王目，俱罢而去。十三年，晋悼公伐郑，兵于洧上。[①]郑城守，晋亦去。

①【集解】服虔曰："洧，水名。"【正义】括地志云："洧水在郑州新郑县北三里，古新郑城南。韩诗外传云'郑俗，二月桃花水出时，会于溱、洧水上，以自祓除'。"按：在古城城南，与溱水合。

十四年，成公卒，子恽[①]立。是为釐公。

①【索隐】纡粉反。左传作"髡顽"。

釐公五年，郑相子驷朝釐公，釐公不礼。子驷怒，使厨人药杀釐公，[①]赴诸侯曰"釐公暴病卒"。立釐公子嘉，嘉时年五岁，是为简公。

①【集解】徐广曰："年表云子驷使贼夜弑僖公。"

简公元年，诸公子谋欲诛相子驷，子驷觉之，反尽诛诸公子。二年，晋伐郑，郑与盟，晋去。冬，又与楚盟。子驷畏诛，故两亲晋、楚。三年，相子驷欲自立为君，公子子孔使尉止杀相子驷而代之。子孔又欲自立。子产曰："子驷为不可，诛之，今又效之，是乱无时息也。"于是子孔从之而相郑简公。

四年，晋怒郑与楚盟，伐郑，郑与盟。楚共王救郑，败晋兵。简公欲与晋平，楚又囚郑使者。

十二年，简公怒相子孔专国权，诛之，而以子产为卿。十九年，简公如晋请卫君还，而封子产以六邑。[①]子产让，受其三邑。二十二年，吴使延陵季子于郑，见子产如旧交，谓子产曰："郑之执政者侈，难将至，政将及子。子为政，必以礼；不然，郑将败。"子产厚遇季子。二十三年，诸公子争宠相杀，又欲杀子产。公子或谏曰："子产仁人，郑所以存者子产也，勿杀！"乃止。

①【集解】服虔曰："四井为邑。"

二十五年，郑使子产于晋，问平公疾。平公曰："卜而曰实沈、台骀为祟，史官莫知，敢问？"对曰："高辛氏有二子，长曰阏伯，季曰实沈，居旷林，①不相能也，日操干戈以相征伐。后帝弗臧，②迁阏伯于商丘，主辰，③商人是因，故辰为商星。④迁实沈于大夏，主参，⑤唐人是因，服事夏、商，⑥其季世曰唐叔虞。⑦当武王邑姜方娠大叔，梦帝谓己：⑧'余命而子曰虞，⑨乃与之唐，属之参而蕃育其子孙。'及生有文在其掌曰'虞'，遂以命之。及成王灭唐而国大叔焉。故参为晋星。⑩由是观之，则实沈，参神也。昔金天氏有裔子曰昧，为玄冥师，⑪生允格、台骀。⑫台骀能业其官，⑬宣汾、洮，⑭障大泽，⑮以处太原。⑯帝用嘉之，国之汾川。⑰沈、姒、蓐、黄实守其祀。⑱今晋主汾川而灭之。⑲由是观之，则台骀，汾、洮神也。然是二者不害君身。山川之神，则水旱之菑禜之；⑳日月星辰之神，则雪霜风雨不时禜之；若君疾，饮食哀乐女色所生也。"平公及叔向曰："善，博物君子也！"厚为之礼于子产。

①【集解】贾逵曰："旷，大也。"

②【集解】贾逵曰："后帝，尧也。臧，善也。"

③【集解】贾逵曰："商丘在漳南。"杜预曰："商丘，宋地。"服虔曰："辰，大火，主祀也。"

④【集解】服虔曰："商人，契之先，汤之始祖相土封阏伯之故地，因其故国而代之。"

⑤【集解】服虔曰："大夏在汾浍之间，主祀参星。"杜预曰："大夏，今晋阳县。"

⑥【集解】贾逵曰："唐人谓陶唐氏之胤刘累事夏孔甲，封于大夏，因实沈之国，子孙服事夏、商也。" 【正义】括地志云："故唐城在绛州翼城县西二十里。徐才宗国都城记云'唐国，帝尧之裔子所封。春秋云"夏孔甲时有尧苗胄刘累者，以豢龙事孔甲，夏后嘉之，赐曰御龙氏，以更豕韦之后。龙一雌死，潜醢之以食夏后。既而使求之，惧而迁于鲁县"。夏后盖别封刘累之后于夏之墟，为唐侯。至周成王时，唐人作乱，成王灭之而封太叔，迁唐人子孙于杜，谓之杜伯，范氏所云在周为唐杜氏也'。地记云'唐氏在大夏之墟，属河东安县。今在绛城西北一百里有唐城者，以为唐旧国'。"然则叔虞之封即此地也。

⑦【集解】杜预曰："唐人之季世，其君曰叔虞。"

⑧【集解】贾逵曰："帝，天也。己，武王也。"

⑨【集解】杜预曰："取唐君之名。"

⑩【集解】贾逵曰："晋主祀参，参为晋星。"

⑪【集解】服虔曰："金天，少暤也。玄冥，水官也。师，长也。昧为水官之长。"

⑫【集解】服虔曰："允格，台骀，兄弟也。"

⑬【集解】服虔曰："修昧之职。"

⑭【集解】贾逵曰："宣犹通也。汾、洮，二水名。"

⑮【集解】服虔曰："陂障其水也。"

⑯【集解】服虔曰："太原，汾水名。"杜预曰："太原，晋阳也，台骀之所居者。"

⑰【集解】服虔曰："帝颛顼也。"

⑱【集解】贾逵曰："四国台骀之后也。"

⑲【集解】贾逵曰："灭四国。"

⑳【集解】服虔曰："禜为营，攒用币也。若有水旱，则禜祭山川之神以祈福也。"

二十七年夏，郑简公朝晋。冬，畏楚灵王之强，又朝楚，子产从。二十八年，郑君病，使子产会诸侯，与楚灵王盟于申，诛齐庆封。

三十六年，简公卒，子定公宁立。秋，定公朝晋昭公。

定公元年，楚公子弃疾弑其君灵王而自立，为平王。欲行德诸侯，归灵王所侵郑地于郑。

四年，晋昭公卒，其六卿强，公室卑。子产谓韩宣子曰："为政必以德，毋忘所以立。"

六年，郑火，公欲禳之。子产曰："不如修德。"

八年，楚太子建来奔。十年，太子建与晋谋袭郑。郑杀建，建子胜奔吴。

十一年，定公如晋。晋与郑谋，诛周乱臣，入敬王于周。①

①【索隐】王避弟子朝之乱出居狄泉，在昭二十三年；至二十六年，晋、郑入之。经曰"天王入于成周"是也。

十三年，定公卒，子献公虿立。献公十三年卒，子声公胜立。当是时，晋六卿强，侵夺郑，郑遂弱。

声公五年，郑相子产卒，①郑人皆哭泣，悲之如亡亲戚。子产者，郑成公少子也。为人仁爱人，事君忠厚。孔子尝过郑，与子产如兄弟云。及闻子产死，孔子为泣曰："古之遗爱也！"②

①【正义】括地志云："子产墓在新郑县西南三十五里。郦元注水经云'子产墓在淏水上，累石为方坟，坟东北向郑城，杜预云言不忘本也'。"

②【集解】贾逵曰："爱，惠也。"杜预曰："子产见爱，有古人遗风也。"

八年，晋范、中行氏反晋，告急于郑，郑救之。晋伐郑，败郑军于铁。[①]

①【集解】杜预曰："戚城南铁丘。" 【正义】括地志云："铁丘在滑州卫南县东南十五里。"

十四年，宋景公灭曹。二十年，齐田常弑其君简公，而常相于齐。二十二年，楚惠王灭陈。孔子卒。

三十六年，晋知伯伐郑，取九邑。

三十七年，声公卒，子哀公易立。[①]哀公八年，郑人弑哀公而立声公弟丑，是为共公。共公三年，三晋灭知伯。三十一年，共公卒，子幽公已立。幽公元年，韩武子伐郑，杀幽公。郑人立幽公弟骀，是为繻公。[②]

①【集解】年表云三十八年。

②【集解】年表云郑立幽公子骀繻。或作"缭"。

繻公十五年，韩景侯伐郑，取雍丘。郑城京。

十六年，郑伐韩，败韩兵于负黍。[①]二十年，韩、赵、魏列为诸侯。二十三年，郑围韩之阳翟。

①【集解】徐广曰："在阳城。" 【正义】括地志云："负黍亭在洛州阳城县西南三十五里，故周邑也。"

二十五年，郑君杀其相子阳。二十七年，子阳之党共弑繻公骀而立幽公弟乙为君，是为郑君。[①]

①【集解】徐广云："一本云'立幽公弟乙阳为君，是为康公'。六国年表云立幽公子骀，又以郑君阳为郑康公乙。班固云'郑康公乙为韩所灭'。"

郑君乙立二年，郑负黍反，复归韩。十一年，韩伐郑，取阳城。

二十一年，韩哀侯灭郑，并其国。

太史公曰：语有之，“以权利合者，权利尽而交疏”，甫瑕是也。甫瑕虽以劫杀郑子内厉公，厉公终背而杀之，此与晋之里克何异？守节如荀息，身死而不能存奚齐。变所从来，亦多故矣！

【索隐述赞】厉王之子，得封于郑。代职司徒，缁衣在咏。虢、郐献邑，祭祝专命。庄既犯王，厉亦奔命。居栎克入，梦兰毓庆。伯服生囚，叔瞻尸聘。釐、简之后，公室不竞。负黍虽还，韩哀日盛。

史记卷四十三

赵世家第十三

赵氏之先，与秦共祖。至中衍，[①]为帝大戊御。其后世蜚廉有子二人，而命其一子曰恶来，事纣，为周所杀，其后为秦。恶来弟曰季胜，其后为赵。

①【正义】中音仲。

季胜生孟增。孟增幸于周成王，是为宅皋狼。[①]皋狼生衡父，衡父生造父。造父幸于周缪王。造父取骥之乘匹，[②]与桃林[③]盗骊、骅骝、绿耳，献之缪王。缪王使造父御，西巡狩，见西王母，[④]乐之忘归。而徐偃王反，[⑤]缪王日驰千里马，攻徐偃王，[⑥]大破之。乃赐造父以赵城，[⑦]由此为赵氏。

①【集解】徐广曰："或云皋狼地名，在西河。"【索隐】按：如此说，是名孟增号宅皋狼。而徐广云"或曰皋狼地名，在西河"。按地理志，皋狼是西河郡之县名，盖孟增幸于周成王，成王居之于皋狼，故云皋狼。

②【索隐】言造父取八骏,品其色,齐其力,使驯调也。并四曰乘,并两曰匹。【正义】乘,食证反。并四曰乘,两曰匹。取八骏品其力,使均驯。

③【正义】括地志云:"桃林在陕州桃林县,西至潼关,皆为桃林塞地。山海经云夸父之山,北有林焉,名曰桃林,广阔三百里,中多马,造父于此得骅骝、騄耳之乘献周穆王也。"

④【索隐】穆天子传曰"穆王与西王母觞于瑶池之上,作歌",是乐而忘归也。谯周不信此事,而云"余常闻之,代俗以东西阴阳所出入,宗其神,谓之王父母。或曰地名,在西域,有何见乎"。

⑤【正义】括地志云:"大徐城在泗州徐城县北三十里,古之徐国也。博物志云'徐君宫人娠,生卵,以为不祥,弃于水滨。孤独母有犬名鹄仓,衔所弃卵以归,覆暖之,遂成小儿,生偃王。故宫人闻之,更收养之。及长,袭为徐君。后鹄仓临死生角而九尾,实黄龙也。鹄仓或名后仓也'。"

⑥【索隐】谯周曰:"徐偃王与楚文王同时,去周穆王远矣。且王者行有周卫,岂闻乱而独长驱日行千里乎?"并言此事非实也。

⑦【正义】晋州赵城县即造父邑也。

自造父已下六世至奄父,曰公仲,周宣王时伐戎,为御。及千亩战,[①]奄父脱宣王。奄父生叔带。叔带之时,周幽王无道,去周如晋,事晋文侯,始建赵氏于晋国。

①【正义】括地志云:"千亩原在晋州岳阳县北九十里也。"

自叔带以下,赵宗益兴,五世而(生)〔至〕赵夙。

赵夙,晋献公之十六年伐霍、魏、耿,而赵夙为将伐霍。霍公求奔齐。[①]晋大旱,卜之,曰"霍太山为祟"。使赵夙召霍君于齐,复之,以奉霍太山之祀,晋复穰。晋献公赐赵夙耿。[②]

①【集解】徐广曰："求，一作'来'。"

②【索隐】杜预曰："耿，今河东皮氏县耿乡是。"

夙生共孟，当鲁闵公之元年也。共孟生赵衰，字子馀。①

①【索隐】系本云公明生共孟及赵夙，夙生成季衰，衰生宣孟盾。左传云衰，赵夙弟。而此系家云共孟生衰，谯周亦以此为误耳。

赵衰卜事晋献公及诸公子，莫吉；卜事公子重耳，吉，即事重耳。重耳以骊姬之乱亡奔翟，赵衰从。翟伐廧咎如，得二女，翟以其少女妻重耳，长女妻赵衰而生盾。初，重耳在晋时，赵衰妻亦生赵同、赵括、赵婴齐。赵衰从重耳出亡，凡十九年，得反国。重耳为晋文公，赵衰为原大夫，居原，任国政。①文公所以反国及霸，多赵衰计策。语在晋事中。

①【索隐】系本云："成季徙原。"宋忠云："今雁门原平县也。"【正义】括地志云："原平故城，汉原平县也，在代州崞县南三十五里。"崞音郭。按：宋忠说非也。括地志云："故原城在怀州济原县西北二里。左传云襄王以原赐晋文公，原不服，文公伐原以示信，原降，以赵衰为原大夫，即此也。原本周畿内邑也。"

赵衰既反晋，晋之妻固要迎翟妻，而以其子盾为適嗣，晋妻三子皆下事之。晋襄公之六年，而赵衰卒，谥为成季。

赵盾代成季任国政二年而晋襄公卒，太子夷皋年少。盾为国多难，欲立襄公弟雍。雍时在秦，使使迎之。太子母①日夜啼泣，顿首谓赵盾曰："先君何罪，释其適子而更求君？"赵盾患之，恐其宗与大夫袭诛之，乃遂立太子，是为灵公，发兵距所迎襄公弟于秦者。灵公既立，赵盾益专国政。

①【索隐】穆嬴也。

灵公立十四年，益骄。赵盾骤谏，灵公弗听。及食熊蹯，胹不熟，杀宰人，持其尸出，赵盾见之。灵公由此惧，欲杀盾。盾素仁爱人，尝所食桑下饿人反扞救盾，盾以得亡。未出境，而赵穿弑灵公而立襄公弟黑臀，是为成公。赵盾复反，任国政。君子讥盾"为正卿，亡不出境，反不讨贼"，故太史书曰"赵盾弑其君"。晋景公①时而赵盾卒，谥为宣孟，子朔嗣。

①【索隐】成公之子，名据。

赵朔，晋景公之三年，朔为晋将下军救郑，与楚庄王战河上。朔娶晋成公姊为夫人。

晋景公之三年，大夫屠岸贾欲诛赵氏。①初，赵盾在时，梦见叔带持要而哭，甚悲；已而笑，拊手且歌。盾卜之，兆绝而后好。赵史援占之，曰："此梦甚恶，非君之身，乃君之子，然亦君之咎。至孙，赵将世益衰。"屠岸贾者，始有宠于灵公，及至于景公而贾为司寇，将作难，乃治灵公之贼以致赵盾，遍告诸将曰："盾虽不知，犹为贼首。以臣弑君，子孙在朝，何以惩罪？请诛之。"韩厥曰："灵公遇贼，赵盾在外，吾先君以为无罪，故不诛。今诸君将诛其后，是非先君之意而今妄诛。妄诛谓之乱。臣有大事而君不闻，是无君也。"屠岸贾不听。韩厥告赵朔趣亡。朔不肯，曰："子必不绝赵祀，朔死不恨。"韩厥许诺，称疾不出。贾不请而擅与诸将攻赵氏于下宫，杀赵朔、赵同、赵括、赵婴齐，皆灭其族。

①【集解】徐广曰："按年表，救郑及诛灭，皆景公三年。"

赵朔妻成公姊，有遗腹，走公宫匿。赵朔客曰公孙杵臼，杵臼谓朔友人程婴曰："胡不死？"程婴曰："朔之妇有遗腹，若幸而男，吾奉之;即女也,吾徐死耳。"居无何,而朔妇免身,生男。屠岸贾闻之,索于宫中。夫人置儿绔中,祝曰:"赵宗灭乎,若号;即不灭,若无声。"及索,儿竟无声。已脱,程婴谓公孙杵臼曰:"今一索不得,后必且复索之,柰何?"公孙杵臼曰:"立孤与死孰难?"程婴曰:"死易,立孤难耳。"公孙杵臼曰:"赵氏先君遇子厚,子强为其难者,吾为其易者,请先死。"乃二人谋取他人婴儿负之,衣以文葆,①匿山中。程婴出,谬谓诸将军曰:"婴不肖,不能立赵孤。谁能与我千金,吾告赵氏孤处。"诸将皆喜,许之,发师随程婴攻公孙杵臼。杵臼谬曰:"小人哉程婴!昔下宫之难不能死,与我谋匿赵氏孤儿,今又卖我。纵不能立,而忍卖之乎!"抱儿呼曰:"天乎天乎!赵氏孤儿何罪?请活之,独杀杵臼可也。"诸将不许,遂杀杵臼与孤儿。诸将以为赵氏孤儿良已死,皆喜。然赵氏真孤乃反在,程婴卒与俱匿山中。

①【集解】徐广曰:"小儿被曰葆。"

居十五年,晋景公疾,卜之,大业之后不遂者为祟。景公问韩厥,厥知赵孤在,乃曰:"大业之后在晋绝祀者,其赵氏乎?夫自中衍者皆嬴姓也。中衍人面鸟噣,降佐殷帝大戊,及周天子,皆有明德。下及幽厉无道,而叔带去周适晋,事先君文侯,至于成公,世有立功,未尝绝祀。今吾君独灭赵宗,国人哀之,故见龟策。唯君图之。"景公问:"赵尚有后子孙乎?"韩厥具以实告。于是景公乃与韩厥谋立赵孤儿,召而匿之宫中。诸将入问疾,景公因韩厥之众以胁诸将而见赵孤。赵孤名曰武。诸将不得已,乃曰:"昔下宫之难,屠岸贾为之,矫以君命,并命群臣。非然,孰敢作难!微君之疾,群臣固且请立赵后。今君有命,群臣之愿也。"于是召赵武、程婴遍拜诸将，遂反与程婴、赵武攻屠岸贾，灭其族。复与赵武田邑如故。①

①【集解】徐广曰："推次，晋复与赵武田邑，是景公之十七年也。而乃是春秋成公八年经书'晋杀其大夫赵同、赵括'，左传于此说立赵武事者，注云'终说之耳，非此年也'。"

及赵武冠，为成人，程婴乃辞诸大夫，谓赵武曰："昔下宫之难，皆能死。我非不能死，我思立赵氏之后。今赵武既立，为成人，复故位，我将下报赵宣孟与公孙杵臼。"赵武啼泣顿首固请，曰："武愿苦筋骨以报子至死，而子忍去我死乎！"程婴曰："不可。彼以我为能成事，故先我死；今我不报，是以我事为不成。"遂自杀。赵武服齐衰三年，为之祭邑，春秋祠之，世世勿绝。①

①【集解】新序曰："程婴、公孙杵臼可谓信友厚士矣。婴之自杀下报，亦过矣。"【正义】今河东赵氏祠先人，犹别舒一座祭二士矣。

赵氏复位十一年，而晋厉公杀其大夫三郤。栾书畏及，乃遂弑其君厉公，更立襄公曾孙周，①是为悼公。晋由此大夫稍强。

①【集解】徐广曰："年表云襄公孙也。"【索隐】晋系家襄公少子，名周。

赵武续赵宗二十七年，晋平公立。平公十二年，而赵武为正卿。十三年，吴延陵季子使于晋，曰："晋国之政卒归于赵武子、韩宣子、魏献子之后矣。"赵武死，谥为文子。

文子生景叔。①景叔之时，齐景公使晏婴于晋，②晏婴与晋叔向语。婴曰："齐之政后卒归田氏。"叔向亦曰："晋国之政将归六卿。六卿侈矣，而吾君不能恤也。"

①【索隐】系本云："景叔名成。"

②【集解】徐广曰："平公之十九年。"

赵景叔卒，生赵鞅，是为简子。

赵简子在位，晋顷公之九年，简子将合诸侯戍于周。其明年，入周敬王于周，辟弟子朝之故也。

晋顷公之十二年，六卿以法诛公族祁氏、羊舌氏，分其邑为十县，六卿各令其族为之大夫。晋公室由此益弱。

后十三年，鲁贼臣阳虎来奔，赵简子受赂，厚遇之。

赵简子疾，五日不知人，大夫皆惧。医扁鹊视之，出，董安于问。①扁鹊曰："血脉治也，而何怪！在昔秦缪公尝如此，七日而寤。寤之日，告公孙支与子舆②曰：'我之帝所甚乐。吾所以久者，适有学也。帝告我："晋国将大乱，五世不安；其后将霸，未老而死；霸者之子且令而国男女无别。"'公孙支书而藏之，秦谶于是出矣。献公之乱，文公之霸，而襄公败秦师于殽而归纵淫，此子之所闻。今主君之疾与之同，不出三日疾必间，间必有言也。"

①【集解】韦昭曰："安于，简子家臣。"

②【索隐】二子，秦大夫公孙支、子桑也。

居二日半，简子寤。语大夫曰："我之帝所甚乐，与百神游于钧天，广乐九奏万舞，不类三代之乐，其声动人心。有一熊欲来援我，帝命我射之，中熊，熊死。又有一罴来，我又射之，中罴，罴死。帝甚喜，赐我二笥，皆有副。吾见儿在帝侧，帝属我一翟犬，曰：'及而子之壮也，以赐之。'帝告我：'晋国且世衰，七世而亡，①嬴姓将大败周人于范魁之西，②而亦不能有也。今余思虞舜之勋，适余将以其胄女孟姚配而七世之孙。'"③董安于受言而书藏之。以扁鹊言告简子，简子赐扁鹊田四万亩。

①【正义】谓晋定公、出公、哀公、幽公、烈公、孝公、静公为七世。静公二年,为三晋所灭。据此及年表,简子疾在定公十一年。

②【索隐】范魁,地名,不知所在,盖赵地。 【正义】嬴,赵姓也。周人谓卫也。晋亡之后,赵成侯三年伐卫,取都鄙七十三是也。贾逵云"小阜曰魁"也。

③【索隐】即娃嬴,吴广之女。姚,姓;孟,字也。七代孙,武灵王也。

他日,简子出,有人当道,辟之不去,从者怒,将刃之。当道者曰:"吾欲有谒于主君。"从者以闻。简子召之,曰:"嘻,吾有所见子晰也。"①当道者曰:"屏左右,愿有谒。"简子屏人。当道者曰:"主君之疾,臣在帝侧。"简子曰:"然,有之。子之见我,我何为?"当道者曰:"帝令主君射熊与罴,皆死。"简子曰:"是,且何也?"当道者曰:"晋国且有大难,主君首之。帝令主君灭二卿,夫熊与罴皆其祖也。"②简子曰:"帝赐我二笥皆有副,何也?"③当道者曰:"主君之子将克二国于翟,皆子姓也。"④简子曰:"吾见儿在帝侧,帝属我一翟犬,曰'及而子之长以赐之'。夫儿何谓以赐翟犬?"当道者曰:"儿,主君之子也。翟犬者,代之先也。主君之子且必有代。及主君之后嗣,且有革政而胡服,⑤并二国于翟。"⑥简子问其姓而延之以官。当道者曰:"臣野人,致帝命耳。"遂不见。简子书藏之府。

①【索隐】简子见当道者,乃寤曰:"嘻,是吾前梦所见,知其名曰子晰者。"

②【正义】范氏、中行氏之祖也。

③【正义】副谓皆子姓也。

④【正义】谓代及智氏也。

⑤【正义】今时服也,废除裘裳也。

⑥【正义】武灵王略中山地至宁葭,西略胡地至楼烦、榆中是也。

异日,姑布子卿①见简子,简子遍召诸子相之。子卿曰:"无为将军者。”简子曰：“赵氏其灭乎？”子卿曰：“吾尝见一子于路，殆君之子也。”简子召子毋卹。毋卹至，则子卿起曰：“此真将军矣！”简子曰：“此其母贱，翟婢也，奚道贵哉？”子卿曰：“天所授，虽贱必贵。”自是之后，简子尽召诸子与语，毋卹最贤。简子乃告诸子曰：“吾藏宝符于常山上，先得者赏。”诸子驰之常山上，求，无所得。毋卹还，曰：“已得符矣。”简子曰：“奏之。”毋卹曰：“从常山上临代，代可取也。”②简子于是知毋卹果贤，乃废太子伯鲁，而以毋卹为太子。

①【集解】司马彪曰：“姑布，姓；子卿，字。”

②【正义】地道记云：“恒山在上曲阳县西北百四十里。北行四百五十里得恒山岌，号飞狐口，北则代郡也。”

后二年，晋定公之十四年，范、中行作乱。明年春，简子谓邯郸大夫午曰：“归我卫士五百家，吾将置之晋阳。”①午许诺，归而其父兄不听，②倍言。赵鞅捕午，囚之晋阳。乃告邯郸人曰：“我私有诛午也，诸君欲谁立？”③遂杀午。赵稷、涉宾以邯郸反。④晋君使籍秦⑤围邯郸。荀寅、范吉射⑥与午善，⑦不肯助秦而谋作乱，董安于知之。十月，范、中行氏⑧伐赵鞅，鞅奔晋阳，晋人围之。范吉射、荀寅仇人魏襄等谋逐荀寅，以梁婴父代之；⑨逐吉射，以范皋绎代之。⑩荀栎⑪言于晋侯曰：“君命大臣，始乱者死。今三臣始乱⑫而独逐鞅，用刑不均，请皆逐之。”十一月，荀栎、韩不佞、⑬魏哆⑭奉公命以伐范、中行氏，不克。范、中行氏反伐公，公击之，范、中行败走。丁未，二子⑮奔朝歌。韩、魏以赵氏为请。⑯十二月辛未，赵鞅入绛，盟于公宫。其明年，知伯文子谓赵鞅曰：“范、中行虽信为乱，安于发之,是安于与谋也。晋国有法,始乱者死。夫二子已伏罪而安于独在。”赵鞅患之。安于曰:“臣死,赵氏定,晋国宁,吾死晚矣。”遂自杀。赵氏以告知伯,然后赵氏宁。

①【集解】服虔曰:“往年赵鞅围卫,卫人恐惧,故贡五百家,鞅置之邯郸,又欲更徙于晋阳。”

②【集解】服虔曰:“午之诸父兄及邯郸中长老。”

③【集解】杜预曰:“午,赵鞅同族,别封邯郸,故使邯郸人更立午宗亲也。”

④【集解】服虔曰:“稷,午子。”

⑤【集解】左传曰籍秦此时为上军司马。 【索隐】据系本,晋大夫籍游之孙,籍谈之子。

⑥【索隐】范氏,晋大夫隰叔之子,士蒍之后。蒍生成伯缺,缺生武子会,会生文叔燮,燮生宣叔匄,匄生献子鞅,鞅生吉射。

⑦【集解】左传曰:“午,荀寅之甥。荀寅,范吉射之姻。”

⑧【索隐】系本云:“晋大夫逝遨生桓伯林父,林父生宣伯庚宿,庚宿生献伯偃,偃生穆伯吴,吴生寅。本姓荀,自荀偃将中军,晋改中军曰中行,因氏焉。元与智伯同祖逝遨,故智氏亦称荀。” 【正义】按:会食邑于范,因为范氏。又中行寅本姓荀,自荀偃将中军为中行,因号中行氏。元与智氏同承袭逝遨,姓荀氏。

⑨【集解】贾逵曰:“梁婴父,晋大夫也。”

⑩【集解】服虔曰:“范氏之侧室子。”

⑪【集解】服虔曰:“荀栎,智文子。” 【索隐】系本云:“逝遨生庄子首,首生武子罃,罃生庄子朔,朔生悼子盈,盈生文子栎,栎生宣子申,申生智伯瑶。”

⑫【集解】贾逵曰:“范、中行、赵也。”

⑬【索隐】韩简子。

⑭【索隐】魏简子。系本名取。

⑮【索隐】范吉射、荀寅也。

⑯【集解】服虔曰:"以其罪轻于荀、范也。" 【正义】按:赵鞅被范、中行伐,乃奔晋阳,以其罪轻,故韩、魏为请晋君而得入绛。

孔子闻赵简子不请晋君而执邯郸午,保晋阳,故书春秋曰"赵鞅以晋阳畔"。

赵简子有臣曰周舍,好直谏。周舍死,简子每听朝,常不悦,大夫请罪。简子曰:"大夫无罪。吾闻千羊之皮不如一狐之腋。诸大夫朝,徒闻唯唯,不闻周舍之鄂鄂,是以忧也。"①简子由此能附赵邑而怀晋人。

①【集解】韩诗外传曰:"周舍立于门下三日三夜,简子使问之曰:'子欲见寡人何事?'对曰:'愿为鄂鄂之臣,墨笔操牍,从君之过,而日有所记,月有所成,岁有所效也。'"

晋定公十八年,赵简子围范、中行于朝歌,中行文子①奔邯郸。明年,卫灵公卒。简子与阳虎送卫太子蒯聩于卫,卫不内,居戚。②

①【索隐】荀寅也。

②【正义】括地志云:"故戚城在相州澶水县东三十里。杜预云'戚,卫邑,在顿丘〔卫〕县西有戚城'是也。"

晋定公二十一年,简子拔邯郸,中行文子奔柏人。简子又围柏人,中行文子、范昭子①遂奔齐。赵竟有邯郸、柏人。范、中行馀邑入于晋。赵名晋卿,实专晋权,奉邑侔于诸侯。

①【索隐】范吉射也。

晋定公三十年,定公与吴王夫差争长于黄池,赵简子从晋定公,卒长吴。定公三十七年卒,而简子除三年之丧,期而已。是岁,越王句践灭吴。

晋出公十一年，知伯伐郑。赵简子疾，使太子毋恤将而围郑。知伯醉，以酒灌击毋恤。毋恤群臣请死之。毋恤曰："君所以置毋恤，为能忍询。"然亦愠知伯。知伯归，因谓简子，使废毋恤，简子不听。毋恤由此怨知伯。

晋出公十七年，简子卒，①太子毋恤代立，是为襄子。

①【集解】张华曰："赵简子冢在临水界，二冢并，上气成楼阁。"

赵襄子元年，越围吴。①襄子降丧食，使楚隆问吴王。②

①【正义】年表及(赵)〔越〕世家、(云)左传越灭吴在简子三十五年，已在襄子元年前十五年矣，何得更有越围吴之事？从此以下至"问吴王"是三十年事，文(说)〔脱〕误在此耳。

②【正义】左传云哀公二十年，简子死，襄子嗣立，以越围吴故，降父之祭馔，而使楚隆慰问王，为哀公十三年，简子在黄池之役，与吴王质言曰"好恶同之"，故减祭馔及问吴王也。而赵世家及六国年表云此年晋定公卒，简子除三年之丧，服期而已。按：简子死及使吴年月皆误，与左传文不同。

襄子姊前为代王夫人。简子既葬，未除服，北登夏屋，①请代王。使厨人操铜枓②以食代王及从者，行斟，阴令宰人各③以枓击杀代王及从官，遂兴兵平代地。其姊闻之，泣而呼天，摩笄自杀。代人怜之，所死地名之为摩笄之山。④遂以代封伯鲁子周为代成君。伯鲁者，襄子兄，故太子。太子蚤死，故封其子。

①【集解】徐广曰："山在广武。"【正义】括地志云："夏屋山一名贾屋山，今名贾母山，在代州雁门县东北三十五里。夏屋与句注山相接，盖北方之险，亦天下之阻路，所以分别内外也。"

②【正义】音斗。其形方，有柄，取斟水器。说文云勺也。

③【集解】徐广曰："一作'雒'。"

④【正义】笄，今簪也。括地志云："摩笄山一名磨笄山，亦名为〔鸣鸡〕山，在蔚州飞狐县东北百五十里。魏土地记云'代郡东南二十五里有马头山。赵襄子既杀代王，使人迎其妇。代王夫人曰："以弟慢夫，非仁也；以夫怨弟，非义也。"磨笄自刺而死。使者遂亦自杀'。"

襄子立四年，知伯与赵、韩、魏尽分其范、中行故地。晋出公怒，告齐、鲁，欲以伐四卿。四卿恐，遂共攻出公。出公奔齐，道死。知伯乃立昭公曾孙骄，是为晋懿公。[①]知伯益骄。请地韩、魏，韩、魏与之。请地赵，赵不与，以其围郑之辱。知伯怒，遂率韩、魏攻赵。赵襄子惧，乃奔保晋阳。

①【索隐】或作"哀公"。其大父名雍，即昭公少子，号戴子也。

原过从，后，至于王泽，[①]见三人，自带以上可见，自带以下不可见。与原过竹二节，莫通。曰："为我以是遗赵毋卹。"原过既至，以告襄子。襄子齐三日，亲自剖竹，有朱书曰："赵毋卹，余霍泰山[②]山阳侯天使也。三月丙戌，余将使女反灭知氏。女亦立我百邑，余将赐女林胡之地。至于后世，且有伉王，赤黑，龙面而鸟噣，鬓麋髭䫌，大膺大胸，修下而冯，左衽界乘，[③]奄有河宗，[④]至于休溷诸貉，[⑤]南伐晋别，[⑥]北灭黑姑。"[⑦]襄子再拜，受三神之令。

①【正义】括地志云："王泽在绛州正平县南七里也。"

②【集解】徐广曰："在河东永安县。"

③【集解】徐广曰："修，或作'随'。界，一作'介'。"

④【正义】穆天子传云："河宗之子孙(则)〔鄘〕柏絮。"按：盖在龙门河之上流，岚、胜二州之地也。

⑤【正义】音陌。自河宗、休溷诸貉，乃戎狄之地也。

⑥【正义】越南伐晋之别邑，谓韩、魏之邑也。

⑦【正义】亦戎国。

三国攻晋阳，岁馀，引汾水灌其城，城不浸者三版。①城中悬釜而炊，易子而食。群臣皆有外心，礼益慢，唯高共②不敢失礼。襄子惧，乃夜使相张孟同③私于韩、魏。韩、魏与合谋，以三月丙戌，三国反灭知氏，共分其地。于是襄子行赏，高共为上。张孟同曰："晋阳之难，唯共无功。"襄子曰："方晋阳急，群臣皆懈，惟共不敢失人臣礼，是以先之。"于是赵北有代，南并知氏，强于韩、魏。遂祠三神于百邑，使原过主霍泰山祠祀。④

①【正义】何休云："八尺曰版。"

②【集解】徐广曰："一作'赫'。"

③【索隐】按：战国策作"张孟谈"。谈者，史迁之父名，迁例改为"同"。

④【正义】括地志云："三神祠今名原过祠，今在霍山侧也。"

其后娶空同氏，①生五子。襄子为伯鲁之不立也，不肯立子，且必欲传位与伯鲁子代成君。成君先死，乃取代成君子浣立为太子。②襄子立三十三年卒，浣立，是为献侯。

①【正义】括地志云："崆峒山在肃州福禄县东南六十里，古西戎地。又原州平高县西百里亦有崆峒山，即黄帝问广成子道处。"俱是西戎地，未知孰是。

②【索隐】代成君名周，伯鲁之子。系本云代成君子起即襄子之子，不云伯鲁，非也。

献侯少即位，治中牟。①

①【集解】地理志曰河南中牟县，赵献侯自耿徙此。瓒曰："中牟在春秋之时是郑之疆内也，及三卿分晋，则在魏之邦土也。赵界自漳水以北，不及此。春秋传曰'卫侯如晋过中牟'，按中牟非卫适晋之次也。

汲郡古文曰'齐师伐赵东鄙,围中牟',此中牟不在赵之东也。按中牟当漯水之北。"【索隐】此赵中牟在河北,非郑之中牟。【正义】按:五鹿在魏州元城县东十二里,邺即相州荡阴县西五十八里,有牟山,盖中牟邑在此山侧也。

襄子弟桓子①逐献侯,自立于代,一年卒。国人曰桓子立非襄子意,乃共杀其子而复迎立献侯。

①【索隐】系本云襄子子桓子,与此不同。

十年,中山武公初立。①十三年,城平邑。②十五年,献侯卒,子烈侯籍立。

①【集解】徐广曰:"西周桓公之子。桓公者,孝王弟而定王子。"【索隐】按:中山,古鲜虞国,姬姓也。系本云中山武公居顾,桓公徙灵寿,为赵武灵王所灭,不言谁之子孙。徐广云西周桓公之子,亦无所据,盖未能得其实耳。

②【集解】地理志曰代郡有平邑县。

烈侯元年,魏文侯伐中山,使太子击守之。六年,魏、韩、赵皆相立为诸侯,追尊献子为献侯。

烈侯好音,谓相国公仲连曰:"寡人有爱,可以贵之乎?"公仲曰:"富之可,贵之则否。"烈侯曰:"然。夫郑歌者枪、石二人,①吾赐之田,人万亩。"公仲曰:"诺。"不与。居一月,烈侯从代来,问歌者田。公仲曰:"求,未有可者。"有顷,烈侯复问。公仲终不与,乃称疾不朝。番吾君②自代来,谓公仲曰:"君实好善,而未知所持。今公仲相赵,于今四年,亦有进士乎?"公仲曰:"未也。"番吾君曰:"牛畜、荀欣、徐越皆可。"公仲乃进三人。及朝,烈侯复问:"歌者田何如?"公仲曰:"方使择其善者。"牛畜侍烈侯以仁义,约以王道，烈侯逌然。③明日，荀欣侍以选练举贤，任官使能。明日，徐越侍以节财俭用，察度功德。所与无不充，君说。烈侯使使谓相国曰："歌者之田且止。"官牛畜为师，荀欣为中尉，徐越为内史，④赐相国衣二袭。⑤

①【索隐】枪，七羊反。枪与石二人名。

②【集解】徐广曰："番音盘。常山有番吾县。" 【正义】括地志云："番吾故城在恒州房山县东二十里。"番蒲古今音异耳。

③【正义】逌音由，古字与"攸"同。言牛畜以仁义约以王道，故止歌者田。攸攸，气行貌，宽缓也。

④【正义】汉书百官公卿表云："（少府）内史，周官，秦因之，掌治京师。"

⑤【集解】单复具为一袭。

九年，烈侯卒，弟武公立。①武公十三年卒，赵复立烈侯太子章，是为敬侯。是岁，魏文侯卒。

①【索隐】谯周云："系本及说赵语者并无其事，盖别有所据。"

敬侯元年，武公子朝作乱，不克，出奔魏。赵始都邯郸。

二年，败齐于灵丘。①三年，救魏于廪丘，大败齐人。四年，魏败我兔台。筑刚平②以侵卫。五年，齐、魏为卫攻赵，取我刚平。六年，借兵于楚伐魏，取棘蒲。③八年，拔魏黄城。④九年，伐齐。齐伐燕，赵救燕。十年，与中山战于房子。⑤

①【集解】地理志曰代郡有灵丘县。

②【正义】兔台、刚平并在河北。

③【正义】今赵州平棘县，古棘蒲邑。

④【集解】杜预曰："陈留外黄县东有黄城。" 【正义】括地志云："故黄城在魏州冠氏县南十里，因黄沟为名。"按：陈留外黄城非随所别也。

⑤【正义】赵州房子县是。

十一年，魏、韩、赵共灭晋，分其地。伐中山，又战于中人。①十二年，敬侯卒，子成侯种立。

①【集解】徐广曰："中山唐县有中人亭。"【正义】括地志云："中山故城一名中人亭，在定州唐县东北四十一里，春秋时鲜虞国之中人邑也。"

成侯元年，公子胜与成侯争立，为乱。二年六月，雨雪。三年，太戊午①为相。伐卫，取乡邑七十三。魏败我蔺。②四年，与秦战高安，③败之。五年，伐齐于鄄。④魏败我怀。攻郑，败之，以与韩，韩与我长子。⑤六年，中山筑长城。伐魏，败涿泽，⑥围魏惠王。七年，侵齐，至长城。⑦与韩攻周。八年，与韩分周以为两。⑧九年，与齐战阿下。⑨十年，攻卫，取甄。十一年，秦攻魏，赵救之石阿。⑩十二年，秦攻魏少梁，⑪赵救之。十三年，秦献公使庶长国伐魏少梁，虏其太子、痤。魏败我浍，取皮牢。⑫成侯与韩昭侯遇上党。十四年，与韩攻秦。十五年，助魏攻齐。

①【集解】徐广曰："戊，一作'成'。"

②【正义】地理志云属西河郡也。

③【正义】盖在河东。

④【正义】濮州鄄城县是也。

⑤【集解】地理志曰上党有长子县。

⑥【正义】涿音浊。徐广云长杜有浊泽，非也。括地志云："浊水源出蒲州解县东北平地。"尔时魏都安邑，韩、赵伐魏，岂河南至长杜也？解县浊水近于魏都，当是也。

⑦【正义】齐长城西头在济州平阴县。太山记云："太山西北有长城，缘河经太山千馀里，琅邪入海。"括地志云："所侵处在密州南三十里。"

⑧【集解】徐广曰："显王二年。周纪无此。"【正义】括地志云："史记周显二年，西周惠公封少子子班于巩，为东周。其子武公为秦所灭。

郭缘生述征记云巩县本周巩伯邑。”

⑨【集解】徐广曰:“战,一作‘会’也。” 【正义】阿,东阿也,今济州东阿县也。

⑩【正义】盖在石、隰等州界也。

⑪【正义】少梁故城在同州韩城县南二十二里,古少梁国也。

⑫【集解】徐广曰:“魏年表曰取赵皮牢。” 【正义】括地志云:“浍水县在绛州翼城县东南二十五里。”按:皮牢当在浍之侧。

十六年,与韩、魏分晋,封晋君以端氏。①

①【集解】徐广曰:“在平阳。” 【正义】端氏,泽州县也。

十七年,成侯与魏惠王遇葛孽。①十九年,与齐、宋会平陆,②与燕会阿。③二十年,魏献荣椽,因以为檀台。④二十一年,魏围我邯郸。二十二年,魏惠王拔我邯郸,齐亦败魏于桂陵。⑤二十四年,魏归我邯郸,与魏盟漳水上。秦攻我蔺。二十五年,成侯卒。公子緤与太子肃侯⑥争立,緤败,亡奔韩。

①【集解】徐广曰:“在马丘。年表曰十八年赵孟如齐。”

②【正义】兖州县也。平陆城(与)即古厥国。

③【正义】括地志云:“故葛城一名依城,又名西阿城,在瀛州高阳县西北五十里。以徐、(兖)〔滱〕二水并过其西,又佀经其北。曲曰阿,以齐有东阿,故曰西阿城。地理志云瀛州属河间,赵分也。”按:燕会赵即此地。

④【集解】徐广曰:“襄国县有檀台。” 【索隐】刘氏云“荣椽盖地名,其中有一高处,可以为台”,非也。按:荣椽是良材,可为椽,斫饰有光荣,所以魏献之,故赵因用之以为檀台。 【正义】郑玄云:“荣,屋翼也。”说文云:“椽,榱也。屋梠之两头起者为荣也。”括地志云:“檀台在洺州临洺县北二里。”

⑤【正义】括地志云："故桂城在曹州乘氏县东北二十一里，故老云此即桂陵也。"

⑥【索隐】系本云名语。

肃侯元年，夺晋君端氏，徙处屯留。①二年，与魏惠王遇于阴晋。②三年，公子范袭邯郸，不胜而死。四年，朝天子。六年，攻齐，拔高唐。七年，公子刻攻魏首垣。③十一年，秦孝公使商君伐魏，虏其将公子卬。赵伐魏。十二年，秦孝公卒，商君死。十五年，起寿陵。④魏惠王卒。

①【正义】括地志云："屯留故城在潞州长子县东北三十里，本汉屯留县城也。"

②【正义】地理志云华阴县，魏之阴晋，秦惠文王更名宁秦，高帝更名华阴。今属华州。

③【正义】盖在河北也。

④【正义】徐广云："在常山。"

十六年，肃侯游大陵，①出于鹿门，②大戊午扣马③曰："耕事方急，一日不作，百日不食。"肃侯下车谢。

①【集解】徐广曰："太原有大陵县，亦曰陆。" 【正义】括地志云："大陵城在并州文水县北十三里，汉大陵县城。"

②【正义】并州盂县西有白鹿泓，源出白鹿山南渚，盖鹿门在北山水之侧也。

③【集解】吕忱曰："扣，牵马。"

十七年，围魏黄，不克。①筑长城。②

①【集解】地理志曰山阳有黄县。 【正义】黄城在魏州，前拔之，却为魏，今赵围之矣。

②【正义】刘伯庄云"盖从云中以北至代"。按：赵长城从蔚州北西至岚

州北，尽赵界。又疑此长城在(潭)〔漳〕水之北，赵南界。

十八年，齐、魏伐我，我决河水灌之，兵去。二十二年，张仪相秦。赵疵与秦战，败，秦杀疵河西，取我蔺、离石。二十三年，韩举①与齐、魏战，死于桑丘。②

①【集解】徐广曰："韩将。"

②【集解】地理志云泰山有桑丘县。【正义】括地志云："桑丘城在易州遂城县界。"或云在泰山，非也。此时齐伐燕桑丘，三晋皆来救之，不得在泰山(有)〔之〕桑丘县，此说甚误也。

二十四年，肃侯卒。秦、楚、燕、齐、魏出锐师各万人来会葬。子武灵王立。①

①【索隐】名雍。

武灵王元年，①阳文君赵豹相。梁襄王与太子嗣，韩宣王与太子仓来朝信宫。②武灵王少，未能听政，博闻师三人，左右司过三人。及听政，先问先王贵臣肥义，加其秩；国三老年八十，月致其礼。

①【集解】徐广曰："年表云魏败我赵护。"

②【正义】在洺州临洺县也。

三年，城鄗。四年，与韩会于区鼠。①五年，娶韩女为夫人。

①【正义】盖在河北。

八年，韩击秦，不胜而去。五国相王，赵独否，曰："无其实，敢处其名乎！"令国人谓己曰"君"。

九年，与韩、魏共击秦，秦败我，斩首八万级。齐败我观泽。①十年，秦取我中都及西阳。②齐破燕。燕相子之为君，君反为臣。

十一年，王召公子职于韩，立以为燕王，③使乐池送之。④十三年，秦拔我蔺，虏将军赵庄。⑤楚、魏王来，过邯郸。十四年，赵何攻魏。

①【正义】括地志云："观泽故城在魏州顿丘县东十八里也。"

②【集解】徐广曰："年表云'秦取中都、西阳、安邑。十一年，秦败我将军英'。太原有中都县，西河有中阳县。"

③【集解】徐广曰："纪年亦云尔。"

④【集解】按燕世家，子之死后，燕人共立太子平，是为燕昭王，无赵送公子职为燕王之事，当是赵闻燕乱，遥立职为燕王，虽使乐池送之，竟不能就。【索隐】燕系家无其事，盖是疏也。今此云"使乐池送之"，必是凭旧史为说。且纪年之书，其说又同，则裴骃之解得其旨矣。

⑤【正义】本一作"茈"，音疋婢反。

十六年，秦惠王卒。王游大陵。他日，王梦见处女鼓琴而歌诗曰："美人荧荧兮，颜若苕之荣。①命乎命乎，曾无我嬴！"②异日，王饮酒乐，数言所梦，想见其状。吴广闻之，因夫人而内其女娃嬴。③孟姚也。④孟姚甚有宠于王，是为惠后。

①【集解】綦毋邃曰："陵苕之草其华紫。"【正义】苕音条。毛诗疏云："苕，饶也。幽州谓之翘饶。蔓似䜶豆而细，叶似蒺藜而青，其华细绿色，可生食，味如小豆藿也。"又本草经云："陵苕生下湿水中，七八月生，华紫，草可以染帛，煮沐头，发即黑也。"

②【集解】綦毋邃曰："言有命禄，生遇其时，人莫知己贵盛盈满也。"【正义】按：命，名也。嬴，姓嬴也。言世众名其美好，曾无我好嬴也。重言"名乎"者，以谈说众也。

③【集解】方言曰："娃，美也。吴有馆娃之宫。"

④【集解】徐广曰："古史考云内其女曰娃。"【索隐】孟姚，吴广女也。广，舜之后，故上文云"余思虞舜之勋，故命其胄女孟姚以配而七代之孙"是已。然舜后封虞，在河东大阳山西上虞城是，亦曰吴城。虞吴

音相近，故舜后亦姓吴，非独太伯、虞仲之裔。

十七年，王出九门，①为野台，②以望齐、中山之境。

①【集解】徐广曰："在常山。" 【正义】本战国时赵邑。战国策云："本有宫室而居，赵武灵王改为九门。"

②【集解】徐广曰："野，一作'望'。" 【正义】括地志云："野台一名义台，在定州新乐县西南六十三里。"

十八年，秦武王与孟说举龙文赤鼎，绝膑①而死。赵王使代相赵固迎公子稷于燕，送归，立为秦王，是为昭王。

①【集解】徐广曰："一作'绝脉'。音亡丁反。"

十九年春正月，大朝信宫。召肥义与议天下，五日而毕。王北略中山之地，至于房子，①遂之代，北至无穷，西至河，登黄华之上。②召楼缓谋曰："我先王因世之变，以长南藩之地，属阻漳、滏之险，立长城，又取蔺、郭狼，败林人③于荏，而功未遂。今中山在我腹心，北有燕，④东有胡，⑤西有林胡、楼烦、秦、韩之边，⑥而无强兵之救，是亡社稷，奈何？夫有高世之名，必有遗俗之累。吾欲胡服。"楼缓曰："善。"群臣皆不欲。

①【正义】赵州县也。

②【正义】黄华盖西河侧之山名也。

③【正义】即林胡也。

④【正义】地理志云赵分晋，北有信都、中山，又得涿郡之高阳、鄚州乡；东有清河、河间，又得渤海郡东平舒等七县。在河以北，故言"北有燕"。

⑤【正义】赵东有瀛州之东北。营州之境即东胡、乌丸之地。服虔云："东胡，乌丸之先，后为鲜卑也。"

⑥【正义】林胡、楼烦即岚、胜之北也。岚、胜以南石州、离石、蔺等，七国时赵边邑也。秦隔河也。晋、洺、潞、泽等州皆七国时韩地，为并赵西境也。

于是肥义侍，王曰："简、襄主之烈，计胡、翟之利。为人臣者，宠有孝弟长幼顺明之节，通有补民益主之业，①此两者臣之分也。今吾欲继襄主之迹，开于胡、翟之乡，而卒世不见也。②为敌弱，③用力少而功多，可以毋尽百姓之劳，而序往古之勋。④夫有高世之功者，负遗俗之累；⑤有独智之虑者，任骜民之怨。⑥今吾将胡服骑射以教百姓，而世必议寡人，奈何？"肥义曰："臣闻疑事无功，疑行无名。王既定负遗俗之虑，殆无顾天下之议矣。夫论至德者不和于俗，成大功者不谋于众。昔者舜舞有苗，禹袒裸国，非以养欲而乐志也，务以论德而约功也。愚者暗成事，智者睹未形，则王何疑焉。"王曰："吾不疑胡服也，吾恐天下笑我也。狂夫之乐，智者哀焉；愚者所笑，贤者察焉。世有顺我者，胡服之功未可知也。虽驱世以笑我，胡地中山吾必有之。"于是遂胡服矣。

①【正义】宠，贵宠也。通，达理也。凡为人臣，有孝弟长幼顺明之节制者，得贵宠也；有补民益主之功业者，为达理也。

②【正义】卒，子律反，尽也。言尽世间不见补民益主之忠臣也。

③【正义】我为胡服，敌人必困弱也。

④【正义】厚，重也。往古谓赵简子、襄子也。

⑤【正义】负，留也。言古周公、孔子留衣冠礼义之俗，今变为胡服，是负留风俗之谴累也。

⑥【正义】言世有独计智之思虑者，必任隐逸敖慢之民怨望也。

使王緤告公子成曰："寡人胡服，将以朝也，亦欲叔服之。家听于亲而国听于君，古今之公行也。子不反亲，臣不逆君，兄弟之通义也。①今寡人作教易服而叔不服，吾恐天下议之也。制国有常，利民为本；从政有经，令行为上。明德先论于贱，而行政先信于贵。今胡服之意，非以养欲而乐志也；事有所止而功有所出，②事成功立，然后善也。今寡人恐叔之逆从政之经，以辅叔之议。且寡人闻之，事利国者行无邪，因贵戚者名不累，故愿慕公叔之义，以成胡服之功。使緤谒之叔，③请服焉。"公子成再拜稽首曰："臣固闻王之胡服也。臣不佞，寝疾，未能趋走以滋进也。王命之，臣敢对，因竭其愚忠。曰：臣闻中国者，盖聪明徇智之所居也，④万物财用之所聚也，贤圣之所教也，仁义之所施也，诗书礼乐之所用也，异敏技能之所试也，远方之所观赴也，蛮夷之所义行也。今王舍此而袭远方之服，变古之教，易古之道，逆人之心，而怫学者，离中国，故臣愿王图之也。"使者以报。王曰："吾固闻叔之疾也，我将自往请之。"

①【集解】徐广曰："兄弟，一作'元夷'。元，始也；夷，平也。"

②【正义】郑玄云："止，至也。为人君止于仁，为人臣止于敬，为人子止于孝，为人父止于慈，与国人交止于信。"按：出犹成也。

③【索隐】为句。

④【集解】徐广曰："五帝本纪云幼而徇齐。"

王遂往之公子成家，因自请之，曰："夫服者，所以便用也；礼者，所以便事也。圣人观乡而顺宜，因事而制礼，所以利其民而厚其国也。夫剪发文身，错臂左衽，①瓯越之民也。②黑齿雕题，③却冠秫绌，④大吴之国也。故礼服莫同，其便一也。乡异而用变，事异而礼易。是以圣人果可以利其国，不一其用；果可以便其事，不同其礼。儒者一师而俗异，中国同礼而教离，况于山谷之便乎？故去就之变，智者不能一；远近之服，贤圣不能同。穷乡多异，曲学多辩。不知而不疑，异于己而不非者，公焉而众求尽善也。今叔之所言者俗也，吾所言者所以制俗也。吾国东有河、薄洛之水，⑤与齐、中山同之，⑥无舟楫之用。自常山以至代、上党，⑦东有燕、东胡之境，而西有楼烦、秦、韩之边，今无骑射之备。故寡人无舟楫之用，夹水居之民，将何以守河、薄洛之水；变服骑射，以备燕、三胡、⑧秦、韩之边。且昔者简主不塞晋阳以及上党，而襄主并戎取代以攘诸胡，此愚智所明也。先时中山负齐之强兵，侵暴吾地，系累⑨吾民，引水围鄗，微社稷之神灵，则鄗几于不守也。先王丑之，而怨未能报也。今骑射之备，近可以便上党之形，而远可以报中山之怨。而叔顺中国之俗以逆简、襄之意，恶变服之名以忘鄗事之丑，非寡人之所望也。”公子成再拜稽首曰：“臣愚，不达于王之义，敢道世俗之闻，臣之罪也。今王将继简、襄之意以顺先王之志，臣敢不听命乎！”再拜稽首。乃赐胡服。明日，服而朝。于是始出胡服令也。

①【索隐】错臂亦文身，谓以丹青错画其臂。孔衍作“右臂左衽”，谓右袒其臂也。

②【索隐】刘氏云：“今珠崖、儋耳谓之瓯人，是有瓯越。” 【正义】按：属南越，故言瓯越也。舆地志云“交阯，周时为骆越，秦时曰西瓯，文身断发避龙”。则西瓯骆又在番吾之西。南越及瓯骆皆芈姓也。世本云“越，芈姓也，与楚同祖”是也。

③【集解】刘逵曰：“以草染齿，用白作黑。”郑玄曰：“雕文谓刻其肌，以青丹涅之。”

④【集解】徐广曰：“战国策作‘秫缝’，绌亦缝紩之别名也。秫者，綦针也。古字多假借，故作‘秫绌’耳。此盖言其女功针缕之粗拙也。又一本作‘鲑冠黎緤’也。”

⑤【集解】徐广曰：“安平经县西有漳水，津名薄洛津。” 【正义】按：安平县属定州也。

⑥【正义】尔时齐与中山相亲，中山、赵共薄洛水，故言“与齐、中山同之”，须有舟楫之备。

⑦【集解】徐广曰：“一云‘自常山以下，代、上党以东’。”

⑧【索隐】林胡，楼烦，东胡，是三胡也。

⑨【正义】上音计，下力追反。

赵文、赵造、周袑、①赵俊皆谏止王毋胡服，如故法便。王曰："先王不同俗，何古之法？帝王不相袭，何礼之循？虙戏、神农教而不诛，黄帝、尧、舜诛而不怒。及至三王，随时制法，因事制礼。法度制令各顺其宜，衣服器械各便其用。故礼也不必一道，而便国不必古。圣人之兴也不相袭而王，夏、殷之衰也不易礼而灭。然则反古未可非，而循礼未足多也。且服奇者志淫，则是邹、鲁无奇行也；②俗辟者民易，则是吴、越无秀士也。③且圣人利身谓之服，便事谓之礼。夫进退之节，衣服之制者，所以齐常民也，非所以论贤者也。故齐民与俗流，贤者与变俱。故谚曰'以书御者不尽马之情，以古制今者不达事之变'。循法之功，不足以高世；法古之学，不足以制今。子不及也。"遂胡服招骑射。

①【集解】徐广曰："战国策作'绍'。袑音绍。"

②【索隐】按：邹、鲁好长缨，是奇服，非其志皆淫僻也，而有孔门颜、冉之属，岂是无奇行哉！

③【索隐】言方俗僻处山谷，而人皆改易不通大化，则是吴、越无秀士，何得有延州来及大夫种之属哉！

二十年，王略中山地，至宁葭；①西略胡地，至榆中。②林胡王献马。归，使楼缓之秦，仇液之韩，王贲之楚，富丁之魏，赵爵之齐。代相赵固主胡，致其兵。

①【索隐】一作"蔓葭"，县名，在中山。

②【正义】胜州北河北岸也。

二十一年，攻中山。赵袑为右军，许钧为左军，公子章为中军，王并将之。牛翦将车骑，赵希并将胡、代。赵与之陉，[①]合军曲阳，[②]攻取丹丘、[③]华阳、[④]鸱之塞。[⑤]王军取鄗、石邑、[⑥]封龙、[⑦]东垣。中山献四邑和，王许之，罢兵。二十三年，攻中山。二十五年，惠后卒。[⑧]使周袑胡服傅王子何。二十六年，复攻中山，攘地北至燕、代，西至云中、九原。

①【集解】徐广曰："一作'陆'，又作'陉'。或宜言'赵与之陉'。陉者山绝之名。常山有井陉，中山有苦陉，上党有阏与。"【正义】与音与。陉音荆。陉，陉山也，在并州陉县东南十八里。然赵希并将代、赵之兵，与诸军向井陉之侧，共出定州上曲阳县，合军攻取丹丘、华阳、鸱上之关。

②【集解】徐广曰："上曲阳在常山，下曲阳在钜鹿。"【正义】括地志云："上曲阳故城在定州曲阳县西五里。"按：合军曲阳，即上曲阳也，以在常山郡也。

③【正义】盖邢州丹丘县也。

④【集解】徐广曰："华，一作'爽'。"【正义】括地志云："北岳有五别名，一曰兰台府，二曰列女宫，三曰华阳台，四曰紫台，五曰太一宫。"按：北岳恒山在定州恒阳县北百四十里。

⑤【集解】徐广曰："鸱，一作'鸿'。"【正义】上昌之反，下先代反。徐广曰"鸱，一作'鸿'"，鸿上故关今名汝城，在定州唐县东北六十里，本晋鸿上关城也。又有鸿上水，源出唐县北葛洪山，接北岳恒山，与鸿上塞皆在定州。然一本作"鸣"字，误也。

⑥【集解】徐广曰："在常山。"【正义】括地志云："石邑故城在恒州鹿泉县南三十五里，六国时旧邑。"

⑦【正义】括地志云："封龙山一名飞龙山，在恒州鹿泉县南四十五里。邑因山为名。"

⑧【索隐】按：谓武灵王之前后，太子章之母，惠文王之嫡母也。惠后卒

后，吴娃始当正室，至孝成二年称"惠文后卒"是也。而下文又云"孟姚卒后，何宠衰，欲并立"，亦误也。

二十七年五月戊申，大朝于东宫，传国，立王子何以为王。王庙见礼毕，出临朝。大夫悉为臣，肥义为相国，并傅王。是为惠文王。惠文王，惠后吴娃子也。武灵王自号为主父。

主父欲令子主治国，而身胡服将士大夫西北略胡地，而欲从云中、九原直南袭秦，于是诈自为使者入秦。秦昭王不知，已而怪其状甚伟，非人臣之度，使人逐之，而主父驰已脱关矣。审问之，乃主父也。秦人大惊。主父所以入秦者，欲自略地形，因观秦王之为人也。

惠文王①二年，主父行新地，遂出代，西遇楼烦王于西河而致其兵。

①【集解】徐广曰："元年，以公子胜为相，封平原。"

三年，灭中山，迁其王于肤施。①起灵寿，②北地方从，代道大通。还归，行赏，大赦，置酒酺五日，封长子章为代安阳君。③章素侈，心不服其弟所立。主父又使田不礼相章也。

①【集解】徐广曰："在上郡。"【正义】今延州肤施县也。

②【集解】徐广曰："在常山。"

③【正义】括地志云："东安阳故城在朔州定襄县界。地志云东安阳县属代郡。"

李兑谓肥义曰："公子章强壮而志骄，党众而欲大，殆有私乎？田不礼之为人也，忍杀而骄。二人相得，必有谋阴贼起，一出身徼幸。夫小人有欲，轻虑浅谋，徒见其利而不顾其害，同类相推，俱入祸门。以吾观之,必不久矣。子任重而势大,乱之所始,祸之所集也,子必先患。仁者爱万物而智者备祸于未形,不仁不智,何以为国?子奚不称疾毋出,传政于公子成?毋为怨府,毋为祸梯。”肥义曰:“不可。昔者主父以王属义也,曰:‘毋变而度,毋异而虑,坚守一心,以殁而世。’义再拜受命而籍之。①今畏不礼之难而忘吾籍,变孰大焉。进受严命,退而不全,负孰甚焉。变负之臣,不容于刑。谚曰‘死者复生,生者不愧’。②吾言已在前矣,吾欲全吾言,安得全吾身!且夫贞臣也难至而节见,忠臣也累至而行明。子则有赐而忠我矣,虽然,吾有语在前者也,终不敢失。”李兑曰:“诺,子勉之矣!吾见子已今年耳。”涕泣而出。李兑数见公子成,以备田不礼之事。

①【索隐】籍,录也。谓当时即记录,书之于籍。

②【正义】肥义报李兑云:必尽〔力〕傅何为王,不可惧章及田不礼而生异心。使死者复更变生,并见在生者(并见)傅王无变,令我不愧之,若荀息也。

异日肥义谓信期①曰:“公子与田不礼甚可忧也。其于义也声善而实恶,此为人也不子不臣。吾闻之也,奸臣在朝,国之残也;谗臣在中,主之蠹也。此人贪而欲大,内得主而外为暴。矫令为慢,以擅一旦之命,不难为也,祸且逮国。今吾忧之,夜而忘寐,饥而忘食。盗贼出入不可不备。自今以来,若有召王者必见吾面,我将先以身当之,无故而王乃入。”信期曰:“善哉,吾得闻此也!”

①【索隐】即下文高信也。　【正义】上音申也。

四年,朝群臣,安阳君亦来朝。主父令王听朝,而自从旁观窥群臣宗室之礼。见其长子章傫然也，反北面为臣，诎于其弟，心怜之，于是乃欲分赵而王章于代，计未决而辍。

主父及王游沙丘，异宫，①公子章即以其徒与田不礼作乱，诈以主父令召王。肥义先入，杀之。高信即与王战。公子成与李兑自国至，乃起四邑之兵入距难，杀公子章及田不礼，灭其党贼而定王室。公子成为相，号安平君，李兑为司寇。公子章之败，往走主父，主父开之，②成、兑因围主父宫。公子章死，公子成、李兑谋曰："以章故围主父，即解兵，吾属夷矣。"乃遂围主父。令宫中人"后出者夷"，宫中人悉出。主父欲出不得，又不得食，探爵鷇而食之，③三月馀而饿死沙丘宫。④主父定死，乃发丧赴诸侯。

①【正义】在邢州平乡县东北二十里(矣)也。

②【索隐】开谓开门而纳之。俗本亦作"闻"字者，非也。谯周及孔衍皆作"闭之"，闭谓藏之也。　【正义】谓不责其反叛之罪，容其入宫藏也。

③【集解】綦毋邃曰："鷇，爵子也。"　【索隐】按：曹大家云"鷇，雀子也。生受哺者谓之鷇"。

④【集解】应劭曰："武灵王葬代郡灵丘县。"　【正义】括地志云："赵武灵王墓在蔚州灵丘县东三十里。"应说是也。

是时王少，成、兑专政，畏诛，故围主父。主父初以长子章为太子，后得吴娃，爱之，为不出者数岁，生子何，乃废太子章而立何为王。吴娃死，爱弛，怜故太子，欲两王之，犹豫未决，故乱起，以至父子俱死，为天下笑，岂不痛乎！①

①【集解】徐广曰："或无此十四字。"

(主父死惠文王立立)五年，与燕鄚、易。①八年，城南行唐。②九年，赵梁将，与齐合军攻韩，至鲁关下。③及十年，秦自置为西帝。十一年,董叔与魏氏伐宋,得河阳于魏。秦取梗阳。④十二年,赵梁将攻齐。十三年,韩徐为将,攻齐。公主死。⑤十四年,相国乐毅将赵、秦、韩、魏、燕攻齐,⑥取灵丘。⑦与秦会中阳。⑧十五年,燕昭王来见。赵与韩、魏、秦共击齐,齐王败走,燕独深入,取临菑。

①【集解】徐广曰:“皆属涿郡。鄚音莫。”

②【集解】徐广曰:“在常山。” 【正义】行,寒庚反。括地志云:“行唐县属冀州。”为南行唐筑城。

③【正义】刘伯庄云:“盖在南阳鲁阳关。”按:汝州鲁山县,古穀阳县。

④【集解】杜预曰:“太原晋阳县南梗阳城也。” 【索隐】地理志云太原榆次有梗阳乡。与杜预所据小别也。 【正义】括地志云:“梗阳故城在并州清源县南百二十步,分晋阳县置,本汉榆次县地,春秋晋大夫祁氏邑也。”

⑤【索隐】盖吴娃女,惠文王之姊。

⑥【索隐】按年表及韩魏等系家,五国攻齐在明年,然此下文十五年重击齐,是此文为得,盖此年同伐齐耳。

⑦【正义】蔚(丘)〔州〕县也。

⑧【正义】括地志云:“中阳故县在汾州隰城县南十里,汉中阳县也。”

十六年,秦复与赵数击齐,齐人患之。苏厉为齐遗赵王书曰:

臣闻古之贤君,其德行非布于海内也,教顺非洽于民人也,祭祀时享非数常于鬼神也。甘露降,时雨至,年谷丰孰,民不疾疫,众人善之,然而贤主图之。

今足下之贤行功力,非数加于秦也;怨毒积怒,非素深于齐也。秦赵与国,以强征兵于韩,秦诚爱赵乎?其实憎齐乎?物之甚者,贤主察之。秦非爱赵而憎齐也,欲亡韩而吞二周,故以齐餤天下。恐事之不合,故出兵以劫魏、赵。恐天下畏己也，故出质以为信。恐天下亟反也，故征兵于韩以威之。声以德与国，①实而伐空韩，臣以秦计为必出于此。夫物固有势异而患同者，楚久伐而中山亡，今齐久伐而韩必亡。破齐，王与六国分其利也。亡韩，秦独擅之。收二周，西取祭器，秦独私之。赋田计功，王之获利孰与秦多？

①【索隐】与国，赵也。秦赵今为与国，秦征兵于韩，帅之共赵伐齐，以威声和赵，是以德与国也。

说士之计曰："韩亡三川，①魏亡晋国，②市朝未变而祸已及矣。"燕尽齐之北地，去沙丘、钜鹿敛三百里，③韩之上党去邯郸百里，燕、秦谋王之河山，间三百里而通矣。秦之上郡④近挺关，至于榆中者千五百里，秦以三郡攻王之上党，⑤羊肠之西，⑥句注之南，⑦非王有已。逾句注，斩常山而守之，三百里而通于燕，代马胡犬不东下，⑧昆山之玉不出，此三宝者亦非王有已。王久伐齐，从强秦攻韩，其祸必至于此。愿王孰虑之。

①【正义】河南之地，两川之间。

②【正义】河北之地，安邑、河内。

③【正义】沙丘，邢州也。钜鹿，冀州也。齐北界，贝州也。敛，减也。言破齐灭韩之后，燕之南界，秦之东界，相去减三百里，赵国在中间也。

④【正义】鄜、延等州也。

⑤【正义】秦上党郡今泽、潞、仪、沁等四州之地，兼相州之半，韩总有之。至七国时，赵得仪、沁二州之地，韩犹有潞州及泽州之半，半属赵、魏。沁州在羊肠坂之西，仪、并、代三州在句注山之南。秦以三郡攻赵之泽、潞，则句注之南赵无地。然秦始皇置上党郡，此言之者，太史公却引前书也。他皆仿此。

⑥【正义】太行山坂道名，南属怀州，北属泽州。

⑦【正义】句注山在代州西北也。

⑧【正义】言秦逾句注山，斩常山而守之，西北代马胡犬不东入赵，沙州昆山之玉亦不出至赵矣。郭璞云："胡地野犬似狐而小。"

且齐之所以伐者，以事王也；①天下属行，②以谋王也。燕秦之约成而兵出有日矣。五国三分王之地，③齐倍五国之约而殉王之患，④西兵以禁强秦，秦废帝请服，⑤反高平、根柔于魏，⑥反巠分、⑦先俞于赵。⑧齐之事王，宜为上佼，⑨而今乃抵罪，⑩臣恐天下后事王者之不敢自必也。愿王孰计之也。

①【正义】以赵王为事也，而秦必伐之也。

②【正义】上音烛，下胡郎反。言秦欲令齐称帝，与约五国共灭赵，三分赵地。

③【正义】谓秦、齐、韩、魏、燕三分赵之地也。

④【正义】齐王以身从赵王之患也。

⑤【正义】言秦齐相约，欲更重称帝，故言"废帝"也。

⑥【集解】徐广曰："纪年云魏哀王四年改阳曰河雍，向曰高平。根柔，一作'槐柔'，一作'平柔'。"【正义】返，还也。括地志云："高平故城在怀州河阳县西四十里。纪年云魏哀王改向曰高平也。"根柔未详。两邑，魏地也。

⑦【集解】徐广曰："一作'王公'。巠音胡鼎反。"【正义】巠音邢。分字误，当作"山"字耳。括地志云："句注山一名西陉山，在代州雁门县西北四十里。"

⑧【集解】徐广曰："尔雅曰西俞，雁门是。"【正义】俞音戍。郭注云："西隃即雁门山也。"按：西先声相近，盖陉山、西隃二山之地并在代州雁门县，皆赵地也。

⑨【索隐】佼犹行也。

⑩【正义】谓共秦伐齐也。

今王毋与天下攻齐，天下必以王为义。齐抱社稷而厚事王，天下必尽重王义。王以天下善秦，秦暴，王以天下禁之，是一世之名宠制于王也。

于是赵乃辍，谢秦不击齐。

王与燕王遇。廉颇将，攻齐昔阳，①取之。②

①【正义】括地志云："昔阳故城一名阳城，在并州乐平县东。春秋释地名云'昔阳，肥国所都也。乐平城沾县东〔有〕昔阳城。肥国，白狄别种也。乐平县城，汉沾县城也'。"

②【集解】杜预曰："乐平沾县有昔阳城。"

十七年，乐毅将赵师攻魏伯阳。①而秦怨赵不与己击齐，伐赵，拔我两城。十八年，秦拔我石城。②王再之卫东阳，决河水，③伐魏氏。大潦，漳水出。魏冄来相赵。十九年，秦(败)〔取〕我二城。赵与魏伯阳。赵奢将，攻齐麦丘，取之。

①【正义】括地志云："伯阳故城一名邯会城，在相州邺县西五十五里，七国时魏邑，汉邯会城。"

②【集解】地理志云右北平有石城县。　【正义】括地志云："石城在相州林虑县西南九十里。"疑相州石城是。

③【正义】括地志云："东阳故城在贝州历亭县界。"按：东阳先属卫，今属赵。河历贝州南，东北流，过河南岸即魏地也。故言王再之卫东阳伐魏氏也。

二十年，廉颇将，攻齐。王与秦昭王遇西河外。①

①【集解】徐广曰："年表云与秦会渑池。"

二十一年，赵徙漳水武平西。①二十二年，大疫。置公子丹为太子。

①【正义】括地志云："武平亭今名渭城，在瀛州文安县北七十二里。"按：二十七年又徙漳水武平南。

二十三年，楼昌将，攻魏几，①不能取。十二月，廉颇将，攻几，取之。二十四年，廉颇将，攻魏房子，②拔之，因城而还。又攻安阳，取之。二十五年，燕周③将，攻昌城、④高唐，取之。与魏共击秦。秦将白起破我华阳，⑤得一将军。二十六年，取东胡欧代地。⑥

①【正义】音祈。传云伐齐几，几拔之。又战国策云秦败阏与，及攻魏几。按：几邑或属齐，或属魏，当在相潞之间也。

②【集解】徐广曰："属常山。"

③【索隐】赵人，为赵将。

④【集解】徐广曰："属齐郡。"　【正义】括地志云："故昌城在淄州淄川县东北四十里也。"

⑤【正义】括地志云："故华阳城在郑州管城县南四十里。司马彪云华阳亭在今洛州密县。"是时魏、韩、赵聚兵于华阳，西攻秦。

⑥【正义】今营州也。　【索隐】东胡叛赵，驱略代地人众以叛，故取之也。

二十七年，徙漳水武平南。封赵豹为平阳君。①河水出，大潦。

①【集解】战国策曰赵豹，平阳君，惠文王母弟。

二十八年，蔺相如伐齐，至平邑。①罢城北九门大城。②燕将成安君公孙操弑其王。③二十九年，秦、韩相攻，而围阏与。④赵使赵奢将，击秦，大破秦军阏与下，赐号为马服君。⑤

①【正义】括地志云："平邑故城在魏州昌乐县东北四十里也。"

②【正义】恒州九门县城。

③【集解】徐广曰："年表云是燕武成王元年。"　【索隐】按：乐资云其王即惠王。

④【正义】上於连反，下音预。括地志云："阏与，聚落，今名乌苏城，在潞州铜鞮县西北二十里。又仪州和顺县城，亦云韩阏与邑。二所未详。又有阏与山在洺州武安县西五十里，盖是也。"

⑤【正义】因马服山为号也，虞喜志林云"马，兵之首也。号曰马服者，言能服马也"。括地志云："马服山，邯郸县西北十里也。"

三十三年，惠文王卒，太子丹立，是为孝成王。

孝成王元年，①秦伐我，拔三城。赵王新立，太后用事，秦急攻之。赵氏求救于齐，齐曰："必以长安君②为质，兵乃出。"太后不肯，大臣强谏。太后明谓左右曰："复言长安君为质者，老妇必唾其面。"左师触龙言愿见太后，太后盛气而胥之。入，③徐趋而坐，自谢曰："老臣病足，曾不能疾走，不得见久矣。窃自恕，而恐太后体之有所苦也，故愿望见太后。"太后曰："老妇恃辇而行耳。"④曰："食得毋衰乎？"曰："恃粥耳。"曰："老臣间者殊不欲食，乃强步，日三四里，少益嗜食，和于身也。"太后曰："老妇不能。"太后不和之色少解。左师公曰："老臣贱息舒祺最少，不肖，而臣衰，窃怜爱之，愿得补黑衣之缺以卫王宫，昧死以闻。"太后曰："敬诺。年几何矣？"对曰："十五岁矣。虽少，愿及未填沟壑而托之。"太后曰："丈夫亦爱怜少子乎？"对曰："甚于妇人。"太后笑曰："妇人异甚。"对曰："老臣窃以为媪之爱燕后贤于长安君。"太后曰："君过矣，不若长安君之甚。"左师公曰："父母爱子，则为之计深远。媪之送燕后也，持其踵，为之泣，念其远也，亦哀之矣。已行，非不思也，祭祀则祝之曰'必勿使反'，岂非计长久，为子孙相继为王也哉？"太后曰："然。"左师公曰："今三世以前，至于赵主之子孙为侯者，其继有在者乎？"曰："无有。"曰："微独赵，诸侯有在者乎？"曰："老妇不闻也。"曰:"此其近者祸及其身,远者及其子孙。岂人主之子侯则不善哉?位尊而无功,奉厚而无劳,而挟重器多也。今媪尊长安君之位,而封之以膏腴之地,多与之重器,而不及今令有功于国,一旦山陵崩,长安君何以自托于赵?老臣以媪为长安君之计短也,故以为爱之不若燕后。"太后曰:"诺,恣君之所使之。"于是为长安君约车百乘,质于齐,齐兵乃出。

①【集解】徐广曰:"平原君相也。"

②【索隐】孔衍云:"惠文后之少子也。赵亦有长安,今其地阙。"【正义】长安君者,以长安善,故名也。

③【集解】胥犹须也。穀梁传曰:"胥其出也。"

④【索隐】按:束皙云"赵惠文王子何者,吴广之甥,娃嬴之子也"。如系家计之,则武灵王十六年梦吴娃而纳之,至二十七年王薨,及惠文王三十二年卒,孝成王元年遣长安君质于齐,若娃年二十入王宫,至此亦年六十左侧,亦可称老。而束广微言太后才三十有奇者,误也。

子义闻之,①曰:"人主之子,骨肉之亲也,犹不能持无功之尊,无劳之奉,而守金玉之重也,而况于予乎?"

①【索隐】子义,赵之贤人。

齐安平君①田单将赵师而攻燕中阳,②拔之。又攻韩注人,③拔之。二年,惠文后卒。田单为相。

①【正义】括地志云:"安平城在青州临淄县东十九里,古纪之酅邑也。"

②【集解】徐广曰:"一作'人'。"【正义】燕无中阳。括地志云:"中山故城一名中人亭,在定州唐县东北四十一里,尔时属燕国也。"

③【正义】邑名也。括地志云"注城在汝州梁县西十五里",盖是其地也。

四年,王梦衣偏裻之衣,①乘飞龙上天,不至而坠,见金玉之积如山。明日,王召筮史敢占之,曰:"梦衣偏裻之衣者,残也。乘飞龙上天不至而坠者，有气而无实也。见金玉之积如山者，忧也。”

①【正义】杜预云：“偏，左右异色。褁在中，左右异，故曰偏。”按：褁，衣背缝也。

后三日，韩氏上党守冯亭使者至，曰：“韩不能守上党，入之于秦。其吏民皆安为赵，不欲为秦。有城市邑十七，愿再拜入之赵，财王所以赐吏民。”王大喜，召平阳君豹告之曰：“冯亭入城市邑十七，受之何如？”对曰：“圣人甚祸无故之利。”王曰：“人怀吾德，何谓无故乎？”对曰：“夫秦蚕食韩氏地，中绝不令相通，固自以为坐而受上党之地也。韩氏所以不入于秦者，欲嫁其祸于赵也。秦服其劳而赵受其利，虽强大不能得之于小弱，小弱顾能得之于强大乎？岂可谓非无故之利哉！且夫秦以牛田之①水通粮②蚕食，上乘倍战者，③裂上国之地，④其政行，不可与为难，必勿受也。”王曰：“今发百万之军而攻，逾年历岁未得一城也。今以城市邑十七币吾国，⑤此大利也。”

①【集解】徐广曰：“一无此字。”【正义】秦蚕食韩氏，国中断不通。夫牛耕田种谷，至秋则收之，成熟之义也。言秦伐韩上党，胜有日矣，若牛田之必冀收获矣。

②【正义】秦从渭水漕粮东入河、洛，军击韩上党也。

③【正义】乘，承证反。蚕食桑叶，渐进必尽也。司马法云：“百亩为夫，夫三为屋，屋三为井，井十为通，通十为成。成出革车一乘，七十二人也。”上乘，天下第一也。倍战，力攻也。韩国四战之地，军士惯习，倍于馀国。

④【正义】上国，秦地也。言韩上党之地以列为秦国之地，其政已行，赵不可与秦作难，必莫受冯亭十七邑也。

⑤【正义】冯亭将十七邑入赵，若币帛之见遗，此大利也。

赵豹出，王召平原君与赵禹而告之。对曰："发百万之军而攻，逾岁未得一城，今坐受城市邑十七，此大利，不可失也。"王曰："善。"乃令赵胜受地，告冯亭曰："敝国使者臣胜，敝国君使胜致命，以万户都三封太守，①千户都三封县令，皆世世为侯，吏民皆益爵三级，吏民能相安，皆赐之六金。"冯亭垂涕不见使者，曰："吾不处三不义也：为主守地，不能死固，不义一矣；入之秦，不听主令，不义二矣；卖主地而食之，不义三矣。"赵遂发兵取上党。②廉颇将军军长平。③

①【正义】尔时未合言太守，至汉景帝始加太守，此言"太"，衍字也。

②【集解】汉书冯奉世传曰："赵封亭为华陵君，与赵将括距秦，战死于长平，宗族由是分散，或在赵。在赵者，为官师将，官师将子为代相。及秦灭六国，而冯亭之后冯无择、冯去疾、冯劫皆为秦将相焉。汉兴，冯唐即代相之子也。"上党记云："冯亭冢在壶关城西五里。"

③【正义】括地志云："长平故城在泽州高平县西二十一里，即白起败括于长平处。"

七(年)〔月〕，廉颇免而赵括代将。秦人围赵括，赵括以军降，卒四十馀万皆坑之。王悔不听赵豹之计，故有长平之祸焉。

王还，不听秦，秦围邯郸。①武垣令②傅豹、王容、苏射率燕众反燕地。③赵以灵丘④封楚相春申君。

①【集解】徐广曰："在九年。"

②【集解】徐广曰："河间有武垣县，本属涿郡。"【正义】括地志云："武垣故城今瀛州城是也。"

③【正义】武垣此时属赵，与燕接境，故云率燕众反燕地也。

④【正义】括地志云："灵丘，蔚州理县也。"

八年，平原君如楚请救。还，楚来救，及魏公子无忌亦来救，①

秦围邯郸乃解。

①【正义】魏公子传云“赵王以鄗为公子汤沐邑”。年表云“九年公子无忌救邯郸”。围在九年,其文错误。

十年,燕攻昌壮,①五月拔之。赵将乐乘、庆舍攻秦信梁军,破之。②太子死。③而秦攻西周,拔之。徒父祺④出。⑤十一年,城元氏,⑥县上原。武阳君郑安平死,⑦收其地。十二年,邯郸廥烧。⑧十四年,平原君赵胜死。⑨

①【集解】徐广曰:“一作‘社’。” 【正义】壮字误,当作“城”。括地志云:“昌城故城在冀州信都县西北五里。”此时属赵,故攻之也。

②【集解】徐广曰:“年表云新中军也。” 【索隐】信梁,秦将也。【正义】信梁盖王龁号也。秦本纪云“昭襄王五十年王龁从唐拔宁新中,宁新中更名安阳”,今相州理县也。年表云“韩、魏、楚救赵新中军,秦兵罢”是也。

③【集解】徐广曰:“是年周赧王卒,或者‘太子’云‘天子’乎?” 【索隐】赵之太子也,史失名。

④【索隐】赵大夫,名祺。

⑤【正义】赵见秦拔西周,故令徒父祺将兵出境也。

⑥【集解】地理志常山有元氏县。 【正义】元氏,赵州县也。

⑦【集解】徐广曰:“故秦将降赵也。”

⑧【集解】徐广曰:“廥,廄之名,音脍也。” 【索隐】廥,积刍稿之处,为火所烧也。

⑨【索隐】按年表在十五年也。

十五年,以尉文封相国廉颇为信平君。①燕王令丞相栗腹约驩,以五百金为赵王酒,还归,报燕王曰:“赵氏壮者皆死长平,其孤未壮,可伐也。”王召昌国君乐间而问之。对曰:“赵,四战之国也,其民习兵,伐之不可。”王曰:“吾以众伐寡,二而伐一,可乎?”对曰:“不可。”王曰:“吾即以五而伐一,可乎?”对曰:“不可。”燕王大怒。群臣皆以为可。燕卒起二军,车二千乘,栗腹将而攻鄗,卿秦将而攻代。②廉颇为赵将,破杀栗腹,虏卿秦、乐间。③

①【索隐】尉文盖地名。或曰,尉,官;文,名。谓以尉文所食之地以封廉颇也。古文质略,文省耳。【正义】尉文盖蔚州地也。信平,廉颇号也,言笃信而平和也。

②【索隐】二人皆燕将姓名。

③【正义】三人皆燕将(姓)也。

十六年,廉颇围燕。以乐乘为武襄君。①十七年,假相大将武襄君攻燕,围其国。十八年,延陵钧②率师从相国信平君助魏攻燕。秦拔我榆次三十七城。③十九年,赵与燕易土:④以龙兑、⑤汾门、⑥临乐⑦与燕;燕以葛、武阳、⑧平舒⑨与赵。

①【正义】襄,举也,上也。言乐乘功最高也。

②【集解】徐广曰:“代郡有延陵县。”

③【集解】徐广曰:“在太原。”

④【索隐】音亦。谓与燕换易县也。

⑤【正义】括地志云:“北新城故城在易州遂城县西南二十里。按:遂城县西南二十五里有龙山,邢子励赵记云‘龙山有四麓,各有一穴,大如车轮,春风出东,秋风出西,夏风出南,冬风出北,不相夺伦’。按盖谓龙兑也。”

⑥【集解】徐广曰:“在北新城。”【正义】括地志云:“易州永乐县有徐水,出广昌岭,三源奇发,同泻一涧,流至北平县东南,历石门中,俗谓之龙门,水经其间,奔激南出,触石成井。”盖汾字误也,遂城及永乐、〔固〕安、新城县地也。

⑦【集解】徐广曰："方城有临乡。"【正义】括地志云："临乡故城在幽州固安南十七里也。"

⑧【集解】徐广曰："葛城在高阳。"【正义】括地志云："故葛城又名西河城，在瀛州高阳县西北五十里。"

⑨【集解】徐广曰："平舒在代郡。"【正义】括地志云："平舒故城在蔚州灵丘县北九十三里也。"

二十年，秦王政初立。秦拔我晋阳。

二十一年，孝成王卒。廉颇将，攻繁阳，①取之。使乐乘代之，廉颇攻乐乘，乐乘走，廉颇亡入魏。子偃立，是为悼襄王。

①【集解】徐广曰："在顿丘。"【正义】括地志云："繁阳故城在相州内黄县东北二十七里。应劭云'繁水之北，故曰繁阳也'。"

悼襄王元年，大备①魏。欲通平邑、中牟之道，不成。②

①【集解】徐广曰："一作'修'。"【正义】谓行大备之礼也。

②【正义】平邑在魏州昌乐县东北三十里。相州汤阴县西五十八里有牟山。按：(中)牟山之侧，时二邑皆属魏，欲渡黄河作道相通，遂不成也。

二年，李牧将，攻燕，拔武遂、方城。①秦召春平君，因而留之。泄钧②为之谓文信侯曰："春平君者，赵王甚爱之而郎中妒之，故相与谋曰'春平君入秦，秦必留之'，故相与谋而内之秦也。今君留之，是绝赵而郎中之计中也。君不如遣春平君而留平都。③春平君者言行信于王，王必厚割赵而赎平都。"文信侯曰："善。"因遣之。④城韩皋。

①【集解】徐广曰："武遂属安平。"【正义】括地志云："易州遂城，战国时武遂城也。方城故在幽州固安县南十七里。"时二邑属燕，赵使李牧拔之也。

②【正义】人姓名也。

③【正义】(舆地理志)〔括地志〕云:"平都县在今新兴郡,与阳周县相近也。"

④【集解】徐广曰:"年表云太子从质秦归。" 【正义】按:太子即春平君也。

三年,庞煖将,攻燕,禽其将剧辛。四年,庞煖将赵、楚、魏、燕之锐师,攻秦蕞,①不拔;移攻齐,取饶安。②五年,傅抵③将,居平邑;庆舍将东阳④河外师,守河梁。⑤六年,封长安君以饶。⑥魏与赵邺。

①【集解】徐广曰:"在新丰。"

②【集解】徐广曰:"在渤海。又云饶属北海,安属平原。" 【正义】饶安,沧州县也,七国时属齐,战国时属赵。

③【正义】上音付,下音邸。赵将姓名。

④【正义】属贝州,在河北岸也。

⑤【正义】河外,河南岸魏州地也。河梁,桥也。

⑥【正义】即饶阳也。瀛州饶阳县东二十里饶阳故城,汉县也,明长安君是号也。

九年,赵攻燕,取貍、阳城。①兵未罢,秦攻邺,拔之。②悼襄王卒,子幽缪王迁立。

①【正义】按:燕无貍阳,疑"貍"字误,当作"渔阳",故城在檀州密云县南十八里,燕渔阳郡城也。按赵东界至瀛州,则檀州在北,赵攻燕取渔阳城也。

②【集解】徐广曰:"今饶阳在河间。又年表曰拔阏与、邺九城。"

幽缪王迁元年,①城柏人。二年,秦攻武城,②扈辄率师救之,军败,死焉。

①【集解】徐广曰:"又云'湣王'。世本云孝成王丹生悼襄王偃,偃生今

王迁。年表及史考赵迁皆无谥。" 【索隐】徐广云王迁无谥，今惟此独称幽缪王者，盖秦灭赵之后，人臣窃追谥之，太史公或别有所见而记之也。

②【集解】徐广曰："年表云秦拔我平阳。"

三年，秦攻赤丽、宜安，①李牧率师与战肥下，②却之。封牧为武安君。四年，秦攻番吾，③李牧与之战，却之。

①【正义】括地志云："宜安故城在恒州槀城县西南二十里也。"

②【正义】括地志云："肥累故城在恒州槀城县西七里，春秋时肥子国，白狄别种也。"

③【正义】上音婆，又音盘，又作"蒲"。括地志云"蒲吾城在恒州房山县东二十里也。"

五年，代地大动，自乐徐以西，①北至平阴，②台屋墙垣太半坏，地坼东西百三十步。③六年，大饥，民讹言曰："赵为号，秦为笑。以为不信，视地之生毛。"

①【集解】徐广曰："徐，一作'除'。"

②【正义】乐徐在晋州，平阴在汾也。

③【正义】其坼沟见在，亦在晋、汾二州之界也。

七年，秦人攻赵，赵大将李牧、将军司马尚将，击之。李牧诛，司马尚免，赵怱及齐将颜聚代之。赵怱军破，颜聚亡去。以王迁降。①

①【集解】淮南子云："赵王迁流于房陵，思故乡，作为山水之讴，闻之者莫不流涕。" 【正义】括地志云："赵王迁墓在房州房陵县西九里也。"

八年十月，邯郸为秦。

太史公曰：吾闻冯王孙曰："赵王迁，其母倡也，①嬖于悼襄王。悼襄王废適子嘉而立迁。迁素无行，信谗，故诛其良将李牧，用郭开。"岂不缪哉！秦既虏迁，赵之亡大夫共立嘉为王，王代六岁，秦进兵破嘉，遂灭赵以为郡。

①【集解】徐广曰："列女传曰邯郸之倡。"

【索隐述赞】赵氏之系，与秦同祖。周穆平徐，乃封造父。带始事晋，夙初有土。岸贾矫诛，韩厥立武。宝符临代，卒居伯鲁。简梦翟犬，灵歌处女。胡服虽强，建立非所。颇、牧不用，王迁囚虏。

史记卷四十四

魏世家第十四

魏之先，毕公高之后也。毕公高与周同姓。①武王之伐纣，而高封于毕，②于是为毕姓。其后绝封，为庶人，或在中国，或在夷狄。其苗裔曰毕万，事晋献公。

①【索隐】左传富辰说文王之子十六国有毕、原、丰、郇，言毕公是文王之子。此云与周同姓，似不用左氏之说。马融亦云毕、毛，文王庶子。

②【集解】杜预曰："毕在长安县西北。"【正义】括地志云："毕原在雍州万年县西南二十八里。"

献公之十六年，赵夙为御，毕万为右，以伐霍、耿、魏，灭之。以耿封赵夙，以魏封毕万，①为大夫。卜偃曰：②"毕万之后必大矣。万，满数也；魏，大名也。以是始赏，天开之矣。天子曰兆民，诸侯曰万民。今命之大，以从满数，其必有众。"初，毕万卜事晋，遇屯之比。辛廖占之，曰："吉。屯固比入，吉孰大焉，其必蕃昌。"

①【正义】魏城在陕州芮城县北五里。郑玄诗谱云:"魏,姬姓之国,武王伐纣而封焉。"

②【索隐】晋掌卜大夫郭偃也。

毕万封十一年,晋献公卒,四子争更立,晋乱。而毕万之世弥大,从其国名为魏氏。生武子。①魏武子以魏诸子事晋公子重耳。晋献公之二十一年,武子从重耳出亡。十九年反,重耳立为晋文公,而令魏武子袭魏氏之后封,列为大夫,治于魏。生悼子。

①【索隐】左传武子名犨。系本云"毕万生芒季,芒季生武仲州"。州与犨声相近,字异耳,代亦不同。

魏悼子徙治霍。①生魏绛。②

①【索隐】系本云"武仲生庄子绛",无悼子。又系本居篇曰"魏武子居魏,悼子徙霍"。宋忠曰"霍,今河东彘县也"。则是有悼子,系本卿大夫代自脱耳。然魏,今河北魏县是也。　【正义】晋州霍邑县,汉彘县也,后汉改曰永安,隋改曰霍邑,本春秋时霍伯国也。

②【索隐】谥昭子。系本云"庄子",文错也。居篇又曰"昭子徙安邑",亦与此文同也。

魏绛事晋悼公。悼公三年,会诸侯。悼公弟杨干乱行,魏绛僇辱杨干。①悼公怒曰:"合诸侯以为荣,今辱吾弟!"将诛魏绛。或说悼公,悼公止。卒任魏绛政,使和戎、翟,戎、翟亲附。悼公之十一年,曰:"自吾用魏绛,八年之中,九合诸侯,戎、翟和,子之力也。"赐之乐,三让,然后受之。徙治安邑。②魏绛卒,谥为昭子。③生魏嬴。嬴生魏献子。④

①【索隐】左传曰僇杨干之仆。

②【正义】安邑在绛州夏县安邑故城是。

③【集解】徐广曰:"世本曰庄子。"

④【索隐】系本云“献子名荼，荼，庄子之子”。无魏嬴。

献子事晋昭公。昭公卒而六卿强，公室卑。

晋顷公之十二年，韩宣子老，魏献子为国政。晋宗室祁氏、羊舌氏相恶，六卿诛之，尽取其邑为十县，六卿各令其子为之大夫。献子与赵简子、①中行文子、②范献子③并为晋卿。

①【索隐】赵鞅。

②【索隐】荀寅。

③【索隐】范吉射。

其后十四岁而孔子相鲁。后四岁，赵简子以晋阳之乱也，而与韩、魏共攻范、中行氏。魏献子生魏侈。①魏侈与赵鞅共攻范、中行氏。

①【索隐】侈，他本亦作“哆”，盖“哆”字误，而代数错也。按系本“献子生简子取，取生襄子多”，而左传云“魏曼多”是也。则侈是襄子，中间少简子一代。

魏侈之孙曰魏桓子，①与韩康子、②赵襄子③共伐灭知伯，④分其地。

①【索隐】系本云：“襄子生桓子驹。”

②【索隐】名虔。

③【索隐】名无恤。

④【索隐】智伯，智瑶也，本姓荀，亦曰荀瑶。【正义】知音智。括地志云：“故智城在蒲州虞乡县西北四十里。古今地名云解县有智城，盖谓此也。”

桓子之孙曰文侯都。①魏文侯元年，秦灵公之元年也。与韩武子、②赵桓子、周威王同时。

①【集解】徐广曰：“世本曰斯也。”【索隐】系本云“桓子生文侯斯”，其

传云"孺子瘨是魏驹之子",与此系代亦不同也。

②【索隐】系本"武子名启章,康子子"。

六年,城少梁。十三年,使子击围繁、庞,出其民。十六年,伐秦,筑临晋元里。

十七年,伐中山,使子击守之,赵仓唐傅之。子击逢文侯之师田子方于朝歌,引车避,下谒。田子方不为礼。子击因问曰:"富贵者骄人乎?且贫贱者骄人乎?"子方曰:"亦贫贱者骄人耳。夫诸侯而骄人则失其国,大夫而骄人则失其家。贫贱者,行不合,言不用,则去之楚、越,若脱躧然,奈何其同之哉!"子击不怿而去。西攻秦,至郑而还,筑雒阴、合阳。①

①【正义】雒,漆沮水也,城在水南。郃阳,郃水之北。括地志云:"郃阳故城在同州河西县南三里。雒阴在同州西也。"

二十二年,魏、赵、韩列为诸侯。

二十四年,秦伐我,至阳狐。①

①【正义】括地志云:"阳狐郭在魏州元城县东北三十里也。"

二十五年,子击生子䓨。①

①【索隐】乙耕反。击,武侯也。䓨,惠王也。

文侯受子夏经艺,客段干木,过其闾,未尝不轼也。①秦尝欲伐魏,或曰:"魏君贤人是礼,国人称仁,上下和合,未可图也。"文侯由此得誉于诸侯。

①【正义】过,光卧反。文侯轼干木闾也。皇甫谧高士传云:"木,晋人也,守道不仕。魏文侯欲见,造其门,干木逾墙避之。文侯以客礼待之,出过其闾而轼。其仆曰:'君何轼?'曰:'段干木贤者也,不趣势

利，怀君子之道，隐处穷巷，声驰千里，吾安得勿轼！干木先乎德，寡人先乎势；干木富乎义，寡人富乎财。势不若德贵，财不若义高。’又请为相，不肯。后卑己固请见，与语，文侯立倦不敢息。”淮南子云：“段干木，晋之大驵，而为文侯师。”吕氏春秋云：“魏文侯见段干木，立倦而不敢息。及见翟璜，踞于堂而与之言。翟璜不悦。文侯曰：‘段干木，官之则不肯，禄之则不受。今汝欲官则相至，欲禄则上卿至，既受吾赏，又责吾礼，无乃难乎？’”

任西门豹守邺，而河内①称治。

①【索隐】按：大河在邺东，故名邺为河内。　【正义】古帝王之都多在河东、河北，故呼河北为河内，河南为河外。又云河从龙门南至华阴，东至卫州，折东北入海，曲绕冀州，故言河内云也。

魏文侯谓李克曰：“先生尝教寡人曰‘家贫则思良妻，国乱则思良相’。今所置非成则璜，①二子何如？”李克对曰：“臣闻之，卑不谋尊，疏不谋戚。臣在阙门之外，不敢当命。”文侯曰：“先生临事勿让。”李克曰：“君不察故也。居视其所亲，富视其所与，达视其所举，穷视其所不为，贫视其所不取，五者足以定之矣，何待克哉！”文侯曰：“先生就舍，寡人之相定矣。”李克趋而出，过翟璜之家。翟璜曰：“今者闻君召先生而卜相，果谁为之？”李克曰：“魏成子为相矣。”翟璜忿然作色曰：“以耳目之所睹记，臣何负于魏成子？西河之守，臣之所进也。君内以邺为忧，臣进西门豹。君谋欲伐中山，臣进乐羊。中山以拔，无使守之，臣进先生。君之子无傅，臣进屈侯鲋。臣何以负于魏成子！”李克曰：“且子之言克于子之君者，岂将比周以求大官哉？君问而置相‘非成则璜，二子何如’？克对曰：‘君不察故也。居视其所亲，富视其所与，达视其所举，穷视其所不为，贫视其所不取，五者足以定之矣，何待克哉！’是以知魏成子之为相也。且子安得与魏成子比乎？魏成子以食禄千钟，什九在外，什一在内，是以东得卜子夏、田子方、段干木。此三人者，君皆师之。子之所进五人者，君皆臣之。子恶得与魏成子比也？”翟璜逡巡再拜曰：“璜，鄙人也，失对，愿卒为弟子。”

①【集解】徐广曰：“文侯弟名成。”

二十六年，虢山崩，壅河。①

①【集解】徐广曰在陕。骃案：地理志曰弘农陕县故虢国。北虢在大阳，东虢在荥阳。【正义】括地志云：“虢山在陕州陕县西二里，临黄河。今临河有冈阜，似是穨山之馀也。”

三十二年，伐郑。城酸枣。败秦于注。①三十五年，齐伐取我襄陵。②三十六年，秦侵我阴晋。③

①【集解】司马彪曰：“河南梁县有注城也。”【正义】括地志云：“注城在汝州梁县西十五里。注，或作‘铸’也。”

②【集解】徐广曰：“今在南平阳县也。”

③【集解】徐广曰：“今之华阴。”【索隐】按：年表作“齐侵阴晋”。秦本纪云“惠王六年，魏纳阴晋，更名曰宁秦”。徐氏云“今之华阴也”。

三十八年，伐秦，败我武下，得其将识。①是岁，文侯卒，②子击立，是为武侯。

①【索隐】识，将名也。武下，魏地。【正义】括地志云：“故武城一名武平城，在华州郑县东十三里。”

②【索隐】三十八年卒。纪年云五十年卒。

魏武侯元年，赵敬侯初立，①公子朔为乱，不胜，奔魏，与魏袭邯郸，魏败而去。

①【索隐】按：纪年魏武侯之元年当赵烈侯之十四年，不同也。又系本敬侯名章。

二年，城安邑、王垣。①

①【集解】徐广曰："垣县有王屋山也。" 【索隐】按：纪年十四年城洛阳及安邑、王垣。徐广云"垣县有王屋山，故曰王垣"。 【正义】括地志云："故城汉垣县，本魏王垣也，在绛州垣县西北二十里也。"

七年，伐齐，至桑丘。①九年，翟败我于浍。②使吴起伐齐，至灵丘。③齐威王初立。④

①【正义】年表云"齐伐燕，取桑丘"，故魏救燕伐齐，至桑丘也。括地志云："桑丘故城俗名敬城，在易州遂城县界也。"

②【索隐】古外反。于浍，于浍水之侧。 【正义】括地志云："浍高山又云浍山，在绛州翼城县东北二十五里，浍水出此山也。"

③【正义】灵丘，蔚州县也。时属齐，故三晋伐之也。

④【索隐】按纪年，齐幽公之十八年而威王立。

十一年，与韩、赵三分晋地，灭其后。

十三年，秦献公县栎阳。十五年，败赵北蔺。①

①【正义】在石州，赵之西北。属赵，故云赵北蔺也。

十六年，伐楚，取鲁阳。①武侯卒，②子罃立，是为惠王。

①【正义】今汝州鲁山县也。

②【索隐】按纪年，武侯二十六年卒。

惠王元年，初，武侯卒也，子罃与公中缓①争为太子。公孙颀②自宋入赵，自赵入韩，谓韩懿侯③曰："魏罃与公中缓争为太子，④君亦闻之乎？今魏罃得王错，⑤挟上党，固半国也。因而除之，⑥破魏必矣，不可失也。"懿侯说，乃与赵成侯⑦合军并兵以伐魏,战于浊泽,[8]魏氏大败,魏君围。赵谓韩曰:“除魏君,立公中缓,割地而退,我且利。”韩曰:“不可。杀魏君,人必曰暴;割地而退,人必曰贪。不如两分之。魏分为两,不强于宋、卫,则我终无魏之患矣。”赵不听。韩不说,以其少卒夜去。惠王之所以身不死,国不分者,二家谋不和也。若从一家之谋,则魏必分矣。故曰“君终无適子,其国可破也”。[9]

①【正义】中音仲。

②【索隐】音祈。

③【索隐】哀侯之子。

④【索隐】按:纪年“武侯元年封公子缓。赵侯种、韩懿侯伐我,取蔡,而惠王伐赵,围浊阳。七年,公子缓如邯郸以作难”,是说此事矣。

⑤【集解】徐广曰:“汲冢纪年惠王二年,魏大夫王错出奔韩也。”

⑥【集解】徐广曰:“除,一作‘倍’。” 【正义】按:除,除魏罃及王错也。

⑦【索隐】系本云:“成侯名种。”

⑧【集解】徐广曰:“长社有浊泽。”

⑨【索隐】此盖古人之言及俗说,故云“故曰”。

二年,魏败韩于马陵,败赵于怀。三年,齐败我观。[1]五年,与韩会宅阳。[2]城武堵。为秦所败。[3]六年,伐取宋仪台。[4]九年,伐败韩于浍。与秦战少梁,虏我将公孙痤,[5]取庞。秦献公卒,子孝公立。

①【集解】徐广曰:“齐世家云献观以和齐。年表曰伐魏取观。今之卫县也。”【索隐】田完系家云:“败魏于浊津而围惠王,惠王请献观以和解。” 【正义】观音馆。魏州观城县,古之观国。国语注:“观国,夏启子太康第五弟之所封也,夏衰,灭之矣。”

②【正义】括地志云:“宅阳故城一名北宅,在郑州荥阳县东南十七里也。”

③【集解】徐广曰："秦年表曰败韩、魏洛阴。"

④【集解】徐广曰："一作'义台'。"【索隐】按：年表作"义台"，然义台见庄子，司马彪亦曰台名，郭象云义台，灵台。

⑤【集解】徐广曰："年表云虏我太子也。"

十年，伐取赵皮牢。彗星见。十二年，星昼坠，有声。

十四年，与赵会鄗。十五年，鲁、卫、宋、郑君来朝。[①]十六年，与秦孝公会(社)〔杜〕平。侵宋黄池，宋复取之。

①【索隐】按：纪年鲁恭侯、宋桓侯、卫成侯、郑釐侯来朝，皆在十四年，是也。郑釐侯者，韩昭侯也。韩哀侯灭郑而徙都之，改号曰郑。

十七年，与秦战元里，秦取我少梁。围赵邯郸。十八年，拔邯郸。赵请救于齐，齐使田忌、孙膑救赵，败魏桂陵。

十九年，诸侯围我襄陵。筑长城，塞固阳。[①]

①【正义】塞，先代反。括地志云："榈阳县，汉旧县也，在银州银城县界。"按：魏筑长城，自郑滨洛，北达银州，至胜州固阳县为塞也。固阳有连山，东至黄河，西南至夏、会等州。榈音固矣。

二十年，归赵邯郸，与盟漳水上。[①]二十一年，与秦会彤。赵成侯卒。[②]二十八年，齐威王卒。中山君相魏。[③]

①【正义】邯郸，洺州县也。漳，水名。漳水源出洺州武安县三门山也。

②【集解】徐广曰："年表云二十七年，丹封名会。丹，魏大臣也。"

③【索隐】按：魏文侯灭中山，其弟守之，后寻复国，至是始令相魏。其中山后又为赵所灭。

三十年，魏伐赵，[①]赵告急齐。齐宣王用孙子计，救赵击魏。魏遂大兴师，使庞涓将，而令太子申为上将军。过外黄，外黄徐子[②]谓太子曰："臣有百战百胜之术。"太子曰："可得闻乎？"客曰：

"固愿效之。"曰:"太子自将攻齐,大胜并莒,[3]则富不过有魏,贵不益为王。若战不胜齐,则万世无魏矣。此臣之百战百胜之术也。"太子曰:"诺,请必从公之言而还矣。"客曰:"太子虽欲还,不得矣。彼劝太子战攻,欲啜汁者众。[4]太子虽欲还,恐不得矣。"太子因欲还,其御曰:"将出而还,与北同。"太子果与齐人战,败于马陵。[5]齐虏魏太子申,杀将军涓,军遂大破。

①【正义】孙膑传云"魏与赵攻韩,韩告急齐",此文误耳。魏伐赵,赵请救齐,齐使孙膑救赵,败魏桂陵,乃在十八年也。

②【集解】刘向别录曰:"徐子,外黄人也。"外黄时属宋。【正义】括地志云:"故围城有南北二城,在汴州雍丘县界,本属外黄,即太子申见徐子之地也。"

③【正义】莒,密州县也,在齐东南。言从西破齐,并至莒地,则齐土尽矣。

④【正义】啜,穿悦反。汁,之入反。冀功勋者众也。

⑤【集解】徐广曰:"在元城。"【索隐】徐广曰:"在元城。"按:纪年二十八年,与齐田肦战于马陵;上二年,魏败韩马陵;十八年,赵又败魏桂陵。桂陵与马陵异处。【正义】虞喜志林云:"马陵在濮州鄄城县东北六十里,有陵,涧谷深峻,可以置伏。"按:庞涓败即此也。徐说马陵在魏州元城县东南一里,庞涓败非此地也。田完世家云"宣王二年,魏伐赵,赵与韩亲,共击魏,赵不利,战于南梁。韩氏请于齐,齐使田忌、田婴将,孙子为师,救韩、赵,以击魏,大破之马陵"。按:南梁在汝州。又此传云"太子为上将军,过外黄"。又孙膑传云"魏与赵攻韩,韩告急齐,齐使田忌将而往,直走大梁。魏将庞涓闻之,去韩而归齐,军已过而西矣"。按:孙子减灶退军,三日行至马陵,遂杀庞涓,虏魏太子申,大破魏军,当如虞喜之说,从汴州外黄退至濮州东北六十里是也。然赵、韩共击魏,战困于南梁,韩急,请救于齐,齐师走大梁,败

魏马陵，岂合更渡河北，至魏州元城哉？徐说定非也。

三十一年，秦、赵、齐共伐我，①秦将商君诈我将军公子卬而袭夺其军，破之。秦用商君，东地至河，而齐、赵数破我，安邑近秦，于是徙治大梁。②以公子赫为太子。

①【索隐】按：纪年"二十九年五月，齐田肦伐我东鄙。九月，秦卫鞅伐我西鄙。十月，邯郸伐我北鄙。王攻卫鞅，我师败绩"是也。然言二十九年，不同。

②【集解】徐广曰："今浚仪。"骃案：汲冢纪年曰"梁惠成王九年四月甲寅，徙都大梁"也。【索隐】纪年以为惠王九年，盖误也。【正义】陈留风俗传云"魏之都也，毕万十叶徙大梁"。按：今汴州浚仪也。

三十三年，秦孝公卒，商君亡秦归魏，魏怒，不入。三十五年，与齐宣王会平阿南。①

①【集解】地理志沛郡有平阿县也。

惠王数被于军旅，卑礼厚币以招贤者。邹衍、淳于髡、孟轲皆至梁。梁惠王曰："寡人不佞，兵三折于外，太子虏，上将死，国以空虚，以羞先君宗庙社稷，寡人甚丑之。叟不远千里，①辱幸至弊邑之廷，将何以利吾国？"孟轲曰："君不可以言利若是。夫君欲利则大夫欲利，大夫欲利则庶人欲利，上下争利，国则危矣。为人君，仁义而已矣，何以利为！"

①【集解】刘熙曰："叟，长老之称，依皓首之言。"

三十六年，复与齐王会甄。是岁，惠王卒，①子襄王立。②

①【索隐】按纪年，惠成王三十六年改元称一年，未卒也。

②【索隐】系本襄王名嗣。

襄王元年，与诸侯会徐州，①相王也。追尊父惠王为王。②

①【集解】徐广曰："今薛县。"

②【集解】徐广曰："二年，伐赵。"

五年，秦败我龙贾军四万五千于雕阴，[①]围我焦、曲沃。[②]予秦河西之地。[③]

①【集解】徐广曰："在上郡。"【正义】括地志云："雕阴故县在鄜州洛交县北三十里，雕阴故城是也。"

②【正义】括地志云："故焦城在陕县东北百步古虢城中东北隅，周同姓也。曲沃有城，在陕县西南三十二里。按：今有曲沃店也。"

③【正义】自华州北至同州，并魏河北之地，尽入秦也。

六年，与秦会应。[①]秦取我汾阴、皮氏、焦。[②]魏伐楚，败之陉山。[③]七年，魏尽入上郡于秦。[④]秦降我蒲阳。[⑤]八年，秦归我焦、曲沃。

①【集解】徐广曰："颍川父城有应乡也。"【正义】应，乙陵反。括地志云："故应城，故应乡也，在汝州鲁山县东三十里。"

②【正义】括地志云："汾阴故城在蒲州汾阴县北九里。皮氏故城在绛州龙门县西一百八十步也。"

③【集解】徐广曰："在密县。"【正义】括地志云："陉山在郑州新郑县西南三十里。"

④【正义】括地志云："上郡故城在绥州上县东南五十里，秦魏之上郡地也。"按：丹、鄜、延、绥等州，北至固阳，并上郡地。魏筑长城界秦，自华州郑县已北，滨洛至庆州洛源县白于山，即东北至胜州固阳县，东至河西上郡之地，尽入于秦。

⑤【正义】在隰州，隰川县蒲邑故城是也。

十二年，楚败我襄陵。诸侯执政与秦相张仪会啮桑。[①]十三年，张仪相魏。魏有女子化为丈夫。秦取我曲沃、平周。[②]

①【集解】徐广曰："在梁与彭城之间。"

②【正义】绛州桐乡县，晋曲沃邑。十三州志云："古平周县在汾州介休县西五十里也。"

十六年，襄王卒，子哀王立。①张仪复归秦。

①【集解】荀勗曰："和峤云'纪年起自黄帝，终于魏之今王'。今王者，魏惠成王子。案太史公书惠成王但言惠王，惠王子曰襄王，襄王子曰哀王。惠王三十六年卒，襄王立十六年卒，并惠、襄为五十二年。今案古文，惠成王立三十六年，改元称一年，改元后十七年卒。太史公书为误分惠、成之世，以为二王之年数也。世本惠王生襄王而无哀王，然则今王者魏襄王也。" 【索隐】按：系本襄王生昭王，无哀王，盖脱一代耳。而纪年说惠成王三十六年，又称后元一十七年卒。今此文分惠王之历以为二王之年，又有哀王，凡二十三年，纪事甚明，盖无足疑。而孔衍叙魏语亦有哀王。盖纪年之作失哀王之代，故分襄王之年为惠王后元，即以襄王之年包哀王之代耳。

哀王元年，五国共攻秦，①不胜而去。

①【正义】韩、魏、楚、赵、燕也。

二年，齐败我观津。①五年，秦使樗里子②伐取我曲沃，走犀首③岸门。④六年，秦(求)〔来〕立公子政⑤为太子。与秦会临晋。七年，攻齐。⑥与秦伐燕。

①【正义】括地志云："观津城在冀州枣阳县东南二十五里。"本赵邑，今属魏也。

②【索隐】秦昭王弟疾居樗里，因号焉。

③【索隐】犀首，官名，即公孙衍。

④【集解】徐广曰："颍阴有岸亭。" 【索隐】徐广云"颍阴有岸门亭"，刘氏云"河东皮氏县有岸头亭"也。 【正义】括地志云："岸门在许州长社县西北十八里，今名西武亭。"

⑤【索隐】魏公子也。

⑥【集解】徐广曰："年表云击齐，虏赘子于濮也。"

八年，伐卫，拔列城二。①卫君患之。如耳②见卫君曰："请罢魏兵，免成陵君可乎？"卫君曰："先生果能，孤请世世以卫事先生。"如耳见成陵君曰："昔者魏伐赵，断羊肠，拔阏与，③约斩赵，赵分而为二，所以不亡者，魏为从主也。今卫已迫亡，将西请事于秦。与其以秦醳卫，不如以魏醳卫，④卫之德魏必终无穷。"成陵君曰："诺。"如耳见魏王曰："臣有谒于卫。卫故周室之别也，其称小国，多宝器。今国迫于难而宝器不出者，其心以为攻卫醳卫不以王为主，故宝器虽出必不入于王也。臣窃料之，先言醳卫者必受卫者也。"如耳出，成陵君入，以其言见魏王。魏王听其说，罢其兵，免成陵君，终身不见。

①【索隐】纪年云："八年，翟章伐卫。"

②【正义】魏大夫姓名也。

③【集解】徐广曰："在上党。"【正义】阏，於连反。与音预。羊肠阪道在太行山上，南口怀州，北口潞州。阏与故城在潞州及仪州。若断羊肠，拔阏与，北连恒州，则赵国东西断而为二也。

④【正义】醳音释。

九年，与秦王会临晋。张仪、魏章①皆归于魏。魏相田需死，楚害张仪、犀首、薛公。②楚相昭鱼③谓苏代曰："田需死，吾恐张仪、犀首、薛公有一人相魏者也。"代曰："然相者欲谁而君便之？"昭鱼曰："吾欲太子之自相也。"④代曰："请为君北，必相之。"昭鱼曰："奈何？"对曰："君其为梁王，代请说君。"昭鱼曰："奈何？"对曰："代也从楚来，昭鱼甚忧，曰：'田需死，吾恐张仪、犀首、薛公有一人相魏者也。'代曰：'梁王，长主也，必不相张仪。张仪相，必右秦而左魏。犀首相，必右韩而左魏。薛公相，必右齐而左魏。梁王，长主也，必不便也。’王曰：‘然则寡人孰相？’代曰：‘莫若太子之自相。太子之自相，是三人者皆以太子为非常相也，皆将务以其国事魏，欲得丞相玺也。以魏之强，而三万乘之国辅之，魏必安矣。故曰莫若太子之自相也。’”遂北见梁王，以此告之。太子果相魏。

①【索隐】章为魏将，后又相秦。

②【索隐】田文也。

③【索隐】昭奚恤也。

④【索隐】太子即襄王也。

十年，张仪死。十一年，与秦武王会应。十二年，太子朝于秦。秦来伐我皮氏，未拔而解。十四年，秦来归武王后。十六年，秦拔我蒲反、阳晋、封陵。[①]十七年，与秦会临晋。秦予我蒲反。十八年，与秦伐楚。[②]二十一年，与齐、韩共败秦军函谷。[③]

①【索隐】纪年作“晋阳、封谷”。【正义】阳晋当作“晋阳”也，史文误。括地志云：“晋阳故城今名晋城，在蒲州虞乡县西三十五里。”表云“魏哀王十六年秦拔我杜阳、晋阳”，即此城也。封陵亦在蒲州。按阳晋故城在曹州，解在苏秦传也。

②【集解】徐广曰：“二十年，与齐王会于韩。”

③【集解】徐广曰：“河、渭绝一日。”

二十三年，秦复予我河外及封陵为和。哀王卒，[①]子昭王立。[②]

①【索隐】按：汲冢纪年终于哀王二十年，昭王三年丧毕，始称元年耳。

②【索隐】系本昭王名遬。

昭王元年，秦拔我襄城。二年，与秦战，我不利。三年，佐韩攻秦，秦将白起败我军伊阙二十四万。六年，予秦河东地方四百里。芒卯以诈重。①七年，秦拔我城大小六十一。八年，秦昭王为西帝，齐湣王为东帝，月馀，皆复称王归帝。九年，秦拔我新垣、曲阳之城。②

①【索隐】谓卯以智诈见重于魏。

②【正义】(年表及)括地志云："曲阳故城在怀州济源县西十里。"新垣近曲阳，未详端的所之处也。

十年，齐灭宋，宋王死我温。十二年，与秦、赵、韩、燕共伐齐，败之济西，湣王出亡。燕独入临菑。与秦王会西周。①

①【正义】即王城也，今河南郡城也。

十三年，秦拔我安城。①兵到大梁，去。②十八年，秦拔郢，楚王徙陈。

①【正义】括地志云："安城故城，豫州汝陵县东南七十一里。"

②【集解】徐广曰："十四年大水。"

十九年，昭王卒，子安釐王立。①

①【索隐】系本安僖王名圉。

安釐王元年，秦拔我两城。二年，又拔我二城，军大梁下，韩来救，予秦温以和。三年，秦拔我四城，斩首四万。四年，秦破我及韩、赵，杀十五万人，走我将芒卯。魏将段干子请予秦南阳①以和。苏代谓魏王曰："欲玺者段干子也，欲地者秦也。今王使欲地者制玺，使欲玺者制地，魏氏地不尽则不知已。且夫以地事秦，譬犹抱薪救火，薪不尽，火不灭。"王曰："是则然也。虽然，事始已行，不可更矣。"对曰："王独不见夫博之所以贵枭者，便则食，不便则止矣。今王曰'事始已行，不可更'，是何王之用智不如用枭也？"②

①【集解】徐广曰："在修武。"

②【正义】博头有刻为枭鸟形者，掷得枭者合食其子，若不便则为馀行也。

九年，秦拔我怀。十年，秦太子外质于魏死。十一年，秦拔我郪丘。①

①【集解】徐广曰："郪丘，一作'廪丘'，又作'邢丘'。郪丘今为宋公县。"【索隐】郪，七丝反，又音妻。【正义】郪，七私反，又音妻。地理志云汝南郡新郪县。应劭曰："秦伐魏，取郪丘，汉兴为新郪，章帝封殷后，更名宋也。"

秦昭王谓左右曰："今时韩、魏与始孰强？"对曰："不如始强。"王曰："今时如耳、魏齐与孟尝、芒卯孰贤？"对曰："不如。"王曰："以孟尝、芒卯之贤，率强韩、魏以攻秦，犹无奈寡人何也。今以无能之如耳、魏齐而率弱韩、魏以伐秦，其无奈寡人何亦明矣。"左右皆曰："甚然。"中旗冯琴①而对曰："王之料天下过矣。当晋六卿之时，知氏最强，灭范、中行，又率韩、魏之兵以围赵襄子于晋阳，决晋水以灌晋阳之城，②不湛者三版。知伯行水，魏桓子御，韩康子为参乘。知伯曰：'吾始不知水之可以亡人之国也，乃今知之。'汾水可以灌安邑，③绛水可以灌平阳。④魏桓子肘韩康子，韩康子履魏桓子，肘足接于车上，而知氏地分，身死国亡，为天下笑。今秦兵虽强，不能过知氏；韩、魏虽弱，尚贤其在晋阳之下也。此方其用肘足之时也，愿王之勿易也！"⑤于是秦王恐。

①【索隐】按：战国策作"推琴"者，春秋后语作"伏琴"，而韩子作"推瑟"，说苑作"伏瑟"，文各不同。

②【正义】括地志云："晋水源出并州晋阳县西悬瓮山。山海经云悬瓮之山，晋水出焉，东南流注汾水。昔赵襄子保晋阳，智氏防山以水灌之，不没者三版。其渎乘高西注入晋阳城，以周溉灌，东南出城注于汾阳也。"

③【正义】安邑在绛州夏县，本魏都。汾水东北历安邑西南入河也。

④【正义】平阳，晋州，本韩都也。括地志云："绛水一名白水，今名弗泉，源出绛山。飞泉奋涌，扬波北注，县流积壑二十许丈，望之极为奇观矣。"按：引此灌平阳城也。

⑤【索隐】易音以豉反。

齐、楚相约而攻魏，魏使人求救于秦，冠盖相望也，而秦救不至。魏人有唐雎①者，年九十馀矣，谓魏王曰："老臣请西说秦王，令兵先臣出。"魏王再拜，遂约车而遣之。唐雎到，入见秦王。秦王曰："丈人芒然乃远至此，甚苦矣！夫魏之来求救数矣，寡人知魏之急已。"唐雎对曰："大王已知魏之急而救不发者，臣窃以为用策之臣无任矣。夫魏，一万乘之国也，然所以西面而事秦，称东藩，受冠带，祠春秋者，以秦之强足以为与也。②今齐、楚之兵已合于魏郊矣，而秦救不发，亦将赖其未急也。使之大急，彼且割地而约从，王尚何救焉？必待其急而救之，是失一东藩之魏而强二敌之齐、楚，则王何利焉？"于是秦昭王遽为发兵救魏。魏氏复定。

①【索隐】七馀反。

②【索隐】与谓许与为亲而结和也。

赵使人谓魏王曰："为我杀范痤，吾请献七十里之地。"魏王曰："诺。"使吏捕之，围而未杀。痤因上屋骑危，①谓使者曰："与其以死痤市，不如以生痤市。有如痤死，赵不予王地，则王将奈何？故不若与先定割地，然后杀痤。"魏王曰："善。"痤因上书信陵君曰："痤，故魏之免相也，赵以地杀痤而魏王听之，有如强秦亦将袭赵之欲，则君且奈何？"信陵君言于王而出之。

①【集解】危，栋上也。　【索隐】上音奇。危，栋上也。礼云“中屋履危”。盖升屋以避兵。

魏王以秦救之故，欲亲秦而伐韩，以求故地。无忌谓魏王曰：

秦与戎翟同俗，有虎狼之心，贪戾好利无信，不识礼义德行。苟有利焉，不顾亲戚兄弟，若禽兽耳，此天下之所识也，非有所施厚积德也。故太后母也，而以忧死；穰侯舅也，功莫大焉，而竟逐之；两弟无罪，而再夺之国。此于亲戚若此，而况于仇雠之国乎？今王与秦共伐韩而益近秦患，臣甚惑之。而王不识则不明，群臣莫以闻则不忠。

今韩氏以一女子奉一弱主，内有大乱，外交强秦魏之兵，王以为不亡乎？韩亡，秦有郑地，与大梁邺，[①]王以为安乎？王欲得故地，今负强秦之亲，王以为利乎？

①【索隐】战国策“邺”作“邻”字为得。

秦非无事之国也，韩亡之后必将更事，更事必就易与利，就易与利必不伐楚与赵矣。是何也？夫越山逾河，绝韩上党而攻强赵，是复阏与之事，[①]秦必不为也。若道河内，倍邺、朝歌，绝漳滏水，与赵兵决于邯郸之郊，是知伯之祸也，秦又不敢。伐楚，道涉谷，[②]行三千里[③]而攻冥阸之塞，[④]所行甚远，所攻甚难，[⑤]秦又不为也。若道河外，倍大梁，[⑥]右(蔡左)〔上蔡〕、召陵，[⑦]与楚兵决于陈郊，秦又不敢。故曰秦必不伐楚与赵矣，又不攻卫与齐矣。[⑧]

①【索隐】复音扶富反。谓前年秦韩相攻阏与，而赵奢破秦军。

②【索隐】道犹行也。涉谷是往楚之险路。从秦向楚有两道，涉谷是西道，河内是东道。

③【正义】刘伯庄云："秦兵向楚有两道，涉谷是西道，河外是东道。从褒斜入梁州，即东南至申州攻石城山，险厄之塞也。"

④【集解】孙检曰："楚之险塞也。"徐广曰："或以为今江夏鄳县。"【正义】冥音盲。括地志云："石城山在申州钟山县东南二十一里。魏攻冥阨即此，山上有故石城。注水经云'或言在鄳'，指此山也。吕氏春秋云'九塞'，此其一也。"

⑤【索隐】攻，亦作"致"。战国策见作"致军"，言致军粮难也。

⑥【正义】从河外出函谷关，历同州南至郑州，东向陈州，则背大梁也。

⑦【集解】徐广曰："一无'左'字。"【正义】上蔡县在豫州北七十里，邵陵故城亦在豫州郾城县东四十五里，并在陈州西。从汴州南行向陈州之西郊，则上蔡、邵陵正南面，向东皆身之右，定无"左"字也。

⑧【正义】卫、齐皆在韩、赵、魏之东，故秦不伐也。

夫韩亡之后，兵出之日，非魏无攻已。秦固有怀、茅、①邢丘，②城③垝津④以临河内，河内共、汲⑤必危；有郑地，⑥得垣雍，⑦决荧泽水灌大梁，大梁必亡。王之使者出过而恶安陵氏于秦，⑧秦之欲诛之久矣。秦叶阳、昆阳与舞阳邻，⑨听使⑩者之恶之，随安陵氏而亡之，⑪绕舞阳之北，以东临许，南国必危，⑫国无害（已）〔乎〕？

①【集解】徐广曰："在修武轵县，有茅亭。"【正义】茅，卯包反。怀州武陟县西十一里故怀城，本周邑，后属晋。左传云周与郑人苏忿生十二邑，其一曰攒茅。括地志云"在怀州获嘉县东北二十五里"也。获嘉，古修武也。

②【集解】徐广曰："在平皋。"【正义】括地志云："平皋故城在怀州武德县东南二十里，本邢丘邑也，以其在河之皋地也。"

③【索隐】按：战国策云邢丘、安城，此少"安"字耳。

④【索隐】在河北。垝音九毁反。【正义】垝音诡。字误，当作"延"。

括地志云:“延津故俗字名临津,故城在卫州清淇县西南二十六里。杜预云‘汲郡城南有延津’是也。”

⑤【集解】徐广曰:“汲县属河内。” 【索隐】汲,亦作“波”。波及汲皆县名,俱属河内。

⑥【集解】徐广曰:“成皋、荥阳亦属郑。”

⑦【集解】徐广曰:“垣雍城在卷县,卷县属魏也。卷县又有长城,经阳武到密者也。” 【正义】雍,于用反。括地志云:“故城在郑州原武县西北七里。”释例:“地名卷县,理或垣城也。”言韩亡之后,秦有郑地,得垣雍城,从荧泽决沟历雍灌大梁是也。

⑧【集解】徐广曰:“召陵有安陵乡,征羌有安陵亭也。” 【正义】括地志云:“隅陵县西北十五里。李奇云六国时为安陵也。”言魏王使者出向秦云,共伐韩以成过失,而更恶安陵氏于秦,今伐之,重非也。

⑨【正义】括地志云:“叶阳今许州叶县也。昆阳故城在许州叶县北二十五里。舞阳故城在叶县东十里。”此时叶阳、昆阳属秦,舞阳属魏也。

⑩【索隐】上平声,下去声。

⑪【正义】随犹听也。无忌说言使者恶安陵氏,亦听秦亡安陵氏。然绕舞阳之北以东临许,许必危矣。秦有许地,魏国可无害。

⑫【正义】南国,今许州许昌县南西四十里许昌故城是也。此时属韩,在魏之南,故言南国。括地志云:“周时为许国,武王伐纣所封。地理志云颍川许县古许国,姜姓,四岳之后,文叔所封,二十四君,为楚所灭。”三卿背晋,其地属韩。

夫憎韩不爱安陵氏可也,夫不患秦之不爱南国非也。异日者,秦在河西晋,国去梁千里,①有河山以阑之,有周韩以间之。从林乡军②以至于今,秦七攻魏,五入囿中,③边城尽拔,文台堕,④垂都焚,⑤林木伐,麋鹿尽,而国继以围。又长驱梁北,东至陶卫之郊,⑥北至平监。⑦所亡于秦者,山南山北,⑧河外河内，⑨大县数十，⑩名都数百。⑪秦乃在河西晋，去梁千里，而祸若是矣。又况于使秦无韩，有郑地，无河山而阑之，无周韩而间之，去大梁百里，祸必由此矣。

①【集解】徐广曰："魏国之界千里。又云河南梁县有注城。"【正义】河西，同州也。晋国都绛州，魏都安邑，皆在河东，去大梁有千里也。

②【集解】徐广曰："林乡在宛县。"【索隐】刘氏云"林，地名，盖春秋时郑地之棐林，在大梁之西北"。徐广云在宛陵也。【正义】括地志云："宛陵故城在郑州新郑县东北三十八里，本郑旧县也。"按刘徐二说，是其地也。

③【集解】徐广曰："一作'城'也。"【索隐】囿即圃田。圃田，郑薮，属魏。徐广云一作"城"。而战国策作"国中"。【正义】括地志云："圃田泽在郑州管城县东三里。周礼云豫州薮曰圃田也。"

④【索隐】文台，台名。列士传曰"隐陵君施酒文台"也。【正义】堕，许规反。括地志云："文台在曹州冤句县西北六十五里也。"

⑤【集解】徐广曰："一云'魏山都焚'。句阳有垂亭。"【索隐】垂，地名。有庙曰都。并魏邑名。

⑥【正义】陶，曹州定陶也。卫即宋州楚丘县，卫文公都之，秦兵历取其郊也。

⑦【集解】徐广曰："平县属河南。平，或作'乎'字。史记齐阚止作'监'字。阚在东平须昌县。"

⑧【正义】山，华山也。华山之东南，七国时邓州属韩，汝州属魏。华山之北，同、华、银、绥并魏地也。

⑨【正义】河外谓华州以东至虢、陕，河内谓蒲州以东至怀、卫也。

⑩【集解】徐广曰："一作'百'。"

⑪【集解】徐广曰："一作'十'。"

异日者，从之不成也，①楚、魏疑而韩不可得也。今韩受兵三年，秦桡之以讲，②识亡不听，③投质于赵，请为天下雁行顿刃，楚、赵必集兵，皆识秦之欲无穷也，非尽亡天下之国而臣海内，必不休矣。是故臣愿以从事王，④王速受楚赵之约，(赵)〔而〕挟韩之质⑤以存韩，而求故地，韩必效之。⑥此士民不劳而故地得，其功多于与秦共伐韩，而又与强秦邻之祸也。

①【索隐】从音足松反。

②【索隐】桡音尼孝反。谓韩被秦之兵，桡扰已经三年，云欲讲说与韩和。

③【索隐】识犹知也。故战国策云"韩知亡犹不听"也。

④【索隐】从音足松反。从事，言合从事王也。战国策亦然。

⑤【索隐】言韩以质子入赵，则赵挟韩质而亲韩也。

⑥【索隐】效犹致也，谓致故地于赵也。　【正义】无忌令魏王速受楚、赵之从。赵、楚挟持韩之质以存韩，而魏以求地，韩必效之，胜于与秦伐韩又与秦邻之祸殃也。

夫存韩安魏而利天下，此亦王之天时已。通韩上党于共、甯，①使道安成，②出入赋之，是魏重质韩以其上党也。今有其赋，足以富国。韩必德魏爱魏重魏畏魏，韩必不敢反魏，是韩则魏之县也。魏得韩以为县卫，大梁、河外必安矣。今不存韩，二周、安陵必危，楚、赵大破，卫、齐甚畏，天下西向而驰秦入朝而为臣不久矣。

①【集解】徐广曰："朝歌有甯乡。"　【正义】共，卫州共城县。甯，怀州修武县，本殷之甯邑。韩诗外传云"武王伐纣，勒兵于甯，故曰修武"。今魏开通共甯之道，使韩上党得直路而行也。

②【正义】括地志云："故安城在郑州原武县东南二十里。"时属魏也。

二十年，秦围邯郸，信陵君无忌矫夺将军晋鄙兵以救赵，①赵得全。无忌因留赵。二十六年，秦昭王卒。

①【正义】括地志云："魏德故城一名晋鄙城，在卫县西北五十里，即公子无忌矫夺晋鄙兵，故名魏德城也。"

三十年，无忌归魏，率五国兵攻秦，败之河外，走蒙骜。魏太子增质于秦，秦怒，欲囚魏太子增。或为增谓秦王①曰："公孙喜②固谓魏相曰'请以魏疾击秦，秦王怒，必囚增。魏王又怒，击秦，秦必伤'。今王囚增，是喜之计中也。故不若贵增而合魏，以疑之于齐、韩。"秦乃止增。

①【索隐】按：战国策作"苏秦为公子增谓秦王"。

②【索隐】战国策作"公孙衍"。

三十一年，秦王政初立。

三十四年，安釐王卒，太子增立，是为景湣王。①信陵君无忌卒。

①【索隐】系本云："安釐王生景湣王午。"

景湣王元年，秦拔我二十城，以为秦东郡。二年，秦拔我朝歌。卫徙野王。①三年，秦拔我汲。五年，秦拔我垣、蒲阳、衍。②十五年，景湣王卒，子王假立。

①【集解】徐广曰："卫从濮阳徙野王。"

②【集解】徐广曰："十二年献城秦。" 【正义】括地志云："故垣地本魏王垣也，在绛州垣县西北二十里。蒲邑故城在隰州隰川县南四十五里。"在蒲水之北，故曰蒲阳。衍，地名，在郑州。

王假元年，燕太子丹使荆轲刺秦王，秦王觉之。①

①【集解】徐广曰："二年，新郑反。"

三年，秦灌大梁，虏王假，①遂灭魏以为郡县。

①【集解】列女传曰："秦杀假。"

太史公曰:吾适故大梁之墟,墟中人曰:“秦之破梁,引河沟而灌大梁,三月城坏,王请降,遂灭魏。”说者皆曰魏以不用信陵君故,国削弱至于亡,余以为不然。天方令秦平海内,其业未成,魏虽得阿衡之佐,曷益乎?①

①【索隐】按:谯周曰“以予所闻,所谓天之亡者,有贤而不用也,如用之,何有亡哉? 使纣用三仁,周不能王,况秦虎狼乎”?

【索隐述赞】毕公之苗,因国为姓。大名始赏,盈数自正。胤裔繁昌,系载忠正。杨干就戮,智氏奔命。文始建侯,武实强盛。大梁东徙,长安北偵。卯既无功,卬亦外聘。王假削弱,虏于秦政。

史记卷四十五

韩世家第十五

韩之先与周同姓,①姓姬氏。其后苗裔事晋,得封于韩原,②曰韩武子。武子后三世③有韩厥,从封姓为韩氏。

①【索隐】按:左氏传云"邘、晋、应、韩,武之穆",是武王之子,故诗称"韩侯出祖",是有韩而先灭。今据此文,云"其后裔事晋,封于韩原,曰韩武子",则武子本是韩侯之后,晋又封之于韩原,即今之冯翊韩城是也。然按系本及左传旧说,皆谓韩万是曲沃桓叔之子,即是晋之支庶。又国语叔向谓韩宣子能修武子之德,起再拜谢曰"自桓叔已下,嘉吾子之赐",亦言桓叔是韩之祖也。今以韩侯之后别有桓叔,非关曲沃之桓叔,如此则与太史公之意亦有违。

②【正义】括地志云:"韩原在同州韩城县西南八里。又韩城在县南十八里,故古韩国也。古今地名云韩武子食菜于韩原故城也。"

③【索隐】系本云:"万生赇伯,赇伯生定伯简,简生舆,舆生献子厥。"

韩厥,晋景公之三年,晋司寇屠岸贾将作乱,诛灵公之贼赵盾。

赵盾已死矣，欲诛其子赵朔。韩厥止贾，贾不听。厥告赵朔令亡。朔曰："子必能不绝赵祀，死不恨矣。"韩厥许之。及贾诛赵氏，厥称疾不出。程婴、公孙杵臼之藏赵孤赵武也，厥知之。

景公十一年，厥与郤克将兵八百乘伐齐，败齐顷公于鞍，①获逢丑父。于是晋作六卿，而韩厥在一卿之位，号为献子。

①【正义】音安。括地志云："故鞍城今俗名马鞍城，在济州平阴县十里。"

晋景公十七年，病，卜，大业之不遂者为祟。韩厥称赵成季之功，今后无祀，以感景公。景公问曰："尚有世乎？"厥于是言赵武，而复与故赵氏田邑，续赵氏祀。

晋悼公之(十)〔七〕年，韩献子老。献子卒，子宣子代。宣子徙居州。①

①【索隐】宣子名起。州，今在河内是也。【正义】括地志云："怀州武德县本周司寇苏忿生之州邑也。"

晋平公十四年，吴季札使晋，曰："晋国之政卒归于韩、魏、赵矣。"晋顷公十二年，韩宣子与赵、魏共分祁氏、羊舌氏十县。晋定公十五年，宣子与赵简子侵伐范、中行氏。宣子卒，子贞子代立。贞子徙居平阳。①

①【索隐】系本作"平子"，名须，宣子子也。又云"景子居平阳"。平阳在山西。宋忠曰"今河东平阳县"。【正义】平阳，晋州城是。

贞子卒，子简子代。①简子卒，子庄子代。庄子卒，子康子②代。康子与赵襄子、魏桓子共败知伯，分其地，地益大，大于诸侯。

①【集解】徐广曰："史记多无简子、庄子，而云贞子生康子。班氏亦同。"【索隐】徐广云："史记多无简子、庄子，而云贞子生康子。班氏亦同。"按：系本有简子，名不信；庄子，名庚。赵系家亦有简子，名不佞。

②【索隐】名虎。

康子卒，子武子①代。武子二年，伐郑，杀其君幽公。十六年，武子卒，子景侯立。②

①【索隐】名启章。

②【索隐】纪年及系本皆作"景子"，名处。

景侯虔元年，伐郑，取雍丘。二年，郑败我负黍。

六年，与赵、魏俱得列为诸侯。

九年，郑围我阳翟。景侯卒，子列侯取立。①

①【索隐】系本作"武侯"。

列侯三年，聂政杀韩相侠累。①九年，秦伐我宜阳，取六邑。十三年，列侯卒，子文侯立。②是岁魏文侯卒。

①【集解】徐广曰："六年救鲁也。" 【索隐】战国策作"杀韩傀"，高诱曰"韩傀，侠侯累也"。

②【索隐】按：纪年无文侯，系本无列侯。

文侯二年，伐郑，取阳城。伐宋，到彭城，执宋君。七年，伐齐，至桑丘。郑反晋。九年，伐齐，至灵丘。①十年，文侯卒，子哀侯立。

①【正义】灵丘，蔚州县也，此时属燕也。

哀侯元年，与赵、魏分晋国。二年，灭郑，因徙都郑。①

①【索隐】按：纪年魏武侯二十一年，韩灭郑，哀侯入于郑。二十二年，晋桓公邑哀侯于郑。是韩既徙都，因改号曰郑，故战国策谓韩惠王曰郑惠王，犹魏徙大梁称梁王然也。

六年，韩严弑其君哀侯，而子懿侯立。①

①【索隐】按：年表懿侯作"庄侯"。又纪年云"晋桓公邑哀侯于郑，韩山

坚贼其君哀侯而立韩若山”。若山即懿侯也，则韩严为韩山坚也。而战国策又有韩仲子，名遂，又恐是韩严也。

懿侯二年，魏败我马陵。①五年，与魏惠王会宅阳。②九年，魏败我浍。③十二年，懿侯卒，子昭侯立。

①【正义】在魏州元城县东南一里。

②【正义】在郑州也。

③【集解】徐广曰："大雨三月也。" 【正义】浍，古外反，在陵州浍水之上也。

昭侯元年，秦败我西山。二年，宋取我黄池。①魏取朱。六年，伐东周，②取陵观、邢丘。

①【集解】徐广曰："在平丘。"

②【正义】河南巩县。

八年，申不害相韩，修术行道，国内以治，诸侯不来侵伐。

十年，韩姬弑其君悼公。①十一年，昭侯如秦。二十二年，申不害死。二十四年，秦来拔我宜阳。

①【索隐】纪年"姬"亦作"玘"，并音羊之反。姬是韩大夫，而王邵亦云不知悼公何君也。

二十五年，旱，作高门。屈宜臼①曰："昭侯不出此门。何也？不时。吾所谓时者，非时日也，人固有利不利时。昭侯尝利矣，不作高门。往年秦拔宜阳，今年旱，昭侯不以此时恤民之急，而顾益奢，此谓'时绌举赢'。"②二十六年，高门成，昭侯卒，③果不出此门。子宣惠王立。

①【集解】许慎曰："屈宜臼，楚大夫，在魏也。"

②【集解】徐广曰："时衰耗而作奢侈。"

③【索隐】按：纪年"郑昭侯武薨，次威侯立。威侯七年，与邯郸围襄陵。

五月,梁惠王会威侯于巫沙。十月,郑宣王朝梁”,不见威侯之卒。下败韩举在威侯八年,而此系家即以为宣惠王之年。又上有杀悼公,悼公又不知是谁之谥。则韩微小,国史失代系,故此文及系本不同,盖亦不可复考。

宣惠王五年,张仪相秦。八年,魏败我将韩举。①十一年,君号为王。与赵会区鼠。十四年,秦伐败我鄢。②

①【索隐】韩举则是韩将不疑,而纪年云韩举,赵将,盖举先为赵将,后入韩。又纪年云其败当韩威王八年,是不同也。

②【集解】徐广曰:“颍川鄢陵县。音於乾反。” 【正义】今许州鄢陵县西北十五里有鄢陵故城是也。

十六年,秦败我修鱼,①虏得韩将鲠、申差于浊泽。②韩氏急,公仲③谓韩王曰:“与国非可恃也。今秦之欲伐楚久矣,王不如因张仪为和于秦,赂以一名都,具甲,与之南伐楚,此以一易二之计也。”④韩王曰:“善”。乃警公仲之行,⑤将西购于秦。⑥楚王闻之大恐,召陈轸告之。陈轸曰:“秦之欲伐楚久矣,今又得韩之名都一而具甲,秦韩并兵而伐楚,此秦所祷祀而求也。今已得之矣,楚国必伐矣。王听臣为之警四境之内,起师言救韩,命战车满道路,发信臣,多其车,重其币,使信王之救己也。纵韩不能听我,韩必德王也,⑦必不为雁行以来,⑧是秦韩不和也,兵虽至,楚不大病也。为能听我绝和于秦,秦必大怒,以厚怨韩。韩之南交楚,必轻秦;轻秦,其应秦必不敬:是因秦、韩之兵而免楚国之患也。”楚王曰:“善。”乃警四境之内,兴师言救韩。命战车满道路,发信臣,多其车,重其币。谓韩王曰:“不穀国虽小,已悉发之矣。愿大国遂肆志于秦,不穀将以楚殉韩。”⑨韩王闻之大说,乃止公仲之行。⑩公仲曰:“不可。夫以实伐我者秦也,以虚名救我者楚也。王恃楚之虚名，而轻绝强秦之敌，王必为天下大笑。且楚韩非兄弟之国也，又非素约而谋伐秦也。已有伐形，因发兵言救韩，此必陈轸之谋也。且王已使人报于秦矣，今不行，是欺秦也。夫轻欺强秦而信楚之谋臣，恐王必悔之。"韩王不听，遂绝于秦。秦因大怒，益甲伐韩，大战，楚救不至韩。十九年，大破我岸门。⑪太子仓质于秦以和。

①【索隐】地名。

②【集解】徐广曰："一云鲠、申差。长社有浊泽。" 【索隐】鲠、申差，二将。鲠音瘦，亦作"鲠"。 【正义】按：浊泽者盖误，当作"观泽"。年表云"秦惠文王更元八年，与韩战，斩首八万。韩宣惠王十六年，秦败我修鱼，得将军申差。魏哀王二年，齐败我观泽。赵武灵王九年，与韩、魏击秦。齐湣王七年，败魏、赵观泽"，浊泽定误矣。徐广又云"浊泽在长社"，不晓错误之甚。括地志云"观泽在魏州顿丘县东十八里"。

③【索隐】韩相国，名侈。

④【索隐】一，谓名都也。二，谓使不伐韩而又与之伐楚也。

⑤【索隐】警，戒也。战国策作"卫"。

⑥【索隐】战国策作"讲"。讲亦谋议，与购求意通。

⑦【索隐】言韩王信楚之救，虽不能听待楚救至，折入于秦，犹德于楚也。

⑧【索隐】言韩以楚必救己，己虽随秦来战，犹德于王，故不为雁行而来，言不同心旅进也。

⑨【索隐】殉，从死也。言以死助韩。

⑩【索隐】止不令西之秦。

⑪【集解】徐广曰："颍阴有岸亭。" 【正义】括地志云："岸门在许州长社县西北十八里，今名西武亭矣。"

二十一年，①与秦共攻楚，②败楚将屈丐，斩首八万于丹阳。③是岁，宣惠王卒，太子仓立，是为襄王。④

①【集解】徐广曰："周王赧之三年也。"

②【集解】徐广曰："围景痤也。"

③【索隐】故楚都，在今均州。　【正义】左传〔释〕例云："楚居丹阳，今枝江县故城是也。"

④【集解】徐广曰："一云周赧王六年，韩襄哀王三年，张仪死。赧王九年，襄哀王六年，秦昭王立。"

襄王四年，与秦武王会临晋。其秋，秦使甘茂攻我宜阳。五年，秦拔我宜阳，①斩首六万。秦武王卒。六年，秦复与我武遂。九年，秦复取我武遂。十年，太子婴朝秦而归。②十一年，秦伐我，取穰。③与秦伐楚，败楚将唐昧。

①【正义】括地志云："故韩城一名宜阳城，在洛州福昌县东十四里，韩宜阳城也。"

②【集解】徐广曰："与秦会临晋，因至咸阳而还。"

③【正义】穰，人羊反，邓州县也。郭仲产南雍州记云："楚之别邑。秦初侵楚，封公子悝为穰侯。后属韩，秦昭王取之也。"

十二年，太子婴死。公子咎、公子虮虱争为太子。时虮虱质于楚。苏代谓韩咎曰："虮虱亡在楚，楚王欲内之甚。今楚兵十馀万在方城之外，①公何不令楚王筑万室之都雍氏之旁，②韩必起兵以救之，公必将矣。公因以韩楚之兵奉虮虱而内之，其听公必矣，必以楚韩封公也。"韩咎从其计。

①【索隐】方城，楚之北境。之外，北境之北也。　【正义】括地志云："方城山在许州叶县西南十八里。左传云楚大夫屈完对齐侯曰'楚国方城以为城'，杜注云'方城山在南阳叶县南'。"

②【集解】徐广曰："在阳翟。"　【正义】括地志云："故雍氏城在洛州阳

翟县二十五里。故老云黄帝臣雍父作杵臼也。”

楚围雍氏,[①]韩求救于秦。秦未为发,使公孙昧入韩。公仲曰:“子以秦为且救韩乎?”对曰:“秦王之言曰‘请道南郑、蓝田,[②]出兵于楚以待公’,殆不合矣。”[③]公仲曰:“子以为果乎?”对曰:“秦王必祖张仪之故智。[④]楚威王攻梁也,张仪谓秦王曰:‘与楚攻魏,魏折而入于楚,韩固其与国也,是秦孤也。不如出兵以到之,[⑤]魏楚大战,秦取西河之外以归。’今其状阳言与韩,其实阴善楚。公待秦而到,必轻与楚战。楚阴得秦之不用也,必易与公相支也。[⑥]公战而胜楚,遂与公乘楚,施三川而归。[⑦]公战不胜楚,楚塞三川守之,[⑧]公不能救也。窃为公患之。司马庚[⑨]三反于郢,甘茂与昭鱼[⑩]遇于商於,其言收玺,[⑪]实类有约也。”公仲恐,曰:“然则奈何?”曰:“公必先韩而后秦,先身而后张仪。[⑫]公不如亟以国合于齐楚,齐楚必委国于公。公之所恶者张仪也,[⑬]其实犹不无秦也。”于是楚解雍氏围。[⑭]

①【集解】徐广曰:“秦本纪惠王后元十三年,周赧王三年,楚怀王十七年,齐湣王十二年,皆云‘楚围雍氏’。纪年于此亦说‘楚景翠围雍氏。韩宣王卒,秦助韩共败楚屈丐’。又云‘齐、宋围煮枣’。皆与史记年表及田完世家符同。然则此卷所云‘襄王十二年,韩咎从其计’以上,是楚后围雍氏,赧王之十五年事也。又说‘楚围雍氏’以下,是楚前围雍氏,赧王之三年事。”

②【正义】南郑,梁州县。蓝田,雍州县。秦王言或出雍州西南至郑,或出雍州东南历蓝田出峣关,俱绕楚北境以待韩使而东救雍氏。如此迟缓,近不合于楚矣。

③【索隐】殆不合于南郑。

④【集解】徐广曰:“祖者,宗之习之谓也。故智,犹前时谋计也。”

⑤【索隐】到，欺也，犹俗云"张到"。然战国策作"劲"，劲，强也。

⑥【索隐】言楚阴知秦，不为公用，亦必易为公相支拒也。

⑦【正义】施犹设也。三川，周天子都也。言韩战胜楚，则秦与韩驾御于楚，即于天子之都，张设救韩之功，行霸王之迹，加威诸侯，乃归咸阳是也。

⑧【正义】楚乃塞南河四关守之，韩不能救三川。

⑨【集解】徐广曰："一作'唐'。"

⑩【集解】徐广曰："楚相国。" 【索隐】战国策谓之昭献。

⑪【索隐】刘氏云"诈言昭鱼来秦，欲得秦官之印玺"。收即取之义也。

⑫【正义】先以身存韩之计，而后知张仪为秦到魏之计，不如急以国合于齐楚。

⑬【正义】恶，乌故反。公孙昧言公仲所恶者张仪到魏之计，虽以国合于齐楚，其实犹不轻欺无秦也。

⑭【集解】徐广曰："甘茂传云'楚怀王以兵围韩雍氏，韩使公仲告急于秦，秦昭王新立，不肯救。甘茂为韩言之，乃下师于殽以救韩也'。又云'周赧王十五年，韩襄王十二年，秦击楚，斩首二万，败楚襄城，杀景缺'。周本纪赧王八年之后云'楚围雍氏'，此当韩襄王十二年，魏哀王十九年。纪年于此亦说'楚入雍氏，楚人败'。然尔时张仪已死十年矣。" 【正义】自此已上十二年，并是楚后围雍氏，赧王之十五年一段事也。前注徐广云"'楚围雍氏'之下，是楚前围雍氏，赧王三年事"，徐说非也。徐见下文云"先身而后张仪"及"公之所恶者张仪也"，言张仪尚存，楚又两度围雍氏，故生此前后之见，甚误也。然是公孙昧却述张仪时事，说韩相公仲耳。

苏代又谓秦太后弟芈戎①曰："公叔伯婴恐秦楚之内虮虱也，②公何不为韩求质子于楚？③楚王听入质子于韩，④则公叔伯婴知秦楚之不以虮虱为事，必以韩合于秦楚。秦楚挟韩以窘魏，魏氏不敢合于齐，是齐孤也。公又为秦求质子于楚，⑤楚不听，怨结于韩。韩挟齐魏以围楚，楚必重公。⑥公挟秦楚之重以积德于韩，公叔伯婴必以国待公。”于是虮虱竟不得归韩。⑦韩立咎为太子。齐、魏王来。⑧

①【集解】徐广曰：“号新城君。” 【索隐】芈，姓；戎，名。秦宣太后弟，号新城君。

②【索隐】按战国策，公叔伯婴与虮虱及公子咎并是襄王子。然伯婴即太子婴，婴前死，故咎与虮虱又争立。此取战国策说，伯婴未立之先亦与虮虱争立，故事重而文倒也。

③【索隐】令韩求楚，更以别人为质，以替虮虱也。 【正义】为，于伪反。后同。

④【索隐】质子，虮虱也。 【正义】质子，虮虱。苏代令芈戎为韩求虮虱入于韩，楚不听。公叔伯婴知秦楚不以虮虱为事，必以韩合于秦楚。“楚王听入质子于韩”当云“楚王不听入质子于韩”，承前脱“不”字耳。次下云“知秦楚不以虮虱为事”，重明脱“不”字。

⑤【索隐】令芈戎教秦，于楚索韩所送质子，令入之于秦也。

⑥【正义】言韩合齐魏以围楚，楚必尊重芈戎以求秦救矣。

⑦【正义】自此已前苏代数计皆不成，故韩竟立咎为太子也。

⑧【正义】苏代为韩立计，故得齐、魏王来。

十四年，与齐、魏王共击秦，至函谷而军焉。十六年，秦与我河外及武遂。襄王卒，太子咎立，是为釐王。

釐王三年，使公孙喜率周、魏攻秦。秦败我二十四万，虏喜伊阙。五年，秦拔我宛。①六年，与秦武遂地二百里。②十年，秦败我师于夏山。十二年，与秦昭王会西周而佐秦攻齐。齐败，湣王出亡。十四年，与秦会两周间。二十一年，使暴鸢③救魏，为秦所败，鸢走开封。

①【正义】宛，于元反。宛，邓州县也，时属韩也。

②【正义】此武遂及上武遂皆宜阳近地。

③【正义】音捐。韩将姓名。

二十三年，赵、魏攻我华阳。①韩告急于秦，秦不救。韩相国谓陈筮②曰："事急，愿公虽病，为一宿之行。"陈筮见穰侯。穰侯曰："事急乎？故使公来。"陈筮曰："未急也。"穰侯怒曰："是可以为公之主使乎？夫冠盖相望，告敝邑甚急，公来言未急，何也？"陈筮曰："彼韩急则将变而佗从，以未急，故复来耳。"穰侯曰："公无见王，请今发兵救韩。"八日而至，败赵、魏于华阳之下。是岁，釐王卒，子桓惠王立。

①【正义】司马彪云："华阳，山名，在密县。"郑州管城县南四十里。

②【集解】徐广曰："一作'筌'。" 【索隐】徐广云一作"筌"。战国策作"田苓"。

桓惠王元年，伐燕。九年，秦拔我陉，城汾旁。①十年，秦击我于太行，②我上党郡守以上党郡降赵。十四年，秦拔赵上党，③杀马服子卒四十馀万于长平。十七年，秦拔我阳城、负黍。④二十二年，秦昭王卒。二十四年，秦拔我城皋、荥阳。二十六年，秦悉拔我上党。二十九年，秦拔我十三城。

①【正义】陉音刑。秦拔陉城于汾水之旁。陉故城在绛州曲沃县西北二十里汾水之旁也。

②【正义】太行山在怀州河内县北二十五里也。

③【正义】韩上党也。从太行山西北泽、潞等州是也。

④【集解】徐广曰："负黍在阳城。"【正义】古今地名云："负黍在洛州阳城西三十七里也。"

三十四年，桓惠王卒，子王安立。

王安五年，秦攻韩，韩急，使韩非使秦，秦留非，因杀之。九年，秦虏王安，尽入其地，为颍川郡。韩遂亡。①

①【正义】亡在秦始皇十七年。

太史公曰：韩厥之感晋景公，绍赵孤之子武，以成程婴、公孙杵臼之义，此天下之阴德也。韩氏之功，于晋未睹其大者也。然与赵、魏终为诸侯十馀世，宜乎哉！

【索隐述赞】韩氏之先，实宗周武。事微国小，春秋无语。后裔事晋，韩原是处。赵孤克立，智伯可取。既徙平阳，又侵负黍。景赵俱侯，惠(文)〔又〕僭主。秦败修鱼，魏会区鼠。韩非虽使，不禁狼虎。

史记卷四十六

田敬仲完世家第十六

陈完者，陈厉公他①之子也。完生，周太史过陈，陈厉公使卜完，卦得观之否："是为观国之光，利用宾于王。此其代陈有国乎？不在此而在异国乎？非此其身也，在其子孙。若在异国，必姜姓。姜姓，四岳之后。②物莫能两大，陈衰，此其昌乎？"③

①【索隐】他音徒何反。此系家以他为厉公，而左传厉公名跃，陈系家又有利公跃，利即厉也，是厉公名跃。盖他是厉公之兄，立未逾年，无谥。今此云"厉公他"，非也。他一名五父，故经云"蔡人杀陈他"，传又云"蔡人杀五父"是也。

②【正义】杜预云："姜姓之先，为尧四岳也。"

③【正义】陈湣公，周敬王四十一年为楚惠王所灭。齐简公，周敬王三十九年被田常所杀。

厉公者，陈文公少子也，其母蔡女。文公卒，厉公兄鲍立，是为桓公。桓公与他异母。及桓公病，蔡人为他杀桓公鲍及太子免而立他，为厉公。厉公既立，娶蔡女。蔡女淫于蔡人，数归，厉公亦数如蔡。桓公之少子林怨厉公杀其父与兄，乃令蔡人诱厉公而杀之。林自立，是为庄公。故陈完不得立，为陈大夫。厉公之杀，以淫出国，故春秋曰"蔡人杀陈他"，罪之也。

庄公卒，立弟杵臼，是为宣公。宣公〔二〕十一年，杀其太子御寇。御寇与完相爱，恐祸及己，完故奔齐。齐桓公欲使为卿，辞曰："羁旅之臣幸得免负檐，君之惠也，不敢当高位。"桓公使为工正。① 齐懿仲欲妻完，卜之，占曰："是谓凤皇于蜚，和鸣锵锵。有妫之后，将育于姜。五世其昌，并于正卿。八世之后，莫之与京。"卒妻完。完之奔齐，齐桓公立十四年矣。

①【正义】工巧之长，若将作大匠。

完卒，谥为敬仲。仲生穉孟夷。① 敬仲之如齐，以陈字为田氏。②

①【索隐】系本作"夷孟思"。盖穉是名，孟夷字也。

②【集解】徐广曰："应劭云始食菜地于田，由是改姓田氏。" 【索隐】据如此云，敬仲奔齐，以陈田二字声相近，遂以为田氏。应劭云"始食菜于田"，则田是地名，未详其处。 【正义】案：敬仲既奔齐，不欲称本国故号，故改陈字为田氏。

田穉孟夷生湣孟庄，① 田湣孟庄生文子须无。田文子事齐庄公。

①【集解】徐广曰："一作'芷'。" 【索隐】系本作"闵孟克"。芷，昌改反。

晋之大夫栾逞① 作乱于晋，来奔齐，齐庄公厚客之。晏婴与田文子谏，庄公弗听。

①【索隐】音盈。史记多作“逞”字。

文子卒，生桓子无宇。田桓子无宇有力，事齐庄公，甚有宠。

无宇卒，生武子开与釐子乞。①田釐子乞事齐景公为大夫，其收赋税于民以小斗受之，其(粟)〔禀〕予民以大斗，行阴德于民，而景公弗禁。由此田氏得齐众心，宗族益强，民思田氏。晏子数谏景公，景公弗听。已而使于晋，与叔向私语曰：“齐国之政其卒归于田氏矣。”

①【正义】釐音僖。

晏婴卒后，范、中行氏反晋。晋攻之急，范、中行请粟于齐。田乞欲为乱，树党于诸侯，乃说景公曰：“范、中行数有德于齐，齐不可不救。”齐使田乞救之而输之粟。

景公太子死，后有宠姬曰芮子，①生子荼。②景公病，命其相国惠子③与高昭子④以子荼为太子。景公卒，两相高、国立荼，是为晏孺子。而田乞不说，欲立景公他子阳生。阳生素与乞欢。晏孺子之立也，阳生奔鲁。田乞伪事高昭子、国惠子者，每朝代参乘，言曰：“始诸大夫不欲立孺子。孺子既立，君相之，大夫皆自危，谋作乱。”又绐大夫曰：“高昭子可畏也，及未发先之。”诸大夫从之。田乞、鲍牧与大夫以兵入公室，攻高昭子。昭子闻之，与国惠子救公。公师败。田乞之众追国惠子，惠子奔莒，遂返杀高昭子。晏(孺子)〔圉〕奔鲁。

①【集解】徐广曰：“一作‘粥子’。”

②【索隐】音舒。又如字。

③【索隐】名夏。

④【索隐】名张。

田乞使人之鲁，迎阳生。阳生至齐，匿田乞家。请诸大夫曰："常之母有鱼菽之祭，幸而来会饮。"会饮田氏。田乞盛阳生橐中，①置坐中央。发橐，出阳生，曰："此乃齐君矣。"大夫皆伏谒。将盟立之，田乞诬曰："吾与鲍牧谋共立阳生也。"鲍牧怒曰："大夫忘景公之命乎？"诸大夫欲悔，阳生乃顿首曰："可则立之，不可则已。"鲍牧恐祸及己，乃复曰："皆景公之子，何为不可！"遂立阳生于田乞之家，是为悼公。乃使人迁晏孺子于骀，②而杀孺子荼。悼公既立，田乞为相，专齐政。

①【索隐】橐音託。橐中谓皮橐之中。

②【正义】音臺，又音台。贾逵云："齐地也。"

四年，田乞卒，子常代立，是为田成子。

鲍牧与齐悼公有郄，杀悼公。齐人共立其子壬，是为简公。田常成子与监止①俱为左右相，相简公。田常心害监止，监止幸于简公，权弗能去。于是田常复修釐子之政，以大斗出贷，以小斗收。齐人歌之曰："妪乎采芑，归乎田成子！"②齐大夫朝，御鞅③谏简公曰："田、监不可并也，君其择焉。"君弗听。

①【集解】监，一作"阚"。　【索隐】上音如字，又音苦滥反。监，姓也。名止。

②【索隐】言妪之采芑菜皆归入于田成子，以刺齐国之政将归陈。

③【索隐】御，官也；鞅，名也。亦田氏之族。

子我者，监止之宗人也，①常与田氏有郤。田氏疏族田豹事子我有宠。子我曰："吾欲尽灭田氏適，以豹代田氏宗。"豹曰："臣于田氏疏矣。"不听。已而豹谓田氏曰："子我将诛田氏，田氏弗先，祸及矣。"子我舍公宫，田常兄弟四人乘如公宫，欲杀子我。子我闭门。简公与妇人饮檀台，②将欲击田常。太史子馀曰："田常非敢为乱，将除害。"简公乃止。田常出，闻简公怒，恐诛，将出亡。田子行曰："需，事之贼也。"③田常于是击子我。子我率其徒攻田氏，不胜，出亡。田氏之徒追杀子我及监止。

①【索隐】案：齐系家云"子我夕"，贾逵云"即监止也"。寻其文意，当是监止。今云"宗人"，盖太史误也。

②【正义】在青州临淄县东北一里。

③【索隐】需音须。需者，疑也。疑必致难，故云事之贼也。

简公出奔，田氏之徒追执简公于徐州。①简公曰："蚤从御鞅之言，不及此难。"田氏之徒恐简公复立而诛己，遂杀简公。简公立四年而杀。于是田常立简公弟骜，是为平公。平公即位，田常为相。

①【索隐】徐音舒。徐州，齐邑，薛县是也，非九州之徐。　【正义】齐之西北界上地名，在勃海郡东平县也。

田常既杀简公，惧诸侯共诛己，乃尽归鲁、卫侵地，西约晋、韩、魏、赵氏，南通吴、越之使，修功行赏，亲于百姓，以故齐复定。

田常言于齐平公曰："德施人之所欲，君其行之；刑罚人之所恶，臣请行之。"行之五年，齐国之政皆归田常。田常于是尽诛鲍、晏、监止及公族之强者，而割齐自安平以东①至琅邪，自为封邑。②封邑大于平公之所食。

①【集解】徐广曰："安平在北海。"　【索隐】案：司马彪郡国志"北海东安平，六国时曰安平"，则徐广云在北海是。　【正义】括地志云："安平城在青州临淄县东十九里，古纪国之酅邑。"青州即北海郡也。

②【正义】琅邪，沂州也。从安平已东，莱、登、沂、密等州皆自为田常封邑也。

田常乃选齐国中女子长七尺以上为后宫，后宫以百数，而使宾客舍人出入后宫者不禁。及田常卒，有七十馀男。①

①【索隐】案：鲍昱云"陈成子有数十妇，生男百馀人"，与此亦异。然谯允南案春秋，陈恒为人，虽志大负杀君之名，至于行事亦修整，故能自保，固非苟为禽兽之行。夫成事在德，虽有奸子七十，只以长乱，事岂然哉？言其非实也。

田常卒，子襄子盘①代立，相齐。常谥为成子。

①【集解】徐广曰："盘，一作'塈'。"【索隐】徐广云一作"塈"。音许既反。系本作"班"。

田襄子既相齐宣公，三晋杀知伯，①分其地。襄子使其兄弟宗人尽为齐都邑大夫，与三晋通使，且以有齐国。

①【集解】徐广曰："宣公之三年时也。"

襄子卒，子庄子白①立。田庄子相齐宣公。宣公四十三年，伐晋，毁黄城，围阳狐。②明年，伐鲁、葛及安陵。③明年，取鲁之一城。

①【索隐】系本名伯。

②【正义】括地志云："故黄城在魏州冠氏县南十里。阳狐郭在魏州元城县东北三十二里也。"

③【正义】括地志云："故鲁城在许昌县南四十里，本鲁朝宿邑。长葛故城在许州长葛县北十三里，郑之葛邑也。鄢陵故城在许州鄢陵县西北十五里。李奇云六国时为安陵也。"

庄子卒，子太公和立。①田太公相齐宣公。宣公四十八年，取鲁之郕。②明年，宣公与郑人会西城。伐卫，取毌丘。③宣公五十一年卒，田会自廪丘反。④

①【索隐】案：纪年“齐宣公十五年，田庄子卒。明年，立田悼子。悼子卒，乃次立田和”。是庄子后有悼子。盖立年无几，所以作系本及记史者不得录也。而庄周及鬼谷子亦云“田成子杀齐君，十二代而有齐国”。今据系本、系家，自成子至王建之灭，唯只十代；若如纪年，则悼子及侯剡即有十二代，乃与庄子、鬼谷说同，明纪年亦非妄。

②【正义】音城。括地志云：“故郕城在兖州泗水县西北五十里。说文云‘郕，鲁孟氏邑’是也。”

③【索隐】毋音贯，古国名，卫之邑。今作“毋”者，字残缺耳。【正义】括地志云：“故贯城即古贯国，今名蒙泽城，在曹州济阴县南五十六里也。”

④【索隐】纪年“宣公五十一年，公孙会以廪丘叛于赵。十二月，宣公薨”。于周正为明年二月。

宣公卒，子康公贷立。①贷立十四年，淫于酒、妇人，不听政。太公乃迁康公于海上，食一城，以奉其先祀。明年，鲁败齐平陆。②

①【集解】徐广曰：“十一年，伐鲁，取最。”【索隐】贷音土代反。最音祖外反。

②【集解】徐广曰东平平陆。【正义】兖州县也。

三年，太公与魏文侯会浊泽，①求为诸侯。魏文侯乃使使言周天子及诸侯，请立齐相田和为诸侯。周天子许之。康公之十九年，田和立为齐侯，列于周室，纪元年。

①【集解】徐广曰：“康公之十六年。”【索隐】徐广云“康公十六年”，盖依年表为说，而不省此上文“贷立十四年”，又云“明年会平陆”，“又三年会浊泽”，则是十八年，表及此注并误也。

齐侯太公和立二年，和卒，①子桓公午立。②桓公午五年，秦、魏攻韩，韩求救于齐。齐桓公召大臣而谋③曰："蚤救之孰与晚救之？"驺忌曰："不若勿救。"段干朋④曰："不救，则韩且折而入于魏，不若救之。"田臣思⑤曰："过矣君之谋也！秦、魏攻韩，楚、赵必救之，是天以燕予齐也。"桓公曰："善。"乃阴告韩使者而遣之。韩自以为得齐之救，因与秦、魏战。楚、赵闻之，果起兵而救之。齐因起兵袭燕国，取桑丘。⑥

①【集解】徐广曰："伐鲁，破之。"

②【索隐】纪年"齐康公五年，田侯午生。二十二年，田侯剡立。后十年，齐田午弑其君及孺子喜而为公"。春秋后传亦云"田午弑田侯及其孺子喜而兼齐，是为桓侯"。与此系家不同也。

③【索隐】谓驺忌、段干朋。如战国策威王二十六年邯郸之役有此谋臣耳。又南梁之难在宣王二年，有驺子、田忌、孙膑之谋。战国策又有张田。其辞前后交互，是记史者所取各异，故不同耳。

④【索隐】段干，姓；朋，名也。战国策作"段干纶"。

⑤【索隐】战国策作"田期思"，纪年谓之徐州子期，盖即田忌也。

⑥【正义】括地志云："桑丘故城俗名敬城，在易州遂城县。"尔时齐伐燕桑丘，魏、赵来救之。魏、赵世家并云"伐齐至桑丘"，皆是易州。

六年，救卫。桓公卒，①子威王因齐立。是岁，故齐康公卒，绝无后，奉邑皆入田氏。

①【索隐】案纪年，梁惠王十二年当齐桓公十八年，后威王始见，则桓公十九年而卒，与此不同。

齐威王元年，三晋因齐丧来伐我灵丘。①三年，三晋灭晋后而分其地。六年，鲁伐我，入阳关。②晋伐我，至博陵。③七年，卫伐我，取薛陵。九年，赵伐我，取甄。④

①【正义】灵丘，河东蔚州县。案：灵丘此时属齐，三晋因丧伐之。韩、魏、赵世家云"伐齐至灵丘"皆是蔚州。

②【集解】徐广曰："在钜平。" 【正义】括地志云："鲁阳关故城在兖州博城县南二十九里，西临汶水也。"

③【正义】在济州西界也。

④【正义】音绢。即濮州甄城县也。

威王初即位以来，不治，委政卿大夫，九年之间，诸侯并伐，国人不治。于是威王召即墨大夫而语之曰："自子之居即墨也，①毁言日至。然吾使人视即墨，田野辟，民人给，官无留事，东方以宁。是子不事吾左右以求誉也。"封之万家。召阿大夫语曰："自子之守阿，誉言日闻。然使使视阿，田野不辟，民贫苦。昔日赵攻甄，子弗能救。卫取薛陵，子弗知。是子以币厚吾左右以求誉也。"是日，烹阿大夫，及左右尝誉者皆并烹之。遂起兵西击赵、卫，败魏于浊泽而围惠王。惠王请献观以和解，赵人归我长城。于是齐国震惧，人人不敢饰非，务尽其诚。齐国大治。诸侯闻之，莫敢致兵于齐二十馀年。

①【正义】莱州胶水县南六十里即墨故城是也。

驺忌子以鼓琴见威王，威王说而舍之右室。须臾，王鼓琴，驺忌子推户入曰："善哉鼓琴！"王勃然不说，去琴按剑曰："夫子见容未察，何以知其善也？"驺忌子曰："夫大弦浊以春温者，君也；小弦廉折以清者，相也；①攫②之深，醳③之愉者，④政令也；钧谐以鸣，大小相益，回邪而不相害者，四时也：吾是以知其善也。"王曰："善语音。"驺忌子曰："何独语音，夫治国家而弭人民皆在其中。"王又勃然不说曰："若夫语五音之纪，信未有如夫子者也。若夫治国家而弭人民，又何为乎丝桐之间？"驺忌子曰："夫大弦浊以春温者，君也；小弦廉折以清者，相也；攫之深而舍之愉者，政令也；钧谐以鸣，大小相益，回邪而不相害者，四时也。夫复而不乱者，所以治昌也；连而径者，所以存亡也：故曰琴音调而天下治。夫治国家而弭人民者，无若乎五音者。”王曰：“善。”

①【集解】琴操曰：“大弦者，君也，宽和而温。小弦者，臣也，清廉而不乱。” 【索隐】大弦浊以温者君也。案：春秋后语“温”字作“春”，春气温，义亦相通也。蔡邕曰：“凡弦以缓急为清浊。琴，紧其弦则清，缦其弦则浊。”

②【集解】徐广曰：“以爪持弦也。攫音己足反。”

③【集解】徐广曰：“一作‘舒’。”

④【索隐】醳音释，与下文舍字并同。愉音舒也。

驺忌子见三月而受相印。淳于髡见之曰：“善说哉！髡有愚志，愿陈诸前。”驺忌子曰：“谨受教。”淳于髡曰：“得全全昌，①失全全亡。”驺忌子曰：“谨受令，请谨毋离前。”②淳于髡曰：“狶膏棘轴，所以为滑也，然而不能运方穿。”③驺忌子曰：“谨受令，请谨事左右。”淳于髡曰：“弓胶昔干，④所以为合也，然而不能傅合疏罅。”⑤驺忌子曰：“谨受令，请谨自附于万民。”淳于髡曰：“狐裘虽敝，不可补以黄狗之皮。”驺忌子曰：“谨受令，请谨择君子，毋杂小人其间。”淳于髡曰：“大车不较，⑥不能载其常任；琴瑟不较，不能成其五音。”驺忌子曰：“谨受令，请谨修法律而督奸吏。”淳于髡说毕，趋出，至门，而面其仆曰：“是人者，吾语之微言五，其应我若响之应声，是人必封不久矣。”⑦居期年，封以下邳，号曰成侯。

①【索隐】案：得全，谓人臣事君之礼全具无失，故云得全也。全昌者，谓若无失则身名获昌，故云全昌也。

②【索隐】谓佩服此言，常无离心目之前。

③【索隐】狶膏，猪脂也。棘轴，以棘木为车轴，至滑而坚也。然而穿孔若方，则不能运转，言逆理反经也。故下忌曰"请谨事左右"，言每事须顺从。

④【集解】徐广曰："一作'乾'。" 【索隐】音孤捍反。昔，久旧也。幹，弓幹也。徐广又曰一作"乾"。考工记作"枡幹"，则枡昔音相近。言作弓之法，以胶被昔幹而纳诸檠中，则是以势令合耳。

⑤【索隐】傅音附。罅音五嫁反。以言胶干可以势暂合，而久亦不能常傅合于疏罅隙缝。以言人臣自宜弥缝得所，岂待拘以礼制法式哉。故下云"请自附于万人"是也。

⑥【索隐】较者，校量也。言有常制，若大车不较，则车不能载常任，琴不能成五音也。

⑦【集解】新序曰："齐稷下先生喜议政事。驺忌既为齐相，稷下先生淳于髡之属七十二人皆轻驺忌，以为设以微辞，驺忌必不能及，乃相与俱往见驺忌。淳于髡之徒礼倨，驺忌之礼卑。淳于髡等称辞，驺忌知之如应响，淳于髡等辞诎而去，驺忌之礼倨，淳于髡之礼卑。故所以尚干将、莫邪者，贵其立断也。所以尚骐骥者，为其立至也。必且历日旷久，则系牦能挈石，驽马亦能致远。是以聪明捷敏，人之美材也。"

威王二十三年，与赵王会平陆。二十四年，与魏王会田于郊。魏王问曰："王亦有宝乎？"威王曰："无有。"①梁王曰："若寡人国小也，尚有径寸之珠照车前后各十二乘者十枚，奈何以万乘之国而无宝乎？"威王曰："寡人之所以为宝与王异。吾臣有檀子者，②使守南城，则楚人不敢为寇东取，泗上十二诸侯③皆来朝。吾臣有盼子者，使守高唐，则赵人不敢东渔于河。吾吏有黔夫者，使守徐州，则燕人祭北门，赵人祭西门，④徙而从者七千馀家。吾臣有種首者，使备盗贼，则道不拾遗。将以照千里，岂特十二乘哉！”梁惠王惭，不怿而去。

①【索隐】案：韩婴诗外传以为齐宣王，其说异也。

②【索隐】檀子，齐臣。檀，姓；子，美称，大夫皆称子。朌子，田朌也。黔夫及种首皆臣名。事悉具战国策也。

③【索隐】邾、莒、宋、鲁之比。

④【集解】贾逵曰：“齐之北门西门也。言燕、赵之人畏见侵伐，故祭以求福。”

二十六年，魏惠王围邯郸，赵求救于齐。齐威王召大臣而谋曰：“救赵孰与勿救？”驺忌子曰：“不如勿救。”段干朋曰：“不救则不义，且不利。”威王曰：“何也？”对曰：“夫魏氏并邯郸，其于齐何利哉？且夫救赵而军其郊，是赵不伐而魏全也。故不如南攻襄陵①以弊魏，邯郸拔而乘魏之弊。”威王从其计。

①【正义】襄陵故城在兖州邹县也。

其后成侯驺忌与田忌不善，公孙阅①谓成侯忌曰：“公何不谋伐魏，田忌必将。战胜有功，则公之谋中也；战不胜，非前死则后北，而命在公矣。”于是成侯言威王，使田忌南攻襄陵。十月，邯郸拔，齐因起兵击魏，大败之桂陵。②于是齐最强于诸侯，自称为王，以令天下。

①【索隐】战国策作“公孙闬”。

②【索隐】在威王二十六年。【正义】在曹州乘氏县东北二十一里。

三十三年，杀其大夫牟辛。①

①【集解】徐广曰：“一作‘夫人’。”【索隐】牟辛，大夫姓字也。徐广曰一作“夫人”。案：年表亦作“夫人”。王劭案纪年云“齐桓公十一年

杀其君母。宣王八年杀王后”。然则夫人之字，或如纪年之说。

三十五年，公孙阅又谓成侯忌曰：“公何不令人操十金卜于市，曰‘我田忌之人也。吾三战而三胜，声威天下。欲为大事，亦吉乎不吉乎’？”卜者出，因令人捕为之卜者，验其辞于王之所。田忌闻之，因率其徒袭攻临淄，求成侯，不胜而奔。①

①【索隐】案：战国策田忌前败魏于马陵，因被构，不得入齐，非是居齐历十年乃出奔也。是时齐都临淄，且孟尝列传云“田忌袭齐之边邑”，其言为得，即与系家不同也。

三十六年，威王卒，子宣王辟彊立。

宣王元年，秦用商鞅。周致伯于秦孝公。

二年，魏伐赵。赵与韩亲，共击魏。赵不利，战于南梁。①宣王召田忌复故位。韩氏请救于齐。宣王召大臣而谋曰：“蚤救孰与晚救？”驺忌子曰：“不如勿救。”田忌曰：“弗救，则韩且折而入于魏，不如蚤救之。”②孙子③曰：“夫韩、魏之兵未弊而救之，是吾代韩受魏之兵，顾反听命于韩也。且魏有破国之志，韩见亡，必东面而愬于齐矣。吾因深结韩之亲而晚承魏之弊，则可重利而得尊名也。”宣王曰：“善。”乃阴告韩之使者而遣之。韩因恃齐，五战不胜，而东委国于齐。齐因起兵，使田忌、田婴将，④孙子为(帅)〔师〕，救韩、赵以击魏，大败之马陵，⑤杀其将庞涓，虏魏太子申。其后三晋之王皆因田婴朝齐王于博望，⑥盟而去。⑦

①【索隐】晋太康地记曰：“战国谓梁为南梁者，别之于大梁、少梁也。”

【正义】括地志云：“故梁在汝州西南二百步。晋太康地记云‘战国时谓南梁者，别之于大梁、少梁也’。古蛮子邑也。”

②【索隐】案：纪年威王十四年，田肸伐梁，战马陵。战国策南梁之难，有

张田对曰“蚤救之”。此云邹忌者，王劭云“此时邹忌死已四年，又齐威时未称王，故战国策谓之田侯。今此以田侯为宣王，又横称邹忌，皆谬矣”。

③【索隐】孙膑也。

④【集解】徐广曰：“婴，一作‘盼’。”

⑤【索隐】在宣王二年。

⑥【正义】括地志云：“博望故城在邓州向城县东南四十五里。”

⑦【集解】徐广曰：“表曰三年，与赵会博望伐魏。”

七年，与魏王会平阿南。①明年，复会甄。魏惠王卒。②明年，与魏襄王会徐州，诸侯相王也。十年，楚围我徐州。十一年，与魏伐赵，赵决河水灌齐、魏，兵罢。十八年，秦惠王称王。

①【正义】沛郡平阿县也。

②【索隐】明年，梁惠王卒。案纪年，梁惠王乃是齐湣王为东帝，秦昭王为西帝时。此时梁惠王改元称一年，未卒也。而系家以其后即为魏襄王之年，又以此文当齐宣王时，实所不能详考。

宣王喜文学游说之士，自如驺衍、淳于髡、①田骈、②接予、③慎到、④环渊⑤之徒七十六人，皆赐列第，为上大夫，不治而议论。是以齐稷下学士复盛，且数百千人。⑥

①【正义】赘聟，齐之稷下先生也。

②【正义】白眠反。艺文志云田骈，齐人，游稷下，号天口骈，作田子二十五篇也。

③【正义】齐人。艺文志云接予二篇，在道家流。

④【正义】赵人，战国时处士。艺文志作慎子四十二篇也。

⑤【正义】楚人。孟子传云环渊著书上下篇也。

⑥【集解】刘向别录曰：“齐有稷门，城门也。谈说之士期会于稷下也。”

【索隐】刘向别录曰“齐有稷门，齐城门也。谈说之士期会于其下”。

齐地记曰“齐城西门侧,系水左右有讲室,趾往往存焉”。盖因侧系水出,故曰稷门,古侧稷音相近耳。又虞喜曰“齐有稷山,立馆其下以待游士”,亦异说也。春秋传曰“莒子如齐,盟于稷门”。

十九年,宣王卒,子湣王地①立。

①【索隐】系本名遂。

湣王元年,秦使张仪与诸侯执政会于啮桑。三年,封田婴于薛。四年,迎妇于秦。七年,与宋攻魏,败之观泽。

十二年,攻魏。楚围雍氏,①秦败屈丐。苏代谓田轸曰:“臣愿有谒于公,其为事甚完,使楚利公,成为福,不成亦为福。今者臣立于门,客有言曰魏王谓韩冯、②张仪曰:‘煮枣将拔,③齐兵又进,子来救寡人则可矣;不救寡人,寡人弗能拔。’④此特转辞也。秦、韩之兵毋东,旬馀,则魏氏转韩从秦,秦逐张仪,⑤交臂而事齐楚,此公之事成也。”田轸曰:“奈何使无东?”对曰:“韩冯之救魏之辞,必不谓韩王曰‘冯以为魏’,必曰‘冯将以秦韩之兵东却齐宋,冯因抟⑥三国之兵,乘屈丐之獘,⑦南割于楚,故地必尽得之矣’。张仪救魏之辞,必不谓秦王曰‘仪以为魏’,必曰‘仪且以秦韩之兵东距齐宋,仪将抟三国之兵,乘屈丐之獘,南割于楚,名存亡国,实伐三川⑧而归,此王业也’。公令楚王⑨与韩氏地,使秦制和,谓秦王曰‘请与韩地,而王以施三川,⑩韩氏之兵不用而得地于楚’。韩冯之东兵之辞且谓秦何?曰‘秦兵不用而得三川,伐楚韩以窘魏,魏氏不敢东,是孤齐也’。张仪之东兵之辞且谓何?曰‘秦韩欲地而兵有案,声威发于魏,魏氏之欲不失齐楚者有资矣’。魏氏转秦韩争事齐楚,楚王欲而无与地,⑪公令秦韩之兵不用而得地,有一大德也。[12]秦韩之王劫于韩冯、张仪而东兵以徇服魏，公常执左券[13]以责于秦韩，此其善于公而恶张子多资矣。"[14]

①【集解】徐广曰："在阳翟，属韩。"

②【集解】徐广曰："韩之公仲侈也。"

③【集解】徐广曰："在济阴宛朐。"

④【索隐】能犹胜也。言不胜其拔，故听齐拔之耳。

⑤【索隐】逐，随也。

⑥【集解】徐广曰："音专。专犹并合制领之谓也。"【索隐】抟音团，团谓握领也。徐作"专"，亦通。

⑦【正义】屈丐，楚将，为秦所败，今更欲乘之。

⑧【索隐】韩也。

⑨【索隐】公谓陈轸。

⑩【正义】施，张设也。言秦王于天子都张设迫胁也。

⑪【集解】徐广曰："楚王欲得魏来事己，而不欲与韩地也。"

⑫【正义】苏代谓陈轸，今秦韩之兵不战伐而得地，陈轸于秦韩岂不有大恩德。

⑬【索隐】券，要也。左，不正也。言我以右执其左而责之。

⑭【正义】左券下，右券上也。苏代说陈轸以上券令秦韩不用兵得地，而以券责秦韩却韩冯、张仪以徇服魏，故秦韩善陈轸而恶张仪多取矣。

十三年，秦惠王卒。二十三年，与秦击败楚于重丘。[1]二十四年，秦使泾阳君质于齐。二十五年，归泾阳君于秦。孟尝君薛文入秦，即相秦。文亡去。二十六年，[2]齐与韩魏共攻秦，至函谷军焉。二十八年，秦与韩河外以和，兵罢。二十九年，赵杀其主父。齐佐赵灭中山。[3]

①【集解】徐广曰："表曰与秦击楚，使公子将，大有功。"

②【集解】徐广曰："孟尝君为相。"

③【集解】徐广曰："三十年，田甲劫王，相薛文走。"

三十六年，王为东帝，秦昭王为西帝。苏代自燕来，入齐，见于章华东门。①齐王曰："嘻，善，子来！秦使魏冄致帝，子以为何如？"对曰："王之问臣也卒，而患之所从来微，愿王受之而勿备称也。秦称之，天下安之，王乃称之，无后也。且让争帝名，无伤也。秦称之，天下恶之，王因勿称，以收天下，此大资也。且天下立两帝，王以天下为尊齐乎？尊秦乎？"王曰："尊秦。"曰："释帝，天下爱齐乎？爱秦乎？"王曰："爱齐而憎秦。"曰："两帝立约伐赵，孰与伐桀宋之利？"②王曰："伐桀宋利。"对曰："夫约钧，然与秦为帝而天下独尊秦而轻齐，释帝则天下爱齐而憎秦，伐赵不如伐桀宋之利，故愿王明释帝以收天下，倍约宾秦，无争重，而王以其间举宋。夫有宋，卫之阳地危；③有济西，赵之阿东国危；④有淮北，楚之东国危；⑤有陶、平陆，梁门不开。⑥释帝而贷之以伐桀宋之事，国重而名尊，燕楚所以形服，天下莫敢不听，此汤武之举也。敬秦以为名，而后使天下憎之，此所谓以卑为尊者也。愿王孰虑之。"于是齐去帝复为王，秦亦去帝位。

①【集解】左思齐都赋注曰："齐小城北门也。"而此言东门，不知为是一门非邪？　【正义】括地志云："齐城章华之东有闾门、武鹿门也。"

②【集解】宋世家云："宋王偃，诸侯皆曰桀宋也。"

③【集解】阳地，濮阳之地。　【正义】案：卫此时河南独有濮阳也。

④【正义】阿，东阿也。尔时属赵，故云东国危。

⑤【正义】淮北，徐、泗也。东国谓下相、僮、取虑也。

⑥【正义】陶，定陶，今曹州也。平陆，兖州县也，县在大梁东界。

三十八年，伐宋。秦昭王怒曰："吾爱宋与爱新城、阳晋同。[①]韩聂与吾友也，而攻吾所爱，何也？"苏代为齐谓秦王曰："韩聂之攻宋，所以为王也。齐强，辅之以宋，楚魏必恐，恐必西事秦，是王不烦一兵，不伤一士，无事而割安邑也，[②]此韩聂之所祷于王也。"秦王曰："吾患齐之难知。一从一衡，其说何也？"对曰："天下国令齐可知乎？齐以攻宋，其知事秦以万乘之国自辅，不西事秦则宋治不安。[③]中国白头游敖之士皆积智欲离齐秦之交，伏式结轶[④]西驰者，未有一人言善齐者也，伏式结轶东驰者，未有一人言善秦者也。何则？皆不欲齐秦之合也。何晋楚之智而齐秦之愚也！晋楚合必议齐秦，齐秦合必图晋楚，请以此决事。"秦王曰："诺。"于是齐遂伐宋，宋王出亡，死于温。[⑤]齐南割楚之淮北，西侵三晋，欲以并周室，为天子。泗上诸侯邹鲁之君皆称臣，诸侯恐惧。

①【正义】括地志云："新城故城在宋州宋城县界。阳晋故城在曹州乘氏县西北三十七里。"

②【正义】年表云秦昭王二十一年，魏纳安邑及河内。

③【索隐】战国策作"宋地不安"。

④【索隐】轶音侄。轶者，车辙也，言车辙往还如结也。战国策作"结靷"。

⑤【正义】怀州有温城。

三十九年，秦来伐，拔我列城九。

四十年，燕、秦、楚、三晋合谋，各出锐师以伐，败我济西。[①]王解而却。燕将乐毅遂入临淄，尽取齐之宝藏器。湣王出亡，之卫。卫君辟宫舍之，称臣而共具。湣王不逊，卫人侵之。湣王去，走邹、鲁，有骄色，邹、鲁君弗内，遂走莒。楚使淖齿[②]将兵救齐，因相齐湣王。淖齿遂杀湣王而与燕共分齐之侵地卤器。[③]

①【集解】徐广曰："案其馀诸传无楚伐齐事。年表云楚取淮北。"

②【索隐】淖音女教反。

③【正义】卤掠齐宝器也。

湣王之遇杀，其子法章变名姓为莒太史敫[1]家庸。太史敫女奇法章状貌，以为非恒人，怜而常窃衣食之，而与私通焉。淖齿既以去莒，莒中人及齐亡臣相聚求湣王子，欲立之。法章惧其诛己也，久之，乃敢自言"我湣王子也"。于是莒人共立法章，是为襄王。以保莒城而布告齐国中："王已立在莒矣。"

①【集解】徐广曰："音跃，一音皎。"

襄王既立，立太史氏女为王后，是为君王后，生子建。太史敫曰："女不取媒因自嫁，非吾种也，汙吾世。"终身不睹君王后。君王后贤，不以不睹故失人子之礼。

襄王在莒五年，田单以即墨攻破燕军，迎襄王于莒，入临菑。齐故地尽复属齐。齐封田单为安平君。[1]

①【正义】安平城在青州临淄县东十九里，古纪之酅邑也。

十四年，秦击我刚寿。十九年，襄王卒，子建立。

王建立六年，秦攻赵，齐楚救之。秦计曰："齐楚救赵，亲则退兵，不亲遂攻之。"赵无食，请粟于齐，齐不听。周子[1]曰："不如听之以退秦兵，不听则秦兵不却，是秦之计中而齐楚之计过也。且赵之于齐楚，扞蔽也，[2]犹齿之有唇也，唇亡则齿寒。今日亡赵，明日患及齐楚。且救赵之务，宜若奉漏瓮沃焦釜也。夫救赵，高义也；却秦兵，显名也。义救亡国，威却强秦之兵，不务为此而务爱粟，为国计者过矣。"齐王弗听。秦破赵于长平四十馀万，遂围邯郸。

①【索隐】盖齐之谋臣，史失名也。战国策以“周子”为“苏秦”，而“楚”字皆作“燕”，然此时苏秦死已久矣。

②【正义】此时秦伐赵上党欲克，无意伐齐、楚，故言赵之于齐、楚为扞蔽也。

十六年，秦灭周。君王后卒。二十三年，秦置东郡。二十八年，王入朝秦，秦王政置酒咸阳。三十五年，秦灭韩。三十七年，秦灭赵。三十八年，燕使荆轲刺秦王，秦王觉，杀轲。明年，秦破燕，燕王亡走辽东。明年，秦灭魏，秦兵次于历下。四十二年，秦灭楚。明年，虏代王嘉，灭燕王喜。

四十四年，秦兵击齐。齐王听相后胜计，不战，以兵降秦。秦虏王建，迁之共。①遂灭齐为郡。天下壹并于秦，秦王政立号为皇帝。始，君王后贤，事秦谨，与诸侯信，齐亦东边海上，秦日夜攻三晋、燕、楚，五国各自救于秦，以故王建立四十馀年不受兵。君王后死，后胜相齐，多受秦间金，多使宾客入秦，秦又多予金，客皆为反间，劝王去从朝秦，不修攻战之备，不助五国攻秦，秦以故得灭五国。五国已亡，秦兵卒入临淄，民莫敢格者。王建遂降，迁于共。故齐人怨王建不蚤与诸侯合从攻秦，听奸臣宾客以亡其国，歌之曰：“松耶柏耶？住建共者客耶？”②疾建用客之不详也。③

①【集解】地理志河内有共县。【正义】今卫州共城县也。

②【集解】徐广曰：“战国策云秦处建于共松柏间也。”【索隐】耶音邪。谓是建客邪，客说建住言遂乃失策，今建迁共。共，今在河内也。

③【索隐】谓不详审用客，不知其善否也。

太史公曰：盖孔子晚而喜易。易之为术，幽明远矣，非通人达才孰能注意焉！故周太史之卦田敬仲完，占至十世之后；及完奔齐，懿仲卜之亦云。田乞及常所以比犯二君，①专齐国之政，非必事势之渐然也，盖若遵厌兆祥云。

①【索隐】比如字，又频律反。二君即悼公、简公也。僖子废晏孺子，鲍牧以乞故杀悼公，而成子又杀简公，故云田氏比犯二君也。

【索隐述赞】田完避难，奔于大姜；始辞羁旅，终然凤皇。物莫两盛，代五其昌。二君比犯，三晋争强。和始擅命，威遂称王。祭急燕、赵，弟列康、庄。秦假东帝，莒立法章。王建失国，松柏苍苍。

史记卷四十七

孔子世家第十七

【索隐】孔子非有诸侯之位，而亦称系家者，以是圣人为教化之主，又代有贤哲，故称系家焉。　【正义】孔子无侯伯之位，而称世家者，太史公以孔子布衣传十馀世，学者宗之，自天子王侯，中国言六艺者宗于夫子，可谓至圣，故为世家。

孔子生鲁昌平乡陬邑。①其先宋人也，曰孔防叔。②防叔生伯夏，伯夏生叔梁纥。③纥与颜氏女野合而生孔子，④祷于尼丘得孔子。鲁襄公二十二年而孔子生。⑤生而首上圩顶，⑥故因名曰丘云。字仲尼，姓孔氏。

①【集解】徐广曰："陬音驺。孔安国曰'陬，孔子父叔梁纥所治邑'。"

【索隐】陬是邑名，昌平，乡号。孔子居鲁之邹邑昌平乡之阙里也。

【正义】括地志云："故邹城在兖州泗水县东南六十里。昌平山在泗水县南六十里。孔子生昌平乡，盖乡取山为名。故阙里在泗水县南五十里。舆地志云邹城西界阙里有尼丘山。"按：今尼丘山在兖州邹城，阙里即此也。括地志云："兖州曲阜县鲁城西南三里有阙里，中有孔子宅，宅中有庙。伍缉之从征记云阙里背洙面泗，即此也。"按：夫子生在邹，长徙曲阜，仍号阙里。

②【索隐】家语："孔子，宋微子之后。宋襄公生弗父何，以让弟厉公。弗父何生宋父周，周生世子胜，胜生正考父，考父生孔父嘉，五世亲尽，别为公族，姓孔氏。孔父生子木金父，金父生睪夷。睪夷生防叔，畏华氏之逼而奔鲁，故孔氏为鲁人也。"

③【正义】括地志云："叔梁纥庙亦名尼丘山祠，在兖州泗水县五十里尼丘山东趾。地理志云鲁县有尼丘山，有叔梁纥庙。"

④【索隐】家语云"梁纥娶鲁之施氏，生九女。其妾生孟皮，孟皮病足，乃求婚于颜氏徵在，从父命为婚"。其文甚明。今此云"野合"者，盖谓梁纥老而徵在少，非当壮室初笄之礼，故云野合，谓不合礼仪。故论语云"野哉由也"，又"先进于礼乐，野人也"，皆言野者是不合礼耳。

【正义】男八月生齿，八岁毁齿，二八十六阳道通，八八六十四阳道绝。女七月生齿，七岁毁齿，二七十四阴道通，七七四十九阴道绝。婚姻过此者，皆为野合。故家语云"梁纥娶鲁施氏女，生九女，乃求婚于颜氏，颜氏有三女，小女徵在"。据此，婚过六十四矣。

⑤【索隐】公羊传"襄公二十一年十有一月庚子，孔子生"。今以为二十二年，盖以周正十一月属明年，故误也。后序孔子卒，云七十二岁，每少一岁也。

⑥【索隐】圩音乌。顶音鼎。圩顶言顶上窳也，故孔子顶如反宇。反宇者，若屋宇之反，中低而四傍高也 【正义】括地志云："女陵山在曲阜县南二十八里。干宝三日纪云'徵在生孔子空桑之地，今名空窦，在鲁南山之空窦中。无水，当祭时洒扫以告，辄有清泉自石门出，足以周用，祭讫泉枯。今俗名女陵山'。"

丘生而叔梁纥死，①葬于防山。②防山在鲁东，由是孔子疑其父墓处，母讳之也。[③]孔子为儿嬉戏，常陈俎豆，[④]设礼容。孔子母死，乃殡五父之衢，[⑤]盖其慎也。[⑥]郰人[⑦]輓父之母诲孔子父墓，然后往合葬于防焉。

①【索隐】家语云生三岁而梁纥死。

②【正义】括地志云："防山在兖州曲阜县东二十五里。礼记云孔子母合葬于防也。"

③【索隐】谓孔子少孤，不的知父坟处，非谓不知其茔地。徵在笄年适于梁纥，无几而老死，是少寡，盖以为嫌，不从送葬，故不知坟处，遂不告耳，非讳之也。

④【正义】俎豆以木为之，受四升，高尺二寸。大夫以上赤云气，诸侯加象饰足，天子玉饰也。

⑤【正义】括地志云："五父衢在兖州曲阜县西南二里，鲁城内衢道也。"

⑥【集解】徐广曰："鲁县有阙里，孔子所居也。又有五父之衢也。"

【索隐】谓孔子不知父墓，乃且殡其母于五父之衢，是其谨慎也。

【正义】慎谓以绋引棺就殡所也。

⑦【正义】上音邹。

孔子要绖，[①]季氏飨士，孔子与往。[②]阳虎绌曰："季氏飨士，非敢飨子也。"孔子由是退。

①【索隐】家语"孔子之母丧，既练而见"，不非之也。今此谓孔子实要绖与飨，为阳虎所绌，亦近诬矣。一作"要经"。要经犹带经也，故刘氏云嗜学之意是也。

②【正义】与音预。季氏为馔饮鲁文学之士，孔子与迎而往，阳虎以孔子少，故折之也。

孔子年十七，鲁大夫孟釐子病且死，[①]诫其嗣懿子曰："孔丘，圣人之后，[②]灭于宋。[③]其祖弗父何始有宋而嗣让厉公。[④]及正考父佐戴、武、宣公，[5]三命兹益恭，故鼎铭云：[6]‘一命而偻，再命而伛，三命而俯，[7]循墙而走，[8]亦莫敢余侮。[9]饘于是，粥于是，以餬余口。’[10]其恭如是。吾闻圣人之后，虽不当世，必有达者。[11]今孔丘年少好礼，其达者欤？吾即没，若必师之。”及釐子卒，懿子与鲁人南宫敬叔[12]往学礼焉。是岁，季武子卒，平子代立。

①【索隐】昭公七年左传云“孟僖子病不能相礼，乃讲学之，及其将死，召大夫”云云。按：谓病者，不能礼为病，非疾困之谓也。至二十四年僖子卒，贾逵云“仲尼时年三十五矣”。是此文误也。

②【集解】服虔曰：“圣人谓商汤。”

③【集解】杜预曰：“孔子六世祖孔父嘉为宋华督所杀，其子奔鲁也。”

④【集解】杜预曰：“弗父何，孔父嘉之高祖，宋愍公之长子，厉公之兄也。何嫡嗣，当立，以让厉公也。”

⑤【集解】服虔曰：“正考父，弗父何之曾孙。”

⑥【集解】杜预曰：“三命，上卿也。考父庙之鼎。”

⑦【集解】服虔曰：“偻，伛，俯，皆恭敬之貌也。”

⑧【集解】杜预曰：“言不敢安行。”

⑨【集解】杜预曰：“其恭如是，人亦不敢侮慢。”

⑩【集解】杜预曰：“于是鼎中为饘粥。饘粥，餬属。言至俭也。”

⑪【集解】王肃曰：“谓若弗父何，殷汤之后，而不继世为宋君也。”杜预曰：“圣人之后，有明德而不当大位，谓正考父。”

⑫【索隐】左传及系本，敬叔与懿子皆孟僖子之子，不应更言“鲁人”，亦太史公之疏耳。

孔子贫且贱。及长，尝为季氏史，[1]料量平；尝为司职吏而畜蕃息。由是为司空。已而去鲁，斥乎齐，逐乎宋、卫，困于陈蔡之间，于是反鲁。孔子长九尺有六寸，人皆谓之“长人”而异之。鲁复善待，由是反鲁。

①【索隐】有本作“委吏”。按:赵岐曰“委吏,主委积仓库之吏”。

鲁南宫敬叔言鲁君曰:“请与孔子适周。”①鲁君与之一乘车,两马,一竖子俱,适周问礼,盖见老子云。辞去,而老子送之曰:“吾闻富贵者送人以财,②仁人者送人以言。吾不能富贵,窃仁人之号,③送子以言,曰:‘聪明深察而近于死者,好议人者也。博辩广大危其身者,发人之恶者也。为人子者毋以有己,④为人臣者毋以有己。’”⑤孔子自周反于鲁,弟子稍益进焉。

①【索隐】庄子云“孔子年五十一,南见老聃”。盖系家亦依此为说而不究其旨,遂俱误也。何者?孔子适周,岂访礼之时即在十七耶?且孔子见老聃,云“甚矣道之难行也”,此非十七之人语也,乃既仕之后言耳。

②【索隐】庄周“财”作“轩”。

③【集解】王肃曰:“谦言窃仁者之名。”

④【集解】王肃曰:“身父母之有。” 【索隐】家语作“无以有己为人子者”。

⑤【索隐】家语作“无以恶己为人臣者”。王肃云:“言听则仕,不用则去,保身全行,臣之节也。”

是时也,晋平公淫,六卿擅权,东伐诸侯;楚灵王兵强,陵轹中国;齐大而近于鲁。鲁小弱,附于楚则晋怒;附于晋则楚来伐;不备于齐,齐师侵鲁。

鲁昭公之二十年,而孔子盖年三十矣。齐景公与晏婴来适鲁,景公问孔子曰:“昔秦穆公国小处辟,其霸何也?”对曰:“秦,国虽小,其志大;处虽辟,行中正。身举五羖,①爵之大夫,起累绁之中,②与语三日,授之以政。以此取之,虽王可也,其霸小矣。”景公说。

①【正义】百里奚也。

②【索隐】家语无此一句。孟子以为"不然"之言也。

孔子年三十五，而季平子与郈昭伯以斗鸡故[①]得罪鲁昭公，昭公率师击平子，平子与孟氏、叔孙氏三家共攻昭公，昭公师败，奔于齐，齐处昭公乾侯。[②]其后顷之，鲁乱。孔子适齐，为高昭子家臣，欲以通乎景公。与齐太师语乐，闻韶音，学之，三月不知肉味，[③]齐人称之。

①【正义】郈音后。括地志云："斗鸡台二所，相去十五步，在兖州曲阜县东南三里鲁城中。左传昭二十五年，季氏与郈昭伯斗鸡，季氏芥鸡翼，郈氏为金距之处。"

②【正义】相州成安县东南三十里斥丘故城，本春秋时乾侯之邑。

③【集解】周氏曰："孔子在齐，闻习韶乐之盛美，故忘于肉味也。"【索隐】按论语，子语鲁太师乐，非齐太师也。又"子在齐闻韶，三月不知肉味"，无"学之"文。今此合论语齐、鲁两文而为此言，恐失事实。

景公问政孔子，孔子曰："君君，臣臣，父父，子子。"[①]景公曰："善哉！信如君不君，臣不臣，父不父，子不子，虽有粟，吾岂得而食诸！"[②]他日又复问政于孔子，孔子曰："政在节财。"景公说，将欲以尼谿田封孔子。[③]晏婴进曰："夫儒者滑稽而不可轨法；倨傲自顺，不可以为下；崇丧遂哀，破产厚葬，不可以为俗；游说乞贷，不可以为国。自大贤之息，周室既衰，礼乐缺有间。[④]今孔子盛容饰，繁登降之礼，趋详之节，累世不能殚其学，当年不能究其礼。君欲用之以移齐俗，非所以先细民也。"后，景公敬见孔子，不问其礼。异日，景公止孔子曰："奉子以季氏，[⑤]吾不能。"以季孟之间待之。[⑥]齐大夫欲害孔子，孔子闻之。景公曰："吾老矣，弗能用也。"孔子遂行，反乎鲁。

①【集解】孔安国曰:“当此之时,陈恒制齐,君不君,臣不臣,故以此对也。”

②【集解】孔安国曰:“言将危也。陈氏果灭齐。”

③【索隐】此说出晏子及墨子,其文微异。

④【索隐】息者,生也。言上古大贤生则有礼乐,至周室微而始缺有间也。

⑤【索隐】刘氏奉音扶用反,非也。今奉音如字,谓奉待孔子如鲁季氏之职,故下文云“以季孟之间待之”也。

⑥【集解】孔安国曰:“鲁三卿,季氏为上卿,最贵;孟氏为下卿,不用事。言待之以二者之间也。”

孔子年四十二,鲁昭公卒于乾侯,定公立。定公立五年,夏,季平子卒,桓子嗣立。季桓子穿井得土缶,中若羊,① 问仲尼云“得狗”。② 仲尼曰:“以丘所闻,羊也。丘闻之,木石之怪夔、罔阆,③ 水之怪龙、罔象,④ 土之怪坟羊。”⑤

①【集解】韦昭曰:“羊,生羊也,故谓之怪也。” 【索隐】家语云“桓子穿井于费,得物如土缶,其中有羊焉”是也。

②【集解】韦昭曰:“获羊而言狗者,以孔子博物,测之。”

③【集解】韦昭曰:“木石谓山也。或云夔,一足,越人谓之山缫也。或言独足魍魉,山精,好学人声而迷惑人也。” 【索隐】夔音逵。阆音两。家语作“魍魉”。缫音骚。然山缫独一足是山神名,故谓之夔。夔,一足兽,状如人也。

④【集解】韦昭曰:“龙,神兽也,非常见,故曰怪。或云‘罔象食人,一名沐肿’。” 【索隐】沐肿音木踵。

⑤【集解】唐固曰:“坟羊,雌雄未成者也。”

吴伐越,堕会稽,① 得骨节专车。② 吴使使问仲尼:“骨何者最大?”仲尼曰:“禹致群神于会稽山,③ 防风氏后至,禹杀而戮之,④

其节专车,此为大矣。”吴客曰:“谁为神?”仲尼曰:“山川之神足以纲纪天下,其守为神,⑤社稷为公侯,⑥皆属于王者。”客曰:“防风何守?”仲尼曰:“汪罔氏之君守封、禺之山,⑦为釐姓。⑧在虞、夏、商为汪罔,于周为长翟,今谓之大人。”⑨客曰:“人长几何?”仲尼曰:“僬侥氏⑩三尺,短之至也。长者不过十之,数之极也。”⑪于是吴客曰:“善哉圣人!”

①【集解】王肃曰:“堕,毁也。” 【索隐】隳会稽。会稽,山名,越之所都。隳,毁也。吴伐越在鲁哀元年。

②【集解】韦昭曰:“骨一节,其长专车。专,擅也。”

③【集解】韦昭曰:“群神谓主山川之君为群神之主,故谓之神也。”

④【集解】韦昭曰:“防风氏违命后至,故禹杀之。陈尸为戮。”

⑤【集解】王肃曰:“守山川之祀者为神,谓诸侯也。”韦昭曰:“足以纲纪天下,谓名山大川能兴云致雨以利天下也。”

⑥【集解】王肃曰:“但守社稷无山川之祀者,直为公侯而已。”

⑦【集解】韦昭曰:“封,封山;禺,禺山:在吴郡永安县。”骃案:晋太康元年改永安为武康县,今属吴兴郡。

⑧【索隐】釐音僖。家语云姓漆,盖误。系本无漆姓。

⑨【集解】王肃曰:“周之初及当孔子之时,其名异也。”

⑩【集解】韦昭曰:“僬侥,西南蛮之别名也。” 【正义】按:括地志“在大秦国(北)〔南〕也”。

⑪【集解】王肃曰:“十之,谓三丈也,数极于此也。”

桓子嬖臣曰仲梁怀,与阳虎有隙。阳虎欲逐怀,公山不狃①止之。其秋,怀益骄,阳虎执怀。桓子怒,阳虎因囚桓子,与盟而醳之。②阳虎由此益轻季氏。季氏亦僭于公室,陪臣执国政,是以鲁自大夫以下皆僭离于正道。故孔子不仕，退而修诗书礼乐，弟子弥众，至自远方，莫不受业焉。

①【集解】孔安国曰："不狃为季氏宰。" 【索隐】狃音女久反。邹氏云一作"蹂"。论语作"弗扰"。

②【正义】醳音释。

定公八年，公山不狃不得意于季氏，因阳虎为乱，欲废三桓之適，①更立其庶孽阳虎素所善者，遂执季桓子。桓子诈之，得脱。定公九年，阳虎不胜，奔于齐。是时孔子年五十。

①【正义】適音嫡。

公山不狃以费畔季氏，使人召孔子。孔子循道弥久，温温无所试，莫能己用，曰："盖周文武起丰镐而王，今费虽小，傥庶几乎！"①欲往。子路不说，止孔子。孔子曰："夫召我者岂徒哉？如用我，其为东周乎！"②然亦卒不行。

①【索隐】检家语及孔氏之书，并无此言，故桓谭亦以为诬也。

②【集解】何晏曰："兴周道于东方，故曰东周也。"

其后定公以孔子为中都宰，一年，四方皆则之。①由中都宰为司空，由司空为大司寇。

①【索隐】家语作"西方"。王肃云："鲁国近东，故西方诸侯皆取法则焉。"

定公十年春，及齐平。①夏，齐大夫黎鉏言于景公曰："鲁用孔丘，其势危齐。"乃使使告鲁为好会，会于夹谷。②鲁定公且以乘车好往。孔子摄相事，曰："臣闻有文事者必有武备，有武事者必有文备。古者诸侯出疆，必具官以从。请具左右司马。"定公曰："诺。"

具左右司马。会齐侯夹谷，为坛位，土阶三等，以会遇之礼相见，③揖让而登。献酬之礼毕，齐有司趋而进曰："请奏四方之乐。"景公曰："诺。"于是旍旄羽袚矛戟剑拨鼓噪而至。④孔子趋而进，历阶⑤而登，不尽一等，举袂而言曰："吾两君为好会，夷狄之乐何为于此！请命有司！"有司却之，不去，则左右视晏子与景公。景公心怍，麾而去之。有顷，齐有司趋而进曰："请奏宫中之乐。"景公曰："诺。"优倡侏儒为戏而前。孔子趋而进，历阶而登，不尽一等，曰："匹夫而营惑⑥诸侯者罪当诛！请命有司！"有司加法焉，手足异处。景公惧而动，知义不若，归而大恐，告其群臣曰："鲁以君子之道辅其君，而子独以夷狄之道教寡人，使得罪于鲁君，为之奈何？"有司进对曰："君子有过则谢以质，小人有过则谢以文。君若悼之，则谢以质。"于是齐侯乃归所侵鲁之郓、汶阳、龟阴之田以谢过。⑦

①【索隐】及，与也。平，成也。谓与齐和好，故云平。

②【集解】徐广曰："司马彪云今在祝其县也。"

③【集解】王肃曰："会遇之礼，礼之简略也。"

④【索隐】家语作"莱人以兵鼓噪劫定公"。袚音弗，谓舞者所执，故周礼乐有袚舞。拨音伐，谓大楯也。

⑤【索隐】谓历阶级也。故王肃云"历阶，登阶不聚足"。

⑥【索隐】谓经营而惑乱也。家语作"荧侮"。

⑦【集解】服虔曰："三田，汶阳田也。龟，山名。阴之田，得其田不得其山也。"杜预曰："太山博县北有龟山。" 【索隐】左传"郓、讙及龟阴之田"，则三田皆在汶阳也。 【正义】郓，今郓州郓城县，在兖州龚丘县东北五十四里。故谢城在龚丘县东七十里。齐归侵鲁龟阴之田以谢鲁，鲁筑城于此，以旌孔子之功，因名谢城。

定公十三年夏，孔子言于定公曰："臣无藏甲，大夫毋百雉之城。"①使仲田为季氏宰,将堕三都。②于是叔孙氏先堕郈。③季氏将堕费,公山不狃、叔孙辄率费人袭鲁。公与三子入于季氏之宫,④登武子之台。费人攻之,弗克,入及公侧。⑤孔子命申句须、乐颀下伐之,⑥费人北。国人追之,败诸姑蔑。⑦二子奔齐,遂堕费。将堕成,⑧公敛处父⑨谓孟孙曰:"堕成,齐人必至于北门。且成,孟氏之保障,无成是无孟氏也。我将弗堕。"十二月,公围成,弗克。

①【集解】王肃曰:"高丈长丈曰堵,三堵曰雉。"

②【集解】服虔曰:"三都,三家之邑也。"

③【集解】杜预曰:"东平无盐县东南郈乡亭。" 【正义】括地志云:"郈亭在郓州宿城县东三十二里。"

④【集解】服虔曰:"三子,季孙、孟孙、叔孙也。"

⑤【集解】服虔曰:"人有入及公之台侧。"

⑥【集解】服虔曰:"申句须、乐颀,鲁大夫。"

⑦【集解】杜预曰:"鲁国卞县南有姑蔑城。" 【正义】括地志云:"姑蔑故城在兖州泗水县东四十五里。"按:泗水县本汉卞县地。

⑧【集解】杜预曰:"泰山钜平县东南有成城也。" 【正义】括地志云:"故郕城在兖州泗水县西北五十里。"

⑨【集解】服虔曰:"成宰也。"

定公十四年,孔子年五十六,由大司寇行摄相事,有喜色。门人曰:"闻君子祸至不惧,福至不喜。"孔子曰:"有是言也。不曰'乐其以贵下人'乎?"于是诛鲁大夫乱政者少正卯。与闻国政三月,粥羔豚者弗饰贾;男女行者别于途;途不拾遗;四方之客至乎邑者不求有司,①皆予之以归。②

①【集解】王肃曰:"有司常供其职,客求而有在也。"

②【索隐】家语作"皆如归"。

齐人闻而惧,曰:"孔子为政必霸,霸则吾地近焉,我之为先并矣。盍致地焉?"黎鉏曰:"请先尝沮之;沮之而不可则致地,庸迟乎!"于是选齐国中女子好者八十人,皆衣文衣而舞康乐,①文马三十驷,遗鲁君。陈女乐文马于鲁城南高门外。季桓子微服往观再三,将受,乃语鲁君为周道游,②往观终日,怠于政事。子路曰:"夫子可以行矣。"孔子曰:"鲁今且郊,如致膰乎大夫,③则吾犹可以止。"桓子卒受齐女乐,三日不听政;郊,又不致膰俎于大夫。孔子遂行,宿乎屯。④而师己送,曰:"夫子则非罪。"孔子曰:"吾歌可夫?"歌曰:"彼妇之口,可以出走;彼妇之谒,可以死败。⑤盖优哉游哉,维以卒岁!"⑥师己反,桓子曰:"孔子亦何言?"师己以实告。桓子喟然叹曰:"夫子罪我以群婢故也夫!"

①【索隐】家语作"容玑"。王肃云:"舞曲名也。"

②【索隐】谓请鲁君为周偏道路游行,因出观齐之女乐。

③【集解】王肃曰:"膰,祭肉。"

④【集解】屯在鲁之南也。【索隐】地名。

⑤【集解】王肃曰:"言妇人之口请谒,足以忧使人死败,故可以出走也。"

⑥【集解】王肃曰:"言仕不遇也,故且优游以终岁。"

孔子遂适卫,主于子路妻兄颜浊邹家。①卫灵公问孔子:"居鲁得禄几何?"对曰"奉粟六万。"卫人亦致粟六万。②居顷之,或谮孔子于卫灵公。灵公使公孙余假一出一入。③孔子恐获罪焉,居十月,去卫。

①【索隐】孟子曰"孔子于卫主颜雠由,弥子之妻与子路之妻,兄弟也"。今此云浊邹是子路之妻兄,所说不同。

②【索隐】若六万石似太多,当是六万斗,亦与汉之秩禄不同。【正义】六万小斗,计当今二千石也。周之斗升斤两皆用小也。

③【索隐】谓以兵仗出入，以胁夫子也。

将适陈，过匡，[①]颜刻为仆，以其策指之曰："昔吾入此，由彼缺也。"[②]匡人闻之，以为鲁之阳虎。阳虎尝暴匡人，匡人于是遂止孔子。[③]孔子状类阳虎，拘焉五日。颜渊后，[④]子曰："吾以汝为死矣。"颜渊曰："子在，回何敢死！"[⑤]匡人拘孔子益急，弟子惧。孔子曰："文王既没，文不在兹乎？[⑥]天之将丧斯文也，后死者不得与于斯文也。[⑦]天之未丧斯文也，匡人其如予何！"[⑧]孔子使从者为宁武子臣于卫，然后得去。[⑨]

①【正义】故匡城在滑州匡城县西南十里。

②【索隐】谓昔所被攻缺破之处也。　【正义】琴操云："孔子到匡郭外，颜渊举策指匡穿垣曰：'往与阳货正从此入。'匡人闻其言，告君曰：'往者阳货今复来。'乃率众围孔子数日，乃和琴而歌，音曲甚哀，有暴风击军士僵仆，于是匡人有知孔子圣人，自解也。"

③【索隐】匡，宋邑也。家语云匡人简子以甲士围夫子。

④【集解】孔安国曰："言与孔子相失，故在后也。"

⑤【集解】包氏曰："言夫子在，己无所致死也。"

⑥【集解】孔安国曰："兹，此也。言文王虽已没，其文见在此。此，自谓其身也。"

⑦【集解】孔安国曰："文王既没，故孔子自谓后死也。言天将丧此文者，本不当使我知之；今使我知之，未欲丧之也。"

⑧【集解】马融曰："如予何犹言'奈我何'也。天未丧此文，则我当传之，匡人欲奈我何！言不能违天以害己。"

⑨【索隐】家语"子路弹剑而歌，孔子和之，曲三终，匡人解围而去"。今此取论语"文王既没"之文，及从者臣宁武子然后得去。盖夫子再厄匡人，或设辞以解围，或弹剑而释难。今此合论语、家语之文以为一事，故彼此文交互耳。

去即过蒲。[①]月馀，反乎卫，主蘧伯玉家。灵公夫人有南子者，使人谓孔子曰："四方之君子不辱欲与寡君为兄弟者，必见寡小君。寡小君愿见。"孔子辞谢，不得已而见之。夫人在絺帷中。孔子入门，北面稽首。夫人自帷中再拜，环佩玉声璆然。[②]孔子曰："吾乡为弗见，见之礼答焉。"[③]子路不说。孔子矢之曰："予所不者，天厌之！天厌之！"[④]居卫月馀，灵公与夫人同车，宦者雍渠参乘，出，使孔子为次乘，招摇市过之。[⑤]孔子曰："吾未见好德如好色者也。"[⑥]于是丑之，去卫，过曹。是岁，鲁定公卒。

①【集解】徐广曰："长垣县有匡城、蒲乡。"【正义】括地志云："故蒲城在滑州匡城县北十五里。匡城本汉长垣县。"

②【正义】璆音虬。

③【索隐】上"见"如字。下"见"音贤遍反，去声。言我不为相见之礼现而答之。

④【集解】栾肇曰："见南子者，时不获已，犹文王之拘羑里也。天厌之者，言我之否屈乃天命所厌也。"蔡谟曰："矢，陈也。夫子为子路陈天命也。"

⑤【集解】徐广曰："招摇，翱翔也。"【索隐】家语作"游过市"。

⑥【集解】何晏曰："疾时薄于德，厚于色，故发此言也。"李充曰："使好德如好色，则弃邪而反正矣。"

孔子去曹适宋，[①]与弟子习礼大树下。宋司马桓魋欲杀孔子，拔其树。孔子去。弟子曰："可以速矣。"孔子曰："天生德于予，桓魋其如予何！"[②]

①【集解】徐广曰："年表定公十三年，孔子至卫；十四年，至陈；哀公三年，孔子过宋。"

②【集解】包氏曰："天生德者，谓授以圣性，德合天地，吉无不利，故曰其

如予何。”

孔子适郑，与弟子相失，孔子独立郭东门。郑人或谓子贡曰：[①]“东门有人，其颡似尧，[②]其项类皋陶，其肩类子产，然自要以下不及禹三寸，累累若丧家之狗。”[③]子贡以实告孔子。孔子欣然笑曰：“形状，末也。而谓似丧家之狗，然哉！然哉！”

①【索隐】家语姑布子卿谓子贡曰。

②【索隐】家语云“河目而隆颡，其颡似尧”。

③【集解】王肃曰：“丧家之狗。主人哀荒，不见饮食，故累然而不得意。孔子生于乱世，道不得行，故累然不得志之貌也。韩诗外传曰‘丧家之狗，既敛而椁，有席而祭，顾望无人’也。”

孔子遂至陈，主于司城贞子家。岁馀，吴王夫差伐陈，取三邑而去。赵鞅伐朝歌。楚围蔡，蔡迁于吴。吴败越王句践会稽。

有隼集于陈廷而死，楛矢贯之，石砮，矢长尺有咫。[①]陈湣公使使问仲尼。[②]仲尼曰：“隼来远矣，此肃慎之矢也。[③]昔武王克商，通道九夷百蛮，[④]使各以其方贿来贡，[⑤]使无忘职业。于是肃慎贡楛矢石砮，长尺有咫。先王欲昭其令德，以肃慎矢分大姬，[⑥]配虞胡公而封诸陈。分同姓以珍玉，展亲；[⑦]分异姓以远方职，使无忘服。[⑧]故分陈以肃慎矢。”试求之故府，果得之。[⑨]

①【集解】韦昭曰：“隼，鸷鸟，今之鹗也。楛，木名。砮，镞也，以石为之。八寸曰咫。楛矢贯之，坠而死。”【正义】隼音笋。毛诗义疏：“鹞，齐人谓之击征，或谓之题肩，或曰省雁，春化为布谷。此属数种皆为隼。”

②【索隐】家语、国语皆作“陈惠公”，非也。按：惠公以鲁昭元年立，定四年卒。又按系家，湣公(十)六年孔子适陈，十三年亦在陈，则此湣公为是。

③【正义】肃慎国记云："肃慎，其地在夫馀国东北，(河)〔可〕六十日行。其弓四尺，强劲弩射四百步，今之靺鞨国方有此矢。"

④【集解】王肃曰："九夷，东方夷有九种也。百蛮，夷狄之百种。"

⑤【集解】王肃曰："各以其方面所有之财贿而来贡。"

⑥【集解】韦昭曰："大姬，武王元女也。"

⑦【集解】韦昭曰："展，重也。玉谓若夏后氏之璜。"

⑧【集解】王肃曰："使无忘服从于王也。"

⑨【集解】韦昭曰："故府，旧府也。"

孔子居陈三岁，会晋楚争强，更伐陈，及吴侵陈，陈常被寇。孔子曰："归与归与！吾党之小子狂简，进取不忘其初。"于是孔子去陈。

过蒲，会公叔氏以蒲畔，蒲人止孔子。弟子有公良孺者，以私车五乘从孔子。其为人长贤，有勇力，谓曰："吾昔从夫子遇难于匡，今又遇难于此，命也已。吾与夫子再罹难，宁斗而死。"斗甚疾。蒲人惧，①谓孔子曰："苟毋适卫，吾出子。"与之盟，出孔子东门。孔子遂适卫。子贡曰："盟可负邪？"孔子曰："要盟也，神不听。"

①【索隐】家语云"我宁斗死，挺剑而合众，将与之战，蒲人惧"是也。

卫灵公闻孔子来，喜，郊迎。问曰："蒲可伐乎？"对曰："可。"灵公曰："吾大夫以为不可。今蒲，卫之所以待晋楚也，①以卫伐之，无乃不可乎？"孔子曰："其男子有死之志，②妇人有保西河之志。③吾所伐者不过四五人。"④灵公曰："善。"然不伐蒲。

①【正义】卫在濮州，蒲在滑州，在卫西也。韩魏及楚从西向东伐，先在蒲，后及卫。

②【集解】王肃曰："公叔氏欲以蒲适他国，而男子欲死之，不乐适他。"

③【集解】王肃曰："妇人恐惧，欲保西河，无战意也。" 【索隐】此西河在卫地，非魏之西河也。

④【集解】王肃曰："本与公叔同畔者。"

灵公老，怠于政，不用孔子。孔子喟然叹曰："苟有用我者，期月而已，三年有成。"[①]孔子行。

①【集解】孔安国曰："言诚有用我于政事者，期年而可以行其政教，必三年乃有成也。"

佛肸为中牟宰。[①]赵简子攻范、中行，伐中牟。佛肸畔，使人召孔子。孔子欲往。子路曰："由闻诸夫子，'其身亲为不善者，君子不入也'。[②]今佛肸亲以中牟畔，子欲往，如之何？"孔子曰："有是言也。不曰坚乎，磨而不磷；不曰白乎，涅而不淄。[③]我岂匏瓜也哉，焉能系而不食？"[④]

①【集解】孔安国曰："晋大夫赵简子之邑宰。"【索隐】此河北之中牟，盖在汉阳西。

②【集解】孔安国曰："不入其国。"

③【集解】孔安国曰："磷，薄也。涅，可以染皂者也。言至坚者磨之而不薄，至白者染之于涅中而不黑，君子虽在浊乱，不能污也。"

④【集解】何晏曰："言匏瓜得系一处者，不食故也。吾自食物当东西南北，不得如不食之物系滞一处。"

孔子击磬。有荷蒉而过门者，曰："有心哉，击磬乎！[①]硁硁乎，莫己知也夫而已矣！"[②]

①【集解】何晏曰："蒉，草器也。有心谓契契然也。"

②【集解】何晏曰："此硁硁，信己而已，言亦无益也。"

孔子学鼓琴师襄子，[①]十日不进。师襄子曰："可以益矣。"孔子曰："丘已习其曲矣，未得其数也。"有间，曰："已习其数，可以益矣。"孔子曰:"丘未得其志也。"有间,曰:"已习其志,可以益矣。"孔子曰:"丘未得其为人也。"有间,(曰)有所穆然深思焉,有所怡然高望而远志焉。曰:"丘得其为人,黯然而黑,②几然而长,③眼如望羊,④如王四国,非文王其谁能为此也!"师襄子辟席再拜,曰:"师盖云文王操也。"

①【索隐】家语师襄子曰"吾虽以击磬为官,然能于琴"。盖师襄子鲁人,论语谓之"击磬襄"是也。

②【集解】王肃曰:"黯,黑貌。"

③【集解】徐广曰:"诗云'颀而长兮'。" 【索隐】"几"与注"颀",并音祈,家语无此四字。

④【集解】王肃曰:"望羊,望羊视也。" 【索隐】王肃云:"望羊,望羊视也。"

孔子既不得用于卫,将西见赵简子。至于河而闻窦鸣犊、舜华①之死也,临河而叹曰:"美哉水,洋洋乎!丘之不济此,命也夫!"子贡趋而进曰:"敢问何谓也?"孔子曰:"窦鸣犊、舜华,晋国之贤大夫也。赵简子未得志之时,须此两人而后从政;及其已得志,杀之乃从政。丘闻之也,刳胎杀夭则麒麟不至郊,竭泽涸渔则蛟龙不合阴阳,②覆巢毁卵则凤皇不翔。何则?君子讳伤其类也。夫鸟兽之于不义也尚知辟之,而况乎丘哉!"乃还息乎陬乡,作为陬操③以哀之。而反乎卫,入主蘧伯玉家。

①【集解】徐广曰:"或作'鸣铎窦犨',又作'窦犨鸣犊、舜华也'。" 【索隐】家语云"闻赵简子杀窦犨鸣犊及舜华",国语云"鸣铎窦犨",则窦犨字鸣犊,声转字异,或作"鸣铎"。庆华当作"舜华",诸说皆同。

②【索隐】有角曰蛟龙。龙能兴云致雨,调和阴阳之气。

③【集解】王肃曰:"陬操,琴曲名也。" 【索隐】此陬乡非鲁之陬邑。家

语云作"檠操"也。

他日，灵公问兵陈。①孔子曰："俎豆之事则尝闻之，军旅之事未之学也。"②明日，与孔子语，见蜚雁，仰视之，色不在孔子。孔子遂行，③复如陈。

①【集解】孔安国曰："军陈行列之法。"

②【集解】郑玄曰："万二千人为军，五百人为旅。军旅末事，本未立不可教以末也。"

③【索隐】此鲁哀二年也。

夏，卫灵公卒，立孙辄，是为卫出公。六月，赵鞅内太子蒯聩于戚。阳虎使太子绕，八人衰绖，伪自卫迎者，哭而入，遂居焉。冬，蔡迁于州来。是岁鲁哀公三年，而孔子年六十矣。齐助卫围戚，以卫太子蒯聩在故也。

夏，鲁桓釐庙燔，南宫敬叔救火。孔子在陈，闻之，曰："灾必于桓釐庙乎？"①已而果然。

①【集解】服虔曰："桓釐当毁，而鲁事非礼之庙，故孔子闻有火灾，知其加桓僖也。"

秋，季桓子病，辇而见鲁城，喟然叹曰："昔此国几兴矣，以吾获罪于孔子，故不兴也。"顾谓其嗣康子曰："我即死，若必相鲁；相鲁，必召仲尼。"后数日，桓子卒，康子代立。已葬，欲召仲尼。公之鱼曰："昔吾先君用之不终，终为诸侯笑。今又用之，不能终，是再为诸侯笑。"康子曰："则谁召而可？"曰："必召冉求。"于是使使召冉求。冉求将行，孔子曰："鲁人召求，非小用之，将大用之也。"是日，孔子曰："归乎归乎！①吾党之小子狂简，斐然成章，吾不知所以裁之。"②子赣知孔子思归，送冉求，因诫曰"即用，以孔子为招"云。

①【索隐】此系家再有"归与"之辞者，前辞出孟子，此辞见论语，盖止是一称"归与"，二书各记之，今前后再引，亦失之也。

②【集解】孔安国曰："简，大也。孔子在陈思归欲去，曰：'吾党之小子狂者进取于大道，妄穿凿以成章，不知所以裁制，当归以裁耳。'"

冉求既去，明年，孔子自陈迁于蔡。蔡昭公将如吴，吴召之也。前昭公欺其臣迁州来，后将往，大夫惧复迁，公孙翩射杀昭公。①楚侵蔡。秋，齐景公卒。②

①【集解】徐广曰："哀公四年也。"

②【集解】徐广曰："哀公五年也。"

明年，孔子自蔡如叶。叶公问政，孔子曰："政在来远附迩。"他日，叶公问孔子于子路，子路不对。①孔子闻之，曰："由，尔何不对曰'其为人也，学道不倦，诲人不厌，发愤忘食，乐以忘忧，不知老之将至'云尔。"

①【集解】孔安国曰："叶公名诸梁，楚大夫，食菜于叶，僭称公。不对，未知所以对也。"

去叶，反于蔡。长沮、桀溺耦而耕，孔子以为隐者，使子路问津焉。①长沮曰："彼执舆者为谁？"子路曰："为孔丘。"曰："是鲁孔丘与？"曰："然。"曰："是知津矣。"②桀溺谓子路曰："子为谁？"曰："为仲由。"曰："子，孔丘之徒与？"曰："然。"桀溺曰："悠悠者天下皆是也，而谁以易之？③且与其从辟人之士，岂若从辟世之士哉！"④耰而不辍。⑤子路以告孔子，孔子怃然⑥曰："鸟兽不可与同群。⑦天下有道，丘不与易也。"⑧

①【集解】郑玄曰："耜广五寸，二耜为耦。津，济渡处也。" 【正义】括地志云："黄城山俗名菜山，在许州叶县西南二十五里。圣贤冢墓记

云黄城山即长沮、桀溺所耕处。下有东流，则子路问津处也。"

②【集解】马融曰："言数周流，自知津处。"

③【集解】孔安国曰："悠悠者，周流之貌也。言当今天下治乱同，空舍此适彼，故曰'谁以易之'。"

④【集解】何晏曰："士有辟人之法，有辟世之法。长沮、桀溺谓孔子为士，从辟人之法者也；己之为士，则从辟世之法也。"

⑤【集解】郑玄曰："耰，覆种也。辍，止也。覆种不止，不以津告也。"

⑥【集解】何晏曰："为其不达己意而非己。"

⑦【集解】孔安国曰："隐于山林是同群。"

⑧【集解】何晏曰："凡天下有道者，丘皆不与易也，己大而人小故也。"

他日，子路行，遇荷蓧丈人，①曰："子见夫子乎？"丈人曰："四体不勤，五谷不分，孰为夫子！"②植其杖而芸。③子路以告，孔子曰："隐者也。"复往，则亡。④

①【集解】包氏曰："丈人，老者。蓧，草器名也。"

②【集解】包氏曰："丈人曰不勤劳四体，分植五谷，谁为夫子而索也。"

③【集解】孔安国曰："植，倚也。除草曰芸。"

④【集解】孔安国曰："子路反至其家，丈人出行不在。"

孔子迁于蔡三岁，吴伐陈。楚救陈，①军于城父。闻孔子在陈蔡之间，楚使人聘孔子。孔子将往拜礼，陈蔡大夫谋曰："孔子贤者，所刺讥皆中诸侯之疾。今者久留陈蔡之间，诸大夫所设行皆非仲尼之意。今楚，大国也，来聘孔子。孔子用于楚，则陈蔡用事大夫危矣。"于是乃相与发徒役围孔子于野。不得行，绝粮。从者病，莫能兴。②孔子讲诵弦歌不衰。子路愠见曰："君子亦有穷乎？"孔子曰："君子固穷，小人穷斯滥矣。"③

①【集解】徐广曰："哀公四年也。"

②【集解】孔安国曰："兴，起也。"

③【集解】何晏曰："滥，溢也。君子固亦有穷时，但不如小人穷则滥溢为非。"

子贡色作。孔子曰："赐，尔以予为多学而识之者与？"曰："然。[1]非与？"[2]孔子曰："非也。予一以贯之。"[3]

①【集解】孔安国曰："然谓多学而识之。"

②【集解】孔安国曰："问今不然耶。"

③【集解】何晏曰："善有元，事有会，天下殊涂而同归，百虑而一致。知其元则众善举也，故不待学，以一知之。"

孔子知弟子有愠心，乃召子路而问曰："诗云'匪兕匪虎，率彼旷野'。[1]吾道非邪？吾何为于此？"子路曰："意者吾未仁邪？人之不我信也。[2]意者吾未知邪？人之不我行也。"[3]孔子曰："有是乎！由，譬使仁者而必信，安有伯夷、叔齐？[4]使知者而必行，安有王子比干？"[5]

①【集解】王肃曰："率，循也。言非兕虎而循旷野也。"

②【集解】王肃曰："言人不信吾，岂以未仁故乎？"

③【集解】王肃曰："言人不使通行而困穷者，岂以吾未智乎？"

④【正义】言仁者必使四方信之，安有伯夷、叔齐饿死乎？

⑤【正义】言智者必使处事通行，安有王子比干剖心哉？

子路出，子贡入见。孔子曰："赐，诗云'匪兕匪虎，率彼旷野'。吾道非邪？吾何为于此？"子贡曰："夫子之道至大也，故天下莫能容夫子。夫子盖少贬焉？"孔子曰："赐，良农能稼而不能为穑，[1]良工能巧而不能为顺。[2]君子能修其道，纲而纪之，统而理之，而不能为容。今尔不修尔道而求为容。赐，而志不远矣！"

①【集解】王肃曰："种之为稼，敛之为穑。言良农能善种之，未必能敛获之。"

②【集解】王肃曰:"言良工能巧而已,不能每顺人之意。"

子贡出,颜回入见。孔子曰:"回,诗云'匪兕匪虎,率彼旷野'。吾道非邪?吾何为于此?"颜回曰:"夫子之道至大,故天下莫能容。虽然,夫子推而行之,不容何病,不容然后见君子!夫道之不修也,是吾丑也。夫道既已大修而不用,是有国者之丑也。不容何病,不容然后见君子!"孔子欣然而笑曰:"有是哉颜氏之子!使尔多财,吾为尔宰。"①

①【集解】王肃曰:"宰,主财者也。为汝主财,言志之同也。"

于是使子贡至楚。楚昭王兴师迎孔子,然后得免。

昭王将以书社地七百里①封孔子。楚令尹子西曰:"王之使使诸侯有如子贡者乎?曰无有。王之辅相有如颜回者乎?曰无有。王之将率有如子路者乎?曰无有。王之官尹有如宰予者乎?曰无有。且楚之祖封于周,号为子男五十里。今孔丘述三五之法,明周召之业,王若用之,则楚安得世世堂堂方数千里乎?夫文王在丰,武王在镐,百里之君卒王天下。今孔丘得据土壤,贤弟子为佐,非楚之福也。"昭王乃止。其秋,楚昭王卒于城父。

①【集解】服虔曰:"书,籍也。"【索隐】古者二十五家为里,里则各立社,则书社者,书其社之人名于籍。盖以七百里书社之人封孔子也,故下冉求云"虽累千社而夫子不利"是也。

楚狂接舆歌而过孔子,①曰:"凤兮凤兮,何德之衰!②往者不可谏兮,③来者犹可追也!④已而已而,今之从政者殆而!"⑤孔子下,欲与之言。⑥趋而去,弗得与之言。

①【集解】孔安国曰:"接舆,楚人也。佯狂而来歌,欲以感切孔子也。"

②【集解】孔安国曰:"比孔子于凤鸟,待圣君乃见。非孔子周行求合,故曰'衰'也。"

③【集解】孔安国曰:"已往所行,不可复谏止也。"

④【集解】孔安国曰:"自今已来,可追自止,避乱隐居。"

⑤【集解】孔安国曰:"言'已而'者,言世乱已甚,不可复治也。再言之者,伤之深也。"

⑥【集解】包氏曰:"下,下车也。"

于是孔子自楚反乎卫。是岁也,孔子年六十三,而鲁哀公六年也。

其明年,吴与鲁会缯,征百牢。①太宰嚭召季康子。康子使子贡往,然后得已。

①【索隐】此哀七年时也。百牢,牢具一百也。周礼上公九牢,侯伯七牢,子男五牢。今吴征百牢,夷不识礼故也。子贡对以周礼,而后吴亡是征也。【正义】括地志云:"故鄫城在沂州承县。地理志云缯县属东海郡也。"

孔子曰:"鲁卫之政,兄弟也。"①是时,卫君辄父不得立,在外,诸侯数以为让。而孔子弟子多仕于卫,卫君欲得孔子为政。子路曰:"卫君待子而为政,子将奚先?"②孔子曰:"必也正名乎!"③子路曰:"有是哉,子之迂也!何其正也?"④孔子曰:"野哉由也!⑤夫名不正则言不顺,言不顺则事不成,事不成则礼乐不兴,礼乐不兴则刑罚不中,⑥刑罚不中则民无所错手足矣。夫君子为之必可名,言之必可行。⑦君子于其言,无所苟而已矣。"

①【集解】包氏曰:"周公、康叔既为兄弟,康叔睦于周公,其国之政亦如兄弟也。"

②【集解】包氏曰："问往将何所先行。"

③【集解】马融曰："正百事之名也。"

④【集解】包氏曰："迂犹远也。言孔子之言远于事也。"

⑤【集解】孔安国曰："野，不达也。"

⑥【集解】孔安国曰："礼以安上，乐以移风。二者不行，则有淫刑滥罚也。"

⑦【集解】王肃曰："所名之事，必可得明言；所言之事，必可得遵行者。"

其明年，冉有为季氏将师，与齐战于郎，克之。①季康子曰："子之于军旅，学之乎？性之乎？"冉有曰："学之于孔子。"季康子曰："孔子何如人哉？"对曰："用之有名；播之百姓，质诸鬼神而无憾。求之至于此道，虽累千社，夫子不利也。"康子曰："我欲召之，可乎？"对曰："欲召之，则毋以小人固之，则可矣。"而卫孔文子②将攻太叔，③问策于仲尼。仲尼辞不知，退而命载而行，曰："鸟能择木，木岂能择鸟乎！"④文子固止。会季康子逐公华、公宾、公林，以币迎孔子，孔子归鲁。

①【集解】徐广曰："此哀公十一年也，去吴会缯已四年矣。年表哀公十年，孔子自陈至卫也。"【索隐】徐说去会四年，是也。按：左传及此文，孔子是时在卫归鲁，不见有在陈之文，在陈当哀公之初，盖年表误尔。【正义】括地志云："郎亭在徐州滕县西五十三里。"

②【集解】服虔曰："文子，卫卿也。"

③【集解】左传曰太叔名疾。

④【集解】服虔曰："鸟喻己，木以喻所之之国。"

孔子之去鲁凡十四岁而反乎鲁。①

①【索隐】前文孔子以定公十四年去鲁，计至此十三年。鲁系家云定公十二年孔子去鲁，则首尾计十五年矣。

鲁哀公问政，对曰："政在选臣。"季康子问政，曰："举直错诸枉，①则枉者直。"康子患盗，孔子曰："苟子之不欲，虽赏之不窃。"②然鲁终不能用孔子，孔子亦不求仕。

①【集解】包氏曰："错，置也。举正直之人用之，废置邪枉之人。"【索隐】论语"季康子问政，子曰'政者，正也'"。又"哀公问曰'何为则人服'？子曰'举直错诸枉则人服'"。今此初论康子问政，未合以孔子答哀公使人服，盖太史公撮略论语为文而失事实。

②【集解】孔安国曰："欲，情欲也。言民化于上，不从其所令，从其所好也。"

孔子之时，周室微而礼乐废，诗书缺。追迹三代之礼，序书传，上纪唐虞之际，下至秦缪，编次其事。曰："夏礼吾能言之，杞不足征也。殷礼吾能言之，宋不足征也。①足，则吾能征之矣。"观殷夏所损益，曰："后虽百世可知也，②以一文一质。周监二代，郁郁乎文哉。吾从周。"③故书传、礼记自孔氏。

①【集解】包氏曰："征，成也。杞宋二国，夏殷之后也。夏殷之礼吾能说之，杞宋之君不足以成也。"

②【集解】何晏曰："物类相召，势数相生，其变有常，故可预知者也。"

③【集解】孔安国曰："监，视也。言周文章备于二代，当从之也。"

孔子语鲁大师："乐其可知也。始作翕如，①纵之纯如，②皦如，③绎如也，以成。"④"吾自卫反鲁，然后乐正，雅颂各得其所。"⑤

①【集解】何晏曰："太师，乐官名也。五音始奏，翕如盛也。"

②【集解】何晏曰："言五音既发放纵尽，其声纯和谐也。"

③【集解】何晏曰："言其音节明。"

④【集解】何晏曰："纵之以纯如，皦如，绎如，言乐始于翕如而成于三者也。"

⑤【集解】郑玄曰："反鲁，鲁哀公十一年冬。是时道衰乐废，孔子来还，乃正之，故雅颂各得其所。"

古者诗三千馀篇，及至孔子，去其重，①取可施于礼义，上采契后稷，中述殷周之盛，至幽厉之缺，始于衽席，故曰"关雎之乱以为风始，②鹿鸣为小雅始，③文王为大雅始，④清庙为颂始"。⑤三百五篇孔子皆弦歌之，以求合韶武雅颂之音。礼乐自此可得而述，以备王道，成六艺。

①【正义】去，丘吕反。重，逐龙反。

②【正义】乱，理也。诗小序云："关雎，后妃之德也，风之始也，所以风天下而正夫妇也。"毛苌云："关关，和声。雎鸠，王雎也，鸟挚而有别。后妃悦乐君子之德，无不和谐，又不淫色，慎固幽深，若雎鸠之有别，然后可以风化天下。夫妇有别则父子亲，父子亲则君臣敬，君臣敬则朝廷正，朝廷正则王化成也。"按：王雎，金口鹗也。

③【正义】小序云："鹿鸣，宴群臣嘉宾也。既饮食之，又实币帛筐篚以将其厚意，然后忠臣嘉宾得尽其心矣。"毛苌云："鹿得苹，呦呦鸣而相呼，恳诚发乎中，以兴嘉乐宾客，当有恳诚相招呼以成礼也。"

④【正义】小序云："文王，文王受命作周。"郑玄云："文王初为西伯，有功于民，其德著见于天，故天命之以为王，使君天下。"

⑤【正义】小序云："清庙，祀文王也。周公既成雒邑，朝诸侯，率以祀文王焉。"毛苌云："清庙者，祭有清明之德者之宫也。谓祭文王，天德清明，文王象焉，故祭之而歌此诗也。"

孔子晚而喜易，序①彖、②系、③象、④说卦、⑤文言。⑥读易，韦编三绝。曰："假我数年，若是，我于易则彬彬矣。"

①【正义】序,易序卦也。夫子作十翼,谓上彖、下彖、上象、下象、上系、下系、文言、序卦、说卦、杂卦也。易正义曰:“文王既繇六十四卦分为上下篇,先后之次,其理不易。孔子就上下二经,各序其相次之义。”

②【正义】吐乱反。上彖,卦下辞;下彖,爻卦下辞。易正义曰:“夫子所作,统论一卦之义,或说其卦德,或说其卦义,或说其卦名。庄氏云‘彖,断也,言断定一卦之义’也。”

③【正义】如字,又音系。易正义云:“系辞者,圣人系属此辞于爻卦之下。分为上下篇者,以简编重大,是以分之。”又言“系辞者,取纲系之义”也。

④【正义】上象,卦辞;下象,爻辞。易正义云:“万物之体自然,各有形象,圣人设卦以写万物之象,今夫子释此卦之象也。”

⑤【正义】易正义云:“说卦者,陈说八卦德业变化法象所为也。”

⑥【正义】易正义云:“夫子赞明易道,申说义理,释乾坤二卦经文之言,故称文言。”又:“杂卦者,六十四卦以为义,于序卦之外,别言圣人之兴,因时而作,随其事宜,不必相因袭,当有损益。”又云:“杂揉众卦,错综其义,或以同相类,或以异相明。”按:史不出杂卦,故附之。

孔子以诗书礼乐教,弟子盖三千焉,身通六艺者七十有二人。如颜浊邹之徒,①颇受业者甚众。

①【正义】浊音卓。邹音聚。颜浊邹,非七十(七)〔二〕人数也。

孔子以四教:文,行,忠,信。①绝四:毋意,②毋必,③毋固,④毋我。⑤所慎:齐,战,疾。⑥子罕言利与命与仁。⑦不愤不启,举一隅不以三隅反,则弗复也。⑧

①【集解】何晏曰:“四者有形质,可举以教。”

②【集解】何晏曰:“以道为度,故不任意也。”

③【集解】何晏曰:“用之则行,舍之则藏,故无专必。”

④【集解】何晏曰："无可无不可，故无固行也。"

⑤【集解】何晏曰："述古而不自作，处群萃而不自异，唯道是从，故不有其身。"

⑥【集解】何晏曰："此三者人所不能慎，而夫子慎也。"

⑦【集解】何晏曰："罕者，希也。利者，义之和也。命者，天之命也。仁者，行之盛也。寡能及之，故希言之。"

⑧【集解】郑玄曰："孔子与人言，必待其人心愤愤，口悱悱，乃后启发为说之，如此则识思之深也。说则举一端以语之，其人不思其类，则不重教也。"

其于乡党，恂恂[①]似不能言者。其于宗庙朝廷，辩辩[②]言，唯谨尔。[③]朝，与上大夫言，訚訚如也；[④]与下大夫言，侃侃如也。[⑤]

①【集解】王肃曰："恂恂，温恭貌也。" 【索隐】有本作"逡逡"，音七旬反。

②【索隐】论语作"便便"。

③【集解】郑玄曰："唯辩而谨敬也。"

④【集解】孔安国曰："中正之貌也。"

⑤【集解】孔安国曰："和乐貌。"

入公门，鞠躬如也；趋进，翼如也。[①]君召使傧，[②]色勃如也。[③]君命召，不俟驾行矣。[④]

①【集解】孔安国曰："言端好也。"

②【集解】郑玄曰："有宾客，使迎之也。"

③【集解】孔安国曰："必变色。"

④【集解】郑玄曰："急趋君命也，行出而车驾随之。"

鱼馁，肉败，割不正，不食。[①]席不正，不坐。食于有丧者之侧，未尝饱也。

①【集解】孔安国曰:“鱼败曰馁也。”

是日哭,则不歌。见齐衰、瞽者,虽童子必变。[①]

①【集解】包氏曰:“瞽,盲。”

“三人行,必得我师。”[①]“德之不修,学之不讲,闻义不能徙,不善不能改,是吾忧也。”[②]使人歌,善,则使复之,然后和之。[③]

①【集解】何晏曰:“言我三人行,本无贤愚,择善而从之,不善而改之,无常师。”

②【集解】孔安国曰:“夫子常以此四者为忧也。”

③【集解】何晏曰:“乐其善,故使重歌而自和也。”

子不语:怪,力,乱,神。[①]

①【集解】王肃曰:“怪,怪异也。力谓若奡荡舟,乌获举千钧之属也。乱谓臣弑君,子弑父也。神谓鬼神之事。或无益于教化,或所不忍言也。”李充曰:“力不由理,斯怪力也。神不由正,斯乱神也。怪力,乱神,有与于邪,无益于教,故不言也。”

子贡曰:“夫子之文章,可得闻也。[①]夫子言天道与性命,弗可得闻也已。”[②]颜渊喟然叹曰:“仰之弥高,钻之弥坚。[③]瞻之在前,忽焉在后。[④]夫子循循然善诱人,[⑤]博我以文,约我以礼,欲罢不能。既竭我才,如有所立,卓尔。虽欲从之,蔑由也已。”[⑥]达巷党人(童子)曰:“大哉孔子,博学而无所成名。”[⑦]子闻之曰:“我何执?执御乎?执射乎?我执御矣。”[⑧]牢曰:“子云‘不试,故艺’。”[⑨]

①【集解】何晏曰:“章,明。文,彩。形质著见,可以耳目循也。”

②【集解】何晏曰:“性者,人之所受以生也。天道者,元亨日新之道。深微,故不可得而闻之。”

③【集解】何晏曰:“言不可穷尽。”

④【集解】何晏曰:“言忽怳不可为形象。”

⑤【集解】何晏曰："循循，次序貌也。诱，进也。言夫子正以此道进劝人学有次序也。"

⑥【集解】孔安国曰："言夫子既以文章开博我，又以礼节节约我，使我欲罢不能。已竭吾才矣，其有所立，则卓然不可及。言已虽蒙夫子之善诱，犹不能及夫子所立也。"

⑦【集解】郑玄曰："达巷者，党名。五百家为党。此党之人美孔子博学道艺，不成一名而已。"

⑧【集解】郑玄曰："闻人美之，承以谦也。吾执御者，欲明六艺之卑。"

⑨【集解】郑玄曰："牢者，弟子子牢也。试，用也。言孔子自云我不见用故多伎艺也。"

鲁哀公十四年春，狩大野。①叔孙氏车子鉏商获兽，②以为不祥。仲尼视之，曰："麟也。"取之。③曰："河不出图，雒不出书，吾已矣夫！"④颜渊死，孔子曰："天丧予！"⑤及西狩见麟，曰："吾道穷矣！"⑥喟然叹曰："莫知我夫！"子贡曰："何为莫知子？"⑦子曰："不怨天，不尤人，⑧下学而上达，⑨知我者其天乎！"⑩

①【集解】服虔曰："大野，薮名，鲁田圃之常处，盖今钜野是也。"

【正义】括地志云："获麟堆在郓州钜野县东十二里。春秋哀十四年经云'西狩获麟'。国都城记云'钜野故城东十里泽中有土台，广轮四五十步，俗云获麟堆，去鲁城可三百馀里'。"

②【集解】服虔曰："车子，微者也；鉏商，名也。" 【索隐】春秋传及家语并云"车子鉏商"，而服虔以"子"为姓，非也。今以车子为主车车士，微者之人也。人微故略其姓，则"子"非姓也。

③【集解】服虔曰："麟非时所常见，故怪之，以为不祥也。仲尼名之曰'麟'，然后鲁人乃取之也。明麟为仲尼至也。"

④【集解】孔安国曰："圣人受命，则河出图，今无此瑞。吾已矣夫者，

〔伤〕不得见〔也〕。河图，八卦是也。”

⑤【集解】何休曰：“予，我也。天生颜渊为夫子辅佐，死者是天将亡夫子之证者也。”

⑥【集解】何休曰：“麟者，太平之兽，圣人之类也。时得而死，此天亦告夫子将殁之证，故云尔。”

⑦【集解】何晏曰：“子贡怪夫子言何为莫知己，故问之。”

⑧【集解】马融曰：“孔子不用于世，而不怨天不知己，亦不尤人。”

⑨【集解】孔安国曰：“下学人事，上达天命。”

⑩【集解】何晏曰：“圣人与天地合其德，故曰唯天知己。”

“不降其志，不辱其身，伯夷、叔齐乎！”①谓“柳下惠、少连降志辱身矣”。谓“虞仲、夷逸隐居放言，②行中清，废中权”。③“我则异于是，无可无不可。”④

①【集解】郑玄曰：“言其直己之心，不入庸君之朝。”

②【集解】包氏曰：“放，置也。置不复言世务也。”

③【集解】马融曰：“清，纯絜也。遭世乱，自废弃以免患，合于权也。”

④【集解】马融曰：“亦不必进，亦不必退，唯义所在。”

子曰：“弗乎弗乎，君子病没世而名不称焉。吾道不行矣，吾何以自见于后世哉？”乃因史记作春秋，上至隐公，下讫哀公十四年，十二公。据鲁，亲周，①故殷，运之三代。②约其文辞而指博。故吴楚之君自称王，而春秋贬之曰“子”；践土之会实召周天子，而春秋讳之曰“天王狩于河阳”：推此类以绳当世。贬损之义，后有王者举而开之。春秋之义行，则天下乱臣贼子惧焉。

①【索隐】言夫子修春秋，以鲁为主，故云据鲁。亲周，盖孔子之时周虽微，而亲周王者，以见天下之有宗主也。

②【正义】殷，中也。又中运夏、殷、周之事也。

孔子在位听讼，文辞有可与人共者，弗独有也。至于为春秋，笔则笔，削则削，子夏之徒不能赞一辞。弟子受春秋，孔子曰："后世知丘者以春秋，而罪丘者亦以春秋。"①

①【集解】刘熙曰："知者，行尧舜之道者也。罪者，在王公之位，见贬绝者。"

明岁，子路死于卫。孔子病，子贡请见。孔子方负杖逍遥于门，曰："赐，汝来何其晚也？"孔子因叹，歌曰："太山坏乎！①梁柱摧乎！哲人萎乎！"②因以涕下。谓子贡曰："天下无道久矣，莫能宗予。③夏人殡于东阶，周人于西阶，殷人两柱间。昨暮予梦坐奠两柱之间，予始殷人也。"后七日卒。④

①【集解】郑玄曰："太山，众山所仰。"

②【集解】王肃曰："萎，顿也。"

③【集解】王肃曰："伤道之不行也。"

④【集解】郑玄曰："明圣人知命也。" 【正义】括地志云："汉封夫子十二代孙忠为褒成侯；生光，为丞相，封侯；平帝封孔霸孙莽二千户为褒成侯；后汉封十七代孙志为褒成侯；魏封二十二代孙羡为崇圣侯；晋封二十三代孙震为奉圣亭侯；后魏封二十七代孙为崇圣大夫；孝文帝又封三十一代孙珍为崇圣侯，高齐改封珍为恭圣侯，周武帝改封邹国公；隋文帝仍旧封邹国公，炀帝改为绍圣侯；皇唐给复二千户，封孔子裔孙孔德伦为褒圣侯也。"

孔子年七十三，以鲁哀公十六年四月己丑卒。①

①【索隐】若孔子以鲁襄二十一年生，至哀十六年为七十三；若襄二十二年生，则孔子年七十二。经传生年不定，致使孔子寿数不明。

哀公诔之曰："旻天不吊，不慭遗一老，①俾屏余一人以在位，茕茕余在疚。②呜呼哀哉！尼父，毋自律！"③子贡曰："君其不没于鲁乎！夫子之言曰：'礼失则昏，名失则愆。失志为昏，失所为愆。'④生不能用,死而诔之,非礼也。称'余一人',非名也。"⑤

①【集解】王肃曰:"吊,善也。憖,且也。一老谓孔子也。"

②【集解】王肃曰:"疚,病也。"

③【集解】王肃曰:"父,丈夫之显称也。律,法也。言毋以自为法也。"

④【索隐】失礼为昏,失所为愆。左传及家语皆云"失志为昏,失礼为愆",与此不同也。

⑤【集解】服虔曰:"天子自谓'一人',非诸侯所当名也。"

孔子葬鲁城北泗上,①弟子皆服三年。三年心丧毕,相诀而去,②则哭,各复尽哀;或复留。唯子赣庐于冢上,③凡六年,然后去。弟子及鲁人往从冢而家者百有馀室,因命曰孔里。鲁世世相传以岁时奉祠孔子冢,而诸儒亦讲礼乡饮大射于孔子冢。孔子冢大一顷。故所居堂、弟子内,后世因庙,藏孔子衣冠琴车书,④至于汉二百馀年不绝。高皇帝过鲁,以太牢祠焉。诸侯卿相至,常先谒然后从政。

①【集解】皇览曰:"孔子冢去城一里。冢茔百亩,冢南北广十步,东西十三步,高一丈二尺。冢前以瓴甓为祠坛,方六尺,与地平。本无祠堂。冢茔中树以百数,皆异种,鲁人世世无能名其树者。民传言'孔子弟子异国人,各持其方树来种之'。其树柞、枌、雒离、安贵、五味、毚檀之树。孔子茔中不生荆棘及刺人草。" 【索隐】雒离,各离二音,又音落藜。藜是草名也。安贵,香名,出西域。五味,药草也。毚音谗。毚檀,檀树之别种。

②【索隐】诀音决。诀者,别也。

③【索隐】按:家语无"上"字。且礼云"适墓不登陇",岂合庐于冢上乎?盖"上"者,亦是边侧之义。

④【索隐】谓孔子所居之堂,其弟子之中,孔子没后,后代因庙,藏夫子平生衣冠琴书于寿堂中。

孔子生鲤，字伯鱼。①伯鱼年五十，先孔子死。②

①【索隐】按：家语孔子年十九，娶于宋之并官氏之女，一岁而生伯鱼。伯鱼之生，鲁昭公使人遗之鲤鱼。夫子荣君之赐，因以名其子也。

②【集解】皇览曰："伯鱼冢在孔子冢东，与孔子并，大小相望也。"

伯鱼生伋，字子思，年六十二。尝困于宋。子思作中庸。①

①【集解】皇览曰："子思冢在孔子冢南，大小相望。"

子思生白，字子上，年四十七。子上生求，字子家，年四十五。子家生箕，字子京，年四十六。子京生穿，字子高，年五十一。子高生子慎，年五十七，尝为魏相。

子慎生鲋，年五十七，为陈王涉博士，死于陈下。

鲋弟子襄，年五十七。尝为孝惠皇帝博士，迁为长沙太守。长九尺六寸。

子襄生忠，年五十七。忠生武，武生延年及安国。安国为今皇帝博士，至临淮太守，蚤卒。安国生卬，卬生驩。

太史公曰：诗有之："高山仰止，景行行止。"虽不能至，然心向往之。余读孔氏书，想见其为人。适鲁，观仲尼庙堂车服礼器，诸生以时习礼其家，余祗回留之不能去云。①天下君王至于贤人众矣，当时则荣，没则已焉。孔子布衣，传十馀世，学者宗之。自天子王侯，中国言六艺者折中于夫子，②可谓至圣矣！

①【索隐】祗，敬也。言祗敬迟回不能去之。有本亦作"低回"，义亦通。

②【索隐】离骚云"明五帝以折中"。王师叔云"折中，正也"。宋均云"折，断也。中，当也"。按：言欲折断其物而用之，与度相中当，故以言其折中也。

【索隐述赞】孔子之胄，出于商国。弗父能让，正考铭勒。防叔来奔，邹人掎足。尼丘诞圣，阙里生德。七十升堂，四方取则。卯诛两观，摄相夹谷。歌凤遽衰，泣麟何促！九流仰镜，万古钦躅。

史记卷四十八

陈涉世家第十八

【索隐】按:胜立数月而死,无后,亦称"系家"者,以其所遣王侯将相竟灭秦,以其首事也。

陈胜者,阳城人也,①字涉。吴广者,阳夏人也,②字叔。陈涉少时,尝与人佣耕,③辍耕之垄上,怅恨久之,曰:"苟富贵,无相忘。"庸者笑而应曰:"若为庸耕,何富贵也?"陈涉太息曰:"嗟乎,燕雀安知鸿鹄之志哉!"④

①【索隐】韦昭云属颍川,地理志云属汝南。不同者,按郡县之名随代分割。盖阳城旧属汝南,(史迁云)今为汝阴,后又分隶颍川,韦昭据以为说,故其不同。他皆放此。 【正义】即河南阳城县也。

②【索隐】夏音贾。韦昭云:"淮阳县,后属陈。" 【正义】括地志云:"陈州太康县,本汉阳夏县也。"

③【索隐】广雅云:"佣,役也。"按:谓役力而受雇直也。

④【索隐】尸子云"鸿鹄之鷇,羽翼未合,而有四海之心"是也。按:鸿鹄

是一鸟，若凤皇然，非谓鸿雁与黄鹄也。鹄音户酷反。

二世元年七月，发闾左[①]適戍渔阳，[②]九百人屯大泽乡。[③]陈胜、吴广皆次当行，为屯长。会天大雨，道不通，度已失期。失期，法皆斩。陈胜、吴广乃谋曰："今亡亦死，举大计亦死，等死，死国可乎？"[④]陈胜曰："天下苦秦久矣。吾闻二世少子也，[⑤]不当立，当立者乃公子扶苏。扶苏以数谏故，上使外将兵。今或闻无罪，二世杀之。百姓多闻其贤，未知其死也。[⑥]项燕为楚将，数有功，爱士卒，楚人怜之。或以为死，或以为亡。今诚以吾众诈自称公子扶苏、项燕，为天下唱，[⑦]宜多应者。"吴广以为然。乃行卜。[⑧]卜者知其指意，曰："足下事皆成，有功。然足下卜之鬼乎！"[⑨]陈胜、吴广喜，念鬼，[⑩]曰："此教我先威众耳。"乃丹书帛曰"陈胜王"，置人所罾鱼腹中。[⑪]卒买鱼烹食，得鱼腹中书，固以怪之矣。又间令[⑫]吴广之次所旁丛祠中，[⑬]夜篝火，[⑭]狐鸣呼曰"大楚兴，陈胜王"。卒皆夜惊恐。旦日，卒中往往语，皆指目陈胜。

①【索隐】闾左谓居闾里之左也。秦时复除者居闾左。今力役凡在闾左者尽发之也。又云，凡居以富强为右，贫弱为左。秦役戍多，富者役尽，兼取贫弱者也。

②【索隐】適音直革反，又音磔。故汉书有七科谪。戍者，屯兵而守也。地理志渔阳县名，在渔阳郡也。【正义】括地志云："渔阳故城在檀州密云县南十八里，在渔水之阳也。"

③【集解】徐广曰："在沛郡蕲县。"

④【索隐】谓欲经营图国，假使不成而败，犹愈为戍卒而死也。

⑤【索隐】姚氏按：隐士遗章邯书云"李斯为二世废十七兄而立今王"，则二世是始皇第十八子也。

⑥【索隐】如淳云"扶苏自杀，故人不知其死"。或以为不知何坐而死，故

天下冤二世杀之，其意亦得。今宜依文而解，直是扶苏为二世所杀，而百姓未知，故欲诈自称之也。

⑦【索隐】汉书作"倡"，倡谓先也。说文云："倡，首也。"

⑧【索隐】行者，先也。一云行，往也。

⑨【集解】苏林曰："狐鸣祠中则是也。"瓒曰："假托鬼神以威众也，故胜、广曰'此教我威众也'。" 【索隐】裴注引苏林、臣瓒义亦当矣。而李奇又云"卜者戒曰'所卜事虽成，当死为鬼'，恶指斥言之，而胜失其旨，反依鬼神起怪"，盖亦得本旨也。

⑩【索隐】念者，思也。谓思念欲假鬼神事耳。

⑪【集解】汉书音义曰："罾音曾。"文颖曰："罾，鱼网也。"

⑫【索隐】服虔云"间音'中间'之'间'"。郑氏云"间谓窃令人行也"。孔文祥又云"窃伺间隙，不欲令众知之也"。

⑬【集解】张晏曰："戍人所止处也。丛，鬼所凭焉。" 【索隐】次，师所次舍处也。墨子云"建国必择木之修茂者以为丛位"。高诱注战国策云"丛祠，神祠也。丛，树也"。

⑭【集解】徐广曰："或作'带'也。篝者，笼也，音沟。" 【索隐】篝音沟。汉书作"搆"。郭璞云："篝，笼也。"

吴广素爱人，士卒多为用者。将尉①醉，广故数言欲亡，忿恚尉，令辱之，以激怒其众。尉果笞广。尉剑挺，②广起，夺而杀尉。陈胜佐之，并杀两尉。召令徒属曰："公等遇雨，皆已失期，失期当斩。藉弟令毋斩，③而戍死者固十六七。且壮士不死即已，死即举大名耳，④王侯将相宁有种乎！"徒属皆曰："敬受命。"乃诈称公子扶苏、项燕，从民欲也。袒右，称大楚。为坛而盟，祭以尉首。陈胜自立为将军，吴广为都尉。攻大泽乡，收而攻蕲。⑤蕲下，⑥乃令符离⑦人葛婴将兵徇蕲⑧以东。攻铚、酂、苦、柘、谯皆下之。⑨行收兵。比至陈，⑩车六七百乘，骑千馀，卒数万人。攻陈，⑪陈守令皆不在,[12]独守丞与战谯门中。[13]弗胜,守丞死,乃入据陈。数日,号令召三老、豪杰与皆来会计事。三老、豪杰皆曰:“将军身被坚执锐,伐无道,诛暴秦,复立楚国之社稷,功宜为王。”陈涉乃立为王,号为张楚。[14]

①【索隐】官也。汉书仪“大县二人,其尉将屯九百人”,故云将尉也。

②【集解】徐广曰:“挺犹脱也。” 【索隐】徐广云“挺,夺也”。按:夺即脱也。说文云“挺,拔也”。案:谓尉拔剑而广因夺之,故得杀尉。

③【集解】服虔曰:“藉,假也。弟,次弟也。”应劭曰:“藉,吏士名藉也。今失期当斩,就使藉弟幸得不斩,戍死者固十六七。此激怒其众也。”苏林曰:“弟,且也。” 【索隐】苏林云“藉第,假借。且令失期不斩,则戍死者固十七八”。然第一音“次第”之“第”。又小颜云“弟,但也”;刘氏云“藉音子夜反”;应劭读如字,云“藉,吏士之名藉也”。各以意言,苏说为近之也。

④【索隐】大名谓大名称也。

⑤【索隐】音机,又音祈,县名,属沛郡。

⑥【索隐】下,降也。谓以兵临而即降也。

⑦【索隐】韦昭云:“属沛郡。”

⑧【索隐】李奇云:“徇,略也。音辞峻反。”

⑨【集解】徐广曰:“苦、柘属陈,馀皆在沛也。”

⑩【索隐】地理志陈县属淮阳。

⑪【正义】今陈州城也。本楚襄王筑,古陈国城也。

⑫【索隐】张晏云“郡守及令皆不在”,非也。按:地理志云秦三十六郡并无陈郡,则陈止是县。言守令,则守非官也,与下守丞同也,则“皆”字是衍字。

⑬【索隐】盖谓陈县之城门,一名丽谯,故曰谯门中,非上谯县之门也。谯县守已下讫故也。

⑭【索隐】按:李奇云“欲张大楚国,故称张楚也”。

当此时,诸郡县苦秦吏者,皆刑其长吏,杀之以应陈涉。乃以吴叔为假王,监诸将以西击荥阳。令陈人武臣、张耳、陈馀徇赵地,令汝阴人邓宗徇九江郡。当此时,楚兵数千人为聚者,不可胜数。

葛婴至东城,①立襄彊为楚王。婴后闻陈王已立,因杀襄彊,还报。至陈,陈王诛杀葛婴。陈王令魏人周市北徇魏地。吴广围荥阳。李由为三川守,②守荥阳,吴叔弗能下。陈王征国之豪杰与计,以上蔡人房君蔡赐为上柱国。③

①【索隐】地理志属九江。　【正义】括地志云:“东城故城在濠州定远县东南五十里也。”

②【索隐】三川,今洛阳也。地有伊、洛、河,故曰三川。秦曰三川,汉曰河南郡。李由,李斯子也。

③【集解】汉书音义曰:“房君,官号也,姓蔡,名赐。”瓒曰:“房邑君也。”【索隐】房,邑也。爵之于房,号曰房君,蔡赐其姓名。晋灼按张耳传,言“相国房君”者,盖误耳。涉始号楚,因楚有柱国之官,故以官蔡赐。盖其时草创,亦未置相国之官也。　【正义】豫州吴房县,本房子国,是所封也。

周文,陈之贤人也,①尝为项燕军视日,②事春申君,自言习兵,陈王与之将军印,西击秦。行收兵至关,车千乘,卒数十万,至戏,军焉。③秦令少府章邯免郦山徒、人奴产子生,④悉发以击楚大军,尽败之。周文败,走出关,止次曹阳⑤二三月。章邯追败之,复走次渑池⑥十馀日。章邯击,大破之。周文自刭,⑦军遂不战。

①【集解】文颖曰:“即周章。”

②【集解】如淳曰:“视日时吉凶举动之占也。司马季主为日者。”

③【正义】即京东戏亭也。

④【集解】服虔曰："家人之产奴也。" 【索隐】按：汉书无"生"字，小颜云"犹今言家产奴也"。

⑤【索隐】晋灼云："亭名也，在弘农东十二里。"小颜云"曹水之阳也。其水出陕县西南岘头山，北流入河。魏武帝谓之好阳"也。 【正义】括地志云："曹阳故亭亦名好阳亭，在陕州桃林县东南十四里。崔浩云'曹阳，坑名，自南出，北通于河'。按：魏武帝改曰好阳也。"

⑥【正义】渑池，河南府县是也。

⑦【集解】徐广曰："十一月也。" 【索隐】越系家"句践使罪人三行，属剑于颈，曰'不敢逃刑'，乃自刭"。郭璞注三苍，以为刭，刺也。

武臣到邯郸，自立为赵王，陈馀为大将军，张耳、召骚为左右丞相。陈王怒，捕系武臣等家室，欲诛之。柱国曰："秦未亡而诛赵王将相家属，此生一秦也。不如因而立之。"陈王乃遣使者贺赵，而徙系武臣等家属宫中，而封耳子张敖为成都君，①趣赵兵②亟入关。③赵王将相相与谋曰："王王赵，非楚意也。楚已诛秦，必加兵于赵。计莫如毋西兵，使使北徇燕地以自广也。赵南据大河，北有燕、代，楚虽胜秦，不敢制赵。若楚不胜秦，必重赵。赵乘秦之弊，可以得志于天下。"赵王以为然，因不西兵，而遣故上谷卒史韩广将兵北徇燕地。

①【正义】成都，蜀郡县，涉遥封之。

②【索隐】上音促。促谓催促也。

③【索隐】亟音棘。亟，急也。

燕故贵人豪杰谓韩广曰："楚已立王，赵又已立王。燕虽小，亦万乘之国也，愿将军立为燕王。"韩广曰："广母在赵，不可。"燕人曰："赵方西忧秦，南忧楚，其力不能禁我。且以楚之强，不敢害赵王将相之家，赵独安敢害将军之家！”韩广以为然，乃自立为燕王。居数月，赵奉燕王母及家属归之燕。

当此之时，诸将之徇地者，不可胜数。周市北徇地至狄，①狄人田儋杀狄令，自立为齐王，以齐反，击周市。市军散，还至魏地，欲立魏后故甯陵②君咎为魏王。③时咎在陈王所，不得之魏。魏地已定，欲相与立周市为魏王，周市不肯。使者五反，陈王乃立甯陵君咎为魏王，遣之国。周市卒为相。

①【集解】徐广曰：“今之临济。”

②【索隐】晋灼云“今在梁国也”。按：今梁国有甯陵县是也，字转异耳。

【正义】括地志云：“宋州甯陵县城，古甯陵城也。”

③【集解】应劭曰：“魏之诸公子，名咎。欲立六国后以树党。”

将军田臧等相与谋曰：“周章军已破矣，秦兵旦暮至，我围荥阳城弗能下，秦军至，必大败。不如少遗兵，①足以守(荧)〔荥〕阳，悉精兵迎秦军。今假王骄，不知兵权，不可与计，非诛之，事恐败。”因相与矫王令以诛吴叔，献其首于陈王。陈王使使赐田臧楚令尹印，使为上将。田臧乃使诸将李归等守荥阳城，自以精兵西迎秦军于敖仓。与战，田臧死，军破。章邯进兵击李归等荥阳下，破之，李归等死。

①【索隐】按：遗谓留馀也。

阳城人邓说①将兵居郯，②章邯别将击破之，邓说军散走陈。铚人伍徐③将兵居许，④章邯击破之，伍徐军皆散走陈。陈王诛邓说。

①【索隐】地理志阳城县属颍川。说音悦，凡人名皆音悦。

②【索隐】音谈。小颜云“东海之县名”，非也。按：章邯军此时未至东海，此郯别是地名。或恐“郯”当作“郏”，郏是郏鄏之地，或见下有东

海郯，故误。【正义】属海州，疑"郯"当作"郏"，音纪洽反。郏即春秋时郑地，楚郏敖葬之，今汝州郏城县是。邓悦是阳城人，阳城河南府县，与郏城县相近，又走陈，盖"郏"字误作"郯"耳。

③【集解】徐广曰："一作'逢'。"【索隐】地理志铚，县名，属沛。伍徐，汉书作"伍逢"也。

④【正义】括地志云："许州许昌县，本汉许县。地理志云许县故国，姜姓，四岳之后，大叔所封，二十四君，为楚所灭，汉以为县。魏文帝即位，改许曰许昌也。"

陈王初立时，陵人秦嘉、①铚人董绁、符离人朱鸡石、取虑②人郑布、徐人丁疾等皆特起，将兵围东海③守庆于郯。陈王闻，乃使武平君畔为将军，④监郯下军。秦嘉不受命，嘉自立为大司马，恶属武平君。告军吏曰："武平君年少，不知兵事，勿听！"因矫以王命杀武平君畔。

①【集解】地理志泗水国有陵县也。

②【索隐】地理志县名，属临淮。音秋闾二音。取，又音子臾反。

③【正义】今海州。

④【集解】张晏曰："畔，名也。"

章邯已破伍徐，击陈，柱国房君死。章邯又进兵击陈西张贺军。陈王出监战，军破，张贺死。

腊月，①陈王之汝阴，还至下城父，②其御庄贾杀以降秦。陈胜葬砀，③谥曰隐王。

①【集解】张晏曰："秦之腊月，夏之九月。"瓒曰："建丑之月也。"【索隐】臣瓒云："建丑之月也。"颜游秦云："按史记表'二世二年十月，诛葛婴，十一月，周文死，十二月，陈涉死'是也。"宗懔荆楚记云："腊节在十二月，故

因是谓之腊月也。"

②【索隐】按:旧以陈王从汝阴还至城父县,因降之,故云"还至下城父"。又顾氏按郡国志,山乘县有下城父聚,在城父县东,下读如字。其说为得之。

③【正义】音唐。今宋州砀山县是。

陈王故涓人将军吕臣①为仓头军,②起新阳,③攻陈下之,杀庄贾,复以陈为楚。④

①【集解】应劭曰:"涓人,如谒者。将军姓吕名臣也。"晋灼曰:"吕氏春秋'荆柱国庄伯令谒者驾,令涓人取冠'。" 【索隐】涓音公玄反。服虔云:"给涓通也,如今谒者。"

②【索隐】韦昭云:"军皆著青帽。"

③【集解】徐广曰:"在汝南也。" 【正义】括地志云:"新阳故城在豫州真阳县西南四十二里,汉新阳县城。应劭云在新水之阳也。"

④【索隐】为,如字读。谓又以陈地为楚国。

初,陈王至陈,令铚人宋留将兵定南阳,入武关。留已徇南阳,闻陈王死,南阳复为秦。宋留不能入武关,乃东至新蔡,遇秦军,宋留以军降秦。秦传留至咸阳,车裂留以徇。

秦嘉等闻陈王军破出走,乃立景驹为楚王,①引兵之方与,②欲击秦军定陶下。③使公孙庆使齐王,欲与并力俱进。齐王曰:"闻陈王战败,不知其死生,楚安得不请而立王!"公孙庆曰:"齐不请楚而立王,楚何故请齐而立王!且楚首事,当令于天下。"田儋诛杀公孙庆。

①【集解】徐广曰:"正月,嘉为上将军。"

②【正义】房预二音。方与,兖州县也。

③【正义】今曹州也。

秦左右校[①]复攻陈，下之。吕将军走，收兵复聚。鄱盗[②]当阳君黥布之兵相收，复击秦左右校，破之青波，[③]复以陈为楚。会项梁立怀王孙心为楚王。

①【索隐】按：即左右校尉军也。

②【集解】鄱音婆。英布居江中为群盗，陈胜之起，布归番君吴芮，故谓之"鄱盗"者也。

③【集解】汉书音义曰："地名也。"

陈胜王凡六月。已为王，王陈。其故人尝与庸耕者闻之，之陈，扣宫门曰："吾欲见涉。"宫门令欲缚之。自辩数，[①]乃置，不肯为通。陈王出，遮道而呼涉。陈王闻之，乃召见，载与俱归。入宫，见殿屋帷帐，客曰："夥颐！涉之为王[②]沈沈者！"[③]楚人谓多为夥，故天下传之，夥涉为王，由陈涉始。客出入愈益发舒，言陈王故情。或说陈王曰："客愚无知，颛妄言，轻威。"陈王斩之。诸陈王故人皆自引去，由是无亲陈王者。[④]陈王以朱房为中正，胡武为司过，主司群臣。诸将徇地，至，令之不是者，系而罪之，以苛察为忠。其所不善者，弗下吏，辄自治之。[⑤]陈王信用之。诸将以其故不亲附。此其所以败也。

①【集解】晋灼曰："数音'朋友数，斯疏矣'。"【索隐】一音疏主反。谓自辩说，数与涉有故旧事验也。又音朔。数谓自辩往数与涉有故。此数犹"朋友数"之"数"也。

②【索隐】服虔云："楚人谓多为夥。"按：又言"颐"者，助声之辞也。谓涉为王，宫殿帷帐庶物夥多，惊而伟之，故称夥颐也。

③【集解】应劭曰："沈沈，宫室深邃之貌也。沈音长含反。"【索隐】应

劭以为沈沈，宫室深邃貌，故音长含反。而刘伯庄以“沈沈”犹“谈谈”，谓故人呼为“沈沈”者，犹俗云“谈谈汉”是。

④【索隐】顾氏引孔丛子云：“陈胜为王，妻之父兄往焉。胜以众宾待之。妻父怒云：‘怙强而傲长者，不能久焉。’不辞而去。”是其事类也。

⑤【索隐】谓朱房、胡武等以素所不善者，即自验问，不往下吏。

陈胜虽已死，其所置遣侯王将相竟亡秦，由涉首事也。高祖时为陈涉置守冢三十家砀，至今血食。

褚先生曰：①地形险阻，所以为固也；兵革刑法，所以为治也。犹未足恃也。夫先王以仁义为本，而以固塞文法为枝叶，岂不然哉！吾闻贾生之称曰：

①【集解】徐广曰：“一作‘太史公’。”骃案：班固奏事云“太史迁取贾谊过秦上下篇以为秦始皇本纪、陈涉世家下赞文”，然则言“褚先生”者，非也。　【索隐】徐广与裴骃据所见别本及班彪奏事，皆云合作“太史公”。今据此是褚先生述史记，加此赞首“地形险阻”数句，然后始称贾生之言，因即改太史公之目，而自题己位号也。已下义并已见始皇之本纪讫。

“秦孝公据殽函之固，①拥雍州之地，君臣固守，以窥周室。有席卷天下，包举宇内，囊括四海之意，并吞八荒之心。当是时也，商君佐之，内立法度，务耕织，修守战之备；外连衡而斗诸侯。于是秦人拱手而取西河之外。

①【集解】韦昭曰：“殽谓二殽。函，函谷关也。”

“孝公既没，惠文王、武王、昭王蒙故业，因遗策，南取汉中，西举巴蜀，东割膏腴之地，收要害之郡。诸侯恐惧，会盟而谋弱秦。不爱珍器重宝肥饶之地，以致天下之士。合从缔交，相与为一。当此之时，齐有孟尝，赵有平原，楚有春申，魏有信陵：此四君者，皆明知而忠信，宽厚而爱人，尊贤而重士。约从连衡，兼韩、魏、燕、赵、宋、卫、中山之众。于是六国之士有宁越、徐尚、苏秦、杜赫之属为之谋，齐明、周冣、①陈轸、邵滑、②楼缓、翟景、苏厉、乐毅之徒通其意，吴起、孙膑、带他、兒良、王廖、田忌、廉颇、赵奢之伦制其兵。尝以什倍之地，百万之师，仰关而攻秦。③秦人开关而延敌，九国之师④遁逃而不敢进。秦无亡矢遗镞之费，而天下固已困矣。于是从散约败，争割地而赂秦。秦有馀力而制其弊，追亡逐北，伏尸百万，流血漂橹，⑤因利乘便，宰割天下，分裂山河，强国请服，弱国入朝。

①【正义】音聚。

②【正义】邵，作“昭”。

③【索隐】仰字亦作“卬”，并音仰。谓秦地形高，故并仰向关门而攻秦。有作“叩”字，非也。

④【索隐】九国者，谓六国之外，更有宋、卫、中山。

⑤【索隐】说文云：“橹，大楯也。”

“施及孝文王、庄襄王，享国之日浅，国家无事。

“及至始皇，奋六世之馀烈，振长策而御宇内，吞二周而亡诸侯，履至尊而制六合，执敲朴①以鞭笞天下，威振四海。南取百越之地，以为桂林、象郡，百越之君俛首系颈，委命下吏。乃使蒙恬北筑长城而守藩篱，却匈奴七百馀里，胡人不敢南下而牧马，士亦不敢贯弓②而报怨。于是废先王之道，燔百家之言，以愚黔首。堕名城，杀豪俊，收天下之兵聚之咸阳，销锋鍉，③铸以为金人十二，④以弱天下之民。然后践华为城，因河为池，据亿丈之城，临不测之谿以为固。良将劲弩，守要害之处，信臣精卒，陈利兵而谁何。⑤天下已定，始皇之心，自以为关中之固，金城千里，子孙帝王万世之业也。

①【索隐】臣瓒云："短曰敲，长曰朴。"

②【索隐】贯音乌还反，又如字。贯谓上弦也。

③【集解】徐广曰："一作'镝'。"

④【索隐】各重千石，坐高二丈，号曰"翁仲"。

⑤【索隐】音呵，亦"何"字，犹今巡更问何谁。

"始皇既没，馀威振于殊俗。然而陈涉瓮牖绳枢之子，甿隶之人，①而迁徙之徒也。材能不及中人，非有仲尼、墨翟之贤，陶朱、猗顿之富也。蹑足行伍之间，俛仰仟佰之中，②率罢散之卒，将数百之众，转而攻秦。斩木为兵，揭竿为旗，天下云会响应，赢粮而景从，山东豪俊遂并起而亡秦族矣。

①【集解】徐广曰："田民曰甿。音亡更反。"

②【索隐】仟佰谓千人百人之长也，音千百。汉书作"阡陌"，如淳云"时皆僻屈在阡陌之中"。陌音貊。

"且天下非小弱也；雍州之地，殽函之固自若也。陈涉之位，非尊于齐、楚、燕、赵、韩、魏、宋、卫、中山之君也；鉏耰棘矜，①非铦于勾戟长铩也；適戍之众，非俦于九国之师也；深谋远虑，行军用兵之道，非及乡时之士也。②然而成败异变，功业相反也。尝试使山东之国与陈涉度长絜大，③比权量力，则不可同年而语矣。然而秦以区区之地，致万乘之权，抑八州而朝同列，④百有馀年矣。然后以六合为家，殽函为宫。一夫作难而七庙堕，身死人手，为天下笑者，何也？仁义不施，⑤而攻守之势异也。"

①【索隐】鉏耰谓鉏木也。论语曰"耰而不辍"是也。棘，戟也。矜，戟柄

也，音勤。

②【索隐】乡音香亮反。乡时犹往时也。盖谓孟尝、信陵、苏秦、陈轸之比也。

③【索隐】絜音下结反。谓如结束知其大小也。

④【索隐】谓秦强而抑八州使朝己也。汉书作"招八州"，亦通也。

⑤【索隐】式豉反。言秦虎狼之国，其仁义不施及于天下，故亡也。

【索隐述赞】天下匈匈，海内乏主，掎鹿争捷，瞻乌爰处。陈胜首事，厥号张楚。鬼怪是凭，鸿鹄自许。葛婴东下，周文西拒。始亲朱房，又任胡武。夥颐见杀，腹心不与。庄贾何人，反噬城父！

史记卷四十九

外戚世家第十九

【索隐】外戚，纪后妃也，后族亦代有封爵故也。汉书则编之列传之中。王隐则谓之为纪，而在列传之首也。

自古受命帝王及继体守文之君，①非独内德茂也，盖亦有外戚之助焉。②夏之兴也以涂山，③而桀之放也以末喜。④殷之兴也以有娀，⑤纣之杀也嬖妲己。⑥周之兴也以姜原⑦及大任，⑧而幽王之禽也淫于褒姒。⑨故易基乾坤，诗始关雎，书美釐降，春秋讥不亲迎。⑩夫妇之际，人道之大伦也。礼之用，唯婚姻为兢兢。夫乐调而四时和，阴阳之变，万物之统也。⑪可不慎与？人能弘道，无如命何。甚哉，妃匹之爱，⑫君不能得之于臣，⑬父不能得之于子，况卑下乎！既欢合矣，或不能成子姓；⑭能成子姓矣，或不能要其终：⑮岂非命也哉？孔子罕称命，盖难言之也。非通幽明之变，恶能⑯识乎性命哉？

①【索隐】按:继体谓非创业之主,而是嫡子继先帝之正体而立者也。守文犹守法也,谓非受命创制之君,但守先帝法度为之主耳。

②【索隐】按:谓非独君德于内茂盛,而亦有贤后妃外戚之亲以助教化。

③【索隐】韦昭云:"涂山,国名,禹所娶,在今九江。"应劭云:"九江当涂有禹墟。大戴云'禹娶涂山氏之女,谓之侨,侨产启'。"

④【索隐】国语"桀伐有施,有施人以妹喜女焉",韦昭云"有施氏女,姓喜"。

⑤【索隐】韦昭云:"契母简狄,有娀国女。音嵩。"

⑥【索隐】国语"殷辛伐有苏氏,有苏氏以妲己女焉"。按:有苏,国也。己,姓也。妲,字也。包恺云"妲音丁达反"。

⑦【索隐】系本云:"帝喾上妃有邰氏之女,曰姜原。"郑氏笺诗云:"姜姓,嫄名,履大人迹而生后稷。"

⑧【索隐】按:大任,文王之母,故诗云"挚仲氏任",毛(诗)〔传〕云"挚国任姓之中女也"。

⑨【索隐】国语曰:"幽王伐有褒,有褒人以褒姒女焉。"按:褒是国名,姒是其姓,即龙漦之子,褒人育而以女于幽王也。然此文自"夏之兴"至"褒姒"皆是魏如耳之母词,见国语及列女传。

⑩【索隐】按:公羊"纪裂繻来逆女,何以书?讥也,讥不亲迎也"。

⑪【索隐】以言若乐声调,能令四时和,而阴阳变,则能生万物,是阴阳即夫妇也。夫妇道和而能化生万物。万物,人为之本,故云"万物之统"。

⑫【索隐】妃音配,又如字。

⑬【索隐】以言夫妇亲爱之情,虽君父之尊而不夺臣子所好爱,使移其本意,是不能得也。故曰"匹夫不可夺志"是也。

⑭【索隐】按:郑玄注礼记云"姓者,生也。子姓,谓众孙也"。按即赵飞燕等是也。

⑮【索隐】按:谓有始不能要其终也。以言虽有子姓而意不能要终,如栗

姬、卫后等皆是也。

⑯【索隐】上音乌。恶犹于何也。

太史公曰：秦以前尚略矣，其详靡得而记焉。汉兴，吕娥姁①为高祖正后，男为太子。及晚节色衰爱弛，而戚夫人有宠，②其子如意几代太子者数矣。及高祖崩，吕后夷戚氏，诛赵王，而高祖后宫唯独无宠疏远者得无恙。③

①【集解】徐广曰："姁音况羽反。吕后姊字长姁也。"【索隐】吕后字，音况羽反。按：汉书吕后名雉。

②【索隐】汉书云得定陶戚姬。

③【索隐】尔雅云"恙，忧也"。一说，古者野居露宿，恙，噬人虫也，故人相恤云"得无恙乎"。

吕后长女为宣平侯张敖妻，敖女为孝惠皇后。①吕太后以重亲故，欲其生子万方，终无子，诈取后宫人子为子。及孝惠帝崩，天下初定未久，继嗣不明。于是贵外家，王诸吕以为辅，而以吕禄女为少帝后，欲连固根本牢甚，然无益也。

①【索隐】按：皇甫谧云名嫣。

高后崩，合葬长陵。①禄、产等惧诛，谋作乱。大臣征之，天诱其统，②卒灭吕氏。唯独置孝惠皇后居北宫。③迎立代王，是为孝文帝，奉汉宗庙。此岂非天邪？非天命孰能当之？

①【集解】关中记曰："高祖陵在西，吕后陵在东。汉帝后同茔，则为合葬，不合陵也。诸陵皆如此。"

②【集解】徐广曰："一作'衷'。"

③【索隐】按：宫在未央北，故曰北宫。【正义】括地志云："北宫在雍州长安县西北十三里，与桂宫相近，在长安故城中。"

薄太后，父吴人，姓薄氏，秦时与故魏王宗家女魏媪通，[①]生薄姬，而薄父死山阴，因葬焉。[②]

①【索隐】媪音乌老反。然媪是妇人之老者通号，故赵太后自称媪，及王媪、刘媪之属是也。

②【索隐】顾氏按冢墓记，在会稽县，县西北檝山上今犹有兆域。檝音庄洽反。　【正义】括地志云："檝山在越州会稽县西北三里，一名稷山。"檝音庄洽反。

及诸侯畔秦，魏豹立为魏王，而魏媪内其女于魏宫。媪之许负所相，相薄姬，云当生天子。是时项羽方与汉王相距荥阳，天下未有所定。豹初与汉击楚，及闻许负言，心独喜，因背汉而畔，中立，更与楚连和。汉使曹参等击虏魏王豹，以其国为郡，而薄姬输织室。豹已死，汉王入织室，见薄姬有色，诏内后宫，岁馀不得幸。始姬少时，与管夫人、赵子儿相爱，约曰："先贵无相忘。"已而管夫人、赵子儿先幸汉王。汉王坐河南宫成皋台，[①]此两美人相与笑薄姬初时约。汉王闻之，问其故，两人具以实告汉王。汉王心惨然，怜薄姬，是日召而幸之。薄姬曰："昨暮夜妾梦苍龙据吾腹。"高帝曰："此贵征也，吾为女遂成之。"一幸生男，是为代王。其后薄姬希见高祖。

①【索隐】按：是河南宫之成皋台，汉书作"成皋灵台"。西征记云"武牢城内有高祖殿，西南有武库"。　【正义】括地志云："洛州汜水县，古东虢州，故郑之制邑，汉之成皋县也。"

高祖崩，诸御幸姬戚夫人之属，吕太后怒，皆幽之，不得出宫。而薄姬以希见故，得出，从子之代，为代王太后。太后弟薄昭从如代。

代王立十七年，高后崩。大臣议立后，疾外家吕氏强，皆称薄氏仁善，故迎代王，立为孝文皇帝，而太后改号曰皇太后，弟薄昭封为轵侯。[①]

①【索隐】按地理志，轵县在河内，恐地远非其封也。按：长安东有轵道亭，或当是所封也。

薄太后母亦前死，葬栎阳北。于是乃追尊薄父为灵文侯，会稽郡置园邑三百家，长丞已下吏奉守冢，寝庙上食祠如法。而栎阳北亦置灵文侯夫人园，如灵文侯园仪。薄太后以为母家魏王后，早失父母，其奉薄太后诸魏有力者，于是召复魏氏，（及尊）赏赐各以亲疏受之。薄氏侯者凡一人。

薄太后后文帝二年，以孝景帝前二年崩，葬南陵。①以吕后会葬长陵，故特自起陵，近孝文皇帝霸陵。②

①【索隐】按：庙记云"在霸陵南十里，故谓南陵"。按：今在长安东浐水东东原上，名曰少阴。在霸陵西南，故曰"东望吾子，西望吾夫"是也。【正义】括地志云："南陵故县在雍州万年县东南二十四里。汉南陵县，本薄太后陵邑。陵在东北，去县六里。"

②【集解】徐广曰："霸陵县有轵道亭。"

窦太后，①赵之清河观津人也。②吕太后时，窦姬以良家子入宫侍太后。太后出宫人以赐诸王，各五人，窦姬与在行中。窦姬家在清河，欲如赵近家，请其主遣宦者吏："必置我籍赵之伍中。"宦者忘之，误置其籍代伍中。籍奏，诏可，当行。窦姬涕泣，怨其宦者，不欲往，相强，乃肯行。至代，代王独幸窦姬，生女嫖，④后生两男。而代王王后生四男。先代王未入立为帝而王后卒。及代王立为帝，而王后所生四男更病死。孝文帝立数月，公卿请立太子，而窦姬长男最长，立为太子。立窦姬为皇后，女嫖为长公主。其明年，立少子武为代王，已而又徙梁，是为梁孝王。

①【索隐】按：皇甫谧云名猗房。

②【正义】在冀州枣强县东北二十五里。

③【正义】谓宦者为吏,主发遣宫人也。

④【索隐】音足消反。

窦皇后亲蚕卒,葬观津。[①]于是薄太后乃诏有司,追尊窦后父为安成侯,母曰安成夫人。令清河置园邑二百家,长丞奉守,比灵文园法。

①【索隐】按:挚虞注决录云"窦太后父少遭秦乱,隐身渔钓,坠泉而死。景帝立,太后遣使者填父所坠渊,起大坟于观津城南,人间号曰窦氏青山也"。

窦皇后兄窦长君,[①]弟曰窦广国,字少君。[②]少君年四五岁时,家贫,为人所略卖,其家不知其处。传十馀家,至宜阳,为其主入山作炭,(寒)〔暮〕卧岸下百馀人,岸崩,尽压杀卧者,少君独得脱,不死。自卜数日当为侯,从其家之长安。[③]闻窦皇后新立,家在观津,姓窦氏。广国去时虽小,识其县名及姓,又常与其姊采桑堕,用为符信,上书自陈。窦皇后言之于文帝,召见,问之,具言其故,果是。又复问他何以为验?对曰:"姊去我西时,与我决于传舍中,[④]丐沐沐我,[⑤]请食饭我,乃去。"于是窦后持之而泣,泣涕交横下。侍御左右皆伏地泣,助皇后悲哀。乃厚赐田宅金钱,封公昆弟,家于长安。[⑥]

①【索隐】按:决录云建字长君。

②【正义】括地志云:"窦少君墓在冀州武邑县东南二十七里。"

③【索隐】谓从逐其宜阳之主人家,而皆往长安也。

④【索隐】决者,别也。传音转。传舍谓邮亭传置之舍。盖窦后初入宫时,别其弟于传舍之中也。

⑤【索隐】丐音盖。丐者,乞也。沐,米潘也。谓后乞潘为弟沐。

⑥【索隐】按:公亦祖也,谓皇后同祖之昆弟,如窦婴即皇后之兄子之比,

亦得家于长安。故刘氏云“公昆弟谓广国等”。

绛侯、灌将军等曰：“吾属不死，命乃且县此两人。两人所出微，不可不为择师傅宾客，又复效吕氏大事也。”于是乃选长者士之有节行者与居。窦长君、少君由此为退让君子，不敢以尊贵骄人。

窦皇后病，失明。文帝幸邯郸慎夫人、尹姬，皆毋子。孝文帝崩，孝景帝立，乃封广国为章武侯。①长君前死，封其子彭祖为南皮侯。②吴楚反时，窦太后从昆弟子窦婴，任侠自喜，将兵，以军功为魏其侯。③窦氏凡三人为侯。

①【索隐】地理志县名，属勃海。　【正义】括地志云：“沧州鲁城县。”

②【索隐】地理志县名，属勃海。　【正义】括地志云：“故南皮城在沧州南皮县北四里，汉南皮县也。”

③【索隐】地理志县名，属琅邪。

窦太后好黄帝、老子言，帝及太子诸窦不得不读黄帝、老子，尊其术。

窦太后后孝景帝六岁（建元六年）崩，①合葬霸陵。遗诏尽以东宫金钱财物赐长公主嫖。

①【索隐】是当武帝建元六年，此文是也。而汉书作“元光”，误。

王太后，①槐里人，②母曰臧儿。臧儿者，故燕王臧荼孙也。臧儿嫁为槐里王仲妻，生男曰信，与两女。③而仲死，臧儿更嫁长陵田氏，生男蚡、胜。臧儿长女嫁为金王孙妇，生一女矣，而臧儿卜筮之，曰两女皆当贵。因欲奇两女，④乃夺金氏。金氏怒，不肯予决，乃内之太子宫。太子幸爱之，生三女一男。男方在身时，王美人梦日入其怀。以告太子，太子曰：“此贵征也。”未生而孝文帝崩，孝景帝即位，王夫人生男。⑤

①【索隐】按：皇甫谧云名娡。音志。

②【索隐】按：地理志右扶风槐里，本名废丘。【正义】括地志云："犬丘故城一名槐里，亦曰废丘，城在雍州始平县东南十里也。"

③【索隐】即后及兒姁也。

④【索隐】奇者，异之也。汉书作"倚"。倚者，依也。

⑤【索隐】即武帝也。汉武故事云"帝以乙酉年七月七日生于猗兰殿"。

先是臧儿又入其少女兒姁，①兒姁生四男。②

①【索隐】况羽反。

②【索隐】谓广川王越、胶东王寄、清河王乘、常山王舜也。

景帝为太子时，薄太后以薄氏女为妃。及景帝立，立妃曰薄皇后。皇后毋子，毋宠。薄太后崩，废薄皇后。

景帝长男荣，其母栗姬。栗姬，齐人也。立荣为太子。长公主嫖有女，欲予为妃。栗姬妒，而景帝诸美人皆因长公主见景帝，得贵幸，皆过栗姬，①栗姬日怨怒，谢长公主，不许。长公主欲予王夫人，王夫人许之。长公主怒，而日谗栗姬短于景帝曰："栗姬与诸贵夫人幸姬会，常使侍者祝唾其背，挟邪媚道。"景帝以故望之。②

①【索隐】过音戈。谓逾之。

②【索隐】望犹责望，谓恨之也。

景帝尝体不安，心不乐，属诸子为王者于栗姬，曰："百岁后，善视之。"栗姬怒，不肯应，言不逊。景帝恚，心嗛之而未发也。①

①【索隐】嗛音衔。衔谓恨也。

长公主日誉王夫人男之美，景帝亦贤之，又有曩者所梦日符，计未有所定。王夫人知帝望栗姬，因怒未解，阴使人趣大臣立栗姬为皇后，大行奏事[①]毕，曰："'子以母贵，母以子贵'，[②]今太子母无号，宜立为皇后。"景帝怒曰："是而所宜言邪！"遂案诛大行，而废太子为临江王。栗姬愈恚恨，不得见，以忧死。卒立王夫人为皇后，其男为太子，封皇后兄信为盖侯。[③]

①【索隐】大行，礼官。行音衡。

②【索隐】此皆公羊传文。

③【索隐】地理志盖县属太山。

景帝崩，太子袭号为皇帝。尊皇太后母臧儿为平原君。[①]封田蚡为武安侯，[②]胜为周阳侯。[③]

①【正义】德州县也。

②【索隐】地理志县名，属魏郡。【正义】括地志云："武安故城在洺州武安县西南七里，六国时赵邑，汉武安县城也。"

③【索隐】地理志县名，属上郡。【正义】括地志云："周阳故城在绛州闻喜县东二十九里也。"

景帝十三男，一男为帝，十二男皆为王。而兒姁早卒，其四子皆为王。王太后长女号曰平阳公主，[①]次为南宫公主，[②]次为林虑公主。[③]

①【正义】括地志云："平阳故城即晋州城西面，今平阳故城东面也。城记云尧筑也。"

②【正义】南宫，冀州县也。

③【索隐】县名，属河内。本名隆虑，避殇帝讳，改名林虑。虑音庐。【正义】林虑，相州县也。

盖侯信好酒。田蚡、胜贪，巧于文辞。王仲蚤死，葬槐里，追尊为共侯，置园邑二百家。及平原君卒，从田氏葬长陵，置园比共侯园。而王太后后孝景帝十六岁，以元朔四年崩，合葬阳陵。[①]王太后家凡三人为侯。

①【正义】括地志云："阳陵在雍州咸阳县东四十里。"

卫皇后字子夫，生微矣。盖其家号曰卫氏，[①]出平阳侯邑。[②]子夫为平阳主讴者。武帝初即位，数岁无子。平阳主求诸良家子女十馀人，饰置家。武帝祓[③]霸上还，因过平阳主。主见所侍美人，上弗说。既饮，讴者进，上望见，独说卫子夫。是日，武帝起更衣，子夫侍尚衣轩中，得幸。[④]上还坐，欢甚，赐平阳主金千斤。主因奏子夫奉送入宫。子夫上车。平阳主拊其背曰："行矣，强饭，勉之！即贵，无相忘。"入宫岁馀，竟不复幸。武帝择宫人不中用者，斥出归之。卫子夫得见，涕泣请出。上怜之，复幸，遂有身，尊宠日隆。召其兄卫长君、弟青为侍中。而子夫后大幸，有宠，凡生三女[⑤]一男。男名据。[⑥]

①【正义】卫青传云："父郑季为吏，给事平阳侯家，与侯妾卫媪通，生青，故冒卫氏。"

②【集解】徐广曰："平阳侯曹寿尚平阳公主。"

③【集解】徐广曰："三月上巳，临水祓除谓之禊。吕后本纪亦云'三月祓还过轵道'。盖与'游'字相似，故或定之也。" 【索隐】苏林音废，今亦音拂，谓祓禊之，游水自洁，故曰祓除。

④【正义】尚，主也。于主衣车中得幸也。

⑤【索隐】按：谓诸邑、石邑及卫长公主后封当利公主是。

⑥【索隐】即戾太子也。

初，上为太子时，娶长公主女为妃。立为帝，妃立为皇后，姓陈氏，[①]无子。上之得为嗣，大长公主有力焉，[②]以故陈皇后骄贵。闻卫子夫大幸，恚，几死者数矣。上愈怒。陈皇后挟妇人媚道，其事颇觉，于是废陈皇后，[③]而立卫子夫为皇后。

①【索隐】汉武故事云"后名阿娇",即长公主嫖女也。曾祖父婴,堂邑侯,传至父午,尚长公主,生后。

②【集解】徐广曰:"即景帝姊嫖也。"

③【索隐】按:汉书云"女子楚服等坐为皇后咒诅,大逆无道,相连诛者三百人",乃废后居长门宫。故司马相如赋云"陈皇后别在长门宫,怨闷悲思,奉黄金百斤为相如取酒,乃为作颂以奏,皇后复亲幸"。作颂信有之也,复亲幸之恐非实也。

陈皇后母大长公主,景帝姊也,数让武帝姊平阳公主曰:"帝非我不得立,已而弃捐吾女,壹何不自喜而倍本乎!"平阳公主曰:"用无子故废耳。"陈皇后求子,与医钱凡九千万,然竟无子。

卫子夫已立为皇后,先是卫长君死,乃以卫青为将军,击胡有功,封为长平侯。[①]青三子在襁褓中,皆封为列侯。及卫皇后所谓姊卫少儿,少儿生子霍去病,以军功封冠军侯,[②]号骠骑将军。青号大将军。立卫皇后子据为太子。卫氏枝属以军功起家,五人为侯。

①【索隐】地理志县名,属汝南。

②【索隐】子夫姊少儿之子去病封也。地理志冠军属河阳。

及卫后色衰,赵之王夫人[①]幸,有子,为齐王。

①【索隐】生齐王闳。

王夫人蚤卒。而中山李夫人[①]有宠,有男一人,为昌邑王。[②]

①【索隐】生昌邑哀王髆。

②【正义】名贺。

李夫人蚤卒,[①]其兄李延年以音幸,号协律。协律者,故倡也。兄弟皆坐奸,族。是时其长兄广利为贰师将军,伐大宛,不及诛,还,而上既夷李氏,后怜其家,乃封为海西侯。[②]

①【索隐】李延年之女弟。汉书云"帝悼之,李少翁致其形,帝为作赋"。

此史记以为王夫人最宠，武帝悼惜。新论亦同史记为王夫人。

②【正义】汉武帝令李广利征大宛，国近西海，故号海西侯也。

他姬子二人为燕王、广陵王。①其母无宠，以忧死。

①【索隐】汉书云李姬生广陵王胥、燕王旦也。

及李夫人卒，则有尹婕妤之属，更有宠。然皆以倡见，非王侯有土之士女，不可以配人主也。

褚先生曰："①臣为郎时，问习汉家故事者钟离生。曰：王太后在民间时所生(子)〔一〕女者，②父为金王孙。王孙已死，景帝崩后，武帝已立，王太后独在。而韩王孙名嫣素得幸武帝，承间白言太后有女在长陵也。武帝曰："何不蚤言！"乃使使往先视之，在其家。武帝乃自往迎取之。跸道，先驱旄骑出横城门，③乘舆驰至长陵。当小市西入里，里门闭，暴开门，乘舆直入此里。通至金氏门外止，使武骑围其宅，为其亡走，身自往取不得也。即使左右群臣入呼求之。家人惊恐，女亡匿内中床下。扶持出门，令拜谒。武帝下车泣曰："嚄！④大姊，何藏之深也！"诏副车载之，回车驰还，而直入长乐宫。行诏门著引籍，⑤通到谒太后。太后曰："帝倦矣，何从来？"帝曰："今者至长陵得臣姊，与俱来。"顾曰："谒太后！"太后曰："女某邪？"曰："是也。"太后为下泣，女亦伏地泣。武帝奉酒前为寿，奉钱千万，奴婢三百人，公田百顷，甲第，以赐姊。太后谢曰："为帝费焉。"于是召平阳主、南宫主、林虑主三人俱来谒见姊，因号曰修成君。有子男一人，女一人。男号为修成子仲，⑥女为诸侯王王后。⑦此二子非刘氏，以故太后怜之。修成子仲骄恣，陵折吏民，皆患苦之。

①【正义】疑此元成之间褚少孙续之也。

②【集解】徐广曰："名俗。"【正义】按：后封修成君者。

③【集解】如淳曰："横音光。三辅黄图云北面西头门。"【正义】括地志云："渭桥本名横桥，架渭水上，在雍州咸阳县东南二十二里。"按：此桥对门也。

④【索隐】乌百反。盖惊怪之辞耳。【正义】嚄，啧，失声惊愕貌也。

⑤【正义】武帝道上诏令通名状于门使，引入至太后所。

⑥【索隐】金氏甥，修成君之子也。而名仲者，又与大外祖王氏同字，恐非也。

⑦【集解】徐广曰："嫁为淮南王安太子妃也。"

卫子夫立为皇后，后弟卫青字仲卿，以大将军封为长平侯。四子，长子伉为侯世子，侯世子常侍中，贵幸。其三弟皆封为侯，各千三百户，一曰阴安侯，①二曰发干侯，②三曰宜春侯，③贵震天下。天下歌之曰："生男无喜，生女无怒，独不见卫子夫霸天下！"

①【索隐】名不疑。地理志县名，属魏郡。【正义】括地志云："阴安故城在魏州顿丘县北六十里也。"

②【索隐】名登。地理志县名，属东郡。【正义】括地志云："发干故城在博州堂邑县西南二十三里。"

③【索隐】名伉。地理志宜春，县名，属汝南。【正义】括地志云："宜春故城在豫州汝阳县西六十七里。"

是时平阳主寡居，当用列侯尚主。主与左右议长安中列侯可为夫者，皆言大将军可。主笑曰："此出吾家，常使令骑从我出入耳，奈何用为夫乎？"左右侍御者曰："今大将军姊为皇后，三子为侯，富贵振动天下，主何以易之乎？”于是主乃许之。言之皇后，令白之武帝，乃诏卫将军尚平阳公主焉。

褚先生曰：丈夫龙变。传曰：“蛇化为龙，不变其文；家化为国，不变其姓。”丈夫当时富贵，百恶灭除，光耀荣华，贫贱之时何足累之哉！

武帝时，幸夫人尹婕妤。①邢夫人号娙娥，②众人谓之“娙何”。娙何秩比中二千石，③容华秩比二千石，④婕妤秩比列侯。常从婕妤迁为皇后。

①【索隐】韦昭云“婕，承；妤，助也”。一云“美好也”。声类云幸也，字亦从女。汉书仪云“皇后为婕妤下舆，礼比丞相也”。

②【索隐】服虔云：“娙音近妍”。徐广音五耕反。邹诞生音茎。字林音五经反。说文云“娙，长也，好也”。许慎云“秦晋之间谓好为娙”。又方言曰“美貌谓之娥”。汉旧仪云“娙娥秩比将军、御史大夫”。

③【索隐】按：崔浩云“中犹满也。汉制九卿已上秩一岁满二千斛”。又汉官仪云“中二千石俸月百八十斛”。

④【索隐】按：二千石是郡守之秩。汉官仪云“其俸月百二十斛”。又有真二千石者，如淳云“诸侯王相在郡守上，秩真二千石”。汉律真二千石俸月二万。按是二万斗也，则二万斗亦是二千石也。崔浩云“列卿已上秩石皆正二千石”。按此则是真二千石也。其云中二千石，亦不满二千，盖千八九百耳。此崔氏之说，今兼引而解之。

尹夫人与邢夫人同时并幸，有诏不得相见。尹夫人自请武帝，愿望见邢夫人，帝许之。即令他夫人饰，从御者数十人，为邢夫人来前。尹夫人前见之，曰：“此非邢夫人身也。”帝曰：“何以言之？”对曰：“视其身貌形状，不足以当人主矣。”于是帝乃诏使邢夫人衣故衣，独身来前。尹夫人望见之，曰："此真是也。"于是乃低头俛而泣，自痛其不如也。谚曰："美女入室，恶女之仇。"

褚先生曰：浴不必江海，要之去垢；马不必骐骥，要之善走；士不必贤世，要之知道；女不必贵种，要之贞好。传曰："女无美恶，入室见妒；士无贤不肖，入朝见嫉。"美女者，恶女之仇。岂不然哉！

钩弋夫人[①]姓赵氏，[②]河间人也。得幸武帝，生子一人，昭帝是也。武帝年七十，乃生昭帝。昭帝立时，年五岁耳。[③]

①【索隐】按：夫人姓赵，河间人。汉书云"武帝过河间，望气者言此有奇女，天子乃使使召之。女两手皆拳，上自披之，手即时伸。由是幸，号曰拳夫人。后居钩弋宫，号曰钩弋夫人"。列仙传云"发手得一玉钩，故号焉"。汉武故事云"宫在直城门南"。庙记云"宫有千门万户，不可记名也"。【正义】括地志云："钩弋宫在长安城中，门名尧母门也。"

②【索隐】按汉书，昭帝即位，追尊太后父赵父为顺成侯。

③【集解】徐广曰："武帝崩年正七十，昭帝年八岁耳。"【索隐】按：徐广依汉书，以武帝年七十崩，崩时昭帝年八岁。此褚先生之记。汉书云"元始三年，昭帝生"，误也。按：元始当为太始。

卫太子废后，未复立太子。而燕王旦上书，愿归国入宿卫。武帝怒，立斩其使者于北阙。

上居甘泉宫，召画工图画周公负成王也。于是左右群臣知武帝意欲立少子也。后数日，帝谴责钩弋夫人。夫人脱簪珥叩头。帝曰："引持去，送掖庭狱！"夫人还顾，帝曰："趣行，女不得活！"夫人死云阳宫。①时暴风扬尘，百姓感伤。使者夜持棺往葬之，②封识其处。

①【索隐】按：三辅故事云"葬甘泉宫南。后昭帝起云陵，邑三千户"。汉武故事云"既殡，香闻十里，上疑非常人，发棺视之，无尸，衣履存焉"。【正义】括地志云："云阳宫，秦之甘泉宫，在雍州云阳县西北八十里。秦始皇作甘泉宫，去长安三百里，黄帝以来祭圜丘处也。"

②【正义】括地志云："云阳陵，汉钩弋夫人陵也，在云阳县西北五十八里。孝武帝钩弋赵婕妤，昭帝之母，齐人，姓赵。少好清静，六年卧病，右手卷，饮食少。望气者云'东北有贵人'，推而得之。召到，姿色甚佳。武帝持其手伸之，得玉钩。后生昭帝。武帝末年杀夫人，殡之而尸香一日。昭帝更葬之，棺但存丝履也。宫记云'武帝思之，为起通灵台于甘泉，常有一青鸟集台上往来，至宣帝时乃止'。"

其后帝闲居，问左右曰："人言云何？"左右对曰："人言且立其子，何去其母乎？"帝曰："然。是非儿曹愚人所知也。往古国家所以乱也，由主少母壮也。女主独居骄蹇，淫乱自恣，莫能禁也。女不闻吕后邪？"故诸为武帝生子者，无男女，其母无不谴死，岂可谓非贤圣哉！昭然远见，为后世计虑，固非浅闻愚儒之所及也。谥为"武"，岂虚哉！

【索隐述赞】礼贵夫妇，易叙乾坤。配阳成化，比月居尊。河洲降淑，天曜垂轩。德著任、姒，庆流娀、嫄。逮我炎历，斯道克存。吕权大宝，窦喜玄言。自兹已降，立嬖以恩。内无常主，后嗣不繁。

史记卷五十

楚元王世家第二十

楚元王刘交者,①高祖之同母②少弟也,字游。

①【正义】年表云都彭城。

②【集解】徐广曰:"一作'父'。" 【索隐】按:汉书作"同父"。言同父者,以明异母也。

高祖兄弟四人,长兄伯,伯蚤卒。始高祖微时,尝辟事,时时与宾客过巨嫂食。①嫂厌叔,叔与客来,嫂详为羹尽,栎釜,②宾客以故去。已而视釜中尚有羹,高祖由此怨其嫂。及高祖为帝,封昆弟,而伯子独不得封。太上皇以为言,高祖曰:"某非忘封之也,为其母不长者耳。"于是乃封其子信为羹颉侯。③而王次兄仲于代。④

①【集解】徐广曰:"汉书云丘嫂也。" 【索隐】汉书作"丘"。应劭云"丘,姓也"。孟康云"丘,空也。兄亡,空有嫂也"。今此作"巨",巨,大也,谓长嫂也。刘氏云"巨,一作'丘'"。

②【索隐】栎音历。谓以杓历釜旁,使为声。汉书作“獠”,音劳。

③【集解】徐广曰:“羹颉侯以高祖七年封,封十三年,高后元年,有罪,削爵一级,为关内侯。” 【索隐】羹颉,爵号耳,非县邑名,以其栎釜故也。 【正义】括地志云:“羹颉山在妫州怀戎县东南十五里。”按:高祖取其山名为侯号者,怨故也。

④【集解】徐广曰:“次兄名喜,字仲,以六年立为代王,其年罢。卒谥顷王。有子曰濞。”

高祖六年,已禽楚王韩信于陈,乃以弟交为楚王,都彭城。①即位二十三年卒,子夷王郢立。②夷王四年卒,子王戊立。

①【索隐】汉书云楚王王薛郡、东海、彭城三十六县也。

②【索隐】汉书名郢客。

王戊立二十年,冬,坐为薄太后服私奸,①削东海郡。春,戊与吴王合谋反,其相张尚、太傅赵夷吾谏,不听。戊则杀尚、夷吾,起兵与吴西攻梁,破棘壁。②至昌邑南,③与汉将周亚夫战。汉绝吴楚粮道,士卒饥,吴王走,楚王戊自杀,军遂降汉。

①【索隐】汉书云“私奸服舍中”。姚察云“奸于服舍,非必宫中”。又按:集注服虔云“私奸中人”。盖以罪重,故至削郡也。

②【正义】括地志云:“大棘故城在宋州宁陵县西七十里,即梁棘壁。”

③【正义】括地志云“有梁丘故城在曹州成武县东北三十二里”也。

汉已平吴楚,孝景帝欲以德侯子续吴,①以元王子礼续楚。窦太后曰:“吴王,老人也,宜为宗室顺善。今乃首率七国,纷乱天下,奈何续其后!”不许吴,许立楚后。是时礼为汉宗正。乃拜礼为楚王,奉元王宗庙,是为楚文王。

①【集解】徐广曰:“德侯名广,吴王濞之弟也。其父曰仲。”

文王立三年卒,子安王道立。安王二十二年卒,子襄王注立。

襄王立十四年卒，子王纯代立。王纯立，地节二年，中人上书告楚王谋反，王自杀，国除，入汉为彭城郡。①

①【集解】徐广曰："纯立十七年卒，谥节王。子延寿立，十九年死。" 【索隐】按：太史公唯记王纯为国人告反，国除。盖延寿后更封，至十九年又谋反诛死，故不同也。 【正义】汉书云王纯嗣十六年，子延寿嗣，与赵何齐谋反，延寿自杀，立三十二年国除。与此不同。地节是宣帝年号，去天汉四年二十九年，仍隔昭帝世。言到地节二年以下者，盖褚先生误也。

赵王刘遂者，①其父高祖中子，名友，谥曰"幽"。幽王以忧死，故为"幽"。高后王吕禄于赵，一岁而高后崩。大臣诛诸吕吕禄等，乃立幽王子遂为赵王。

①【正义】年表云都邯郸。

孝文帝即位二年，立遂弟辟彊，①取赵之河间郡为河间王，②(以)〔是〕为文王。立十三年卒，子哀王福立。一年卒，无子，绝后，国除，入于汉。

①【索隐】音壁强二音，又音辟疆。

②【正义】河间，今瀛州也。

遂既王赵二十六年，孝景帝时坐晁错以適削赵王常山之郡。吴楚反，赵王遂与合谋起兵。其相建德、①内史王悍谏，不听。遂烧杀建德、王悍，发兵屯其西界，欲待吴与俱西。北使匈奴，与连和攻汉。汉使曲周侯郦寄击之。赵王遂还，城守邯郸，相距七月。吴楚败于梁，不能西。匈奴闻之，亦止，不肯入汉边。栾布自破齐还，乃并兵引水灌赵城。赵城坏，赵王自杀，邯郸遂降。②赵幽王绝后。

①【索隐】建德，其相名，史先失姓也。

②【正义】邯郸，洺州县也。

太史公曰：国之将兴，必有祯祥，君子用而小人退。国之将亡，贤人隐，乱臣贵。使楚王戊毋刑申公，①遵其言，赵任防与先生，②岂有篡杀之谋，为天下僇哉？贤人乎，贤人乎！非质有其内，恶能用之哉？甚矣，"安危在出令，存亡在所任"，诚哉是言也！

①【索隐】汉书申公名培，王戊胥靡之。

②【集解】赵尧传曰："赵人防与公也。"【索隐】此及汉书虽不见赵不用防与公，盖当时犹知事迹，或别有所见，故太史公明引以结其赞。

【索隐述赞】汉封同姓，楚有令名。既灭韩信，王于彭城。穆生置醴，韦孟作程。王戊弃德，与吴连兵。太后命礼，为楚罪轻。文襄继立，世挺才英。如何赵遂，代殒厥声！兴亡之兆，所任宜明。

史记卷五十一

荆燕世家第二十一

荆王刘贾者，①诸刘，不知其何属②初起时。汉王元年，还定三秦，刘贾为将军，定塞地，③从东击项籍。

①【正义】年表云都吴也。

②【集解】汉书贾，高帝从父兄。【索隐】按：注引汉书，云贾，高祖从父兄，则班固或别有所见也。

③【索隐】贾将兵定塞地，塞即桃林之塞。

汉四年，汉王之败成皋，北渡河，得张耳、韩信军，军修武，深沟高垒，使刘贾将二万人，骑数百，渡白马津入楚地，①烧其积聚，以破其业，无以给项王军食。已而楚兵击刘贾，贾辄壁不肯与战，而与彭越相保。

①【正义】括地志云："黎阳，一名白马津，在滑州白马县北三十里。"按：贾从此津南过入楚地也。

汉五年，汉王追项籍至固陵，[①]使刘贾南渡淮围寿春。[②]还至，使人间招楚大司马周殷。周殷反楚，佐刘贾举九江，迎武王黥布兵，皆会垓下，共击项籍。汉王因使刘贾将九江兵，与太尉卢绾西南击临江王共尉。[③]共尉已死，以临江为南郡。[④]

①【集解】徐广曰："在阳夏。" 【正义】括地志云："固陵，陵名。在陈州宛丘县西北四十二里。"

②【正义】今寿州寿春县是也。

③【索隐】共敖之子。

④【正义】今荆州也。

汉六年春，会诸侯于陈，[①]废楚王信，囚之，分其地为二国。当是时也，高祖子幼，昆弟少，又不贤，欲王同姓以镇天下，乃诏曰："将军刘贾有功，及择子弟可以为王者。"群臣皆曰："立刘贾为荆王，王淮东五十二城；[②]高祖弟交为楚王，王淮西三十六城。"[③]因立子肥为齐王。始王昆弟刘氏也。

①【正义】今陈州也。

②【索隐】按：表云刘贾都吴。又汉书以东阳郡封贾。东阳即临淮，故云淮东也。 【正义】括地志云西北四十里，盖此县是也。

③【正义】淮以西徐、泗、濠等州也。

高祖十一年秋，淮南王黥布反，东击荆。荆王贾与战，不胜，走富陵，[①]为布军所杀。高祖自击破布。十二年，立沛侯刘濞为吴王，王故荆地。

①【索隐】地理志县名，属临淮。 【正义】括地志云："富陵故城在楚州盱眙县东北六十里。"

燕王刘泽者，诸刘远属也。[①]高帝三年，泽为郎中。高帝十一年，泽以将军击陈豨，得王黄，为营陵侯。[②]

①【集解】汉书曰："泽，高祖从祖昆弟。" 【索隐】按：注引汉书云高祖从祖昆弟。又楚汉春秋田子春说张卿云"刘泽，宗家也"。按言"宗家"，似疏远矣。然则班固言"从祖昆弟"，当别有所见矣。

②【索隐】地理志县名，在北海。 【正义】括地志云："营陵故城在青州北海县南三十里。"

高后时，齐人田生[①]游乏资，以画干营陵侯泽。[②]泽大说之，用金二百斤为田生寿。田生已得金，即归齐。二年，泽使人谓田生曰："弗与矣。"[③]田生如长安，不见泽，而假大宅，令其子求事吕后所幸大谒者张子卿。[④]居数月，田生子请张卿临，亲修具。张卿许往。田生盛帷帐共具，譬如列侯。张卿惊。酒酣，乃屏人说张卿曰："臣观诸侯王邸弟百馀，皆高祖一切功臣。[⑤]今吕氏雅故本推毂高帝就天下，[⑥]功至大，又亲戚太后之重。太后春秋长，诸吕弱，太后欲立吕产为(吕)王，王代。太后又重发之，[⑦]恐大臣不听。今卿最幸，大臣所敬，何不风大臣以闻太后，太后必喜。诸吕已王，万户侯亦卿之有。[⑧]太后心欲之，而卿为内臣，不急发，恐祸及身矣。"张卿大然之，乃风大臣语太后。太后朝，因问大臣。大臣请立吕产为吕王。太后赐张卿千斤金，张卿以其半与田生。田生弗受，因说之曰："吕产王也，诸大臣未大服。今营陵侯泽，诸刘，为大将军，独此尚觖望。[⑨]今卿言太后，列十馀县王之，彼得王，喜去，诸吕王益固矣。"张卿入言，太后然之。乃以营陵侯刘泽为琅邪王。琅邪王乃与田生之国。田生劝泽急行，毋留。出关，太后果使人追止之，已出，即还。

①【集解】晋灼曰："楚汉春秋田子春。"

②【集解】服虔曰："以计画干之也。"文颖曰："以工画得宠也。" 【索隐】画，一音"计画'之"画"，又音"图画"之"画"，两家义并通也。

③【集解】孟康曰:“与,党与。言不复与我为与也。”文颖曰:“不得与汝相知。”

④【集解】徐广曰:“名泽。”骃案:如淳曰阉人也。

⑤【索隐】按:此一切犹一例,同时也,非如他一切训权时也。

⑥【集解】如淳曰:“吕公知高祖相贵,以女妻之,推毂使为长者。”瓒曰:“谓诸吕共推毂高祖征伐成帝业。雅,正意也。” 【索隐】按:雅训素也。谓吕氏素心奉推高祖取天下,若人推毂欲前进涂然也,此略同臣瓒之意也。推音昌谁反。

⑦【集解】文颖曰:“欲发之,恐大臣不听。”邓展曰:“重难发事。”

⑧【正义】高后纪云封“张卿为建陵侯。

⑨【索隐】觖音决,又音企。

及太后崩,琅邪王泽乃曰:“帝少,诸吕用事,刘氏孤弱。”乃引兵与齐王合谋西,①欲诛诸吕。至梁,闻汉遣灌将军屯荥阳,泽还兵备西界,遂跳驱至长安。②代王亦从代至。诸将相与琅邪王共立代王为天子。天子乃徙泽为燕王,乃复以琅邪予齐,复故地。③

①【集解】汉书音义曰:“泽至齐,为齐王所劫,不得去。乃说王,求诣京师,齐具车送之。不为本与齐合谋也。” 【索隐】按:汉书齐王传云使祝午劫琅邪王至齐,因留琅邪王不得反国。泽乃说求入关,齐乃送之。与此文不同者,刘氏以为燕、齐两史各言其主立功之迹,太史公闻疑传疑,遂各记之,则所谓实录。

②【集解】汉书音义曰:“跳驱,驰至长安也。” 【索隐】跳,他凋反,脱独去也。又音条,谓疾去也。

③【集解】李奇曰:“本齐地,分以王泽,今复与齐也。”

泽王燕二年,薨,谥为敬王。传子嘉,为康王。

至孙定国,与父康王姬奸,生子男一人。夺弟妻为姬。与子女三人奸。定国有所欲诛杀臣肥如令郢人，①郢人等告定国，定国使谒者以他法劾捕格杀郢人以灭口。至元朔元年，郢人昆弟复上书具言定国阴事，以此发觉。诏下公卿，皆议曰："定国禽兽行，乱人伦，逆天，当诛。"上许之。定国自杀，国除为郡。

①【集解】如淳曰："定国自欲有所杀馀臣，肥如令郢人以告之。"【索隐】按：如淳意以肥如亦臣名，令郢人以告定国也。小颜以为定国欲有所诛杀馀臣，而肥如令郢人乃告定国也。然按地理志，肥如在辽西也。

太史公曰：荆王王也，由汉初定，天下未集，故刘贾虽属疏，然以策为王，填江淮之间。刘泽之王，权激吕氏，①然刘泽卒南面称孤者三世。事发相重，②岂不为伟乎！③

①【索隐】按：谓田子春欲王刘泽，先使张卿说封吕产，乃恐以大臣觖望，泽卒得王，故为权激诸吕也。

②【集解】晋灼曰："泽以金与田生以事张卿，张卿言之吕后，而刘泽得王，故曰'事发相重'。或曰事起于相重也。"【索隐】按：谓先发吕氏令重，我亦得其功，是事发相重也。

③【索隐】伟者盛也，盖盛其能激发也。

【索隐述赞】刘贾初从，首定三秦。既渡白马，遂围寿春。始迎黥布，绝间周殷。赏功胙士，与楚为邻。营陵始爵，勋由击陈。田生游说，受赐千斤。权激诸吕，事发荣身。徙封传嗣，亡于郢人。

史记卷五十二

齐悼惠王世家第二十二

齐悼惠王①刘肥者，高祖长庶男也。其母外妇也，曰曹氏。高祖六年，立肥为齐王，食七十城，诸民能齐言者皆予齐王。②

①【正义】年表云都临淄。

②【索隐】谓其语音及名物异于楚魏。一云此时人多流亡，故使齐言者皆还齐王。

齐王，孝惠帝兄也。孝惠帝二年，齐王入朝。惠帝与齐王燕饮，亢礼如家人。①吕太后怒，且诛齐王。齐王惧不得脱，乃用其内史勋计，献城阳郡，②以为鲁元公主汤沐邑。吕太后喜，乃得辞就国。

①【索隐】谓齐王是兄，不为君臣礼，而乃亢敌如家人兄弟之礼，故太后怒。

②【正义】括地志云："濮州雷泽县，本汉城阳县。"按：后为郡也。

悼惠王即位十三年，以惠帝六年卒。子襄立，是为哀王。

哀王元年，孝惠帝崩，吕太后称制，天下事皆决于高后。二年，高后立其兄子郦侯[1]吕台[2]为吕王，割齐之济南郡[3]为吕王奉邑。

①【集解】徐广曰："郦，一作'鄜'。" 【索隐】二字并音乎。鄜，县名，在冯翊。郦县在南阳。 【正义】按：郦音呈益反。括地志云"故郦城在邓州新城县西北四十里"，盖此县是也。

②【索隐】音胎。吕后兄子也。

③【正义】括地志云："济南故城在淄州长山县西北二十五里。"

哀王三年，其弟章入宿卫于汉，吕太后封为朱虚侯，[1]以吕禄女妻之。后四年，封章弟兴居为东牟侯，[2]皆宿卫长安中。

①【索隐】地理志县名，属琅邪。

②【索隐】地理志县名，属东莱。

哀王八年，高后割齐琅邪郡[1]立营陵侯刘泽为琅邪王。

①【正义】今沂州也。

其明年，赵王友入朝，幽死于邸。三赵王皆废。高后立诸吕为三王，[1]擅权用事。

①【集解】徐广曰："燕、赵、梁。"

朱虚侯年二十，有气力，忿刘氏不得职。尝入侍高后燕饮，高后令朱虚侯刘章为酒吏。章自请曰："臣，将种也，请得以军法行酒。"高后曰："可。"酒酣，章进饮歌舞。已而曰："请为太后言耕田歌。"高后儿子畜之，笑曰："顾而父知田耳。若生[1]而为王子，安知田乎？"章曰："臣知之。"太后曰："试为我言田。"章曰："深耕穊种，立苗欲疏；非其种者，鉏而去之。"吕后默然。顷之，诸吕有一人醉，亡酒，章追，拔剑斩之而还，报曰："有亡酒一人，臣谨行法斩之。"太后左右皆大惊。业已许其军法，无以罪也。因罢。自是之后，诸吕惮朱虚侯，虽大臣皆依朱虚侯，刘氏为益强。

①【索隐】顾犹念也。而及若皆训汝。

其明年，高后崩。赵王吕禄为上将军，吕王产为相国，皆居长安中，聚兵以威大臣，欲为乱。朱虚侯章以吕禄女为妇，知其谋，乃使人阴出告其兄齐王，欲令发兵西，朱虚侯、东牟侯为内应，以诛诸吕，因立齐王为帝。

齐王既闻此计，乃与其舅父驷钧、①郎中令祝午、中尉魏勃阴谋发兵。齐相召平②闻之，乃发卒卫王宫。魏勃给召平曰："王欲发兵，非有汉虎符验也。而相君围王，固善。勃请为君将兵卫卫王。"召平信之，乃使魏勃将兵围王宫。勃既将兵，使围相府。召平曰："嗟乎！道家之言'当断不断，反受其乱'，乃是也。"遂自杀。于是齐王以驷钧为相，魏勃为将军，祝午为内史，悉发国中兵。使祝午东诈琅邪王曰："吕氏作乱，齐王发兵欲西诛之。齐王自以儿子，年少，不习兵革之事，愿举国委大王。大王自高帝将也，习战事。齐王不敢离兵，③使臣请大王幸之临菑见齐王计事，并将齐兵以西平关中之乱。"琅邪王信之，以为然，(西)〔迺〕驰见齐王。齐王与魏勃等因留琅邪王，而使祝午尽发琅邪国而并将其兵。

①【索隐】按：舅谓舅父，犹姨称姨母。

②【索隐】按：广陵人召平与东陵侯召平及此召平皆似别人也。功臣表平子奴以父功封黎侯也。

③【索隐】按：服虔云"不敢离其兵而到琅邪"也。

琅邪王刘泽既见欺，不得反国，乃说齐王曰："齐悼惠王高皇帝长子，推本言之，而大王高皇帝適长孙也，当立。今诸大臣狐疑未有所定，而泽于刘氏最为长年，大臣固待泽决计。今大王留臣无为也，不如使我入关计事。”齐王以为然，乃益具车送琅邪王。

琅邪王既行，齐遂举兵西攻吕国之济南。于是齐哀王遗诸侯王书曰：“高帝平定天下，王诸子弟，悼惠王于齐。悼惠王薨，惠帝使留侯张良立臣为齐王。惠帝崩，高后用事，春秋高，听诸吕擅废高帝所立，又杀三赵王，①灭梁、燕、赵②以王诸吕，分齐国为四。③忠臣进谏，上惑乱不听。今高后崩，皇帝春秋富，④未能治天下，固恃大臣诸(将)〔侯〕。今诸吕又擅自尊官，聚兵严威，劫列侯忠臣，矫制以令天下，宗庙所以危。今寡人率兵入诛不当为王者。”

①【正义】隐王如意、幽王友，梁王恢徙王赵，并高祖子也。

②【正义】梁王恢、燕王建，梁王恢徙赵，分灭无后也。

③【索隐】谓济南、琅邪、城阳并齐为四也。　【正义】琅邪郡封刘泽，济南郡以为吕王奉邑，城阳为鲁元公主汤沐邑也。

④【索隐】按：小颜云“言年幼也，比之于财，方未匮竭，故谓之富”也。

汉闻齐发兵而西，相国吕产乃遣大将军灌婴东击之。灌婴至荥阳，乃谋曰：“诸吕将兵居关中，欲危刘氏而自立。我今破齐还报，是益吕氏资也。”乃留兵屯荥阳，使使喻齐王及诸侯，与连和，以待吕氏之变而共诛之。齐王闻之，乃西取其故济南郡，亦屯兵于齐西界以待约。

吕禄、吕产欲作乱关中，朱虚侯与太尉勃、丞相平等诛之。朱虚侯首先斩吕产，于是太尉勃等乃得尽诛诸吕。而琅邪王亦从齐至长安。

大臣议欲立齐王，而琅邪王及大臣曰：“齐王母家驷钧，恶戾，虎而冠者也。①方以吕氏故几乱天下，今又立齐王，是欲复为吕氏也。代王母家薄氏，君子长者；且代王又亲高帝子，于今见在，且最为长。以子则顺，以善人则大臣安。”于是大臣乃谋迎立代王，而遣朱虚侯以诛吕氏事告齐王，令罢兵。

①【集解】张晏曰：“言钧恶戾，如虎而著冠。”

灌婴在荥阳，闻魏勃本教齐王反，既诛吕氏，罢齐兵，使使召责问魏勃。勃曰：“失火之家，岂暇先言大人而后救火乎！”①因退立，股战而栗，恐不能言者，终无他语。灌将军熟视笑曰：“人谓魏勃勇，妄庸人耳，②何能为乎！”乃罢魏勃。③魏勃父以善鼓琴见秦皇帝。及魏勃少时，欲求见齐相曹参，家贫无以自通，乃常独早夜埽齐相舍人门外。相舍人怪之，以为物，④而伺之，得勃。勃曰：“愿见相君，无因，故为子埽，欲以求见。”于是舍人见勃曹参，因以为舍人。一为参御，言事，参以为贤，言之齐悼惠王。悼惠王召见，则拜为内史。始，悼惠王得自置二千石。及悼惠王卒而哀王立，勃用事，重于齐相。

①【索隐】此盖旧俗之言，谓救火之急，不暇先启家长也。亦犹国家有难，不暇待诏命也。

②【索隐】按：妄庸谓凡妄庸劣之人也。

③【索隐】罢谓不罪而放遣之。

④【索隐】姚氏云：“物，怪物。”

王既罢兵归，而代王来立，是为孝文帝。

孝文帝元年，尽以高后时所割齐之城阳、琅邪、济南郡复与齐，而徙琅邪王王燕，益封朱虚侯、东牟侯各二千户。

是岁，齐哀王卒，太子(侧)〔则〕立，是为文王。

齐文王元年，汉以齐之城阳郡立朱虚侯为城阳王，以齐济北郡①立东牟侯为济北王。

①【正义】今济州，济北王所都。

二年，济北王反，汉诛杀之，地入于汉。

后二年，孝文帝尽封齐悼惠王子罢军等七人①皆为列侯。

①【正义】罷音不。

齐文王立十四年卒，无子，国除，地入于汉。

后一岁，孝文帝以所封悼惠王子分齐为王，齐孝王将闾以悼惠王子杨虚侯为齐王。故齐别郡尽以王悼惠王子：子志为济北王，子辟光为济南王，子贤为菑川王，子卬为胶西王，子雄渠为胶东王，与城阳、齐凡七王。①

①【索隐】谓将闾为齐王；志为济北王；卬，胶西王；辟光，济南王；贤，菑川王；章，城阳王；雄渠，胶东王。

齐孝王十一年，吴王濞、楚王戊反，兴兵西，告诸侯曰"将诛汉贼臣晁错以安宗庙"。胶西、胶东、菑川、济南皆擅发兵应吴楚。欲与齐，齐孝王狐疑，城守不听，三国兵共围齐。①齐王使路中大夫②告于天子。天子复令路中大夫还告齐王："善坚守，吾兵今破吴楚矣。"路中大夫至，三国兵围临菑数重，无从入。三国将劫与路中大夫盟，曰："若反言汉已破矣，齐趣下三国，不且见屠。"路中大夫既许之，至城下，望见齐王，曰："汉已发兵百万，使太尉周亚夫击破吴楚，方引兵救齐，齐必坚守无下！"三国将诛路中大夫。

①【集解】张晏曰："胶西、菑川、济南也。"

②【集解】张晏曰："姓路，为中大夫。" 【索隐】按：路姓，为中大夫官，史失其名，故言姓及官。顾氏按路氏谱中大夫名卬也。卬，五刚反。

齐初围急，阴与三国通谋，约未定，会闻路中大夫从汉来，喜，及其大臣乃复劝王毋下三国。居无何，汉将栾布、平阳侯①等兵至齐，击破三国兵，解齐围。已而复闻齐初与三国有谋，将欲移兵伐齐。齐孝王惧，乃饮药自杀。景帝闻之，以为齐首善，以迫劫有谋，非其罪也，乃立孝王太子寿为齐王，是为懿王，续齐后。而胶西、胶东、济南、菑川王咸诛灭，地入于汉。徙济北王王菑川。齐懿王立二十二年卒，子次景立，是为厉王。

①【索隐】按表是简侯曹奇也。

齐厉王，其母曰纪太后。太后取其弟纪氏女为厉王后。王不爱纪氏女。太后欲其家重宠，①令其长女纪翁主②入王宫，正其后宫，毋令得近王，欲令爱纪氏女。王因与其姊翁主奸。

①【索隐】重，直龙反。谓欲世宠贵于王宫也。

②【索隐】按：如淳云"诸王女云翁主。称其母姓，故谓之纪翁主"。

齐有宦者徐甲，入事汉皇太后。①皇太后有爱女曰修成君，修成君非刘氏，②太后怜之。修成君有女名娥，太后欲嫁之于诸侯，宦者甲乃请使齐，必令王上书请娥。皇太后喜，使甲之齐。是时齐人主父偃知甲之使齐以取后事，亦因谓甲："即事成，幸言偃女愿得充王后宫。"甲既至齐，风以此事。纪太后大怒，曰："王有后，后宫具备。且甲，齐贫人，急③乃为宦者，入事汉，无补益，乃欲乱吾王家！且主父偃何为者？乃欲以女充后宫！"徐甲大穷，还报皇太后曰："王已愿尚娥，然有一害，恐如燕王。"燕王者，与其子昆弟奸，新坐以死，亡国，故以燕感太后。太后曰："无复言嫁女齐事。"事浸浔(不得)闻于天子。主父偃由此亦与齐有郤。

①【索隐】谓王太后，武帝母也。

②【集解】张晏曰："王太后前嫁金氏所生。"

③【集解】徐广曰："一作'及'。"

主父偃方幸于天子，用事，因言："齐临菑十万户，市租千金，[1]人众殷富，巨于长安，此非天子亲弟爱子不得王此。今齐王于亲属益疏。"乃从容言："吕太后时齐欲反，吴楚时孝王几为乱。今闻齐王与其姊乱。"于是天子乃拜主父偃为齐相，且正其事。主父偃既至齐，乃急治王后宫宦者为王通于姊翁主所者，令其辞证皆引王。王年少，惧大罪为吏所执诛，乃饮药自杀。绝无后。

①【索隐】市租谓所卖之物出税，日得千金，言齐人众而且富也。

是时赵王惧主父偃一出废齐，恐其渐疏骨肉，乃上书言偃受金及轻重之短。[1]天子亦既囚偃。公孙弘言："齐王以忧死毋后，国入汉，非诛偃无以塞天下之望。"遂诛偃。

①【索隐】谓偃挟齐不娶女之恨，因言齐之短，为轻重之辞，谓言临菑富及吴、楚、孝王时事是也。

齐厉王立五年死，毋后，国入于汉。

齐悼惠王后尚有二国，城阳及菑川。菑川地比齐。天子怜齐，为悼惠王冢园在郡，割临菑东环悼惠王冢园邑尽以予菑川，以奉悼惠王祭祀。

城阳景王章，[1]齐悼惠王子，以朱虚侯与大臣共诛诸吕，而章身首先斩相国吕王产于未央宫。孝文帝既立，益封章二千户，赐金千斤。孝文二年，以齐之城阳郡立章为城阳王。立二年卒，子喜立，是为共王。

①【正义】年表云都莒也。

共王八年，徙王淮南。[1]四年，复还王城阳。凡三十三年卒，子(建)延立，是为顷王。

①【索隐】按：当孝文帝之十二年也。　【正义】年表云都陈也。

顷王二十(八)〔六〕年卒，子义立，是为敬王。敬王九年卒，子武立，是为惠王。惠王十一年卒，子顺立，是为荒王。荒王四十六年卒，子恢立，[1]是为戴王。戴王八年卒，子景立，至建始三年，[2]十五岁，卒。

①【集解】徐广曰："甘露二年。"

②【正义】建始，成帝年号。从建始四年上至天汉四年，六十七矣，盖褚先生次之。

济北王兴居，[1]齐悼惠王子，以东牟侯助大臣诛诸吕，功少。及文帝从代来，兴居曰："请与太仆婴入清宫。"废少帝，共与大臣尊立孝文帝。

①【正义】都济州也。

孝文帝二年，以齐之济北郡立兴居为济北王，与城阳王俱立。立二年，反。始大臣诛吕氏时，朱虚侯功尤大，许尽以赵地王朱虚侯，尽以梁地王东牟侯。及孝文帝立，闻朱虚、东牟之初欲立齐王，故绌其功。及二年，王诸子，乃割齐二郡以王章、兴居。章、兴居自以失职夺功。章死，而兴居闻匈奴大入汉，汉多发兵，使丞相灌婴击之，文帝亲幸太原，以为天子自击胡，遂发兵反于济北。天子闻之，罢丞相及行兵，皆归长安。使棘蒲侯柴将军[1]击破虏济北王，王自杀，地入于汉，为郡。

①【集解】张晏曰："柴武。"

后十(二)〔三〕年，文帝十六年，复以齐悼惠王子安都侯①志为济北王。十一年，吴楚反时，志坚守，不与诸侯合谋。吴楚已平，徙志王菑川。

①【索隐】地理志安都阙。【正义】安都故城在瀛州高阳县西南三十九里。

济南王辟光，①齐悼惠王子，以勒侯②孝文十六年为济南王。十一年，与吴楚反。汉击破，杀辟光，以济南为郡，地入于汉。

①【正义】辟音壁。都济南郡。

②【索隐】勒，汉书作"朸"，并音力。地理志县名，属平原也。

菑川王贤，①齐悼惠王子，以武城侯②文帝十六年为菑川王。十一年，与吴楚反，汉击破，杀贤。

①【正义】年表云淄川王都剧。故城在青州寿光县西三十一里。

②【索隐】地理志县名，属平原。【正义】贝州县。

天子因徙济北王志王菑川。志亦齐悼惠王子，以安都侯王济北。菑川王反，毋后，乃徙济北王王菑川。凡立三十五年卒，谥为懿王。子建代立，是为靖王。二十年卒，子遗代立，是为顷王。三十六年卒，子终古立，是为思王。二十八年卒，子尚立，是为孝王。五年卒，子横立，至建始①三年，十一岁，卒。

①【正义】亦褚少孙次之。

胶西王卬，①齐悼惠王子，以昌平侯②文帝十六年为胶西王。

十一年，与吴楚反。汉击破，杀卬，地入于汉，为胶西郡。

①【正义】卬，五郎反。年表云都高苑。括地志云："高苑故城在淄州长山县北四里。"

②【正义】括地志云："昌平故城在幽州东南六十里也。"

胶东王雄渠，[①]齐悼惠王子，以白石侯[②]文帝十六年为胶东王。十一年，与吴楚反，汉击破，杀雄渠，地入于汉，为胶东郡。

①【正义】年表云都即墨。按：即墨故城在莱州胶东县南六十里。

②【索隐】地理志县名，属金城。 【正义】白石古城在德州安德县北二十里。

太史公曰：诸侯大国无过齐悼惠王。以海内初定，子弟少，激秦之无尺土封，故大封同姓，以填万民之心。及后分裂，固其理也。

【索隐述赞】汉矫秦制，树屏自强。表海大国，悉封齐王。吕后肆怒，乃献城阳。哀王嗣立，其力不量。朱虚仕汉，功大策长。东牟受赏，称乱贻殃。胶东、济北，雄渠、辟光。齐虽七国，忠孝者昌。

史记卷五十三

萧相国世家第二十三

萧相国何者，沛丰人也。①以文无害②为沛主吏掾。③

①【索隐】按：春秋纬"萧何感昴精而生，典狱制律"。

②【集解】汉书音义曰："文无害，有文无所枉害也。律有无害都吏，如今言公平吏。一曰，无害者如言'无比'，陈留间语也。"【索隐】按：裴注已列数家，今更引二说。应劭云"虽为文吏，而不刻害也"。韦昭云"为有文理，无伤害也"。

③【索隐】汉书云"何为主吏"。主吏，功曹也。又云"何为沛掾"，是何为功曹掾也。

高祖为布衣时，何数以吏事护高祖。①高祖为亭长，常左右之。高祖以吏繇咸阳，吏皆送奉钱三，何独以五。②

①【索隐】说文云："护，救视也。"

②【集解】李奇曰："或三百，或五百也。"【索隐】奉音扶用反。谓资俸之。如字读，谓奉送之也。钱三百，谓他人三百，何独五百也。刘氏

云："时钱有重者一当百，故有送钱三者。"

秦御史监郡者与从事，常辨之。[①]何乃给泗水卒史[②]事，第一。[③]秦御史欲入言征何，何固请，得毋行。

①【集解】张晏曰："何与共事修辨明，何素有方略也。"苏林曰："辟何与从事也。秦时无刺史，以御史监郡。"【索隐】按：何与御史从事常辨明，言称职也。故张晏曰"何与共事修辨明，何素有方略"是也。

②【集解】徐广曰："沛县有泗水亭。又秦以沛为泗水郡。"骃按：文颖曰"何为泗水郡卒史"。【索隐】如淳按：律，郡卒史书佐各十人也。卒，祖忽反。

③【索隐】按：谓课最居第一也。

及高祖起为沛公，何常为丞督事。[①]沛公至咸阳，诸将皆争走[②]金帛财物之府分之，何独先入收秦丞相御史律令图书藏之。沛公为汉王，以何为丞相。项王与诸侯屠烧咸阳而去。汉王所以具知天下厄塞，户口多少，强弱之处，民所疾苦者，以何具得秦图书也。何进言韩信，汉王以信为大将军。语在淮阴侯事中。

①【索隐】谓高祖起沛，令何为丞，常监督庶事也。

②【索隐】音奏。奏者，趋向之。

汉王引兵东定三秦，何以丞相留收巴蜀，填抚谕告，使给军食。汉二年，汉王与诸侯击楚，何守关中，侍太子，治栎阳。为法令约束，立宗庙社稷宫室县邑，辄奏上，可，许以从事；即不及奏上，辄以便宜施行，上来以闻。[①]关中事计户口转漕[②]给军，汉王数失军遁去，何常兴关中卒，辄补缺。上以此专属任何关中事。

①【集解】应劭曰："上来还，乃以所为闻之。"

②【索隐】转，刘氏音张恋反。漕，水运也。

汉三年，汉王与项羽相距京索之间，上数使使劳苦丞相。鲍生谓丞相曰："王暴衣露盖，数使使劳苦君者，有疑君心也。为君计，莫若遣君子孙昆弟能胜兵者悉诣军所，上必益信君。"于是何从其计，汉王大说。

汉五年，既杀项羽，定天下，论功行封。群臣争功，岁馀功不决。高祖以萧何功最盛，封为酂侯，①所食邑多。功臣皆曰："臣等身被坚执锐，多者百馀战，少者数十合，攻城略地，大小各有差。今萧何未尝有汗马之劳，徒持文墨议论，不战，顾反居臣等上，何也？"高帝曰："诸君知猎乎？"曰："知之。""知猎狗乎？"曰："知之。"高帝曰："夫猎，追杀兽兔者狗也，而发踪指示兽处者人也。今诸君徒能得走兽耳，功狗也。至如萧何，发踪指示，功人也。且诸君独以身随我，多者两三人。今萧何举宗数十人皆随我，功不可忘也。"群臣皆莫敢言。

①【集解】文颖曰："音赞。"瓒曰："今南乡酂县也。孙检曰'有二县，音字多乱。其属沛郡者音嵯，属南阳者音赞'。按茂陵书，萧何国在南阳，宜呼赞。今多呼嵯，嵯旧字作'䣜'，今皆作'酂'，所由乱也。"【索隐】邹氏云："属沛郡音嵯，属南阳音赞。"又臣瓒按茂陵书："萧何国在南阳，则字当音赞，今多呼为嵯也。"注："瓒曰今南乡酂县。"顾氏云："南乡，郡名也。太康地理志云'魏武帝建安中分南阳立南乡郡，晋武帝又曰顺阳郡也'。"

列侯毕已受封，及奏位次，皆曰："平阳侯曹参身被七十创，攻城略地，功最多，宜第一。"上已桡①功臣，多封萧何，至位次未有以复难之，然心欲何第一。关内侯鄂君②进曰："群臣议皆误。夫曹参虽有野战略地之功，此特一时之事。夫上与楚相距五岁，常失军亡众，逃身遁者数矣。然萧何常从关中遣军补其处,非上所诏令召,而数万众会上之乏绝者数矣。夫汉与楚相守荥阳数年,军无见粮,萧何转漕关中,给食不乏。陛下虽数亡山东,萧何常全关中以待陛下,此万世之功也。今虽亡曹参等百数,何缺于汉?汉得之不必待以全。奈何欲以一旦之功而加万世之功哉!萧何第一,曹参次之。"高祖曰:"善。"于是乃令萧何〔第一〕,赐带剑履上殿,入朝不趋。

①【集解】应劭曰:"桡,屈也。" 【索隐】音女教反。

②【索隐】按功臣表,鄂君即鄂千秋,封安平侯。

上曰:"吾闻进贤受上赏。萧何功虽高,得鄂君乃益明。"于是因鄂君故所食关内侯邑封为安平侯。[①]是日,悉封何父子兄弟十馀人,皆有食邑。乃益封何二千户,以帝尝繇咸阳时何送我独赢奉钱二也。[②]

①【集解】徐广曰:"以谒者从定诸侯有功,秩举萧何功,故因侯二千户。封九年卒。至玄孙但,坐与淮南王安通,弃市,国除。" 【正义】括地志云:"泽州安平县,本汉安平县。"

②【索隐】谓人皆三,何独五,所以为赢二也。音盈。

汉十一年,陈豨反,高祖自将,至邯郸。未罢,淮阴侯谋反关中,吕后用萧何计,诛淮阴侯,语在淮阴事中。上已闻淮阴侯诛,使使拜丞相何为相国,益封五千户,令卒五百人一都尉为相国卫。诸君皆贺,召平独吊。召平者,故秦东陵侯。秦破,为布衣,贫,种瓜于长安城东,瓜美,故世俗谓之"东陵瓜",从召平以为名也。召平谓相国曰:"祸自此始矣。上暴露于外而君守于中,非被矢石之事而益君封置卫者,以今者淮阴侯新反于中,疑君心矣。夫置卫卫君,非以宠君也。愿君让封勿受,悉以家私财佐军,则上心说。"相国从其计，高帝乃大喜。

汉十二年秋，黥布反，上自将击之，数使使问相国何为。相国为上在军，乃拊循勉力百姓，悉以所有佐军，如陈豨时。客有说相国曰："君灭族不久矣。夫君位为相国，功第一，可复加哉？然君初入关中，得百姓心，十馀年矣，皆附君，常复孳孳得民和。上所为数问君者，畏君倾动关中。今君胡不多买田地，贱贳贷①以自污？上心乃安。"于是相国从其计，上乃大说。

①【正义】贳音世，又食夜反，赊也。下天得反。

上罢布军归，民道遮行上书，言相国贱强买民田宅数千万。上至，相国谒。上笑曰："夫相国乃利民！"①民所上书皆以与相国，曰："君自谢民。"相国因为民请曰："长安地狭，上林中多空地，弃，愿令民得入田，毋收稿为禽兽食。"②上大怒曰："相国多受贾人财物，乃为请吾苑！"乃下相国廷尉，械系之。数日，王卫尉侍，③前问曰："相国何大罪，陛下系之暴也？"上曰："吾闻李斯相秦皇帝，有善归主，有恶自与。今相国多受贾竖金而为民请吾苑，以自媚于民，故系治之。"王卫尉曰："夫职事苟有便于民而请之，真宰相事，陛下奈何乃疑相国受贾人钱乎！且陛下距楚数岁，陈豨、黥布反，陛下自将而往，当是时，相国守关中，摇足则关以西非陛下有也。相国不以此时为利，今乃利贾人之金乎？且秦以不闻其过亡天下，李斯之分过，④又何足法哉。陛下何疑宰相之浅也。"⑤高帝不怿。是日，使使持节赦出相国。相国年老，素恭谨，入，徒跣谢。高帝曰："相国休矣！相国为民请苑，吾不许，我不过为桀纣主，而相国为贤相。吾故系相国，欲令百姓闻吾过也。"

①【索隐】谓相国取人田宅以为利，故云"乃利人"也。所以令相国自谢之。

②【索隐】苗子还种田人，留稿入官。

③【集解】如淳曰："百官公卿表卫尉王氏，无名字。"

④【索隐】按：上文李斯归恶而自予，是分过。

⑤【集解】韦昭曰："用意浅。"

何素不与曹参相能，及何病，孝惠自临视相国病，因问曰："君即百岁后，谁可代君者？"对曰："知臣莫如主。"孝惠曰："曹参何如？"何顿首曰："帝得之矣！臣死不恨矣！"

何置田宅必居穷处，为家不治垣屋。曰："后世贤，师吾俭；不贤，毋为势家所夺。"

孝惠二年，相国何卒，①谥为文终侯。②

①【集解】东观汉记云"萧何墓在长陵东司马门道北百步。"【正义】括地志云："萧何墓在雍州咸阳县东北三十七里。"

②【集解】徐广曰："功臣表萧何以客初起从也。"

后嗣以罪失侯者四世，绝，天子辄复求何后，封续酂侯，功臣莫得比焉。

太史公曰：萧相国何于秦时为刀笔吏，录录未有奇节。①及汉兴，依日月之末光，何谨守管籥，因民之疾(奉)〔秦〕法，顺流与之更始。淮阴、黥布等皆以诛灭，而何之勋烂焉。位冠群臣，声施后世，与闳夭、散宜生等争烈矣。

①【索隐】录音禄。

【索隐述赞】萧何为吏，文而无害。及佐兴王，举宗从沛。关中既守，转输是赖。汉军屡疲，秦兵必会。约法可久，收图可大。指兽发踪，其功实最。政称画一，居乃非泰。继绝宠勤，式旌砺带。

史记卷五十四

曹相国世家第二十四

平阳侯①曹参者，沛人也。②秦时为沛狱掾，而萧何为主吏，居县为豪吏矣。

①【正义】晋州城即平阳故城也。

②【集解】张华曰："曹参字敬伯。" 【索隐】地理志平阳县属河东。又按春秋纬及博物志，并云参字敬伯。 【正义】按：沛，今徐州县也。

高祖为沛公而初起也，参以中涓从。①将击胡陵、方与，②攻秦监公军，③大破之。东下薛，击泗水守军薛郭西。复攻胡陵，取之。徙守方与。方与反为魏，击之。④丰反为魏，⑤攻之。赐爵七大夫。击秦司马𡰷⑥军砀东，破之，取砀、狐父、⑦祁善置。⑧又攻下邑以西，至虞，⑨击章邯车骑。攻爰戚⑩及亢父，⑪先登。迁为五大夫。北救阿，⑫击章邯军，陷陈，追至濮阳。攻定陶，取临济。⑬南救雍丘，击李由军，破之，杀李由，虏秦候一人。秦将章邯破杀项梁也，沛公与项羽引而东。楚怀王以沛公为砀郡长，将砀郡兵。于是乃封参为执帛，⑭号曰建成君。⑮迁为戚公，⑯属砀郡。

①【集解】汉书音义曰："中涓如中谒者。" 【索隐】涓音古玄反。

②【索隐】地理志二县皆属山阳郡。 【正义】胡陵，县名，在方与之南。方音房，与音预，兖州县也。

③【集解】汉书音义曰："监，御史监郡者；公，名。秦一郡置守、尉、监三人。" 【索隐】按注，公者监之名，然本纪泗川监名平，则平是名，公为相尊之称也。

④【正义】曹参击方与。

⑤【索隐】时雍齿守丰，为魏反沛公。

⑥【正义】音夷。

⑦【集解】徐广曰："伍被曰'吴濞败于狐父'。" 【索隐】地理志砀属梁国。狐父，地名，在梁砀之间。徐氏引伍被云"吴濞败于狐父"，是吴与梁相拒而败处。 【正义】括地志云："狐父亭在宋州砀山县东南三十里。"

⑧【集解】文颖曰："善置，置名也。"晋灼曰："祁音坻。孙检曰'汉谓驿曰置。善，名也'。" 【索隐】按：司马彪郡国志谷熟有祁亭。刘氏音迟，又如字。善置，置名，汉谓驿为置。 【正义】括地志云："故祁城在宋州下邑县东北四十九里，汉祁城县也。"言取砀、狐父及祁县之善置。

⑨【索隐】地理志下邑、虞皆属梁国。 【正义】宋州下邑县在州东百一十里。汉下邑城，今砀山县是。虞城县在州北五十里，古虞国，商均所封。

⑩【集解】徐广曰："宣帝时有爰戚侯。" 【索隐】苏林云"县名，属山阳"。按功臣表，爰戚侯赵成。 【正义】音寂。刘音七历反。今在兖州南，近亢父县。

⑪【索隐】地理志县名，属东平。　【正义】括地志："亢父故城在兖州任城县南五十一里。"

⑫【索隐】按：阿即东阿也。时章邯围田荣于东阿也。　【正义】今济州东阿也。

⑬【正义】淄州高苑县西北二里有狄故城，安帝改曰临济。

⑭【集解】张晏曰："孤卿也。或曰楚官名。"

⑮【索隐】地理志建成县属沛郡。

⑯【索隐】谓迁参为戚令。　【正义】即爰戚县也，是时属沛郡。

其后从攻东郡尉军，破之成武南。①击王离军成阳南，②复攻之杠里，大破之。追北，西至开封，击赵贲③军，破之，围赵贲开封城中。西击秦将杨熊军于曲遇，④破之，虏秦司马及御史各一人。迁为执珪。⑤从攻阳武，⑥下轘辕、缑氏，⑦绝河津，⑧还击赵贲军尸北，破之。⑨从南攻犨，与南阳守齮战阳城郭东，⑩陷陈，⑪取宛，虏齮，尽定南阳郡。从西攻武关、峣关，⑫取之。前攻秦军蓝田南，⑬又夜击其北，秦军大破，遂至咸阳，灭秦。

①【索隐】地理志成武县属山阳。

②【索隐】地理志县名，在济阴。成，地名。周武王封弟季载于成，其后代迁于成之阳，故曰成阳。　【正义】成阳故城，濮州雷泽县是。史记云武王封弟季载于成。其后迁于成之阳，故曰成阳也。

③【索隐】音奔。

④【集解】徐广曰："在中牟。"　【索隐】曲，丘禹反。遇，牛凶反。　【正义】曲，丘羽反。遇，牛恭反。司马彪郡国志云"中牟有曲遇聚"。按：中牟，郑州县也。

⑤【集解】张晏曰："侯伯执珪以朝，位比之。"如淳曰："吕氏春秋'得伍员者位执珪'。古爵名。"

⑥【正义】括地志云："阳武故城在郑州阳武县东北十八里，汉阳武县

城也。”

⑦【索隐】地理志阳武、缑氏二县属河南。轘辕，道名，在缑氏南。【正义】缑氏，洛州县也。括地志云：“轘辕故关在洛州缑氏县东南四十里。十三州志云轘辕道凡十二曲，是险道。”

⑧【正义】津，济渡处。括地志云：“平阴故津在洛州洛阳县东北五十里。”

⑨【集解】徐广曰：“尸在偃师。”孟康曰：“尸乡北。”【正义】破赵贲军于尸乡之北也。括地志云：“尸乡亭在洛州偃师县，在洛州东南也。”

⑩【集解】应劭曰：“今赭阳。”【索隐】徐广云“阳城在南阳”，应劭云“今赭阳”。赭阳是南阳之县。

⑪【正义】陷南阳守于阳城郭东也。

⑫【正义】括地志云：“故武关在商州商洛县东九十里。蓝田关在雍州蓝田县东南九十里，即秦峣关也。”

⑬【正义】雍州蓝田县在州东南八十里，因蓝田山为名。

项羽至，以沛公为汉王。汉王封参为建成侯。从至汉中，①迁为将军。从还定三秦，初攻下辩、故道、②雍、斄。③击章平军于好畤南，④破之，围好畤，取壤乡。⑤击三秦军壤东及高栎，⑥破之。复围章平，章平出好畤走。因击赵贲、内史保军，破之。东取咸阳，更名曰新城。⑦参将兵守景陵⑧二十日，三秦使章平等攻参，参出击，

大破之。赐食邑于宁秦。⑨参以将军引兵围章邯于废丘。⑩以中尉从汉王出临晋关。⑪至河内，下修武，⑫渡围津，⑬东击龙且、项他定陶，破之。东取砀、萧、彭城。⑭击项籍军，汉军大败走。参以中尉围取雍丘。王武反于〔外〕黄，⑮程处反于燕，⑯往击，尽破之。柱天侯反于衍氏，⑰又进破取衍氏。击羽婴于昆阳，追至叶。还攻武

强，[18]因至荥阳。参自汉中为将军中尉，从[19]击诸侯及项羽，败，还至荥阳，凡二岁。

①【正义】梁州本汉中郡。

②【索隐】地理志二县名，皆属武都。辩音皮苋反。 【正义】括地志云："成州同谷县，本汉下辩道。"又云："凤州两当县，本汉故道县，在州西五十里。"

③【索隐】地理志二县名，属右扶风。斄音胎。 【正义】斄作"邰"，音贻。括地志云："故雍县南七里。故斄城一名武功，县西南二十二里，古邰国也。"

④【正义】括地志云："好畤城在雍州好畤县东南十三里。"

⑤【集解】文颖曰："地名。"

⑥【索隐】栎音历。按：文颖云"壤乡、高栎皆地名也"。然尽在右扶风，今其地阙也。 【正义】音历。皆村邑名。壤乡，今在雍州武功县东南一十馀里高壤坊，是高栎近壤乡也。

⑦【索隐】按：汉书高帝元年咸阳名新城，武帝改名曰渭城。

⑧【集解】汉书音义曰："县名也。"

⑨【集解】苏林曰："今华阴。"

⑩【正义】周曰犬丘，秦更名废丘，汉更名槐里，今故城在雍州始平县东南十里。

⑪【正义】即蒲津关也，在临晋县。故言临晋关，今在同州也。

⑫【正义】今怀州获嘉县，古修武也。

⑬【集解】徐广曰："东郡白马有围津。" 【索隐】顾氏按：水经注白马津有韦乡、韦津城。"围"与"韦"同，古今字变尔。 【正义】括地志云："黎阳津一名白马津，在滑州白马县北三十里。帝王世纪云'白马县南有韦城，故豕韦国也'。续汉书郡国志云'白马县有韦城'。"

⑭【正义】徐州二县。

⑮【集解】徐广曰："内黄县有黄泽。"

⑯【集解】徐广曰："东郡燕县。"骃案：汉书音义曰"皆汉将"。

⑰【索隐】天柱侯不知其谁封。衍氏，魏邑。地理志云天柱在庐江潜县。

⑱【集解】瓒曰："武强城在阳武。" 【正义】括地志云："武强故城在郑州管城县东北三十一里。"

⑲【索隐】才用反。

高祖（三）〔二〕年，拜为假左丞相，入屯兵关中。月馀，魏王豹反，以假左丞相别与韩信东攻魏将军孙遬①军东张，②大破之。因攻安邑，得魏将王襄。击魏王于曲阳，③追至武垣，④生得魏王豹。取平阳，⑤得魏王母妻子，尽定魏地，凡五十二城。赐食邑平阳。因从韩信击赵相国夏说军于邬东，⑥大破之，斩夏说。韩信与故常山王张耳引兵下井陉，击成安君，而令参还围赵别将戚将军于邬城中。戚将军出走，追斩之。乃引兵诣敖仓汉王之所。韩信已破赵，为相国，东击齐。参以右丞相属韩信，攻破齐历下军，遂取临菑。还定济北郡，攻著、漯阴、平原、鬲、卢。⑦已而从韩信击龙且军于上假密，⑧大破之，斩龙且，虏其将军周兰。定齐，凡得七十馀县。得故齐王田广相田光，其守相许章，及故齐胶东将军田既。韩信为齐王，引兵诣陈，与汉王共破项羽，而参留平齐未服者。

①【索隐】音速。

②【集解】徐广曰："张者，地名。功臣表有张侯毛泽之。"骃按：苏林曰属河东。【正义】括地志云："张阳故城一名东张城，在蒲州虞乡县西北四十里。"

③【正义】括地志云："上曲阳，定州恒阳县是。下曲阳在定州鼓城县西五里。"

④【集解】徐广曰:“河东有垣县。” 【正义】括地志云:“武垣县,今瀛州城是。地理志云武垣县属涿郡也。”

⑤【正义】晋州城是。

⑥【集解】徐广曰:“邬县在太原。音乌古反。” 【索隐】地理志邬,太原县名。音乌古反。

⑦【索隐】地理志著县属济南,卢县属泰山,漯阴、平原、鬲三县属平原。漯音吐答反。 【正义】括地志云:“平原故城在德州平原县东南十里。故鬲城在德州安德县西北十五里。”卢县,今济州理县是也。

⑧【集解】文颖曰:“或以为高密。” 【索隐】汉书亦作“假密”。按:下定齐七十县,则上假密非高密,亦是齐地,今阙。

项籍已死,天下定,汉王为皇帝,韩信徙为楚王,齐为郡。参归汉相印。高帝以长子肥为齐王,而以参为齐相国。以高祖六年赐爵列侯,与诸侯剖符,世世勿绝。食邑平阳万六百三十户,号曰平阳侯,除前所食邑。

以齐相国击陈豨将张春军,破之。黥布反,参以齐相国从悼惠王将兵车骑十二万人,与高祖会击黥布军,大破之。南至蕲,还定竹邑、相、萧、留。①

①【索隐】地理志蕲、竹邑、相、萧四县属沛。韦昭云“留今属彭城”,则汉初亦属沛也。 【正义】括地志云:“徐州符离县城,汉竹邑城也。李奇云‘今竹邑也’。故相城在符离县西北九十里。舆地志云‘宋共公自睢阳徙相子城,又还睢阳’。萧,徐州县,古萧叔国城也。故留城在徐州沛县东南五十里,张良所封。”

参功:凡下二国,县一百二十二;得王二人,相三人,将军六人,大莫敖、①郡守、司马、候、御史各一人。

①【集解】汉书音义曰:“楚之卿号。”

孝惠帝元年，除诸侯相国法，更以参为齐丞相。参之相齐，齐七十城。天下初定，悼惠王富于春秋，参尽召长老诸生，问所以安集百姓，如齐故（俗）诸儒以百数，言人人殊，参未知所定。闻胶西有盖公，善治黄老言，使人厚币请之。既见盖公，盖公为言治道贵清静而民自定，推此类具言之。参于是避正堂，舍盖公焉。其治要用黄老术，故相齐九年，齐国安集，大称贤相。

惠帝二年，萧何卒。参闻之，告舍人趣治行，"吾将入相"。居无何，使者果召参。参去，属其后相曰："以齐狱市为寄，慎勿扰也。"后相曰："治无大于此者乎？"参曰："不然。夫狱市者，所以并容也，今君扰之，奸人安所容也？吾是以先之。"①

①【集解】汉书音义曰："夫狱市兼受善恶，若穷极，奸人无所容窜；奸人无所容窜，久且为乱。秦人极刑而天下畔，孝武峻法而狱繁，此其效也。老子曰'我无为而民自化，我好静而民自正'。参欲以道化其本，不欲扰其末。"

参始微时，与萧何善；及为将相，有郤。至何且死，所推贤唯参。参代何为汉相国，举事无所变更，一遵萧何约束。

择郡国吏木诎于文辞，重厚长者，即召除为丞相史。吏之言文刻深，欲务声名者，辄斥去之。日夜饮醇酒。卿大夫已下吏及宾客见参不事事，①来者皆欲有言。至者，参辄饮以醇酒，间之，欲有所言，复饮之，醉而后去，终莫得开说，②以为常。

①【集解】如淳曰："不事丞相之事。"

②【集解】如淳曰："开谓有所启白。"

相舍后园近吏舍，吏舍日饮歌呼。从吏恶之，无如之何，乃请参游园中，闻吏醉歌呼，从吏幸相国召按之。乃反取酒张坐饮，亦歌呼与相应和。

参见人之有细过，专掩匿覆盖之，府中无事。

参子窋[①]为中大夫。惠帝怪相国不治事，以为"岂少朕与"？[②]乃谓窋曰："若归，试私从容问而父曰：'高帝新弃群臣，帝富于春秋，君为相，日饮，无所请事，何以忧天下乎？'然无言吾告若也。"[③]窋既洗沐归，闲侍，自从其所谏参。参怒，而笞窋二百，曰："趣入侍，天下事非若所当言也。"至朝时，惠帝让参曰："与窋胡治乎？[④]乃者我使谏君也。"参免冠谢曰："陛下自察圣武孰与高帝？"上曰："朕乃安敢望先帝乎！"曰："陛下观臣能孰与萧何贤？"上曰："君似不及也。"参曰："陛下言之是也。且高帝与萧何定天下，法令既明，今陛下垂拱，参等守职，遵而勿失，不亦可乎？"惠帝曰："善。君休矣！"

①【索隐】音张律反。

②【索隐】按：少者不足之词，故胡亥亦云"丞相岂少我哉"。盖帝以丞相岂不是嫌少于我哉。小颜以为"我年少"，非也。

③【索隐】谓惠帝语窋，无得言我告汝令谏汝父，当自云是己意也。

④【集解】如淳曰："犹言用窋为治。"【索隐】按：胡，何也，言语参"何为治窋"也。

参为汉相国，出入三年。卒，谥懿侯。子窋代侯。百姓歌之曰："萧何为法，顜若画一；[①]曹参代之，守而勿失。载其清净，民以宁一。"

①【集解】徐广曰："顜音古项反，一音较。"【索隐】顜，汉书作"讲"，故文颖云"讲，一作'较'"。按：训直，又训明，言法明直若画一也。顜音讲，亦作"顜"。小颜云"讲，和也。画一，言其法整齐也"。

平阳侯窋，高后时为御史大夫。孝文帝立，免为侯。立二十九年卒，谥为静侯。子奇代侯，立七年卒，谥为简侯。子时代侯。时尚平阳公主，生子襄。时病疠，归国。立二十三年卒，谥夷侯。子襄代侯。襄尚卫长公主，生子宗。立十六年卒，谥为共侯。子宗代侯。征和二年中，宗坐太子死，国除。

太史公曰：曹相国参攻城野战之功所以能多若此者，以与淮阴侯俱。及信已灭，而列侯成功，唯独参擅其名。参为汉相国，清静极言合道。然百姓离秦之酷后，参与休息无为，故天下俱称其美矣。

【索隐述赞】曹参初起，为沛豪吏。始从中涓，先围善置。执珪执帛，攻城略地。衍氏既诛，昆阳失位。北禽夏说，东讨田溉。剖符定封，功无与二。市狱勿扰，清净不事。尚主平阳，代享其利。

史记卷五十五

留侯世家第二十五

留侯[①]张良者，[②]其先韩人也。[③]大父开地，[④]相韩昭侯、宣惠王、襄哀王。父平，相釐王、悼惠王。[⑤]悼惠王二十三年，平卒。卒二十岁，秦灭韩。良年少，未宦事韩。韩破，良家僮三百人，弟死不葬，悉以家财求客刺秦王，为韩报仇，以大父、父五世相韩故。[⑥]

①【索隐】韦昭云"留，今属彭城"。按：良求封留，以始见高祖于留故也。　【正义】括地志云："故留城在徐州沛县东南五十五里。今城内有张良庙也。"

②【索隐】汉书云字子房。按：王符、皇甫谧并以良为韩之公族，姬姓也。秦索贼急，乃改姓名。而韩先有张去疾及张谴，恐非良之先代。

③【索隐】良既历代相韩，故知其先韩人。顾氏按：后汉书云"张良出于城父"，城父县属颍川也。　【正义】括地志云："城父在汝州郏城县东三十里，韩(里)〔也〕也。"

④【集解】应劭曰："大父，祖父。开地，名。"

⑤【索隐】韩系家及系本并作桓惠王。

⑥【索隐】谓大父及父相韩五王，故云五代。

良尝学礼淮阳。①东见仓海君。②得力士，为铁椎重百二十斤。秦皇帝东游，良与客狙③击秦皇帝博浪沙中，④误中副车。⑤秦皇帝大怒，大索天下，求贼甚急，为张良故也。良乃更名姓，亡匿下邳。

①【正义】今陈州也。

②【集解】如淳曰："秦郡县无仓海。或曰东夷君长。"【索隐】姚察以武帝时东夷秽君降，为仓海郡，或因以名，盖得其近也。【正义】汉书武帝纪云〔元朔〕元年，东夷秽君南闾等降，为仓海郡，今貊秽国"，得之。太史公修史时已降为郡，自书之。括地志云："秽貊在高丽南，新罗北，东至大海西。"

③【集解】服虔曰："狙，伺候也。"应劭曰："狙，七预反，伺也。"徐广曰："伺候也，音千恕反。"【索隐】按：应劭云"狙，伺也"。一曰狙，伏伺也，音七豫反。谓狙之伺物，必伏而候之，故今云"狙候"是也。

④【索隐】服虔云"地在阳武南"。按：今浚仪西北四十里有博浪城。【正义】晋地理记云"郑阳武县有博浪沙"。按：今当官道也。

⑤【索隐】按：汉官仪天子属车三十六乘。属车即副车，而奉车郎御而从后。

良尝閒从容①步游下邳②圯上，③有一老父，衣褐，至良所，直堕其履圯下，④顾谓良曰："孺子，下取履！"良鄂然，欲殴之。⑤为其老，强忍，下取履。父曰："履我！"良业为取履，因长跪履之。⑥父以足受，笑而去。良殊大惊，随目之。父去里所，复还，⑦曰："孺子可教矣。后五日平明，与我会此。"良因怪之，跪曰："诺。"五日平明，良往。父已先在，怒曰："与老人期，后，何也？"去，曰："后五日早会。"五日鸡鸣，良往。父又先在，复怒曰："后，何也？"去，曰："后五日复早来。"五日,良夜未半往。有顷,父亦来,喜曰:"当如是。"出一编书,⑧曰:"读此则为王者师矣。后十年兴。十三年孺子见我济北,榖城山下黄石即我矣。"⑨遂去,无他言,不复见。旦日视其书,乃太公兵法也。⑩良因异之,常习诵读之。

①【索隐】尝训经也。閒,闲字也。从容,闲暇也。从容谓从任其容止,不矜庄也。

②【索隐】邳,被眉反。按:地理志下邳县属东海。又云邳在薛,后徙此。有上邳,故此曰下邳也。

③【集解】徐广曰:"圯,桥也。东楚谓之圯。音怡。" 【索隐】李奇云"下邳人谓桥为圯,音怡"。文颖曰"沂水上桥也"。应劭云"沂水之上也"。姚察见史记本有作土旁者,乃引今会稽东湖大桥名为灵圯。圯亦音夷,理或然也。

④【索隐】崔浩云"直犹故也",亦恐不然。直言正也,谓至良所正堕其履也。

⑤【集解】徐广曰:"一云'良怒,欲骂之'。" 【索隐】殴音乌后反。

⑥【索隐】业犹本先也。谓良心先已为取履,故遂跪而履之。

⑦【集解】徐广曰:"一曰'为其老,强忍,下取履,因进之。父以足受,笑而去。良殊大惊。父去里所,复还'。"

⑧【集解】徐广曰:"编,一作'篇'。"

⑨【正义】括地志云:"榖城山一名黄山,在济州东阿县东。济州,故济北郡。孔文祥云'黄石公〔状〕,须眉皆白,(状)杖丹黎,履赤舄'。"

⑩【正义】七录云:"太公兵法一帙三卷。太公,姜子牙,周文王师,封齐侯也。"

居下邳,为任侠。项伯常杀人,从良匿。

后十年,陈涉等起兵,良亦聚少年百馀人。景驹自立为楚假王，在留。良欲往从之，道遇沛公。沛公将数千人，略地下邳西，遂属焉。沛公拜良为厩将。[①]良数以太公兵法说沛公，沛公善之，常用其策。良为他人言，皆不省。良曰："沛公殆天授。"[②]故遂从之，不去见景驹。

①【集解】汉书音义曰："官名。"

②【索隐】殆训近也。

及沛公之薛，见项梁。项梁立楚怀王。良乃说项梁曰："君已立楚后，而韩诸公子横阳君成贤，可立为王，益树党。"项梁使良求韩成，立以为韩王。以良为韩申徒，[①]与韩王将千馀人西略韩地，得数城，秦辄复取之，往来为游兵颍川。

①【集解】徐广曰："即司徒耳，但语音讹转，故字亦随改。"

沛公之从雒阳南出轘辕，良引兵从沛公，下韩十馀城，击破杨熊军。沛公乃令韩王成留守阳翟，与良俱南，攻下宛，西入武关。沛公欲以兵二万人击秦峣下军，[①]良说曰："秦兵尚强，未可轻。臣闻其将屠者子，贾竖易动以利。愿沛公且留壁，使人先行，为五万人具食，[②]益为张旗帜[③]诸山上，为疑兵，令郦食其持重宝啖秦将。"秦将果畔，欲连和俱西袭咸阳，沛公欲听之。良曰："此独其将欲叛耳，恐士卒不从。不从必危，不如因其解[④]击之。"沛公乃引兵击秦军，大破之。(遂)〔逐〕北至蓝田，再战，秦兵竟败。遂至咸阳，秦王子婴降沛公。

①【集解】徐广曰："峣音尧。"

②【集解】徐广曰："五，一作'百'。"

③【索隐】音其试二音。

④【索隐】谓卒将离心而懈怠。

沛公入秦宫，宫室帷帐狗马重宝妇女以千数，意欲留居之。樊哙谏沛公出舍，沛公不听。①良曰："夫秦为无道，故沛公得至此。夫为天下除残贼，宜缟素为资。②今始入秦，即安其乐，此所谓'助桀为虐'。且'忠言逆耳利于行，毒药苦口利于病'，③愿沛公听樊哙言。"沛公乃还军霸上。

①【集解】徐广曰："一本'哙谏曰："沛公欲有天下邪？将欲为富家翁邪？"沛公曰："吾欲有天下。"哙曰："今臣从入秦宫，所观宫室帷帐珠玉重宝钟鼓之饰，奇物不可胜极，入其后宫，美人妇女以千数，此皆秦所以亡天下也。愿沛公急还霸上，无留宫中。"沛公不听'。"

②【集解】晋灼曰："资，藉也。欲沛公反秦奢泰，服俭素以为藉也。"

③【索隐】按：此语见孔子家语。

项羽至鸿门下，欲击沛公，项伯乃夜驰入沛公军，私见张良，欲与俱去。良曰："臣为韩王送沛公，今事有急，亡去不义。"乃具以语沛公。沛公大惊，曰："为将奈何？"良曰："沛公诚欲倍项羽邪？"沛公曰："鲰生①教我距关无内诸侯，秦地可尽王，故听之。"良曰："沛公自度能却项羽乎？"沛公默然良久，曰："固不能也。今为奈何？"良乃固要项伯。项伯见沛公。沛公与饮为寿，结宾婚。令项伯具言沛公不敢倍项羽，所以距关者，备他盗也。及见项羽后解，语在项羽事中。

①【集解】徐广曰："吕静曰鲰，鱼也，音此垢反。"【索隐】吕静云"鲰，鱼也，谓小鱼也，音此垢反"。臣瓒按：楚汉春秋鲰生本姓(解)〔鲰〕。

汉元年正月，沛公为汉王，王巴蜀。汉王赐良金百溢，珠二斗，良具以献项伯。汉王亦因令良厚遗项伯，使请汉中地。①项王乃许之，遂得汉中地。汉王之国，良送至褒中，②遣良归韩。良因说汉王曰："王何不烧绝所过栈道，示天下无还心，以固项王意。"乃使良还。行，烧绝栈道。

①【集解】如淳曰："本但与巴蜀，故请汉中地。"

②【正义】括地志云："褒谷在梁州褒城县北五十里南中山。昔秦欲伐蜀，路无由入，乃刻石为牛五头，置金于后，伪言此牛能屎金，以遗蜀。蜀侯贪，信之，乃令五丁共引牛，堑山堙谷，致之成都。秦遂寻道伐之，因号曰石牛道。蜀赋以石门在汉中之西，褒中之北是。"又云："斜水源出褒城县西北衙岭山，与褒水同源而流派。汉书沟洫志云褒水通沔，斜水通渭，皆以行船。"

良至韩，韩王成以良从汉王故，项王不遣成之国，从与俱东。良说项王曰："汉王烧绝栈道，无还心矣。"乃以齐王田荣反书告项王。项王以此无西忧汉心，而发兵北击齐。

项王竟不肯遣韩王，乃以为侯，又杀之彭城。良亡，间行归汉王，汉王亦已还定三秦矣。复以良为成信侯，从东击楚。至彭城，汉败而还。至下邑，汉王下马踞鞍而问曰："吾欲捐关以东等弃之，谁可与共功者？"良进曰："九江王黥布，楚枭将，与项王有郄；彭越与齐王田荣反梁地：此两人可急使。而汉王之将独韩信可属大事，当一面。即欲捐之，捐之此三人，则楚可破也。"汉王乃遣随何说九江王布，而使人连彭越。及魏王豹反，使韩信将兵击之，因举燕、代、齐、赵。然卒破楚者，此三人力也。

张良多病，未尝特将也，常为画策臣，时时从汉王。

汉三年，项羽急围汉王荥阳，汉王恐忧，与郦食其谋桡楚权。食其曰："昔汤伐桀，封其后于杞。武王伐纣，封其后于宋。今秦失德弃义，侵伐诸侯社稷，灭六国之后，使无立锥之地。陛下诚能复立六国后世，毕已受印，此其君臣百姓必皆戴陛下之德，莫不乡风慕义,愿为臣妾。德义已行,陛下南乡称霸,楚必敛衽而朝。"汉王曰:"善。趣刻印,先生因行佩之矣。"

食其未行,张良从外来谒。汉王方食,曰:"子房前!客有为我计桡楚权者。"具以郦生语告,曰:"于子房何如?"良曰:"谁为陛下画此计者?陛下事去矣。"汉王曰:"何哉?"张良对曰:"臣请藉前箸为大王筹之。"①曰:"昔者汤伐桀而封其后于杞者,度能制桀之死命也。今陛下能制项籍之死命乎?"曰:"未能也。""其不可一也。武王伐纣封其后于宋者,度能得纣之头也。今陛下能得项籍之头乎?"曰:"未能也。""其不可二也。武王入殷,表商容之闾,②释箕子之拘,③封比干之墓。今陛下能封圣人之墓,表贤者之闾,式智者之门乎?"曰:"未能也。""其不可三也。发钜桥之粟,散鹿台之钱,以赐贫穷。今陛下能散府库以赐贫穷乎?"曰:"未能也。""其不可四矣。殷事已毕,偃革为轩,④倒置干戈,覆以虎皮,以示天下不复用兵。今陛下能偃武行文,不复用兵乎?"曰:"未能也。""其不可五矣。休马华山之阳,示以无所为。今陛下能休马无所用乎?"曰:"未能也。""其不可六矣。放牛桃林之阴,⑤以示不复输积。今陛下能放牛不复输积乎?"曰:"未能也。""其不可七矣。且天下游士离其亲戚,弃坟墓,去故旧,从陛下游者,徒欲日夜望咫尺之地。今复六国,立韩、魏、燕、赵、齐、楚之后,天下游士各归事其主,从其亲戚,反其故旧坟墓,陛下与谁取天下乎?其不可八矣。且夫楚唯无强,六国立者复桡而从之,⑥陛下焉得而臣之?诚用客之谋,陛下事去矣。"汉王辍食吐哺,骂曰:"竖儒,幾败而公事!"⑦令趣销印。

①【集解】张晏曰:"求借所食之箸用指画也。或曰前世汤武箸明之事,以筹度今时之不若也。"

②【索隐】按:崔浩云"表者,标榜其里门也"。商容,纣时贤人也。韩诗外传曰"商容执羽籥冯于马徒,欲以化纣而不能,遂去,伏于太行山。武王欲以为三公,固辞不受"。馀解在商纪。

③【集解】徐广曰:"释,一作'式'。拘,一作'囚'。"

④【集解】如淳曰:"革者,革车也;轩者,赤黻乘轩也。偃武备而治礼乐也。" 【索隐】苏林云:"革者,兵车也;轩者,朱轩皮轩也。谓废兵车而用乘车也。"说文云:"轩,曲周屏车。"

⑤【索隐】按:晋灼云"在弘农阌乡南谷中"。应劭:十三州记"弘农有桃丘聚,古桃林也"。山海经云"夸父之山,北有桃林,广三百里"也。

⑥【集解】汉书音义曰:"唯当使楚无强,强则六国弱从之。" 【索隐】按:荀悦汉纪说此事云"独可使楚无强,若强,则六国屈桡而从之"。又韦昭云"今无强楚者,言六国立必复屈桡从楚"。是二说意同也。

⑦【索隐】高祖骂郦生为竖儒,谓此儒生竖子耳。幾音祈。幾者,殆近也。而公,高祖自谓也。汉书作"乃公",乃亦汝也。

汉四年,韩信破齐而欲自立为齐王,汉王怒。张良说汉王,汉王使良授齐王信印,语在淮阴事中。

其秋,汉王追楚至阳夏南,战不利而壁固陵,诸侯期不至。良说汉王,汉王用其计,诸侯皆至。语在项籍事中。

汉六年正月,封功臣。良未尝有战斗功,高帝曰:"运筹策帷帐中,决胜千里外,子房功也。自择齐三万户。"良曰:"始臣起下邳,与上会留,此天以臣授陛下。陛下用臣计,幸而时中,臣愿封留足矣,不敢当三万户。"乃封张良为留侯,与萧何等俱封。

(六年)上已封大功臣二十馀人,其馀日夜争功不决,未得行封。

上在雒阳南宫，从复道[①]望见诸将往往相与坐沙中语。上曰："此何语？"留侯曰："陛下不知乎？此谋反耳。"上曰："天下属安定，何故反乎？"留侯曰："陛下起布衣，以此属取天下，今陛下为天子，而所封皆萧、曹故人所亲爱，而所诛者皆生平所仇怨。今军吏计功，以天下不足遍封，此属畏陛下不能尽封，恐又见疑平生[②]过失及诛，故即相聚谋反耳。"上乃忧曰："为之奈何？"留侯曰："上平生所憎，群臣所共知，谁最甚者？"上曰："雍齿与我故，[③]数尝窘辱我。我欲杀之，为其功多，故不忍。"留侯曰："今急先封雍齿以示群臣，群臣见雍齿封，则人人自坚矣。"于是上乃置酒，封雍齿为什方侯，[④]而急趣丞相、御史定功行封。群臣罢酒，皆喜曰："雍齿尚为侯，我属无患矣。"

①【集解】如淳曰："复音複。上下有道，故谓之复道。"韦昭曰："阁道。"

②【集解】徐广曰："多作'生平'。"

③【集解】汉书音义曰："未起时有故怨。"

④【索隐】地理志县名，属广汉。什音十。　【正义】括地志云："雍齿城在益州什邡县南四十步。汉什邡县，汉初封雍齿为侯国。"

刘敬说高帝曰："都关中。"上疑之。左右大臣皆山东人，多劝上都雒阳："雒阳东有成皋，西有殽黾，倍河，向伊雒，其固亦足恃。"留侯曰："雒阳虽有此固，其中小，不过数百里，田地薄，四面受敌，此非用武之国也。夫关中左殽函，[①]右陇蜀，[②]沃野千里，南有巴蜀之饶，北有胡苑之利，[③]阻三面而守，独以一面东制诸侯。诸侯安定，河渭漕挽天下，西给京师；诸侯有变，顺流而下，足以委输。此所谓金城千里，天府之国也，[④]刘敬说是也。"于是高帝即日驾，西都关中。[⑤]

①【正义】殽，二殽山也，在洛州永宁县西北二十八里。函谷关在陕州桃林县西南十二里。

②【正义】陇山南连蜀之岷山，故云右陇蜀也。

③【索隐】崔浩云："苑马牧外接胡地，马生于胡，故云胡苑之利。"【正义】博物志云"北有胡苑之塞"。按：上郡、北地之北与胡接，可以牧养禽兽，又多致胡马，故谓胡苑之利也。

④【索隐】按：此言"谓"者，皆是依凭古语。言秦有四塞之国，如金城也。故淮南子云"虽有金城，非粟不守"。又苏秦说秦惠王云"秦地势形便，所谓天府"。是所凭也。

⑤【索隐】按：周礼"二曰询国迁"，乃为大事。高祖即日西迁者，盖谓其日即定计耳，非即日遂行也。

留侯从入关。留侯性多病，即道引不食谷，[①]杜门不出岁馀。

①【集解】汉书音义曰："服辟谷之药，而静居行气。"

上欲废太子，立戚夫人子赵王如意。大臣多谏争，未能得坚决者也。吕后恐，不知所为。人或谓吕后曰："留侯善画计策，上信用之。"吕后乃使建成侯吕泽劫留侯，曰："君常为上谋臣，今上欲易太子，君安得高枕而卧乎？"留侯曰："始上数在困急之中，幸用臣策。今天下安定，以爱欲易太子，骨肉之间，虽臣等百馀人何益。"吕泽强要曰："为我画计。"留侯曰："此难以口舌争也。顾上有不能致者，天下有四人。[①]四人者年老矣，皆以为上慢侮人，故逃匿山中，义不为汉臣。然上高此四人。今公诚能无爱金玉璧帛，令太子为书，卑辞安车，因使辩士固请，宜来。来，以为客，时时从入朝，令上见之，则必异而问之。问之，上知此四人贤，则一助也。"于是吕后令吕泽使人奉太子书，卑辞厚礼，迎此四人。四人至，客建成侯所。

①【索隐】四人，四晧也，谓东园公、绮里季、夏黄公、角里先生。按：陈留志云“园公姓庾，字宣明，居园中，因以为号。夏黄公姓崔名广，字少通，齐人，隐居夏里修道，故号曰夏黄公。角里先生，河内轵人，太伯之后，姓周名术，字元道，京师号曰霸上先生，一曰角里先生”。又孔安国秘记作“禄里”。此皆王劭据崔氏、周氏系谱及陶元亮四八目而为此说。

汉十一年，黥布反，上病，欲使太子将，往击之。四人相谓曰：“凡来者，将以存太子。太子将兵，事危矣。”乃说建成侯曰：“太子将兵，有功则位不益太子；无功还，则从此受祸矣。且太子所与俱诸将，皆尝与上定天下枭将也，今使太子将之，此无异使羊将狼也，皆不肯为尽力，其无功必矣。臣闻‘母爱者子抱’，①今戚夫人日夜侍御，赵王如意常抱居前，上曰‘终不使不肖子居爱子之上’，明乎其代太子位必矣。君何不急请吕后承间为上泣言：‘黥布，天下猛将也，善用兵，今诸将皆陛下故等夷，②乃令太子将此属，无异使羊将狼，莫肯为用，且使布闻之，则鼓行而西耳。③上虽病，强载辎车，卧而护之，诸将不敢不尽力。上虽苦，为妻子自强。’”于是吕泽立夜见吕后，吕后承间为上泣涕而言，如四人意。上曰：“吾惟竖子固不足遣，而公自行耳。”于是上自将兵而东，群臣居守，皆送至灞上。留侯病，自强起，至曲邮，④见上曰：“臣宜从，病甚。楚人剽疾，愿上无与楚人争锋。”因说上曰：“令太子为将军，监关中兵。”上曰：“子房虽病，强卧而傅太子。”是时叔孙通为太傅，留侯行少傅事。

①【索隐】此语出韩子。

②【集解】徐广曰：“夷犹侪也。” 【索隐】如淳云：“等夷，言等辈。”

③【集解】晋灼曰：“鼓行而西，言无所畏也。”

④【集解】司马彪曰：“长安县东有曲邮聚。” 【索隐】邮音尤。按：司马

彪汉书郡国志长安有曲邮聚。今在新丰西,俗谓之邮头。汉书旧仪云"五里一邮,邮人居间,相去二里半"。按:邮乃今之候也。

汉十二年,上从击破布军归,疾益甚,愈欲易太子。留侯谏,不听,因疾不视事。叔孙太傅称说引古今,以死争太子。上详许之,犹欲易之。及燕,置酒,太子侍。四人从太子,年皆八十有馀,须眉皓白,衣冠甚伟。上怪之,问曰:"彼何为者?"四人前对,各言名姓,曰东园公,角里先生,绮里季,夏黄公。上乃大惊,曰:"吾求公数岁,公辟逃我,今公何自从吾儿游乎?"四人皆曰:"陛下轻士善骂,臣等义不受辱,故恐而亡匿。窃闻太子为人仁孝,恭敬爱士,天下莫不延颈欲为太子死者,故臣等来耳。"上曰:"烦公幸卒调护太子。"①

①【集解】如淳曰:"调护犹营护也。"

四人为寿已毕,趋去。上目送之,召戚夫人指示四人者曰:"我欲易之,彼四人辅之,羽翼已成,难动矣。吕后真而主矣。"戚夫人泣,上曰:"为我楚舞,吾为若楚歌。"歌曰:"鸿鹄高飞,一举千里。羽翮已就,横绝四海。横绝四海,当可奈何!虽有矰缴,①尚安所施!"歌数阕,②戚夫人嘘唏流涕,上起去,罢酒。竟不易太子者,留侯本招此四人之力也。

①【集解】韦昭曰:"缴,弋射也。其矢曰矰。" 【索隐】马融注周礼云:"矰者,缴系短矢谓之矰。"一说云矰,一弦,可以仰高射,故云矰也。

②【索隐】音曲穴反,谓曲终也。说文曰:"阕,事〔已闭门〕也。"

留侯从上击代,出奇计马邑下,①及立萧何相国,②所与上从容言天下事甚众,非天下所以存亡,故不著。留侯乃称曰:"家世相韩，及韩灭，不爱万金之资，为韩报雠强秦，天下振动。今以三寸舌③为帝者师，封万户，位列侯，此布衣之极，于良足矣。愿弃人间事，欲从赤松子④游耳。”乃学辟⑤谷，道引轻身。⑥会高帝崩，吕后德留侯，乃强食之，曰：“人生一世间，如白驹过隙，何至自苦如此乎！”留侯不得已，强听而食。

①【集解】徐广曰：“一云‘出奇计下马邑’。”

②【集解】汉书音义曰：“何时未为相国，良劝高祖立之。”

③【索隐】春秋纬云：“舌在口，长三寸，象斗玉衡。”

④【索隐】列仙传：“神农时雨师也，能入火自烧，昆仑山上随风雨上下也。”

⑤【索隐】宾亦反。

⑥【集解】徐广曰：“一云‘乃学道引，欲轻举’也。”

后八年卒，谥为文成侯。子不疑代侯。①

①【集解】徐广曰：“文成侯立十六年卒，子不疑代立。十年，坐与门大夫吉谋杀故楚内史，当死，赎为城旦，国除。”

子房始所见下邳圯上老父与太公书者，后十三年从高帝过济北，果见穀城山下黄石，取而葆祠之。①留侯死，并葬黄石(冢)。②每上冢伏腊，祠黄石。

①【集解】徐广曰：“史记珍宝字皆作‘葆’。”

②【正义】括地志云：“汉张良墓在徐州沛县东六十五里，与留城相近也。”

留侯不疑，孝文帝五年坐不敬，国除。

太史公曰：学者多言无鬼神，然言有物。①至如留侯所见老父予书，亦可怪矣。②高祖离困者数矣，而留侯常有功力焉，岂可谓非天乎？上曰："夫运筹策帷帐之中，决胜千里外，吾不如子房。"余以为其人计魁梧奇伟，③至见其图，状貌如妇人好女。盖孔子曰："以貌取人，失之子羽。"④留侯亦云。

①【索隐】按：物谓精怪及药物也。

②【索隐】按：诗纬云"风后，黄帝师，又化为老子，以书授张良"。亦异说。

③【集解】应劭曰："魁梧，丘虚壮大之意。" 【索隐】苏林云"梧音忤"。萧该云"今读为吾，非也"。小颜云"言其可惊悟"。

④【索隐】子羽，澹臺灭明字也。仲尼弟子传云"状貌甚恶"。又韩子云"子羽有君子之容，而行不称其貌"，与史记文相反。

【索隐述赞】留侯倜傥，志怀愤惋。五代相韩，一朝归汉。进履宜假，运筹神算。横阳既立，申徒作扞。灞上扶危，固陵静乱。人称三杰，辩推八难。赤松愿游，白驹难绊。嗟彼雄略，曾非魁岸。

史记卷五十六

陈丞相世家第二十六

陈丞相平者，阳武户牖乡人也。①少时家贫，好读书，有田三十亩，独与兄伯居。伯常耕田，纵平使游学。平为人长〔大〕美色。人或谓陈平曰："贫何食而肥若是？"其嫂嫉平之不视家生产，曰："亦食糠覈耳。②有叔如此，不如无有。"伯闻之，逐其妇而弃之。

①【集解】徐广曰："阳武属魏地。户牖，今为东昏县，属陈留。" 【索隐】徐广云"阳武属魏"，而地理志属河南郡，盖后阳武分属梁国耳。徐又云"户牖，今为东昏县，属陈留"，与汉书地理志同。按：是秦时户牖乡属阳武，至汉以户牖为东昏县，隶陈留郡也。 【正义】陈留风俗传云："东昏县，卫地，故阳武之户牖乡也。"括地志云："东昏故城在汴州陈留县东北九十里。"

②【集解】徐广曰："覈音核。"骃案：孟康曰"麦糠中不破者也"。晋灼曰"覈音纥，京师谓粗屑为纥头"。

及平长，可娶妻，富人莫肯与者，贫者平亦耻之。久之，户牖富人有张负，①张负女孙五嫁而夫辄死，人莫敢娶。平欲得之。邑中有丧，平贫，侍丧，以先往后罢为助。张负既见之丧所，独视伟平，平亦以故后去。负随平至其家，家乃负郭②穷巷，以弊席为门，然门外多有长者车辙。③张负归，谓其子仲曰："吾欲以女孙予陈平。"张仲曰："平贫不事事，一县中尽笑其所为，独奈何予女乎？"负曰："人固有好美如陈平而长贫贱者乎？"卒与女。为平贫，乃假贷币以聘，予酒肉之资以内妇。负诫其孙曰："毋以贫故，事人不谨。事兄伯如事父，事嫂如母。"④平既娶张氏女，赍用益饶，游道日广。

①【索隐】按：负是妇人老宿之称，犹"武负"之类也。然此张负既称富人，或恐是丈夫尔。

②【索隐】高诱注战国策云"负背郭居也"。

③【索隐】一作"轨"。按：言长者所乘安车，与载运之车轨辙或别。

④【集解】兄伯已逐其妇，此嫂疑后娶也。

里中社，平为宰，①分肉食甚均。父老曰："善，陈孺子之为宰！"平曰："嗟乎，使平得宰天下，亦如是肉矣！"

①【索隐】其里名库上里。知者，据蔡邕陈留东昏库上里社碑云"惟斯库里，古阳武之牖乡"。陈平由此社宰，遂相高祖也。

陈涉起而王陈，使周市略定魏地，立魏咎为魏王，与秦军相攻于临济。陈平固已前谢其兄伯，①从少年往事魏王咎于临济。魏王以为太仆。说魏王不听，人或谗之，陈平亡去。

①【集解】汉书音义曰："谢语其兄往事魏。"

久之，项羽略地至河上，陈平往归之，从入破秦，赐平爵卿。①

项羽之东王彭城也，汉王还定三秦而东，殷王反楚。项羽乃以平为信武君，将魏王咎客在楚者以往，击降殷王而还。项王使项悍拜平为都尉，赐金二十溢。居无何，汉王攻下殷(王)。项王怒，将诛定殷者将吏。陈平惧诛，乃封其金与印，使使归项王，而平身间行杖剑亡。渡河，船人见其美丈夫独行，疑其亡将，要中当有金玉宝器，目之，欲杀平。平恐，乃解衣裸而佐刺船。船人知其无有，乃止。

①【集解】张晏曰："礼秩如卿，不治事。"

平遂至修武降汉，①因魏无知求见汉王，②汉王召入。是时万石君奋为汉王中涓，③受平谒，入见平。平等七人俱进，赐食。王曰："罢，就舍矣。"平曰："臣为事来，所言不可以过今日。"于是汉王与语而说之，问曰："子之居楚何官？"曰："为都尉。"是日乃拜平为都尉，使为参乘，典护军。诸将尽讙，④曰："大王一日得楚之亡卒，未知其高下，而即与同载，反使监护军长者！"汉王闻之，愈益幸平。遂与东伐项王。至彭城，为楚所败。引而还，收散兵至荥阳，以平为亚将，属于韩王信，军广武。

①【集解】徐广曰："汉二年。"

②【索隐】汉书张敞与朱邑书云"陈平须魏倩而后进"，孟康云即无知也。

③【集解】徐广曰："亦曰涓人。"

④【索隐】讙，哗也。音懽，又音喧。汉书作"皆怨"。

绛侯、灌婴等咸谗陈平曰："平虽美丈夫，如冠玉耳，其中未必有也。①臣闻平居家时，盗其嫂；事魏不容，亡归楚；归楚不中，又亡归汉。今日大王尊官之，令护军。臣闻平受诸将金，金多者得善处，金少者得恶处。平，反覆乱臣也，愿王察之。"汉王疑之，召让魏无知。无知曰："臣所言者，能也；陛下所问者，行也。今有尾生、孝己之行②而无益处于胜负之数，陛下何暇用之乎？楚汉相距，臣进奇谋之士，顾其计诚足以利国家不耳。且盗嫂受金又何足疑乎？"汉王召让平曰："先生事魏不中，遂事楚而去，今又从吾游，信者固多心乎？"平曰："臣事魏王，魏王不能用臣说，故去事项王。项王不能信人，其所任爱，非诸项即妻之昆弟，虽有奇士不能用，平乃去楚。闻汉王之能用人，故归大王。臣裸身来，不受金无以为资。诚臣计画有可采者，(顾)〔愿〕大王用之；使无可用者，金具在，请封输官，得请骸骨。"汉王乃谢，厚赐，拜为护军中尉，尽护诸将。诸将乃不敢复言。

①【集解】汉书音义曰："饰冠以玉，光好外见，中非所有。"

②【集解】如淳曰："孝己，高宗之子，有孝行。"

其后，楚急攻，绝汉甬道，围汉王于荥阳城。久之，汉王患之，请割荥阳以西以和。项王不听。汉王谓陈平曰："天下纷纷，何时定乎？"陈平曰："项王为人，恭敬爱人，士之廉节好礼者多归之。至于行功爵邑，重之，士亦以此不附。今大王慢而少礼，士廉节者不来；然大王能饶人以爵邑，士之顽钝①嗜利无耻者亦多归汉。诚各去其两短，袭其两长，天下指麾则定矣。然大王恣侮人，不能得廉节之士。顾楚有可乱者，彼项王骨鲠之臣亚父、锺离眛、龙且、周殷之属，不过数人耳。大王诚能出捐数万斤金，行反间，间其君臣，以疑其心，项王为人意忌信谗，必内相诛。汉因举兵而攻之，破楚必矣。"汉王以为然，乃出黄金四万斤，与陈平，恣所为，不问其出入。

①【集解】如淳曰："犹无廉隅。"

陈平既多以金纵反间于楚军，宣言诸将锺离眛等为项王将，功多矣，然而终不得裂地而王，欲与汉为一，以灭项氏而分王其地。

项羽果意不信锺离眛等。项王既疑之，使使至汉。汉王为太牢具，举进。见楚使，即详惊曰："吾以为亚父使，乃项王使！"复持去，更以恶草具①进楚使。楚使归，具以报项王。项王果大疑亚父。亚父欲急攻下荥阳城，项王不信，不肯听。亚父闻项王疑之，乃怒曰："天下事大定矣，君王自为之！愿请骸骨归！"归未至彭城，疽发背而死。陈平乃夜出女子二千人荥阳城东门，楚因击之，陈平乃与汉王从城西门夜出去。遂入关，收散兵复东。

①【集解】汉书音义曰："草，粗也。" 【索隐】战国策云"食冯煖以草具"。如淳云"藁草粗恶之具也"。

其明年，淮阴侯破齐，自立为齐王，使使言之汉王。汉王大怒而骂，陈平蹑汉王。①汉王亦悟，乃厚遇齐使，使张子房卒立信为齐王。封平以户牖乡。用其奇计策，卒灭楚。常以护军中尉从定燕王臧荼。

①【集解】汉书音义曰："蹑谓蹑汉王足。"

汉六年，人有上书告楚王韩信反。高帝问诸将，诸将曰："亟发兵坑竖子耳。"高帝默然。问陈平，平固辞谢，曰："诸将云何？"上具告之。陈平曰："人之上书言信反，有知之者乎？"曰："未有。"曰："信知之乎？"曰："不知。"陈平曰："陛下精兵孰与楚？"上曰："不能过。"平曰："陛下将用兵有能过韩信者乎？"上曰："莫及也。"平曰："今兵不如楚精，而将不能及，而举兵攻之，是趣之战也，窃为陛下危之。"上曰："为之奈何？"平曰："古者天子巡狩，会诸侯。南方有云梦，陛下弟出伪游云梦，①会诸侯于陈。陈，楚之西界，②信闻天子以好出游，其势必无事而郊迎谒。谒，而陛下因禽之，此特一力士之事耳。"高帝以为然，乃发使告诸侯会陈，"吾将南游云梦”。上因随以行。行未至陈，楚王信果郊迎道中。高帝豫具武士，见信至，即执缚之，载后车。信呼曰：“天下已定，我固当烹！”高帝顾谓信曰：“若毋声！而反，明矣！”武士反接之。③遂会诸侯于陈，尽定楚地。还至雒阳，赦信以为淮阴侯，而与功臣剖符定封。

①【索隐】苏林云“弟，且也”。小颜云“但也”。

②【正义】陈，今陈州也。韩信都彭城，号楚王，故陈州为楚西界也。

③【集解】汉书音义曰：“反缚两手。”

于是与平剖符，世世勿绝，为户牖侯。平辞曰：“此非臣之功也。”上曰：“吾用先生谋计，战胜克敌，非功而何？”平曰：“非魏无知臣安得进？”上曰：“若子可谓不背本矣。”乃复赏魏无知。其明年，以护军中尉从攻反者韩王信于代。卒至平城，为匈奴所围，七日不得食。高帝用陈平奇计，使单于阏氏，①围以得开。高帝既出，其计秘，世莫得闻。②

①【集解】苏林曰：“阏氏音焉支，如汉皇后。”

②【集解】桓谭新论：“或云：‘陈平为高帝解平城之围，则言其事秘，世莫得而闻也。此以工妙踔善，故藏隐不传焉。子能权知斯事否？’吾应之曰：‘此策乃反薄陋拙恶，故隐而不泄。高帝见围七日，而陈平往说阏氏，阏氏言于单于而出之，以是知其所用说之事矣。彼陈平必言汉有好丽美女，为道其容貌天下无有，今困急，已驰使归迎取，欲进与单于，单于见此人必大好爱之，爱之则阏氏日以远疏，不如及其未到，令汉得脱去，去，亦不持女来矣。阏氏妇女，有妒媚之性，必憎恶而事去之。此说简而要，及得其用，则欲使神怪，故隐匿不泄也。’刘子骏闻吾言，乃立称善焉。”按：汉书音义应劭说此事大旨与桓论略同，不知是应全取桓论，或别有所闻乎？今观桓论似本无说。

高帝南过曲逆，①上其城，望见其屋室甚大，曰：“壮哉县！吾行天下，独见洛阳与是耳。”顾问御史曰：“曲逆户口几何？”对曰：“始秦时三万馀户，间者兵数起，多亡匿，今见五千户。”于是乃诏御史，更以陈平为曲逆侯，尽食之，除前所食户牖。

①【集解】地理志县属中山也。　【索隐】章帝丑其名，改云蒲阴也。

其后常以护军中尉从攻陈豨及黥布。凡六出奇计，辄益邑，凡六益封。奇计或颇秘，世莫能闻也。

高帝从破布军还，病创，徐行至长安。燕王卢绾反，上使樊哙以相国将兵攻之。既行，人有短恶哙者。高帝怒曰：“哙见吾病，乃冀我死也。”用陈平谋而召绛侯周勃受诏床下，曰：“陈平亟驰传载勃代哙将，平至军中即斩哙头！”二人既受诏，驰传未至军，行计之曰：“樊哙，帝之故人也，功多，且又乃吕后弟吕媭之夫，有亲且贵，帝以忿怒故，欲斩之，则恐后悔。宁囚而致上，上自诛之。”未至军，为坛，以节召樊哙。哙受诏，即反接载槛车，传诣长安，而令绛侯勃代将，将兵定燕反县。

平行闻高帝崩，平恐吕太后及吕媭谗怒，乃驰传先去。逢使者诏平与灌婴屯于荥阳。平受诏，立复驰至宫，哭甚哀，因奏事丧前。吕太后哀之，曰：“君劳，出休矣。”平畏谗之就，因固请得宿卫中。太后乃以为郎中令，曰：“傅教孝惠。”①是后吕媭谗乃不得行。樊哙至，则赦复爵邑。

①【集解】如淳曰：“傅相之傅也。”

孝惠帝六年，相国曹参卒，以安国侯王陵为右丞相，①陈平为左丞相。

①【集解】徐广曰：“王陵以客从起丰，以厩将别守丰，上东，因从战，不利，奉孝惠、鲁元出睢水中，封为雍侯。高帝(八)〔六〕年，定食安国。

二十一年卒，谥武侯。至玄孙，坐酎金，国除。”

王陵者，故沛人，始为县豪，高祖微时，兄事陵。陵少文，任气，好直言。及高祖起沛，入至咸阳，陵亦自聚党数千人，居南阳，不肯从沛公。及汉王之还攻项籍，陵乃以兵属汉。项羽取陵母置军中，陵使至，则东向坐陵母，欲以招陵。陵母既私送使者，泣曰：“为老妾语陵，谨事汉王。汉王，长者也，无以老妾故，持二心。妾以死送使者。”遂伏剑而死。项王怒，烹陵母。陵卒从汉王定天下。以善雍齿，雍齿，高帝之仇，而陵本无意从高帝，以故晚封，为安国侯。

安国侯既为右丞相，二岁，孝惠帝崩。高后欲立诸吕为王，问王陵，王陵曰：“不可。”问陈平，陈平曰：“可。”吕太后怒，乃详迁陵为帝太傅，实不用陵。陵怒，谢疾免，杜门竟不朝请，七年而卒。

陵之免丞相，吕太后乃徙平为右丞相，以辟阳侯审食其为左丞相。左丞相不治，常给事于中。①

①【集解】孟康曰：“不立治处，使止宫中也。”

食其亦沛人。汉王之败彭城，西，楚取太上皇、吕后为质，食其以舍人侍吕后。其后从破项籍为侯，幸于吕太后。及为相，居中，百官皆因决事。

吕媭常以前陈平为高帝谋执樊哙，数谗曰：“陈平为相非治事，日饮醇酒，戏妇女。”陈平闻，日益甚。吕太后闻之，私独喜。面质吕媭于陈平曰：“鄙语曰‘儿妇人口不可用’，顾君与我何如耳。无畏吕媭之谗也。”

吕太后立诸吕为王，陈平伪听之。及吕太后崩，平与太尉勃合谋，卒诛诸吕，立孝文皇帝，陈平本谋也。审食其免相。①

①【集解】徐广曰：“审食其初以舍人起，侍吕后、孝惠帝于沛，又从在楚。

封二十五年，文帝三年死，子平代。代二十二年，景帝三年，坐谋反，国除。一本云'食其免后三岁，为淮南王所杀。文帝令其子平嗣侯。菑川王反，辟阳近菑川，平降之，国除'。"

孝文帝立，以为太尉勃亲以兵诛吕氏，功多；陈平欲让勃尊位，乃谢病。孝文帝初立，怪平病，问之。平曰："高祖时，勃功不如臣平。及诛诸吕，臣功亦不如勃。愿以右丞相让勃。"于是孝文帝乃以绛侯勃为右丞相，位次第一；平徙为左丞相，位次第二。赐平金千斤，益封三千户。

居顷之，孝文皇帝既益明习国家事，朝而问右丞相勃曰："天下一岁决狱几何？"勃谢曰："不知。"问："天下一岁钱谷出入几何？"勃又谢不知，汗出沾背，愧不能对。于是上亦问左丞相平。平曰："有主者。"上曰："主者谓谁？"平曰："陛下即问决狱，责廷尉；问钱谷，责治粟内史。"上曰："苟各有主者，而君所主者何事也？"平谢曰："主臣！①陛下不知其驽下，使待罪宰相。宰相者，上佐天子理阴阳，顺四时，下育万物之宜，外镇抚四夷诸侯，内亲附百姓，使卿大夫各得任其职焉。"孝文帝乃称善。右丞相大惭，出而让陈平曰："君独不素教我对！"陈平笑曰："君居其位，不知其任邪？且陛下即问长安中盗贼数，②君欲强对邪？"于是绛侯自知其能不如平远矣。居顷之，绛侯谢病请免相，陈平专为一丞相。

①【集解】张晏曰："若今人谢曰'惶恐'也。马融龙虎赋曰'勇怯见之，莫不主臣'。"孟康曰："主臣，主群臣也，若今言人主也。"韦昭曰："言主臣道，不敢欺也。" 【索隐】苏林与孟康同，既古人所未了，故并存两解。

②【集解】汉书音义曰："头数也。"

孝文帝二年，丞相陈平卒，谥为献侯。子共侯买代侯。二年卒，子简侯恢代侯。二十三年卒，子何代侯。二十三年，何坐略人妻，弃市，国除。

始陈平曰："我多阴谋，是道家之所禁。吾世即废，亦已矣，终不能复起，以吾多阴祸也。"然其后曾孙陈掌以卫氏亲贵戚，愿得续封陈氏，然终不得。①

①【集解】徐广曰："陈掌者，卫青之子婿。"

太史公曰："陈丞相平少时，本好黄帝、老子之术。方其割肉俎上之时，其意固已远矣。倾侧扰攘楚魏之间，卒归高帝。常出奇计，救纷纠之难，振国家之患。及吕后时，事多故矣，然平竟自脱，定宗庙，以荣名终，称贤相，岂不善始善终哉！非知谋孰能当此者乎？

【索隐述赞】曲逆穷巷，门多长者。宰肉先均，佐丧后罢。魏楚更用，腹心难假。弃印封金，刺船露裸。间行归汉，委质麾下。荥阳计全，平城围解。推陵让勃，裒多益寡。应变合权，克定宗社。

史记卷五十七

绛侯周勃世家第二十七

绛侯周勃者，沛人也。其先卷人，① 徙沛。勃以织薄曲为生，②常为人吹箫给丧事，③材官引强。④

①【集解】徐广曰："卷县在荥阳。"【索隐】韦昭云属河南，地理志亦然。然则后置荥阳郡，而卷隶焉。音丘玄反，字林音丘权反。【正义】括地志云："故卷城在郑州原武县西北七里。"释例地名云："卷县所理垣雍城也。"

②【集解】苏林曰："薄，一名曲。月令曰'具曲植'。"【索隐】谓勃本以织蚕薄为生业也。韦昭云"北方谓薄为曲"。许慎注淮南云"曲，苇薄也"。郭璞注方言云"植，悬曲柱也"。音直吏反。

③【集解】如淳曰："以乐丧家，若俳优。"瓒曰："吹箫以乐丧宾，若乐人也。"【索隐】左传"歌虞殡"，犹今挽歌类也。歌者或有箫管。

④【集解】汉书音义曰："能引强弓官，如今挽强司马也。"【索隐】晋灼云"申屠嘉为材官蹶张"。

高祖之为沛公初起，勃以中涓从攻胡陵，下方與。方與反，与战，却适。攻丰。击秦军砀东。还军留及萧。复攻砀，破之。下下邑，先登。赐爵五大夫。攻蒙、虞，①取之。击章邯车骑，殿。②定魏地。攻爰戚、东缗，③以往至栗，④取之。攻啮桑，⑤先登。击秦军阿下，⑥破之。追至濮阳，下甄城。攻都关、⑦定陶，袭取宛朐，⑧得单父⑨令。夜袭取临济，攻张，⑩以前至卷，破之。击李由军雍丘下。攻开封，先至城下为多。⑪后章邯破杀项梁，沛公与项羽引兵东如砀。自初起沛还至砀，一岁二月。⑫楚怀王封沛公号安武侯，为砀郡长。沛公拜勃为虎贲令，⑬以令从沛公定魏地。攻东郡尉于城武，破之。击王离军，破之。攻长社，先登。攻颍阳、缑氏，⑭绝河津。⑮击赵贲军尸北。⑯南攻南阳守齮，破武关、峣关。破秦军于蓝田，至咸阳，灭秦。

①【索隐】二县名。地理志属梁国。

②【集解】服虔曰："略得殿兵也。"如淳曰："殿，不进也。"瓒曰："在军后曰殿。"孙检曰："一说上功曰最，下功曰殿，战功曰多。周勃事中有此三品，与诸将俱计功则曰殿最，独捷则曰多。多义见周礼。故此云'击章邯车骑，殿'，又云'先至城下为多'，又云'攻槐里、好畤，最'是也。"【索隐】孙检说是。

③【集解】徐广曰："属山阳。"【索隐】小颜音昏，非也。地理志山阳有东缗县，音旻。然则户牖之为东缗，音昏是。属陈留者音昏，属山阳者音旻也。【正义】缗，眉贫反。括地志云："东缗故城，汉县也，在兖州金乡县界。"

④【正义】括地志云属沛郡也。

⑤【索隐】徐氏云在梁、彭城间。

⑥【索隐】谓东阿之下也。

⑦【索隐】地理志县名，属山阳。

⑧【正义】冤匔二音,今曹州县,在州西四十七里。

⑨【正义】善甫二音,宋州县也。

⑩【集解】汉书音义曰:"攻寿张。" 【索隐】地理志东郡寿良县,光武改曰寿张。

⑪【集解】文颖曰:"勑士卒至者多。"如淳曰:"周礼'战功曰多'。"

⑫【索隐】谓初起沛及还至砀,得一岁又更二月也。

⑬【集解】徐广曰:"一云'句盾令'。" 【索隐】汉书云"襄贲令"。贲音肥,县名,属东海。徐广又云"句盾令",所见本各别也。

⑭【正义】缑音勾。洛州县。

⑮【正义】即古平阴津,在洛州洛阳县东北五十里。

⑯【索隐】贲音肥,人姓名也。尸即尸乡,今偃师也。北谓尸乡之北。

项羽至,以沛公为汉王。汉王赐勃爵为威武侯。①从入汉中,拜为将军。还定三秦,至秦,赐食邑怀德。②攻槐里、好畤,③最。④击赵贲、内史保于咸阳,最。北攻漆。⑤击章平、姚卬军。⑥西定汧。⑦还下郿、频阳。⑧围章邯废丘。⑨破西丞。⑩击盗巴军,破之。⑪攻上邽。⑫东守峣关。转击项籍。攻曲逆,最。还守敖仓,追项籍。籍已死,因东定楚地泗(川)〔水〕、东海郡,凡得二十二县。还守雒阳、栎阳,赐与颍(阳)〔阴〕侯共食锺离。⑬以将军从高帝击反者燕王臧荼,破之易下。⑭所将卒当驰道⑮为多。赐爵列侯,剖符世世勿绝。食绛⑯八千一百八十户,号绛侯。

①【索隐】或是封号,未必县名也。

②【正义】括地志云:"怀德故城在同州朝邑县西南四十三里。

③【索隐】地理志二县属右扶风。

④【集解】如淳曰:"于将率之中功为最。"

⑤【索隐】地理志漆县在右扶风。 【正义】今豳州新平县,古漆县也。

⑥【索隐】卬音五郎反，平下将。

⑦【正义】口肩反。今陇州汧源县，本汉汧县地也。

⑧【索隐】地理志郿属右扶风，频阳属左冯翊也。　【正义】郿音眉。括地志云："郿县故城在岐州郿县东北十五里，频阳故城在宜州土门县南三里。"今土门县并入同官县，属雍州，宜州废也。

⑨【索隐】地理志"槐里，周曰犬丘，懿王都之，秦更名废丘，高祖三年更名槐里"。而此云槐里者，据后而书之。又云废丘者，以章邯本都废丘而亡，亦据旧书之。

⑩【集解】徐广曰："天水有西县。"　【正义】括地志云："西县故城在秦州上邽县西南九十里，本汉西县地。"破西县丞。

⑪【集解】如淳曰："章邯将。"

⑫【正义】音圭。秦州县也。

⑬【索隐】地理志县名，属九江，古锺离子国。　【正义】括地志云："颍阴故城在陈州南顿县西北。锺离故城在濠州锺离县东北五里。"

⑭【索隐】荼，如字读。易，水名，因以为县，在涿郡。谓破荼军于易水之下，言近水也。　【正义】括地志云："易县故城在幽州归义县东南十五里，燕桓侯所徙都临易是也。"

⑮【索隐】小颜以当高祖所行之道。或以驰道为秦之驰道，故贾山传云"秦为驰道，东穷燕、齐"也。

⑯【正义】括地志云："绛邑城，汉绛县，在绛州曲沃县南二里。或以为秦之旧驰道也。"

以将军从高帝击反韩王信于代，降下霍人。[①]以前至武泉，[②]击胡骑，破之武泉北。转攻韩信军铜鞮，[③]破之。还，降太原六城。[④]击韩信胡骑晋阳下，破之，下晋阳。后击韩信军于硰石，[⑤]破之，追北八十里。还攻楼烦[⑥]三城，因击胡骑平城下，[⑦]所将卒当驰道为多。勃迁为太尉。

①【索隐】萧该云:"左传'以偪阳子归纳诸霍人',杜预云晋邑也。字或作'靃'。" 【正义】霍音琐,又音苏寡反。颜师古云:"音山寡反。"按:"霍"字当作"葰",地理志云葰人,县,属太原郡。括地志云:"葰人故城在代州繁畤县界,汉葰人县也。"按:樊哙列传作"靃人",其音亦同。

②【集解】徐广曰:"属云中。" 【正义】括地志云:"武泉故城在朔州北二百二十里。"

③【正义】括地志云:"铜鞮故城在潞州铜鞮县东十五里,州西六十五里,在并州东南也。"

④【正义】并州县。从铜鞮还并,降六城也。

⑤【集解】应劭曰:"硰音沙。或曰地名。" 【索隐】晋灼音赤座反。【正义】按:在楼烦县西北。

⑥【正义】地理志云在雁门郡,括地志云在并州崞县界。

⑦【正义】地理志云在雁门郡。括地志云:"朔州定襄,本汉平城县。"

击陈豨,屠马邑。所将卒斩豨将军乘马絺。①击韩信、陈豨、赵利军于楼烦,破之。得豨将宋最、雁门守圂。②因转攻得云中守遬、③丞相箕肆、将勋。④定雁门郡十七县,云中郡十二县。因复击豨灵丘,⑤破之,斩豨,得豨丞相程纵、将军陈武、都尉高肆。定代郡九县。

①【集解】徐广曰:"姓乘马。" 【索隐】絺,名也。乘音始证反。

②【索隐】圂,守之名,音胡困反。

③【索隐】音速。 【正义】括地志云:"云中故城在胜州榆林县东北四十里,秦云中郡。"

④【集解】徐广曰:"箕,一作'蒉'。勋,一作'专',一作'转'。" 【索隐】刘氏肆音如字,包恺音以四反。汉书"勋"亦作"博"字,并误耳。

⑤【索隐】地理志县名,属代郡。 【正义】括地志云:"灵丘故城在蔚州

灵丘县东十里，汉县也。”

燕王卢绾反，勃以相国代樊哙将，击下蓟，得绾大将抵、丞相偃、守陉、①太尉弱、御史大夫施，屠浑都。②破绾军上兰，③复击破绾军沮阳。④追至长城，⑤定上谷十二县，右北平十六县，辽西、辽东二十九县，渔阳二十二县。最从高帝⑥得相国一人，丞相二人，将军、二千石各三人；别破军二，下城三，定郡五，县七十九，得丞相、大将各一人。

①【集解】张晏曰：“卢绾郡守，陉其名。”

②【集解】徐广曰：“在上谷。”【索隐】施，名也。屠，灭之也。地理志浑都县属上谷。一云，御史大夫姓施屠，名浑都。【正义】括地志云：“幽州昌平县，本汉浑都县。”

③【正义】括地志云“妫州怀戎县东北有马兰溪水”，恐是也。

④【集解】徐广曰：“在上谷。”骃案：服虔曰沮音阻。【索隐】按：地理志沮阳县属上谷。【正义】括地志云：“上谷郡故城在妫州怀戎县东北百二十里。燕上谷，秦因不改，汉为沮阳县。”

⑤【正义】即马邑长城，亦名燕长城，在妫州北，今是。

⑥【索隐】最，都凡也。谓总举其从高祖攻战克获之数也。

勃为人木强敦厚，高帝以为可属大事。勃不好文学，每召诸生说士，东向坐而责之：①“趣为我语。”其椎少文如此。②

①【集解】如淳曰：“勃自东乡坐，责诸生说士，不以宾主之礼。”

②【集解】瓒曰：“令直言，勿称经书也。”韦昭曰：“椎不桡曲，直至如椎。”【索隐】大颜云：“俗谓愚为钝椎，音直追反。”今按：椎如字读之。谓勃召说士东向而坐，责之云“趣为我语”，其质朴之性，以斯推之，其少文皆如此。

勃既定燕而归，高祖已崩矣，以列侯事孝惠帝。孝惠帝六年，置太尉官，①以勃为太尉。十岁，高后崩。吕禄以赵王为汉上将军，吕产以吕王为汉相国，秉汉权，欲危刘氏。勃为太尉，不得入军门。陈平为丞相，不得任事。于是勃与平谋，卒诛诸吕而立孝文皇帝。其语在吕后、孝文事中。

①【集解】徐广曰："功臣表及将相表皆高后四年始置太尉。"【正义】下云"以勃为太尉。十岁高后崩"。按：孝惠六年〔至〕高后八年崩，是十年耳。而功臣表及将相表云高后四年置太尉官，未详。

文帝既立，以勃为右丞相，赐金五千斤，食邑万户。居月馀，人或说勃曰："君既诛诸吕，立代王，威震天下，而君受厚赏，处尊位，以宠，久之即祸及身矣。"勃惧，亦自危，乃谢请归相印。上许之。岁馀，丞相平卒，上复以勃为丞相。十馀月，上曰："前日吾诏列侯就国，或未能行，丞相吾所重，其率先之。"乃免相就国。

岁馀，每河东守尉行县至绛，绛侯勃自畏恐诛，常被甲，令家人持兵以见之。其后人有上书告勃欲反，①下廷尉。廷尉下其事长安，逮捕勃治之。勃恐，不知置辞。吏稍侵辱之。勃以千金与狱吏，狱吏乃书牍背示之，②曰"以公主为证"。公主者，孝文帝女也，勃太子胜之尚之，③故狱吏教引为证。勃之益封受赐，尽以予薄昭。及系急，薄昭为言薄太后，太后亦以为无反事。文帝朝，太后以冒絮提文帝，④曰："绛侯绾皇帝玺，⑤将兵于北军，不以此时反，今居一小县，顾欲反邪！"文帝既见绛侯狱辞，乃谢曰："吏(事)方验而出之。"于是使使持节赦绛侯，复爵邑。绛侯既出，曰："吾尝将百万军，然安知狱吏之贵乎！"

①【集解】徐广曰："文帝四年时。"

②【集解】李奇曰："吏所执簿。"韦昭曰："牍版。"【索隐】簿即牍也。

故魏志“秦宓以簿击颊”,则亦简牍之类也。

③【集解】韦昭曰:“尚,奉也。不敢言娶。”

④【集解】徐广曰:“提音弟。”骃案:应劭曰“陌额絮也”。如淳曰“太后恚怒,遭得左右物提之也”。晋灼曰“巴蜀异物志谓头上巾为冒絮”。【索隐】服虔云“纶絮也。提音弟,又音啼”,非也。萧该音底。提者,掷也,萧音为得。恚者,嗔也。遭者,逢也。谓太后嗔,乃逢冒絮,因以提帝。陌音“蛮貊”之“貊”。方言云“幪巾,南楚之间云‘陌额’”也。

⑤【集解】应劭曰:“言勃诛诸吕,废少帝,手贯玺时尚不反,况今更有异乎?”

绛侯复就国。孝文帝十一年卒,谥为武侯。子胜之代侯。六岁,尚公主,不相中,①坐杀人,国除。绝一岁,文帝乃择绛侯勃子贤者河内守亚夫,封为条侯,②续绛侯后。

①【集解】如淳曰:“犹言不相合当。”

②【集解】徐广曰:“表皆作‘脩’字。”骃案:服虔曰“脩音条”。【索隐】地理志条县属渤海郡。【正义】括地志云:“故蓨城俗名南条城,在德州蓨县南十二里,汉县。”

条侯亚夫自未侯为河内守时,许负相之,①曰:“君后三岁而侯。侯八岁为将相,持国秉,②贵重矣,于人臣无两。其后九岁而君饿死。”亚夫笑曰:“臣之兄已代父侯矣,有如卒,子当代,亚夫何说侯乎?然既已贵如负言,又何说饿死?指示我。”许负指其口曰:“有从理入口,③此饿死法也。”居三岁,其兄绛侯胜之有罪,孝文帝择绛侯子贤者,皆推亚夫,乃封亚夫为条侯,续绛侯后。

①【索隐】应劭云:“负,河内温人,老妪也。”姚氏按:楚汉春秋高祖封负为鸣雌亭侯,是知妇人亦有封邑。

②【索隐】音柄。

③【索隐】从音子容反。从理，横理。

文帝之后六年，匈奴大入边。乃以宗正刘礼为将军，军霸上；[①]祝兹侯徐厉为将军，军棘门；[②]以河内守亚夫为将军，军细柳：[③]以备胡。上自劳军。至霸上及棘门军，直驰入，将以下骑送迎。已而之细柳军，军士吏被甲，锐兵刃，彀弓弩，持满。[④]天子先驱至，不得入。先驱曰："天子且至！"军门都尉曰："将军令曰'军中闻将军令，不闻天子之诏'。"[⑤]居无何，上至，又不得入。于是上乃使使持节诏将军："吾欲入劳军。"亚夫乃传言开壁门。壁门士吏谓从属车骑曰："将军约，军中不得驱驰。"于是天子乃按辔徐行。至营，将军亚夫持兵揖曰："介胄之士不拜，请以军礼见。"[⑥]天子为动，改容式车。[⑦]使人称谢："皇帝敬劳将军。"成礼而去。既出军门，群臣皆惊。文帝曰："嗟乎，此真将军矣！曩者霸上、棘门军，若儿戏耳，其将固可袭而虏也。至于亚夫，可得而犯邪！"称善者久之。月馀，三军皆罢。乃拜亚夫为中尉。[⑧]

①【正义】庙记云："霸陵即霸上。"按：霸陵城在雍州万年县东北二十五里。

②【正义】孟康云："秦时宫也。"括地志云："棘门在渭北十馀里，秦王门名也。"

③【正义】括地志云："细柳仓在雍州咸阳县西南二十里也。"

④【索隐】彀者，张也。

⑤【索隐】六韬云："军中之事，不闻君命。"

⑥【集解】应劭曰："礼'介者不拜'。"　【索隐】应劭云："左传'晋郤克三肃使者而退'，杜预注'肃，若今揖'。郑众注周礼'肃拜'云'但俯下手，今时揖是'。"

⑦【索隐】轼者，车前横木。若上有敬，则俯身而凭之。

⑧【正义】汉书百官表云:“中尉,秦官,掌徼巡京师。武帝太初元年,更名执金吾。”应劭云:“吾者,御也。掌执金吾以御非常。”颜师古云:“金吾,鸟名,主辟不祥。天子出行,职主先导,以备非常,故执此鸟之象,因以名官也。”

孝文且崩时,诫太子曰:“即有缓急,周亚夫真可任将兵。”文帝崩,拜亚夫为车骑将军。

孝景三年,吴楚反。亚夫以中尉为太尉,①东击吴楚。因自请上曰:“楚兵剽轻,②难与争锋。愿以梁委之,③绝其粮道,乃可制。”上许之。

①【正义】汉书百官表云:“太尉,秦官,掌武〔事〕。元狩四年置大将军大司马。”即今十二卫大将军及兵部尚书也。

②【索隐】汉书亚夫至淮阳,问邓都尉,为画此计,亚夫从之。今此云“自请”者,盖此亦闻疑而传疑,汉史得其实也。剽音疋妙反。轻读从去声。

③【索隐】谓以梁委之于吴,使吴兵不得过也。亦有作餧音,亦通。

太尉既会兵荥阳,吴方攻梁,梁急,请救。太尉引兵东北走昌邑,深壁而守。梁日使使请太尉,太尉守便宜,不肯往。梁上书言景帝,景帝使使诏救梁。太尉不奉诏,坚壁不出,而使轻骑兵弓高侯等①绝吴楚兵后食道。吴兵乏粮,饥,数欲挑战,终不出。夜,军中惊,内相攻击扰乱,至于太尉帐下。太尉终卧不起。顷之,复定。后吴奔壁东南陬,②太尉使备西北。已而其精兵果奔西北,不得入。吴兵既饿,乃引而去。太尉出精兵追击,大破之。吴王濞弃其军,而与壮士数千人亡走,保于江南丹徒。③汉兵因乘胜,遂尽虏之,降其兵,购吴王千金。月馀,越人斩吴王头以告。④凡相攻守三月，而吴楚破平。于是诸将乃以太尉计谋为是。由此梁孝王与太尉有郤。

①【索隐】韩積当也。 【正义】弓高，沧州县也。

②【集解】如淳曰："陬，隅也。" 【索隐】音子侯反。

③【索隐】地理志县属会稽。 【正义】括地志云："丹徒故城在润州丹徒县东南十八里，汉丹徒县也。晋太康地志云'吴王濞反，走丹徒，越人杀之于此城南'。徐州记云'秦使赭衣凿其地，因谓之丹徒。凿处今在故县西北六里。丹徒岘东南连亘，盘纡屈曲，有象龙形，故秦凿绝顶，阔百馀步，又夹坑龙首，以毁其形。坑之所在，即今龙、月二湖，悉成田也'。"

④【正义】越人即丹徒人。越灭吴，丹徒地属楚。秦灭楚后，置三十六郡，丹徒县属会稽郡，故以丹徒为越人也。

归，复置太尉官。五岁，迁为丞相，景帝甚重之。景帝废栗太子，丞相固争之，不得。景帝由此疏之。而梁孝王每朝，常与太后言条侯之短。

窦太后曰："皇后兄王信可侯也。"景帝让曰："始南皮、章武侯①先帝不侯，及臣即位乃侯之。信未得封也。"窦太后曰："人主各以时行耳。②自窦长君在时，竟不得侯，死后乃(封)其子彭祖顾得侯。③吾甚恨之。帝趣侯信也！"景帝曰："请得与丞相议之。"丞相议之，亚夫曰："高皇帝约'非刘氏不得王，非有功不得侯。不如约，天下共击之'。今信虽皇后兄，无功，侯之，非约也。"景帝默然而止。

①【集解】瓒曰："南皮，窦彭祖，太后兄子。章武侯，太后弟广国。"

②【索隐】谓人主各当其时而行事，不必一一相法也。 【正义】人主作

"人生"。

③【索隐】许慎注淮南子云:"顾,反也。"

其后匈奴王〔唯〕徐卢等五人降,景帝欲侯之以劝后。丞相亚夫曰:"彼背其主降陛下,陛下侯之,则何以责人臣不守节者乎?"景帝曰:"丞相议不可用。"乃悉封〔唯〕徐卢等为列侯。[①]亚夫因谢病。景帝中三年,以病免相。

①【索隐】功臣表唯徐卢封容城侯。

顷之,景帝居禁中,召条侯,赐食。独置大胾,[①]无切肉,又不置櫡。条侯心不平,顾谓尚席取櫡。[②]景帝视而笑曰:"此不足君所乎?"[③]条侯免冠谢。上起,条侯因趋出。景帝以目送之,曰:"此怏怏者非少主臣也!"

①【集解】韦昭曰:"胾,大脔也。音侧吏反。"【索隐】脔音李转反。谓肉脔也。

②【集解】应劭曰:"尚席,主席者。"【索隐】顾氏按舆服杂事云"六尚,尚席,掌武帐帷幔也"。櫡音筯。汉书作"箸"。箸者,食所用也。留侯云"借前箸以筹之"。礼曰"羹之有菜者用梜"。梜亦箸之类,故郑玄云"今人谓箸为梜"是也。

③【集解】孟康曰:"设胾无筯者,此非不足满于君所乎?嫌恨之。"如淳曰:"非故不足君之食具也,偶失之。"【索隐】言不设箸者,此盖非我意,于君有不足乎?故如淳云"非故不足君之食具,偶失之耳"。盖当然也,所以帝视而笑也。若本不为足,当别有辞,未必为之笑也。孟康、晋灼虽探古人之情,亦未必能得其实。顾氏亦同孟氏之说,又引魏武赐荀彧虚器,各记异说也。

居无何,条侯子为父买工官尚方[①]甲楯五百被[②]可以葬者。取庸苦之,不予钱。庸知其盗买县官器,[③]怒而上变告子,事连污条侯。[④]书既闻上，上下吏。吏簿责条侯，[⑤]条侯不对。景帝骂之曰："吾不用也。"[⑥]召诣廷尉。[⑦]廷尉责曰："君侯欲反邪？"亚夫曰："臣所买器，乃葬器也，何谓反邪？"吏曰："君侯纵不反地上，即欲反地下耳。"吏侵之益急。初，吏捕条侯，条侯欲自杀，夫人止之，以故不得死，遂入廷尉。因不食五日，呕血而死。国除。

①【集解】徐广曰："一作'西'。"【索隐】工官即尚方之工，所作物属尚方，故云工官尚方。

②【集解】徐广曰："音披。"骃案：如淳曰"工官，官名也"。张晏曰"被，具也。五百具甲楯"。

③【索隐】县官谓天子也。所以谓国家为县官者，夏(家)〔官〕王畿内县即国都也。王者官天下，故曰县官也。

④【索隐】污音乌故反。

⑤【集解】如淳曰："簿问责其情。"

⑥【集解】孟康曰："不用汝对，欲杀之也。"如淳曰："恐狱吏畏其复用事，不敢折辱。"【索隐】孟康、如淳已备两解，大颜以孟说为得。而姚察又别一解，云"帝责此吏不得亚夫直辞，以为不足任用，故召亚夫别诣廷尉，使责问"。

⑦【正义】景帝见条侯不对簿，因责骂之曰："吾不任用汝也。"故召诣廷尉，使重推劾耳。馀说皆非也。

绝一岁，景帝乃更封绛侯勃他子坚为平曲侯，续绛侯后。十九年卒，谥为共侯。子建德代侯，十三年，为太子太傅。坐酎金不善，元鼎五年，有罪，国除。[①]

①【集解】徐广曰："诸列侯坐酎金失侯者，皆在元鼎五年，但此辞句如有颠倒。"【索隐】既云"坐酎金不善"，复云"元鼎五年有罪国除"，似重有罪，故云颠倒。而汉书云"为太子太傅，坐酎金免官。后有罪，国除"，其文又错也。按：表坐免官，至元鼎五年坐酎金又失侯，所以二

史记之各有不同也。

条侯果饿死。死后，景帝乃封王信为盖侯。

太史公曰：绛侯周勃始为布衣时，鄙朴人也，才能不过凡庸。及从高祖定天下，在将相位，诸吕欲作乱，勃匡国家难，复之乎正。虽伊尹、周公，何以加哉！亚夫之用兵，持威重，执坚刃，穰苴曷有加焉！足己而不学，①守节不逊，②终以穷困。悲夫！

①【索隐】亚夫自以己之智谋足，而〔不〕虚己（不）学古人，所以不休权变，而动有违忤。

②【索隐】守节谓争栗太子，不封王信、〔唯〕徐卢等；不逊谓顾尚席取箸，不对制狱是也。

【索隐述赞】绛侯佐汉，质厚敦笃。始击砀东，亦围尸北。所攻必取，所讨咸克。陈豨伏诛，臧荼破国。事居送往，推功伏德。列侯还第，太尉下狱。继相条侯，绍封平曲。惜哉贤将，父子代辱！

史记卷五十八

梁孝王世家第二十八

梁孝王武者，孝文皇帝子也，而与孝景帝同母。母，窦太后也。

孝文帝凡四男：长子曰太子，是为孝景帝；次子武；次子参；次子胜。①孝文帝即位二年，以武为代王，②以参为太原王，③以胜为梁王。④二岁，徙代王为淮阳王。⑤以代尽与太原王，号曰代王。参立十七年，孝文后二年卒，谥为孝王。子登嗣立，是为代共王。立二十九年，元光二年卒。子义立，是为代王。十九年，汉广关，以常山为限，而徙代王王清河。⑥清河王徙以元鼎三年也。

①【正义】汉书"胜"作"揖"。又云"诸姬生代孝王参、梁怀王揖"。言诸姬者，众妾卑贱，史不书姓，故云诸姬也。

②【集解】徐广曰："都中都。" 【正义】括地志云："中都故城在汾州平遥县西十二里。"

③【集解】徐广曰："都晋阳。" 【正义】括地志云："并州太原地名大明城，即古晋阳城。智伯与韩魏攻赵襄子于晋阳，即此城是也。"

④【集解】徐广曰:"都睢阳。" 【索隐】汉书梁王名揖,盖是矣。按:景帝子中山靖王名胜,是史记误耳。 【正义】括地志云:"宋州宋城县在州南二里外城中,本汉之睢阳县也。汉文帝封子武于大梁,以其卑湿,徙睢阳,故改曰梁也。"

⑤【集解】徐广曰:"都陈。" 【正义】即古陈国城也。

⑥【集解】徐广曰:"都清阳。" 【正义】括地志云:"清阳故城在贝州清阳县西北八里也。"

初,武为淮阳王十年,而梁王胜卒,谥为梁怀王。怀王最少子,爱幸异于他子。其明年,徙淮阳王武为梁王。梁王之初王梁,孝文帝之十二年也。梁王自初王通历已十一年矣。①

①【索隐】谓自文帝二年初封代,后徙淮阳,又徙梁,通数文帝二年至十二年徙梁为十一年也。

梁王十四年,入朝。十七年,十八年,比年入朝,留,其明年,乃之国。二十一年,入朝。二十二年,孝文帝崩。二十四年,入朝。二十五年,复入朝。是时上未置太子也。上与梁王燕饮,尝从容言曰:"千秋万岁后传于王。"王辞谢。虽知非至言,然心内喜。太后亦然。

其春,吴楚齐赵七国反。吴楚先击梁棘壁,①杀数万人。梁孝王城守睢阳,而使韩安国、张羽等为大将军,以距吴楚。吴楚以梁为限,不敢过而西,与太尉亚夫等相距三月。吴楚破,而梁所破杀虏略与汉中分。②明年,汉立太子。其后梁最亲,有功,又为大国,居天下膏腴地。地北界泰山,西至高阳,③四十馀城,皆多大县。

①【集解】文颖曰:"地名。" 【索隐】按:左传宣公二年,宋华元战于大棘。杜预云在襄邑东南,盖即棘壁是也。 【正义】括地志云:"大棘故城在宋州宁陵县西南七十里。"

②【集解】汉书音义曰："梁所虏吴楚之捷，略与汉等。"

③【集解】徐广曰："在陈留圉县。"骃案：司马彪曰"圉有高阳亭"也。【索隐】圉县属陈留。高阳，乡名也。注引司马彪者，出续汉书郡国志也。

孝王，窦太后少子也，爱之，赏赐不可胜道。于是孝王筑东苑，①方三百馀里。②广睢阳城七十里。③大治宫室，为复道，自宫连属于平台三十馀里。④得赐天子旌旗，出从千乘万骑。⑤东西驰猎，拟于天子。出言跸，入言警。⑥招延四方豪桀，自山以东游说之士莫不毕至。齐人羊胜、公孙诡、邹阳之属。公孙诡多奇邪计，⑦初见王，赐千金，官至中尉，梁号之曰公孙将军。梁多作兵器弩弓矛数十万，而府库金钱且百巨万，⑧珠玉宝器多于京师。

①【索隐】筑谓建也。白虎通云："苑所以东者何？盖以东方生物故也。"

②【索隐】盖言其奢，非实辞。或者梁国封域之方。【正义】括地志云："兔园在宋州宋城县东南十里。葛洪西京杂记云'梁孝王苑中有落猿岩、栖龙岫、雁池、鹤洲、凫岛。诸宫观相连，奇果佳树，瑰禽异兽，靡不毕备'。俗人言梁孝王竹园也。"

③【索隐】苏林云："广其径也。"太康地理记云："城方十三里，梁孝王筑之。鼓倡节杵而后下和之者，称睢阳曲。今踵以为故，所以乐家有睢阳曲，盖采其遗音也。"

④【集解】徐广曰："睢阳有平台里。"骃案：如淳曰"在梁东北，离宫所在也"。晋灼曰"或说在城中东北角"。【索隐】如淳云"在梁东北，离宫所在"者，按今城东二十里临新河，有故台址，不甚高，俗云平台，又一名修竹苑。西京杂记云"有落猿岩、凫洲、雁渚，连亘七十馀里"是也。

⑤【索隐】汉官仪曰："天子法驾三十六乘，大驾八十一乘，皆备千乘万骑而出也。"

⑥【索隐】汉旧仪云："皇帝辇动称警，出殿则传跸，止人清道。"言出入者，互文耳，入亦有跸。

⑦【索隐】周礼"有奇衺之人",郑玄云"奇衺,谲怪非常也。奇音纪宜反,邪音斜"也。

⑧【索隐】如淳云:"巨亦大,与大百万同也。"韦昭云:"大百万,今万万。"

二十九年十月,梁孝王入朝。景帝使使持节乘舆驷马,迎梁王于关下。[①]既朝,上疏因留。以太后亲故,王入则侍景帝同辇,出则同车游猎,射禽兽上林中。梁之侍中、郎、谒者著籍引出入[②]天子殿门,与汉宦官无异。

①【集解】邓展曰:"但将驷马往。"瓒曰:"称乘舆驷马,则车马皆往,言不驾六马耳。天子副车驾驷马。"

②【正义】著,竹略反。籍谓名簿也,若今通引出入门也。

十一月,上废栗太子,窦太后心欲以孝王为后嗣。大臣及袁盎等有所关说于景帝,[①]窦太后义格,[②]亦遂不复言以梁王为嗣事由此。以事秘,世莫知。乃辞归国。

①【索隐】袁盎云"汉家法周道立子",是有所关涉之说于帝也。一云关者,隔也。引事而关隔,其说不得行也。

②【集解】如淳曰:"攱阁不得下。" 【索隐】张晏云"格,止也"。服虔云"格谓格阁不行"。苏林音阁。周成杂字"攱阁也"。通俗文云"高置立攱棚云攱阁"。字林音纪,又音诡也。

其夏四月,上立胶东王为太子。梁王怨袁盎及议臣,乃与羊胜、公孙诡之属阴使人刺杀袁盎及他议臣十馀人。逐其贼,未得也。于是天子意梁王,[①]逐贼,果梁使之。乃遣使冠盖相望于道,覆按梁,捕公孙诡、羊胜。公孙诡、羊胜匿王后宫。使者责二千石急,梁相轩丘豹[②]及内史韩安国进谏王,王乃令胜、诡皆自杀,出之。上由此怨望于梁王。梁王恐,乃使韩安国因长公主谢罪太后,然后得释。

①【索隐】谓意疑梁刺之。

②【正义】姓轩丘,名豹也。

上怒稍解,因上书请朝。既至关,茅兰①说王,使乘布车,②从两骑入,匿于长公主园。汉使使迎王,王已入关,车骑尽居外,不知王处。太后泣曰:"帝杀吾子!"景帝忧恐。于是梁王伏斧质于阙下,谢罪,然后太后、景帝大喜,相泣,复如故。悉召王从官入关。然景帝益疏王,不同车辇矣。

①【集解】汉书音义曰:"茅兰,孝王臣。"

②【集解】张晏曰:"布车,降服,自比丧人。"

三十五年冬,复朝。上疏欲留,上弗许。归国,意忽忽不乐。北猎良山,①有献牛,足出背上,②孝王恶之。六月中,病热,六日卒,谥曰孝王。③

①【索隐】汉书作"梁山"。述征记云"良山际清水"。今寿张县南有良山,服虔云是此山也。　【正义】括地志云"梁山在郓州寿张县南三十五里",即猎处也。

②【索隐】张晏云:"足当处下,所以辅身也;今出背上,象孝王背朝以干上也。北者,阴也。又在梁山,明为梁也。牛者,丑之畜,冲在六月。北方数六,故六月六日薨也。"

③【索隐】述征记:"砀有梁孝王之冢。"

孝王慈孝,每闻太后病,口不能食,居不安寝,常欲留长安侍太后。太后亦爱之。及闻梁王薨,窦太后哭极哀,不食,曰:"帝果杀吾子!"景帝哀惧,不知所为。与长公主计之,乃分梁为五国,①尽立孝王男五人为王,女五人皆食汤沐邑。于是奏之太后,太后乃说，为帝加壹餐。

①【索隐】长子买，梁共王。子明，济川王。子彭离，济东王。子定，山阳王。子不识，济阴王。

梁孝王长子买为梁王，是为共王；子明为济川王；子彭离为济东王；子定为山阳王；子不识为济阴王。

孝王未死时，财以巨万计，不可胜数。及死，藏府馀黄金尚四十馀万斤，他财物称是。

梁共王三年，景帝崩。共王立七年卒，子襄立，是为平王。

梁平王襄①十四年，母曰陈太后。共王母曰李太后。李太后，亲平王之大母也。而平王之后姓任，曰任王后。任王后甚有宠于平王襄。初，孝王在时，有罍樽，②直千金。孝王诫后世，善保罍樽，无得以与人。任王后闻而欲得罍樽。平王大母李太后曰："先王有命，无得以罍樽与人。他物虽百巨万，犹自恣也。"任王后绝欲得之。平王襄直使人开府取罍樽，赐任王后。李太后大怒，汉使者来，欲自言，平王襄及任王后遮止，闭门，李太后与争门，措指，③遂不得见汉使者。李太后亦私与食官长及郎中尹霸等士通乱，④而王与任王后以此使人风止李太后，李太后内有淫行，亦已。后病薨。病时，任后未尝请病；薨，又不持丧。

①【索隐】汉书作"让"。

②【集解】郑德曰："上盖刻为云雷象。"【索隐】应劭曰："诗云'酌彼金罍'。罍者，画云雷之象以金饰之。"

③【集解】晋灼曰："许慎云'措，置'。字借以为笮。"【索隐】措音迮，侧格反。汉书王陵传"迫迮前队"，皆作此字。说文云"笮，迫也"。谓为门扇所笮。

④【正义】张先生旧本有“士”字，先生疑是衍字，又不敢除，故以朱大点其字中心。今按：食官长及郎中尹霸等是士人，太后与通乱，其义亦通矣。

元朔中，睢阳人类犴反者，①人有辱其父，而与淮阳太守客出同车。太守客出下车，类犴反杀其仇于车上而去。淮阳太守怒，以让梁二千石。二千石以下求反甚急，执反亲戚。反知国阴事，乃上变事，具告知王与大母争樽状。时丞相以下见知之，欲以伤梁长吏，其书闻天子。天子下吏验问，有之。公卿请废襄为庶人。天子曰：“李太后有淫行，而梁王襄无良师傅，故陷不义。”乃削梁八城，枭任王后首于市。梁馀尚有十城。襄立三十九年卒，谥为平王。子无伤立为梁王也。

①【索隐】韦昭云“犴音岸”。按：类犴反，人姓名也。反字或作“友”。

济川王明者，梁孝王子，以桓邑侯①孝景中六年为济川王。七岁，坐射杀其中尉，汉有司请诛，天子弗忍诛，废明为庶人，迁房陵，地入于汉为郡。

①【索隐】地理志桓邑阙。

济东王彭离者，梁孝王子，以孝景中六年为济东王。二十九年，彭离骄悍，无人君礼，昏暮私与其奴、亡命少年数十人行剽杀人，取财物以为好。①所杀发觉者百馀人，国皆知之，莫敢夜行。所杀者子上书言。汉有司请诛，上不忍，废以为庶人，迁上庸，地入于汉，为大河郡。

①【集解】如淳曰：“以是为好喜之事。”

山阳哀王定者，梁孝王子，以孝景中六年为山阳王。九年卒，无子，国除，地入于汉，为山阳郡。

济阴哀王不识者，梁孝王子，以孝景中六年为济阴王。一岁卒，无子，国除，地入于汉，为济阴郡。

太史公曰：梁孝王虽以亲爱之故，王膏腴之地，然会汉家隆盛，百姓殷富，故能植其财货，广宫室，车服拟于天子。然亦僭矣。

褚先生曰：臣为郎时，闻之于宫殿中老郎吏好事者称道之也。窃以为令梁孝王怨望，欲为不善者，事从中生。今太后，女主也，以爱少子故，欲令梁王为太子。大臣不时正言其不可状，阿意治小，私说意以受赏赐，非忠臣也。齐如魏其侯窦婴之正言也，①何以有后祸？景帝与王燕见，侍太后饮，景帝曰："千秋万岁之后传王。"太后喜说。窦婴在前，据地言曰："汉法之约，传子適孙，今帝何以得传弟，擅乱高帝约乎！"于是景帝默然无声。太后意不说。

①【索隐】窦婴、袁盎皆言如周家立子，不合立弟。

故成王与小弱弟立树下，取一桐叶以与之，曰："吾用封汝。"周公闻之，进见曰："天王封弟，甚善。"成王曰："吾直与戏耳。"周公曰："人主无过举，不当有戏言，言之必行之。"于是乃封小弟以应县。①是后成王没齿不敢有戏言，言必行之。孝经曰："非法不言，非道不行。"此圣人之法言也。今主上不宜出好言于梁王。梁王上有太后之重，骄蹇日久，数闻景帝好言，千秋万世之后传王，而实不行。

①【索隐】此说与晋系家不同，事与封叔虞同，彼云封唐，此云封应，应亦

成王之弟，或别有所见，故不同。【正义】括地志云："故应城，故应乡也，在汝州鲁山县东四十里。"吕氏春秋云"成王戏削桐叶为圭，以封叔虞"，非应侯也。又汲冢古文云殷时已有应国，非成王所造也。

又诸侯王朝见天子，汉法凡当四见耳。始到，入小见；到正月朔旦，奉皮荐璧玉贺正月，法见；后三日，为王置酒，赐金钱财物；后二日，复入小见，辞去。凡留长安不过二十日。小见者，燕见于禁门内，饮于省中，非士人所得入也。今梁王西朝，因留，且半岁。入与人主同辇，出与同车。示风以大言而实不与，令出怨言，谋畔逆，乃随而忧之，不亦远乎！非大贤人，不知退让。今汉之仪法，朝见贺正月者，常一王与四侯俱朝见，十馀岁一至。今梁王常比年入朝见，久留。鄙语曰"骄子不孝"，非恶言也。故诸侯王当为置良师傅，相忠言之士，如汲黯、韩长孺等，敢直言极谏，安得有患害！

盖闻梁王西入朝，谒窦太后，燕见，与景帝俱侍坐于太后前，语言私说。太后谓帝曰："吾闻殷道亲亲，周道尊尊，①其义一也。安车大驾，用梁孝王为寄。"景帝跪席举身曰："诺。"罢酒出，帝召袁盎诸大臣通经术者曰："太后言如是，何谓也？"皆对曰："太后意欲立梁王为帝太子。"帝问其状，袁盎等曰："殷道亲亲者，立弟。周道尊尊者，立子。殷道质，质者法天，亲其所亲，故立弟。周道文，文者法地，尊者敬也，敬其本始，故立长子。周道，太子死，立適孙。殷道，太子死，立其弟。"帝曰："于公何如？"皆对曰："方今汉家法周，周道不得立弟，当立子。故春秋所以非宋宣公。宋宣公死，不立子而与弟。弟受国死，复反之与兄之子。弟之子争之，以为我当代父后，即刺杀兄子。以故国乱，祸不绝。故春秋曰‘君子大居正，宋之祸宣公为之’。臣请见太后白之。”袁盎等入见太后：“太后言欲立梁王，梁王即终，欲谁立？”太后曰：“吾复立帝子。”袁盎等以宋宣公不立正，生祸，祸乱后五世不绝，小不忍害大义状报太后。太后乃解说，即使梁王归就国。而梁王闻其义出于袁盎诸大臣所，怨望，使人来杀袁盎。袁盎顾之曰：“我所谓袁将军者也，公得毋误乎？”刺者曰：“是矣！”刺之，置其剑，剑著身。视其剑，新治。问长安中削厉工，工曰：“梁郎某子[②]来治此剑。”以此知而发觉之，发使者捕逐之。独梁王所欲杀大臣十馀人，文吏穷本之，谋反端颇见。太后不食，日夜泣不止。景帝甚忧之，问公卿大臣，大臣以为遣经术吏往治之，乃可解。于是遣田叔、吕季主往治之。此二人皆通经术，知大礼。来还，至霸昌厩，[③]取火悉烧梁之反辞，但空手来对景帝。景帝曰：“何如？”对曰：“言梁王不知也。造为之者，独其幸臣羊胜、公孙诡之属为之耳。谨以伏诛死，梁王无恙也。”景帝喜说，曰：“急趋谒太后。”太后闻之，立起坐餐，气平复。故曰，不通经术知古今之大礼，不可以为三公及左右近臣。少见之人，如从管中窥天也。

①【索隐】殷人尚质，亲亲，谓亲其弟而授之。周人尚文，尊尊，谓尊祖之正体。故立其子，尊其祖也。

②【索隐】谓梁国之郎，是孝王官属。某子，史失其姓名也。

③【正义】括地志云：“汉霸昌厩在雍州万年县东北三十八里。”

【索隐述赞】文帝少子，徙封于梁。太后钟爱，广筑睢阳。旌旂警跸，势拟天王。功扞吴楚，计丑孙羊。窦婴正议，袁盎劫伤。汉穷梁狱，冠盖相望。祸成骄子，致此猖狂。虽分五国，卒亦不昌。

史记卷五十九

五宗世家第二十九

【索隐】景帝子十四人，一武帝，馀十三人为王，汉书谓之“景十三王”。此名“五宗”者，十三人为王，其母五人，同母者为宗也。

孝景皇帝子凡十三人为王，而母五人，同母者为宗亲。栗姬子曰荣、德、阏于。①程姬子曰馀、非、端。贾夫人子曰彭祖、胜。唐姬子曰发。王夫人兒姁②子曰越、寄、乘、舜。

①【索隐】阏音遏。汉书无“于”字。

②【索隐】况羽反。兒姁，夫人名也。王皇后之妹也。

河间献王德，①以孝景帝前二年用皇子为河间王。好儒学，被服造次必于儒者。山东诸儒多从之游。

①【索隐】汉书云“大行令奏：谥法曰聪明睿智曰献”。

二十六年卒，①子共王不害立。四年卒，子刚王基代立。十二年卒，子顷王授代立。②

①【集解】汉名臣奏："杜业奏曰'河间献王经术通明，积德累行，天下雄俊众儒皆归之。孝武帝时，献王朝，被服造次必于仁义。问以五策，献王辄对无穷。孝武帝艴然难之，谓献王曰："汤以七十里，文王百里，王其勉之。"王知其意，归即纵酒听乐，因以终'。"【索隐】注"问以五策"。按：汉书诏策问三十馀事。"被服造次"。按：小颜云"被服，言常居处其中也；造次，谓所向所行皆法于儒者"。

②【索隐】汉书云授谥顷，音倾也。

临江哀王阏于，以孝景帝前二年用皇子为临江王。三年卒，无后，国除为郡。

临江闵王荣，以孝景前四年为皇太子，四岁废，用故太子为临江王。

四年，坐侵庙壖垣①为宫，上征荣。荣行，祖于江陵北门。②既已上车，轴折车废。江陵父老流涕窃言曰："吾王不反矣！"荣至，诣中尉府簿。中尉郅都责讯王，王恐，自杀。葬蓝田。燕数万衔土置冢上，百姓怜之。

①【索隐】服虔云"宫外之馀地"。顾野王云"墙外行马内田"。音人椽反，又音软，又音奴乱反。壖垣，墙外之短垣也。

②【索隐】按：祖者行神，行而祭之，故曰祖也。风俗通云"共工氏之子曰修，好远游，故祀为祖神"。又崔浩云"黄帝之子累祖，好远游而死于道，因以为行神"，亦不知其何据。盖见其谓之祖，因以为累祖，非也。据帝系及本纪皆言累祖黄帝妃，无为行神之由也。又聘礼云"出祖释軷，祭酒脯"而已。按：今祭礼，以軷壤土为坛于道，则用黄羝或用狗，以其血衅左轮也。【正义】荆州图副云："汉临江闵王荣始都江陵

城，坐侵庙壖地为宫，被征，出城北门而车轴折。父老共流涕曰：'吾王不反矣！'既而为郅都所讯，惧而缢死。自此后北门存而不启，盖为荣不以道终也。"

荣最长，①死无后，国除，地入于汉，为南郡。

①【正义】颜师古云："荣实最长，而传居二王后者，以其从太子废后乃为王也。"

右三国本王皆栗姬之子也。

鲁共王馀，以孝景前二年用皇子为淮阳王。二年，吴楚反破后，以孝景前三年徙为鲁王。好治宫室苑囿狗马。季年好音，不喜辞辩。为人吃。

二十六年卒，子光代为王。初好音舆马；晚节啬，①惟恐不足于财。

①【正义】晚节犹言末年时。啬，贪恡也。

江都易王非，①以孝景前二年用皇子为汝南王。吴楚反时，非年十五，有材力，上书愿击吴。景帝赐非将军印，击吴。吴已破，二岁，徙为江都王，治吴故国，以军功赐天子旌旗。元光五年，匈奴大入汉为贼，非上书愿击匈奴，上不许。非好气力，治宫观，招四方豪桀，骄奢甚。

①【索隐】按：谥法"好更故旧曰易"也。

立二十六年卒，子建立为王。七年自杀。淮南、衡山谋反时，建颇闻其谋。自以为国近淮南，恐一日发，为所并，即阴作兵器，而时佩其父所赐将军印，载天子旗以出。易王死未葬，建有所说易王宠美人淖姬，[①]夜使人迎与奸服舍中。及淮南事发，治党与颇及江都王建。建恐，因使人多持金钱，事绝其狱。而又信巫祝，使人祷祠妄言。建又尽与其姊弟奸。[②]事既闻，汉公卿请捕治建。天子不忍，使大臣即讯王。王服所犯，遂自杀。国除，地入于汉，为广陵郡。

①【集解】苏林曰："淖音泥淖"。　【索隐】郑氏音卓，苏林音"泥淖"之"淖"，女教反。淖，姓也，齐有淖齿是。又汉书云"建召易王所爱淖姬等十人，与奸服舍中"。　【正义】淖，女孝反。

②【索隐】汉书云建女弟徵臣为盖侯子妇，以易王丧来归，建复与奸也。

胶西于王端，[①]以孝景前三年吴楚七国反破后，端用皇子为胶西王。端为人贼戾，又阴痿，[②]一近妇人，病之数月。而有爱幸少年为郎。为郎者顷之与后宫乱，端禽灭之，及杀其子母。数犯上法，汉公卿数请诛端，天子为兄弟之故不忍，而端所为滋甚。有司再请削其国，去太半。端心愠，遂为无訾省。[③]府库坏漏尽，腐财物以巨万计，终不得收徙。令吏毋得收租赋。端皆去卫，[④]封其宫门，从一门出游。数变名姓，为布衣，之他郡国。

①【索隐】按：广周书谥法云"能优其德曰于"。

②【正义】委危反。不能御妇人。

③【集解】苏林曰："为无所訾录，无所省录。"　【正义】颜师古云："訾，财也。省，视也。言不能视录资财。"

④【索隐】谓不置宿卫人。

相、二千石往者，奉汉法以治，端辄求其罪告之，无罪者诈药杀之。所以设诈究变，[①]强足以距谏，智足以饰非。相、二千石从王治，则汉绳以法。故胶西小国，而所杀伤二千石甚众。

①【索隐】究者，穷也。故郭璞云“究谓穷尽也”。

立四十七年，卒，竟无男代后，国除，地入于汉，为胶西郡。

右三国本王皆程姬之子也。

赵王彭祖，以孝景前二年用皇子为广川王。赵王遂反破后，彭祖王广川。四年，徙为赵王。十五年，孝景帝崩。彭祖为人巧佞卑谄，足恭而心刻深。[①]好法律，持诡辩以中人。[②]彭祖多内宠姬及子孙。相、二千石欲奉汉法以治，则害于王家。是以每相、二千石至，彭祖衣皂布衣，自行迎，除二千石舍，[③]多设疑事以作动之，得二千石失言，中忌讳，辄书之。二千石欲治者，则以此迫劫；不听，乃上书告，及污以奸利事。彭祖立五十馀年，相、二千石无能满二岁，辄以罪去，大者死，小者刑，以故二千石莫敢治。而赵王擅权，使使即县为贾人榷会，[④]入多于国经租税。[⑤]以是赵王家多金钱，然所赐姬诸子，亦尽之矣。彭祖取故江都易王宠姬王建所盗与奸淖姬者为姬，甚爱之。

①【索隐】谓刻害深，无仁恩也。

②【索隐】谓诡诳之辩，以中伤于人。

③【索隐】谓彭祖自为二千石埽除其舍，以迎之也。

④【集解】韦昭曰：“平会两家买卖之贾也。榷者，禁他家，独王家得为之。”【索隐】榷音角。独言榷，谓酤榷也。会音侩，古外反。谓为贾人专榷买卖之贾，侩以取利，若今之和市矣。韦昭则训榷为平，其注解为得。

⑤【索隐】经者，常也。谓王家入多于国家常纳之租税也。

彭祖不好治宫室、机祥，[①]好为吏事。上书愿督国中盗贼。常夜从走卒行徼[②]邯郸中。诸使过客以彭祖险陂，莫敢留邯郸。

①【集解】服虔曰:“求福也。” 【索隐】按:埤苍云“机,祅祥也”。列子云“荆人鬼,越人机”。谓楚信鬼神而越信机祥也。

②【索隐】上下孟反,下工吊反。徼是郊外之路,谓巡徼而伺察境界。

其太子丹与其女及同产姊奸,与其客江充有郤。充告丹,丹以故废。赵更立太子。

中山靖王胜,以孝景前三年用皇子为中山王。十四年,孝景帝崩。胜为人乐酒①好内,有子枝属百二十馀人。常与兄赵王相非,曰:“兄为王,专代吏治事。王者当日听音乐声色。”赵王亦非之,曰:“中山王徒日淫,不佐天子拊循百姓,何以称为藩臣!”

①【正义】乐,五教反。

立四十二年卒,①子哀王昌立。一年卒,子昆侈代为中山王。②

①【索隐】按:汉书建元三年,济川、中山王等来朝,闻乐而泣。天子问其故,王对以大臣内谗,肺腑日疏,其言甚雄壮,词切而理文。天子加亲亲之好。可谓汉之英藩矣。

②【索隐】汉书昆侈谥康王,子顷王辅嗣,至孙国除也。

右二国本王皆贾夫人之子也。

长沙定王发,发之母唐姬,故程姬侍者。景帝召程姬,程姬有所辟,不愿进,①而饰侍者唐儿使夜进。上醉不知,以为程姬而幸之,遂有身。已乃觉非程姬也。及生子,因命曰发。以孝景前二年用皇子为长沙王。以其母微,无宠,故王卑湿贫国。②

①【索隐】姚氏按:释名云“天子诸侯群妾以次进御,有月事者止不御,更不口说,故以丹注面目的的为识,令女史见之”。王粲神女赋以为“脱袿裳,免簪笄,施玄的,结羽钗”。的即释名所云也。说文云“姅,女污也”。汉律云“见姅变,不得侍祠”。姅音半。

②【集解】应劭曰:“景帝后二年,诸王来朝,有诏更前称寿歌舞。定王但张袖小举手。左右笑其拙,上怪问之,对曰:‘臣国小地狭,不足回旋。’帝以武陵、零陵、桂阳属焉。”

立二十七年卒,子康王庸立。二十八年,卒,子鲋鮈立[①]为长沙王。

①【集解】服虔曰:“鮈音拘。”

右一国本王唐姬之子也。

广川惠王越,以孝景中二年用皇子为广川王。

十二年卒,子齐立为王。[①]齐有幸臣桑距。已而有罪,欲诛距,距亡,王因禽其宗族。距怨王,乃上书告王齐与同产奸。自是之后,王齐数上书告言汉公卿及幸臣所忠等。[②]

①【索隐】汉书齐谥缪王。谥法“伤人蔽贤曰缪”。

②【索隐】按:汉书“又告中尉蔡彭祖”。子去嗣,坐暴虐勃乱,国除也。【正义】所忠,姓名。

胶东康王寄,以孝景中二年用皇子为胶东王。二十八年卒。淮南王谋反时,寄微闻其事,私作楼车镞矢[①]战守备,候淮南之起。及吏治淮南之事,辞出之。[②]寄于上最亲,[③]意伤之,发病而死,不敢置后,于是上(问)〔闻〕。寄有长子者名贤,母无宠;少子名庆,母爱幸，寄常欲立之，为不次，因有过，遂无言。上怜之，乃以贤为胶东王奉康王嗣，而封庆于故衡山地，为六安王。

①【集解】应劭曰："楼车，所以窥看敌国营垒之虚实也。" 【索隐】左传云"登楼车以窥宋人"，谓看敌国营垒之虚实也。李巡注尔雅"金镞，以金为箭镝"。镞，字林音子木反。

②【集解】如淳曰："穷治其辞，出此事。"

③【集解】徐广曰："其母武帝母妹。" 【正义】寄母王夫人即王皇后之妹，于上为从母，故寄于诸兄弟最为亲爱也。

胶东王贤立十四年卒，谥为哀王。子庆为王。①

①【集解】徐广曰："他本亦作'庆'字，惟一本作'建'。不宜得与叔父同名，相承之误。"

六安王庆，以元狩二年用胶东康王子为六安王。

清河哀王乘，以孝景中三年用皇子为清河王。十二年卒，无后，国除，地入于汉，为清河郡。

常山宪王舜，以孝景中五年用皇子为常山王。舜最亲，景帝少子，骄怠多淫，数犯禁，上常宽释之。立三十二年卒，太子勃代立为王。

初，宪王舜有所不爱姬生长男棁。①棁以母无宠故，亦不得幸于王。王后脩生太子勃。王内多，所幸姬生子平、子商，王后希得幸。及宪王病甚，诸幸姬常侍病，故王后亦以妒媢②不常侍病，辄归舍。医进药，太子勃不自尝药，又不宿留侍病。及王薨，王后、太子乃至。宪王雅不以长子棁为人数，及薨，又不分与财物。郎或说太子、王后，令诸子与长子棁共分财物，太子、王后不听。太子代立,又不收恤棁。棁怨王后、太子。汉使者视宪王丧,棁自言宪王病时,王后、太子不侍,及薨,六日出舍,③太子勃私奸,饮酒,博戏,击筑,与女子载驰,环城过市,入牢视囚。天子遣大行骞④验王后及问王勃,请逮勃所与奸诸证左,王又匿之。吏求捕,勃大急,使人致击笞掠,擅出汉所疑囚者。有司请诛宪王后脩及王勃。上以脩素无行,使棁陷之罪,勃无良师傅,不忍诛。有司请废王后脩,徙王勃以家属处房陵,上许之。

①【集解】苏林曰:"音夺。" 【索隐】邹氏一音之悦反。苏林音夺。许慎说解字林云"他活反,字从木也"。

②【索隐】娼音亡报反。邹氏本作"媢"。郭璞注三苍云"媢,丈夫妒也"。又云妒女为媢。

③【集解】如淳曰:"服舍也。"

④【索隐】按:谓是张骞。

勃王数月,迁于房陵,国绝。月馀,天子为最亲,乃诏有司曰:"常山宪王蚤夭,后妾不和,適孽诬争,陷于不义以灭国,朕甚闵焉。其封宪王子平三万户,为真定王;封子商三万户,为泗水王。"①

①【正义】泗水,海州。

真定王平,元鼎四年用常山宪王子为真定王。

泗水思王商,以元鼎四年用常山宪王子为泗水王。十一年卒,子哀王安世立。十一年卒,无子。于是上怜泗水王绝,乃立安世弟贺为泗水王。

右四国本王皆王夫人兒姁子也。其后汉益封其支子为六安王、泗水王二国。凡兒姁子孙,于今为六王。

太史公曰:高祖时诸侯皆赋,[①]得自除内史以下,汉独为置丞相,黄金印。诸侯自除御史、廷尉正、博士,拟于天子。自吴楚反后,五宗王世,汉为置二千石,去"丞相"曰"相",银印。诸侯独得食租税,夺之权。其后诸侯贫者或乘牛车也。

①【集解】徐广曰:"国所出有皆入于王也。"

【索隐述赞】景十三子,五宗亲睦。栗姬既废,临江折轴。阏于早薨,河间儒服。馀好宫苑,端事驰逐。江都有才,中山禔福。长沙地小,胶东造镞。仁贤者代,涬乱者族。兒姁四王,分封为六。

史记卷六十

三王世家第三十

"大司马臣去病[①]昧死再拜上疏皇帝陛下：陛下过听，使臣去病待罪行间。宜专边塞之思虑，暴骸中野无以报，乃敢惟他议以干用事者，诚见陛下忧劳天下，哀怜百姓以自忘，亏膳贬乐，损郎员。皇子赖天，能胜衣趋拜，至今无号位师傅官。陛下恭让不恤，群臣私望，不敢越职而言。臣窃不胜犬马心，昧死愿陛下诏有司，因盛夏吉时定皇子位。[②]唯陛下幸察。臣去病昧死再拜以闻皇帝陛下。"三月乙亥，御史臣光守尚书令奏未央宫。制曰："下御史。"

①【索隐】霍去病也。

②【索隐】按：明堂月令云"季夏月，可以封诸侯，立大官"是也。

六年三月戊申朔，乙亥，御史臣光，守尚书令丞非，[①]下御史书到，言："丞相臣青翟、[②]御史大夫臣汤、[③]太常臣充、[④]大行令臣息、[⑤]太子少傅臣安[⑥]行宗正事昧死上言：大司马去病上疏曰：'陛下过听，使臣去病待罪行间。宜专边塞之思虑，暴骸中野无以报，乃敢惟他议以干用事者，诚见陛下忧劳天下，哀怜百姓以自忘，亏膳贬乐，损郎员。皇子赖天，能胜衣趋拜，至今无号位师傅官。陛下恭让不恤，群臣私望，不敢越职而言。臣窃不胜犬马心，昧死愿陛下诏有司，因盛夏吉时定皇子位。唯愿陛下幸察。'制曰'下御史'。臣谨与中二千石、二千石臣贺等⑦议：古者裂地立国，并建诸侯以承天子，所以尊宗庙重社稷也。今臣去病上疏，不忘其职，因以宣恩，乃道天子卑让自贬以劳天下，虑皇子未有号位。臣青翟、臣汤等宜奉义遵职，愚憧而不逮事。方今盛夏吉时，臣青翟、臣汤等昧死请立皇子臣闳、⑧臣旦、臣胥为诸侯王。昧死请所立国名。"

①【索隐】按：奏状有尚书令官位，而史先阙其名耳。丞非者，或尚书左右丞，非其名也。

②【索隐】庄青翟也。

③【索隐】张汤。

④【索隐】盖赵充也。

⑤【索隐】李息。

⑥【索隐】任安也。

⑦【正义】公孙贺。

⑧【集解】徐广曰："一作'開'。"

制曰："盖闻周封八百，姬姓并列，或子、男、附庸。礼'支子不祭'。云并建诸侯所以重社稷，朕无闻焉。且天非为君生民也。①朕之不德，海内未洽，乃以未教成者强君连城，即股肱何劝？②其更议以列侯家之。"

①【索隐】左传曰"天生蒸民，立君以司牧之"，是言生人为立君长司牧之耳，非天为君而生人也。

②【集解】徐广曰："一作'敦'，一作'勖'，一作'观'也。" 【索隐】谓皇子等并未习教义也。皇子未习教义，而强使为诸侯王，以君连城之人，则大臣何有所劝？

三月丙子，奏未央宫。"丞相臣青翟、御史大夫臣汤昧死言：臣谨与列侯臣婴齐、中二千石二千石臣贺、谏大夫博士臣安等议曰：伏闻周封八百，姬姓并列，奉承天子。康叔以祖考显，而伯禽以周公立，咸为建国诸侯，以相傅为辅。百官奉宪，各遵其职，而国统备矣。窃以为并建诸侯所以重社稷者，四海诸侯各以其职奉贡祭。支子不得奉祭宗祖，礼也。封建使守藩国，帝王所以扶德施化。陛下奉承天统，明开圣绪，尊贤显功，兴灭继绝。续萧文终之后于酂，①褒厉群臣平津侯等。②昭六亲之序，明天施之属，使诸侯王封君得推私恩分子弟户邑，锡号尊建百有馀国。③而家皇子为列侯，则尊卑相逾，④列位失序，不可以垂统于万世。臣请立臣闳、⑤臣旦、⑥臣胥⑦为诸侯王。"三月丙子，奏未央宫。

①【索隐】萧何谥文终也。按：萧何初封沛之酂，音赞。后其子续封南阳之酂，音嵯。

②【索隐】公孙弘封平津侯。平津，高成之乡名。 【正义】公孙弘所封平津乡，在沧州盐山南四十二里也。"

③【索隐】谓武帝广推恩之诏，分王诸侯王子弟，故有百馀国。

④【索隐】谓诸侯王子已为列侯，而今又家皇子为列侯，是尊卑相逾越矣。

⑤【索隐】齐王也，王夫人子。

⑥【索隐】燕王也。汉书云李姬子。

⑦【索隐】广陵王也。

制曰："康叔亲属有十而独尊者，褒有德也。周公祭天命郊，故鲁有白牡、骍刚之牲。[①]群公不毛,[②]贤不肖差也。'高山仰之,景行向之',朕甚慕焉。所以抑未成,家以列侯可。"

①【集解】公羊传曰:"鲁祭周公,牲用白牡,鲁公用骍刚。"何休曰:"白牡,殷牲也。骍刚,赤脊,周牲也。"

②【集解】何休曰:"不毛,不纯色也。"

四月戊寅,奏未央宫。"丞相臣青翟、御史大夫臣汤昧死言:臣青翟等与列侯、吏二千石、谏大夫、博士臣庆等议:昧死奏请立皇子为诸侯王。制曰:'康叔亲属有十而独尊者,褒有德也。周公祭天命郊,故鲁有白牡、骍刚之牲。群公不毛,贤不肖差也。"高山仰之,景行向之",朕甚慕焉。所以抑未成,家以列侯可。'臣青翟、臣汤、博士臣将行等伏闻康叔亲属有十,武王继体,周公辅成王,其八人皆以祖考之尊建为大国。康叔之年幼,周公在三公之位,而伯禽据国于鲁,盖爵命之时,未至成人。康叔后扞禄父之难,伯禽殄淮夷之乱。昔五帝异制,周爵五等,春秋三等,[①]皆因时而序尊卑。高皇帝拨乱世反诸正,[②]昭至德,定海内,封建诸侯,爵位二等。[③]皇子或在襁褓而立为诸侯王,奉承天子,为万世法则,不可易。陛下躬亲仁义,体行圣德,表里文武。显慈孝之行,广贤能之路。内褒有德,外讨强暴。极临北海,[④]西(凑)〔溱〕月氏,[⑤]匈奴、西域,举国奉师。舆械之费,不赋于民。虚御府之藏以赏元戎,[⑥]开禁仓以振贫穷,减戍卒之半。百蛮之君,靡不向风,承流称意。远方殊俗,重译而朝,泽及方外。故珍兽至,嘉谷兴,天应甚彰。今诸侯支子封至诸侯王,[⑦]而家皇子为列侯,[⑧]臣青翟、臣汤等窃伏孰计之,皆以为尊卑失序,使天下失望,不可。臣请立臣闳、臣旦、臣胥为诸侯王。"四月癸未,奏未央宫,留中不下。

①【集解】郑玄曰："春秋变周之文，从殷之质，合伯、子、男以为一，则殷爵三等者，公、侯、伯也。"

②【索隐】春秋公羊传文。

③【索隐】谓王与列侯。

④【正义】匈奴传云霍去病伐匈奴，北临翰海。

⑤【正义】溱音臻。氏音支。至月氏。月氏，西戎国名，在葱岭之西也。

⑥【集解】诗云："元戎十乘，以先启行。"韩婴章句曰："元戎，大戎，谓兵车也。车有大戎十乘，谓车缦轮，马被甲，衡扼之上尽有剑戟，名曰陷军之车，所以冒突先启敌家之行伍也。"毛传曰："夏后氏曰钩车，先正也。殷曰寅车，先疾也。周曰元戎，先良也。"

⑦【索隐】谓立胶东王子庆为六安王，常山王子平为真定王，子商为泗水王是也。

⑧【索隐】时诸王称"国"，列侯称"家"也，故云"家皇子"为尊卑失序。

"丞相臣青翟、太仆臣贺、行御史大夫事太常臣充、太子少傅臣安行宗正事昧死言：臣青翟等前奏大司马臣去病上疏言，皇子未有号位，臣谨与御史大夫臣汤、中二千石、二千石、谏大夫、博士臣庆等昧死请立皇子臣闳等为诸侯王。陛下让文武，躬自切，及皇子未教。群臣之议，儒者称其术，或悖其心。陛下固辞弗许，家皇子为列侯。臣青翟等窃与列侯臣寿成①等二十七人议，皆曰以为尊卑失序。高皇帝建天下，为汉太祖，王子孙，广支辅。先帝法则弗改，所以宣至尊也。臣请令史官择吉日，具礼仪上，御史奏舆地图，②他皆如前故事。"制曰："可。"

①【集解】徐广曰："萧何之玄孙酂侯寿成，后为太常也。"

②【索隐】谓地为"舆"者，天地有覆载之德，故谓天为"盖"，谓地为"舆"，故地图称"舆地图"。疑自古有此名，非始汉也。

四月丙申，奏未央宫。“太仆臣贺行御史大夫事昧死言：太常臣充言卜入四月二十八日乙巳，可立诸侯王。臣昧死奏舆地图，请所立国名。礼仪别奏。臣昧死请。”

制曰：“立皇子闳为齐王，旦为燕王，胥为广陵王。”

四月丁酉，奏未央宫。六年①四月戊寅朔，癸卯，御史大夫汤下丞相，丞相下中二千石，二千石下郡太守、诸侯相，丞书从事下当用者。如律令。

①【集解】徐广曰：“一云元狩。”

“维六年四月乙巳，皇帝使御史大夫汤庙立子闳为齐王。曰：於戏，小子闳，①受兹青社！②朕承祖考，维稽古建尔国家，封于东土，世为汉藩辅。於戏念哉！恭朕之诏，惟命不于常。人之好德，克明显光。义之不图，俾君子怠。③悉尔心，允执其中，天禄永终。厥有僽不臧，乃凶于而国，害于尔躬。於戏，保国艾民，可不敬与！王其戒之。”④

①【索隐】此封齐王策文也。又按武帝集，此三王策皆武帝手制。於戏音呜呼。戏或音义。

②【集解】张晏曰：“王者以五色土为太社，封四方诸侯，各以其方色土与之，苴以白茅，归以立社。”【索隐】蔡邕独断云：“皇子封为王，受天子太社之土，若封东方诸侯，则割青土，藉以白茅，授之以立社，谓之‘茅土’。”齐在东方，故云青社。

③【索隐】谓若不图于义，则君子懈怠，无归附心。

④【集解】徐广曰：“立八年，无后，绝。”

右齐王策。

"维六年四月乙巳,皇帝使御史大夫汤庙立子旦为燕王。曰:於戏,小子旦,受兹玄社!朕承祖考,维稽古,①建尔国家,封于北土,世为汉藩辅。於戏!荤粥氏虐老兽心,②侵犯寇盗,加以奸巧边萌。③於戏!朕命将率徂征厥罪,万夫长,千夫长,三十有二君皆来,④降期奔师。⑤荤粥徙域,⑥北州以绥。⑦悉尔心,毋作怨,毋俷德,⑧毋乃废备。⑨非教士不得从征。⑩於戏,保国艾民,可不敬与!王其戒之。"⑪

①【索隐】褚先生解云:"维者,度也。稽者,当也。言当顺古道也。"魏高贵乡公云:"稽,同也。古,天也。谓尧能同天。"

②【索隐】按:匈奴传曰"其国贵壮贱老,壮者食肥美,老者食其馀",是虐老也。

③【索隐】边甿。韦昭云:"甿,民也。"三仓云:"边人云甿。"

④【集解】张晏曰:"时所获三十二帅也。"

⑤【集解】如淳曰:"偃其旗鼓而来降。"【索隐】汉书"君"作"帅","期"作"旗"。而服虔云以三十二军中之将,下旗去之也。如淳云即昆邪王偃旗鼓降时也。若如此意,则三十二君非军将,盖戎狄酋帅时有三十二君来降也。

⑥【集解】张晏曰:"匈奴徙东也。"

⑦【集解】臣瓒曰:"绥,安也。"

⑧【集解】徐广曰:"俷,一作'菲'。"【索隐】无菲德。苏林云:"菲,废也。本亦作'俷',俷,败也。"孔文祥云:"菲,薄也。"汉书作"棐"。【正义】俷音符味反。

⑨【索隐】褚先生解云:"言无乏武备,常备匈奴也。"

⑩【集解】张晏曰:"士不素习,不应召。"【索隐】韦昭云:"士非素教习,不得从军征发。故孔子曰'不教人战,是谓弃之'是也。"褚先生解云:"非习礼义,不得在其侧也。"

⑪【集解】徐广曰："立三十年，自杀，国除。"

右燕王策。

"维六年四月乙巳，皇帝使御史大夫汤庙立子胥为广陵王。曰：於戏，小子胥，受兹赤社！朕承祖考，维稽古建尔国家，封于南土，世为汉藩辅。古人有言曰：'大江之南，①五湖之间，②其人轻心。杨州保疆，③三代要服，不及以政。'於戏！悉尔心，战战兢兢，乃惠乃顺，毋侗好轶，毋迩宵人，④维法维则。书云'臣不作威，不作福'，靡有后羞。於戏，保国艾民，可不敬与！王其戒之。"⑤

①【正义】谓京口南至荆州以南也。

②【索隐】按：五湖者，具区、洮滆、彭蠡、青草、洞庭是也。或曰太湖五百里，故曰五湖也。

③【集解】徐广曰："一作'壃'。"骃案：李奇曰"保，恃也"。

④【集解】应劭曰："无好逸游之事，迩近小人。"张晏曰："侗音同。"【索隐】侗音同。褚先生解云："无好轶乐驰骋弋猎。迩，近也。宵人，小人也。"邹氏宵音谡，谡亦小人也。或作"佞人"。

⑤【集解】徐广曰："立六十四年，自杀。"

右广陵王策。

太史公曰：古人有言曰"爱之欲其富，亲之欲其贵"。故王者壃土建国，封立子弟，所以褒亲亲，序骨肉，尊先祖，贵支体，广同姓于天下也。是以形势强而王室安。自古至今，所由来久矣。非有异也，故弗论箸也。燕齐之事，无足采者。然封立三王，天子恭让，群臣守义，文辞烂然，甚可观也，是以附之世家。

褚先生曰：臣幸得以文学为侍郎，好览观太史公之列传。传中称三王世家文辞可观，求其世家终不能得。窃从长老好故事者取其封策书，编列其事而传之，令后世得观贤主之指意。

盖闻孝武帝之时，同日而俱拜三子为王：封一子于齐，一子于广陵，一子于燕。各因子才力智能，及土地之刚柔，人民之轻重，为作策以申戒之。谓王："世为汉藩辅，保国治民，可不敬与！王其戒之。"夫贤主所作，固非浅闻者所能知，非博闻强记君子者所不能究竟其意。至其次序分绝，文字之上下，简之参差长短，皆有意，人莫之能知。谨论次其真草诏书，编于左方，令览者自通其意而解说之。

王夫人者，赵人也，与卫夫人并幸武帝，而生子闳。闳且立为王时，其母病，武帝自临问之。曰："子当为王，欲安所置之？"王夫人曰："陛下在，妾又何等可言者。"帝曰："虽然，意所欲，欲于何所王之？"王夫人曰："愿置之雒阳。"武帝曰："雒阳有武库敖仓，天下冲厄，汉国之大都也。先帝以来，无子王于雒阳者。去雒阳，馀尽可。"王夫人不应。武帝曰："关东之国无大于齐者。齐东负海而城郭大，古时独临菑中十万户，天下膏腴地莫盛于齐者矣。"王夫人以手击头，谢曰："幸甚。"王夫人死而帝痛之，使使者拜之曰："皇帝谨使使太中大夫明奉璧一，赐夫人为齐王太后。"子闳王齐，年少，无有子，立，不幸早死，国绝，为郡。天下称齐不宜王云。

所谓"受此土"者，诸侯王始封者必受土于天子之社，归立之以为国社，以岁时祠之。春秋大传曰："天子之国有泰社。东方青，南方赤，西方白，北方黑，上方黄。"故将封于东方者取青土，封于南方者取赤土，封于西方者取白土，封于北方者取黑土，封于上方者取黄土。各取其色物，裹以白茅，封以为社。此始受封于天子者也。此之为主土。主土者，立社而奉之也。“朕承祖考”，祖者先也，考者父也。“维稽古”，维者度也，念也，稽者当也，当顺古之道也。

齐地多变诈，不习于礼义，故戒之曰“恭朕之诏，唯命不可为常。人之好德，能明显光。不图于义，使君子怠慢。悉若心，信执其中，天禄长终。有过不善，乃凶于而国，而害于若身”。齐王之国，左右维持以礼义，不幸中年早夭。然全身无过，如其策意。

传曰“青采出于蓝，而质青于蓝”者，教使然也。远哉贤主，昭然独见：诫齐王以慎内；诫燕王以无作怨，无俷德；①诫广陵王以慎外，无作威与福。

①【索隐】本亦作“肥”。案：上策云“作菲德”，下云“勿使王背德也”，则肥当音扶味反，亦音匪。

夫广陵在吴越之地，其民精而轻，故诫之曰“江湖之间，其人轻心。杨州葆疆，三代之时，迫要使从中国俗服，不大及以政教，以意御之而已。无侗好佚，无迩宵人，维法是则。无长好佚乐驰骋弋猎淫康，而近小人。常念法度，则无羞辱矣”。三江、五湖有鱼盐之利，铜山之富，天下所仰。故诫之曰“臣不作福”者，勿使行财币，厚赏赐，以立声誉，为四方所归也。又曰“臣不作威”者，勿使因轻以倍义也。

会孝武帝崩，孝昭帝初立，先朝广陵王胥，厚赏赐金钱财币，直三千馀万，益地百里，邑万户。

会昭帝崩，宣帝初立，缘恩行义，以本始元年中，裂汉地，尽以封广陵王胥四子：一子为朝阳侯；①一子为平曲侯；②一子为南利侯；③最爱少子弘，立以为高密王。④

①【正义】括地志云："朝阳故城在邓州穰县南八十里。应劭云在朝水之阳也。"

②【正义】地理志云平曲县属东海郡。又云在瀛州文安县北七十里。

③【正义】括地志云："南利故城在豫州上蔡县东八十五里。"

④【正义】括地志云："高密故城在密州高密县西南四十里。"

其后胥果作威福，通楚王使者。楚王宣言曰："我先元王，高帝少弟也，封三十二城。今地邑益少，我欲与广陵王共发兵云。〔立〕广陵王为上，我复王楚三十二城，如元王时。"事发觉，公卿有司请行罚诛。天子以骨肉之故，不忍致法于胥，下诏书无治广陵王，独诛首恶楚王。传曰"蓬生麻中，不扶自直；①白沙在泥中，与之皆黑"者，土地教化使之然也。其后胥复祝诅谋反，自杀，国除。

①【索隐】已下并见荀卿子。

燕土墝埆，北迫匈奴，其人民勇而少虑，故诫之曰"荤粥氏无有孝行而禽兽心，以窃盗侵犯边民。朕诏将军往征其罪，万夫长，千夫长，三十有二君皆来，降旗奔师。荤粥徙域远处，北州以安矣"。"悉若心，无作怨"者，勿使从俗以怨望也。"无俷德"者，勿使(上)〔王〕背德也。"无废备"者，无乏武备，常备匈奴也。"非教士不得从征"者，言非习礼义不得在于侧也。

会武帝年老长，而太子不幸薨，未有所立，而旦使来上书，请身入宿卫于长安。孝武见其书，击地，怒曰："生子当置之齐鲁礼义之乡，乃置之燕赵，果有争心，不让之端见矣。"于是使使即斩其使者于阙下。

会武帝崩，昭帝初立，旦果作怨而望大臣。自以长子当立，与齐王子刘泽等谋为叛逆，出言曰："我安得弟在者！①今立者乃大将军子也。"欲发兵。事发觉，当诛。昭帝缘恩宽忍，抑案不扬。公卿使大臣请，遣宗正与太中大夫公户满意、御史二人，偕往使燕，风喻之。②到燕，各异日，更见责王。宗正者，主宗室诸刘属籍，先见王，为列陈道昭帝实武帝子状。侍御史乃复见王，责之以正法，问："王欲发兵罪名明白，当坐之。汉家有正法，王犯纤介小罪过，即行法直断耳，安能宽王。"惊动以文法。王意益下，心恐。公户满意习于经术，最后见王，称引古今通义，国家大礼，文章尔雅。③谓王曰："古者天子必内有异姓大夫，所以正骨肉也；外有同姓大夫，所以正异族也。④周公辅成王，诛其两弟，故治。武帝在时，尚能宽王。今昭帝始立，年幼，富于春秋，未临政，委任大臣。古者诛罚不阿亲戚，故天下治。方今大臣辅政，奉法直行，无敢所阿，恐不能宽王。王可自谨，无自令身死国灭，为天下笑。"于是燕王旦乃恐惧服罪，叩头谢过。大臣欲和合骨肉，难伤之以法。

①【索隐】案：昭帝，钩弋夫人所生，武帝崩时，年才七八岁耳。胥、旦早封在外，实合有疑。然武帝春秋高，惑于内宠，诛太子而立童孺，能不使胥、旦疑怨。亦由权臣辅政，贪立幼主之利，遂得钩弋子当阳。斯实父德不弘，遂令子道不顺。然犬各吠非其主，太中、宗正，人臣之职，又亦当如此。

②【索隐】宗正，官名，必以宗室有德者为之，不知时何人。公户姓，满意名，为太中大夫。是使二人，又有侍御史二人，皆往使治燕王也。

③【索隐】尔，近也；雅，正也。其书于“正”字义训为近，故云尔雅。相承云周公作以教成王，又云子夏作之以解诗书也。

④【索隐】按：内云有异姓大夫以正骨肉，盖错也。“内”合言“同姓”，宗正是也。“外”合言“异姓”，太中大夫是也。

其后旦复与左将军上官桀等谋反，宣言曰“我次太子，太子不在，我当立，大臣共抑我”云云。大将军光辅政，与公卿大臣议曰：“燕王旦不改过悔正，行恶不变。”于是修法直断，行罚诛。旦自杀，国除，如其策指。有司请诛旦妻子。孝昭以骨肉之亲，不忍致法，宽赦旦妻子，免为庶人。传曰“兰根与白芷，渐之滫中，①君子不近，庶人不服”者，所以渐然也。

①【集解】徐广曰：“滫者，淅米汁也。音先纠反。” 【索隐】白芷，香草也，音止，又音昌改反。渐音子潜反。渐，渍也。滫读如礼“滫溲”之“滫”，谓洗也，音思酒反。 【正义】言虽香草，以米汁渍之，无复香气。君子不欲附近，庶人不服者，为渐渍然也。以旦谋叛，君子庶人皆不附近。

宣帝初立，推恩宣德，以本始元年中尽复封燕王旦两子：一子为安定侯；①立燕故太子建为广阳王，②以奉燕王祭祀。

①【正义】汉表在钜鹿郡。

②【正义】括地志云：“广阳故城今在幽州良乡县东北三十七里。”

【索隐述赞】三王封系，旧史烂然。褚氏后补，册书存焉。去病建议，青翟上言。天子冲挹，志在急贤。太常具礼，请立齐燕。闳国负海，旦社惟玄。宵人不迩，荤粥远边。明哉监戒，式防厥愆。

史记卷六十一

伯夷列传第一

【索隐】列传者，谓叙列人臣事迹，令可传于后世，故曰列传。【正义】其人行迹可序列，故云列传。

夫学者载籍极博，犹考信于六蓺。诗书虽缺，①然虞夏之文可知也。②尧将逊位，让于虞舜，舜禹之间，岳牧咸荐，乃试之于位，典职数十年，③功用既兴，然后授政。示天下重器，④王者大统，传天下若斯之难也。而说者曰尧让天下于许由，⑤许由不受，耻之逃隐。及夏之时，有卞随、务光者。此何以称焉？⑥太史公曰：余登箕山，⑦其上盖有许由冢云。孔子序列古之仁圣贤人，如吴太伯、伯夷之伦详矣。余以所闻由、光⑧义至高，⑨其文辞不少概见，何哉？⑩

①【索隐】按：孔子系家称古诗三千馀篇，孔子删三百五篇为诗，今亡五篇。又书纬称孔子求得黄帝玄孙帝魁之书，迄秦穆公，凡三千三百三

十篇，乃删以一百篇为尚书，十八篇为中候。今百篇之内见亡四十二篇，是诗书又有缺亡者也。

②【索隐】按：尚书有尧典、舜典、大禹谟，备言虞夏禅让之事，故云"虞夏之文可知也"。

③【正义】舜禹皆典职事二十馀年，然后践帝位。

④【索隐】言天下者是王者之重器，故庄子云"天下大器"是也。则大器亦重器也。

⑤【正义】皇甫谧高士传云："许由字武仲。尧闻致天下而让焉，乃退而遁于中岳颍水之阳，箕山之下隐。尧又召为九州长，由不欲闻之，洗耳于颍水滨。时有巢父牵犊欲饮之，见由洗耳，问其故。对曰：'尧欲召我为九州长，恶闻其声，是故洗耳。'巢父曰：'子若处高岸深谷，人道不通，谁能见子？子故浮游，欲闻求其名誉。污吾犊口。'牵犊上流饮之。许由殁，葬此山，亦名许由山。"在洛州阳城县南十三里。

⑥【索隐】按："说者"谓诸子杂记也。然尧让于许由，及夏时有卞随、务光等，殷汤让之天下，并不受而逃，事具庄周让王篇。　【正义】经史唯称伯夷、叔齐，不及许由、卞随、务光者，不少概见，何以哉？故言"何以称焉"，为不称说之也。

⑦【索隐】盖杨恽、东方朔见其文称"余"，而加"太史公曰"也。

⑧【索隐】谓太史公闻庄周所说许由、务光等。

⑨【索隐】谓尧让天下于许由，由遂逃箕山，洗耳于颍水；卞随自投于桐水；务光负石自沈于卢水：是义至高。

⑩【索隐】按：概是梗概，谓略也。盖以由、光义至高，而诗书之文辞遂不少梗概载见，何以如此哉？是太史公疑说者之言或非实也。　【正义】概，古代反。

孔子曰："伯夷、叔齐，不念旧恶，怨是用希。""求仁得仁，又何怨乎？"余悲伯夷之意，睹轶诗可异焉。①其传曰：

伯夷、叔齐，孤竹君之二子也。②父欲立叔齐，及父卒，叔齐让伯夷。伯夷曰："父命也。"遂逃去。叔齐亦不肯立而逃之。国人立其中子。于是伯夷、叔齐闻西伯昌善养老，盍往归焉。③及至，西伯卒，武王载木主，号为文王，东伐纣。伯夷、叔齐叩马而谏曰："父死不葬，爰及干戈，可谓孝乎？以臣弑君，可谓仁乎？"左右欲兵之。太公曰："此义人也。"扶而去之。武王已平殷乱，天下宗周，而伯夷、叔齐耻之，义不食周粟，隐于首阳山，④采薇而食之。⑤及饿且死，作歌。其辞曰："登彼西山兮，⑥采其薇矣。以暴易暴兮，不知其非矣。⑦神农、虞、夏忽焉没兮，我安适归矣？⑧于嗟徂兮，命之衰矣！"⑨遂饿死于首阳山。

由此观之，怨邪非邪？⑩

①【索隐】谓悲其兄弟相让，又义不食周粟而饿死。睹音覩。轶音逸。谓见逸诗之文，即下采薇之诗是也。不编入三百篇，故云逸诗也。可异焉者，按论语云"求仁得仁，又何怨乎"。今其诗云"我安适归矣，于嗟徂兮，命之衰矣"。是怨词也，故云可异焉。

②【索隐】按："其传"盖韩诗外传及吕氏春秋也。其传云孤竹君，是殷汤三月丙寅日所封。相传至夷、齐之父，名初，字子朝。伯夷名允，字公信。叔齐名致，字公达。解者云夷，齐，谥也；伯，仲，又其长少之字。按：地理志孤竹城在辽西令支县。应劭云伯夷之国也。其君姓墨胎氏。【正义】本前注"丙寅"作"殷汤正月三日丙寅"。括地志云："孤竹古城在卢龙县南十二里，殷时诸侯孤竹国也。"

③【索隐】刘氏云："盍者，疑辞。盖谓其年老归就西伯也。"

④【集解】马融曰："首阳山在河东蒲阪华山之北，河曲之中。"【正义】曹大家注幽通赋云："夷齐饿于首阳山，在陇西首。"又戴延之西征记云："洛阳东北首阳山有夷齐祠。"今在偃师县西北。又孟子云："夷、

齐避纣，居北海之滨。”首阳山，说文云首阳山在辽西。史传及诸书，夷、齐饿于首阳凡五所，各有案据，先后不详。庄子云：“伯夷、叔齐西至岐阳，见周武王伐殷，曰：‘吾闻古之士，遭治世不避其任，遇乱世不为苟存。今天下暗，周德衰，其并乎周以涂吾身也，不若避之以絜吾行。’二子北至于首阳之山，遂饥饿而死。”又下诗“登彼西山”，是今清源县首阳山，在岐阳西北，明即夷、齐饿死处也。

⑤【索隐】薇，蕨也。尔雅云：“蕨，鳖也。”【正义】陆玑毛诗草木疏云：“薇，山菜也。茎叶皆似小豆，蔓生，其味亦如小豆藿，可作羹，亦可生食也。”

⑥【索隐】按：西山即首阳山也。

⑦【索隐】谓以武王之暴臣易殷纣之暴主，而不自知其非矣。

⑧【索隐】言羲、农、虞、夏敦朴禅让之道，超忽久矣，终没矣。今逢此君臣争夺，故我安适归矣。

⑨【索隐】于嗟，嗟叹之辞也。徂者，往也，死也。言己今日饿死，亦是运命衰薄，不遇大道之时，至幽忧而饿死。

⑩【索隐】太史公言己观此诗之情，夷、齐之行似是有所怨邪？又疑其云非是怨邪？

或曰：“天道无亲，常与善人。”若伯夷、叔齐，可谓善人者非邪？①积仁絜行如此而饿死！且七十子之徒，仲尼独荐颜渊为好学。然回也屡空，糟糠不厌，②而卒蚤夭。天之报施善人，其何如哉？盗蹠日杀不辜，③肝人之肉，④暴戾恣睢，⑤聚党数千人横行天下，竟以寿终。⑥是遵何德哉？⑦此其尤大彰明较著者也。⑧若至近世，操行不轨，专犯忌讳，而终身逸乐，⑨富厚累世不绝。或择地而蹈之，⑩时然后出言，⑪行不由径，⑫非公正不发愤，而遇祸灾者，不可胜数也。⑬余甚惑焉，傥所谓天道，是邪非邪？⑭

①【索隐】又叙论云若夷、齐之行如此，可谓善人者邪，又非善人者邪，亦疑也。

②【索隐】厌者，饫也，不厌谓不饱也。糟糠，贫者之所餐也，故曰“糟糠之妻”是也。然颜生箪食瓢饮，亦未见“糟糠”之文也。

③【索隐】“蹠”及注作“跖”，并音之石反。按：盗蹠，柳下惠之弟，亦见庄子，为篇名。【正义】按：蹠者，黄帝时大盗之名。以柳下惠弟为天下大盗，故世放古，号之盗蹠。

④【索隐】刘氏云“谓取人肉为生肝”，非也。按：庄子云“跖方休卒太山之阳，脍人肝而餔之”。

⑤【索隐】暴戾谓凶暴而恶戾也。邹诞生恣音资，睢音千馀反。刘氏恣音如字，睢音休季反。恣睢谓恣行为睢恶之貌也。【正义】睢，仰白目，怒貌也。言盗蹠凶暴，恶戾，恣性，怒白目也。

⑥【集解】皇览曰：“盗跖冢在河东大阳，临河曲，直弘农华阴县潼乡。”按：盗跖即柳下惠弟也。【索隐】直音如字。直者，当也。或音值，非也。潼音同。按：潼，水名，因为乡，今之潼津关是，亦为县也。【正义】括地志云：“盗跖冢在陕州河北县西二十里。河北县本汉大阳县也。又今齐州平陵县有盗跖冢，未详也。”

⑦【索隐】言盗蹠无道，横行天下，竟以寿终，是其人遵行何德而致此哉？

⑧【索隐】按：较，明也。言伯夷有德而饿死，盗蹠暴戾而寿终，是贤不遇而恶道长，尤大著明之证也。

⑨【索隐】谓若鲁桓、楚灵、晋献、齐襄之比皆是。

⑩【索隐】谓不仕暗君，不饮盗泉，褁足高山之顶，窜迹沧海之滨是也。【正义】谓北郭骆、鲍焦等是也。

⑪【索隐】按：论语“夫子时然后言”。

⑫【索隐】按：论语澹臺灭明之行也。

⑬【索隐】谓人臣之节，非公正之事不感激发愤。或出忠言，或致身命，而卒遇祸灾者，不可胜数。谓龙逢、比干、屈平、伍胥之属是也。

⑭【索隐】太史公惑于不轨而逸乐，公正而遇灾害，为天道之非而又是邪？深惑之也。盖天道玄远，聪听暂遗，或穷通数会，不由行事，所以行善未必福，行恶未必祸，故先达皆犹昧之也。【正义】傥音他荡反。傥，未定之词也。为天道不敢旳言是非，故云傥也。

子曰“道不同不相为谋”，亦各从其志也。①故曰“富贵如可求，虽执鞭之士，吾亦为之。②如不可求，从吾所好”。③“岁寒，然后知松柏之后凋”。④举世混浊，清士乃见。⑤岂以其重若彼，其轻若此哉？⑥

①【正义】太史公引孔子之言证前事也。言天道人道不同，一任其运遇，亦各从其志意也。

②【集解】郑玄曰：“富贵不可求而得之，当修德以得之。若于道可求而得之者，虽执鞭贱职，我亦为之。”

③【集解】孔安国曰：“所好者古人之道。”

④【集解】何晏曰：“大寒之岁，众木皆死，然后松柏少凋伤；平岁众木亦有不死者，故须岁寒然后别之。喻凡人处治世，亦能自修整，与君子同，在浊世然后知君子之正不苟容也。”

⑤【索隐】老子曰“国家昏乱，始有忠臣”，是举代混浊，则士之清洁者乃彰见，故上文“岁寒然后知松柏之后凋”，先为此言张本也。【正义】言天下泯乱，清絜之士不挠，不苟合于盗跖也。

⑥【索隐】按：谓伯夷让德之重若彼，而采薇饿死之轻若此。又一解云，操行不轨，富厚累代，是其重若彼；公正发愤而遇祸灾，是其轻若此也。【正义】重谓盗跖等也。轻谓夷、齐、由、光等也。

“君子疾没世而名不称焉。”①贾子曰：②“贪夫徇财，③烈士徇名，夸者死权，④众庶冯生。”⑤“同明相照，⑥同类相求。”⑦“云从龙，风从虎，⑧圣人作而万物睹。”⑨伯夷、叔齐虽贤，得夫子而名益彰。[10]颜渊虽笃学，附骥尾而行益显。[11]岩穴之士，趣舍有时若此，类名堙灭而不称，悲夫！[12]闾巷之人，欲砥行立名者，[13]非附青云之士，恶能施于后世哉？

①【索隐】自此已下，虽论伯夷得夫子而名彰，颜回附骥尾而行著，盖亦欲微见己之著撰不已，亦是疾没世而名不称焉，故引贾子"贪夫徇财，烈士徇名"是也。又引"同明相照，同类相求"，"云从龙，风从虎"者，言物各以类相求。故太史公言己亦是操行廉直而不用于代，卒陷非罪，与伯夷相类，故寄此而发论也。【正义】君子疾没世后惧名堙灭而不称，若夷、齐、颜回絜行立名，后代称述，亦太史公欲渐见己立名著述之美也。

②【索隐】贾子，贾谊也。谊作鹏鸟赋云然，故太史公引之而称"贾子"也。

③【正义】徇，才迅反。徇，求也。瓒云："以身从物曰徇。"

④【索隐】言贪权势以矜夸者，至死不休，故云"死权"也。

⑤【索隐】冯者，恃也，音凭。言众庶之情，盖恃矜其生也。邹诞本作"每生"。每者，冒也，即贪冒之义。【正义】太史公引贾子譬作史记，若贪夫徇〔财，烈士徇〕名，夸者死权，众庶冯生，乃成其史记。

⑥【索隐】已下并易系辞文也。

⑦【正义】天欲雨而柱础润，谓同德者相应。

⑧【集解】王肃曰："龙举而景云属，虎啸而谷风兴。"张璠曰："犹言龙从云，虎从风也。"

⑨【集解】马融曰："作，起也。"【索隐】按：又引此句者，谓圣人起而居位，则万物之情皆得睹见，故己今日又得著书言世情之轻重也。【正义】此有识也。圣人有养生之德，万物有长育之情，故相感应也。此以上至"同明相照"是周易乾象辞也。太史公引此等得感者，欲见述作之意，令万物有睹也。孔子殁后五百岁而已当之，故作史记，使万物见睹之也。太史公序传云："先人有言：'自周公卒五百岁而有孔

子，孔子卒后至于今五百岁，有能绍名世，正易传，继春秋，本诗书礼乐之际，意在斯乎！’小子何敢让焉。”作述六经云：“易著天地阴阳四时五行，故长于变。礼经纪人伦，故长于行。书记先王之事，故长于政。诗记山川溪谷禽兽草木牝牡雌雄，故长于风。乐乐所以立，故长于和。春秋辨是非，故长于治人。是故礼以节人，乐以发和，书以道事，诗以达意，易以道化，春秋以道义。拨乱世反之正，莫近于春秋。”按：述作而万物睹见。

⑩【正义】伯夷、叔齐虽有贤行，得夫子称扬而名益彰著。万物虽有生养之性，得太史公作述而世事益睹见。

⑪【索隐】按：苍蝇附骥尾而致千里，以譬颜回因孔子而名彰也。

⑫【正义】趣音趋。舍音捨。趣，向也。捨，废也。言隐处之士，时有附骥尾而名晓达；若堙灭不称数者，亦可悲痛。

⑬【正义】砥音旨。砺行修德在乡间者，若不托贵大之士，何得封侯爵赏而名留后代也？

【索隐述赞】天道平分，与善徒云。贤而饿死，盗且聚群。吉凶倚伏，报施纠纷。子罕言命，得自前闻。嗟彼素士，不附青云！

史记卷六十二

管晏列传第二

管仲夷吾者，颍上人也。[①]少时常与鲍叔牙游，鲍叔知其贤。管仲贫困，常欺鲍叔，[②]鲍叔终善遇之，不以为言。已而鲍叔事齐公子小白，管仲事公子纠。及小白立，为桓公，公子纠死，管仲囚焉。鲍叔遂进管仲。[③]管仲既用，任政于齐，[④]齐桓公以霸，九合诸侯，一匡天下，管仲之谋也。

①【索隐】颍，水名。地理志颍水出阳城。汉有颍阳、临颍二县，今亦有颍上县。　【正义】韦昭云："夷吾，姬姓之后，管严之子敬仲也。"

②【索隐】吕氏春秋："管仲与鲍叔同贾南阳，及分财利，而管仲尝欺鲍叔，多自取。鲍叔知其有母而贫，不以为贪也。"

③【正义】齐世家云："鲍叔牙曰：'君将治齐，则高傒与叔牙足矣。君且欲霸王，非管夷吾不可。夷吾所居国国重，不可失也。'于是桓公从之。"韦昭云："鲍叔，齐大夫，姒姓之后，鲍叔之子叔牙也。"

④【正义】管子云："相齐以九惠之教，一曰老，二曰慈，三曰孤，四曰疾，

五曰独，六曰病，七曰通，八曰赈，九曰绝也。”

管仲曰：“吾始困时，尝与鲍叔贾，[1]分财利多自与，鲍叔不以我为贪，知我贫也。吾尝为鲍叔谋事而更穷困，鲍叔不以我为愚，知时有利不利也。吾尝三仕三见逐于君，鲍叔不以我为不肖，知我不遭时也。吾尝三战三走，鲍叔不以我为怯，知我有老母也。公子纠败，召忽死之，吾幽囚受辱，鲍叔不以我为无耻，知我不羞小节而耻功名不显于天下也。生我者父母，知我者鲍子也。”

①【正义】音古。

鲍叔既进管仲，以身下之。子孙世禄于齐，有封邑者十馀世，[1]常为名大夫。天下不多管仲之贤而多鲍叔能知人也。

①【索隐】按：系本云“庄仲山产敬仲夷吾，夷吾产武子鸣，鸣产桓子启方，启方产成子孺，孺产庄子卢，卢产悼子其夷，其夷产襄子武，武产景子耐涉，耐涉产微，凡十代”。系谱同。

管仲既任政相齐，[1]以区区之齐在海滨，[2]通货积财，富国强兵，与俗同好恶。故其称曰：[3]“仓廪实而知礼节，衣食足而知荣辱，上服度则六亲固。[4]四维不张，国乃灭亡。[5]下令如流水之原，令顺民心。”故论卑而易行。[6]俗之所欲，因而予之；俗之所否，因而去之。

①【正义】国语云：“齐桓公使鲍叔为相，辞曰：‘臣之不若夷吾者五：宽和惠民，不若也；治国家不失其柄，不若也；忠惠可结于百姓，不若也；制礼义可法于四方，不若也；执枹鼓立于军门，使百姓皆加勇，不若也。’”

②【正义】齐国东滨海也。

③【索隐】是夷吾著书所称管子者，其书有此言，故略举其要。

④【正义】上之服御物有制度，则六亲坚固也。六亲谓外祖父母一，父母二，姊妹三，妻兄弟之子四，从母之子五，女之子六也。王弼云“父、母、兄、弟、妻、子也”。

⑤【集解】管子曰：“四维，一曰礼，二曰义，三曰廉，四曰耻。”

⑥【正义】言为政令卑下鲜少，而百姓易作行也。

其为政也，善因祸而为福，转败而为功。贵轻重，①慎权衡。②桓公实怒少姬，③南袭蔡，管仲因而伐楚，责包茅不入贡于周室。桓公实北征山戎，而管仲因而令燕修召公之政。于柯之会，④桓公欲背曹沫之约，⑤管仲因而信之，⑥诸侯由是归齐。故曰：“知与之为取，政之宝也。”⑦

①【索隐】轻重谓钱也。今管子有轻重篇。

②【正义】轻重谓耻辱也，权衡谓得失也。有耻辱甚贵重之，有得失甚戒慎之。

③【索隐】按：谓怒荡舟之姬，归而未绝，蔡人嫁之。

④【正义】今齐州东阿也。

⑤【索隐】沫音昧，亦音末。左传作“曹刿”。 【正义】沫，莫葛反。

⑥【正义】以劫许之，归鲁侵地。

⑦【索隐】老子曰“将欲取之，必固与之”，是知此为政之所宝也。

管仲富拟于公室，有三归、反坫，①齐人不以为侈。管仲卒，②齐国遵其政，常强于诸侯。后百馀年而有晏子焉。

①【正义】三归，三姓女也。妇人谓嫁曰归。

②【正义】括地志云：“管仲冢在青州临淄县南二十一里牛山之阿。说苑云‘齐桓公使管仲治国，管仲对曰：“贱不能临贵。”桓公以为上卿，而国不治，曰：“何故？”管仲对曰：“贫不能使富。”桓公赐之齐市租，而国不治。桓公曰：“何故？”对曰：“疏不能制近。”桓公立以为仲父，齐国

大安，而遂霸天下’。孔子曰：‘管仲之贤而不得此三权者，亦不能使其君南面而称伯。’”

晏平仲婴者，莱之夷维人也。①事齐灵公、庄公、景公，②以节俭力行重于齐。既相齐，食不重肉，妾不衣帛。其在朝，君语及之，即危言；③语不及之，即危行。④国有道，即顺命；无道，即衡命。⑤以此三世显名于诸侯。

①【集解】刘向别录曰：“莱者，今东莱地也。” 【索隐】名婴，平谥，仲字。父桓子名弱也。 【正义】晏氏齐记云齐城三百里有夷安，即晏平仲之邑。汉为夷安县，属高密国。应劭云故莱夷维邑。

②【索隐】按：系家及系本灵公名环，庄公名光，景公名杵臼也。

③【正义】谓己谦让，非云功能。

④【正义】行，下孟反。谓君不知己，增修业行，畏责及也。

⑤【正义】衡，秤也。谓国无道则制秤量之，可行即行。

越石父贤，在缧绁中。①晏子出，遭之涂，解左骖赎之，载归。弗谢，入闺。久之，越石父请绝。晏子戄然，②摄衣冠谢曰：“婴虽不仁，免子于厄，何子求绝之速也？”石父曰：“不然。吾闻君子诎于不知己而信于知己者。③方吾在缧绁中，彼不知我也。夫子既已感寤而赎我，是知己；知己而无礼，固不如在缧绁之中。”晏子于是延入为上客。

①【正义】缧音力追反。缧，黑索也。绁，系也。晏子春秋云：“晏子之晋，至中牟，睹弊冠反裘负薪，息于途侧。晏子问曰：‘何者？’对曰：‘我石父也。苟免饥冻，为人臣仆。’晏子解左骖赎之，载与俱归。”按：与此文小异也。

②【正义】戄，床缚反。

③【索隐】信读曰申,古周礼皆然也。申于知己谓以彼知我而我志获申。

晏子为齐相,出,其御之妻从门间而窥其夫。其夫为相御,拥大盖,策驷马,意气扬扬,甚自得也。既而归,其妻请去。夫问其故。妻曰:"晏子长不满六尺,身相齐国,名显诸侯。今者妾观其出,志念深矣,常有以自下者。今子长八尺,乃为人仆御,然子之意自以为足,妾是以求去也。"其后夫自抑损。晏子怪而问之,御以实对。晏子荐以为大夫。①

①【集解】皇览曰:"晏子冢在临菑城南淄水南桓公冢西北。" 【正义】注皇览云:"晏子冢在临淄城南菑水南桓公冢西北。"括地志云:"齐桓公墓在青州临淄县东南二十三里鼎足上。"又云:"齐晏婴冢在齐子城北门外。晏子云'吾生近市,死岂易吾志'。乃葬故宅后,人名曰清节里。"按:恐皇览误,乃管仲冢也。

太史公曰:吾读管氏牧民、山高、乘马、轻重、九府,①及晏子春秋,②详哉其言之也。既见其著书,欲观其行事,故次其传。至其书,世多有之,是以不论,论其轶事。③

①【集解】刘向别录曰:"九府书民间无有。山高一名形势。" 【索隐】皆管氏所著书篇名也。按:九府,盖钱之府藏,其书论铸钱之轻重,故云轻重九府。馀如别录之说。 【正义】七略云管子十八篇,在法家。

②【索隐】按:婴所著书名晏子春秋。今其书有七篇,故下云"其书世多有"也。 【正义】七略云晏子春秋七篇,在儒家。

③【正义】轶音逸。

管仲,世所谓贤臣,然孔子小之。岂以为周道衰微,桓公既贤,而不勉之至王,乃称霸哉?①语曰"将顺其美,匡救其恶,故上下能相亲也"。②岂管仲之谓乎?

①【正义】言管仲世所谓贤臣，孔子所以小之者，盖以为周道衰，桓公贤主，管仲何不劝勉辅弼至于帝王，乃自称霸主哉？故孔子小之云。盖为前疑夫子小管仲为此。

②【正义】言管仲相齐，顺百姓之美，匡救国家之恶，令君臣百姓相亲者，是管之能也。

方晏子伏庄公尸哭之，成礼然后去，①岂所谓"见义不为无勇"者邪？至其谏说，犯君之颜，此所谓"进思尽忠，退思补过"者哉！假令晏子而在，余虽为之执鞭，所忻慕焉。②

①【索隐】按：左传崔杼弑庄公，晏婴入，枕庄公尸股而哭之，成礼而出，崔杼欲杀之是也。

②【索隐】太史公之羡慕仰企平仲之行，假令晏生在世，己虽与之为仆隶，为之执鞭，亦所忻慕。其好贤乐善如此。贤哉良史，可以示人臣之炯戒也。

【索隐述赞】夷吾成霸，平仲称贤。粟乃实廪，豆不掩肩。转祸为福，危言获全。孔赖左衽，史忻执鞭。成礼而去，人望存焉。

史记卷六十三

老子韩非列传第三

老子者，①楚苦县厉乡曲仁里人也，②姓李氏，③名耳，字聃，④周守藏室之史也。⑤

①【正义】朱韬玉札及神仙传云："老子，楚国苦县濑乡曲仁里人。姓李，名耳，字伯阳，一名重耳，外字聃。身长八尺八寸，黄色美眉，长耳大目，广额疏齿，方口厚唇，额有三五达理，日角月悬，鼻有双柱，耳有三门，足蹈二五，手把十文。周时人，李母八十一年而生。"又玄妙内篇云："李母怀胎八十一载，逍遥李树下，乃割左腋而生。"又云："玄妙玉女梦流星入口而有娠，七十二年而生老子。"又上元经云："李母昼夜见五色珠，大如弹丸，自天下，因吞之，即有娠。"张君相云："老子者是号，非名。老，考也。子，孳也。考教众理，达成圣孳，乃孳生万物，善化济物无遗也。"

②【集解】地理志曰苦县属陈国。　【索隐】按：地理志苦县属陈国者，误也。苦县本属陈，春秋时楚灭陈，而苦又属楚，故云楚苦县。至高帝

十一年,立淮阳国,陈县、苦县皆属焉。裴氏所引不明,见苦县在陈县下,因云苦属陈。今检地理志,苦实属淮阳郡。苦音怙。【正义】按年表云淮阳国,景帝三年废。至天汉修史之时,楚节王纯都彭城,相近。疑苦此时属楚国,故太史公书之。括地志云:"苦县在亳州谷阳县界。有老子宅及庙,庙中有九井尚存,在今亳州真源县也。"厉音赖。晋太康地记云:"苦县城东有濑乡祠,老子所生地也。"

③【索隐】按:葛玄曰"李氏女所生,因母姓也"。又云"生而指李树,因以为姓"。

④【索隐】按:许慎云"聃,耳曼也"。故名耳,字聃。有本字伯阳,非正也。然老子号伯阳父,此传不称也。【正义】聃,耳漫无轮也。神仙传云:"外字曰聃。"按:字,号也。疑老子耳漫无轮,故世号曰聃。

⑤【索隐】按:藏室史,周藏书室之史也。又张苍传"老子为柱下史",盖即藏室之柱下,因以为官名。【正义】藏,在浪反。

孔子适周,将问礼于老子。①老子曰:"子所言者,其人与骨皆已朽矣,独其言在耳。且君子得其时则驾,不得其时则蓬累而行。②吾闻之,良贾深藏若虚,君子盛德,容貌若愚。③去子之骄气与多欲,态色与淫志,④是皆无益于子之身。吾所以告子,若是而已。"孔子去,谓弟子曰:"鸟,吾知其能飞;鱼,吾知其能游;兽,吾知其能走。走者可以为罔,游者可以为纶,飞者可以为矰。至于龙吾不能知,其乘风云而上天。吾今日见老子,其犹龙邪!"

①【索隐】大戴记亦云然。

②【索隐】刘氏云:"蓬累犹扶持也。累音六水反。说者云头戴物,两手扶之而行,谓之蓬累也。"按:蓬者,盖也;累者,随也。以言若得明君则驾车服冕,不遭时则自覆盖相携随而去耳。【正义】蓬,沙碛上转蓬也。累,转行貌也。言君子得明主则驾车而事,不遭时则若蓬转流移而行,可止则止也。蓬,其状若皤蒿,细叶,蔓生于沙漠中,风吹则

根断，随风转移也。皤蒿，江东呼为斜蒿云。

③【索隐】良贾谓善货卖之人。贾音古。深藏谓隐其宝货，不令人见，故云"若虚"。而君子之人，身有盛德，其容貌谦退有若愚鲁之人然。嵇康高士传亦载此语，文则小异，云"良贾深藏，外形若虚；君子盛德，容貌若不足"也。

④【正义】恣态之容色与淫欲之志皆无益于夫子，须去除也。

老子修道德，其学以自隐无名为务。居周久之，见周之衰，乃遂去。至关，关令尹喜曰："子将隐矣，强为我著书。"于是老子乃著书上下篇，①言道德之意五千馀言而去，莫知其所终。②

①【索隐】李尤函谷关铭云"尹喜要老子留作二篇"，而崔浩以尹喜又为散关令是也。【正义】抱朴子云："老子西游，遇关令尹喜于散关，为喜著道德经一卷，谓之老子。"或以为函谷关。括地志云："散关在岐州陈仓县东南五十二里。函谷关在陕州桃林县西南十二里。"强，其两反。为，于伪反。

②【集解】列仙传曰："关令尹喜者，周大夫也。善内学星宿，服精华，隐德行仁，时人莫知。老子西游，喜先见其气，知真人当过，候物色而迹之，果得老子。老子亦知其奇，为著书。与老子俱之流沙之西，服巨胜实，莫知其所终。亦著书九篇，名关令子。"【索隐】列仙传是刘向所记。物色而迹之，谓视其气物有异色而寻迹之。又按：列仙传"老子西游，关令尹喜望见有紫气浮关，而老子果乘青牛而过也"。

或曰：老莱子亦楚人也，①著书十五篇，言道家之用，与孔子同时云。

①【正义】太史公疑老子或是老莱子，故书之。列仙传云："老莱子，楚人。当时世乱，逃世耕于蒙山之阳，莞葭为墙，蓬蒿为室，杖木为床，蓍艾为席，菹芰为食，垦山播种五谷。楚王至门迎之，遂去，至于江南而止。曰：'鸟兽之解毛可绩而衣，其遗粒足食也。'"

盖老子百有六十馀岁，或言二百馀岁，①以其修道而养寿也。

①【索隐】此前古好事者据外传，以老子生年至孔子时，故百六十岁。或言二百馀岁者，即以周太史儋为老子，故二百馀岁也。　【正义】盖，或，皆疑辞也。世不旳知，故言"盖"及"或"也。玉清云老子以周平王时见衰，于是去。孔子世家云孔子问礼于老子在周景王时，孔子盖年三十也，去平王十二王。此传云儋即老子也，秦献公与烈王同时，去平王二十一王。说者不一，不可知也。故葛仙公序云"老子体于自然，生乎大始之先，起乎无因，经历天地终始，不可称载"。

自孔子死之后百二十九年，①而史记周太史儋见秦献公曰："始秦与周合，合五百岁而离，离七十岁而霸王者出焉。"②或曰儋即老子，或曰非也，世莫知其然否。老子，隐君子也。

①【集解】徐广曰："实百一十九年。"

②【索隐】按：周秦二本纪并云"始周与秦国合而别，别五百载又合，合七十岁而霸王者出"。然与此传离合正反，寻其意义，亦并不相违也。

老子之子名宗，宗为魏将，封于段干。①宗子注，②注子宫，宫玄孙假，③假仕于汉孝文帝。而假之子解为胶西王卬太傅，因家于齐焉。

①【集解】此云封于段干，段干应是魏邑名也。而魏世家有段干木、段干子，田完世家有段干朋，疑此三人是姓段干也。本盖因邑为姓，左传所谓"邑亦如之"是也。风俗通氏姓注云姓段，名干木，恐或失之矣。天下自别有段姓，何必段干木邪！

②【索隐】音铸。　【正义】之树反。

③【索隐】音古雅反。　【正义】作"瑕"，音霞。

世之学老子者则绌儒学，①儒学亦绌老子。"道不同不相为谋"，岂谓是邪？李耳无为自化，清静自正。②

①【索隐】按：绌音黜。黜，退而后之也。

②【索隐】此太史公因其行事，于当篇之末结以此言，亦是赞也。按：老子曰"我无为而民自化，我好静而民自正"，此是昔人所评老聃之德，故太史公于此引以记之。【正义】此都结老子之教也。言无所造为而自化，清净不挠而民自归正也。

庄子者，蒙人也，[①]名周。周尝为蒙漆园吏，[②]与梁惠王、齐宣王同时。其学无所不窥，然其要本归于老子之言。故其著书十馀万言，大抵率寓言也。[③]作渔父、盗跖、胠箧，[④]以诋訿孔子之徒，[⑤]以明老子之术。畏累虚、亢桑子之属，皆空语无事实。[⑥]然善属书离辞，[⑦]指事类情，用剽剥儒、墨，[⑧]虽当世宿学不能自解免也。其言洸洋自恣以适己，[⑨]故自王公大人不能器之。

①【集解】地理志蒙县属梁国。【索隐】地理志蒙县属梁国。刘向别录云宋之蒙人也。【正义】郭缘生述征记云蒙县，庄周之本邑也。

②【正义】括地志云："漆园故城在曹州冤句县北十七里。"此云庄周为漆园吏，即此。按：其城古属蒙县。

③【索隐】大抵犹言大略也。其书十馀万言，率皆立主客，使之相对语，故云"偶言"。又音寓，寓，寄也。故别录云"作人姓名，使相与语，是寄辞于其人，故庄子有寓言篇"。【正义】率音律。寓音遇。率犹类也。寓，寄也。

④【索隐】胠箧犹言开箧也。胠音祛，亦音去。箧音去劫反。【正义】胠音丘鱼反。箧音苦颊反。胠，开也。箧，箱类也。此庄子三篇名，皆诬毁自古圣君、贤臣、孔子之徒，营求名誉，咸以丧身，非抱素任真之道也。

⑤【索隐】诋，讦也。诋音邸。訿音紫。谓诋讦毁訾孔子也。

⑥【索隐】按：庄子"畏累虚"，篇名也，即老聃弟子畏累。邹氏畏音于鬼

反，累音垒。刘氏畏音乌罪反，累路罪反。郭象云“今东莱也”。亢音庚。亢桑子，王劭本作“庚桑”。司马彪云“庚桑，楚人姓名也”。【正义】庄子云：“庚桑楚者，老子弟子，北居畏累之山。”成瑛云：“山在鲁，亦云在深州。”此篇寄庚桑楚以明至人之德，卫生之经，若槁木无情，死灰无心，祸福不至，恶有人灾。言庄子杂篇庚桑楚已下，皆空设言语，无有实事也。

⑦【正义】属音烛。离辞犹分析其辞句也。

⑧【正义】剽，疋妙反。剽犹攻击也。

⑨【索隐】洸洋音汪羊二音，又音晃养。亦有本作“瀁”字。【正义】洋音翔。已音纪。

楚威王闻庄周贤，①使使厚币迎之，许以为相。庄周笑谓楚使者曰：“千金，重利；卿相，尊位也。子独不见郊祭之牺牛乎？养食之数岁，衣以文绣，以入大庙。当是之时，虽欲为孤豚，岂可得乎？②子亟去，③无污我。④我宁游戏污渎⑤之中自快，无为有国者所羁，终身不仕，以快吾志焉。”⑥

①【正义】威王当周显王三十年。

②【索隐】孤者，小也，特也。愿为小豚不可得也。【正义】不群也。豚，小猪。临宰时，愿为孤小豚不可得也。

③【索隐】音棘。亟犹急也。

④【索隐】污音乌故反。

⑤【索隐】音乌读二音。污渎，潢污之小渠渎也。

⑥【正义】庄子云：“庄子钓于濮水之上，楚王使大夫往，曰：‘愿以境内累。’庄子持竿不顾，曰：‘吾闻楚有神龟，死二千岁矣，巾笥藏之庙堂之上。此龟宁死为留骨而贵乎？宁生曳尾泥中乎？’大夫曰：‘宁曳尾涂中。’庄子曰：‘往矣，吾将曳尾于涂中。’”与此传不同也。

申不害者，京人也，①故郑之贱臣。学术以干韩昭侯，②昭侯用为相。内修政教，外应诸侯，十五年。终申子之身，国治兵强，无侵韩者。③

①【索隐】申子名不害。按：别录云"京，今河南京县是也"。【正义】括地志云："京县故城在郑州荥阳县东南二十里，郑之京邑也。"

②【索隐】按：术即刑名之法术也。

③【索隐】王劭按：纪年云"韩昭侯之世，兵寇屡交"，异乎此言矣。

申子之学本于黄老而主刑名。著书二篇，号曰申子。①

①【集解】刘向别录曰："今民间所有上下二篇，中书六篇，皆合二篇，已备，过太史公所记。"【索隐】今人间有上下二篇，又有中书六篇，其篇中之言，皆合上下二篇，是书已备，过于太史公所记也。【正义】阮孝绪七略云申子三卷也。

韩非者，①韩之诸公子也。喜刑名法术之学，②而其归本于黄老。③非为人口吃，④不能道说，而善著书。与李斯俱事荀卿，⑤斯自以为不如非。

①【正义】阮孝绪七略云："韩子二十卷。"韩世家云："王安五年，非使秦。九年，虏王安，韩遂亡。"

②【集解】新序曰："申子之书言人主当执术无刑，因循以督责臣下，其责深刻，故号曰'术'。商鞅所为书号曰'法'。皆曰'刑名'，故号曰'刑名法术之书'。"【索隐】著书三十馀篇，号曰韩子。

③【索隐】按：刘氏云"黄老之法不尚繁华，清简无为，君臣自正。韩非之论诋驳浮淫，法制无私，而名实相称。故曰'归于黄老'。"斯未为得其本旨。今按：韩子书有解老、喻老二篇，是大抵亦崇黄老之学耳。

④【正义】音讫。

⑤【正义】孙卿子二十二卷。名况，赵人，楚兰陵令。避汉宣帝讳，改姓

孙也。

非见韩之削弱，数以书谏韩王，①韩王不能用。于是韩非疾治国不务修明其法制，执势以御其臣下，富国强兵而以求人任贤，反举浮淫之蠹而加之于功实之上。以为儒者用文乱法，而侠者以武犯禁。宽则宠名誉之人，急则用介胄之士。②今者所养非所用，③所用非所养。④悲廉直不容于邪枉之臣，⑤观往者得失之变，⑥故作孤愤、五蠹、内外储、说林、说难十馀万言。⑦

①【索隐】韩王安也。

②【正义】介，甲也。胄，兜鍪也。

③【索隐】言非疾时君以禄养其臣者，乃皆安禄养交之臣，非勇悍忠鲠及折冲御侮之人也。

④【索隐】又言人主今临事任用，并非常所禄养之士，故难可尽其死力也。

⑤【索隐】又悲奸邪谄谀之臣不容廉直之士。

⑥【正义】韩非见王安不用忠良，今国消弱，故观往古有国之君，则得失之变异，而作韩子二十卷。

⑦【索隐】此皆非所著书篇名也。孤愤，愤孤直不容于时也。五蠹，蠹政之事有五也。内外储，按韩子有内储、外储篇：内储言明君执术以制臣下，制之在己，故曰"内"也；外储言明君观听臣下之言行，以断其赏罚，赏罚在彼，故曰"外"也。储畜二事，所谓明君也。说林者，广说诸事，其多若林，故曰"说林"也。今韩子有说林上下二篇。说难者，说前人行事与己不同而诘难之，故其书有说难篇。

然韩非知说之难，为说难书甚具，终死于秦，不能自脱。

说难曰：①

①【索隐】说音税。难音奴干反。言游说之道为难，故曰说难。其书词甚高，故特载之。然此篇亦与韩子微异，烦省小大不同。刘伯庄亦申其意，粗释其微文幽旨，故有刘说也。

凡说之难，非吾知之有以说之难也；①又非吾辩之难能明吾意之难也；②又非吾敢横失能尽之难也。③凡说之难，在知所说之心，可以吾说当之。④

①【正义】凡说难识情理，不当人主之心，恐犯逆鳞。说之难知，故言非吾知之有以说之乃为难。

②【正义】能分明吾意以说之，亦又未为难也，尚非甚难。

③【索隐】按：韩子"横失"作"横佚"。刘氏云："吾之所言，无横无失，陈辞发策，能尽说情，此虽是难，尚非难也。" 【正义】横，扩孟反。又非吾敢有横失，词理能尽说己之情，此虽是难，尚非极难。

④【索隐】刘氏云："开说之难，正在于此也。"按：所说之心者，谓人君之心也。言以人臣疏末射尊重之意，贵贱隔绝，旨趣难知，自非高识，莫近几会，故曰"说之难"也。乃须审明人主之意，必以我说合其情，故云"吾说当之"也。【正义】前者三说并未为难，凡说之难者，正在于此。言深辨知前人意，可以吾说当之，暗与前人心会，说则行，乃是难矣。

所说出于为名高者也，①而说之以厚利，则见下节而遇卑贱，必弃远矣。②所说出于厚利者也，而说之以名高，则见无心而远事情，必不收矣。③所说实为厚利而显为名高者也，④而说之以名高，则阳收其身而实疏之；若说之以厚利，则阴用其言而显弃其身。⑤此之不可不知也。

①【索隐】按：谓所说之主，中心本出欲立高名者也。故刘氏云"稽古羲黄，祖述尧舜"是也。

②【索隐】谓人主欲立高名,说臣乃陈厚利,是其见下节也。既不会高情,故遇卑贱必被远斥矣。

③【索隐】亦谓所说之君,出意本规厚利,而说臣乃陈名高之节,则是说者无心,远于我之事情,必不见收用也。故刘氏云"若秦孝公志于强国,而商鞅说以帝王,故怒而不用"。

④【索隐】按:韩子"实"字作"隐"。按:显者,阳也。谓其君实为厚利,而详作欲为名高之节也。 【正义】前人必欲厚利,诈慕名高,则阳收其说,实疏远之。

⑤【索隐】谓若下文云郑武公阴欲伐胡,而关其思极论深计,虽知说当,终遭显戮是也。 【正义】前人好利厚,诈慕名高,说之以厚利,则阴用说者之言而显不收其身。说士不可不察。

夫事以密成,语以泄败。未必其身泄之也,而语及其所匿之事,①如是者身危。贵人有过端,而说者明言善议以推其恶者,则身危。②周泽未渥也而语极知,说行而有功则德亡,③说不行而有败则见疑,如是者身危。④夫贵人得计而欲自以为功,说者与知焉,则身危。⑤彼显有所出事,乃自以为也故,说者与知焉,则身危。⑥强之以其所必不为,⑦止之以其所不能已者,身危。⑧故曰:与之论大人,则以为閒己;⑨与之论细人,则以为粥权。⑩论其所爱,则以为借资;⑪论其所憎,则以为尝己。⑫径省其辞,则不知而屈之;⑬泛滥博文,则多而久之。⑭顺事陈意,则曰怯懦而不尽;⑮虑事广肆,则曰草野而倨侮。⑯此说之难,不可不知也。

①【正义】事多相类,语言或说其相类之事,前人觉悟,便成漏泄,故身危也。

②【正义】人主有过失之端绪,而引美善之议以推人主之恶,则身危。

③【索隐】按：谓人臣事上，其道未合，至周之恩未沾渥于下，而辄吐诚极言，其说有功则其德亦亡。亡，无也。韩子作"则见忘"，然"见忘"胜于"德亡"也。【正义】渥，沾濡也。人臣事君未满周至之恩泽，而说事当理，事行有功，君不以为恩德，故德亡。

④【索隐】又若说不行而有败则见疑，如是者身危。是恩意未深，辄评时政，不为所信，更致嫌疑，若下文所云邻父以墙坏有盗，却为见疑，即其类也。【正义】说事不行，或行有败坏，则必致危殆，若此者身危也。

⑤【正义】与音预。人主先得其计己功，说者知前发其踪迹，身必危亡。

⑥【索隐】谓人主明有所出事乃自以为功，而说者与知，是则以为间，故身危也。【正义】人主明所出事，乃以有所营为，说者预知其计，而说者身亡危。

⑦【索隐】刘氏云："若项羽必欲衣锦东归，而说者强述关中，违旨忤情，自招诛灭也。"【正义】强，其两反。人主必不欲有为，而说者强令为之。

⑧【索隐】刘氏云："若汉景帝决废栗太子，而周亚夫强欲止之，竟不从其言，后遂下狱是也。"【正义】人主已营为，而说者强止之者，身危。

⑨【正义】间音纪苋反。说彼大人之短，以为窃己之事情，乃为刺讥间也。

⑩【索隐】按：韩非子"粥权"作"卖重"。谓荐彼细微之人，言堪大用，则疑其挟诈而卖我之权也。【正义】粥音育。刘伯庄云："论则疑其挟诈卖己之权。"

⑪【正义】说人主爱行，人主以为借己之资籍也。

⑫【正义】论说人主所憎恶，人主则以为尝试于己也。

⑬【索隐】按：谓人主意在文华，而说者但径捷省略其辞，则以说者为无知而见屈辱也。【正义】省，山景反。

⑭【索隐】按：谓人主志在简要，而说者务于浮辞泛滥，博涉文华，则君上

嫌其多迂诞，文而无当者也。　【正义】泛滥，浮辞也。博文，广言句也。言浮说广陈，必多词理，时乃永久，人主疲倦。

⑮【正义】懦音乃乱反。说者陈言顺人主之意，则或怯懦而不尽事情也。

⑯【正义】草野犹鄙陋也。广陈言词，多有鄙陋，乃成倨傲侮慢。

凡说之务，在知饰所说之所敬，[1]而灭其所丑。[2]彼自知其计，则毋以其失穷之；[3]自勇其断，则毋以其敌怒之；[4]自多其力，则毋以其难概之。[5]规异事与同计，誉异人与同行者，则以饰之无伤也。[6]有与同失者，则明饰其无失也。[7]大忠无所拂悟，[8]辞言无所击排，[9]乃后申其辩知焉。此所以亲近不疑，[10]知尽之难也。[11]得旷日弥久，[12]而周泽既渥，[13]深计而不疑，交争而不罪，乃明计利害以致其功，直指是非以饰其身，以此相持，此说之成也。[14]

①【索隐】按：所说谓所说之主也。饰其所敬者，说士当知人主之所敬，而时以言辞文饰之。

②【索隐】丑谓人主若有所避讳而丑之，游说者当灭其事端而不言也。

③【正义】前人自知其失误，说士无以失误穷极之，乃为讪上也。

④【索隐】按：谓人主自勇其断，说士无以己意而攻间之，是以卑下之谋自敌于上，以致谴怒也。　【正义】断音端乱反。刘伯庄云："贵人断甲为是，说者以乙破之，乙之理难同，怒以下敌上也。"

⑤【索隐】按：概犹格也。刘氏云："秦昭王决欲攻赵，白起苦说其难，遂己之心，拒格君上，故致杜邮之僇也。"　【正义】概，古代反。

⑥【正义】刘伯庄云："贵人与甲同计，与乙同行者，说士陈言无伤甲乙也。"

⑦【索隐】按：上文言人主规事誉人，与某人同计同行，今说者之词不得伤于同计同行之人，仍可文饰其类也。又若人主与同失者，而说者则

可以明饰其无失也。【正义】人主与甲同失，说者文饰甲之无失。

⑧【索隐】拂音佛。言大忠之人，志在匡君于善，君初不从，则且退止，待君之说而又几谏，即不拂悟于君也。【正义】拂悟当为"咈忤"，古字假借耳。咈，违也。忤，逆也。

⑨【索隐】谓大忠说谏之辞，本欲归于安人兴化，而无别有所击射排摈。按：韩子作"击摩"也。

⑩【正义】言大忠之事，拟安民兴化，事在匡弼。君初亦不击排，乃后周泽沾濡，君臣道合，乃敢辨智说焉。此所以亲近而不见疑，是知尽之难。

⑪【集解】徐广曰："知，一作'得'。难，一作'辞'。"【索隐】谓人臣尽知事上之道难也。按：徐广曰"知，一作'得'，难，一作'辞'"。今按韩子作"得尽之辞"也。【正义】言说士知谈说之难也，为能尽此谈说之道，得当人主之心，君臣相合，乃是知尽之难也。

⑫【索隐】谓君臣道合，旷日已久，是诚著于君也。

⑬【索隐】谓君之渥泽周浃于臣，鱼水相须，盐梅相和也。

⑭【正义】夫知尽之难，则君臣道合，故得旷日弥久。而周泽既渥，深计而君不疑，与君交争而不罪，而得明计国之利害以致其功，直指是非，任爵禄于身，以此君臣相执持，此说之成也。

伊尹为庖，①百里奚为虏，②皆所由干其上也。故此二子者，皆圣人也，犹不能无役身而涉世如此其污也，③则非能仕之所设也。④

①【正义】殷本纪云"乃为有莘氏媵臣，负鼎俎，以滋味说汤致王道"是也。

②【正义】晋世家云袭灭虞公，及大夫百里以媵秦穆姬也。

③【正义】污音乌故反。庖虏是污。

④【索隐】按：韩子作"非能士之所耻也"。

宋有富人，天雨墙坏。其子曰“不筑且有盗”，其邻人之父亦云，暮而果大亡其财，其家甚知其子而疑邻人之父。①昔者郑武公欲伐胡，②乃以其子妻之。因问群臣曰：“吾欲用兵，谁可伐者？”关其思曰：“胡可伐。”乃戮关其思，曰：“胡，兄弟之国也，子言伐之，何也？”胡君闻之，以郑为亲己而不备郑。郑人袭胡，取之。此二说者，其知皆当矣，③然而甚者为戮，薄者见疑。非知之难也，处知则难矣。

①【正义】其子邻父说皆当矣，而切见疑，非处知则难乎！

②【正义】世本云：“胡，归姓也。”括地志云：“胡城在豫州郾城县界。”

③【正义】当，当浪反。

昔者弥子瑕见爱于卫君。卫国之法，窃驾君车者罪至刖。既而弥子之母病，人闻，往夜告之，弥子矫驾君车而出。君闻之而贤之曰：“孝哉，为母之故而犯刖罪！”与君游果园，弥子食桃而甘，不尽而奉君。君曰：“爱我哉，忘其口而念我！”及弥子色衰而爱弛，得罪于君。君曰：“是尝矫驾吾车，又尝食我以其馀桃。”故弥子之行未变于初也，前见贤而后获罪者，爱憎之至变也。故有爱于主，则知当而加亲；见憎于主，则罪当而加疏。故谏说之士不可不察爱憎之主而后说之矣。

夫龙之为虫也，①可扰狎而骑也。然其喉下有逆鳞径尺，人有婴之，则必杀人。人主亦有逆鳞，说之者能无婴人主之逆鳞，则几矣。②

①【正义】龙，虫类也。故言“龙之为虫”。

②【索隐】按：几，庶也。谓庶几于善谏说也。　【正义】说者能不犯人主逆鳞，则庶几矣。

人或传其书至秦。秦王见孤愤、五蠹之书，曰："嗟乎，寡人得见此人与之游，死不恨矣！"李斯曰："此韩非之所著书也。"秦因急攻韩。韩王始不用非，及急，乃遣非使秦。秦王悦之，未信用。李斯、姚贾害之，毁之曰："韩非，韩之诸公子也。今王欲并诸侯，非终为韩不为秦，此人之情也。今王不用，久留而归之，此自遗患也，不如以过法诛之。"秦王以为然，下吏治非。李斯使人遗非药，使自杀。韩非欲自陈，不得见。秦王后悔之，使人赦之，非已死矣。①

①【集解】战国策曰："秦王封姚贾千户，以为上卿。韩非短之曰：'贾，梁监门子，盗于梁，臣于赵而逐。取世监门子梁大盗赵逐臣与同社稷之计，非所以励群臣也。'王召贾问之，贾答云云，乃诛韩非也。"

申子、韩子皆著书，传于后世，学者多有。余独悲韩子为说难而不能自脱耳。

太史公曰：老子所贵道，虚无，因应变化于无为，故著书辞称微妙难识。庄子散道德，放论，要亦归之自然。申子卑卑，①施之于名实。韩子引绳墨，切事情，明是非，其极惨礉②少恩。皆原于道德之意，而老子深远矣。

①【集解】自勉励之意也。【索隐】刘氏云："卑卑，自勉励之意也。"

②【集解】礉，胡革反。用法惨急而鞠礉深刻。【索隐】惨，七感反。礉，胡革反。按：谓用法惨急而鞠礉深刻也。

【索隐述赞】伯阳立教，清净无为。道尊东鲁，迹窜西垂。庄蒙栩栩，申害卑卑。刑名有术，说难极知。悲彼周防，终亡李斯。

史记卷六十四

司马穰苴列传第四

司马穰苴者,①田完之苗裔也。齐景公时,晋伐阿、甄,②而燕侵河上,③齐师败绩。景公患之。晏婴乃荐田穰苴曰:"穰苴虽田氏庶孽,然其人文能附众,武能威敌,愿君试之。"景公召穰苴,与语兵事,大说之,以为将军,④将兵扞燕晋之师。穰苴曰:"臣素卑贱,君擢之闾伍之中,加之大夫之上,士卒未附,百姓不信,人微权轻,愿得君之宠臣,国之所尊,以监军,乃可。"于是景公许之,使庄贾往。穰苴既辞,与庄贾约曰:"旦日日中会于军门。"⑤穰苴先驰至军,立表下漏⑥待贾。贾素骄贵,以为将己之军而己为监,不甚急;⑦亲戚左右送之,留饮。日中而贾不至。穰苴则仆表决漏,⑧入,行军勒兵,申明约束。约束既定,夕时,庄贾乃至。穰苴曰:"何后期为?"贾谢曰:"不佞大夫亲戚送之,故留。"穰苴曰:"将受命之日则忘其家,临军约束则忘其亲,援枹⑨鼓之急则忘其身。今敌国深侵,邦内骚动,士卒暴露于境,君寝不安席,食不甘味,百姓之命皆悬于君,何谓相送乎!”召军正问曰:“军法期而后至者云何?”对曰:“当斩。”庄贾惧,使人驰报景公,请救。既往,未及反,于是遂斩庄贾以徇三军。三军之士皆振栗。久之,景公遣使者持节赦贾,驰入军中。穰苴曰:“将在军,君令有所不受。”⑩问军正曰:“驰三军法何?”正曰:“当斩。”使者大惧。穰苴曰:“君之使不可杀之。”乃斩其仆,车之左驸,马之左骖,⑪以徇三军。⑫遣使者还报,然后行。士卒次舍井灶饮食问疾医药,身自拊循之。悉取将军之资粮享士卒,身与士卒平分粮食,最比⑬其羸弱者。三日而后勒兵。病者皆求行,争奋出为之赴战。晋师闻之,为罢去。燕师闻之,度水而解。⑭于是追击之,遂取所亡封内故境而引兵归。未至国,释兵旅,解约束,誓盟而后入邑。景公与诸大夫郊迎,劳师成礼,然后反归寝。既见穰苴,尊为大司马。田氏日以益尊于齐。

①【索隐】按:穰苴,名,田氏之族,为大司马,故曰司马穰苴。【正义】穰音若羊反。苴音子徐反。田穰苴为司马官,主兵。

②【索隐】按:阿、甄皆齐邑。晋太康地记曰“阿即东阿也”。地理志云甄城县属济阴也。

③【正义】河上,黄河南岸地,即沧德二州北界。

④【索隐】谓命之为将,以将军也。将音即匠反。遂以将军为官名。故尸子曰“十万之师,无将军则乱”。六国时有其官。

⑤【索隐】按:旦日谓明日。日中时期会于军门也。

⑥【索隐】按:立表谓立木为表以视日景,下漏谓下漏水以知刻数也。

⑦【正义】已音纪。监,甲暂反。

⑧【索隐】仆音赴。按:仆者,卧其表也。决漏谓决去壶中漏水。以贾失期,过日中故也。

⑨【索隐】上音袁,下音孚。【正义】援,作“操”。枹音孚,谓鼓挺也。

⑩【集解】魏武帝曰:“苟便于事,不拘君命。”

⑪【索隐】按：谓斩其使者之仆，及车之左驸。驸，当作"柎"，并音附，谓车循外立木，承重较之材。又斩其马之左骖，以御者在左故也。【正义】柎音附。刘伯庄云："驸者，箱外之立木，承重校者。"

⑫【正义】徇，行示也。

⑬【正义】比音(卑)必耳反。

⑭【正义】度黄河水北去而解。

已而大夫鲍氏、高、国之属害之，谮于景公。景公退穰苴，苴发疾而死。田乞、田豹之徒①由此怨高、国等。其后及田常杀简公，尽灭高子、国子之族。至常曾孙和，因自立，为齐威王，②用兵行威，大放穰苴之法，③而诸侯朝齐。

①【索隐】田乞，田僖子也。豹亦僖子之族。

②【索隐】按：此文误也，当云田和自立，至其孙，因号为齐威王。故系家云田和自立，号太公，其孙因齐，号为威王。

③【正义】放，方往反。

齐威王使大夫追论古者司马兵法而附穰苴于其中，因号曰司马穰苴兵法。

太史公曰：余读司马兵法，闳廓深远，虽三代征伐，未能竟其义，如其文也，亦少褒矣。①若夫穰苴，区区为小国行师，何暇及司马兵法之揖让乎？世既多司马兵法，以故不论，著穰苴之列传焉。

①【索隐】按：谓司马法说行兵，揖让有三代之法，而齐区区小国，又当战国之时，故云"亦少褒矣"。

【索隐述赞】燕侵河上，齐师败绩。婴荐穰苴，武能威敌。斩贾以徇，三军惊惕。我卒既强，彼寇退壁。法行司马，实赖宗戚。

史记卷六十五

孙子吴起列传第五

孙子武者,齐人也。[①]以兵法见于吴王阖庐。阖庐曰:“子之十三篇,[②]吾尽观之矣,可以小试勒兵乎?”对曰:“可。”阖庐曰:“可试以妇人乎?”曰:“可。”于是许之,出宫中美女,得百八十人。孙子分为二队,以王之宠姬二人各为队长,[③]皆令持戟。令之曰:“汝知而心与左右手背乎?”妇人曰:“知之。”孙子曰:“前,则视心;左,视左手;右,视右手;后,即视背。”妇人曰:“诺。”约束既布,乃设铁钺,即三令五申之。于是鼓之右,妇人大笑。孙子曰:“约束不明,申令不熟,将之罪也。”复三令五申而鼓之左,妇人复大笑。孙子曰:“约束不明,申令不熟,将之罪也;既已明而不如法者,吏士之罪也。”乃欲斩左右队长。吴王从台上观,见且斩爱姬,大骇。趣使使[④]下令曰:“寡人已知将军能用兵矣。寡人非此二姬,食不甘味,愿勿斩也。”孙子曰:“臣既已受命为将,将在军,君命有所不受。”

遂斩队长二人以徇。用其次为队长，于是复鼓之。妇人左右前后跪起皆中规矩绳墨，无敢出声。于是孙子使使报王曰："兵既整齐，王可试下观之，唯王所欲用之，虽赴水火犹可也。"吴王曰："将军罢休就舍，寡人不愿下观。"孙子曰："王徒好其言，不能用其实。"于是阖庐知孙子能用兵，卒以为将。西破强楚，入郢，北威齐晋，显名诸侯，孙子与有力焉。

①【正义】魏武帝云："孙子者，齐人。事于吴王阖闾，为吴将，作兵法十三篇。"

②【正义】七录云孙子兵法三卷。案：十三篇为上卷。又有中下二卷。

③【索隐】上音徒对反。下音竹两反。

④【索隐】趣音促，谓急也。下"使"音色吏反。

孙武既死，①后百馀岁有孙膑。膑生阿鄄之间，膑亦孙武之后世子孙也。孙膑尝与庞涓②俱学兵法。庞涓既事魏，得为惠王将军，而自以为能不及孙膑，乃阴使召孙膑。膑至，庞涓恐其贤于己，疾之，则以法刑断其两足而黥之，欲隐勿见。

①【集解】越绝书曰："吴县巫门外大冢，孙武冢也，去县十里。" 【索隐】按：越绝书云是子贡所著，恐非也。其书多记吴越亡后土地，或后人所录。 【正义】七录云越绝十六卷，或云伍子胥撰。

②【索隐】膑，频忍反。庞，皮江反。涓，古玄反。

齐使者如梁，①孙膑以刑徒阴见，说齐使。齐使以为奇，窃载与之齐。齐将田忌善而客待之。忌数与齐诸公子驰逐重射。孙子见其马足不甚相远，马有上、中、下辈。于是孙子谓田忌曰："君弟重射，②臣能令君胜。"田忌信然之，与王及诸公子逐射千金。③及临质，④孙子曰："今以君之下驷与彼上驷，取君上驷与彼中驷，取君中驷与彼下驷。”既驰三辈毕，而田忌一不胜而再胜，卒得王千金。于是忌进孙子于威王。威王问兵法，遂以为师。

①【正义】今汴州。

②【索隐】弟，但也。重射谓好射也。

③【正义】射音石。随逐而射赌千金。

④【索隐】按：质犹对也。将欲对射之时也。一云质谓堋，非也。

其后魏伐赵，赵急，请救于齐。齐威王欲将孙膑，膑辞谢曰："刑馀之人不可。"于是乃以田忌为将，而孙子为师，居辎车中，坐为计谋。田忌欲引兵之赵，孙子曰："夫解杂乱纷纠者①不控卷，②救斗者不搏撠，③批亢捣虚，④形格势禁，则自为解耳。⑤今梁赵相攻，轻兵锐卒必竭于外，老弱罢于内。君不若引兵疾走大梁，据其街路，冲其方虚，彼必释赵而自救。是我一举解赵之围而收獘于魏也。"⑥田忌从之，魏果去邯郸，与齐战于桂陵，大破梁军。

①【索隐】按：谓事之杂乱纷纠击挐也。

②【索隐】按：谓解杂乱纷纠者，当善以手解之，不可控卷而击之。卷即拳也。刘氏云"控，综；卷，缩"，非也。

③【索隐】博戟二音。按：谓救斗者当善拗解之，无以手助相搏撠，则其怒益炽矣。按：撠，以手撠刺人。

④【索隐】批音白结反。亢音苦浪反。按：批者，相排批也。音白灭反。亢者，敌人相亢拒也。捣者，击也，冲也。虚者，空也。按：谓前人相亢，必须批之。彼兵若虚，则冲捣之。欲令击梁之虚也。此当是古语，故孙子以言之也。

⑤【索隐】谓若批其相亢，击捣彼虚，则是事形相格而其势自禁止，则彼自为解兵也。

⑥【索隐】谓齐今引兵据大梁之冲，是冲其方虚之时，梁必释赵而自救，

是一举释赵而毙魏。

后十三岁，①魏与赵攻韩，韩告急于齐。齐使田忌将而往，直走大梁。魏将庞涓闻之，去韩而归，齐军既已过而西矣。孙子谓田忌曰："彼三晋之兵素悍勇而轻齐，齐号为怯，善战者因其势而利导之。兵法，百里而趣利者蹶上将，②五十里而趣利者军半至。使齐军入魏地为十万灶，明日为五万灶，又明日为三万灶。"庞涓行三日，大喜，曰："我固知齐军怯，入吾地三日，士卒亡者过半矣。"乃弃其步军，与其轻锐倍日并行逐之。孙子度其行，暮当至马陵。马陵道陕，而旁多阻隘，可伏兵，乃斫大树白而书之曰"庞涓死于此树之下"。于是令齐军善射者万弩，夹道而伏，期曰"暮见火举而俱发"。庞涓果夜至斫木下，见白书，乃钻火烛之。读其书未毕，齐军万弩俱发，魏军大乱相失。庞涓自知智穷兵败，乃自刭，曰："遂成竖子之名！"③齐因乘胜尽破其军，虏魏太子申以归。孙膑以此名显天下，世传其兵法。

①【索隐】王劭〔按〕：纪年云"梁惠王十七年，齐田忌败梁于桂陵，至二十七年十二月，齐田肦败梁于马陵"，计相去无十三岁。

②【集解】魏武帝曰："蹶犹挫也。" 【索隐】蹶音巨月反。刘氏云："蹶犹毙也。"

③【索隐】竖子谓孙膑。

吴起者，卫人也，好用兵。尝学于曾子，事鲁君。齐人攻鲁，鲁欲将吴起，吴起取齐女为妻，而鲁疑之。吴起于是欲就名，遂杀其妻，以明不与齐也。鲁卒以为将。将而攻齐，大破之。

鲁人或恶吴起曰："起之为人，猜忍人也。其少时，家累千金，游仕不遂，遂破其家。乡党笑之，吴起杀其谤己者三十馀人，而东出卫郭门。与其母诀，啮臂而盟曰：'起不为卿相，不复入卫。'遂事曾子。居顷之，其母死，起终不归。曾子薄之，而与起绝。起乃之鲁，学兵法以事鲁君。鲁君疑之，起杀妻以求将。夫鲁小国，而有战胜之名，则诸侯图鲁矣。且鲁卫兄弟之国也，而君用起，则是弃卫。"鲁君疑之，谢吴起。

吴起于是闻魏文侯贤，欲事之。文侯问李克曰："吴起何如人哉？"李克曰："起贪而好色，①然用兵司马穰苴不能过也。"于是魏文侯以为将，击秦，拔五城。

①【索隐】按：王劭云："此李克言吴起贪。下文云'魏文侯知起廉，尽能得士心'，又公叔之仆称起'为人节廉'，岂前贪而后廉，何言之相反也？"今按：李克言起贪者，起本家累千金，破产求仕，非实贪也；盖言贪者，是贪荣名耳，故母死不赴，杀妻将鲁是也。或者起未委质于魏，犹有贪迹，及其见用，则尽廉能，亦何异乎陈平之为人也。

起之为将，与士卒最下者同衣食。卧不设席，行不骑乘，亲裹赢粮，与士卒分劳苦。卒有病疽者，起为吮之。①卒母闻而哭之。人曰："子卒也，而将军自吮其疽，何哭为。"母曰："非然也。往年吴公吮其父，其父战不旋踵，遂死于敌。吴公今又吮其子，妾不知其死所矣。是以哭之。"

①【索隐】吮，邹氏音弋软反，又才软反。

文侯以吴起善用兵，廉平，尽能得士心，乃以为西河守，以拒秦、韩。

魏文侯既卒，起事其子武侯。武侯浮西河而下，中流，顾而谓吴起曰："美哉乎山河之固，此魏国之宝也！"起对曰："在德不在险。昔三苗氏左洞庭，右彭蠡，德义不修，禹灭之。夏桀之居，左河济，右泰华，伊阙在其南，羊肠在其北，①修政不仁，汤放之。殷纣之国，左孟门，②右太行，常山在其北，大河经其南，修政不德，武王杀之。由此观之，在德不在险。若君不修德，舟中之人尽为敌国也。”③武侯曰：“善。”

①【集解】瓒曰：“今河南城为直之。”皇甫谧曰：“壶关有羊肠阪，在太原晋阳西北九十里。”

②【索隐】刘氏按：纣都朝歌，今孟山在其西。今言左，则东边别有孟门也。

③【集解】杨子法言曰：“美哉言乎！使起之用兵每若斯，则太公何以加诸！”

（即封）吴起为西河守，甚有声名。魏置相，相田文。①吴起不悦，谓田文曰：“请与子论功，可乎？”田文曰：“可。”起曰：“将三军，使士卒乐死，敌国不敢谋，子孰与起？”文曰：“不如子。”起曰：“治百官，亲万民，实府库，子孰与起？”文曰：“不如子。”起曰：“守西河而秦兵不敢东乡，韩赵宾从，子孰与起？”文曰：“不如子。”起曰：“此三者，子皆出吾下，而位加吾上，何也？”文曰：“主少国疑，大臣未附，百姓不信，方是之时，属之于子乎？属之于我乎？”起默然良久，曰：“属之子矣。”文曰：“此乃吾所以居子之上也。”吴起乃自知弗如田文。

①【索隐】按：吕氏春秋作“商文”。

田文既死，公叔为相，①尚魏公主，而害吴起。公叔之仆曰：“起易去也。”公叔曰：“奈何？”其仆曰：“吴起为人节廉而自喜名也。君因先与武侯言曰：‘夫吴起贤人也，而侯之国小，又与强秦壤界，臣窃恐起之无留心也。’武侯即曰：‘奈何？’君因谓武侯曰：‘试延以公主，起有留心则必受之，无留心则必辞矣。以此卜之。'君因召吴起而与归，即令公主怒而轻君。吴起见公主之贱君也，则必辞。"于是吴起见公主之贱魏相，果辞魏武侯。武侯疑之而弗信也。吴起惧得罪，遂去，即之楚。

①【索隐】韩之公族。

楚悼王素闻起贤，至则相楚。明法审令，捐不急之官，废公族疏远者，以抚养战斗之士。要在强兵，破驰说之言从横者。于是南平百越；北并陈蔡，却三晋；西伐秦。诸侯患楚之强。故楚之贵戚尽欲害吴起。及悼王死，宗室大臣作乱而攻吴起，吴起走之王尸而伏之。击起之徒因射刺吴起，并中悼王。①悼王既葬，太子立，②乃使令尹尽诛射吴起而并中王尸者。坐射起而夷宗死者七十馀家。

①【索隐】楚系家悼王名疑也。

②【索隐】肃王臧也。

太史公曰：世俗所称师旅，皆道孙子十三篇，吴起兵法，世多有，故弗论，论其行事所施设者。语曰："能行之者未必能言，能言之者未必能行。"孙子筹策庞涓明矣，然不能蚤救患于被刑。吴起说武侯以形势不如德，然行之于楚，以刻暴少恩亡其躯。悲夫！

【索隐述赞】孙子兵法，一十三篇。美人既斩，良将得焉。其孙膑脚，筹策庞涓。吴起相魏，西河称贤；惨礉事楚，死后留权。

史记卷六十六

伍子胥列传第六

伍子胥者，楚人也，名员。员父曰伍奢。员兄曰伍尚。其先曰伍举，以直谏事楚庄王，①有显，故其后世有名于楚。

①【索隐】按：举直谏，见左氏、楚系家。

楚平王有太子名曰建，使伍奢为太傅，费无忌①为少傅。无忌不忠于太子建。平王使无忌为太子取妇于秦，秦女好，无忌驰归报平王曰："秦女绝美，王可自取，而更为太子取妇。"平王遂自取秦女而绝爱幸之，生子轸。更为太子取妇。

①【索隐】按：左传作"费无极"。

无忌既以秦女自媚于平王，因去太子而事平王。恐一旦平王卒而太子立，杀己，乃因谗太子建。建母，蔡女也，无宠于平王。平王稍益疏建，使建守城父，①备边兵。

①【集解】地理志颍川有城父县。　【索隐】本陈邑，楚伐陈而有之。地

理志颍川有城父县。

顷之，无忌又日夜言太子短于王曰："太子以秦女之故，不能无怨望，愿王少自备也。自太子居城父，将兵，外交诸侯，且欲入为乱矣。"平王乃召其太傅伍奢考问之。伍奢知无忌谗太子于平王，因曰："王独奈何以谗贼小臣疏骨肉之亲乎？"无忌曰："王今不制，其事成矣。王且见禽。"于是平王怒，囚伍奢，而使城父司马奋扬①往杀太子。行未至，奋扬使人先告太子："太子急去，不然将诛。"太子建亡奔宋。

①【索隐】城父司马之姓名也。

无忌言于平王曰："伍奢有二子，皆贤，不诛且为楚忧。可以其父质而召之，不然且为楚患。"王使使谓伍奢曰："能致汝二子则生，不能则死。"伍奢曰："尚为人仁，呼必来。员为人刚戾忍询，①能成大事，彼见来之并禽，其势必不来。"王不听，使人召二子曰："来，吾生汝父；不来，今杀奢也。"伍尚欲往，员曰："楚之召我兄弟，非欲以生我父也，恐有脱者后生患，故以父为质，诈召二子。二子到，则父子俱死。何益父之死？往而令雠不得报耳。不如奔他国，借力以雪父之耻，俱灭，无为也。"伍尚曰："我知往终不能全父命。然恨父召我以求生而不往，后不能雪耻，终为天下笑耳。"谓员："可去矣！汝能报杀父之雠，我将归死。"尚既就执，使者捕伍胥。伍胥贯弓②执矢向使者，使者不敢进，伍胥遂亡。闻太子建之在宋，往从之。奢闻子胥之亡也，曰："楚国君臣且苦兵矣。"伍尚至楚，楚并杀奢与尚也。

①【集解】音火候反。 【索隐】邹氏云："一作'诟'，骂也，音逅。"刘氏音火候反。

②【集解】贯,乌还反。　【索隐】刘氏音贯为弯,又音古患反。贯谓满张弓。

伍胥既至宋,宋有华氏之乱,[①]乃与太子建俱奔于郑。郑人甚善之。太子建又适晋,晋顷公曰:"太子既善郑,郑信太子。太子能为我内应,而我攻其外,灭郑必矣。灭郑而封太子。"太子乃还郑。事未会,会自私欲杀其从者,从者知其谋,乃告之于郑。郑定公与子产诛杀太子建。建有子名胜。伍胥惧,乃与胜俱奔吴。到昭关,[②]昭关欲执之。伍胥遂与胜独身步走,几不得脱。追者在后。至江,江上有一渔父乘船,知伍胥之急,乃渡伍胥。伍胥既渡,解其剑曰:"此剑直百金,以与父。"父曰:"楚国之法,得伍胥者赐粟五万石,爵执珪,岂徒百金剑邪!"不受。伍胥未至吴而疾,止中道,乞食。[③]至于吴,吴王僚方用事,公子光为将。伍胥乃因公子光以求见吴王。

①【索隐】春秋昭二十年,宋华亥、向宁、华定与君争而出奔是也。

②【索隐】其关在江西、乃吴楚之境也。

③【集解】张勃曰:"子胥乞食处在丹阳溧阳县。"　【索隐】按:张勃,晋人,吴鸿胪严之子也,作吴录,裴氏注引之是也。溧音栗,水名也。

久之,楚平王以其边邑锺离与吴边邑卑梁氏俱蚕,两女子争桑相攻,乃大怒,至于两国举兵相伐。吴使公子光伐楚,拔其锺离、居巢而归。[①]伍子胥说吴王僚曰:"楚可破也。愿复遣公子光。"公子光谓吴王曰:"彼伍胥父兄为戮于楚,而劝王伐楚者,欲以自报其雠耳。伐楚未可破也。"伍胥知公子光有内志,欲杀王而自立,未可说以外事,乃进专诸[②]于公子光,退而与太子建之子胜耕于野。

①【索隐】二邑,楚县也。按:锺离县在六安,古锺离子之国,系本谓之

"终犁",嬴姓之国。居巢亦国也。桀奔南巢,其国盖远。尚书序"巢伯来朝",盖因居之于淮南楚地也。

②【索隐】左传谓之"专设诸"。

五年而楚平王卒。初,平王所夺太子建秦女生子轸,及平王卒,轸竟立为后,是为昭王。吴王僚因楚丧,使二公子将兵往袭楚。楚发兵绝吴兵之后,不得归。吴国内空,而公子光乃令专诸袭刺吴王僚而自立,是为吴王阖庐。阖庐既立,得志,乃召伍员以为行人,而与谋国事。

楚诛其大臣郤宛、伯州犁,伯州犁之孙伯嚭亡奔吴,①吴亦以嚭为大夫。前王僚所遣二公子将兵②伐楚者,道绝不得归。后闻阖庐弑王僚自立,遂以其兵降楚,楚封之于舒。阖庐立三年,乃兴师与伍胥、伯嚭伐楚,拔舒,遂禽故吴反二将军。因欲至郢,将军孙武曰:"民劳,未可,且待之。"乃归。

①【集解】徐广曰:"伯州犁者,晋伯宗之子也。伯州犁之子曰郤宛,郤宛之子曰伯嚭。宛亦姓伯,又别氏郤。楚世家云杀郤宛,宛之宗姓伯氏子曰嚭。吴世家云楚诛伯州犁,其孙伯嚭奔吴也。" 【索隐】按:州犁,伯宗子也。郄宛,州犁子。伯嚭,郄宛子。嚭音喜。伯氏别姓郄。

②【索隐】公子烛庸及盖馀也。

四年,吴伐楚,取六与灊。①五年,伐越,败之。六年,楚昭王使公子囊瓦②将兵伐吴。吴使伍员迎击,大破楚军于豫章,③取楚之居巢。

①【集解】六,古国,皋陶之后所封。灊县有天柱山。 【索隐】六,古国也,皋陶之后所封。灊县有天柱山。

②【集解】案:左传楚公子贞字子囊,其孙名瓦,字子常。此言公子,又兼

称囊瓦，误也。【索隐】按：左氏楚公子贞字子囊，其孙名瓦，字子常。此言公子，又兼称囊瓦，盖误。

③【集解】豫章在江南。【索隐】按：杜预云"昔豫章在江北，盖分后徙之于江南也"。

九年，吴王阖庐谓子胥、孙武曰："始子言郢未可入，今果何如？"二子对曰："楚将囊瓦贪，而唐、蔡皆怨之。王必欲大伐之，必先得唐、蔡乃可。"阖庐听之，悉兴师与唐、蔡伐楚，与楚夹汉水而陈。吴王之弟夫概[①]将兵请从，王不听，遂以其属五千人击楚将子常。[②]子常败走，奔郑。于是吴乘胜而前，五战，遂至郢。[③]己卯，楚昭王出奔。庚辰，吴王入郢。

①【索隐】古赉反。

②【集解】子常，公孙瓦。【索隐】公孙瓦也。

③【集解】郢，楚都。【索隐】郢，楚都也。音以正反，又一音以井反。

昭王出亡，入云梦；盗击王，王走郧。[①]郧公弟怀曰："平王杀我父，我杀其子，不亦可乎！"郧公恐其弟杀王，与王奔随。[②]吴兵围随，谓随人曰："周之子孙在汉川者，楚尽灭之。"随人欲杀王，王子綦匿王，己自为王以当之。随人卜与王于吴，不吉，乃谢吴不与王。

①【集解】音云，国名。【索隐】奏云二音。走，向也。郧，国名。

②【正义】今有楚昭王故城，昭王奔随之处，宫之北城即是。

始伍员与申包胥为交，员之亡也，谓包胥曰："我必覆楚。"包胥曰："我必存之。"及吴兵入郢，伍子胥求昭王。既不得，乃掘楚平王墓，出其尸，鞭之三百，然后已。申包胥亡于山中，使人谓子胥曰："子之报雠，其以甚乎！吾闻之，人众者胜天，天定亦能破人。[①]今子故平王之臣，亲北面而事之，今至于僇死人，此岂其无天道之极乎!”伍子胥曰:“为我谢申包胥曰,吾日莫途远,吾故倒行而逆施之。”②于是申包胥走秦告急,求救于秦。秦不许。包胥立于秦廷,昼夜哭,七日七夜不绝其声。秦哀公怜之,曰:“楚虽无道,有臣若是,可无存乎!”乃遣车五百乘救楚击吴。六月,败吴兵于稷。③会吴王久留楚求昭王,而阖庐弟夫概乃亡归,自立为王。阖庐闻之,乃释楚而归,击其弟夫概。夫概败走,遂奔楚。楚昭王见吴有内乱,乃复入郢。封夫概于堂谿,④为堂谿氏。楚复与吴战,败吴,吴王乃归。

①【正义】申包胥言闻人众者虽一时凶暴胜天,及天降其凶,亦破于强暴之人。

②【索隐】按:倒音丁老反。施音如字。子胥言志在复雠,常恐且死,不遂本心,今幸而报,岂论理乎!譬如人行,前途尚远,而日势已莫,其在颠倒疾行,逆理施事,何得责吾顺理乎!

③【集解】稷丘,地名,在郊外。 【索隐】按:左传作“稷丘”。杜预云“稷丘,地名,在郊外”。

④【集解】徐广曰:“在慎县。”骃案:地理志汝南有吴房县。应劭曰“夫概奔楚,封于堂谿,本房子国,以封吴,故曰吴房”,然则不得在慎县也。 【正义】案:今豫州吴房县在州西北九十里。

后二岁,阖庐使太子夫差将兵伐楚,取番。①楚惧吴复大来,乃去郢,徙于鄀。②当是时,吴以伍子胥、孙武之谋,西破强楚,北威齐晋,南服越人。

①【集解】音普寒反,又音婆。 【索隐】音普寒反,又音婆。盖鄱阳也。

②【集解】楚地,音若。 【索隐】音若。鄀,楚地,今阙。

其后四年,孔子相鲁。

后五年,伐越。越王句践迎击,败吴于姑苏,伤阖庐指,①军却。阖庐病创[②]将死，谓太子夫差曰："尔忘句践杀尔父乎？"夫差对曰："不敢忘。"是夕，阖庐死。夫差既立为王，以伯嚭为太宰，习战射。二年后伐越，败越于夫湫。[③]越王句践乃以馀兵五千人栖于会稽之上，[④]使大夫种[⑤]厚币遗吴太宰嚭以请和，求委国为臣妾。吴王将许之。伍子胥谏曰："越王为人能辛苦。今王不灭，后必悔之。"吴王不听，用太宰嚭计，与越平。

①【正义】姑苏当作"槜李"，乃文误也。左传云"战槜李，伤将指，卒于陉"是也。解在吴世家。

②【集解】楚良反。【索隐】音疮。

③【集解】音椒。【索隐】音椒，又如字。【正义】太湖中椒山也。解在吴世家。

④【正义】土地名，在越州会稽县东南十二里。

⑤【索隐】刘氏云"大夫姓，种名"，非也。按：今吴南有文种埭，则种姓文，为大夫官也。【正义】高诱云："大夫种，姓文氏，字子禽，楚之郢人。"

其后五年，而吴王闻齐景公死而大臣争宠，新君弱，乃兴师北伐齐。伍子胥谏曰："句践食不重味，吊死问疾，且欲有所用之也。此人不死，必为吴患。今吴之有越，犹人之有腹心疾也。而王不先越而乃务齐，不亦谬乎！"吴王不听，伐齐，大败齐师于艾陵，[①]遂威邹鲁之君以归。[②]益疏子胥之谋。

①【正义】括地志云："艾山在兖州博城县南百六十里，本齐博邑。"

②【正义】邹君居兖州邹县。鲁，曲阜县。

其后四年，吴王将北伐齐，越王句践用子贡之谋，乃率其众以助吴，而重宝以献遗太宰嚭。太宰嚭既数受越赂，其爱信越殊甚，日夜为言于吴王。吴王信用嚭之计。伍子胥谏曰："夫越，腹心之病，今信其浮辞诈伪而贪齐。破齐，譬犹石田，无所用之。且盘庚之诰曰：'有颠越不恭，劓殄灭之，俾无遗育，无使易种于兹邑。'此商之所以兴。愿王释齐而先越；若不然，后将悔之无及。"而吴王不听，使子胥于齐。子胥临行，谓其子曰："吾数谏王，王不用，吾今见吴之亡矣。汝与吴俱亡，无益也。"乃属其子于齐鲍牧，而还报吴。

吴太宰嚭既与子胥有隙，因谗曰："子胥为人刚暴，少恩，猜贼，其怨望恐为深祸也。前日王欲伐齐，子胥以为不可，王卒伐之而有大功。子胥耻其计谋不用，乃反怨望。而今王又复伐齐，子胥专愎①强谏，沮②毁用事，徒幸吴之败以自胜其计谋耳。今王自行，悉国中武力以伐齐，而子胥谏不用，因辍谢，详病不行。王不可不备，此起祸不难。且嚭使人微伺之，其使于齐也，乃属其子于齐之鲍氏。夫为人臣，内不得意，外倚诸侯，自以为先王之谋臣，今不见用，常鞅鞅怨望。愿王早图之。"吴王曰："微子之言，吾亦疑之。"乃使使赐伍子胥属镂③之剑，曰："子以此死。"伍子胥仰天叹曰："嗟乎！谗臣嚭为乱矣，王乃反诛我。我令若父霸。自若未立时，诸公子争立，我以死争之于先王，几不得立。④若既得立，欲分吴国予我，我顾不敢望也。然今若听谀臣言以杀长者。"乃告其舍人曰："必树吾墓上以梓，令可以为器；⑤而抉⑥吾眼县吴东门之上，⑦以观越寇之入灭吴也。"乃自到死。吴王闻之大怒，乃取子胥尸盛以鸱夷革，⑧浮之江中。⑨吴人怜之，为立祠于江上，⑩因命曰胥山。⑪

①【索隐】皮逼反。

②【集解】自吕反。

③【集解】录于反。

④【正义】几音祈。

⑤【正义】器谓棺也，以吴必亡也。左传云："树吾墓槚，槚可材也，吴其

亡乎！"

⑥【索隐】乌穴反。抉亦决也。

⑦【正义】东门，鳝门，谓鲟门也，今名葑门。鳝音普姑反。鲟音覆浮反。越军开示浦，子胥涛荡罗城，开此门，有鳝鲟随涛入，故以名门。顾野王云"鳝鱼一名江豚，欲风则涌"也。

⑧【集解】应劭曰："取马革为鸱夷。鸱夷，榼形。"【正义】盛音成。榼，古曷反。

⑨【集解】徐广曰："鲁哀公十一年。"【正义】案：年表云吴王夫差十一年也。

⑩【正义】吴地记曰："越军于苏州东南三十里三江口，又向下三里，临江北岸立坛，杀白马祭子胥，杯动酒尽，后因立庙于此江上。今其侧有浦名上坛浦。至晋会稽太守麋豹，移庙吴郭东门内道南，今庙见在。"

⑪【集解】张晏曰："胥山在太湖边，去江不远百里，故云江上。"【正义】吴地记云："胥山，太湖边胥湖东岸山，西临胥湖，山有古丞胥二王庙。"按：其庙不干子胥事，太史误矣，张注又非。

吴王既诛伍子胥，遂伐齐。齐鲍氏杀其君悼公而立阳生。吴王欲讨其贼，不胜而去。其后二年，吴王召鲁卫之君会之橐皋。①其明年，因北大会诸侯于黄池，②以令周室。越王勾践袭杀吴太子，③破吴兵。吴王闻之，乃归，使使厚币与越平。后九年，越王勾践遂灭吴，杀王夫差；而诛太宰嚭，以不忠于其君，而外受重赂，与己比④周也。

①【索隐】音拓皋二音。杜预云："地名，在淮南逡遒县东南。"【正义】橐皋故县在庐州巢县西北五十六里。

②【正义】在汴州封丘县南七里。

③【索隐】左传太子名友。

④【正义】纪鼻二音。

伍子胥初所与俱亡故楚太子建之子胜者，在于吴。吴王夫差之时，楚惠王欲召胜归楚。叶公①谏曰："胜好勇而阴求死士，殆有私乎！"惠王不听。遂召胜，使居楚之边邑鄢，②号为白公。③白公归楚三年而吴诛子胥。

①【正义】上式涉反。杜预云："子高，沈诸梁。"

②【集解】徐广曰："颍川鄢陵是。" 【正义】鄢音偃。括地志云："故鄢城在豫州郾城县南五里，与褒信白亭相近。"

③【集解】徐广曰："汝南褒信县有白亭。" 【正义】括地志云："白亭在豫州褒信县南四十二里，又有白公故城。又许州扶沟县北四十五里北又有白亭也。"

白公胜既归楚，怨郑之杀其父，乃阴养死士求报郑。归楚五年，请伐郑，楚令尹子西许之。兵未发而晋伐郑，郑请救于楚。楚使子西往救，与盟而还。白公胜怒曰："非郑之仇，乃子西也。"胜自砺剑，人问曰：①"何以为？"胜曰："欲以杀子西。"子西闻之，笑曰："胜如卵耳，何能为也。"

①【索隐】左传作"子期之子平见曰'王孙何自砺也'"。

其后四岁，白公胜与石乞袭杀楚令尹子西、司马子綦①于朝。石乞曰："不杀王，不可。"乃劫(之)王如高府。②石乞从者屈固③负楚惠王亡走昭夫人之宫。④叶公闻白公为乱，率其国人攻白公。白公之徒败，亡走山中，自杀。⑤而虏石乞，而问白公尸处，不言将亨。石乞曰："事成为卿，不成而亨，固其职也。"终不肯告其尸处。遂亨石乞，而求惠王复立之。

①【索隐】左传作"子期"也。

②【索隐】杜预云："楚之别府也。"

③【集解】徐广曰："一作'惠王从者屈固'。楚世家亦云'王从者'。"

【索隐】按：徐广曰一作"惠王从者屈固"，盖此本为得。而左传云"石乞尹门，围公阳穴宫，负王以如昭夫人之宫"，则公阳是楚之大夫，王之从者也。

④【索隐】昭王夫人即惠王母，越女也。

⑤【正义】左传云白公奔而缢。

太史公曰：怨毒之于人甚矣哉！王者尚不能行之于臣下，况同列乎！向令伍子胥从奢俱死，何异蝼蚁。弃小义，雪大耻，名垂于后世，悲夫！方子胥窘于江上，[①]道乞食，志岂尝须臾忘郢邪？故隐忍就功名，非烈丈夫孰能致此哉？白公如不自立为君者，其功谋亦不可胜道者哉！

①【索隐】窘音求殒反。

【索隐述赞】谗人罔极，交乱四国。嗟彼伍氏，被兹凶慝！员独忍诟，志复冤毒。霸吴起师，伐楚逐北。鞭尸雪耻，抉眼弃德。

史记卷六十七

仲尼弟子列传第七

孔子曰“受业身通者七十有七人”,①皆异能之士也。德行:颜渊,闵子骞,冉伯牛,仲弓。政事:冉有,季路。言语:宰我,子贡。②文学:子游,子夏。师也辟,③参与鲁,④柴也愚,⑤由也喭,⑥回也屡空。赐不受命而货殖焉,亿则屡中。⑦

①【索隐】孔子家语亦有七十七人,唯文翁孔庙图作七十二人。

②【索隐】论语一曰德行,二曰言语,三曰政事,四曰文学。今此文政事在言语上,是其记有异也。

③【集解】马融曰:“子张才过人,失于邪辟文过。” 【正义】音癖。

④【集解】孔安国曰:“鲁,钝也。曾子迟钝。”

⑤【集解】何晏曰:“愚直之愚。”

⑥【集解】郑玄曰:“子路之行,失于畔喭。” 【索隐】论语先言柴,次参,次师,次由。今此传序之亦与论语不同,不得辄言其误也。 【正义】畔音畔。喭音岸。

⑦【集解】何晏曰:"言回庶几于圣道,虽数空匮而乐在其中。赐不受教命,唯财货是殖,亿度是非。盖美回所以励赐也。一曰屡犹每也,空犹虚中也。以圣人之善道,教数子之庶几,犹不至于知道者,各内有此害也。其于庶几每能虚中者唯回,怀道深远。不虚心不能知道。子贡无数子之病,然亦不知道者,虽不穷理而幸中,虽非天命而偶富,亦所以不虚心也。"

孔子之所严事:于周则老子;于卫,蘧伯玉;①于齐,晏平仲;②于楚,老莱子;③于郑,子产;于鲁,孟公绰。数称臧文仲、柳下惠、④铜鞮⑤伯华、介山子然,孔子皆后之,不并世。⑥

①【集解】外宽而内直,自设于隐括之中,直己而不直人,汲汲于仁,以善自终,盖蘧伯玉之行。【索隐】按:大戴礼又云"外宽而内直,自娱于隐括之中,直己而不直人,汲汲于仁,以善存亡,盖蘧伯玉之行也"。

②【集解】君择臣而使之,臣择君而事之,有道顺命,无道衡命,盖晏平仲之行也。【索隐】大戴记曰:"君择臣而使之,臣择君而事之,有道顺命,无道衡命,盖晏平仲之行也。"

③【索隐】大戴记又云:"德恭而行信,终日言不在悔尤之内,贫而乐也,盖老莱子之行也。"

④【集解】孝恭慈仁,允德图义,约货去怨,盖柳下惠之行。【索隐】大戴记又云:"孝恭慈仁,允德图义,约货亡怨,盖柳下惠之行也。"

⑤【索隐】地理志县名,属上党。【正义】鞮,丁奚反。按:铜鞮,潞州县。

⑥【集解】大戴礼曰:"孔子云'国家有道,其言足以兴,国家无道,其默足以容,盖铜鞮伯华之所行。观于四方,不忘其亲,苟思其亲,不尽其乐,盖介山子然之行也'。"说苑曰:"孔子叹曰'铜鞮伯华无死,天下有定矣'。"晋太康地记云:"铜鞮,晋大夫羊舌赤之邑,世号赤曰铜鞮伯华。【索隐】按:自臧文仲已下,孔子皆后之,不并代。其所严事,自

老子及公绰已上，皆孔子同时人也。按：戴德撰礼，号曰大戴礼，合八十五篇，其四十七篇亡，见今存者有三十八篇。今裴氏所引在卫将军篇。孔子称祁奚对晋平公之辞，唯举铜鞮、介山二人行耳。家语又云："不克不忌，不念旧怨，盖伯夷、叔齐之行。思天而敬人，服义而行信，盖赵文子之行。事君不爱其死，谋身不遗其友，盖随武子之行。"

颜回者，鲁人也，字子渊。少孔子三十岁。①

①【正义】少，戍妙反。

颜渊问仁，孔子曰："克己复礼，天下归仁焉。"①

①【集解】马融曰："克己，约身也。"孔安国曰："复，反也。身能反礼，则为仁矣。"

孔子曰："贤哉回也！①一箪食，一瓢饮，②在陋巷，人不堪其忧，回也不改其乐。"③"回也如愚；④退而省其私，亦足以发，回也不愚。"⑤"用之则行，舍之则藏，唯我与尔有是夫！"⑥

①【集解】卫瓘曰："非大贤乐道，不能若此，故以称之。" 【索隐】卫瓘字伯玉，晋太保，亦注论语，故裴引之。

②【集解】孔安国曰："箪，笥也。"

③【集解】孔安国曰："颜回乐道，虽箪食在陋巷，不改其所乐也。"

④【集解】孔安国曰："于孔子之言，默而识之，如愚也。"

⑤【集解】孔安国曰："察其退还与二三子说释道义，发明大体，知其不愚。"

⑥【集解】孔安国曰："言可行则行，可止则止，唯我与颜回同也。"栾肇曰："用己而后行，不假隐以自高，不屈道以要名，时人无知其实者，唯我与尔有是行。" 【正义】肇字永初，高平人，晋尚书郎，作论语疑释十卷，论语驳二卷。

回年二十九，发尽白，蚤死。①孔子哭之恸，曰："自吾有回，门人益亲。"②鲁哀公问："弟子孰为好学？"孔子对曰："有颜回者好学，不迁怒，不贰过。不幸短命死矣，今也则亡。"③

①【索隐】按：家语亦云"年二十九而发白，三十二而死"。王肃云"此久远之书，年数错误，未可详也。校其年，则颜回死时，孔子年六十一。然则伯鱼年五十先孔子卒时，孔子且七十也。今此为颜回先伯鱼死，而论语曰颜回死，颜路请子之车，孔子曰'鲤也死，有棺而无椁'，或为设事之辞"。按：颜回死在伯鱼之前，故以论语为设词。

②【集解】王肃曰："颜回为孔子胥附之友，能使门人日亲孔子。"

③【集解】何晏曰："凡人任情，喜怒违理。颜回任道，怒不过分。迁者移也，怒当其理，不移易也。不贰过者，有不善未尝复行。"

闵损字子骞。①少孔子十五岁。

①【集解】郑玄曰："孔子弟子目录云鲁人。" 【索隐】家语亦云"鲁人。少孔子十五岁"。

孔子曰："孝哉闵子骞！人不閒于其父母昆弟之言。"①不仕大夫，不食污君之禄。②"如有复我者，③必在汶上矣。"④

①【集解】陈群曰："言子骞上事父母，下顺兄弟，动静尽善，故人不得有非閒之言。"

②【索隐】论语季氏使闵子骞为费宰，子骞曰"善为我辞焉"，是不仕大夫，不食污君之禄也。

③【集解】孔安国曰："复我者，重来召我。"

④【集解】孔安国曰："去之汶水上，欲北如齐。"

冉耕字伯牛。①孔子以为有德行。

①【集解】郑玄曰鲁人。 【索隐】按：家语云鲁人。

伯牛有恶疾，孔子往问之，自牖执其手，①曰："命也夫！斯人也而有斯疾，命也夫！”②

①【集解】包氏曰：“牛有恶疾，不欲见人，孔子从牖执其手。”

②【集解】包氏曰：“再言之者，痛之甚也。”

冉雍字仲弓。①

①【集解】郑玄曰：“鲁人。” 【索隐】家语云：“伯牛之宗族，少孔子二十九岁。”

仲弓问政，孔子曰：“出门如见大宾，使民如承大祭。①在邦无怨，在家无怨。”②

①【集解】孔安国曰：“莫尚乎敬。”

②【集解】包氏曰：“在邦为诸侯，在家为卿大夫。”

孔子以仲弓为有德行，曰：“雍也可使南面。”①

①【集解】包氏曰：“可使南面，言任诸侯之治。”

仲弓父，贱人。孔子曰：“犁牛之子骍且角，虽欲勿用，山川其舍诸？”①

①【集解】何晏曰：“犁，杂文。骍，赤色也，角者，角周正，中牺牲，虽欲以其所生犁而不用，山川宁肯舍之乎？言父虽不善，不害于子之美。”

冉求字子有，①少孔子二十九岁。为季氏宰。

①【集解】郑玄曰：“鲁人。”

季康子问孔子曰：“冉求仁乎？”曰：“千室之邑，百乘之家，①求也可使治其赋。仁则吾不知也。”②复问：“子路仁乎？”孔子对曰：“如求。”

①【集解】孔安国曰：“千室，卿大夫之邑。卿大夫称家。诸侯千乘，大夫故曰百乘。”

②【集解】孔安国曰："赋，兵赋也。仁道至大，不可全名也。"

求问曰："闻斯行诸？"①子曰："行之。"子路问："闻斯行诸？"子曰："有父兄在，如之何其闻斯行之！"②子华怪之，"敢问问同而答异？"孔子曰："求也退，故进之。由也兼人，故退之。"③

①【集解】包氏曰："赈穷救乏之事也。"

②【集解】孔安国曰："当白父兄，不可自专。"

③【集解】郑玄曰："言冉有性谦退，子路务在胜尚人，各因其人之失而正之。"

仲由字子路，卞人也。①少孔子九岁。

①【集解】徐广曰："尸子曰子路，卞之野人。"【索隐】家语一字季路，亦云是卞人也。

子路性鄙，好勇力，志伉直，冠雄鸡，佩豭豚，①陵暴孔子。孔子设礼稍诱子路，子路后儒服委质，②因门人请为弟子。

①【集解】冠以雄鸡，佩以豭豚。二物皆勇，子路好勇，故冠带之。

②【索隐】按：服虔注左氏云"古者始仕，必先书其名于策，委死之质于君，然后为臣，示必死节于其君也"。

子路问政，孔子曰："先之，劳之。"①请益。曰"无倦。"②

①【集解】孔安国曰："先导之以德，使民信之，然后劳之。易曰'悦以使民，民忘其劳'。"

②【集解】孔安国曰："子路嫌其少，故请益。曰'无倦'者，行此上事无倦则可。"

子路问："君子尚勇乎？"孔子曰："义之为上。君子好勇而无义则乱，①小人好勇而无义则盗。"

①【集解】李充曰："既称君子，不职为乱阶也。若君亲失道，国家昏乱，

其于赴患致命而不知正顾义者，则亦陷乎为乱而受不义之责也。”

【索隐】按：充字弘度，晋中书侍郎，亦作论语解。

子路有闻，未之能行，唯恐有闻。①

①【集解】孔安国曰：“前所闻未及行，故恐复有闻不得并行。”

孔子曰：“片言可以折狱者，其由也与！”①“由也好勇过我，无所取材。”②“若由也，不得其死然。”③“衣敝缊袍④与衣狐貉者立而不耻者，其由也与！”“由也升堂矣，未入于室也。”⑤

①【集解】孔安国曰：“片犹偏也。听讼必须两辞以定是非，偏信一言折狱者，唯子路可也。”

②【集解】栾肇曰：“适用曰材，好勇过我用，故云‘无所取’。” 【索隐】按：肇字永初，晋尚书郎，作论语义也。

③【集解】孔安国曰：“不得以寿终也。”

④【集解】孔安国曰：“缊，枲著也。”

⑤【集解】马融曰：“升我堂矣，未入于室耳。”

季康子问：“仲由仁乎？”孔子曰：“千乘之国可使治其赋，不知其仁。”

子路喜从游，遇长沮、桀溺、荷蓧丈人。

子路为季氏宰，季孙问曰：“子路可谓大臣与？”孔子曰：“可谓具臣矣。”①

①【集解】孔安国曰：“言备臣数而已。”

子路为蒲大夫，①辞孔子。孔子曰：“蒲多壮士，又难治。然吾语汝：恭以敬，可以执勇；②宽以正，可以比众；③恭正以静，可以报上。”

①【索隐】蒲，卫邑，子路为之宰也。

②【集解】言恭谨谦敬，勇猛不能害，故曰“执”也。

③【集解】音鼻。言宽大清正，众必归近之。

初，卫灵公有宠姬曰南子。灵公太子蒉聩得过南子，惧诛出奔。及灵公卒而夫人欲立公子郢。郢不肯，曰：“亡人太子之子辄在。”于是卫立辄为君，是为出公。出公立十二年，其父蒉聩居外，不得入。子路为卫大夫孔悝之邑宰。① 蒉聩乃与孔悝作乱，谋入孔悝家，遂与其徒袭攻出公。出公奔鲁，而蒉聩入立，是为庄公。方孔悝作乱，②子路在外，闻之而驰往。遇子羔出卫城门，谓子路曰：“出公去矣，而门已闭，子可还矣，毋空受其祸。”子路曰：“食其食者不避其难。”子羔卒去。有使者入城，城门开，子路随而入。造蒉聩，蒉聩与孔悝登台。子路曰：“君焉用孔悝？请得而杀之。”蒉聩弗听。于是子路欲燔台，蒉聩惧，乃下石乞、壶黡攻子路，击断子路之缨。子路曰：“君子死而冠不免。”遂结缨而死。

①【索隐】按：服虔云“为孔悝之邑宰”。

②【索隐】按：左传蒯聩入孔悝家，悝母伯姬劫悝于厕，强与之盟而立蒯聩，非悝本心自作乱也。

孔子闻卫乱，曰：“嗟乎，由死矣！”已而果死。故孔子曰：“自吾得由，恶言不闻于耳。”①是时子贡为鲁使于齐。②

①【集解】王肃曰：“子路为孔子侍卫，故侮慢之人不敢有恶言，是以恶言不闻于孔子耳。”

②【索隐】按：左传子贡为鲁使齐在哀十五年，盖此文误也。

宰予字子我。①利口辩辞。既受业，问：“三年之丧不已久乎？君子三年不为礼，礼必坏；三年不为乐，乐必崩。旧谷既没，新谷既升，钻燧改火，期可已矣。”②子曰：“于汝安乎？”曰：“安。”“汝安则为之。君子居丧,食旨不甘,闻乐不乐,故弗为也。"③宰我出,子曰:"予之不仁也!子生三年然后免于父母之怀。④夫三年之丧,天下之通义也。"⑤

①【集解】郑玄曰鲁人。【索隐】家语亦云鲁人。

②【集解】马融曰:"周书月令有更火之文。春取榆柳之火,夏取枣杏之火,季夏取桑柘之火,秋取柞楢之火,冬取槐檀之火。一年之中,钻火各异木,故曰'改火'。"

③【集解】孔安国曰:"旨,美也。责其无仁于亲,故言'汝安则为之'。"

④【集解】马融曰:"生未三岁,为父母所怀抱也。"

⑤【集解】孔安国曰:"自天子达于庶人。"

宰予昼寝。子曰:"朽木不可雕也,①粪土之墙不可圬也。"②

①【集解】包氏曰:"朽,腐也。雕,雕琢刻画。"

②【集解】王肃曰:"圬,墁也。二者喻虽施功犹不成也。"

宰我问五帝之德,子曰:"予非其人也。"①

①【集解】王肃曰:"言不足以明五帝之德也。"

宰我为临菑大夫,①与田常作乱,以夷其族,孔子耻之。②

①【索隐】按:谓仕齐。齐都临淄,故云"为临淄大夫"也。

②【索隐】按:左氏传无宰我与田常作乱之文,然有阚止字子我,而因争宠,遂为陈恒所杀。恐字与宰予相涉,因误云然。

端沐①赐,卫人,字子贡。少孔子三十一岁。

①【索隐】家语作"木"。

子贡利口巧辞,孔子常黜其辩。问曰:"汝与回也孰愈?"①对曰:赐也何敢望回!回也闻一以知十,赐也闻一以知二。"

①【集解】孔安国曰:"愈犹胜也。"

子贡既已受业，问曰："赐何人也？"孔子曰："汝器也。"①曰："何器也？"曰："瑚琏也。"②

①【集解】孔安国曰："言汝器用之人。"

②【集解】包氏曰："瑚琏，黍稷器。夏曰瑚，殷曰琏，周曰簠簋，宗庙之贵器。"

陈子禽问子贡曰："仲尼焉学？"子贡曰："文武之道未坠于地，在人，贤者识其大者，不贤者识其小者，莫不有文武之道。夫子焉不学，①而亦何常师之有！"②又问曰："孔子适是国必闻其政。求之与？抑与之与？"③子贡曰："夫子温良恭俭让以得之。夫子之求之也，其诸异乎人之求之也。"④

①【集解】孔安国曰："文武之道未坠落于地，贤与不贤各有所识，夫子无所不从学。"

②【集解】孔安国曰："无所不从学，故无常师。"

③【集解】郑玄曰："怪孔子所至之邦必与闻国政，求而得之邪？抑人君自愿与之为治者？"

④【集解】郑玄曰："言夫子行此五德而得之，与人求之异，明人君自与之。"

子贡问曰："富而无骄，贫而无谄，何如？"孔子曰："可也；①不如贫而乐道，富而好礼。"②

①【集解】孔安国曰："未足多也。"

②【集解】郑玄曰："乐谓志于道，不以贫为忧苦也。"

田常欲作乱于齐，惮高、国、鲍、晏，故移其兵欲以伐鲁。孔子闻之，谓门弟子曰："夫鲁，坟墓所处，父母之国，国危如此，二三子何为莫出？"子路请出，孔子止之。子张、子石①请行，孔子弗许。

子贡请行，孔子许之。

①【索隐】公孙龙也。

遂行，至齐，说田常曰："君之伐鲁过矣。夫鲁，难伐之国，其城薄以卑，其地狭以泄，①其君愚而不仁，大臣伪而无用，其士民又恶甲兵之事，此不可与战。君不如伐吴。夫吴，城高以厚，地广以深，甲坚以新，士选以饱，重器精兵尽在其中，又使明大夫守之，此易伐也。"田常忿然作色曰："子之所难，人之所易；子之所易，人之所难。而以教常，何也？"子贡曰："臣闻之，忧在内者攻强，忧在外者攻弱。今君忧在内。吾闻君三封而三不成者，大臣有不听者也。今君破鲁以广齐，战胜以骄主，破国以尊臣，②而君之功不与焉，则交日疏于主。是君上骄主心，下恣群臣，求以成大事，难矣。夫上骄则恣，臣骄则争，是君上与主有却，下与大臣交争也。如此，则君之立于齐危矣。故曰不如伐吴。伐吴不胜，民人外死，大臣内空，是君上无强臣之敌，下无民人之过，孤主制齐者唯君也。"田常曰："善。虽然，吾兵业已加鲁矣，去而之吴，大臣疑我，奈何？"子贡曰："君按兵无伐，臣请往使吴王，令之救鲁而伐齐，君因以兵迎之。"田常许之，使子贡南见吴王。

①【索隐】按：越绝书其"泄"字作"浅"。

②【集解】王肃曰："鲍、晏等帅师，若破国则臣尊矣。"

说曰："臣闻之，王者不绝世，霸者无强敌，千钧之重加铢两而移。今以万乘之齐而私千乘之鲁，与吴争强，窃为王危之。且夫救鲁，显名也；伐齐，大利也。以抚泗上诸侯，诛暴齐以服强晋，利莫大焉。名存亡鲁，实困强齐，智者不疑也。"吴王曰："善。虽然，吾尝与越战，栖之会稽。越王苦身养士，有报我心。子待我伐越而听子。”子贡曰：“越之劲不过鲁，吴之强不过齐，王置齐而伐越，则齐已平鲁矣。且王方以存亡继绝为名，夫伐小越而畏强齐，非勇也。夫勇者不辟难，仁者不穷约，智者不失时，王者不绝世，以立其义。今存越示诸侯以仁，救鲁伐齐，威加晋国，诸侯必相率而朝吴，霸业成矣。且王必恶越，①臣请东见越王，令出兵以从，此实空越，名从诸侯以伐也。”吴王大说，乃使子贡之越。

①【索隐】恶犹畏恶也。

越工除道郊迎，身御至舍而问曰：“此蛮夷之国，大夫何以俨然辱而临之？”子贡曰：“今者吾说吴王以救鲁伐齐，其志欲之而畏越，曰‘待我伐越乃可’。如此，破越必矣。且夫无报人之志而令人疑之，拙也；有报人之志；使人知之，殆也；事未发而先闻，危也。三者举事之大患。”句践顿首再拜曰：“孤尝不料力，乃与吴战，困于会稽，痛入于骨髓，日夜焦唇干舌，徒欲与吴王接踵而死，孤之愿也。”遂问子贡。子贡曰：“吴王为人猛暴，群臣不堪；国家敝以数战，士卒弗忍；百姓怨上，大臣内变；子胥以谏死，①太宰嚭用事，顺君之过以安其私：是残国之治也。今王诚发士卒佐之以徼②其志，③重宝以说其心，卑辞以尊其礼，其伐齐必也。彼战不胜，王之福矣。战胜，必以兵临晋，臣请北见晋君，令共攻之，弱吴必矣。其锐兵尽于齐，重甲困于晋，而王制其敝，此灭吴必矣。”越王大说，许诺。送子贡金百镒，剑一，良矛二。子贡不受，遂行。

①【索隐】王劭按：家语、越绝并无此五字。是时子胥未死。

②【集解】结尧反。

③【集解】王肃曰：“激射其志。”

报吴王曰：“臣敬以大王之言告越王，越王大恐，曰：‘孤不幸，少失先人，内不自量，抵罪于吴，军败身辱，栖于会稽，国为虚莽，①赖大王之赐，使得奉俎豆而修祭祀，死不敢忘，何谋之敢虑！’”后五日，越使大夫种顿首言于吴王曰：“东海役臣孤句践使者臣种，敢修下吏问于左右。今窃闻大王将兴大义，诛强救弱，困暴齐而抚周室，请悉起境内士卒三千人，孤请自被坚执锐，以先受矢石。因越贱臣种奉先人藏器，甲二十领，𫓧屈卢之矛，②步光之剑，以贺军吏。”吴王大说，以告子贡曰：“越王欲身从寡人伐齐，可乎？”子贡曰：“不可。夫空人之国，悉人之众，又从其君，不义。君受其币，许其师，而辞其君。”吴王许诺，乃谢越王。于是吴王乃遂发九郡兵伐齐。

①【集解】虚音墟。莽，莫朗反。【索隐】有本作“棘”，恐误也。

②【索隐】𫓧音肤，斧也。刘氏云一本无此字。屈卢，矛名。

子贡因去之晋，谓晋君曰：“臣闻之，虑不先定不可以应卒，①兵不先辨不可以胜敌。今夫齐与吴将战，彼战而不胜，越乱之必矣；与齐战而胜，必以其兵临晋。”晋君大恐，曰：“为之奈何？”子贡曰：“修兵休卒以待之。”晋君许诺。

①【索隐】按：卒谓急卒也。言计虑不先定，不可以应卒有非常之事。

子贡去而之鲁。吴王果与齐人战于艾陵，①大破齐师，获七将军之兵而不归，果以兵临晋，与晋人相遇黄池②之上。吴晋争强。晋人击之，大败吴师。越王闻之，涉江袭吴，去城七里而军。吴王闻之，去晋而归，与越战于五湖。三战不胜，城门不守，越遂围王宫，杀夫差而戮其相。③破吴三年，东向而霸。

①【索隐】按：左传在哀十一年。

②【索隐】左传黄池之会在哀十三年。越入吴，吴与越平也。

③【索隐】按：左传越灭吴在哀二十二年，则事并悬隔数年。盖此文欲终说其事，故其辞相连。

故子贡一出，存鲁，乱齐，破吴，强晋而霸越。子贡一使，使势相破，十年之中，五国各有变。①

①【索隐】按：左传谓鲁、齐、晋、吴、越也，故云“子贡出，存鲁，乱齐，破吴，强晋而霸越”。

子贡好废举，与时转货赀。①喜扬人之美，不能匿人之过。常相鲁卫，家累千金，卒终于齐。

①【集解】废举谓停贮也。与时谓逐时也。夫物贱则买而停贮，值贵即逐时转易，货卖取资利也。　【索隐】按：家语“货”作“化”。王肃云：“废举谓买贱卖贵也，转化谓随时转货以殖其资也。”刘氏云：“废谓物贵而卖之，举谓物贱而收买之，转货谓转贵收贱也。”

言偃，吴人，①字子游。少孔子四十五岁。

①【索隐】家语云鲁人。按：偃仕鲁为武城宰耳。今吴郡有言偃冢，盖吴郡人为是也。

子游既已受业，为武城宰。①孔子过，闻弦歌之声。孔子莞尔而笑②曰：“割鸡焉用牛刀？”③子游曰：“昔者偃闻诸夫子曰，君子学道则爱人，小人学道则易使。”④孔子曰：“二三子，⑤偃之言是也。前言戏之耳。”⑥孔子以为子游习于文学。

①【正义】括地志云：“在兖州，即南城也。舆地志云南武城县，鲁武城邑，子游为宰者也，在泰山郡。”

②【集解】何晏曰：“莞尔，小笑貌。”

③【集解】孔安国曰：“言治小何须用大道。”

④【集解】孔安国曰：“道谓礼乐也。乐以和人，人和则易使。”

⑤【集解】孔安国曰:"从行者。"

⑥【集解】孔安国曰:"戏以治小而用大。"

卜商①字子夏。少孔子四十四岁。

①【集解】家语云卫人。郑玄曰温国卜商。【索隐】按:家语云卫人,郑玄云温国人,不同者,温国今河内温县,元属卫故。

子夏问:"'巧笑倩兮,美目盼兮,素以为绚兮',何谓也?"①子曰:"绘事后素。"②曰:"礼后乎?"③孔子曰:"商始可与言诗已矣。"④

①【集解】马融曰:"倩,笑貌。盼,动目貌。绚,文貌。此上二句在卫风硕人之二章,其下一句逸诗。"

②【集解】郑玄曰:"绘,画文也。凡画绘先布众色,然后以素分布其间以成其文,喻美女虽有倩盼美质,亦须礼以成也。"

③【集解】何晏曰:"孔言缋事后素,子夏闻而解知以素喻礼,故曰'礼后乎'。"

④【集解】包氏曰:"能发明我意,可与言诗矣。"

子贡问:"师与商孰贤?"子曰:"师也过,商也不及。"①"然则师愈与?"曰:"过犹不及。"

①【集解】孔安国曰:"言俱不得中。"

子谓子夏曰:"汝为君子儒,无为小人儒。"①

①【集解】何晏曰:"君子之儒将以明道,小人为儒则矜其名。"

孔子既没,子夏居西河①教授,为魏文侯师。②其子死,哭之失明。

①【索隐】在河东郡之西界,盖近龙门。刘氏云:"今同州河西县有子夏

石室学堂也。”【正义】西河郡，今汾州也。尔雅云：“两河间曰冀州。”礼记云：“自东河至于西河。”河东故号龙门河为西河，汉因为西河郡，汾州也，子夏所教处。括地志云：“谒泉山一名隐泉山，在汾州隰城县北四十里。注水经云‘其山崖壁五，崖半有一石室，去地五十丈，顶上平地十许顷。随国集记云此为子夏石室，退老西河居此’。有卜商神祠，今见在。”

②【索隐】按：子夏文学著于四科，序诗，传易。又孔子以春秋属商。又传礼，著在礼志。而此史并不论，空记论语小事，亦其疏也。【正义】文侯都安邑。孔子卒后，子夏教于西河之上，文侯师事之，咨问国政焉。

颛孙师，陈人，①字子张。少孔子四十八岁。

①【索隐】郑玄目录阳城人。阳城，县名，属陈郡。

子张问干禄，①孔子曰：“多闻阙疑，慎言其馀，则寡尤；②多见阙殆，慎行其馀，则寡悔。③言寡尤，行寡悔，禄在其中矣。”④

①【集解】郑玄曰：“干，求也。禄，禄位也。”

②【集解】包氏曰：“尤，过也。疑则阙之；其馀不疑，犹慎言之，则少过。”

③【集解】包氏曰：“殆，危也。所见危者，阙而不行，则少悔。”

④【集解】郑玄曰：“言行如此，虽不得禄，得禄之道。”

他日从在陈蔡间，困，问行。孔子曰：“言忠信，行笃敬，虽蛮貊之国行也；言不忠信，行不笃敬，虽州里行乎哉！①立则见其参于前也，在舆则见其倚于衡，夫然后行。”②子张书诸绅。③

①【集解】郑玄曰：“二千五百家为州，五家为邻，五邻为里。行乎哉，言不可行。”

②【集解】包氏曰：“衡，轭也。言思念忠信，立则常想见，参然在前；在舆则若倚于车轭。”

③【集解】孔安国曰:“绅,大带也。”

子张问:“士何如斯可谓之达矣?”孔子曰:“何哉,尔所谓达者?”子张对曰:“在国必闻,在家必闻。”①孔子曰:“是闻也,非达也。夫达者,质直而好义,察言而观色,虑以下人,②在国及家必达。③夫闻也者,色取仁而行违,居之不疑,④在国及家必闻。”⑤

①【集解】郑玄曰:“言士之所在,皆能有名誉。”

②【集解】马融曰:“常有谦退之志,察言语,观颜色,知其所欲,其念虑常欲下于人。”

③【集解】马融曰:“谦尊而光,卑而不可逾。”

④【集解】马融曰:“此言佞人也。佞人假仁者之色,行之则违;安居其伪而不自疑。”

⑤【集解】马融曰:“佞人党多。”

曾参,南武城人,①字子舆。少孔子四十六岁。

①【索隐】按:武城属鲁。当时鲁更有北武城,故言南也。【正义】括地志云:“南武城在兖州,子游为宰者。地理志云定襄有武城,清河有武城,故此云南武城也。”

孔子以为能通孝道,①故授之业。作孝经。死于鲁。

①【正义】韩诗外传云:“曾子曰:‘吾尝仕为吏,禄不过钟釜,尚犹欣欣而喜者,非以为多也,乐道养亲也。亲没之后,吾尝南游于越,得尊官,堂高九仞,榱提三尺,转毂百乘,然犹北向而泣者,非为贱也,悲不见吾亲也。’”

澹臺灭明,①武城人,②字子羽。少孔子三十九岁。

①【集解】包氏曰:“澹臺,姓;灭明,名。”【正义】括地志云:“延津在滑州灵昌县东七里。注水经云:‘黄河水至此为之延津。昔澹臺子羽赍千金之璧渡河,阳侯波起,两蛟夹舟。子羽曰:“吾可以义求,不可以

威劫。”操剑斩蛟。蛟死，乃投璧于河，三投而辄跃出，乃毁璧而去，亦无怪意。’即此津也。”

②【正义】括地志云亦在兖州。

状貌甚恶。欲事孔子，孔子以为材薄。既已受业，退而修行，行不由径，非公事不见卿大夫。①

①【集解】包氏曰：“言其公且方。”

南游至江，①从弟子三百人，设取予去就，名施乎诸侯。孔子闻之，曰：“吾以言取人，失之宰予；以貌取人，失之子羽。”②

①【索隐】按：今吴国东南有澹臺湖，即其遗迹所在。

②【索隐】按：家语“子羽有君子之容，而行不胜其貌”。而上文云“灭明状貌甚恶”，则以子羽形陋也。今此孔子云“以貌取人，失之子羽”，与家语正相反。【正义】按：澹子羽墓在兖州邹城县。

宓不齐字子贱。①少孔子三十岁。②

①【集解】孔安国曰鲁人。　【正义】颜氏家训云：“兖州永昌郡城，旧单父县地也。东门有子贱碑，汉世所立，乃云济南伏生即子贱之后，是‘虙’之与‘伏’古来通，字误为‘宓’，较可明矣。虙字从‘虍’，音呼；宓从‘宀’。音绵。下俱为‘必’，世传写误也。”

②【索隐】家语云“鲁人，字子贱，少孔子四十九岁”。此云“三十”，不同。

孔子谓“子贱君子哉！鲁无君子，斯焉取斯？”①

①【集解】包氏曰：“如鲁无君子，子贱安得此行而学？”

子贱为单父宰，①反命于孔子，曰：“此国有贤不齐者五人，②教不齐所以治者。”孔子曰：“惜哉不齐所治者小，所治者大则庶几矣。”

①【正义】宋州县也。说苑云:"宓子贱理单父,弹琴,身不下堂,单父理。巫马期以星出,以星入,而单父亦理。巫马期问其故。宓子贱曰:'我之谓任人,子之谓任力。任力者劳,任人者逸。'"

②【索隐】按:家语云"不齐所父事者三人,所兄事者五人,所友者十一人",不同也。

原宪①字子思。

①【集解】郑玄曰鲁人。【索隐】郑玄云鲁人。家语云:"宋人。少孔子三十六岁。"

子思问耻。孔子曰:"国有道,谷。①国无道,谷,耻也。"②

①【集解】孔安国曰:"谷,禄也。邦有道,当食禄。"

②【集解】孔安国曰:"君无道而在其朝,食其禄,是耻辱也。"

子思曰:"克伐怨欲不行焉,可以为仁乎?"①孔子曰:"可以为难矣,仁则吾弗知也。"②

①【集解】马融曰:"克,好胜人也。伐,自伐其功。怨,忌也。欲,贪欲也。"

②【集解】包氏曰:"四者行之难,未足以为仁。"

孔子卒,原宪遂亡在草泽中。①子贡相卫,而结驷连骑,排藜藿入穷阎,过谢原宪。宪摄敝衣冠见子贡。子贡耻之,曰:"夫子岂病乎?"原宪曰:"吾闻之,无财者谓之贫,学道而不能行者谓之病。若宪,贫也,非病也。"子贡惭,不怿而去,终身耻其言之过也。

①【索隐】家语云:"隐居卫。"

公冶长,齐人,字子长。①

①【索隐】家语云:"鲁人,名苌,字子长。"范甯云:"字子芝。"

孔子曰:“长可妻也,虽在累绁之中,[1]非其罪也。”以其子妻之。[2]

①【集解】孔安国曰:“累,黑索也。绁,挛也。所以拘罪人。”

②【集解】张华曰:“公冶长墓在城阳姑幕城东南五里所,墓极高。”

南宫括字子容。[1]

①【集解】孔安国曰:“容,鲁人”。【索隐】家语作“南宫縚”。按:其人是孟僖子之子仲孙阅也,盖居南宫因姓焉。

问孔子曰:“羿善射,奡荡舟,[1]俱不得其死然;禹稷躬稼而有天下?”孔子弗答。[2]容出,孔子曰:“君子哉若人!上德哉若人!”[3]“国有道,不废;[4]国无道,免于刑戮。”三复“白珪之玷”,[5]以其兄之子妻之。

①【集解】孔安国曰:“羿,有穷之君,篡夏后位,其徒寒浞杀之,因其室而生奡。奡多力,能陆地行舟,为夏后少康所杀。”【正义】羿音诣。荡,大浪反。

②【集解】马融曰:“禹尽力于沟洫,稷播百谷,故曰‘躬稼’也。禹及其身,稷及后世,皆王。括意欲以禹稷比孔子,孔子谦,故不答。”

③【集解】孔安国曰:“贱不义而贵有德,故曰君子。”

④【集解】孔安国曰:“不废,言见用。”

⑤【集解】孔安国曰:“诗云‘白珪之玷,尚可磨也;斯言之玷,不可为也’,南容读诗至此,三反之,是其心敬慎于言。”

公皙哀字季次。[1]

①【集解】孔子家语云齐人。”【索隐】家语作“公皙克”。

孔子曰:“天下无行,多为家臣,仕于都;唯季次未尝仕。”[1]

①【索隐】家语云:“未尝屈节为人臣,故子特赏叹之。”亦见游侠传也。

曾蒧①字晳。②

①【集解】音点。　【索隐】音点，又音其炎反。

②【集解】孔安国曰："晳，曾参父。"　【索隐】家语云："曾点字子晳，曾参之父。"

侍孔子，孔子曰："言尔志。"蒧曰："春服既成，冠者五六人，童子六七人，浴乎沂，风乎舞雩，咏而归。"①孔子喟尔叹曰："吾与蒧也！"②

①【集解】徐广曰："一作'馈'。"骃案：包氏曰"暮春者，季春三月也。春服既成，衣单袷之时，我欲得冠者五六人，童子六七人，浴于沂水之上，风凉于舞雩之下，歌咏先王之道，归于夫子之门"。

②【集解】周氏曰："善蒧之独知时也。"

颜无繇①字路。路者，颜回父，②父子尝各异时事孔子。

①【集解】音遥。　【正义】繇音由。

②【索隐】家语云"颜由字路，回之父也。孔子始教于阙里而受学焉。少孔子六岁"，故此传云"父子异时事孔子"，故易称"颜氏之子"者，是父子俱学孔门也。

颜回死，颜路贫，请孔子车以葬。①孔子曰："材不材，亦各言其子也。鲤也死，有棺而无椁，吾不徒行以为之椁，以吾从大夫之后，不可以徒行。"②

①【集解】孔安国曰："卖以作椁。"

②【集解】孔安国曰："鲤，孔子子伯鱼。孔子时为大夫，言从大夫之后，不可徒行，谦辞也。"

商瞿，①鲁人，字子木。②少孔子二十九岁。

①【正义】具俱反。

②【索隐】家语云："瞿年三十八无子，母欲更娶室。孔子曰'瞿过四十当有五丈夫子'，果然。瞿谓梁鳣勿娶，'吾恐子或晚生，非妻之过也'。"

孔子传易于瞿，瞿传楚人馯①臂子弘，②弘传江东人矫③子庸疵，④疵传燕人周子家竖，⑤竖传淳于人光子乘羽，⑥羽传齐人田子庄何，⑦何传东武人⑧王子中同，⑨同传菑川人杨何。⑩何元朔中以治易为汉中大夫。

①【集解】徐广曰："音寒。"

②【索隐】馯，徐广音韩，邹诞生音汗。按：儒林传、荀卿子及汉书皆云馯臂字子弓，今此独作"弘"，盖误耳。应劭云子弓是子夏门人。【正义】馯音汗。颜师古云："馯，姓也。"汉书及荀卿子皆云字子弓，此作"弘"，盖误也。应劭云："子弓，子夏门人。"

③【集解】音桥。

④【集解】自移反。【索隐】儒林传及系本皆作"蟜"。疵音自移反。疵字或作"疪"。蟜是姓，疪，名也，字子肩。然蟜姓，鲁庄公族也，礼记"蟜固见季武子"。盖鲁人，史儒林传皆云鲁人，独此云江东人，盖亦误耳。儒林传云馯臂，江东人；桥疵，楚人也。【正义】汉书作"桥庇"，云鲁人。颜师古云桥庇字子庸。

⑤【索隐】周竖字子家，有本作"林"。【正义】竖音时与反。周竖字子家，汉书作"周醜"也。

⑥【索隐】淳于，县名，在北海。光羽字子乘。【正义】光乘字羽。括地志云："淳于，国〔名〕，在密州安丘县东三十里，古之州国，周武王封淳于国。"

⑦【索隐】田何字子庄。【正义】儒林传云："田何字子庄。"

⑧【集解】徐广曰："属琅邪。"

⑨【索隐】王同字子中。【正义】括地志云："东武县今密州诸城县是也。"汉〔书〕作"王同字子仲"。

⑩【索隐】自商瞿传易至杨何,凡八代相传。儒林传何字叔元。【正义】汉书云字叔元。按:商瞿至杨何凡八代。

高柴字子羔。①少孔子三十岁。

①【集解】郑玄曰卫人。【索隐】郑玄云卫人。家语"齐人,高氏之别族。长不盈六尺,状貌甚恶"。此传作"五尺",误也。【正义】家语云齐人。

子羔长不盈五尺,受业孔子,孔子以为愚。

子路使子羔为费郈宰,①孔子曰:"贼夫人之子!"②子路曰:"有民人焉,有社稷焉,何必读书然后为学!"③孔子曰:"是故恶夫佞者。"④

①【正义】括地志云:"郓州宿县二十三里郈亭。"

②【集解】包氏曰:"子羔学未孰习而使为政,所以贼害人。"

③【集解】孔安国曰:"言治人事神,于是而习,亦学也。"

④【集解】孔安国曰:"疾其以给应,遂己非而不知穷也。"

漆彫开字子开。①

①【集解】郑玄曰鲁人也。【索隐】郑玄云鲁人。家语云:"蔡人,字子若,少孔子十一岁。"又曰:"习尚书,不乐仕。孔子曰:'可以仕矣。'对曰:'吾斯之未能信。'"王肃云:"未得用斯书之意,故曰'未能信'也。"【正义】家语云:"蔡人,字子若,少孔子十一岁。习尚书,不乐仕。"

孔子使开仕,对曰:"吾斯之未能信。"①孔子说。②

①【集解】孔安国曰:"仕进之道。未能信者,未能究习。"

②【集解】郑玄曰:"善其志道深。"

公伯缭字子周。①

①【集解】马融曰鲁人。　【索隐】马融云鲁人。家语无公伯缭而有申缭子周。而谯周云“疑公伯缭是谗愬之人，孔子不责，而云‘其如命何’，非弟子之流也”。今亦列比在七十二贤之数，盖太史公误。且“缭”亦作“辽”也。　【正义】家语有申缭子周。古史考云：“疑公伯僚是谗愬之人，孔子不责，而云命。非弟子之流也。”

周愬子路于季孙，子服景伯以告孔子，曰：“夫子固有惑志，①缭也吾力犹能肆诸市朝。”②孔子曰：“道之将行，命也；道之将废，命也。公伯缭其如命何！”

①【集解】孔安国曰：“季孙信谮，恚子路也。”

②【集解】郑玄曰：“吾势犹能辨子路之无罪于季孙，使人诛僚而肆之也。有罪既刑，陈其尸曰肆。”

司马耕字子牛。①

①【集解】孔安国曰宋人。　【索隐】家语云“宋人，字子牛”，孔安国亦云“宋人，弟安子曰司马犁”也。牛是桓魋之弟，以魋为宋司马，故牛遂以司马为氏也。

牛多言而躁。问仁于孔子，孔子曰：“仁者其言也讱。”①曰：“其言也讱，斯可谓之仁乎？”子曰：“为之难，言之得无讱乎！”②

①【集解】孔安国曰：“讱，难也。”

②【集解】孔安国曰：“行仁难，言仁亦不得不讱也。”

问君子，子曰：“君子不忧不惧。”①曰：“不忧不惧，斯可谓之君子乎？”子曰：“内省不疚，夫何忧何惧！”②

①【集解】孔安国曰：“牛兄桓魋将为乱，牛自宋来学，常忧惧，故孔子解之也。”

②【集解】包氏曰：“疚，病。自省无罪恶，无可忧惧。”

樊须字子迟。①少孔子三十六岁。

①【集解】郑玄曰齐人。　【索隐】家语云鲁人也。　【正义】家语云鲁人。

樊迟请学稼,孔子曰:"吾不如老农。"请学圃,曰:"吾不如老圃。"①樊迟出,孔子曰:"小人哉樊须也！上好礼,则民莫敢不敬;上好义,则民莫敢不服;上好信,则民莫敢不用情。②夫如是,则四方之民襁负其子而至矣,焉用稼!"③

①【集解】马融曰:"树五谷曰稼,树菜蔬曰圃。"

②【集解】孔安国曰:"情,实也。言民化上各以实应。"

③【集解】包氏曰:"礼义与信足以成德,何用学稼以教民乎！负子之器曰襁。"

樊迟问仁,子曰:"爱人。"问智,曰:"知人。"

有若①少孔子四十三岁。②有若曰:"礼之用,和为贵,先王之道斯为美。小大由之,有所不行;知和而和,不以礼节之,亦不可行也。"③"信近于义,言可复也;④恭近于礼,远耻辱也;⑤因不失其亲,亦可宗也。"⑥

①【集解】郑玄曰鲁人。

②【索隐】家语云:"鲁人,字子有,少孔子三十三岁。"今此传云"四十二岁",不知传误,又所见不同也？　【正义】家语云"鲁人,字有,少孔子三十三岁",不同。

③【集解】马融曰:"人知礼贵和,而每事从和,不以礼为节,亦不可以行也。"

④【集解】何晏曰:"复犹覆也。义不必信,信非义也。以其言可覆,故曰近义。"

⑤【集解】何晏曰:"恭不合礼,非礼也。以其能远耻辱,故曰近礼。"

⑥【集解】孔安国曰："因，亲也。言所亲不失其亲，亦可宗敬。"

孔子既没，弟子思慕，有若状似孔子，弟子相与共立为师，师之如夫子时也。他日，弟子进问曰："昔夫子当行，使弟子持雨具，已而果雨。弟子问曰：'夫子何以知之？'夫子曰：'诗不云乎？"月离于毕，俾滂沱矣。"①昨暮月不宿毕乎？'他日，月宿毕，竟不雨。商瞿年长无子，其母为取室。②孔子使之齐，瞿母请之。孔子曰：'无忧，瞿年四十后当有五丈夫子。'③已而果然。敢问夫子何以知此？"有若默然无以应。弟子起曰："有子避之，此非子之座也！"

①【集解】毛传曰："毕，噣也。月离阴星则雨。"

②【正义】家语云："瞿年三十八无子，母欲更娶室。孔子曰：'瞿年过四十当有五丈夫子。'果然。"中备云："鲁人商瞿使向齐国，瞿年四十，令后使行远路，畏虑，恐绝无子。夫子正月与瞿母筮，告曰：'后有五丈夫子。'子贡曰：'何以知？'子曰：'卦遇大畜，艮之二世。九二甲寅木为世，六五景子水为应。世生外象生象来爻生互内象，艮别子，应有五子，一子短命。'颜回云：'何以知之？''内象是本子，一艮变为二丑三阳爻五，于是五子，一子短命。''何以知短命？''他以故也。'"

③【集解】五男也。　【索隐】谓五男也。

公西赤字子华。①少孔子四十二岁。

①【集解】郑玄曰鲁人。

子华使于齐，冉有为其母请粟。孔子曰："与之釜。"①请益，曰："与之庾。"②冉子与之粟五秉。③孔子曰："赤之适齐也，乘肥马，衣轻裘。吾闻君子周急不继富。"④

①【集解】马融曰："六斗四升曰釜。"

②【集解】包氏曰："十六斗曰庾。"

③【集解】马融曰："十六斛曰秉，五秉合八十斛。"

④【集解】郑玄曰："非冉有与之太多。"

巫马施字子旗。①少孔子三十岁。

①【集解】郑玄曰鲁人。【索隐】郑玄云鲁人。家语云："陈人，字子期。"【正义】音其。

陈司败①问孔子曰："鲁昭公知礼乎？"孔子曰："知礼。"退而揖巫马旗曰："吾闻君子不党，君子亦党乎？鲁君娶吴女为夫人，命之为孟子。孟子姓姬，讳称同姓，故谓之孟子。鲁君而知礼，孰不知礼！"②施以告孔子，孔子曰："丘也幸，苟有过，人必知之。臣不可言君亲之恶，为讳者，礼也。"③

①【集解】孔安国曰："司败，官名。陈大夫也。"

②【集解】孔安国曰："相助匿非曰党。礼同姓不婚，而君娶之。当称'吴姬'，讳曰'孟子'。"

③【集解】孔安国曰："以司败之言告也。讳国恶，礼也。圣人之道弘，故受之为过也。"

梁鳣①字叔鱼。②少孔子二十九岁。

①【集解】一作"鲤"。

②【集解】孔子家语曰齐人。【索隐】家语云齐人，字叔鱼也。

颜幸字子柳。①少孔子四十六岁。②

①【集解】郑玄曰鲁人。【索隐】家语云："颜幸，字柳。"按：礼记有颜柳，或此人。

②【索隐】家语云"少三十六岁"，与郑玄同。

冉孺字子鲁，①少孔子五十岁。

①【集解】一作"曾"。【索隐】家语字子鲁，鲁人。作"冉儒"。

曹恤字子循。少孔子五十岁。①

①【索隐】曹恤少孔子五十岁。家语同。

伯虔字子析，①少孔子五十岁。

①【索隐】伯虔字子折。家语作"伯处字子晳"，皆转写字误，未知適从。【正义】家语云"子晳"。

公孙龙字子石。①少孔子五十三岁。

①【集解】郑玄曰楚人。【索隐】家语或作"宠"，又云"砻"，七十子图非"砻"也。按：字子石，则"砻"或非谬。郑玄云楚人，家语卫人。然庄子所云"坚白之谈"，则其人也。【正义】家语云卫人，孟子云赵人，庄子云"坚白之谈"也。

自子石已右三十五人，显有年名及受业闻见于书传。其四十有二人，无年及不见书传者纪于左：①

①【索隐】按：家语此例唯有三十七人。其公良孺、秦商、颜亥、叔仲会四人，家语有事迹，史记阙。然自公伯辽、秦冉、鄡单三人，家语不载，而别有琴牢、陈亢、县亶当此三人数，皆互有也。如文翁图所记，又有林放、蘧伯玉、申枨、申堂，俱是后人以所见增益，于今殆不可考。

冉季字子产。①

①【集解】郑玄曰鲁人。【索隐】家语冉季字产。【正义】家语云冉季字子产。

公祖句兹字子之。①

①【索隐】句音鉤。【正义】句音鉤。

秦祖字子南。①

①【集解】郑玄曰秦人。【索隐】家语字子南。

漆雕哆①字子敛。②

①【集解】音赤者反。【索隐】赤者反。家语字子敛。

②【集解】郑玄曰鲁人。

颜高字子骄。①

①【索隐】家语名产。孔子在卫,南子招夫子为次过市,时产为御也。【正义】孔子在卫,南子招夫子为次乘过市,颜高为御。

漆雕徒父。①

①【索隐】家语字固也。

壤驷赤字子徒。①

①【集解】郑玄曰秦人。【索隐】家语字子徒者。

商泽。①

①【集解】家语曰字子季。【索隐】家语字季。

石作蜀字子明。①

①【索隐】家语同。

任不齐字选。①

①【集解】郑玄曰楚人。【索隐】家语字子选也。

公良孺字子正。①

①【集解】郑玄曰:"陈人,贤而有勇。"【索隐】家语作"良儒"。陈人,字子正,贤而有勇。孔子周游,常以家车五乘从孔子游。家语在三十五人之中。亦见系家,在三十二人不见,盖传之数亦误也。邹诞本作"公襄儒"。【正义】孔子周游,常以家车五乘从孔子。孔子世家亦云语在三十五人中,今在四十二人数,恐太史公误也。

后处字子里。①

①【集解】郑玄曰齐人。【索隐】家语同也。

秦冉字开。①

①【正义】家语无此人。王肃家语此等惟三十七人，其公良孺、秦商、颜亥、仲叔会四人，家语有事迹，而史记阙。公伯寮、秦冉、鄡单，家语不载，而别有琴牢、陈亢、县亶三人。

公夏首字乘。①

①【集解】郑玄曰鲁人。【索隐】家语同也。

奚容箴字子皙。①

①【索隐】家语同也。【正义】卫人。

公肩定字子中。①

①【集解】郑玄曰鲁人。或曰晋人。【索隐】家语同也。

颜祖字襄。①

①【索隐】家语无此人也。【正义】鲁人。

鄡①单②字子家。③

①【集解】苦尧反。

②【集解】音善。

③【集解】徐广曰："一云'邬单'。钜鹿有鄡县，太原有邬县。"【索隐】鄡音苦尧反，单音善，则单名。徐广云"一作'邬军'，钜鹿有鄡县，太原有邬县"。家语无此人也。

句井疆。①

①【集解】郑玄曰卫人。【正义】句作"鉤"。

罕父黑字子索。①

①【集解】家语曰："罕父黑字索。"【索隐】家语作"罕父黑字索"。

秦商字子丕。①

①【集解】郑玄曰楚人。 【索隐】家语："鲁人，字丕慈。少孔子四岁。其父堇，与孔子父纥俱以力闻也。" 【正义】家语云："鲁人，字丕兹。"

申党字周。①

①【索隐】家语有申缭，字周。论语有申枨。郑玄云"申枨，鲁人，弟子也"。盖申堂是枨不疑，以枨堂声相近。上又有公伯缭，亦字周。家语则无伯缭，是史记述伯缭一人者也。 【正义】鲁人。

颜之仆字叔。①

①【集解】郑玄曰鲁人。 【索隐】家语并同。

荣旂字子祈。①

①【索隐】家语荣祈字子颜也。

县成字子祺。①

①【集解】郑玄曰鲁人。 【索隐】家语作"子谋"也。 【正义】县音玄。

左人郢字行。①

①【集解】郑玄曰鲁人。 【索隐】家语同也。

燕伋字思。①

①【索隐】家语同也。

郑国字子徒。①

①【索隐】家语薛邦字徒，史记作"国"而家语称"邦"者，盖避汉祖讳而改。"郑"与"薛"，字误也。 【正义】家语云薛邦字徒，史记作"国"者，避高祖讳。"薛"字与"郑"字误耳。

秦非字子之。①

①【集解】郑玄曰鲁人。

施之常字子恒。

颜哙字子声。①

①【集解】郑玄曰鲁人。

步叔乘字子车。①

①【集解】郑玄曰齐人。

原亢籍。①

①【集解】家语曰："名亢，字籍。" 【索隐】家语名亢字籍。 【正义】亢，作"宂"，仁勇反。

乐欬字子声。①

①【索隐】家语同也。 【正义】鲁人。

廉絜字庸。①

①【集解】郑玄曰卫人。 【索隐】家语同也。

叔仲会字子期。①

①【集解】郑玄曰晋人。 【索隐】郑玄云晋人。家语"鲁人。少孔子五十四岁。与孔璇年相比，二孺子俱执笔迭侍于夫子，孟武伯见而放之"是也。

颜何字冄。①

①【集解】郑玄曰鲁人。 【索隐】家语字称。

狄黑字皙。①

①【索隐】家语同。

邦巽字子敛。①

①【集解】郑玄曰鲁人。 【索隐】家语"巽"作"选"，字子敛。文翁图作"国选"，盖亦避汉讳改之。刘氏作"邽巽"，音圭，所见各异。

孔忠。①

①【集解】家语曰："忠字子蔑，孔子兄之子。" 【索隐】家语云"忠字子蔑，孔子兄之子"也。

公西舆如字子上。①

①【索隐】家语同。

公西蒧字子上。①

①【集解】郑玄曰鲁人。 【索隐】公西箴字子上，家语子上作"子尚"也。

太史公曰：学者多称七十子之徒，誉者或过其实，毁者或损其真，钧之未睹厥容貌，则论言弟子籍，出孔氏古文近是。余以弟子名姓文字悉取论语弟子问并次为篇，疑者阙焉。

【索隐述赞】教兴阙里，道在郰乡。异能就列，秀士升堂。依仁游艺，合志同方。将师宫尹，俎豆琳瑯。惜哉不霸，空臣素王！

史记卷六十八

商君列传第八

商君者，①卫之诸庶孽公子也，名鞅，姓公孙氏，其祖本姬姓也。鞅少好刑名之学，事魏相公叔座②为中庶子。③公叔座知其贤，未及进。会座病，魏惠王亲往问病，④曰："公叔病有如不可讳，将奈社稷何？"公叔曰："座之中庶子⑤公孙鞅，年虽少，有奇才，愿王举国而听之。"王嘿然。王且去，座屏人言曰："王即不听用鞅，必杀之，无令出境。"王许诺而去。公叔座召鞅谢曰："今者王问可以为相者，我言若，王色不许我。我方先君后臣，因谓王即弗用鞅，当杀之。王许我。汝可疾去矣，且见禽。"鞅曰："彼王不能用君之言任臣，又安能用君之言杀臣乎？"卒不去。惠王既去，而谓左右曰："公叔病甚，悲乎，欲令寡人以国听公孙鞅也，岂不悖哉！"⑥

①【正义】秦封于商，故号商君。

②【索隐】公叔，氏；座，名也。座音在戈反。

③【索隐】官名也。魏已置之，非自秦也。周礼夏官谓之“诸子”，礼记文王世子谓之“庶子”，掌公族也。

④【索隐】即魏侯之子，名莹，后徙大梁而称梁也。

⑤【索隐】战国策云卫庶子也。

⑥【索隐】疾重而悖乱也。　【正义】悖音背。

公叔既死，公孙鞅闻秦孝公下令国中求贤者，将修缪公之业，东复侵地，乃遂西入秦，因孝公宠臣景监①以求见孝公。孝公既见卫鞅，语事良久，孝公时时睡，弗听。罢而孝公怒景监曰：“子之客妄人耳，安足用邪！”景监以让卫鞅。卫鞅曰：“吾说公以帝道，其志不开悟矣。”后五日，复求见鞅。鞅复见孝公，益愈，然而未中旨。罢而孝公复让景监，景监亦让鞅。鞅曰：“吾说公以王道而未入也。请复见鞅。”鞅复见孝公，孝公善之而未用也。罢而去。孝公谓景监曰：“汝客善，可与语矣。”鞅曰：“吾说公以霸道，其意欲用之矣。诚复见我，我知之矣。”卫鞅复见孝公。公与语，不自知厀之前于席也。语数日不厌。景监曰：“子何以中吾君？吾君之欢甚也。”鞅曰：“吾说君②以帝王之道比三代，③而君曰：‘久远，吾不能待。且贤君者，各及其身显名天下，安能邑邑待数十百年以成帝王乎？’故吾以强国之术说君，君大说④之耳。然亦难以比德于殷周矣。”

①【索隐】景姓，楚之族也。监音去声平声并通。

②【索隐】音税，下同。

③【索隐】比三。比者，频也。谓频三见孝公，言帝王之道也。比音必耳反。【正义】比，必寐反。说者以五帝三王之事比至孝公，以三代帝王之道方兴。孝公曰“太久远，吾不能”。

④【索隐】音悦。

孝公既用卫鞅，鞅欲变法，恐天下议己。卫鞅曰："疑行无名，疑事无功。且夫有高人之行者，固见非于世；①有独知之虑者，必见敖于民。②愚者暗于成事，知者见于未萌。民不可与虑始而可与乐成。论至德者不和于俗，成大功者不谋于众。是以圣人苟可以强国，不法其故；③苟可以利民，不循其礼。"孝公曰："善。"甘龙曰：④"不然。圣人不易民而教，知者不变法而治。因民而教，不劳而成功；缘法而治者，吏习而民安之。"卫鞅曰："龙之所言，世俗之言也。常人安于故俗，学者溺于所闻。以此两者居官守法可也，非所与论于法之外也。三代不同礼而王，五伯不同法而霸。智者作法，愚者制焉；贤者更礼，不肖者拘焉。"⑤杜挚曰："利不百，不变法；功不十，不易器。法古无过，循礼无邪。"卫鞅曰："治世不一道，便国不法古。故汤武不循古而王，⑥夏殷不易礼而亡。⑦反古者不可非，而循礼者不足多。"孝公曰："善。"以卫鞅为左庶长，卒定变法之令。

①【索隐】商君书"非"作"负"。

②【索隐】商君书作"必见骜于人"也。　【正义】敖，五到反。

③【索隐】言救弊为政之术，所为苟可以强国，则不必要须法于故事也。

④【索隐】孝公之臣，甘姓，龙名也。甘氏出春秋时甘昭公王子带后。

⑤【索隐】言贤智之人作法更礼，而愚不肖者不明变通，而辄拘制不使之行，斯亦信然矣。

⑥【索隐】商君书作"修古"。

⑦【索隐】指殷纣、夏桀也。

令民为什伍，①而相牧司连坐。②不告奸者腰斩，告奸者与斩敌首同赏，③匿奸者与降敌同罚。④民有二男以上不分异者，倍其赋。⑤有军功者，各以率⑥受上爵；为私斗者，各以轻重被刑大小。

僇力本业，耕织致粟帛多者复其身。事末利及怠而贫者，举以为收孥。⑦宗室非有军功论，不得为属籍。⑧明尊卑爵秩等级，各以差次名田宅，臣妾衣服以家次。⑨有功者显荣，无功者虽富无所芬华。

①【索隐】刘氏云："五家为保，十保相连。【正义】或为十保，或为五保。

②【索隐】牧司谓相纠发也。一家有罪而九家连举发，若不纠举，则十家连坐。恐变令不行，故设重禁。

③【索隐】案：谓告奸一人则得爵一级，故云"与斩敌首同赏"也。

④【索隐】案律，降敌者诛其身，没其家，今匿奸者，言当与之同罚也。

⑤【正义】民有二男不别为活者，一人出两课。

⑥【集解】音律。

⑦【索隐】末谓工商也。盖农桑为本，故上云"本业耕织"也。怠者，懈也。周礼谓之"疲民"。以言懈怠不事事之人而贫者，则纠举而收录其妻子，没为官奴婢，盖其法特重于古也。

⑧【索隐】谓宗室若无军功，则不得入属籍。谓除其籍，则虽无功不及爵秩也。

⑨【索隐】谓各随其家爵秩之班次，亦不使僭侈逾等也。

令既具，未布，恐民之不信，已乃立三丈之木于国都市南门，募民有能徙置北门者予十金。民怪之，莫敢徙。复曰"能徙者予五十金"。有一人徙之，辄予五十金，以明不欺。卒下令。

令行于民期年，秦民之国都言初令①之不便者以千数。于是太子犯法。卫鞅曰："法之不行，自上犯之。"将法太子。太子，君嗣也，不可施刑，刑其傅公子虔，黥其师公孙贾。明日。秦人皆趋令。②行之十年，秦民大说，道不拾遗，山无盗贼，家给人足。民勇于公战，怯于私斗，乡邑大治。秦民初言令不便者有来言令便者，卫鞅曰"此皆乱化之民也",尽迁之于边城。其后民莫敢议令。

①【索隐】谓鞅新变之法令为"初令"。

②【索隐】趋音七逾反。趋者,向也,附也。

于是以鞅为大良造。[①]将兵围魏安邑,降之。居三年,作为筑冀阙[②]宫庭于咸阳,秦自雍徙都之。而令民父子兄弟同室内息者为禁。而集小(都)乡邑聚为县,置令、丞,凡三十一县。为田开阡陌封疆,[③]而赋税平。平斗桶[④]权衡丈尺。行之四年,公子虔复犯约,劓之。居五年,秦人富强,天子致胙[⑤]于孝公,诸侯毕贺。

①【索隐】即大上造也,秦之第十六爵名也。今云"良造"者,或后变其名耳。

②【索隐】冀阙即魏阙也。冀,记也。出列教令,当记于此门阙。

③【正义】南北曰阡,东西曰陌。按:谓驿塍也。疆音疆。封,聚土也;疆,界也:谓界上封记也。

④【集解】郑玄曰:"音勇,今之斛也。"【索隐】音统,量器名。

⑤【正义】音左故反。

其明年,齐败魏兵于马陵,虏其太子申,杀将军庞涓。其明年,卫鞅说孝公曰:"秦之与魏,譬若人之有腹心疾,非魏并秦,秦即并魏。何者?魏居领阨之西,[①]都安邑,与秦界河而独擅山东之利。利则西侵秦,病则东收地。今以君之贤圣,国赖以盛。而魏往年大破于齐,诸侯畔之,可因此时伐魏。魏不支秦,必东徙。东徙,秦据河山之固,东乡以制诸侯,此帝王之业也。"孝公以为然,使卫鞅将而伐魏。魏使公子卬将而击之。军既相距,卫鞅遗魏将公子卬书曰:"吾始与公子欢,今俱为两国将,不忍相攻,可与公子面相见,盟,乐饮而罢兵,以安秦魏。"魏公子卬以为然。会盟已,饮,而卫鞅伏甲士而袭虏魏公子卬,因攻其军,尽破之以归秦。魏惠王兵数破于齐秦，国内空，日以削，恐，乃使使割河西之地献于秦以和。而魏遂去安邑，徙都大梁。②梁惠王曰："寡人恨不用公叔座之言也。"卫鞅既破魏还，秦封之於、商③十五邑，号为商君。

①【索隐】盖即安邑之东，山领险阸之地，即今蒲州之中条已东，连汾、晋之崄嶝也。

②【索隐】纪年曰"梁惠王二十九年，秦卫鞅伐梁西鄙"，则徙大梁在惠王之二十九年也。 【正义】从蒲州安邑徙汴州浚仪也。

③【集解】徐广曰："弘农商县也。" 【索隐】於、商，二县名，在弘农。纪年云秦封商鞅在惠王三十年，与此文合。 【正义】於、商在邓州内乡县东七里，古於邑也。商洛县在商州东八十九里。本商邑，周之商国。案：十五邑近此(三)〔二〕邑。

商君相秦十年，①宗室贵戚多怨望者。赵良见商君。商君曰："鞅之得见也，从孟兰皋，②今鞅请得交，可乎？"赵良曰："仆弗敢愿也。孔丘有言曰：'推贤而戴者进，聚不肖而王者退。'仆不肖，故不敢受命。仆闻之曰：'非其位而居之曰贪位，非其名而有之曰贪名。'仆听君之义，则恐仆贪位贪名也。故不敢闻命。"商君曰："子不说吾治秦与？"③赵良曰："反听之谓聪，内视之谓明，自胜之谓强。④虞舜有言曰：'自卑也尚矣。'君不若道虞舜之道，无为问仆矣。"商君曰："始秦戎翟之教，父子无别，同室而居。今我更制其教，而为其男女之别，大筑冀阙，营如鲁卫矣。子观我治秦也，孰与五羖大夫贤？"赵良曰："千羊之皮，不如一狐之掖；千人之诺诺，不如一士之谔谔。武王谔谔以昌，殷纣墨墨以亡。⑤君若不非武王乎，则仆请终日正言而无诛，可乎？"商君曰："语有之矣，貌言华也，至言实也，苦言药也，甘言疾也。夫子果肯终日正言，鞅之药也。鞅将事子，子又何辞焉！"赵良曰："夫五羖大夫，荆之鄙人也。[6]闻秦缪公之贤而愿望见，行而无资，自粥于秦客，被褐食牛。期年，缪公知之，举之牛口之下，而加之百姓之上，秦国莫敢望焉。相秦六七年，而东伐郑，三置晋国之君，[7]一救荆国之祸。[8]发教封内，而巴人致贡；施德诸侯，而八戎来服。由余闻之，款关请见。[9]五羖大夫之相秦也，劳不坐乘，暑不张盖，行于国中，不从车乘，不操干戈，功名藏于府库，德行施于后世。五羖大夫死，秦国男女流涕，[10]童子不歌谣，舂者不相杵。[11]此五羖大夫之德也。今君之见秦王也，因嬖人景监以为主，非所以为名也。相秦不以百姓为事，而大筑冀阙，非所以为功也。刑黥太子之师傅，残伤民以骏刑，是积怨畜祸也。教之化民也深于命，[12]民之效上也捷于令。[13]今君又左建外易，非所以为教也。[14]君又南面而称寡人，日绳秦之贵公子。诗曰：'相鼠有体，人而无礼；人而无礼，何不遄死。'以诗观之，非所以为寿也。公子虔杜门不出已八年矣，君又杀祝懽而黥公孙贾。诗曰：'得人者兴，失人者崩。'此数事者，非所以得人也。君之出也，后车十数，从车载甲，多力而骈胁者为骖乘，持矛而操阘[15]戟者[16]旁车而趋。此一物不具，君固不出。书曰：'恃德者昌，恃力者亡。'[17]君之危若朝露，尚将欲延年益寿乎？则何不归十五都，[18]灌园于鄙，劝秦王显岩穴之士，养老存孤，敬父兄，序有功，尊有德，可以少安。君尚将贪商於之富，宠秦国之教，畜百姓之怨，秦王一旦捐宾客而不立朝，秦国之所以收君者，岂其微哉？[19]亡可翘足而待。"商君弗从。

①【索隐】战国策云孝公行商君法十八年而死，与此文不同者，案此直云相秦十年耳，而战国策乃云行商君法十八年，盖连其未作相之年耳。

②【索隐】孟兰皋，人姓名也。言鞅前因兰皋得与赵良相见也。

③【索隐】说音悦。与音予。

④【索隐】谓守谦敬之人是为自胜，若是者乃为强。若争名得胜，此非强之道。

⑤【正义】以殷纣比商君。

⑥【正义】百里奚，南阳宛人。属楚，故云荆。

⑦【索隐】谓立晋惠公、怀公、文公也。

⑧【索隐】案（六国）〔十二诸侯〕年表，穆公二十八年会晋，救楚，朝周是也。

⑨【集解】韦昭曰："款，叩也。"

⑩【正义】音体。

⑪【集解】郑玄曰："相谓送杵声，以声音自劝也。"

⑫【索隐】刘氏云："教谓商鞅之令也，命谓秦君之命也。言人畏鞅甚于秦君。"

⑬【索隐】上谓鞅之处分。令谓秦君之令。

⑭【索隐】左建谓以左道建立威权也。外易谓在外革易君命也。

⑮【集解】所及反。

⑯【集解】徐广曰："一作'釢'。屈卢之劲矛，干将之雄戟。"【索隐】阘，亦作"钑"，同所及反。邹诞音吐臈反。釢音辽。屈音九勿反。按：屈卢、干将并古良匠造矛戟者名。【正义】顾野王云："铤也。"方言云："矛，吴、扬、江、淮、南楚、五湖之间谓之铤。其柄谓之矜。"释名云："戟，格也。旁有格。"

⑰【索隐】此是周书之言，孔子所删之馀。

⑱【索隐】卫鞅所封商於二县以为国，其中凡有十五都，故赵良劝令归之。【正义】公孙鞅封商於十五邑，故云"十五都"。

⑲【索隐】谓鞅于秦无仁恩，故秦国之所以将收录鞅者其效甚明，故云"岂其微哉"。

后五月而秦孝公卒，太子立。公子虔之徒告商君欲反，发吏捕商君。商君亡至关下，欲舍客舍。客人不知其是商君也，曰："商君之法，舍人无验者坐之。"商君喟然叹曰："嗟乎，为法之敝一至此哉！"去之魏。魏人怨其欺公子卬而破魏师，弗受。商君欲之他国。魏人曰："商君，秦之贼。秦强而贼入魏，弗归，不可。"遂内秦。商君既复入秦，走商邑，①与其徒属发邑兵北出击郑。②秦发兵攻商君，杀之于郑黾池。③秦惠王车裂商君以徇，曰："莫如商鞅反者！"遂灭商君之家。

①【索隐】走音奏。走，向也。

②【集解】徐广曰："京兆郑县也。" 【索隐】地理志京兆有郑县。秦本纪云"初县杜、郑"，按其地是郑桓公友之所封。

③【集解】徐广曰："黾，或作'彭'。" 【索隐】郑黾池者，时黾池属郑故也。而徐广云"黾或作彭"者，按盐铁论云"商君困于彭池"故也。黾音亡忍反。 【正义】黾池去郑三百里，盖秦兵至郑破商邑兵，而商君东走至黾，乃擒杀之。

太史公曰：商君，其天资刻薄人也。①迹其欲干孝公以帝王术，挟持浮说，非其质矣。②且所因由嬖臣，及得用，刑公子虔，欺魏将卬，不师赵良之言，亦足发明商君之少恩矣。余尝读商君开塞耕战书，与其人行事相类。③卒受恶名于秦，有以也夫！④

①【索隐】谓天资其人为刻薄之行。刻谓用刑深刻；薄谓弃仁义，不悃诚也。

②【索隐】说音如字。浮说即虚说也。谓鞅得用，刑政深刻，又欺魏将，是其天资自有狙诈，则初为孝公论帝王之术，是浮说耳，非本性也。

③【索隐】按商君书，开谓刑严峻则政化开，塞谓布恩赏则政化塞，其意本于严刑少恩。又为田开阡陌，及言斩敌首赐爵，是耕战书也。

④【集解】新序论曰："秦孝公保崤函之固，以广雍州之地，东并河西，北收上郡，国富兵强，长雄诸侯，周室归籍，四方来贺，为战国霸君，秦遂以强，六世而并诸侯，亦皆商君之谋也。夫商君极身无二虑，尽公不顾私，使民内急耕织之业以富国，外重战伐之赏以劝戎士，法令必行，内不阿贵宠，外不偏疏远，是以令行而禁止，法出而奸息。故虽书云'无偏无党'，诗云'周道如砥，其直如矢'，司马法之励戎士，周后稷之劝农业，无以易此。此所以并诸侯也。故孙卿曰：'四世有胜，非幸也，数也。'然无信，诸侯畏而不亲。夫霸君若齐桓、晋文者，桓不倍柯之盟，文不负原之期，而诸侯畏其强而亲信之，存亡继绝，四方归之，此管仲、舅犯之谋也。今商君倍公子卬之旧恩，弃交魏之明信，诈取三军之众，故诸侯畏其强而不亲信也。借使孝公遇齐桓、晋文，得诸侯之统将，合诸侯之君，驱天下之兵以伐秦，秦则亡矣。天下无桓文之君，故秦得以兼诸侯。卫鞅始自以为知霸王之德，原其事不谕也。昔周召施善政，及其死也，后世思之，'蔽芾甘棠'之诗是也。尝舍于树下，后世思其德不忍伐其树，况害其身乎！管仲夺伯氏邑三百户，无怨言。今卫鞅内刻刀锯之刑，外深𫓧钺之诛，步过六尺者有罚，弃灰于道者被刑，一日临渭而论囚七百馀人，渭水尽赤，号哭之声动于天地，畜怨积仇比于丘山，所逃莫之隐，所归莫之容，身死车裂，灭族无姓，其去霸王之佐亦远矣。然惠王杀之亦非也，可辅而用也。使卫鞅施宽平之法，加之以恩，申之以信，庶几霸者之佐哉！"【索隐】新序是刘歆所撰，其中论商君，故裴氏引之。借音胙，字合作"胙"，误为"借"耳。按：本纪"周归文武胙于孝公者"是也。说苑云"秦法，弃灰于道者刑"，是其事也。

【索隐述赞】卫鞅入秦，景监是因。王道不用，霸术见亲。政必改革，礼岂因循。既欺魏将，亦怨秦人。如何作法，逆旅不宾！

史记卷六十九

苏秦列传第九

苏秦者，东周雒阳人也。①东事师于齐，而习之于鬼谷先生。②

①【索隐】苏秦字季子，盖苏忿生之后，已姓也。谯周云："秦兄弟五人，秦最少。兄代，代弟厉及辟、鹄，并为游说之士。"此下云"秦弟代，代弟厉"也。【正义】战国策云："苏秦，雒阳乘轩里人也。"艺文志云苏子三十一篇，在纵横流。敬王以子朝之乱从王城东迁雒阳故城，乃号东周，以王城为西周。

②【集解】徐广曰："颍川阳城有鬼谷，盖是其人所居，因为号。"骃案：风俗通义曰"鬼谷先生，六国时从横家"。【索隐】按：鬼谷，地名也。扶风池阳、颍川阳城并有鬼谷墟，盖是其人所居，因为号。又乐壹注鬼谷子书云"苏秦欲神秘其道，故假名鬼谷"。

出游数岁，大困而归。①兄弟嫂妹妻妾窃皆笑之，曰："周人之俗，治产业，力工商，逐什二以为务。今子释本而事口舌，困，不亦宜乎！”苏秦闻之而惭，自伤，乃闭室不出，出其书遍观②之。曰：“夫士业已屈首受书，③而不能以取尊荣，虽多亦奚以为！”于是得周书阴符，伏而读之。期年，以出揣摩，④曰：“此可以说当世之君矣。”求说周显王。显王左右素习知苏秦，皆少之。⑤弗信。

①【索隐】按：战国策此语在说秦王之后。

②【索隐】音遍官二音。按：谓尽观览其书也。

③【索隐】按：谓士之立操。业者，素也，本也。言本已屈首低头，受书于师也。

④【集解】战国策曰：“乃发书，陈箧数十，得太公阴符之谋，伏而诵之，简练以为揣摩。读书欲睡，引锥自刺其股，血流至踵。曰：‘安有说人主不能出其金玉锦绣，取卿相之尊者乎？’期年，揣摩成。”鬼谷子有揣摩篇也。　【索隐】战国策云“得太公阴符之谋”，则阴符是太公之兵符也。揣音初委反，摩音姥何反。邹诞本作“揣靡”，靡读亦为摩。王劭云“揣情、摩意是鬼谷之二章名，非为一篇也”。高诱曰“揣，定也。摩，合也。定诸侯使雠其术，以成六国之从也”。江邃曰“揣人主之情，摩而近之”，其意当矣。

⑤【索隐】谓王之左右素惯习知秦浮说，多不中当世，而以为苏秦智识浅，故云“少之”。刘氏云：“少谓轻之也。”

乃西至秦。秦孝公卒。说惠王曰：“秦四塞之国，被山带渭，东有关河，①西有汉中，南有巴蜀，北有代马，②此天府也。③以秦士民之众，兵法之教，可以吞天下，称帝而治。”秦王曰：“毛羽未成，不可以高蜚；文理未明，不可以并兼。”方诛商鞅，疾辩士，弗用。

①【正义】东有黄河，有函谷、蒲津、龙门、合河等关；南山及武关、峣关；西有大陇山及陇山关、大震、乌兰等关；北有黄河南塞：是四塞之国，被山带渭(又)〔以〕为界。地里。江(渭)〔谓〕岷江，〔西从〕渭州陇山

之西南流入蜀，东至荆阳入海也。河谓黄河，从同州小积石山东北流，至胜州即南流，至华州又东北流，经魏、沧等州入海。各是万里已下。

②【索隐】按：谓代郡马邑也。地理志代郡又有马城县。一云代马，谓代郡兼有胡马之利。

③【索隐】按：周礼春官有天府。郑玄曰："府，物所藏。言天，尊此所藏若天府然。"

乃东之赵。赵肃侯令其弟成为相，号奉阳君。奉阳君弗说之。去游燕，岁馀而后得见。说燕文侯①曰："燕东有朝鲜、②辽东，北有林胡、楼烦，③西有云中、九原，④南有嘑沱、易水，⑤地方二千馀里，带甲数十万，车六百乘，骑六千匹，粟支数年。⑥南有碣石、⑦雁门之饶，⑧北有枣栗之利，民虽不佃作而足于枣栗矣。此所谓天府者也。

①【索隐】说音税，下并同。燕文侯，史失名。

②【索隐】潮仙二音，水名。

③【索隐】地理志楼烦属雁门郡。　【正义】二胡国名，朔、岚已北。

④【索隐】按：地理志云中、九原二郡名。秦曰九原，汉武帝改曰五原郡。　【正义】二郡并在胜州也。云中郡城在榆林县东北四十里。九原郡城在榆林县西界。

⑤【集解】周礼曰："正北曰并州，其川嘑沱。"郑玄曰："嘑沱出卤城。"　【索隐】按：滹沲，水名，并州之川也，音呼沱。又地理志卤城，县名，属代郡。滹沲河自县东至参合，又东至文安入海也。　【正义】嘑沱出代州繁畤县，东南流经五台山北，东南流过定州，流入海。易水出易州易县，东流过幽州归义县，东与呼沱河合也。

⑥【索隐】按：战国策"车七百乘，粟支十年"。

⑦【索隐】（战国策）碣石山在常山九门县。地理志大碣石山在右北平骊

城县西南。

⑧【正义】雁门山在代，燕西门。

“夫安乐无事，不见覆军杀将，无过燕者。大王知其所以然乎？夫燕之所以不犯寇被甲兵者，以赵之为蔽其南也。秦赵五战，秦再胜而赵三胜。秦赵相毙，而王以全燕制其后，此燕之所以不犯寇也。且夫秦之攻燕也，逾云中、九原，过代、上谷，弥地数千里，虽得燕城，秦计固不能守也。秦之不能害燕亦明矣。今赵之攻燕也，发号出令，不至十日而数十万之军军于东垣矣。①渡嘑沱，涉易水，不至四五日而距国都矣。故曰秦之攻燕也，战于千里之外；赵之攻燕也，战于百里之内。夫不忧百里之患而重千里之外，计无过于此者。是故愿大王与赵从亲，天下为一，则燕国必无患矣。”

①【索隐】地理志高帝改曰真定也。　【正义】赵之东邑，在恒州真定县南八里，故常山城是也。

文侯曰：“子言则可，然吾国小，西迫强赵，①南近齐，②齐、赵强国也。子必欲合从以安燕，寡人请以国从。”

①【正义】贝、冀、深、赵四州，七国时属赵，即燕西界。

②【正义】河北博、沧、德三州，齐地北境，与燕相接，隔黄河。

于是资苏秦车马金帛以至赵。而奉阳君已死，即因说赵肃侯①曰：“天下卿相人臣及布衣之士，皆高贤君之行义，皆愿奉教陈忠于前之日久矣。②虽然，奉阳君妒而君不任事，是以宾客游士莫敢自尽于前者。今奉阳君捐馆舍，君乃今复与士民相亲也，臣故敢进其愚虑。

①【索隐】按：世本云肃侯名言。

②【正义】奉，符用反。

"窃为君计者，莫若安民无事，且无庸有事于民也。安民之本，在于择交，择交而得则民安，择交而不得则民终身不安。请言外患：齐秦为两敌而民不得安，倚秦攻齐而民不得安，倚齐攻秦而民不得安。故夫谋人之主，伐人之国，常苦出辞断绝人之交也。愿君慎勿出于口。请别白黑，所以异阴阳而已矣。①君诚能听臣，燕必致旃裘狗马之地，齐必致鱼盐之海，楚必致橘柚之园，韩、魏、中山皆可使致汤沐之奉，而贵戚父兄皆可以受封侯。夫割地包利，五伯之所以覆军禽将而求也；封侯贵戚，汤武之所以放弑而争也。今君高拱而两有之，此臣之所以为君愿也。

①【索隐】按：战国策云"请屏左右，白言所以异阴阳"，其说异此。然言别白黑者，苏秦言已今论赵国之利，必使分明，有如白黑分别，阴阳殊异也。

"今大王与秦，则秦必弱韩、魏；与齐，则齐必弱楚、魏。①魏弱则割河外，韩弱则效宜阳，宜阳效则上郡绝，②河外割则道不通，③楚弱则无援。此三策者，不可不孰计也。

①【正义】楚东淮泗之上，与齐接境。

②【正义】宜阳即韩城也，在洛州西，韩大郡也。上郡在同州西北。言韩弱，与秦宜阳城，则上郡路绝矣。

③【正义】河外，同、华等地也。言魏弱，与秦河外地，则道路不通上郡矣。华山记云："此山分秦晋之境，晋之西鄙则曰阴晋，秦之东邑则曰宁秦。"

"夫秦下轵道，①则南阳危；②劫韩包周，③则赵氏自操兵；④据卫取卷，⑤则齐必入朝秦。秦欲已得乎山东，则必举兵而响赵矣。秦甲渡河逾漳，据番吾，⑥则兵必战于邯郸之下矣。此臣之所为君患也。

①【正义】轵音止。故亭在雍州万年县东北十六里苑中。

②【正义】南阳，怀州河南也，七国时属韩。言秦兵下轵道，从东渭桥历北道过蒲津攻韩，即南阳危矣。

③【正义】周都洛阳，秦若劫取韩南阳，是包裹周都也。赵邯郸危，故须起兵自守。

④【索隐】战国策作"自销铄"。

⑤【集解】丘权反。 【索隐】地理志卷县属河南。按：战国策云"取淇"。 【正义】卫地濮阳也。卷城在郑州武原县西北七里。言秦守卫得卷，则齐必来朝秦。

⑥【集解】徐广曰："常山有蒲吾县。" 【索隐】按：徐氏所引，据地理志云然也。 【正义】番音婆，又音蒲，又音盘。疑古番吾公邑也。括地志云："蒲吾故城在镇州常山县东二十里。"漳水在潞州。言秦兵渡河，历南阳，入羊肠，经泽、潞，渡漳水，守蒲吾城，则与赵战于都城下矣。

"当今之时，山东之建国莫强于赵。赵地方二千馀里，带甲数十万，车千乘，骑万匹，粟支数年。西有常山，①南有河漳，②东有清河，③北有燕国。④燕固弱国，不足畏也。秦之所害于天下者莫如赵，然而秦不敢举兵伐赵者，何也？畏韩、魏之议其后也。然则韩、魏，赵之南蔽也。秦之攻韩、魏也，无有名山大川之限，稍蚕食之，傅⑤国都而止。韩、魏不能支秦，必入臣于秦。秦无韩、魏之规，则祸必中于赵矣。此臣之所为君患也。

①【正义】在镇州西。

②【正义】"河"字一作"清"，即漳河也，在潞州。地理志浊漳出长子鹿谷山，东至邺，入清漳。

③【正义】清河，今贝州也。

④【正义】然三家分晋，赵得晋阳，襄子又伐戎取代。既云"西有常山

者”，赵都邯郸近北燕也。

⑤【集解】音附。

“臣闻尧无三夫之分，舜无咫尺之地，以有天下；禹无百人之聚，以王诸侯；汤武之士不过三千，车不过三百乘，卒不过三万，立为天子：诚得其道也。是故明主外料其敌之强弱，内度其士卒贤不肖，不待两军相当而胜败存亡之机固已形于胸中矣，岂掩于众人之言而以冥冥决事哉！

“臣窃以天下之地图案之，诸侯之地五倍于秦，料度诸侯之卒十倍于秦，六国为一，并力乡向而攻秦，秦必破矣。今西面而事之，见臣于秦。夫破人之与破于人也，①臣人之与臣于人也，②岂可同日而论哉！

①【正义】破人谓破前敌也。破于人，为被前敌破。

②【索隐】按：臣人谓己为彼臣也。臣于人者，谓我为主，使彼臣己也。【正义】臣人谓己得人为臣。臣于人谓己事他人。

“夫衡人者，①皆欲割诸侯之地以予秦。秦成，则高台榭，美宫室，听竽瑟之音，前有楼阙轩辕，②后有长姣③美人，国被秦患而不与其忧。是故夫衡人日夜务以秦权恐愒诸侯④以求割地，故愿大王孰计之也。

①【索隐】按：衡人即游说从横之士也。东西为横，南北为从。秦地形东西横长，故张仪相秦，为秦连横。【正义】衡音横。谓为秦人。

②【索隐】战国策云“前有轩辕”。又史记俗本亦有作“轩冕”者，非本文也。

③【索隐】音交。说文云：“姣，美也。”

④【集解】愒音呼曷反。【索隐】恐，起拱反。愒，许曷反。谓相恐胁也。邹氏愒音憩，其意疏。

"臣闻明主绝疑去谗,屏流言之迹,塞朋党之门,故尊主广地强兵之计臣得陈忠于前矣。故窃为大王计,莫如一韩、魏、齐、楚、燕、赵以从亲,以畔秦。令天下之将相会于洹水之上,①通质,②刳白马而盟。要约曰:'秦攻楚,齐、魏各出锐师以佐之,韩绝其粮道,③赵涉河漳,④燕守常山之北。秦攻韩魏,⑤则楚绝其后,⑥齐出锐师而佐之,赵涉河漳,燕守云中。秦攻齐,则楚绝其后,韩守城皋,⑦魏塞其道,⑧赵涉河漳、博关,⑨燕出锐师以佐之。秦攻燕,则赵守常山,楚军武关,齐涉勃海,⑩韩、魏皆出锐师以佐之。秦攻赵,则韩军宜阳,楚军武关,魏军河外,⑪齐涉清河,⑫燕出锐师以佐之。诸侯有不如约者,以五国之兵共伐之。'六国从亲以宾秦,⑬则秦甲必不敢出于函谷以害山东矣。如此,则霸王之业成矣。"

①【集解】徐广曰:"洹水出汲郡林虑县。"

②【索隐】音如字,又音踬。以言通其交质之情。

③【索隐】谓拥兵于哓关之外,又守宜阳也。

④【索隐】谓赵亦涉河漳而西,欲与韩作援,以阻秦军。

⑤【正义】谓道蒲津之东攻之。

⑥【索隐】谓出兵武关,以绝秦兵之后。

⑦【正义】在洛州汜水县。

⑧【索隐】按:其道即河内之道。战国策"其"作"午"。

⑨【集解】徐广曰:"齐威王六年,晋伐齐到博陵。东郡有博平县。

⑩【正义】齐从沧州渡河至瀛州。

⑪【索隐】河外谓陕及曲沃等处也。　【正义】谓同、华州。

⑫【正义】齐从贝州过河而西。

⑬【索隐】谓六国之军共为合从相亲,独以秦为宾而共伐之。

赵王曰:"寡人年少,立国日浅,未尝得闻社稷之长计也。今上客有意存天下，安诸侯，寡人敬以国从。”乃饰车百乘，黄金千溢，① 白璧百双，锦绣千纯，②以约诸侯。

①【索隐】战国策作“万溢”。一溢为一金，则二十两曰一溢，为米二升。郑玄以一溢为二十四分之一，其说异也。

②【集解】纯，匹端名。周礼曰：“纯帛不过五两。” 【索隐】音淳。裴氏云“纯，端疋名”。高诱注战国策音屯。屯，束也。又礼乡射云“某贤于某若干纯”。纯，数也，音旋。

是时周天子致文武之胙于秦惠王。惠王使犀首攻魏，禽将龙贾，取魏之雕阴，①且欲东兵。苏秦恐秦兵之至赵也，乃激怒张仪，入之于秦。

①【索隐】魏地也。刘氏曰“在龙门河之西北”。按：地理志雕阴属上郡。【正义】在鄜州洛交县北三十四里。

于是说韩宣王①曰：“韩北有巩、成皋②之固，西有宜阳、商阪之塞，③东有宛、穰、④洧水，⑤南有陉山，⑥地方九百馀里，带甲数十万，天下之强弓劲弩皆从韩出。谿子、⑦少府时力、距来者，⑧皆射六百步之外。韩卒超足而射，⑨百发不暇止，远者括蔽洞胸，近者镝弇心。韩卒之剑戟皆出于冥山、⑩棠谿、⑪墨阳、⑫合赙、⑬邓师、⑭宛冯、⑮龙渊、太阿，⑯皆陆断牛马，水截鹄雁，当敌则斩，坚甲铁幕，⑰革抉⑱吠芮，⑲无不毕具。以韩卒之勇，被坚甲，蹠劲弩，带利剑，一人当百，不足言也。夫以韩之劲与大王之贤，乃西面事秦，交臂而服，羞社稷而为天下笑，无大于此者矣。是故愿大王孰计之。

①【索隐】按：世本韩宣王，昭侯之子也。

②【索隐】二邑本属东周，后为韩邑。地理志二县并属河南。

③【集解】徐广曰：“商，一作‘常’。” 【索隐】刘氏云“盖在商洛之间，适

秦楚之险塞”是也。【正义】宜阳在洛州福昌县东十四里。商阪即商山也,在商洛县南一里,亦曰楚山,武关在焉。

④【集解】宛,于袁反。【索隐】地理志宛、穰二县名,并属南阳。

⑤【集解】洧,于鬼反。【索隐】音于轨反,水名,出南方。【正义】在新郑东南,流入颍。

⑥【集解】徐广曰:“召陵有陉亭。密县有陉山。”【正义】在新郑西南三十里。

⑦【集解】许慎云:“南方谿子蛮夷柘弩,皆善材。”【索隐】按:许慎注淮南子,以为南方谿子蛮出柘弩及竹弩。

⑧【集解】韩有谿子弩,又有少府所造二种之弩。案:时力者,谓作之得时,力倍于常,故名时力也。距来者,谓弩埶劲利,足以距来敌也。【索隐】韩又有少府所造时力、距来二种之弩。按:时力者,谓作之得时则力倍于常,故有时力也。距来者,谓以弩埶劲利,足以距于来敌也。其名并见淮南子。

⑨【索隐】按:超足谓超腾用埶,盖起足蹋之而射也,故下云“蹠劲弩”是也。【正义】超足,齐足也。夫欲放弩,皆坐,举足踏弩,两手引揍机,然始发之。

⑩【集解】徐广曰:“庄子云南行至郢,北面而不见冥山。”骃案:司马彪曰“冥山在朔州北。”【索隐】庄子云“南行至郢,北面而不见冥山”。司马彪云“冥山在朔州北”。郭象云“冥山在乎太极”。李轨云“在韩国”。

⑪【集解】徐广曰:“汝南吴房有棠谿亭。”【索隐】地理志棠谿亭在汝南吴房县。【正义】故城在豫州偃城县西八十里。盐铁论云“有棠谿之剑”是。

⑫【集解】淮南子曰:“墨阳之莫邪也。”【索隐】淮南子云“服剑者贵于刺利,而不期于墨阳莫邪”,则墨阳匠名也。

⑬【集解】音附。徐广曰:“一作‘伯’。”【索隐】按:战国策作“合伯”,

春秋后语作“合相”。

⑭【索隐】邓国有工铸剑,而师名焉。

⑮【集解】徐广曰:“荥阳有冯池。” 【索隐】徐广云“荥阳有冯池”,谓宛人于冯池铸剑,故号宛冯。

⑯【集解】吴越春秋曰:“楚王召风胡子而告之曰:‘寡人闻吴有干将,越有欧冶,寡人欲因子请此二人作剑,可乎?’风胡子曰:‘可。’乃往见二人,作剑,一曰龙渊,二曰太阿。” 【索隐】按:吴越春秋楚王令风胡子请吴干将、越欧冶作剑二,其一曰龙泉,二曰太阿。又太康地记曰“汝南西平有龙泉水,可以淬刀剑,特坚利,故有龙泉之剑,楚之宝剑也。以特坚利,故有坚白之论云:‘黄,所以为坚也;白,所以为利也。’齐辨之曰:‘白,所以为不坚;黄,所以为不利也。’故天下之宝剑韩为众,一曰棠谿,二曰墨阳,三曰合伯,四曰邓师,五曰宛冯,六曰龙泉,七曰太阿,八曰莫邪,九曰干将也”。然干将、莫邪匠名也,其剑皆出西平县,今有铁官令一,别领户,是古铸剑之地也。

⑰【集解】徐广曰:“阳城出铁。” 【索隐】按:战国策云“当敌则斩甲盾鞮鍪铁幕”也。邹诞幕一作“陌”。刘云:“谓以铁为臂胫之衣。言其剑利,能斩之也。”

⑱【集解】徐广曰:“一作‘决’。” 【索隐】音决。谓以革为射决。决,射鞲也。

⑲【集解】吷音伐。 【索隐】吷与“瞂”同,音伐,谓楯也。芮音如字,谓系楯之绶也。 【正义】方言云:“盾,自关东谓之瞂,关西谓之盾。”

“大王事秦,秦必求宜阳、成皋。今兹效之,①明年又复求割地。与则无地以给之,不与则弃前功而受后祸。且大王之地有尽而秦之求无已,以有尽之地而逆无已之求,此所谓市怨结祸者也,不战而地已削矣。臣闻鄙谚曰:‘宁为鸡口,无为牛后。’②今西面交臂而臣事秦,何异于牛后乎?夫以大王之贤,挟强韩之兵,而有牛后之名，臣窃为大王羞之。”

①【索隐】按：郑玄注礼云“效犹呈也，见也”。

②【索隐】按：战国策云“宁为鸡尸，不为牛从”。延笃注云“尸，鸡中主也。从谓牛子也。言宁为鸡中之主，不为牛之从后也”。【正义】鸡口虽小，犹进食；牛后虽大，乃出粪也。

于是韩王勃然作色，攘臂瞋目，按剑仰天太息①曰：“寡人虽不肖，必不能事秦。今主君②诏以赵王之教，敬奉社稷以从。”

①【索隐】太息谓久蓄气而大吁也。

②【索隐】指苏秦也。礼，卿大夫称主。今嘉苏子合从诸侯，褒而美之，故称曰主。

又说魏襄王①曰：“大王之地，南有鸿沟、②陈、汝南、许、郾、③昆阳、召陵、舞阳、新都、新郪，④东有淮、颍、⑤煮枣、⑥无胥，⑦西有长城之界，北有河外、⑧卷、衍、酸枣，⑨地方千里。地名虽小，然而田舍庐庑之数，曾无所刍牧。人民之众，车马之多，日夜行不绝，輷輷殷殷，⑩若有三军之众。臣窃量大王之国不下楚。然衡人怵王⑪交强虎狼之秦以侵天下，卒有秦患，⑫不顾其祸。夫挟强秦之势以内劫其主，罪无过此者。魏，天下之强国也；王，天下之贤王也。今乃有意西面而事秦，称东藩，筑帝宫，⑬受冠带，⑭祠春秋，⑮臣窃为大王耻之。

①【索隐】世本惠王子名嗣。

②【集解】徐广曰：“在荥阳。”

③【集解】徐广曰：“在颍川。于憓切。”【索隐】音偃，又于建反。战国策作“鄢”。按：地理志颍川有许、郾二县，又有傿陵县，故所称惑也。傿音焉。【正义】陈、汝南，今汝州、豫州县也。

④【集解】地理志颍川有昆阳、舞阳县，汝南有新郪县，南阳有新都县。

【索隐】地理志昆阳、舞阳属颍川,召陵、新郪属汝南。按:新郪即郪丘,章帝以封殷后于宋。新都属南阳。按:战国策直云新郪,无"新都"二字。 【正义】召陵在豫州,舞阳在许州。

⑤【正义】淮阳、颍川二郡。

⑥【集解】徐广曰:"在宛句。" 【正义】在宛朐。按:宛朐,曹州县也。

⑦【索隐】按:其地阙。

⑧【正义】谓河南地。

⑨【集解】徐广曰:"荥阳卷县有长城,经阳武到密。衍,地名。 【索隐】徐广云"荥阳卷县有长城",盖据地险为说也。 【正义】卷在郑州原武县北七里。酸枣在滑州。衍,徐云地名。

⑩【正义】軥,麾宏反。殷音隐。

⑪【正义】衡音横。怵音恤。

⑫【正义】卒音匆忽反。

⑬【索隐】谓为秦筑宫,备其巡狩而舍之,故谓之"帝宫"。

⑭【索隐】谓冠带制度皆受秦法。

⑮【索隐】言春秋贡奉,以助秦祭祀。

"臣闻越王句践战敝卒三千人,禽夫差于干遂;①武王卒三千人,革车三百乘,制纣于牧野:②岂其士卒众哉,诚能奋其威也。今窃闻大王之卒,武士二十万,③苍头二十万,④奋击二十万,厮徒十万,⑤车六百乘,骑五千匹。此其过越王句践、武王远矣,今乃听于群臣之说而欲臣事秦。夫事秦必割地以效实,⑥故兵未用而国已亏矣。凡群臣之言事秦者,皆奸人,非忠臣也。夫为人臣,割其主之地以求外交,偷取一时之功而不顾其后,破公家而成私门,外挟强秦之势以内劫其主,以求割地,愿大王孰察之。

①【索隐】按:干遂,地名,不知所在。然按干是水旁之高地,故有"江干""河干"是也。又左思吴都赋云"长干延属",是干为江旁之地。遂者,

道也。于干有道,因为地名。【正义】在苏州吴县西北四十馀里万安山西南一里太湖。夫差败于姑苏,禽于干遂,相去四十馀里。

②【正义】今卫州城是也。周武王伐纣于牧野,筑之。

③【集解】汉书刑法志曰:"魏氏武卒衣三属之甲,操十二石之弩,负矢五十,置戈其上,冠胄带剑,赢三日之粮,日中而趋百里,中试则复其户,利其田宅。"【索隐】衣音意。属音烛。按:三属谓甲衣也。覆膊,一也;甲裳,二也;胫衣,三也。甲之有裳,见左传也。赢音盈。谓赍糗粮。中音竹仲反。谓其筋力能负重,所以得中试也。复音福。谓中试之人,国家当优复,赐之上田宅,故云"利其田宅"也。

④【索隐】谓以青巾裹头,以异于众。荀卿"魏有苍头二十万"是也。

⑤【索隐】厮音斯。谓厮养之卒。斯,养马之贱者,今起为之卒。【正义】厮音斯。谓炊烹供养杂役。

⑥【索隐】谓割地献秦,以效己之诚实。

"周书曰:'绵绵不绝,蔓蔓奈何?豪牦不伐,将用斧柯。'前虑不定,后有大患,将奈之何?大王诚能听臣,六国从亲,专心并力壹意,则必无强秦之患。故敝邑赵王使臣效愚计,①奉明约,在大王之诏诏之。"

①【索隐】此"效"犹呈也,见也。

魏王曰:"寡人不肖,未尝得闻明教。今主君以赵王之诏诏之,敬以国从。"

因东说齐宣王①曰:"齐南有泰山,东有琅邪,西有清河,②北有勃海,此所谓四塞之国也。齐地方二千馀里,带甲数十万,粟如丘山。三军之良,五家之兵,③进如锋矢,④战如雷霆,解如风雨。即有军役,未尝倍泰山,绝清河,涉勃海也。⑤临菑之中七万户,臣窃度之,不下户三男子,三七二十一万,不待发于远县,而临菑之卒固已二十一万矣。临菑甚富而实,其民无不吹竽鼓瑟,弹琴击筑,⑥斗鸡走狗,六博⑦蹋鞠⑧者。临菑之涂,车毂击,人肩摩,连衽成帷,举袂成幕,挥汗成雨,家殷人足,志高气扬。夫以大王之贤与齐之强,天下莫能当。今乃西面而事秦,臣窃为大王羞之。

①【索隐】世本名辟疆,威王之子也。

②【正义】即贝州。

③【索隐】按:高诱注战国策云"五家即五国也"。

④【索隐】按:战国策作'疾如锥矢"。高诱曰"锥矢,小矢,喻径疾也"。吕氏春秋曰"所贵锥矢者,为应声而至"。　【正义】齐军之进,若锋芒之刀,良弓之矢,用之有进而无退。

⑤【正义】言临淄自足也。绝,涉,皆度也。勃海,沧州也。齐有军役,不用度河取二部。

⑥【正义】筑似琴而大,头圆,五弦,击之不鼓。

⑦【索隐】按:王逸注楚词云"博,著也。行六棋,故曰六博"。

⑧【集解】刘向别录曰:"蹴鞠者,传言黄帝所作,或曰起战国之时。蹋鞠,兵势也,所以练武士,知有材也,皆因嬉戏而讲练之。"蹋,徒猎反。鞠,求六反。　【索隐】上徒腊反,下居六反。别录注云:"蹴踘,促六反。蹴亦蹋也。"崔豹云:"起黄帝时,习兵之埶。"

"且夫韩、魏之所以重畏秦者,为与秦接境壤界也。兵出而相当,不出十日而战胜存亡之机决矣。韩、魏战而胜秦,则兵半折,四境不守;战而不胜,则国已危亡随其后。是故韩、魏之所以重与秦战,而轻为之臣也。今秦之攻齐则不然。倍韩、魏之地,过卫阳晋之道,①,径乎亢父之险,②车不得方轨,③骑不得比行,百人守险,千人不敢过也。秦虽欲深入,则狼顾,④恐韩、魏之议其后也。是故恫疑⑤虚猲,⑥骄矜而不敢进,⑦则秦之不能害齐亦明矣。

①【集解】徐广曰:"魏哀王十六年,秦拔魏蒲阪、阳晋、封陵。" 【索隐】按:阳晋,魏邑也。魏系家"哀王十六年,秦拔魏蒲阪、阳晋、封陵"是也。刘氏云"阳晋,地名,盖适齐之道,卫国之西南也"。 【正义】言秦伐齐,背韩、魏地而与齐战。徐说阳晋非也,乃是晋阳耳。卫地曹、濮等州也。杜预云"曹,卫下邑也"。阳晋故城在曹州乘氏县西北三十七里。

②【索隐】亢音刚,又苦浪反。地理志县名,属梁国也。 【正义】故县在兖州任城县南五十一里。

③【正义】言不得两车并行。

④【正义】狼性怯,走常还顾。

⑤【索隐】上音通,一音洞。恐惧也。

⑥【集解】呼葛反。 【索隐】猲,本一作"喝",并呼葛反。高诱曰:"虚猲,喘息惧貌也。"刘氏云:"秦自疑惧,不敢进兵,虚作恐怯之词,以胁韩、魏也。"

⑦【正义】言秦虽至亢父,犹恐惧狼顾,虚作喝骂,骄溢矜夸,不敢进伐齐明矣。

"夫不深料秦之无奈齐何,而欲西面而事之,是群臣之计过也。今无臣事秦之名而有强国之实,臣是故愿大王少留意计之。"

齐王曰:"寡人不敏,僻远守海,穷道东境之国也,未尝得闻馀教。今足下以赵王诏诏之,敬以国从。"

乃西南说楚威王[①]曰:"楚,天下之强国也;王,天下之贤王也。西有黔中、[②]巫郡,[③]东有夏州、[④]海阳,[⑤]南有洞庭、[⑥]苍梧,[⑦]北有陉塞、郇阳,[⑧]地方五千馀里,带甲百万,车千乘,骑万匹,粟支十年。此霸王之资也。夫以楚之强与王之贤,天下莫能当也。今乃欲西面而事秦,则诸侯莫不西面而朝于章台之下矣。

①【索隐】威王名商，宣王之子。

②【集解】徐广曰："今之武陵也。"【正义】今朗州，楚黔中郡，其故城在辰州西二十里，皆盘瓠后也。

③【集解】徐广曰："巫郡者，南郡之西界。"【正义】巫郡，夔州巫山县是。

④【集解】徐广曰："楚考烈王元年，秦取夏州。"骃案：左传"楚庄王伐陈，乡取一人焉以归，谓之夏州"。而注者不说夏州所在。车胤撰桓温集云："夏口城上数里有洲，名夏州。""东有夏州"谓此也。【索隐】裴骃据左氏及车胤说夏州，其文甚明，而刘伯庄以为夏州侯之本国，亦未为得也。【正义】大江中州也。夏水口在荆州江陵县东南 二十五里。

⑤【索隐】按：地理志无海阳。刘氏云"楚之东境"。

⑥【索隐】今之青草湖是也，在岳州界也。

⑦【索隐】地名。地理志有苍梧郡。【正义】苍梧山在道州南。

⑧【集解】徐广曰："春秋曰'遂伐楚，次于陉'。楚威王十一年，魏败楚陉山。析县有钧水，或者郇阳今之顺阳乎？一本'北有汾、陉之塞'也。"【索隐】陉山在楚北境，威王十一年，魏败楚陉山是也。郇音荀。北有郇阳，其地当在汝南、颍川之界。检地理志及太康地记，北境并无郇邑。郇邑在河东，晋地。计郇阳当是新阳，声相近字变耳。汝南有新阳县，应劭云"在新水之阳"，犹豳邑变为栒，亦当然也。徐氏云"郇阳当是慎阳"，盖其疏也。【正义】陉山在郑州新郑县西南三十里。顺阳故城在郑州穰县西百四十里。

"秦之所害莫如楚，楚强则秦弱，秦强则楚弱，其势不两立。故为大王计，莫如从亲以孤秦。大王不从〔亲〕，秦必起两军，一军出武关，一军下黔中，则鄢郢动矣。①

①【集解】徐广曰："今南郡宜城。"【正义】鄢乡故城在襄州率道县南

九里。安郢城在荆州江陵县东北六里。秦兵出武关，则临鄢矣；兵下黔中，则临郢矣。

“臣闻治之其未乱也，为之其未有也。患至而后忧之，则无及已。故愿大王蚤孰计之。

“大王诚能听臣，臣请令山东之国奉四时之献，以承大王之明诏，委社稷，奉宗庙，练士厉兵，在大王之所用之。大王诚能用臣之愚计，则韩、魏、齐、燕、赵、卫之妙音美人必充后宫，燕、代橐駞良马必实外厩。故从合则楚王，衡成则秦帝。今释霸王之业，而有事人之名，臣窃为大王不取也。

“夫秦，虎狼之国也，有吞天下之心。秦，天下之仇雠也。衡人皆欲割诸侯之地以事秦，此所谓养仇而奉雠者也。夫为人臣，割其主之地以外交强虎狼之秦，以侵天下，卒有秦患，不顾其祸。夫外挟强秦之威以内劫其主，以求割地，大逆不忠，无过此者。故从亲则诸侯割地以事楚，衡合则楚割地以事秦，此两策者相去远矣，二者大王何居焉？故敝邑赵王使臣效愚计，奉明约，在大王诏之。”

楚王曰：“寡人之国西与秦接境，秦有举巴蜀并汉中之心。秦，虎狼之国，不可亲也。而韩、魏迫于秦患，不可与深谋，与深谋恐反人以入于秦，故谋未发而国已危矣。寡人自料以楚当秦，不见胜也；内与群臣谋，不足恃也。寡人卧不安席，食不甘味，心摇摇然如县旌而无所终薄。①今主君欲一天下，收诸侯，存危国，寡人谨奉社稷以从。”

①【集解】白洛反。

于是六国从合而并力焉。苏秦为从约长，并相六国。

北报赵王，乃行过雒阳，车骑辎重，诸侯各发使送之甚众，疑于王者。①周显王闻之恐惧，除道，使人郊劳。②苏秦之昆弟妻嫂侧目不敢仰视，俯伏侍取食。苏秦笑谓其嫂曰："何前倨而后恭也？"嫂委蛇蒲服，③以面掩地而谢曰："见季子位高金多也。"④苏秦喟然叹曰："此一人之身，富贵则亲戚畏惧之，贫贱则轻易之，况众人乎！且使我有雒阳负郭田二顷，⑤吾岂能佩六国相印乎！"于是散千金以赐宗族朋友。初，苏秦之燕，贷人百钱为资，及得富贵，以百金偿之。遍报诸所尝见德者。其从者有一人独未得报，乃前自言。苏秦曰："我非忘子。子之与我至燕，再三欲去我易水之上，方是时，我困，故望子深，是以后子。子今亦得矣。"

①【索隐】疑作"拟"读。

②【集解】仪礼曰："宾至近郊，君使卿朝服用束帛劳。"

③【索隐】委蛇谓以面掩地而进，若蛇行也。蒲服即匍匐，并音蒲仆。

④【集解】谯周曰："苏秦字季子。"【索隐】按：其嫂呼小叔为季子耳，未必即其字。允南即以为字，未之得也。

⑤【索隐】负者，背也，枕也。近城之地，沃润流泽，最为膏腴，故曰"负郭"也。

苏秦既约六国从亲，归赵，赵肃侯封为武安君，乃投从约书于秦。①秦兵不敢窥函谷关十五年。

①【索隐】乃设从约书。案：诸本作"投"。言设者，谓宣布其从约六国之事以告于秦。若作"投"，亦为易解。

其后秦使犀首欺齐、魏，与共伐赵，欲败从约。齐、魏伐赵，赵王让苏秦。苏秦恐，请使燕，必报齐。苏秦去赵①而从约皆解。

①【集解】徐广曰："自初说燕至此三年。"

秦惠王以其女为燕太子妇。是岁，文侯卒，太子立，是为燕易王。易王初立，齐宣王因燕丧伐燕，取十城。易王谓苏秦曰："往日先生至燕，而先王资先生见赵，遂约六国从。今齐先伐赵，次至燕，以先生之故为天下笑，先生能为燕得侵地乎？"苏秦大惭，曰："请为王取之。"

苏秦见齐王，再拜，俯而庆，仰而吊。①齐王曰："是何庆吊相随之速也？"苏秦曰："臣闻饥人所以饥而不食乌喙者，②为其愈充腹而与饿死同患也。③今燕虽弱小，即秦王之少婿也。大王利其十城而长与强秦为仇。今使弱燕为雁行而强秦敝其后，以招天下之精兵，是食乌喙之类也。"齐王愀然变色④曰："然则奈何？"苏秦曰："臣闻古之善制事者，转祸为福，因败为功。大王诚能听臣计，即归燕之十城。燕无故而得十城，必喜；秦王知以己之故而归燕之十城，亦必喜。此所谓弃仇雠而得石交者也。夫燕、秦俱事齐，则大王号令天下，莫敢不听。是王以虚辞附秦，以十城取天下。此霸王之业也。"王曰："善。"于是乃归燕之十城。

①【索隐】刘氏云："当时庆吊应有其词，但史家不录耳。"

②【集解】本草经曰："乌头，一名乌喙。"【索隐】乌啄，音卓，又音许秽反。今之毒药乌头是。【正义】广雅云："蕪奚，毒附子也。一岁为乌啄，三岁为附子，四岁为乌头，五岁为天雄。"

③【索隐】刘氏以愈犹暂，非也。谓食乌头为其暂愈饥而充腹，少时毒发而死，亦与饥死同患也。

④【索隐】愀音自酋反，又七小反。

人有毁苏秦者曰："左右卖国反覆之臣也，将作乱。"苏秦恐得罪，归，而燕王不复官也。苏秦见燕王曰："臣，东周之鄙人也，无有分寸之功,而王亲拜之于庙而礼之于廷。今臣为王却齐之兵而(攻)得十城,宜以益亲。今来而王不官臣者,人必有以不信伤臣于王者。臣之不信,王之福也。臣闻忠信者,所以自为也;进取者,所以为人也。且臣之说齐王,曾非欺之也。臣弃老母于东周,固去自为而行进取也。今有孝如曾参,廉如伯夷,信如尾生。得此三人者以事大王,何若?”王曰:“足矣。”苏秦曰:“孝如曾参,义不离其亲一宿于外,王又安能使之步行千里而事弱燕之危王哉?廉如伯夷,义不为孤竹君之嗣,不肯为武王臣,不受封侯而饿死首阳山下。有廉如此,王又安能使之步行千里而行进取于齐哉?信如尾生,与女子期于梁下,女子不来,水至不去,抱柱而死。有信如此,王又安能使之步行千里却齐之强兵哉?臣所谓以忠信得罪于上者也。”燕王曰:“若不忠信耳,岂有以忠信而得罪者乎?”苏秦曰:“不然。臣闻客有远为吏而其妻私于人者,其夫将来,其私者忧之,妻曰‘勿忧,吾已作药酒待之矣’。居三日,其夫果至,妻使妾举药酒进之。妾欲言酒之有药,则恐其逐主母也;欲勿言乎,则恐其杀主父也。于是乎详僵而弃酒。①主父大怒,笞之五十。故妾一僵而覆酒,上存主父,下存主母。然而不免于笞,恶在乎忠信之无罪也夫?臣之过,不幸而类是乎?”燕王曰:“先生复就故官。”益厚遇之。

①【索隐】详音羊。详,诈也。僵,仆也,音姜。

易王母,文侯夫人也,与苏秦私通。燕王知之,而事之加厚。苏秦恐诛,乃说燕王曰:“臣居燕不能使燕重,而在齐则燕必重。”燕王曰:“唯先生之所为。”于是苏秦详为得罪于燕而亡走齐,齐宣王以为客卿。①

①【集解】徐广曰:“燕易王之十年时。”

齐宣王卒，湣王即位，说湣王厚葬以明孝，高宫室大苑囿以明得意，欲破敝齐而为燕。燕易王卒，[①]燕哙立为王。其后齐大夫多与苏秦争宠者，而使人刺苏秦，不死，殊而走。[②]齐王使人求贼，不得。苏秦且死，乃谓齐王曰："臣即死，车裂臣于徇于市，曰'苏秦为燕作乱于齐'，如此则臣之贼必得矣。"于是如其言，而杀苏秦者果自出，齐王因而诛之。燕闻之曰："甚矣，齐之为苏生[③]报仇也！"

①【集解】徐广曰："易王十二年卒。"

②【集解】风俗通义称汉令"蛮夷戎狄有罪当殊"。殊者，死也，与诛同指。而此云"不死，殊而走"者，苏秦时虽不即死，然是死创，故云"殊"。

③【集解】徐广曰："一作'先'。"

苏秦既死，其事大泄。齐后闻之，乃恨怒燕。燕甚恐。苏秦之弟曰代，代弟苏厉，见兄遂，亦皆学。及苏秦死，代乃求见燕王，欲袭故事。曰："臣，东周之鄙人也。窃闻大王义甚高，鄙人不敏，释钽耨而干大王。至于邯郸，所见者绌于所闻于东周，臣窃负其志。及至燕廷，观王之群臣下吏，王，天下之明王也。"燕王曰："子所谓明王者何如也？"对曰："臣闻明王务闻其过，不欲闻其善，臣请谒王之过。夫齐、赵者，燕之仇雠也；楚、魏者，燕之援国也。今王奉仇雠以伐援国，非所以利燕也。王自虑之，此则计过，无以闻者，非忠臣也。"王曰："夫齐者固寡人之雠，所欲伐也，直患国敝力不足也。子能以燕伐齐，则寡人举国委子。"对曰："凡天下战国七，燕处弱焉。独战则不能，有所附则无不重。南附楚，楚重；西附秦，秦重；中附韩、魏，韩、魏重。且苟所附之国重，此必使王重矣。[①]今夫齐，长主[②]而自用也。南攻楚五年，畜聚竭；西困秦三年，士卒罢敝;北与燕人战,覆三军,得二将。[③]然而以其馀兵南面举五千乘之大宋,[④]而包十二诸侯。此其君欲得,其民力竭,恶足取乎!且臣闻之,数战则民劳,久师则兵敝矣。"燕王曰:"吾闻齐有清济、浊河[⑤]可以为固,长城、钜防[⑥]足以为塞,诚有之乎?"对曰:"天时不与,虽有清济、浊河,恶足以为固!民力罢敝,虽有长城、钜防,恶足以为塞!且异日济西不师,[⑦]所以备赵也;河北不师,[⑧]所以备燕也。今济西河北尽已役矣,封内敝矣。夫骄君必好利,而亡国之臣必贪于财。王诚能无羞从子母弟[⑨]以为质,[⑩]宝珠玉帛以事左右,彼将有德燕而轻亡宋,则齐可亡已。"燕王曰:"吾终以子受命于天矣。"燕乃使一子质于齐。而苏厉因燕质子而求见齐王。齐王怨苏秦,欲囚苏厉。燕质子为谢,已遂委质为齐臣。[⑪]

①【正义】言附诸国,诸国重燕而燕尊重。

②【索隐】按:谓齐王年长也。或作"齐强,故言长主"。

③【集解】徐广曰:"齐覆三军而燕失二将。"【索隐】按:徐广云"齐覆三军而燕失二将"。又战国策云"获二将",亦谓燕之二将,是燕之失也。

④【正义】齐表云"齐湣王三十八年灭宋",乃当赧王二十九年。此说乃燕哙之时,当周慎王之时,齐〔灭〕宋在前三十馀年,恐文误矣。

⑤【正义】济、漯二水上承黄河,并淄、青之北流入海。黄河又一源从洛、魏二州界北流入海,亦齐西北界。

⑥【集解】徐广曰:"济北卢县有防门,又有长城东至海。【正义】长城西头在济州平阴县界。竹书纪年云:"梁惠王二十年,齐闵王筑防以为长城。"太山记云:"太山西有长城,缘河经太山,馀一千里,至琅邪台入海。"

⑦【正义】济州已西也。

⑧【正义】谓沧、博等州,在漯河之北。

⑨【索隐】战国策“从”作“宠”。

⑩【正义】音致。

⑪【正义】质，真栗反。

燕相子之与苏代婚，而欲得燕权，乃使苏代侍质子于齐。齐使代报燕，燕王哙问曰：“齐王其霸乎？”曰：“不能。”曰：“何也？”曰：“不信其臣。”于是燕王专任子之，已而让位，燕大乱。齐伐燕，杀王哙、子之。①燕立昭王，而苏代、苏厉遂不敢入燕，皆终归齐，齐善待之。

①【集解】徐广曰：“是周赧王之元年时也。”

苏代过魏，魏为燕执代。齐使人谓魏王曰：“齐请以宋地封泾阳君，①秦必不受。秦非不利有齐而得宋地也，②不信齐王与苏子也。今齐魏不和如此其甚，则齐不欺秦。秦信齐，齐秦合，泾阳君有宋地，非魏之利也。故王不如东苏子，秦必疑齐而不信苏子矣。齐秦不合，天下无变，伐齐之形成矣。”于是出苏代。代之宋，宋善待之。

①【正义】泾阳君，秦王弟，名悝也。泾阳，雍州县也。齐苏子告秦共伐宋以封泾阳君，然齐假设此策以救苏代。

②【正义】齐言秦相亲共伐宋，秦得宋地，又得齐事秦，不信齐乃苏代，恐为不成也。

齐伐宋，宋急，苏代乃遗燕昭王书曰：①

①【正义】此书为宋说燕，令莫助齐、梁。

夫列在万乘而寄质于齐，①名卑而权轻；奉万乘助齐伐宋，民劳而实费；夫破宋，残楚淮北，肥大齐，雠强而国害：此三者皆国之大败也。然且王行之者，将以取信于齐也。齐加不信于王，而忌燕愈甚，是王之计过矣。夫以宋加之淮北，强万乘之国也，而齐并之，是益一齐也。②北夷方七百里，③加之以鲁、卫，强万乘之国也，而齐并之，是益二齐也。夫一齐之强，燕犹狼顾而不能支，今以三齐临燕，其祸必大矣。

①【正义】燕前有一子质于齐。

②【正义】更以淮北之地加于齐都，是强万乘之国而齐总并之，是益一齐。

③【索隐】谓山戎、北狄附齐者。【正义】齐桓公伐山戎、令支，斩孤竹而南归海滨，诸侯莫不来服。

虽然，智者举事，因祸为福，转败为功。齐紫，败素也，①而贾十倍；②越王句践栖于会稽，复残强吴而霸天下：此皆因祸为福，转败为功者也。

①【集解】徐广曰："取败素染以为紫。"【正义】齐君好紫，故齐俗尚之。取恶素帛染为紫，其价十倍贵于馀。喻齐虽有大名，而国中以困弊也。韩子云："齐桓公好服紫，一国尽服紫，当时十素不得一紫，公患之。管仲曰：'君欲止之，何不试勿衣也？'公谓左右曰：'恶紫臭。'公语三日，境内莫有衣紫者。"

②【索隐】按：谓紫色价贵于帛十倍，而本是败素。以喻齐虽有大名，而其国中困疲也。

今王若欲因祸为福，转败为功，则莫若挑霸齐而尊之，①使使盟于周室，焚秦符，曰②"其大上计，破秦；其次，必长宾之"。③秦挟宾以待破，秦王必患之。秦五世伐诸侯，今为齐下，秦王之志苟得穷齐，不惮以国为功。然则王何不使辩士以此言说秦王曰："燕、赵破宋肥齐，尊之为之下者，燕、赵非利之也。燕、赵不利而势为之者，以不信秦王也。然则王何不使可信者接收燕、赵，令泾阳君、高陵君④先于燕、赵？秦有变，因以为质，则燕、赵信秦。秦为西帝，燕为北帝，赵为中帝，立三帝以令于天下。韩、魏不听则秦伐之，齐不听则燕、赵伐之，天下孰敢不听？天下服听，因驱韩、魏以伐齐，曰'必反宋地，归楚淮北'。反宋地，归楚淮北，燕、赵之所利也；并立三帝，燕、赵之所愿也。夫实得所利，尊得所愿，燕、赵弃齐如脱躧矣。今不收燕、赵，齐霸必成。诸侯赞齐而王不从，是国伐也；诸侯赞齐而王从之，是名卑也。今收燕、赵，国安而名尊；不收燕、赵，国危而名卑。夫去尊安而取危卑，智者不为也。"秦王闻若说，必若刺心然。则王何不使辩士以此若言说秦？秦必取，齐必伐矣。

①【正义】挑，田鸟反，执持也。

②【正义】符，征兆也。

③【索隐】长音如字。宾为"摈"。 【正义】大好上计策，破秦；次计，长摈弃关西。

④【集解】徐广曰冯翊高陵县。 【索隐】二人，秦王母弟也。高陵君名显。泾阳君名悝。

夫取秦，厚交也；代齐，正利也。尊厚交，务正利，圣王之事也。

燕昭王善其书，曰："先人尝有德苏氏，子之之乱而苏氏去燕。燕欲报仇于齐，非苏氏莫可。"乃召苏代，复善待之，与谋伐齐。竟破齐，湣王出走。

久之，秦召燕王，燕王欲往，苏代约燕王曰："楚得枳①而国亡，②齐得宋而国亡，③齐、楚不得以有枳、宋而事秦者，何也？则有功者，秦之深仇也。秦取天下，非行义也，暴也。秦之行暴，正告天下。④

①【集解】徐广曰："巴郡有枳县。" 【正义】枳，支是反，今涪州城。在秦，枳县在江南。

②【集解】徐广曰："燕昭王三十三年，秦拔楚鄢、西陵。" 【正义】按：西陵在黄州。

③【正义】年表云齐湣王三十八年，灭宋。四十年，五国共击湣王，王走莒。

④【索隐】正告谓显然而告天下也。

"告楚曰：'蜀地之甲，乘船浮于汶，①乘夏水②而下江，五日而至郢。汉中之甲，乘船出于巴，③乘夏水而下汉，四日而至五渚。④寡人积甲宛东下随，⑤智者不及谋，勇士不及怒，寡人如射隼矣。⑥王乃欲待天下之攻函谷，不亦远乎！'楚王为是故，十七年事秦。

①【集解】眉贫反。 【索隐】音旻。即江所出之岷山也。

②【索隐】夏音暇。谓夏潦之水盛长时也。

③【索隐】巴，水名，与汉水近。 【正义】巴岭山在梁州南一百九十里。周地志云："南渡老子水，登巴岭山。南回(记)大江。此南是古巴国，因以名山。"

④【集解】战国策曰"秦与荆人战，大破荆，袭郢，取洞庭、五渚"。然则五渚在洞庭。 【索隐】按：五渚，五处洲渚也。刘氏以为宛邓之间，临汉水，不得在洞庭。或说五渚即五湖，益与刘说不同也。

⑤【索隐】宛县之东而下随邑。

⑥【索隐】按：易曰"射隼于高墉之上，获之，无不利"。秦王言我今伐楚，必当捷获也。 【正义】隼若今之鹘。

"秦正告韩曰：'我起乎少曲，①一日而断大行。②我起乎宜阳而触平阳，③二日而莫不尽繇。④我离两周而触郑，五日而国举。’[5]韩氏以为然，故事秦。

①【索隐】地名，近宜阳也。　【正义】在怀州河阳县西北，解在范雎传。

②【正义】太行山羊肠阪道，北过韩上党也。

③【正义】宜阳、平阳皆韩大都也，隔河也。

④【索隐】音摇。摇，动也。

⑤【索隐】离，如字。谓屯兵以罹二周也，而乃触击于郑，故五日国举。举犹拔也。　【正义】离，历也。历二周而东触新郑州，韩国都拔矣。

“秦正告魏曰：‘我举安邑，塞女戟，[1]韩氏太原卷。[2]我下轵，道南阳，封冀，[3]包两周。[4]乘夏水，浮轻舟，强弩在前，锬[5]戈在后，决荥口，魏无大梁；[6]决白马之口，魏无外黄、济阳；[7]决宿胥之口，[8]魏无虚、顿丘。[9]陆攻则击河内，水攻则灭大梁。’魏氏以为然，故事秦。

①【索隐】女戟，地名，盖在太行山之西。

②【索隐】刘氏卷音轨免反也。按：“举安邑，塞女戟，及至韩氏之韩国宜阳也。太原者，魏地不至太原，亦无别名太原者，盖“太”衍字也。原当为“京”。京及卷皆属荥阳，是魏境。又下轵道是河内轵县，言“道”者，亦衍字。徐广云“霸陵有轵道亭”，非魏之境，其疏谬如此。　【正义】卷，轨免反。刘伯庄云：“太原当为太行。卷犹断绝。”

③【集解】徐广曰：“霸陵有轵道亭，河东皮氏有冀亭也。”　【索隐】按：魏之南阳即河内也。封，封陵也。冀，冀邑。皆在魏境，故徐广云“河东皮氏县有冀亭”。

④【集解】徐广曰：“张仪曰‘下河东，取成皋’也。”　【正义】两周，王城及巩。

⑤【集解】徐广曰：“由冉反。”　【正义】刘伯庄云：“音四廉反，利也。”

⑥【索隐】荥泽之口与今汴河口通，其水深，可以灌大梁，故云“无大梁”也。

⑦【索隐】白马河津在东郡，决其流以灌外黄及济阳。【正义】故黄城在曹州考城县东二十四里。济阳故城在曹州冤朐县西南三十五里。

⑧【集解】徐广曰："纪年云魏救山塞集胥口。"【索隐】按：纪年作"胥"，盖亦津之名，今其地不知所在也。【正义】淇水出卫州淇县界之淇口，东至黎阳入河。魏志云："武帝于清淇口东因宿胥故渎开白沟，道清淇二水入焉。"

⑨【集解】徐广曰："秦始皇五年，取魏酸枣、燕虚、长平。"【索隐】虚，邑名，地与酸枣相近。【正义】虚谓殷墟，今相州所理是。顿丘故城在魏州顿丘县东北二十里。括地志云："二国地时属魏。"

"秦欲攻安邑，恐齐救之，则以宋委于齐。曰：'宋王无道，为木人以(写)〔象〕寡人，射其面。寡人地绝兵远，不能攻也。王苟能破宋有之，寡人如自得之。'"已得安邑，塞女戟，因以破宋为齐罪。①

①【索隐】秦令齐灭宋，仍以破宋为齐之罪名。

"秦欲攻韩，恐天下救之，则以齐委于天下。曰：'齐王四与寡人约，四欺寡人，必率天下以攻寡人者三。有齐无秦，有秦无齐，必伐之，必亡之。'已得宜阳、少曲，致蔺、〔离〕石，因以破齐为天下罪。

"秦欲攻魏重楚，①则以南阳委于楚。曰：②'寡人固与韩且绝矣。残均陵，塞鄳阸，③苟利于楚，寡人如自有之。'魏弃与国而合于秦，因以塞鄳阸为楚罪。

①【索隐】重犹附也，尊也。【正义】畏楚救魏。

②【正义】南阳邓州地，本韩地也。韩先事秦，今楚取南阳，故言"与韩且绝矣"。

③【集解】鄳音盲。徐广曰："鄳，江夏鄳县。均，一作'灼'。"【索隐】

均陵在南阳,盖今之均州。黾音盲,县名,在江夏。【正义】均州故城在随州西南五十里,盖均陵也。又申州罗山县本汉鄳县。申州有平清关,盖古鄳县之阨塞。

“兵困于林中,①重燕、赵,以胶东委于燕,以济西委于赵。已得讲于魏,②至公子延,③因犀首属行④而攻赵。

①【集解】徐广曰:“河南苑陵有林乡。”

②【索隐】讲,和也,解也。秦与魏和也。

③【索隐】至当为“质”,谓以公子延为质也。

④【索隐】犀首、公孙衍本魏将,因之以属军行。行音胡郎反,谓连兵相续也。

“兵伤于谯石,而遇败于阳马,①而重魏,则以叶、蔡委于魏。已得讲于赵,则劫魏,〔魏〕不为割。困则使太后弟穰侯为和,赢则兼欺舅与母。②

①【索隐】按:谯石、阳马并赵地名,非县邑也。

②【索隐】按:赢犹胜也。舅,穰侯魏冉也。母,太后也。

“適燕者①曰‘以胶东’,適赵者曰‘以济西’,適魏者曰‘以叶、蔡’,適楚者曰‘以塞鄳阨’,適齐者曰‘以宋’。此必令言如循环,用兵如刺蜚,母不能制,舅不能约。

①【索隐】適音宅。適者,责也。下同。

“龙贾之战,①岸门之战,②封陵之战,③高商之战,④赵庄之战,⑤秦之所杀三晋之民数百万,今其生者皆死秦之孤也。西河之外,上雒之地,三川晋国之祸,三晋之半,秦祸如此其大也。⑥而燕、赵之秦者,⑦皆以争事秦说其主,此臣之所大患也。”

①【集解】魏襄王五年,秦败我龙贾军。

②【集解】韩宣惠王十九年,秦大破我岸门。

③【集解】魏哀王十六年,秦败我封陵。

④【集解】此战事不见。

⑤【集解】赵肃侯二十二年,赵庄与秦战败,秦杀赵庄河西。

⑥【索隐】以言西河之外,上雒之地及三川晋国,皆是秦与魏战之处,秦兵祸败我三晋之半,是秦祸如此其大者乎。

⑦【索隐】燕、赵之人往秦者,谓游说之士也。

燕昭王不行。苏代复重于燕。

燕使约诸侯从亲如苏秦时,或从或不,而天下由此宗苏氏之从约。代、厉皆以寿死,名显诸侯。

太史公曰:苏秦兄弟三人,[①]皆游说诸侯以显名,其术长于权变。而苏秦被反间以死,天下共笑之,讳学其术。然世言苏秦多异,异时事有类之者皆附之苏秦。夫苏秦起闾阎,连六国从亲,此其智有过人者。吾故列其行事,次其时序,毋令独蒙恶声焉。

①【索隐】按:谯允南以为苏氏兄弟五人,更有苏辟、苏鹄,典略亦同其说。按:苏氏谱云然。

【索隐述赞】季子周人,师事鬼谷。揣摩既就,阴符伏读。合从离衡,佩印者六。天王除道,家人扶服。贤哉代、厉,继荣党族。

史记卷七十

张仪列传第十

张仪者，魏人也。①始尝与苏秦俱事鬼谷先生，学术，苏秦自以不及张仪。

①【集解】吕氏春秋曰："仪，魏氏馀子。" 【索隐】按：晋有大夫张老，又河东有张城，张氏为魏人必也。而吕览以为魏氏馀子，则盖魏之支庶也。又书略说馀子谓庶子也。 【正义】左传晋有公族、馀子、公行。杜预云："皆官卿之嫡为公族大夫。馀子，嫡子之母弟也。公行，庶子掌公戎行也。"艺文志云张子十篇，在纵横流。

张仪已学而游说①诸侯。尝从楚相饮，已而楚相亡璧，门下意张仪，曰："仪贫无行，必此盗相君之璧。"共执张仪，掠笞数百，不服，醳②之。其妻曰："嘻！③子毋读书游说，安得此辱乎？"张仪谓其妻曰："视吾舌尚在不？"其妻笑曰："舌在也。"仪曰："足矣。"

①【索隐】音税。

②【集解】音释。　【索隐】古释字。

③【索隐】音僖。郑玄曰："嘻，悲恨之声。"

苏秦已说赵王而得相约从亲，[①]然恐秦之攻诸侯，败约后负，念莫可使用于秦者，乃使人微感张仪曰："子始与苏秦善，今秦已当路，子何不往游，以求通子之愿？"张仪于是之赵，上谒求见苏秦。苏秦乃诫门下人不为通，又使不得去者数日。已而见之，坐之堂下，赐仆妾之食。因而数让之[②]曰："以子之材能，乃自令困辱至此。吾宁不能言而富贵子，子不足收也。"谢去之。张仪之来也，自以为故人，求益，反见辱，怒，念诸侯莫可事，独秦能苦赵，乃遂入秦。

①【索隐】从音足容反。

②【索隐】按：谓数设词而让之。让亦责也。数音朔。

苏秦已而告其舍人曰："张仪，天下贤士，吾殆弗如也。今吾幸先用，而能用秦柄者，独张仪可耳。然贫，无因以进。吾恐其乐小利而不遂，故召辱之，以激其意。子为我阴奉之。"乃言赵王，发金币车马，使人微随张仪，与同宿舍，稍稍近就之，奉以车马金钱，所欲用，为取给，而弗告。张仪遂得以见秦惠王。惠王以为客卿，与谋伐诸侯。

苏秦之舍人乃辞去。张仪曰："赖子得显，方且报德，何故去也？"舍人曰："臣非知君，知君乃苏君。苏君忧秦伐赵败从约，以为非君莫能得秦柄，故感怒君，使臣阴奉给君资，尽苏君之计谋。今君已用，请归报。"张仪曰："嗟乎，此在吾术中而不悟，吾不及苏君明矣！吾又新用，安能谋赵乎？为吾谢苏君，苏君之时，仪何敢言。且苏君在，仪宁渠能乎！"[①]张仪既相秦，为文檄[②]告楚相曰：

"始吾从若饮,[3]我不盗而璧,若笞我。若善守汝国,我顾且盗而城!"

①【集解】渠音讵。【索隐】渠音讵,古字少,假借耳。

②【集解】徐广曰:"一作'尺一之檄'。"【索隐】按:徐广云一作"丈二檄"。王劭按春秋后语云"丈二尺檄"。许慎云"檄,二尺书"。

③【索隐】若者,汝也。下文而亦训汝。

苴蜀相攻击,[1]各来告急于秦。秦惠王欲发兵以伐蜀,以为道险狭难至,而韩又来侵秦,秦惠王欲先伐韩,后伐蜀,恐不利,欲先伐蜀,恐韩袭秦之敝,犹豫未能决。司马错[2]与张仪争论于惠王之前,司马错欲伐蜀,张仪曰:"不如伐韩。"王曰:"请闻其说。"

①【集解】徐广曰:"谯周曰益州'天苴'读为'包黎'之'包',音与'巴'相近,以为今之巴郡。"【索隐】苴音巴。谓巴、蜀之夷自相攻击也。今字作"苴"者,按巴苴是草名,今论巴,遂误作"苴"也。或巴人、巴郡本因芭苴得名,所以其字遂以"苴"为"巴"也。注"益州天苴读为芭黎",天苴即巴苴也。谯周,蜀人也,知"天苴"之音读为"芭黎"之"芭"。按:芭黎即织木葺为苇篱也,今江南亦谓苇篱曰芭篱也。【正义】华阳国志云:"昔蜀王封其弟于汉中,号曰苴侯,因命之邑曰葭萌。苴侯与巴王为好,巴与蜀为仇,故蜀王怒,伐苴。苴奔巴,求救于秦。秦遣张仪从子午道伐蜀。〔蜀〕王自葭萌御之,败绩,走至武阳,为秦军所害。秦遂灭蜀,因取苴与巴焉。"括地志云:"苴侯都葭萌,今利州益昌县五十里葭萌故城是。蜀侯都益州巴子城,在合州石镜县南五里,故垫江县也。巴子都江州,在都之北,又峡州界也。"

②【索隐】七各反,又七故反,二音。

仪曰:"亲魏善楚,下兵三川,塞什谷之口,[1]当屯留之道,[2]魏绝南阳，[③]楚临南郑，[④]秦攻新城、[⑤]宜阳，[⑥]以临二周之郊，诛周王之罪，侵楚、魏之地。周自知不能救，九鼎宝器必出。据九鼎，案图籍，挟天子以令于天下，天下莫敢不听，此王业也。今夫蜀，西僻之国而戎翟之伦也，敝兵劳众不足以成名，得其地不足以为利。臣闻争名者于朝，争利者于市。今三川、周室，天下之朝市也，而王不争焉，顾争于戎翟，去王业远矣。"[⑦]

①【集解】徐广曰："一作'寻'，成皋巩县有寻口。" 【索隐】一本作"寻谷"，寻什声相近，故其名惑也。战国策云"轘辕、缑氏之口"，亦其地相近也。 【正义】括地志云："温泉水即寻，源出洛州巩县西南四十里。注水经云郛城水出北山郛溪。又有故郛城，在巩县西南五十八里。"按：洛州缑氏县东南四十里，与郛溪相近之地。

②【正义】屯留，潞州县也。道即太行羊肠阪道也。

③【正义】南阳，怀州也。是当屯留之道，令魏绝断坏羊肠、韩上党之路也。

④【正义】是塞什谷之口也。令楚兵临郑南，塞轘辕郛口，断韩南阳之兵也。

⑤【索隐】此新城当在河南伊阙之左右。

⑥【正义】洛州福昌县也。

⑦【索隐】去王远矣。王音于放反。

司马错曰："不然。臣闻之，欲富国者务广其地，欲强兵者务富其民，欲王者务博其德，三资者备而王随之矣。今王地小民贫，故臣愿先从事于易。夫蜀，西僻之国也，而戎翟之长也，有桀纣之乱。以秦攻之，譬如使豺狼逐群羊。得其地足以广国，取其财足以富民[①]缮兵，不伤众而彼已服焉。[②]拔一国而天下不以为暴，利尽西海[③]而天下不以为贪，是我一举而名实附也，[④]而又有禁暴止乱之名。今攻韩，劫天子，恶名也，而未必利也，又有不义之名，而攻天下所不欲，危矣。臣请谒其故：⑤周，天下之宗室也；齐，韩之与国也。周自知失九鼎，韩自知亡三川，⑥将二国并力合谋，以因乎齐、赵而求解乎楚、魏，以鼎与楚，以地与魏，王弗能止也。此臣之所谓危也。不如伐蜀完。”

①【索隐】遇其财。战国策“遇”作“得”。

②【正义】缮音膳，同“饍”，具食也。

③【索隐】西海谓蜀川也。海者珍藏所聚生，犹谓秦中为“陆海”然也。其实西亦有海也。　【正义】海之言晦也，西夷晦昧无知，故言海也。言利尽西方羌戎。

④【索隐】按：名谓传其德也，实谓土地财宝。

⑤【索隐】谒者，告也，陈也。故，谓陈不宜伐之端由也。

⑥【正义】韩自知亡三川，故与周并力合谋也。

惠王曰：“善，寡人请听子。”卒起兵伐蜀，十月，取之，①遂定蜀，②贬蜀王更号为侯，而使陈庄相蜀。蜀既属秦，秦以益强，富厚，轻诸侯。

①【索隐】六国年表在惠王二十二年十月也。

②【正义】表云秦惠王后元年十月，击灭之。

秦惠王十年，使公子华①与张仪围蒲阳，②降之。仪因言秦复与魏，而使公子繇质于魏。仪因说魏王曰：“秦王之遇魏甚厚，魏不可以无礼。”魏因入上郡、少梁，谢秦惠王。惠王乃以张仪为相，更名少梁曰夏阳。③

①【集解】徐广曰：“一作‘革’。”

②【索隐】魏邑名也。　【正义】在隰州隰川县，蒲邑故城是也。

③【集解】徐广曰："夏阳在梁山龙门。"【索隐】音下。夏，山名也，亦曰大夏，是蜀所都。【正义】少梁城，同州韩城县南二十三里。夏阳城在县南二十里。梁山在县东南十九里。龙门山在县北五十里。

仪相秦四岁，立惠王为王。[①]居一岁，为秦将，取陕。筑上郡塞。

①【正义】表云惠王之十三年，周显王之三十四年也。

其后二年，使与齐、楚之相会啮桑。东还而免相，相魏以为秦，欲令魏先事秦而诸侯效之。魏王不肯听仪。秦王怒，伐取魏之曲沃、平周，复阴厚张仪益甚。张仪惭，无以归报。留魏四岁而魏襄王卒，哀王立。张仪复说哀王，哀王不听。于是张仪阴令秦伐魏。魏与秦战，败。

明年，齐又来败魏于观津。[①]秦复欲攻魏，先败韩申差军，斩首八万，诸侯震恐。而张仪复说魏王曰："魏地方不至千里，卒不过三十万。地四平，诸侯四通辐凑，无名山大川之限。从郑至梁二百馀里，车驰人走，不待力而至。梁南与楚境，西与韩境，北与赵境，东与齐境，卒戍四方，守亭鄣者不下十万。梁之地势，固战场也。梁南与楚而不与齐，则齐攻其东；东与齐而不与赵，则赵攻其北；不合于韩，则韩攻其西；不亲于楚，则楚攻其南：此所谓四分五裂之道也。

①【集解】观音贯。

"且夫诸侯之为从者，将以安社稷尊主强兵显名也。今从者一天下，约为昆弟，刑白马以盟洹水之上，[①]以相坚也。而亲昆弟同父母，尚有争钱财，而欲恃诈伪反覆苏秦之馀谋，其不可成亦明矣。

①【集解】洹音桓。

“大王不事秦，秦下兵攻河外，①据卷、衍、〔燕〕、酸枣，②劫卫取阳晋，③则赵不南，赵不南而梁不北，梁不北则从道绝，从道绝则大王之国欲毋危不可得也。秦折韩而攻梁，④韩怯于秦，秦韩为一，梁之亡可立而须也。此臣之所为大王患也。

①【索隐】河之西，即曲沃、平周之邑等。　【正义】河外即卷，衍、燕、酸枣。

②【集解】卷，丘权反。衍，以善反。　【索隐】卷县在河南。衍，地名。　【正义】卷、衍属郑州；燕，滑州胙城县；酸枣属滑州：皆黄河南岸地。

③【正义】故城在曹州乘氏县西北三十七里。

④【索隐】战国策“折”作“挟”也。

“为大王计，莫如事秦。事秦则楚、韩必不敢动；无楚、韩之患，则大王高枕而卧，①国必无忧矣。

①【正义】枕，针鸩反。

“且夫秦之所欲弱者莫如楚，而能弱楚者莫如梁。楚虽有富大之名而实空虚；其卒虽多，然而轻走易北，不能坚战。悉梁之兵南面而伐楚，胜之必矣。割楚而益梁，亏楚而适秦，嫁祸安国，此善事也。大王不听臣，秦下甲士而东伐，虽欲事秦，不可得矣。

“且夫从人多奋辞而少可信，说一诸侯而成封侯，是故天下之游谈士莫不日夜搤腕瞋目切齿以言从之便，以说人主。人主贤其辩而牵其说，岂得无眩哉。

“臣闻之，积羽沈舟，群轻折轴，众口铄金，积毁销骨，故愿大王审定计议，且赐骸骨辟魏。”

哀王于是乃倍从约而因仪请成于秦。张仪归，复相秦。三岁而魏复背秦为从。秦攻魏，取曲沃。明年，魏复事秦。

秦欲伐齐，齐楚从亲，于是张仪往相楚。楚怀王闻张仪来，虚上舍而自馆之。曰："此僻陋之国，子何以教之？"仪说楚王曰："大王诚能听臣，闭关绝约于齐，臣请献商於之地六百里，①使秦女得为大王箕帚之妾，秦楚娶妇嫁女，长为兄弟之国。此北弱齐而西益秦也，计无便此者。"楚王大说而许之。群臣皆贺，陈轸独吊之。楚王怒曰："寡人不兴师发兵得六百里地，群臣皆贺，子独吊，何也？"陈轸对曰："不然，以臣观之，商於之地不可得而齐秦合，齐秦合则患必至矣。"楚王曰："有说乎？"陈轸对曰："夫秦之所以重楚者，以其有齐也。今闭关绝约于齐，则楚孤。秦奚贪夫孤国，而与之商於之地六百里？张仪至秦，必负王，是北绝齐交，西生患于秦也，而两国之兵必俱至。善为王计者，不若阴合而阳绝于齐，使人随张仪。苟与吾地，绝齐未晚也；不与吾地，阴合谋计也。"楚王曰："愿陈子闭口毋复言，以待寡人得地。"乃以相印授张仪，厚赂之。于是遂闭关绝约于齐，使一将军随张仪。

①【索隐】刘氏云："商即今之商州，有古商城；其西二百馀里有古於城。"

张仪至秦，详失绥堕车，①不朝三月。楚王闻之，曰："仪以寡人绝齐未甚邪？"乃使勇士至宋，借宋之符，北骂齐王。齐王大怒，折节而下秦。秦齐之交合，张仪乃朝，谓楚使者曰："臣有奉邑六里，愿以献大王左右。"楚使者曰："臣受令于王，以商於之地六百里，不闻六里。"还报楚王，楚王大怒，发兵而攻秦。陈轸曰："轸可发口言乎？攻之不如割地反以赂秦，与之并兵而攻齐，是我出地于秦，取偿于齐也，王国尚可存。"楚王不听，卒发兵而使将军屈匄击秦。秦齐共攻楚，斩首八万，杀屈匄，遂取丹阳、②汉中之地。③楚又复益发兵而袭秦，至蓝田，大战，楚大败，于是楚割两城以与秦平。

①【正义】详音羊。

②【集解】徐广曰："在枝江。"

③【正义】今梁州也，在汉水北。

秦要楚[1]欲得黔中地，欲以武关外[2]易之。楚王曰："不愿易地，愿得张仪而献黔中地。"秦王欲遣之，口弗忍言。张仪乃请行。惠王曰："彼楚王怒子之负以商於之地，是且甘心于子。"张仪曰："秦强楚弱，臣善靳尚，尚得事楚夫人郑袖，袖所言皆从。且臣奉王之节使楚，楚何敢加诛。假令诛臣而为秦得黔中之地，臣之上愿。"遂使楚。楚怀王至则囚张仪，将杀之。靳尚谓郑袖曰："子亦知子之贱于王乎？"郑袖曰："何也？"靳尚曰："秦王甚爱张仪而不欲出之，[3]今将以上庸之地六县[4]赂楚，以美人聘楚，以宫中善歌讴者为媵。楚王重地尊秦，秦女必贵而夫人斥矣。不若为言而出之。"于是郑袖日夜言怀王曰："人臣各为其主用。今地未入秦，秦使张仪来，至重王。王未有礼而杀张仪，秦必大怒攻楚。妾请子母俱迁江南，毋为秦所鱼肉也。"怀王后悔，赦张仪，厚礼之如故。

①【正义】要音腰也。

②【正义】即商於之地。

③【索隐】按："不"字当作"必"。时张仪为楚所囚，故必欲出之也。

【正义】秦王不欲出张仪使楚，若欲自行，今秦欲以上庸地及美人赎仪。

④【正义】今房州也。

张仪既出，未去，闻苏秦死，[1]乃说楚王曰："秦地半天下，兵敌四国，被险带河，四塞以为固。虎贲之士百馀万，车千乘，骑万匹，积粟如丘山。法令既明，士卒安难乐死，主明以严，将智以武，虽无出甲，席卷常山之险，必折天下之脊，②天下有后服者先亡。且夫为从者，无以异于驱群羊而攻猛虎，虎之与羊不格明矣。今王不与猛虎而与群羊，臣窃以为大王之计过也。

①【索隐】按：此时当秦惠王之后元十四年。

②【索隐】按：常山于天下在北，有若人之背脊也。【正义】古之帝王多都河北、河东故也。

"凡天下强国，非秦而楚，非楚而秦，两国交争，其势不两立。大王不与秦，秦下甲据宜阳，韩之上地不通。下河东，取成皋，韩必入臣，梁则从风而动。秦攻楚之西，韩、梁攻其北，社稷安得毋危？

"且夫从者聚群弱而攻至强，不料敌而轻战，国贫而数举兵，危亡之术也。臣闻之，兵不如者勿与挑战，①粟不如者勿与持久。夫从人饰辩虚辞，高主之节，言其利不言其害，卒有秦祸，②无及为已。是故愿大王之孰计之。

①【正义】挑，田鸟反。

②【正义】卒，匆匆反。

"秦西有巴蜀，大船积粟，起于汶山，①浮江已下，至楚三千馀里。舫船②载卒，一舫载五十人与三月之食，下水而浮，一日行三百馀里，里数虽多，然而不费牛马之力，不至十日而距扞关。③扞关惊，则从境以东尽城守矣，黔中、巫郡非王之有。秦举甲出武关，南面而伐，则北地绝。④秦兵之攻楚也，危难在三月之内，而楚待诸侯之救，在半岁之外，此其势不相及也。夫(待)〔恃〕弱国之救，忘强秦之祸，此臣所以为大王患也。

①【正义】汶音泯。

②【索隐】枋船。枋音方，谓并两船也。亦音舫。

③【集解】徐广曰："巴郡鱼复县有扞水关。"【索隐】扞关在楚之西界。

复音伏。按:地理志巴郡有鱼复县。【正义】在硖州巴山县界。

④【正义】楚之北境断绝。

"大王尝与吴人战,五战而三胜,阵卒尽矣;偏守新城,[1]存民苦矣。臣闻功大者易危,而民敝者怨上。夫守易危之功而逆强秦之心,臣窃为大王危之。

①【索隐】偏,匹连反。此云"新城",当在吴楚之间。【正义】新攻得之城,未详所在。

"且夫秦之所以不出兵函谷十五年以攻齐、赵者,阴谋有合[1]天下之心。楚尝与秦构难,战于汉中,[2]楚人不胜,列侯执珪死者七十馀人,遂亡汉中。楚王大怒,兴兵袭秦,战于蓝田。此所谓两虎相搏[3]者也。夫秦楚相敝而韩魏以全制其后,计无危于此者矣。愿大王孰计之。

①【集解】徐广曰:"一作'吞'。"

②【索隐】其地在秦南山之南,楚之西北,汉水之北,名曰汉中。

③【集解】徐广曰:"或音'戟'。"

"秦下甲攻卫阳晋,必大关天下之匈。[1]大王悉起兵以攻宋,不至数月而宋可举,举宋而东指,则泗上十二诸侯[2]尽王之有也。

①【集解】徐广曰:"关,一作'开'。"【索隐】攻卫阳晋,大关天下胸。夫以常山为天下脊,则此卫及阳晋当天下胸,盖其地是秦、晋、齐、楚之交道也。以言秦兵据阳晋,是大关天下胸,则他国不得动也。

②【索隐】谓边近泗水之侧,当战国之时有十二诸侯,宋、鲁、邾、莒之比也。

"凡天下而以信约从亲相坚者苏秦,封武安君,相燕,即阴与燕王谋伐破齐而分其地;乃详有罪出走入齐,齐王因受而相之;居二年而觉，齐王大怒，车裂苏秦于市。夫以一诈伪之苏秦，而欲经营天下，混一诸侯，①其不可成亦明矣。

①【索隐】混，本作“棍”，同胡本反。

“今秦与楚接境壤界，固形亲之国也。大王诚能听臣，臣请使秦太子入质于楚，楚太子入质于秦，请以秦女为大王箕帚之妾，效万室之都以为汤沐之邑，长为昆弟之国，终身无相攻伐。臣以为计无便于此者。”

于是楚王已得张仪而重出黔中地与秦，欲许之。屈原曰：“前大王见欺于张仪，张仪至，臣以为大王烹之；今纵弗忍杀之，又听其邪说，不可。”怀王曰：“许仪而得黔中，美利也。后而倍之，不可。”故卒许张仪，与秦亲。

张仪去楚，因遂之韩，说韩王曰：“韩地险恶山居，五谷所生，非菽而麦，民之食大抵(饭)菽〔饭〕藿羹。一岁不收，民不餍糟糠。地不过九百里，无二岁之食。料大王之卒，悉之不过三十万，而厮徒负养①在其中矣。除守徼亭鄣塞，见卒不过二十万而已矣。秦带甲百馀万，车千乘，骑万匹，虎贲之士跿跔科头②贯颐③奋戟者，④至不可胜计。秦马之良，戎兵之众，探前趹后⑤蹄间三寻⑥腾者，不可胜数。山东之士被甲蒙胄以会战，秦人捐甲徒裼⑦以趋敌，左挈人头，右挟生虏。夫秦卒与山东之卒，犹孟贲之与怯夫；以重力相压，犹乌获之与婴儿。夫战孟贲、乌获之士以攻不服之弱国，无异垂千钧之重于鸟卵之上，必无幸矣。

①【索隐】厮音斯，谓杂役之贱者。负养谓负檐以给养公家，亦贱人也。

②【集解】跿跔音徒俱，跳跃也。又云偏举一足曰跿跔。科头谓不著兜鍪入敌。　【索隐】跿跔音徒俱二音。跔又音劬。刘氏云“谓跳跃也”。又韵集云“偏举一足曰跿跔”。战国策曰“虎挚之士跿跔”。科

头谓不著兜鍪。

③【索隐】谓两手捧颐而直入敌，言其勇也。

④【集解】言执戟奋怒而入阵也。 【索隐】谓又有执戟者奋怒而趋入阵。

⑤【索隐】谓马前足探向前，后足趹于后。趹音乌穴反。趹谓后足抉地，言马之走执疾也。

⑥【索隐】按：七尺曰寻。言马走之疾，前后蹄间一掷过三寻也。

⑦【索隐】徒者，徒跣也。裼，袒也，谓袒而见肉也。

“夫群臣诸侯不料地之寡，而听从人之甘言好辞，比周以相饰也，皆奋曰‘听吾计可以强霸天下’。夫不顾社稷之长利而听须臾之说，诖误人主，无过此者。

“大王不事秦，秦下甲据宜阳，断韩之上地，东取成皋、荥阳，则鸿台之宫、桑林之苑①非王之有也。夫塞成皋，绝上地，则王之国分矣。先事秦则安，不事秦则危。夫造祸而求其福报，计浅而怨深，逆秦而顺楚，虽欲毋亡，不可得也。

①【集解】徐广曰：“桑，一作‘栗’。” 【索隐】按：此皆韩之宫苑，亦见战国策。

“故为大王计，莫如为秦。①秦之所欲莫如弱楚，而能弱楚者莫如韩。非以韩能强于楚也，其地势然也。今王西面而事秦以攻楚，秦王必喜。夫攻楚以利其地，转祸而说秦，计无便于此者。”

①【集解】为，于伪反。

韩王听仪计。张仪归报，秦惠王封仪五邑，号曰武信君。使张仪东说齐湣王曰：“天下强国无过齐者，大臣父兄殷众富乐。然而为大王计者，皆为一时之说，不顾百世之利。从人说大王者，必曰‘齐西有强赵，南有韩与梁。齐，负海之国也，地广民众，兵强士勇，虽有百秦，将无奈齐何’。大王贤其说而不计其实。夫从人朋党比周，莫不以从为可。臣闻之，齐与鲁三战而鲁三胜，国以危亡随其后，虽有战胜之名，而有亡国之实。是何也？齐大而鲁小也。今秦之与齐也，犹齐之与鲁也。秦赵战于河漳之上，再战而赵再胜秦；战于番吾[①]之下，再战又胜秦。四战之后，赵之亡卒数十万，邯郸仅存，虽有战胜之名而国已破矣。是何也？秦强而赵弱。

①【索隐】上音盘，又音婆，赵之邑也。

“今秦楚嫁女娶妇，为昆弟之国。韩献宜阳，梁效河外；[①]赵入朝渑[②]池，割河间[③]以事秦。大王不事秦，秦驱韩梁攻齐之南地，悉赵兵渡清河，指博关，[④]临菑、即墨非王之有也。国一日见攻，虽欲事秦，不可得也。是故愿大王孰计之也。”

①【索隐】按：河外，河之南邑，若曲沃、平周等也。【正义】谓同、华州地也。

②【集解】绵善反。

③【索隐】谓河漳之间邑，暂割以事秦耳。【正义】河间，瀛州县。

④【正义】博关在博州。赵兵从贝州度黄河，指博关，则漯河南临淄、即墨危矣。

齐王曰：“齐僻陋，隐居东海之上，未尝闻社稷之长利也。”乃许张仪。

张仪去，西说赵王曰：“敝邑秦王使使臣效愚计于大王。大王收率天下以宾秦，秦兵不敢出函谷关十五年。大王之威行于山东，敝邑恐惧慑伏，缮甲厉兵，饰车骑，[①]习驰射，力田积粟，守四封之内，愁居慑处，不敢动摇，唯大王有意督过之也。[②]

①【正义】饰音敕。

②【索隐】督者，正其事而责之，督过，是深责其过也。

“今以大王之力，举巴蜀，并汉中，包两周，迁九鼎，守白马之津。秦虽僻远，然而心忿含怒之日久矣。今秦有敝甲凋兵，军于渑池，愿渡河逾漳，据番吾，会邯郸之下，愿以甲子合战，以正殷纣之事，敬使使臣先闻左右。

“凡大王之所信为从者恃苏秦。苏秦荧惑诸侯，以是为非，以非为是，欲反齐国，而自令车裂于市。夫天下之不可一亦明矣。今楚与秦为昆弟之国，而韩梁称为东藩之臣，齐献鱼盐之地，此断赵之右臂也。夫断右臂而与人斗，失其党而孤居，求欲毋危，岂可得乎？

“今秦发三将军：其一军塞午道，①告齐使兴师渡清河，军于邯郸之东；一军军成皋，驱韩梁军于河外；②一军军于渑池。约四国为一以攻赵，赵(服)〔破〕，必四分其地。是故不敢匿意隐情，先以闻于左右。臣窃为大王计，莫如与秦王遇于渑池，面相见而口相结，请案兵无攻。愿大王之定计。”

①【索隐】此午道当在赵之东，齐之西也。午道，地名也。郑玄云“一纵一横为午”，谓交道也。

②【正义】河外谓郑、滑州，北临河。

赵王曰：“先王之时，奉阳君专权擅势，蔽欺先王，独擅绾事，寡人居属师傅，不与国谋计。先王弃群臣，寡人年幼，奉祀之日新，心固窃疑焉，以为一从不事秦，非国之长利也。乃且愿变心易虑，割地谢前过以事秦。方将约车趋行，①适闻使者之明诏。”赵王许张仪，张仪乃去。

①【正义】趋音趣。

北之燕，说燕昭王曰：“大王之所亲莫如赵。昔赵襄子尝以其姊为代王妻，欲并代，约与代王遇于句注之塞。①乃令工人作为金斗，长其尾，②令可以击人。与代王饮，阴告厨人曰：'即酒酣乐，进热啜，③反斗以击之。'④于是酒酣乐，进热啜，厨人进斟，因反斗以击代王，杀之，王脑涂地。其姊闻之，因摩笄以自刺，故至今有摩笄之山。⑤代王之亡，天下莫不闻。

①【正义】句注山在代州也。上音勾。

②【索隐】斗音主。凡方者为斗，若安长柄，则名为枓，音主。尾即斗之柄，其形若刀也。

③【索隐】音昌悦反。按：谓热而啜之，是羹也。于下云"厨人进斟"，斟谓羹勺，故因名羹曰斟。左氏"羊羹不斟"是也。

④【正义】反即倒斗柄击也。

⑤【集解】笄，妇人之首饰，如今象牙擿。【正义】笄，今簪也。摩笄山在蔚州飞狐县东北百五十里。

"夫赵王之很戾无亲，大王之所明见，且以赵王为可亲乎？赵兴兵攻燕，再围燕都而劫大王，大王割十城以谢。今赵王已入朝渑池，效河间以事秦。今大王不事秦，秦下甲云中、九原，驱赵而攻燕，则易水、长城①非大王之有也。

①【正义】并在易州界。

"且今时赵之于秦犹郡县也，不敢妄举师以攻伐。今王事秦，秦王必喜，赵不敢妄动，是西有强秦之援，而南无齐赵之患，是故愿大王孰计之。"

燕王曰："寡人蛮夷僻处，虽大男子裁①如婴儿，言不足以采正计。今上客幸教之，请西面而事秦，献恒山之尾②五城。"燕王听仪。仪归报，未至咸阳而秦惠王卒，武王立。武王自为太子时不说张仪，及即位，群臣多谗张仪曰："无信，左右卖国以取容。秦必复用之，恐为天下笑。”诸侯闻张仪有却武王，皆畔衡，复合从。

①【集解】音在。

②【索隐】尾犹末也。谓献恒山城以与秦。

秦武王元年，群臣日夜恶张仪未已，而齐让又至。张仪惧诛，乃因谓秦武王曰：“仪有愚计，愿效之。”王曰：“奈何？”对曰：“为秦社稷计者，东方有大变，然后王可以多割得地也。今闻齐王甚憎仪，仪之所在，必兴师伐之。故仪愿乞其不肖之身之梁，齐必兴师而伐梁。梁齐之兵连于城下而不能相去，王以其间伐韩，入三川，出兵函谷而毋伐，以临周，祭器必出。[①]挟天子，按图籍，此王业也。”秦王以为然，乃具革车三十乘，入仪之梁。齐果兴师伐之。梁哀王恐。张仪曰：“王勿患也，请令罢齐兵。”乃使其舍人冯喜[②]之楚，借使之齐，谓齐王曰：“王甚憎张仪；虽然，亦厚矣王之托仪于秦也！”齐王曰：“寡人憎仪，仪之所在，必兴师伐之，何以托仪？”对曰：“是乃王之托仪也。夫仪之出也，固与秦王约曰：‘为王计者，东方有大变，然后王可以多割得地。今齐王甚憎仪，仪之所在，必兴师伐之。故仪愿乞其不肖之身之梁，齐必兴师伐之。齐梁之兵连于城下而不能相去，王以其间伐韩，入三川，出兵函谷而无伐，以临周，祭器必出。挟天子，案图籍，此王业也。’秦王以为然，故具革车三十乘而入之梁也。今仪入梁，王果伐之，是王内罢国而外伐与国，[③]广邻敌以内自临，而信仪于秦王也。此臣之所谓‘托仪’也。”齐王曰：“善。”乃使解兵。

①【索隐】凡王者大祭祀必陈设文物轩车彝器等，因谓此等为祭器也。

②【索隐】此与战国策同。旧本作“憙”者，误也。

③【索隐】谓齐之伐梁也。梁之与齐，先相许与约从为邻，故云与国也。

张仪相魏一岁，卒[①]于魏也。

①【索隐】年表张仪以安僖王十年卒。纪年云梁安僖王九年五月卒。

陈轸者，游说之士。与张仪俱事秦惠王，皆贵重，争宠。张仪恶陈轸于秦王曰："轸重币轻使秦楚之间，将为国交也。今楚不加善于秦而善轸者，轸自为厚而为王薄也。且轸欲去秦而之楚，王胡不听乎？"王谓陈轸曰："吾闻子欲去秦之楚，有之乎？"轸曰："然。"王曰："仪之言果信矣。"轸曰："非独仪知之也，行道之士尽知之矣。昔子胥忠于其君而天下争以为臣，曾参孝于其亲而天下愿以为子。故卖仆妾不出闾巷而售者，良仆妾也；出妇嫁于乡曲者，良妇也。今轸不忠其君，楚亦何以轸为忠乎？忠且见弃，轸不之楚何归乎？"王以其言为然，遂善待之。

居秦期年，秦惠王终相张仪，而陈轸奔楚。楚未之重也，而使陈轸使于秦。过梁，欲见犀首。犀首谢弗见。轸曰："吾为事来，[①]公不见轸，轸将行，不得待异日。"犀首见之。陈轸曰："公何好饮也？"犀首曰："无事也。"曰："吾请令公厌事[②]可乎？"曰："奈何？"曰："田需[③]约诸侯从亲，楚王疑之，未信也。公谓于王曰：'臣与燕、赵之王有故，数使人来，曰"无事何不相见"，愿谒行于王。'王虽许公，公请毋多车，以车三十乘，可陈之于庭，明言之燕、赵。"燕、赵客闻之，驰车告其王，使人迎犀首。楚王闻之大怒，曰："田需与寡人约，而犀首之燕、赵，是欺我也。"怒而不听其事。齐闻犀首之北，使人以事委焉。犀首遂行，三国相事皆断于犀首。轸遂至秦。

①【索隐】轸语犀首，言我故来，欲有教汝之事，何不相见。

②【索隐】上一艳反。厌者，饱也，谓欲令其多事也。

③【索隐】需时为魏相也。

韩魏相攻,期年不解。秦惠王欲救之,问于左右。左右或曰救之便,或曰勿救便,惠王未能为之决。陈轸适至秦,惠王曰:“子去寡人之楚,亦思寡人不?”陈轸对曰:“王闻夫越人庄舄乎?”王曰:“不闻。”曰:“越人庄舄仕楚执珪,有顷而病。楚王曰:‘舄故越之鄙细人也,今仕楚执珪,贵富矣,亦思越不?’中谢[①]对曰:‘凡人之思故,在其病也。彼思越则越声,不思越则楚声。’使人往听之,犹尚越声也。今臣虽弃逐之楚,岂能无秦声哉!”惠王曰:“善。今韩魏相攻,期年不解,或谓寡人救之便,或曰勿救便,[②]寡人不能决,愿子为子主计[③]之馀,为寡人计之。”陈轸对曰:“亦尝有以夫卞庄子[④]刺虎闻于王者乎?庄子欲刺虎,馆竖子止之,曰:‘两虎方且食牛,食甘必争,争则必斗,斗则大者伤,小者死,从伤而刺之,一举必有双虎之名。’卞庄子以为然,立须之。有顷,两虎果斗,大者伤,小者死。庄子从伤者而刺之,一举果有双虎之功。今韩魏相攻,期年不解,是必大国伤,小国亡,从伤而伐之,一举必有两实。此犹庄子刺虎之类也。臣主与王何异也。”[⑤]惠王曰:“善。”卒弗救。大国果伤,小国亡,秦兴兵而伐,大克之。此陈轸之计也。

①【索隐】盖谓侍御之官。

②【索隐】此盖张仪等之计策。

③【索隐】子指陈轸也。子主谓楚王。

④【索隐】馆庄子。谓逆旅舍其人字庄子者,或作“卞庄子”也。

⑤【索隐】臣主,为轸之主楚王也。王,秦惠王。以言我主与王俱宜待韩、魏之毙而击之,亦无异也。

犀首者,魏之阴晋人也,[①]名衍,姓公孙氏。与张仪不善。

①【集解】司马彪曰:“犀首,魏官名,若今虎牙将军。”

张仪为秦之魏，魏王相张仪。犀首弗利，故令人谓韩公叔曰："张仪已合秦魏矣，其言曰[①]'魏攻南阳，秦攻三川'。魏王所以贵张子者，欲得韩地也。且韩之南阳已举矣，子何不少委焉以为衍功，则秦魏之交可错矣。[②]然则魏必图秦而弃仪，收韩而相衍。"公叔以为便，因委之犀首以为功。果相魏。张仪去。[③]

①【正义】此张仪合秦魏之辞也。

②【索隐】错音措。按：错，停止也。

③【集解】徐广曰："复相秦。"

义渠君朝于魏。犀首闻张仪复相秦，害之。犀首乃谓义渠君曰："道远不得复过，[①]请谒事情。"[②]曰："中国无事，[③]秦得烧掇焚杅[④]君之国；有事，[⑤]秦将轻使重币事君之国。"[⑥]其后五国伐秦。[⑦]会陈轸谓秦王曰："义渠君者，蛮夷之贤君也，不如赂之以抚其志。"秦王曰："善。"乃以文绣千纯，[⑧]妇女百人遗义渠君。义渠君致群臣而谋曰："此公孙衍所谓邪？"[⑨]乃起兵袭秦，大败秦人李伯之下。[⑩]

①【索隐】音戈。言义渠道远，今日已后，不复得更过相见。

②【索隐】谓欲以秦之缓急告语之也。

③【索隐】按：谓山东诸侯齐、魏之大国等。　【正义】中国谓关东六国。无事，不共攻秦。

④【集解】徐广曰："一孤切。"　【索隐】掇音都活反，谓焚烧而侵掠。焚杅音烦乌二音。按：焚揉而牵制也。战国策云"秦且烧焫君之国"，是说其事也。

⑤【索隐】谓山东诸国共伐秦也。

⑥【索隐】谓秦求亲义渠君也。　【正义】有事谓六国攻秦。秦若被攻伐，则必轻使重币，事义渠之国，欲令相助。犀首此言，令义渠君勿援

秦也。

⑦【索隐】按：表秦惠王后元七年，楚、魏、齐、韩、赵五国共攻秦，是其事也。

⑧【索隐】凡丝绵布帛等一段为一纯。纯音屯。

⑨【索隐】按：谓上文犀首云"（君之国）有事，秦将轻使重币事君之国"，故云"衍之所谓"，因起兵袭秦以伤张仪也。

⑩【索隐】入李伯之下。谓义渠破秦而收军，而入于李伯之下，则李伯人名或邑号。战国策"伯"作"帛"。

张仪已卒之后，犀首入相秦。尝佩五国之相印，为约长。①

①【索隐】佩五国之印，为约长。犀首后相五国，或从或横，常为约长。

太史公曰：三晋多权变之士，夫言从衡强秦者大抵皆三晋之人也。夫张仪之行事甚于苏秦，然世恶苏秦者，以其先死，而仪振暴①其短以扶其说，②成其衡道。③要之，此两人真倾危之士哉！

①【索隐】下音步卜反。振谓振扬而暴露其短。

②【索隐】按：扶谓说彼之非，成我之是，扶会己之说辞。

③【索隐】张仪说六国，使连衡而事秦，故云"成其衡道"。然山东地形从长，苏秦相六国，令从亲而宾秦也。关西地形衡长，张仪相六国，令破其从而连秦之衡，故谓张仪为连横矣。

【索隐述赞】仪未遭时，频被困辱。及相秦惠，先韩后蜀。连衡齐魏，倾危诳惑。陈轸挟权，犀首骋欲。如何三晋，继有斯德。

史记卷七十一

樗里子甘茂列传第十一

樗里子者，名疾，秦惠王之弟也，①与惠王异母。母，韩女也。樗里子滑稽多智，②秦人号曰“智囊”。

①【索隐】按：樗，木名也，音摅。高诱曰“其里有大樗树，故曰樗里”。然疾居渭南阴乡之樗里，故号曰樗里子。又按：纪年则谓之“褚里疾”也。

②【索隐】滑音骨。稽音鸡。邹诞解云“滑，乱也。稽，同也。谓辨捷之人，言非若是，言是若非，谓能乱同异也”。一云滑稽，酒器，可转注吐酒不已。以言俳优之人出口成章，词不穷竭，如滑稽之吐酒不已也。【正义】滑读为淈，水流自出。稽，计也。言其智计宣吐如泉，流出无尽，故杨雄酒赋云“鸱夷滑稽，腹大如壶”是也。颜师古云：“滑稽，转利之称也。滑，乱也。稽，碍也。其变无留也。”一说稽，考也，言其滑乱不可考较。

秦惠王八年，爵樗里子右更，①使将而伐曲沃，②尽出其人，③

取其城，地入秦。秦惠王二十五年，使樗里子为将伐赵，虏赵将军庄豹，拔蔺。④明年，助魏章攻楚，败楚将屈丐，取汉中地。秦封樗里子，号为严君。⑤

①【索隐】按：右更，秦之第十四爵名也。

②【正义】故城在陕州〔陕〕县西南三十二里也。

③【索隐】按：年表云十一年拔魏曲沃，归其人。又秦本纪惠文王后元八年，五国共围秦，使庶长疾与战脩鱼，斩首八万。十一年，樗里疾攻魏焦，降之。则焦与曲沃同在十一年明矣。而传云"八年拔之"，不同。王劭按：本纪、年表及此传，三处记秦伐国并不同，又与纪年不合，今亦殆不可考。

④【正义】蔺县在石州。

⑤【索隐】按：严君是爵邑之号，当是封之严道。

秦惠王卒，太子武王立，逐张仪、魏章，而以樗里子、甘茂为左右丞相。秦使甘茂攻韩，拔宜阳。使樗里子以车百乘入周。周以卒迎之，意甚敬。楚王怒，让周，以其重秦客。游腾①为周说楚王曰："知伯之伐仇犹，遗之广车，②因随之以兵，仇犹遂亡。何则？无备故也。齐桓公伐蔡，号曰诛楚，其实袭蔡。今秦，虎狼之国，使樗里子以车百乘入周，周以仇犹、蔡观焉，故使长戟居前，强弩在后，名曰卫疾，③而实囚之。且夫周岂能无忧其社稷哉？恐一旦亡国以忧大王。"楚王乃悦。

①【索隐】游，姓；腾，名也。

②【集解】许慎曰："仇犹，夷狄之国。"战国策曰："智伯欲伐仇犹，遗之大钟，载以广车。"周礼曰："广车之萃。"郑玄曰："广车，横陈之车。"

【索隐】战国策云"智伯欲伐仇犹，遗之大钟，载以广车"。以"仇犹"为"厹由"。韩子作"仇由"。地理志临淮有厹犹县也。【正义】

括地志云:"并州盂县外城俗名原仇山,亦名仇犹,夷狄之国也。韩子云'智伯欲伐仇犹国,道险难不通,乃铸大钟遗之,载以广车。仇犹大悦,除涂内之。赤章曼支谏曰:"不可,此小所以事大,而今大以遗小,卒必随,不可。"不听,遂内之。曼支因断毂而驰。至十九日而仇犹亡也'。"

③【正义】防卫樗里子。

秦武王卒,昭王立,樗里子又益尊重。

昭王元年,樗里子将伐蒲。①蒲守恐,请胡衍。②胡衍为蒲谓樗里子曰:"公之攻蒲,为秦乎?为魏乎?为魏则善矣,为秦则不为赖矣。③夫卫之所以为卫者,以蒲也。④今伐蒲入于魏,卫必折而从之。⑤魏亡西河之外⑥而无以取者,兵弱也。今并卫于魏,魏必强。魏强之日,西河之外必危矣。且秦王将观公之事,害秦而利魏,王必罪公。"樗里子曰:"奈何?"胡衍曰:"公释蒲勿攻,臣试为公入言之,以德卫君。"樗里子曰:"善。"胡衍入蒲,谓其守曰:"樗里子知蒲之病矣,其言曰必拔蒲。衍能令释蒲勿攻。"蒲守恐,因再拜曰:"愿以请。"因效金三百斤,曰:"秦兵苟退,请必言子于卫君,使子为南面。"故胡衍受金于蒲以自贵于卫。于是遂解蒲而去。还击皮氏,⑦皮氏未降,又去。

①【索隐】按:纪年云"楮里疾围蒲不克,而秦惠王薨",事与此合。

【正义】蒲故城在滑州匡城县北十五里,即子路作宰地。

②【索隐】人姓名也。

③【集解】赖,利也。

④【正义】蒲是卫国之郭卫。

⑤【索隐】战国策云"今蒲入于秦,卫必折而入于魏",与此文相反。

⑥【正义】谓同、华等州。

⑦【正义】故城在绛州龙门县西百四十步，魏邑。

昭王七年，樗里子卒，葬于渭南章台之东。①曰："后百岁，是当有天子之宫夹我墓。"樗里子疾室在于昭王庙西渭南阴乡樗里，故俗谓之樗里子。至汉兴，长乐宫在其东，未央宫在其西，②武库正直其墓。③秦人谚曰："力则任鄙，智则樗里。"

①【索隐】按黄图，在汉长安故城西。

②【正义】汉长乐宫在长安县西北十五里，未央在县西北十四里，皆在长安故城中也。

③【索隐】直如字读，直犹当也。

甘茂者，下蔡人也。①事下蔡史举先生，②学百家之术。因张仪、樗里子而求见秦惠王。王见而说之，使将，而佐魏章略定汉中地。

①【索隐】地理志下蔡县属汝南也。　【正义】今颍州县，即州来国。

②【索隐】战国策及韩子皆云史举，上蔡监门。

惠王卒，武王立。张仪、魏章去，东之魏。蜀侯辉、相壮反，①秦使甘茂定蜀。还，而以甘茂为左丞相，以樗里子为右丞相。

①【索隐】辉音晖，又音胡昆反。秦之公子，封蜀也。华阳国志作"晖"。壮音侧状反。姓陈也。

秦武王三年，谓甘茂曰："寡人欲容车通三川，以窥周室，而寡人死不朽矣。"甘茂曰："请之魏，约以伐韩，而令向寿①辅行。"甘茂至，谓向寿曰："子归，言之于王曰'魏听臣矣，然愿王勿伐'。事成，尽以为子功。"向寿归，以告王，王迎甘茂于息壤。②甘茂至，王问其故。对曰："宜阳，大县也，上党、南阳积之久矣。③名曰县，其实郡也。今王倍数险，④行千里攻之，难。昔曾参之处费，⑤鲁人有与曾参同姓名者杀人，人告其母曰‘曾参杀人’，其母织自若也。顷之，一人又告之曰‘曾参杀人’，其母尚织自若也。顷又一人告之曰‘曾参杀人’，其母投杼下机，逾墙而走。夫以曾参之贤与其母信之也，三人疑之，其母惧焉。今臣之贤不若曾参，王之信臣又不如曾参之母信曾参也，疑臣者非特三人，臣恐大王之投杼也。始张仪西并巴蜀之地，北开西河之外，南取上庸，天下不以多张子而以贤先王。魏文侯令乐羊将而攻中山，三年而拔之。乐羊返而论功，文侯示之谤书一箧。乐羊再拜稽首曰：‘此非臣之功也，主君之力也。’今臣，羁旅之臣也。樗里子、公孙奭⑥二人者挟韩而议之，王必听之，是王欺魏王而臣受公仲侈⑦之怨也。”王曰：“寡人不听也，请与子盟。”卒使丞相甘茂将兵伐宜阳。五月而不拔，樗里子、公孙奭果争之。武王召甘茂，欲罢兵。甘茂曰：“息壤在彼。”⑧王曰：“有之。”因大悉起兵，使甘茂击之。斩首六万，遂拔宜阳。韩襄王使公仲侈入谢，与秦平。

①【正义】佝受二音，人姓名。

②【索隐】按：山海经、启筮云“昔伯鮌窃帝之息壤以堙洪水”，或是此也。【正义】秦邑。

③【索隐】谓上党、南阳并积贮日久矣。【正义】韩之北三郡积贮在河南宜阳县之日久矣。

④【索隐】数音率腴反。【正义】谓函谷及三崤、五谷。

⑤【集解】音秘。

⑥【索隐】按：战国策作“公孙衍”。【正义】音释。

⑦【集解】徐广曰：“一作‘冯’。”

⑧【正义】甘茂归至息壤，与秦王盟，恐后樗里子、公孙奭伐韩，今二子果

争之。武王召茂欲罢兵，故甘茂云息壤在彼邑也。

武王竟至周，而卒于周。其弟立，为昭王。①王母宣太后，楚女也。楚怀王怨前秦败楚于丹阳而韩不救，乃以兵围韩雍氏。②韩使公仲侈告急于秦。秦昭王新立，太后楚人，不肯救。公仲因甘茂，茂为韩言于秦昭王曰："公仲方有得秦救，故敢扞楚也。今雍氏围，秦师不下殽，公仲且仰首而不朝，公叔且以国南合于楚。楚、韩为一，魏氏不敢不听，然则伐秦之形成矣。不识坐而待伐孰与伐人之利？"秦王曰："善。"乃下师于殽以救韩。楚兵去。

①【索隐】按：赵系家昭王名稷。系本云名侧也。

②【索隐】按：秦惠王二十六年，楚围雍氏，至昭王七年，又围雍氏，韩求救于秦，是再围也。刘氏云"此是前围雍氏，当赧王之三年"。战国策及纪年与此并不同。【正义】故城在洛州洛阳县东北二十里。

秦使向寿平宜阳，而使樗里子、甘茂伐魏皮氏。向寿者，宣太后外族也，而与昭王少相长，故任用。向寿如楚，①楚闻秦之贵向寿，而厚事向寿。向寿为秦守宜阳，将以伐韩。韩公仲使苏代谓向寿曰："禽困覆车。②公破韩，辱公仲，公仲收国复事秦，自以为必可以封。③今公与楚解口地，④封小令尹以杜阳。⑤秦楚合，复攻韩，韩必亡。韩亡，公仲且躬率其私徒以阏⑥于秦。⑦愿公孰虑之也。"向寿曰："吾合秦楚非以当韩也，子为寿谒之公仲，⑧曰秦韩之交可合也。"苏代对曰："愿有谒于公。⑨人曰贵其所以贵者贵。王之爱习公也，不如公孙奭；其智能公也，不如甘茂。今二人者皆不得亲于秦事，而公独与王主断于国者何？彼有以失之也。⑩公孙奭党于韩，而甘茂党于魏，故王不信也。今秦楚争强而公党于楚，是与公孙奭、甘茂同道也，公何以异之？⑪人皆言楚之善变也，而公必亡之,是自为责也。⑫公不如与王谋其变也,善韩以备楚,⑬如此则无患矣。韩氏必先以国从公孙奭而后委国于甘茂。韩,公之仇也。⑭今公言善韩以备楚,是外举不僻仇也。”向寿曰:“然,吾甚欲韩合。”对曰:“甘茂许公仲以武遂,⑮反宜阳之民,⑯今公徒收之,甚难。”⑰向寿曰:“然则奈何?武遂终不可得也?”对曰:“公奚不以秦为韩求颍川于楚?⑱此韩之寄地也。公求而得之,是令行于楚而以其地德韩也。公求而不得,是韩楚之怨不解⑲而交走秦也。⑳秦楚争强,而公徐过楚㉑以收韩,此利于秦。”㉒向寿曰:“奈何?”对曰:“此善事也。甘茂欲以魏取齐,公孙奭欲以韩取齐。今公取宜阳以为功,收楚韩以安之,而诛齐魏之罪,㉓是以公孙奭、甘茂无事也。”

①【集解】徐广曰:“如,一作‘和’。”

②【集解】譬禽兽得困急,犹能抵触倾覆人车。

③【正义】公仲自以为必可得秦封。

④【索隐】解口,秦地名,近韩,今将与楚也。【正义】上纪买反。公,向寿也。解口犹开口得言。向寿于秦开口,则楚人必得封地也。

⑤【索隐】又封楚之小令尹以杜阳。杜阳亦秦地,今以封楚令尹,是秦楚合也。

⑥【集解】音乌曷反。

⑦【正义】公仲恐韩亡,欲将私徒往宜阳阏向寿也。

⑧【正义】子,苏代也。向寿恐,令苏代谒报公仲,云“秦韩交可合”。

⑨【正义】公,向寿也。言向寿亦党于楚,与公孙奭、甘茂党韩、魏同也。

⑩【索隐】彼,公孙奭及甘茂也。有以失之,谓不见委任,情有所失。【正义】言秦王虽爱习公孙奭、甘茂,秦事不亲委者,为党韩、魏也。今国事独与向寿主断者,不知寿党于楚以事秦王者,以失之也。

⑪【正义】苏氏云:“向寿与公孙奭、甘茂皆有党,言无异也。”又一云改异

党楚之意。

⑫【正义】楚善变改，不可信。若变改，向寿必亡败，是自为责。

⑬【正义】令秦亲韩而备楚之变改，则向寿无患矣。

⑭【正义】韩氏必先委二人，故韩为向寿之仇。

⑮【集解】徐广曰："秦昭王元年予韩武遂。"

⑯【正义】武遂，宜阳，本韩邑也，秦伐取之。今欲还韩，令其民得反归居之。

⑰【正义】苏代言甘茂许公仲以武遂，又归宜阳之民，今向寿徒拟收之，甚难事也。

⑱【正义】颍川，许州也。楚侵韩颍川，苏代令向寿以秦威重为韩就楚求索颍川，是亲向寿。

⑲【集解】已买反。

⑳【索隐】韩楚怨不解，二国交走向秦也。

㉑【集解】徐广曰："过，一作'适'。"

㉒【正义】若二国皆事秦，公则渐说楚之过失以收韩，此利于秦也。

㉓【正义】言公孙奭、甘茂皆欲以秦挟韩魏而取齐，今向寿取宜阳为功，收楚韩安以事秦，而责齐魏之罪，是公孙奭、甘茂不得同合韩魏于秦以伐齐也。

甘茂竟言秦昭王，以武遂复归之韩。①向寿、公孙奭争之，不能得。向寿、公孙奭由此怨，谗甘茂，茂惧，辍伐魏蒲阪，亡去。②樗里子与魏讲，罢兵。③

①【正义】年表云秦昭王元年予韩武遂也。

②【集解】徐广曰："昭王元年，击魏皮氏，未拔，去。"

③【索隐】邹氏云："讲读曰媾。媾犹和也。"

甘茂之亡秦奔齐，逢苏代。代为齐使于秦。甘茂曰："臣得罪于秦，惧而遁逃，无所容迹。臣闻贫人女与富人女会绩，贫人女曰：

‘我无以买烛，而子之烛光幸有馀，子可分我馀光，无损子明而得一斯便焉。’今臣困而君方使秦而当路矣。茂之妻子在焉，愿君以馀光振之。”苏代许诺。遂致使于秦。已，因说秦王曰：“甘茂，非常士也。其居于秦，累世重矣。自殽塞①及至鬼谷，②其地形险易皆明知之。彼以齐约韩魏反以图秦，非秦之利也。”秦王曰：“然则奈何？”苏代曰：“王不若重其贽，厚其禄以迎之，使彼来则置之鬼谷，③终身勿出。”秦王曰：“善。”即赐之上卿，以相印迎之于齐。甘茂不往。苏代谓齐湣王曰：“夫甘茂，贤人也。今秦赐之上卿，以相印迎之。甘茂德王之赐，好为王臣，故辞而不往。今王何以礼之？”齐王曰：“善。”即位之上卿而处之。④秦因复甘茂之家⑤以市于齐。

①【正义】三殽在洛州永宁县西北。

②【集解】徐广曰：“在阳城。”

③【索隐】案：徐广云在阳城。刘氏云此鬼谷在关内云阳，是矣。　【正义】刘伯庄云：“此鬼谷，关内云阳，非阳城者也。”案：阳城鬼谷时属韩，秦不得言置之。

④【索隐】案：处犹留也。

⑤【正义】复音福。

齐使甘茂于楚，楚怀王新与秦合婚而欢。①而秦闻甘茂在楚，使人谓楚王曰：“愿送甘茂于秦。”楚王问于范蜎②曰：“寡人欲置相于秦，孰可？”对曰：“臣不足以识之。”楚王曰：“寡人欲相甘茂，可乎？”对曰：“不可。夫史举，下蔡之监门也，大不为事君，小不为家室，以苟贱不廉闻于世，甘茂事之顺焉。故惠王之明，武王之察，张仪之辩，而甘茂事之，取十官而无罪。茂诚贤者也，然不可相于秦。夫秦之有贤相，非楚国之利也。且王前尝用召滑于越，③而内行章义之难，④越国乱，故楚南塞厉门⑤而郡江东。⑥计王之功所以能如此者，越国乱而楚治也。今王知用诸越而忘用诸秦，臣以王为钜过矣。然则王若欲置相于秦，则莫若向寿者可。夫向寿之于秦王，亲也，少与之同衣，长与之同车，以听事。王必相向寿于秦，则楚国之利也。”于是使使请秦相向寿于秦。秦卒相向寿。而甘茂竟不得复入秦，卒于魏。

①【集解】徐广曰:“昭王二年时迎妇于楚。”

②【集解】徐广曰:“一作‘蠉’。” 【索隐】音休缘反，又休软反。嬛，休缘反。战国策云作“蝝”也。 【正义】许缘反。

③【集解】徐广曰:“滑，一作‘涓’。”

④【集解】徐广曰:“一云‘内句章昧之难’。” 【索隐】谓召滑内心猜诈，外则佯章恩义，而卒包藏祸心，构难于楚也。注“一云内句章、昧之难”。案:战国策云“纳章句之难”。

⑤【集解】徐广曰:“一作‘濑湖’。” 【正义】刘伯庄云:“厉门，度岭南之要路。”

⑥【正义】吴越之城皆为楚之都邑。

甘茂有孙曰甘罗。

甘罗者，甘茂孙也。茂既死后，甘罗年十二，事秦相文信侯吕不韦。①

①【索隐】战国策云甘罗事吕不韦为庶子。

秦始皇帝使刚成君蔡泽于燕，三年而燕王喜使太子丹入质于秦。秦使张唐往相燕，欲与燕共伐赵以广河间之地。张唐谓文信侯曰:“臣尝为秦昭王伐赵，赵怨臣，曰:‘得唐者与百里之地。’今之燕必经赵，臣不可以行。”文信侯不快，未有以强也。甘罗曰:“君侯何不快之甚也?”文信侯曰:“吾令刚成君蔡泽事燕三年，燕太子丹已入质矣，吾自请张卿[①]相燕而不肯行。”甘罗曰：“臣请行之。”文信侯叱曰：“去！我身自请之而不肯，女焉能行之？”[②]甘罗曰：“大项橐[③]生七岁为孔子师。今臣生十二岁于兹矣，君其试臣，何遽叱乎？”于是甘罗见张卿曰：“卿之功孰与武安君？”卿曰：“武安君南挫强楚，北威燕、赵，战胜攻取，破城堕邑，不知其数，臣之功不如也。”甘罗曰：“应侯[④]之用于秦也，孰与文信侯专？”张卿曰：“应侯不如文信侯专。”甘罗曰：“卿明知其不如文信侯专与？”曰：“知之。”甘罗曰：“应侯欲攻赵，武安君难之，去咸阳七里而立死于杜邮。今文信侯自请卿相燕而不肯行，臣不知卿所死处矣。”张唐曰：“请因孺子行。”令装治行。

①【索隐】即张唐也。卿，字也。

②【正义】女音汝。焉，乙连反。

③【索隐】音托。尊其道德，故云“大项橐”。

④【索隐】范雎。

行有日，甘罗谓文信侯曰：“借臣车五乘，请为张唐先报赵。”文信侯乃入言之于始皇曰：“昔甘茂之孙甘罗，年少耳，然名家之子孙，诸侯皆闻之。今者张唐欲称疾不肯行，甘罗说而行之。今愿先报赵，请许遣之。”始皇召见，使甘罗于赵。赵襄王郊迎甘罗。甘罗说赵王曰：“王闻燕太子丹入质秦欤？”曰：“闻之。”曰：“闻张唐相燕欤？”曰：“闻之。”“燕太子丹入秦者，燕不欺秦也。张唐相燕者，秦不欺燕也。燕、秦不相欺者，伐赵，危矣。燕、秦不相欺无异故，欲攻赵而广河间。王不如赍臣五城[①]以广河间，请归燕太子，与强赵攻弱燕。”赵王立自割五城以广河间。秦归燕太子。赵攻燕，得上谷三十城，[②]令秦有十一。[③]

①【索隐】赍音侧奚反，一音赍。并谓割五城与臣也。

②【索隐】战国策云得三十六县。【正义】上谷，今妫州也，在幽州西北。

③【索隐】谓以十一城与秦也。

甘罗还报秦，乃封甘罗以为上卿，复以始甘茂田宅赐之。

太史公曰：樗里子以骨肉重，固其理，而秦人称其智，故颇采焉。甘茂起下蔡闾阎，显名诸侯，重强齐楚。①甘罗年少，然出一奇计，声称后世。虽非笃行之君子，然亦战国之策士也。方秦之强时，天下尤趋谋诈哉。

①【集解】徐广曰："恐或疑此当云'见重强齐'，误脱一字。"【正义】甘茂为强齐楚所重。

【索隐述赞】严君名疾，厥号"智囊"。既亲且重，称兵外攘。甘茂并相，初佐魏章。始推向寿，乃攻宜阳。甘罗妙岁，卒起张唐。

史记卷七十二

穰侯列传第十二

穰侯魏冄者，秦昭王母宣太后弟也。①其先楚人，姓芈氏。②

①【索隐】宣太后之异父长弟也，姓魏，名冄，封之穰。地理志穰县在南阳。宣太后者，惠王之妃，姓芈氏，曰芈八子者是也。

②【正义】芈，亡尔反。

秦武王卒，无子，立其弟为昭王。昭王母故号为芈八子，及昭王即位，芈八子号为宣太后。宣太后非武王母。武王母号曰惠文后，先武王死。①宣太后二弟：其异父长弟曰穰侯，姓魏氏，名冄；同父弟曰芈戎，为华阳君。②而昭王同母弟曰高陵君、③泾阳君。④而魏冄最贤，自惠王、武王时任职用事。武王卒，诸弟争立，唯魏冄力为能立昭王。昭王即位，以冄为将军，卫咸阳。诛季君之乱，⑤而逐武王后出之魏，昭王诸兄弟不善者皆灭之，威振秦国。昭王少，宣太后自治，任魏冄为政。

①【索隐】秦本纪云："昭王二年，庶长壮与大臣公子为逆，皆诛，及惠文后皆不得良死。"又按：纪年云"秦内乱，杀其太后及公子雍、公子壮"是也。

②【索隐】华阳，韩地，后属秦。芈戎后又号新城君。【正义】司马彪云："华阳，亭名，在洛州密县。"又故华城在郑州管城县南三十里，即此。

③【索隐】名显。

④【索隐】名悝。

⑤【集解】徐广曰："年表曰季君为乱，诛。本纪曰庶长壮与大臣公子谋反，伏诛。"【索隐】按：季君即公子壮，僭立而号曰季君。穰侯力能立昭王，为将军，卫咸阳，诛季君及惠文后，故本纪言"伏诛"。又云"及惠文后皆不得良死"，盖谓惠文后时党公子壮，欲立之，及壮诛而太后忧死，故云"不得良死"，亦史讳之也。又逐武王后出之魏，亦事势然也。

昭王七年，樗里子死，而使泾阳君质于齐。赵人楼缓来相秦，赵不利，乃使仇液①之秦，请以魏冄为秦相。仇液将行，其客宋公②谓液曰："秦不听公，楼缓必怨公。公不若谓楼缓曰'请为公毋急秦'。秦王见赵请相魏冄之不急，且不听公。公言而事不成，以德楼子；事成，魏冄故德公矣。"于是仇液从之。而秦果免楼缓而魏冄相秦。

①【索隐】战国策作"仇郝"，盖是一人而记别也。【正义】音亦，姓名。

②【索隐】战国策作"宋交"。

欲诛吕礼，礼出奔齐。昭王十四年，魏冄举白起，使代向寿将而攻韩、魏，败之伊阙，斩首二十四万，虏魏将公孙喜。明年，又取楚之宛、叶。魏冄谢病免相，以客卿寿烛为相。其明年，烛免，复相冄，乃封魏冄于穰，复益封陶，①号曰穰侯。

①【集解】徐广曰："一作'阴'。" 【索隐】陶即定陶也。徐广云作"阴"，陶阴字本易惑也。王劭按：定陶见有魏冄冢，作"阴"，误也。

穰侯封四岁，为秦将攻魏。魏献河东方四百里。拔魏之河内，取城大小六十馀。昭王十九年，秦称西帝，齐称东帝。月馀，吕礼来，而齐、秦各复归帝为王。魏冄复相秦，六岁而免。免二岁，复相秦。四岁，而使白起拔楚之郢，秦置南郡。乃封白起为武安君。白起者，穰侯之所任举也，相善。于是穰侯之富，富于王室。

昭王三十二年，穰侯为相国，将兵攻魏，走芒卯，①入北宅，②遂围大梁。梁大夫须贾说穰侯曰："臣闻魏之长吏谓魏王曰：'昔梁惠王伐赵，战胜三梁，③拔邯郸；赵氏不割，而邯郸复归。齐人攻卫，拔故国，杀子良；④卫人不割，而故地复反。卫、赵之所以国全兵劲而地不并于诸侯者，以其能忍难而重出地也。宋、中山数伐割地，而国随以亡。臣以为卫、赵可法，而宋、中山可为戒也。秦，贪戾之国也，而毋亲。蚕食魏氏，又尽晋国，⑤战胜暴子，⑥割八县，地未毕入，兵复出矣。夫秦何厌之有哉！今又走芒卯，入北宅，此非敢攻梁也，且劫王以求多割地。王必勿听也。今王背楚、赵而讲秦，⑦楚、赵怒而去王，与王争事秦，秦必受之。秦挟楚、赵之兵以复攻梁，则国求无亡不可得也。愿王之必无讲也。王若欲讲，少割而有质；不然，必见欺。'⑧此臣之所闻于魏也，⑨愿君(王)之以是虑事也。周书曰'惟命不于常'，此言幸之不可数也。夫战胜暴子，割八县，此非兵力之精也，又非计之工也，天幸为多矣。今又走芒卯，入北宅，以攻大梁，是以天幸自为常也，智者不然。臣闻魏氏悉其百县胜甲以上戍大梁，臣以为不下三十万。以三十万之众守梁七仞之城，⑩臣以为汤、武复生，不易攻也。夫轻背楚、赵之兵，陵七仞之城，战三十万之众，而志必举之，臣以为自天地始分以至于今，未尝有者也。攻而不拔，秦兵必罢，陶邑必亡，⑪则前功必弃矣。今魏氏方疑，可以少割收也。⑫愿君逮楚、赵之兵未至于梁，亟以少割收魏。魏方疑而得以少割为利，必欲之，则君得所欲矣。楚、赵怒于魏之先己也，必争事秦，从以此散，⑬而君后择焉。且君之得地岂必以兵哉！割晋国，秦兵不攻，而魏必效绛安邑。又为陶开两道，⑭几尽故宋，⑮卫必效单父。秦兵可全，而君制之，何索而不得，何为而不成！愿君熟虑之而无行危。"⑯穰侯曰："善。"乃罢梁围。⑰

①【集解】上莫印反。下陌饱反。

②【集解】徐广曰："魏惠王五年，与韩会宅阳。"【正义】竹书云："宅阳，一名北宅。"括地志云："宅阳故城在郑州荥阳县西南十七里。"

③【集解】徐广曰："田完世家云魏伐赵，赵不利，战于南梁。"【索隐】三梁即南梁也。

④【索隐】卫之故国，盖楚丘也。下文"故地"，亦同谓楚丘也。战国策"卫"字皆作"燕"，"子良"作"子之"，恐非也。

⑤【索隐】河东、河西、河内并是魏地，即故晋国。今言秦蚕食魏氏，尽晋国之地也。

⑥【集解】徐广曰："韩将暴鸢。"

⑦【索隐】讲，和也。

⑧【索隐】谓与秦欲讲，少割地而求秦质子；恐不然必被秦欺也。

⑨【索隐】须贾说穰侯，言魏人谓梁王若少割地而求秦质，必是欺我，即闻魏见欺于秦也。

⑩【集解】尔雅曰："四尺谓之仞，倍仞谓之寻。"

⑪【索隐】"陶"一作"魏"。言秦前攻得魏之城邑，秦罢则亡而还于魏也。【正义】定陶近大梁，穰侯攻梁兵疲，定陶必为魏伐。

⑫【索隐】贾引魏人之说不许王讲于秦，是言魏氏方疑，可以少割地而收魏也。

⑬【索隐】楚、赵怒魏之与秦讲，皆争事秦，是东方从国于是解散也，故云"从以此散"。【正义】从，足松反。

⑭【索隐】穰侯封陶，魏效绛与安邑，是得河东地。言从秦适陶，开河西、河东之两道。【正义】穰故封定陶，故宋及单父是陶之南道也，魏之安邑及绛是陶北道。

⑮【索隐】上音祈。此时宋已灭，是秦将尽得宋地也。

⑯【索隐】言莫行围梁之危事。

⑰【正义】表云魏安釐王二年，秦军大梁城，韩来救，与秦温以和也。

明年，魏背秦，与齐从亲。秦使穰侯伐魏，斩首四万，走魏将暴鸢，得魏三县。穰侯益封。

明年，穰侯与白起客卿胡阳复攻赵、韩、魏，破芒卯于华阳下，斩首十万，取魏之卷、①蔡阳、长社，赵氏观津。且与赵观津，益赵以兵，伐齐。②齐襄王惧，使苏代为齐阴遗穰侯书曰："臣闻往来者言曰'秦将益赵甲四万以伐齐'，臣窃必之③敝邑之王曰④'秦王明而熟于计，穰侯智而习于事，必不益赵甲四万以伐齐'。是何也？夫三晋之相与也，秦之深仇也。百相背也，百相欺也，不为不信，不为无行。今破齐以肥赵。赵，秦之深仇，不利于秦。此一也。秦之谋者，必曰'破齐，弊晋、楚，⑤而后制晋、楚之胜'。夫齐，罢国也，以天下攻齐，如以千钧之弩决溃痈也，必死，安能弊晋、楚？此二也。秦少出兵，则晋、楚不信也；多出兵，则晋、楚为制于秦。齐恐，不走秦，必走晋、楚。此三也。秦割齐以啖晋、楚，晋、楚案之以兵，秦反受敌。此四也。是晋、楚以秦谋齐，以齐谋秦也，何晋、楚之智而秦、齐之愚？此五也。故得安邑以善事之，亦必无患矣。秦有安邑，韩氏必无上党矣。取天下之肠胃，与出兵而惧其不反也，孰利？臣故曰秦王明而熟于计，穰侯智而习于事，必不益赵甲四万以伐齐矣。"于是穰侯不行，引兵而归。

①【集解】丘权反。

②【索隐】既得观津，仍令赵伐齐，而秦又以兵益助赵也。

③【索隐】告齐王，言秦必定不益兵以助赵。 【正义】臣，苏代也。必知秦与赵甲四万以伐齐。

④【正义】谓齐王也。

⑤【正义】今晋、楚伐齐，晋、楚之国亦弊败。

昭王三十六年，相国穰侯言客卿灶，欲伐齐取刚、寿，[①]以广其陶邑。于是魏人范睢自谓张禄先生，讥穰侯之伐齐，乃越三晋以攻齐也，以此时奸说秦昭王。昭王于是用范睢。范睢言宣太后专制，穰侯擅权于诸侯，泾阳君、高陵君之属太侈，富于王室。于是秦昭王悟，乃免相国，令泾阳之属皆出关，就封邑。穰侯出关，辎车千乘有馀。

①【集解】徐广曰："济北有刚县。" 【正义】故刚城在兖州龚丘县界。寿张，郓州县也。

穰侯卒于陶，而因葬焉。秦复收陶为郡。

太史公曰：穰侯，昭王亲舅也。而秦所以东益地，弱诸侯，尝称帝于天下，天下皆西向稽首者，穰侯之功也。及其贵极富溢，一夫开说，身折势夺而以忧死，况于羁旅之臣乎？

【索隐述赞】穰侯智识，应变无方。内倚太后，外辅昭王。四登相位，再列封疆。摧齐挠楚，破魏围梁。一夫开说，忧愤而亡。

史记卷七十三

白起王翦列传第十三

白起者，郿人也。①善用兵，事秦昭王。昭王十三年，而白起为左庶长，将而击韩之新城。②是岁，穰侯相秦，举任鄙以为汉中守。其明年，白起为左更，攻韩、魏于伊阙，③斩首二十四万，又虏其将公孙喜，拔五城。起迁为国尉。④涉河取韩安邑以东，到干⑤河。⑥明年，白起为大良造。攻魏，拔之，取城小大六十一。明年，起与客卿错攻垣城，⑦拔之。后五年，白起攻赵，拔光狼城。⑧后七年，白起攻楚，拔鄢、邓五城。⑨其明年，攻楚，拔郢，烧夷陵，⑩遂东至竟陵。⑪楚王亡去郢，东走徙陈。秦以郢为南郡。白起迁为武安君。武安君因取楚，定巫、黔中郡。昭王三十四年，白起攻魏，拔华阳，走芒卯，而虏三晋将，斩首十三万。与赵将贾偃战，沈其卒二万人于河中。昭王四十三年，白起攻韩陉城，⑫拔五城，斩首五万。四十四年，白起攻南阳太行道，绝之。⑬

①【正义】郿音眉,岐州县。

②【索隐】在河南也。【正义】今洛州伊阙。

③【正义】今洛州南十九里伊阙山,号曰龙门是也。

④【正义】言太尉。

⑤【集解】徐广曰:"音干。"

⑥【集解】郭璞曰:"今河东闻喜县东北有干河口,因名干河里,但有故沟处,无复水也。"【索隐】魏以安邑入秦,然安邑以东至干河皆韩故地,故云取韩安邑。

⑦【集解】徐广曰:"河东垣县。"

⑧【索隐】地理志不载光狼城,盖属赵国。【正义】光狼故城在泽州高平县西二十五里也。

⑨【集解】徐广曰:"昭王二十八年。"【正义】鄢邓二邑在襄州。

⑩【正义】夷陵,今峡州郭下县。

⑪【正义】故城在郢州长寿县南百五十里,今复州亦是其地也。

⑫【正义】陉庭故城在曲沃县西北二十里,在绛州东北三十五里也。

⑬【集解】徐广曰:"此南阳,河内修武是也。"【正义】案:南阳属韩,秦攻之,则韩太行羊肠道绝矣。

四十五年,伐韩之野王。①野王降秦,上党道绝。其守冯亭与民谋曰:"郑道已绝,②韩必不可得为民。秦兵日进,韩不能应,不如以上党归赵。赵若受我,秦怒,必攻赵。赵被兵,必亲韩。韩赵为一,则可以当秦。"因使人报赵。赵孝成王与平阳君、③平原君计之。平阳君曰:"不如勿受。受之,祸大于所得。"平原君曰:"无故得一郡,受之便。"赵受之,因封冯亭为华阳君。④

①【索隐】地理志野王县属河内,在太行东南。孟康曰"古邢国也"。

②【集解】徐广曰:"河南新郑,韩之国都是也。"【索隐】郑国即韩之

都，在河南。秦伐野王，是上党归韩之道绝也。

③【索隐】平阳君未详何人。

④【正义】常山一名华阳，解在赵世家。

四十六年，秦攻韩缑氏、蔺，[①]拔之。

①【集解】徐广曰："属颍川。" 【索隐】今其地阙。西河别有蔺县也。【正义】按：检诸地记，颍川无蔺。括地志云："洛州嵩县本夏之纶国也，在缑氏东南六十里。"地理志云："纶氏属颍川郡。"按：既攻缑氏、蔺，二邑合相近，恐纶蔺声相似，字随音而转作"蔺"。

四十七年，秦使左庶长王龁[①]攻韩，取上党。上党民走赵。赵军长平，[②]以按据上党民。[③]四月，龁因攻赵。赵使廉颇将。赵军士卒犯秦斥兵，[④]秦斥兵斩赵裨将茄。[⑤]六月，陷赵军，取二鄣四尉。[⑥]七月，赵军筑垒壁而守之。秦又攻其垒，取二尉，败其阵，[⑦]夺西垒壁。[⑧]廉颇坚壁以待秦，秦数挑战，[⑨]赵兵不出。赵王数以为让。而秦相应侯又使人行千金于赵为反间，[⑩]曰："秦之所恶，独畏马服子赵括将耳，廉颇易与，且降矣。"赵王既怒廉颇军多失亡，军数败，又反坚壁不敢战，而又闻秦反间之言，因使赵括代廉颇将以击秦。秦闻马服子将，乃阴使武安君白起为上将军，而王龁为尉裨将，令军中有敢泄武安君将者斩。赵括至，则出兵击秦军。秦军详败而走，[⑪]张二奇兵以劫之。赵军逐胜，追造秦壁。[⑫]壁坚拒不得入，而秦奇兵二万五千人绝赵军后，又一军五千骑绝赵壁间，赵军分而为二，粮道绝。而秦出轻兵击之。赵战不利，因筑壁坚守，[⑬]以待救至。秦王闻赵食道绝，王自之河内，[⑭]赐民爵各一级，发年十五以上悉诣长平，[⑮]遮绝赵救及粮食。

①【集解】音纥。

②【集解】徐广曰:"在泫氏。" 【索隐】地理志泫氏今在上党郡也。【正义】长平故城在泽州高平县西二十一里也。

③【索隐】谓屯兵长平,以据援上党。

④【索隐】谓犯秦之斥候兵也。

⑤【索隐】音加,裨将名也。

⑥【索隐】鄣,堡城。尉,官也。 【正义】括地志云:"赵鄣故城一名都尉城,今名赵东城,在泽州高平县西二十五里。又有故榖城。此二城即二鄣也。"

⑦【集解】徐广曰:"一作'乘'。"

⑧【正义】赵西垒在泽州高平县北六里是也。即廉颇坚壁以待秦,王龁夺赵西垒壁者。

⑨【正义】数音朔。挑,田鸟反。

⑩【正义】纪苋反。

⑪【正义】详音羊。

⑫【正义】秦壁一名秦垒,今亦名秦长垒。

⑬【正义】赵壁今名赵东垒,亦名赵东长垒,在泽州高平县北五里,即赵括筑壁败处。

⑭【正义】时已属秦,故发其兵。

⑮【索隐】时已属秦,故发其兵。

至九月,赵卒不得食四十六日,皆内阴相杀食。来攻秦垒,欲出。为四队,四五复之,不能出。其将军赵括出锐卒自搏战,秦军射杀赵括。括军败,卒四十万人降武安君。武安君计曰:"前秦已拔上党,上党民不乐为秦而归赵。赵卒反覆,非尽杀之,恐为乱。"乃挟诈而尽坑杀之,遗其小者二百四十人归赵。前后斩首虏四十五万人。赵人大震。

四十八年十月,秦复定上党郡。①秦分军为二:王龁攻皮牢,②

拔之；司马梗定太原。[3]韩、赵恐，使苏代厚币说秦相应侯曰："武安君禽马服子乎？"曰："然。"又曰："即围邯郸乎？"曰："然。""赵亡则秦王王矣，武安君为三公。武安君所为秦战胜攻取者七十馀城，南定鄢、郢、汉中，[4]北禽赵括之军，虽周、召、吕望之功不益于此矣。今赵亡，秦王王，则武安君必为三公，君能为之下乎？虽无欲为之下，固不得已矣。秦尝攻韩，围邢丘，[5]困上党，上党之民皆反为赵，天下不乐为秦民之日久矣。今亡赵，北地入燕，东地入齐，南地入韩、魏，则君之所得民亡几何人。[6]故不如因而割之，[7]无以为武安君功也。"于是应侯言于秦王曰："秦兵劳，请许韩、赵之割地以和，且休士卒。"王听之，割韩垣雍、[8]赵六城以和。正月，皆罢兵。武安君闻之，由是与应侯有隙。

①【索隐】秦前攻赵已破上党，今回兵复定其郡，其馀城犹属赵也。

②【正义】故城在绛州龙门县西一里。

③【正义】太原，赵地，秦定取也。

④【正义】鄢在襄州率道县南九里。郢在荆州江陵县东六里。汉中，今梁州之地。

⑤【集解】徐广曰："平皋有邢丘。"【正义】邢丘，今怀州武德县东南二十里平皋县城是也。

⑥【集解】徐广曰："亡音无也。"

⑦【正义】因白起之攻，割取韩、赵之地。

⑧【集解】徐广曰："卷县有垣雍城。"【正义】释地名云："卷县所理垣雍城。"按：今在郑州原武县西北七里也。

其九月，秦复发兵，使五大夫王陵攻赵邯郸。是时武安君病，不任行。[1]四十九年正月，陵攻邯郸，少利，秦益发兵佐陵。陵兵亡五校。武安君病愈，秦王欲使武安君代陵将。武安君言曰：“邯郸实未易攻也。且诸侯救日至，彼诸侯怨秦之日久矣。今秦虽破长平军，而秦卒死者过半，国内空。远绝河山而争人国都，赵应其内，诸侯攻其外，破秦军必矣。不可。”秦王自命，不行；乃使应侯请之，武安君终辞不肯行，遂称病。

①【正义】任，入针反，堪也。

秦王使王龁代陵将，八九月围邯郸，不能拔。楚使春申君及魏公子将兵数十万攻秦军，秦军多失亡。武安君言曰：“秦不听臣计，今如何矣！”秦王闻之，怒，强起武安君，①武安君遂称病笃。应侯请之，不起。于是免武安君为士伍，迁之阴密。②武安君病，未能行。居三月，诸侯攻秦军急，秦军数却，使者日至。秦王乃使人遣白起，不得留咸阳中。武安君既行，出咸阳西门十里，至杜邮。③秦昭王与应侯群臣议曰：“白起之迁，其意尚怏怏不服，有馀言。”秦王乃使使者赐之剑，自裁。武安君引剑将自刭，曰：“我何罪于天而至此哉？”良久，曰：“我固当死。长平之战，赵卒降者数十万人，我诈而尽坑之，是足以死。”遂自杀。武安君之死也，以秦昭王五十年十一月。死而非其罪，秦人怜之，乡邑皆祭祀焉。④

①【正义】强，其两反。

②【集解】徐广曰：“属安定。” 【正义】故城在泾州鹑觚县，城西即古阴密国，密康公国也。

③【索隐】按：故咸阳城在渭北。杜邮，今在咸阳城中。 【正义】说文云“邮，境上行舍”，道路所经过。今咸阳县城，本秦之邮也，在雍州西北三十五里。

④【集解】何晏曰：“白起之降赵卒，诈而坑其四十万，岂徒酷暴之谓乎！后亦难以重得志矣。向使众人皆豫知降之必死，则张虚捲犹可畏也，

况于四十万被坚执锐哉！天下见降秦之将头颅似山，归秦之众骸积成丘，则后日之战，死当死耳，何众肯服，何城肯下乎？是为虽能裁四十万之命而适足以强天下之战，欲以要一朝之功而乃更坚诸侯之守，故兵进而自伐其势，军胜而还丧其计。何者？设使赵众复合，马服更生，则后日之战必非前日之对也，况今皆使天下为后日乎！其所以终不敢复加兵于邯郸者，非但忧平原君之补袒，患诸侯之救至也，徒讳之而不言耳。若不悟而不讳，则毋所以远智也，可谓善战而拙胜。长平之事，秦民之十五以上者皆荷戟而向赵矣，秦王又亲自赐民爵于河内。夫以秦之强，而十五以上死伤过半者，此为破赵之功小，伤秦之败大，又何以称奇哉！若后之役戍不豫其论者，则秦众多矣，降者可致也；必不可致者，本自当战杀，不当受降诈也。战杀虽难，降杀虽易，然降杀之为害，祸大于剧战也。"【索隐】捲音拳。袒音浊苋反，字亦作"绽"。捄音救。

王翦者，频阳东乡人也。①少而好兵，事秦始皇。始皇十一年，翦将攻赵阏与，②破之，拔九城。十八年，翦将攻赵。岁馀，遂拔赵，赵王降，尽定赵地为郡。明年，燕使荆轲为贼于秦，秦王使王翦攻燕。燕王喜走辽东，翦遂定燕蓟而还。③秦使翦子王贲击荆，④荆兵败。还击魏，魏王降，遂定魏地。

①【索隐】地理志频阳县属左冯翊，应劭曰"在频水之阳也"。【正义】故城在雍州东同官县界也。

②【正义】音预。

③【正义】蓟音计。

④【集解】徐广曰："秦讳'楚'，故云荆也。"【索隐】贲音奔。

秦始皇既灭三晋，走燕王，而数破荆师。秦将李信者，年少壮勇,尝以兵数千逐燕太子丹至于衍水中,卒破得丹,始皇以为贤勇。于是始皇问李信:"吾欲攻取荆,于将军度用几何人而足?"李信曰:"不过用二十万人。"始皇问王翦,王翦曰:"非六十万人不可。"始皇曰:"王将军老矣,何怯也!李将军果势壮勇,①其言是也。"遂使李信及蒙恬将二十万南伐荆。王翦言不用,因谢病,归老于频阳。李信攻平与,②蒙恬攻寝,③大破荆军。信又攻鄢郢,破之,于是引兵而西,与蒙恬会城父。④荆人因随之,三日三夜不顿舍,大破李信军,入两壁,杀七都尉,秦军走。

①【集解】徐广曰:"势,一作(新)'〔断〕'。"

②【集解】音余。 【正义】在预东北五十四里。

③【集解】徐广曰:"今固始寝丘。" 【索隐】徐广云固始寝丘。固始,县,属淮阳。寝丘,地名也。

④【索隐】在汝南,即应乡。 【正义】言引兵而会城父,则是汝州郏城县东父城者也。括地志云:"汝州郏城县东四十里有父城故城,即服虔云城父楚北境者也。又许州华县东北四十五里亦有父城故城,即杜预云襄城城父县者也。此二城,父城之名耳,服虔城父是误也。左传及注水经云'楚大城城父,使太子建居之'。十三州志云'太子建所居城父,谓今亳州城父是也'。此三家之说,是城父之名。地理志云颍川父城县,沛郡城父县。据县属郡,其名自分。古先儒多惑,故使其名错乱。"

始皇闻之,大怒,自驰如频阳,见谢王翦曰:"寡人以不用将军计,李信果辱秦军。今闻荆兵日进而西,将军虽病,独忍弃寡人乎!"王翦谢曰:"老臣罢病悖乱,①唯大王更择贤将。"始皇谢曰:"已矣,将军勿复言!"王翦曰:"大王必不得已用臣,非六十万人不可。"始皇曰:"为听将军计耳。"于是王翦将兵六十万人,始皇自送至灞上。王翦行，请美田宅园池甚众。始皇曰："将军行矣，何忧贫乎？"王翦曰："为大王将，有功终不得封侯，故及大王之向臣，臣亦及时以请园池为子孙业耳。"始皇大笑。王翦既至关，使使还请善田者五辈。②或曰："将军之乞贷，亦已甚矣。"王翦曰："不然。夫秦王怚③而不信人。④今空秦国甲士而专委于我，⑤我不多请田宅为子孙业以自坚，顾令秦王坐而疑我邪？"

①【正义】罢音皮。悖音背。

②【集解】徐广曰："善，一作'簹'。" 【索隐】谓使者五度请也。

③【集解】音麄。

④【集解】徐广曰："怚，一作'粗'。"

⑤【集解】徐广曰："事亦作'抟'，又作'刌'。"

王翦果代李信击荆。荆闻王翦益军而来，乃悉国中兵以拒秦。王翦至，坚壁而守之，不肯战。荆兵数出挑战，终不出。王翦日休士洗沐，而善饮食抚循之，亲与士卒同食。久之，王翦使人问军中戏乎？对曰："方投石超距。"①于是王翦曰："士卒可用矣。"荆数挑战而秦不出，乃引而东。翦因举兵追之，令壮士击，大破荆军。至蕲南，②杀其将军项燕，荆兵遂败走。秦因乘胜略定荆地城邑。岁馀，虏荆王负刍，竟平荆地为郡县。因南征百越之君。而王翦子王贲，与李信破定燕、齐地。

①【集解】徐广曰："超，一作'拔'。汉书云'甘延寿投石拔距，绝于等伦。'张晏曰'范蠡兵法飞石重十二斤，为机发行三百步。延寿有力，能以手投之。拔距，超距也'。" 【索隐】超距犹跳跃也。

②【正义】徐州县也。

秦始皇二十六年，尽并天下，王氏、蒙氏功为多，名施于后世。

秦二世之时，王翦及其子贲皆已死，而又灭蒙氏。陈胜之反秦，秦使王翦之孙王离击赵，围赵王及张耳钜鹿城。①或曰："王离，秦之名将也。今将强秦之兵，攻新造之赵，举之必矣。"客曰："不然。夫为将三世者必败。必败者何也？必其所杀伐多矣，其后受其不祥。今王离已三世将矣。"居无何，项羽救赵，击秦军，果虏王离，王离军遂降诸侯。

①【正义】今邢州平乡县城本秦钜鹿郡城也。

太史公曰：鄙语云"尺有所短，寸有所长"。白起料敌合变，出奇无穷，声震天下，然不能救患于应侯。王翦为秦将，夷六国，当是时，翦为宿将，始皇师之，然不能辅秦建德，固其根本，偷合取容，以至圽身。①及孙王离为项羽所虏，不亦宜乎！彼各有所短也。

①【集解】徐广曰："圽音没。"

【索隐述赞】白起、王翦，俱善用兵。递为秦将，拔齐破荆。赵任马服，长平遂坑。楚陷李信，霸上卒行。贲、离继出，三代无名。

史记卷七十四

孟子荀卿列传第十四

【索隐】按:序传孟尝君第十四,而此传为第十五,盖后人差降之矣。

太史公曰:余读孟子书,至梁惠王问"何以利吾国",未尝不废书而叹也。曰:嗟乎,利诚乱之始也!夫子罕言利者,常防其原也。故曰"放于利而行,多怨"。自天子至于庶人,好利之弊何以异哉!

孟轲,驺人也。①受业子思之门人。②道既通,游事齐宣王,宣王不能用。适梁,梁惠王不果所言,则见以为迂远而阔于事情。当是之时,秦用商君,富国强兵;楚、魏用吴起,战胜弱敌;齐威王、宣王用孙子、田忌之徒,而诸侯东面朝齐。天下方务于合从连衡,以攻伐为贤,而孟轲乃述唐、虞、三代之德,是以所如者不合。退而与万章之徒③序诗书,述仲尼之意,作孟子七篇。其后有驺子之属。

①【索隐】轲音苦何反,又苦贺反。邹,鲁地名。又云"邾",邾人徙邹故

也。【正义】轲字子舆，为齐卿。邹，兖州县。

②【索隐】王劭以“人”为衍字，则以轲亲受业孔伋之门也。今言“门人”者，乃受业于子思之弟子也。

③【索隐】孟子有万章、公明高等，盖并轲之门人也。万，姓；章，名。

齐有三驺子。其前驺忌，以鼓琴干威王，因及国政，封为成侯而受相印，先孟子。

其次驺衍，后孟子。驺衍睹有国者益淫侈，不能尚德，若大雅整之于身，施及黎庶矣。乃深观阴阳消息而作怪迂之变，终始、大圣之篇十馀万言。其语闳大不经，必先验小物，推而大之，至于无垠。先序今以上至黄帝，学者所共术，大并世盛衰，①因载其机祥度制，推而远之，至天地未生，窈冥不可考而原也。先列中国名山大川，通谷禽兽，水土所殖，物类所珍，因而推之，及海外人之所不能睹。称引天地剖判以来，五德转移，治各有宜，而符应若兹。以为儒者所谓中国者，于天下乃八十一分居其一分耳。②中国名曰赤县神州。赤县神州内自有九州，禹之序九州是也，不得为州数。中国外如赤县神州者九，乃所谓九州也。于是有裨海环之，③人民禽兽莫能相通者，如一区中者，乃为一州。如此者九，乃有大瀛海环其外，天地之际焉。其术皆此类也。然要其归，必止乎仁义节俭，君臣上下六亲之施始也滥耳。④王公大人初见其术，惧然顾化，⑤其后不能行之。

①【集解】并，蒲浪反。【索隐】言其大体随代盛衰，观时而说事。

②【索隐】桓宽、王充并以衍之所言迂怪虚妄，干惑六国之君，因纳其异说，所谓“匹夫而营惑诸侯”者是也。

③【索隐】裨音脾。裨海，小海也。九州之外，更有大瀛海，故知此裨是小海也。且将有裨将，裨是小义也。

④【索隐】滥即滥觞，是江源之初始，故此文意以滥为初也。谓衍之术言君臣上下六亲之际，行事之所施所始，皆可为后代之宗本，故云滥耳。

⑤【索隐】惧音劬。谓衍之术皆动人心，见者莫不惧然驻想，又内心留顾而已化之，谓欲从其术也。按：化者，是易常闻而贵异术也。

是以驺子重于齐。适梁，惠王郊迎，执宾主之礼。适赵，平原君侧行撇席。①如燕，昭王拥彗先驱，②请列弟子之座而受业，筑碣石宫，③身亲往师之。作主运。④其游诸侯见尊礼如此，岂与仲尼菜色陈蔡，孟轲困于齐梁同乎哉！⑤故武王以仁义伐纣而王，伯夷饿不食周粟；卫灵公问陈，而孔子不答；梁惠王谋欲攻赵，孟轲称大王去邠。⑥此岂有意阿世俗苟合而已哉！持方枘欲内圜凿，其能入乎？⑦或曰，伊尹负鼎而勉汤以王，百里奚饭牛车下而缪公用霸，作先合，然后引之大道。驺衍其言虽不轨，傥亦有牛鼎之意乎？⑧

①【索隐】按：字林曰"撇音疋结反"。韦昭曰"敷蔑反"。张揖三苍训诂云"撇，拂也。谓侧而行，以衣撇席为敬，不敢正坐当宾主之礼也"。

②【索隐】按：彗，帚也。谓为之埽地，以衣袂拥帚而却行，恐尘埃之及长者，所以为敬也。

③【正义】碣石宫在幽州蓟县西三十里宁台之东。

④【索隐】按：刘向别录云邹子书有主运篇。

⑤【索隐】按：仲尼、孟子法先王之道，行仁义之化，且菜色困穷；而邹衍执诡怪营惑诸侯，其见礼重如此，可为长太息哉。

⑥【索隐】今按：孟子"太王去邠"是轲对滕文公语，今云梁惠王谋攻赵，与孟子不同。

⑦【索隐】按：方枘是笋也，圜凿是孔也。谓工人斫木，以方笋而内之圜孔，不可入也。故楚词云"以方枘而内圜凿，吾固知其鉏鋙而不入"是也。谓战国之时，仲尼、孟轲以仁义干世主，犹方枘圜凿然。

⑧【索隐】按：吕氏春秋云"函牛之鼎不可以烹鸡"，是牛鼎言衍之术迂

大，傥若大用之，是有牛鼎之意。而谯周亦云"观太史公此论，是其爱奇之甚"。

自驺衍与齐之稷下先生，①如淳于髡、慎到、环渊、②接子、③田骈、④驺奭之徒，⑤各著书言治乱之事，以干世主，岂可胜道哉！

①【索隐】稷下，齐之城门也。或云稷下，山名。谓齐之学士集于稷门之下。

②【索隐】按：刘向别录"环"作姓也。

③【索隐】古著书人之称号。

④【索隐】步坚、步经反二音。

⑤【正义】慎子十卷，在法家，则战国时处士。接子二篇。田子二十五篇，齐人，游稷下，号"天口"。接、田二人，道家。驺奭十二篇，阴阳家。

淳于髡，齐人也。博闻强记，学无所主。其谏说，慕晏婴之为人也，然而承意观色为务。客有见髡于梁惠王，惠王屏左右，独坐而再见之，终无言也。惠王怪之，以让客曰："子之称淳于先生，管、晏不及，及见寡人，寡人未有得也。岂寡人不足为言邪？何故哉？"客以谓髡。髡曰："固也。吾前见王，王志在驱逐；后复见王，王志在音声：吾是以默然。"客具以报王，王大骇，曰："嗟乎，淳于先生诚圣人也！前淳于先生之来，人有献善马者，寡人未及视，会先生至。后先生之来，人有献讴者，未及试，亦会先生来。寡人虽屏人，然私心在彼，有之。"①后淳于髡见，壹语连三日三夜无倦。惠王欲以卿相位待之，髡因谢去。于是送以安车驾驷，束帛加璧，黄金百镒。终身不仕。

①【索隐】谓私心实在彼马与讴也。有之，谓我实有此二事也。

慎到，赵人。田骈、接子，齐人。环渊，楚人。皆学黄老道德之术，因发明序其指意。故慎到著十二论，[①]环渊著上下篇，而田骈、接子皆有所论焉。

①【集解】徐广曰："今慎子，刘向所定，有四十一篇。"

驺奭者，齐诸驺子，亦颇采驺衍之术以纪文。

于是齐王嘉之，自如淳于髡以下，皆命曰列大夫，为开第康庄之衢，[①]高门大屋，尊宠之。览天下诸侯宾客，言齐能致天下贤士也。

①【集解】尔雅曰："四达谓之衢，五达谓之康，六达谓之庄。"

荀卿，赵人。[①]年五十始来游学于齐。驺衍之术迂大而闳辩；奭也文具难施；淳于髡久与处，时有得善言。故齐人颂曰："谈天衍，雕龙奭，炙毂[②]过髡。"[③]田骈之属皆已死。齐襄王时，[④]而荀卿最为老师。齐尚修列大夫之缺，而荀卿三为祭酒焉。[⑤]齐人或谗荀卿，荀卿乃适楚，而春申君以为兰陵令。[⑥]春申君死而荀卿废，因家兰陵。李斯尝为弟子，已而相秦。荀卿嫉浊世之政，亡国乱君相属，不遂大道而营于巫祝，信机祥，鄙儒小拘，如庄周等又猾稽乱俗，于是推儒、墨、道德之行事兴坏，序列著数万言而卒。因葬兰陵。

①【索隐】名况。卿者，时人相尊而号为卿也。仕齐为祭酒，仕楚为兰陵令。后亦谓之孙卿子者，避汉宣帝讳改也。

②【集解】徐广曰："一作'乱輠'。"

③【集解】刘向别录曰："驺衍之所言五德终始，天地广大，尽言天事，故曰'谈天'。驺奭修衍之文，饰若雕镂龙文，故曰'雕龙'。"别录曰"过"字作"輠"。輠者，车之盛膏器也。炙之虽尽，犹有馀流者。言淳于髡智不尽如炙輠也。左思齐都赋注曰"言其多智难尽，如炙膏过之有润泽也"。　【索隐】按：刘向别录"过"字作"輠"。輠，车之盛膏器

也。炙之虽尽，犹有馀津，言髡智不尽如炙輠也。按：刘氏云"毂，衍字也"。今按：文称"炙毂过"，则过是器名，音如字读，谓盛脂之器名过。"过"与"锅"字相近，盖即脂器也。毂即车毂，过为润毂之物，则"毂"非衍字矣。

④【索隐】按襄王名法章，湣王子，莒人所立者。

⑤【索隐】按：礼食必祭先，饮酒亦然，必以席中之尊者一人当祭耳，后因以为官名，故吴王濞为刘氏祭酒是也。而卿三为祭酒者，谓荀卿出入前后三度处列大夫康庄之位，而皆为其所尊，故云"三为祭酒"也。

⑥【正义】兰陵，县，属东海郡，今沂州承县有兰陵山。

而赵亦有公孙龙①为坚白同异之辩，②剧子之言；③魏有李悝，尽地力之教；④楚有尸子、长卢；⑤阿之吁子焉。⑥自如孟子至于吁子，世多有其书，故不论其传云。

①【索隐】按：即仲尼弟子名也。此云赵人，弟子传作卫人，郑玄云楚人，各不能知其真也。又下文云"并孔子同时，或曰在其后"，所以知非别人也。

②【集解】晋太康地记云："汝南西平县有龙渊水可用淬刀剑，特坚利，故有坚白之论，云'黄，所以为坚也；白，所以为利也'。或辩之曰'白，所以为不坚；黄，所以为不利'。"【正义】艺文志公孙龙子十四篇，颜师古云即为坚白之辩。按平原君传，驺衍同时。括地志云"西平县，豫州西北百四十里，有龙渊水"也。

③【集解】徐广曰："按应劭氏姓注直云'处子'也。"【索隐】按：著书之人姓剧氏而称子也，前史不记其名也，故赵有剧孟及剧辛也。

④【正义】艺文志："李子三十二篇。李悝相魏文侯，富国强兵。"

⑤【集解】刘向别录曰："楚有尸子，疑谓其在蜀。今按尸子书，晋人也，名佼，秦相卫鞅客也。卫鞅商君谋事画计，立法理民，未尝不与佼规之也。商君被刑，佼恐并诛，乃亡逃入蜀。自为造此二十篇书，凡六

万馀言。卒，因葬蜀。”【索隐】按：尸子名佼，音绞，晋人，事具别录。长卢，未详。【正义】长卢九篇，楚人。

⑥【集解】徐广曰：“阿者，今之东阿。”【索隐】阿，齐之东阿也。吁音芈。别录作“芈子”，今“吁”亦如字也。【正义】按：东齐州也。艺文志云“吁子十八篇，名婴，齐人，七十子之后”。颜师古云音弭。按：是齐人，阿又属齐，恐颜公误也。

盖墨翟，宋之大夫，善守御，为节用。①或曰并孔子时，或曰在其后。②

①【集解】墨子曰：“公输般为云梯之械成，将以攻宋。墨子闻之，至于郢，见公输般。墨子解带为城，以牒为械。公输般九设攻城之机变，墨子九距之。公输般之攻械尽，墨子之守固有馀。公输般诎，而言曰：‘吾知所以距子矣，吾不言。’墨子亦曰：‘吾知子之所以距我者，吾不言。’楚王问其故。墨子曰：‘公输子之意不过欲杀臣，杀臣，宋莫能守，可攻也。然臣之弟子禽滑厘等三百人已持臣守国之器在宋城上而待楚寇矣，虽杀臣，不能绝也。’楚王曰：‘善哉，吾请无攻宋城矣！’”

【索隐】注“为云梯之械”者，按梯者，构木瞰高也；云者，言其升高入云，故曰云梯。械者，器也。谓攻城之楼橹也。注“墨子解带为城”者，谓墨子为术，解身上革带以为城也。注“以牒为械”者，按牒者，小木札也；械者，楼橹等也。注“公输般之攻械尽”者，刘氏云“械谓飞梯、撞车、飞石车弩之具”。诎音丘勿反。谓般技已尽，墨守有馀。禽滑氂者，墨子弟子之姓字也。氂音里。

②【索隐】按：别录云“今按墨子书有文子，文子即子夏之弟子，问于墨子”。如此，则墨子在七十子之后也。

【索隐述赞】六国之末，战胜相雄。轲游齐、魏，其说不通。退而著述，称吾道穷。兰陵事楚，驺衍谈空。康庄虽列，莫见收功。

史记卷七十五

孟尝君列传第十五

孟尝君名文，姓田氏。文之父曰靖郭君田婴。田婴者，齐威王少子而齐宣王庶弟也。①田婴自威王时任职用事，与成侯邹忌及田忌将而救韩伐魏。成侯与田忌争宠，成侯卖田忌。田忌惧，袭齐之边邑，不胜，亡走。会威王卒，宣王立，知成侯卖田忌，乃复召田忌以为将。宣王二年，田忌与孙膑、田婴俱伐魏，败之马陵，虏魏太子申而杀魏将庞涓。②宣王七年，田婴使于韩、魏，韩、魏服于齐。婴与韩昭侯、魏惠王会齐宣王东阿南，③盟而去。④明年，复与梁惠王会甄。⑤是岁，梁惠王卒。宣王九年，田婴相齐。齐宣王与魏襄王会徐州而相王也。⑥楚威王闻之，怒田婴。明年，楚伐败齐师于徐州，而使人逐田婴。田婴使张丑说楚威王，威王乃止。田婴相齐十一年，宣王卒，湣王即位。即位三年，而封田婴于薛。⑦

①【索隐】按：战国策及诸书并无此言，盖诸田之别子也，故战国策每称

"婴子"、"肦子",高诱注云"田肦"、"田婴"也。王劭又按:战国策云"齐貌辨谓宣王曰:'王方为太子时,辨谓靖郭君,不若废太子,更立郊师。靖郭君不忍。'宣王太息曰:'寡人少,殊不知。'"以此言之,婴非宣王弟明也。

②【索隐】纪年当梁惠王二十八年,至三十六年改为后元也。

③【正义】东阿,济州县也。

④【索隐】纪年当惠王之后元十一年。彼文作"平阿"。又云"十三年会齐威王于鄄",与此明年齐宣王与梁惠王会鄄文同。但齐之威宣二王,文舛互并不同。

⑤【集解】音绢。

⑥【正义】纪年云梁惠王三十年,下邳迁于薛,改名徐州。

⑦【索隐】纪年以为梁惠王后元十三年四月,齐威王封田婴于薛。十月,齐城薛。十四年,薛子婴来朝。十五年,齐威王薨,婴初封彭城。皆与此文异也。　【正义】薛故城在今徐州滕县南四十四里也。

初,田婴有子四十馀人,其贱妾有子名文,文以五月五日生。婴告其母曰:"勿举也。"其母窃举生之。①及长,其母因兄弟而见其子文于田婴。田婴怒其母曰:"吾令若去此子,而敢生之,何也?"文顿首,因曰:"君所以不举五月子者,何故?"婴曰:"五月子者,长与户齐,将不利其父母。"②文曰:"人生受命于天乎?将受命于户邪?"婴默然。文曰:"必受命于天,君何忧焉。必受命于户,则可高其户耳,谁能至者!"婴曰:"子休矣。"

①【索隐】按:上"举"谓初诞而举之,下"举"谓浴而乳之。生谓长养之也。

②【索隐】按:风俗通云"俗说五月五日生子,男害父,女害母"。

久之,文承间问其父婴曰:"子之子为何?"曰:"为孙。""孙之孙为何?”曰:“为玄孙。”“玄孙之孙为何?”曰:“不能知也。”①文曰:“君用事相齐,至今三王矣,齐不加广而君私家富累万金,门下不见一贤者。文闻将门必有将,相门必有相。今君后宫蹈绮縠而士不得(短)〔裋〕褐,②仆妾馀粱肉而士不厌糟糠。今君又尚厚积馀藏,欲以遗所不知何人,③而忘公家之事日损,文窃怪之。”于是婴乃礼文,使主家待宾客。宾客日进,名声闻于诸侯。诸侯皆使人请薛公田婴以文为太子,婴许之。婴卒,谥为靖郭君。④而文果代立于薛,是为孟尝君。

①【索隐】按:尔雅云“玄孙之子为来孙,来孙之子为昆孙,昆孙之子为仍孙,仍孙之子为云孙”。又有耳孙,亦是玄孙之子,不同也。

②【索隐】(短)〔裋〕亦音竖。竖褐,谓褐衣而竖裁之,以其省而便事也。

③【索隐】遗音唯季反。犹言不知欲遗与何人也。

④【集解】皇览曰:“靖郭君冢在鲁国薛城中东南陬。” 【索隐】按:谓死后别号之曰“靖郭”耳,则“靖郭”或封邑号,故汉齐王舅父驷钧封靖郭侯是也。陬音邹,亦音緅。陬者,城隅也。

孟尝君在薛,招致诸侯宾客及亡人有罪者,皆归孟尝君。孟尝君舍业厚遇之,①以故倾天下之士。食客数千人,无贵贱一与文等。孟尝君待客坐语,而屏风后常有侍史,主记君所与客语,问亲戚居处。客去,孟尝君已使使存问,献遗其亲戚。孟尝君曾待客夜食,有一人蔽火光。客怒,以饭不等,辍食辞去。孟尝君起,自持其饭比之。客惭,自刭。士以此多归孟尝君。孟尝君客无所择,皆善遇之。人人各自以为孟尝君亲己。

①【索隐】按:舍业者,舍弃其家产而厚事宾客也。刘氏云“舍音赦。谓为之筑舍立居业也”。

秦昭王闻其贤，乃先使泾阳君为质于齐，以求见孟尝君。孟尝君将入秦，宾客莫欲其行，谏，不听。苏代谓曰："今旦代从外来，见木禺人与土禺人相与语。① 木禺人曰：'天雨，子将败矣。'土禺人曰：'我生于土，败则归土。今天雨，流子而行，未知所止息也。'今秦，虎狼之国也，而君欲往，如有不得还，君得无为土禺人所笑乎？"孟尝君乃止。

①【索隐】音偶，又音寓。谓以土木为之偶，类于人也。苏代以土偶比泾阳君，木偶比孟尝君也。

齐湣王二十五年，复卒使孟尝君入秦，昭王即以孟尝君为秦相。人或说秦昭王曰："孟尝君贤，而又齐族也，今相秦，必先齐而后秦，秦其危矣。"于是秦昭王乃止。囚孟尝君，谋欲杀之。孟尝君使人抵昭王幸姬求解。① 幸姬曰："妾愿得君狐白裘。"② 此时孟尝君有一狐白裘，直千金，天下无双，入秦献之昭王，更无他裘。孟尝君患之，遍问客，莫能对。最下坐有能为狗盗者，曰："臣能得狐白裘。"乃夜为狗，以入秦宫臧中，③ 取所献狐白裘至，以献秦王幸姬。幸姬为言昭王，昭王释孟尝君。孟尝君得出，即驰去，更封传，变名姓以出关。④ 夜半至函谷关。⑤ 秦昭王后悔出孟尝君，求之已去，即使人驰传逐之。孟尝君至关，关法鸡鸣而出客，孟尝君恐追至，客之居下坐者有能为鸡鸣，而鸡齐鸣，遂发传出。出如食顷，秦追果至关，已后孟尝君出，乃还。始孟尝君列此二人于宾客，宾客尽羞之，及孟尝君有秦难，卒此二人拔之。自是之后，客皆服。

①【索隐】抵音丁礼反。按：抵谓触冒而求之也。

②【集解】韦昭曰："以狐之白毛为裘。谓集狐腋之毛，言美而难得者。"

③【正义】臧，在浪反。

④【索隐】更者，改也。改前封传而易姓名，不言是孟尝之名。封传犹今

之驿券。

⑤【正义】关在陕州桃林县西南十三里。

孟尝君过赵，赵平原君客之。赵人闻孟尝君贤，出观之，皆笑曰："始以薛公为魁然也，今视之，乃眇小丈夫耳。"孟尝君闻之，怒。客与俱者下，斫击杀数百人，遂灭一县以去。

齐湣王不自得，①以其遣孟尝君。孟尝君至，则以为齐相，任政。

①【索隐】不自德。是愍王遣孟尝君，自言已无德也。

孟尝君怨秦，将以齐为韩、魏攻楚，因与韩、魏攻秦，①而借兵食于西周。苏代为西周谓曰：②"君以齐为韩、魏攻楚九年，取宛、叶以北以强韩、魏，③今复攻秦以益之。韩、魏南无楚忧，西无秦患，则齐危矣。韩、魏必轻齐畏秦，臣为君危之。君不如令敝邑深合于秦，而君无攻，又无借兵食。君临函谷而无攻，令敝邑以君之情谓秦昭王曰'薛公必不破秦以强韩、魏。其攻秦也，欲王之令楚王割东国以与齐，④而秦出楚怀王以为和'。君令敝邑以此惠秦，秦得无破而以东国自免也，秦必欲之。楚王得出，必德齐。齐得东国益强，而薛世世无患矣。秦不大弱，而处三晋之西，三晋必重齐。"薛公曰："善。"因令韩、魏贺秦，使三国无攻，而不借兵食于西周矣。是时，楚怀王入秦，秦留之，故欲必出之。秦不果出楚怀王。

①【集解】徐广曰："年表曰韩、魏、齐共击秦军于函谷。"

②【索隐】战国策作"韩庆为西周谓薛公"。

③【正义】宛在邓州，叶在许州。二县以北旧属楚，二国共没以入韩、魏。

④【正义】东国，齐、徐夷。

孟尝君相齐，其舍人魏子[①]为孟尝君收邑入，[②]三反而不致一入。孟尝君问之，对曰："有贤者，窃假与之，以故不致入。"孟尝君怒而退魏子。居数年，人或毁孟尝君于齐湣王曰："孟尝君将为乱。"及田甲劫湣王，湣王意疑孟尝君，孟尝君乃奔。[③]魏子所与粟贤者闻之，乃上书言孟尝君不作乱，请以身为盟，遂自到宫门以明孟尝君。湣王乃惊，而踪迹验问，孟尝君果无反谋，乃复召孟尝君。孟尝君因谢病，归老于薛。湣王许之。

①【索隐】舍人官微，记姓而略其名，故云魏子。

②【索隐】收其国之租税也。

③【集解】徐广曰："湣王三十四年，田甲劫王，薛文走。

其后，秦亡将吕礼相齐，欲困苏代。代乃谓孟尝君曰："周最于齐，至厚也，[①]而齐王逐之，而听亲弗[②]相吕礼者，欲取秦也。齐、秦合，则亲弗与吕礼重矣。有用，齐、秦必轻君。君不如急北兵，趋赵以和秦、魏，收周最以厚行，且反齐王之信，[③]又禁天下之变。[④]齐无秦，则天下集齐，亲弗必走，则齐王孰与为其国也！"于是孟尝君从其计，而吕礼嫉害于孟尝君。

①【正义】周最，周之公子。

②【集解】亲弗，人姓名。　【索隐】亲，姓；弗，名也。战国策作"祝弗"，盖"祝"为得之。

③【索隐】周最本厚于齐，今欲逐之而相秦之亡将。苏代谓孟尝君，令齐收周最以自厚其行，又且得反齐王之有信，以不逐周最也。

④【索隐】变谓齐、秦合则亲弗、吕礼用，用则秦、齐轻孟尝也。

孟尝君惧，乃遗秦相穰侯魏冄书曰："吾闻秦欲以吕礼收齐，齐，天下之强国也，子必轻矣。齐秦相取以临三晋，吕礼必并相矣，是子通齐以重吕礼也。若齐免于天下之兵，其雠子必深矣。子不如劝秦王伐齐。齐破，吾请以所得封子。齐破，秦畏晋之强，秦必重子以取晋。晋国敝于齐而畏秦，晋必重子以取秦。是子破齐以为功，挟晋以为重；是子破齐定封，秦、晋交重子。若齐不破，吕礼复用，子必大穷。”于是穰侯言于秦昭王伐齐，而吕礼亡。

后齐湣王灭宋，益骄，欲去孟尝君。孟尝君恐，乃如魏。魏昭王以为相，西合于秦、赵，与燕共伐破齐。齐湣王亡在莒，遂死焉。齐襄王立，而孟尝君中立于诸侯，无所属。齐襄王新立，畏孟尝君，与连和，复亲薛公。文卒，谥为孟尝君。[①]诸子争立，而齐魏共灭薛。孟尝绝嗣无后也。

①【集解】皇览曰："孟尝君冢在鲁国薛城中向门东。向门，出北边门也。"诗云"居常与许"，郑玄曰"'常'或作'尝'，在薛之南"。孟尝邑于薛城也。　【索隐】按：孟尝袭父封薛，而号曰孟尝君，此云谥，非也。孟，字也；尝，邑名。诗云"居常与许"，郑笺云"'常'或作'尝'，尝邑在薛之旁"是也。　【正义】括地志云："孟尝君墓在徐州滕县五十二里。卒在齐襄王之时也。"

初，冯驩[①]闻孟尝君好客，蹑蹻而见之。[②]孟尝君曰："先生远辱，何以教文也？"冯驩曰："闻君好士，以贫身归于君。"孟尝君置传舍十日，[③]孟尝君问传舍长曰："客何所为？"答曰："冯先生甚贫，犹有一剑耳，又蒯缑。[④]弹其剑而歌曰'长铗归来乎，食无鱼'。"孟尝君迁之幸舍，食有鱼矣。五日，又问传舍长。答曰："客复弹剑而歌曰'长铗归来乎，出无舆'。"孟尝君迁之代舍，出入乘舆车矣。五日，孟尝君复问传舍长。舍长答曰："先生又尝弹剑而歌曰'长铗归来乎，无以为家'。"孟尝君不悦。

①【集解】音欢。复作"爰",音许袁反。【索隐】音欢。字或作"谖",音况远反。

②【索隐】蹻音脚。字亦作"屩",又作"屩",亦作"蹻"。

③【索隐】传音逐缘反。按:传舍、幸舍及代舍,并当上、中、下三等之客所舍之名耳。

④【集解】蒯音苦怪反。茅之类,可为绳。言其剑把无物可装,以小绳缠之也。缑音侯,亦作"候",谓把剑之处。【索隐】蒯,草名,音"蒯聩"之"蒯"。缑音侯,字亦作"候",谓把剑之物。言其剑无物可装,但以蒯绳缠之,故云"蒯缑"。

居期年,冯驩无所言。孟尝君时相齐,封万户于薛。其食客三千人,邑入不足以奉客,[①]使人出钱于薛。岁馀不入,贷钱者多不能与其息,[②]客奉将不给。孟尝君忧之,问左右:"何人可使收债于薛者?"传舍长曰:"代舍客冯公形容状貌甚辩,长者,无他伎[③]能,宜可令收债。"孟尝君乃进冯驩而请之曰:"宾客不知文不肖,幸临文者三千馀人,邑入不足以奉宾客,故出息钱于薛。薛岁不入,民颇不与其息。今客食恐不给,愿先生责之。"冯驩曰:"诺。"辞行,至薛,召取孟尝君钱者皆会,得息钱十万。乃多酿酒,买肥牛,召诸取钱者,能与息者皆来,不能与息者亦来,皆持取钱之券书合之。齐为会,日杀牛置酒。酒酣,乃持券如前合之,能与息者,与为期;贫不能与息者,取其券而烧之。曰:"孟尝君所以贷钱者,为民之无者以为本业也;所以求息者,为无以奉客也。今富给者以要期,贫穷者燔券书以捐之。诸君强饮食。有君如此,岂可负哉!"坐者皆起,再拜。

①【正义】奉,符用反。

②【索隐】按:与犹还也。息犹利也。

③【集解】亦作"技"。

孟尝君闻冯驩烧券书,怒而使使召驩。驩至,孟尝君曰:"文食客三千人,故贷钱于薛。文奉邑少,①而民尚多不以时与其息,客食恐不足,故请先生收责之。闻先生得钱,即以多具牛酒而烧券书,何?"冯驩曰:"然。不多具牛酒即不能毕会,无以知其有余不足。有馀者,为要期。不足者,虽守而责之十年,息愈多,急,即以逃亡自捐之。若急,终无以偿,上则为君好利不爱士民,下则有离上抵负之名,非所以厉士民彰君声也。焚无用虚债之券,捐不可得之虚计,令薛民亲君而彰君之善声也,君有何疑焉!"孟尝君乃拊手而谢之。

①【索隐】言文之奉邑少,故令出息于薛。

齐王惑于秦、楚之毁,以为孟尝君名高其主而擅齐国之权,遂废孟尝君。诸客见孟尝君废,皆去。冯驩曰:"借臣车一乘,可以入秦者,必令君重于国而奉邑益广,可乎?"孟尝君乃约车币而遣之。冯驩乃西说秦王曰:"天下之游士冯轼结靷西入秦者,无不欲强秦而弱齐;冯轼结靷东入齐者,无不欲强齐而弱秦。此雄雌之国也,势不两立为雄,雄者得天下矣。"秦王跽而问之曰:"何以使秦无为雌而可?"冯驩曰:"王亦知齐之废孟尝君乎?"秦王曰:"闻之。"冯驩曰:"使齐重于天下者,孟尝君也。今齐王以毁废之,其心怨,必背齐;背齐入秦,则齐国之情,人事之诚,尽委之秦,齐地可得也,岂直为雄也!君急使使载币阴迎孟尝君,不可失时也。如有齐觉悟,复用孟尝君,则雌雄之所在未可知也。"秦王大悦,乃遣车十乘黄金百镒以迎孟尝君。冯驩辞以先行,至齐,说齐王曰:"天下之游士冯轼结靷东入齐者,无不欲强齐而弱秦者;冯轼结靷西入秦者,无不欲强秦而弱齐者。夫秦齐雄雌之国,秦强则齐弱矣,此势不两雄。今臣窃闻秦遣使车十乘载黄金百镒以迎孟尝君。孟尝君不西则已,西入相秦则天下归之,秦为雄而齐为雌,雌则临淄、即墨危矣。王何不先秦使之未到,复孟尝君,而益与之邑以谢之?孟尝君必喜而受之。秦虽强国,岂可以请人相而迎之哉!折秦之谋,而绝其霸强之略。"齐王曰:"善。"乃使人至境候秦使。秦使车适入齐境,使还驰告之,王召孟尝君而复其相位,而与其故邑之地,又益以千户。秦之使者闻孟尝君复相齐,还车而去矣。

自齐王毁废孟尝君,诸客皆去。后召而复之,冯驩迎之。未到,孟尝君太息叹曰:"文常好客,遇客无所敢失,食客三千有馀人,先生所知也。客见文一日废,皆背文而去,莫顾文者。今赖先生得复其位,客亦有何面目复见文乎?如复见文者,必唾其面而大辱之。"冯驩结辔下拜。孟尝君下车接之,曰:"先生为客谢乎?"冯驩曰:"非为客谢也,为君之言失。夫物有必至,事有固然,君知之乎?"孟尝君曰:"愚不知所谓也。"曰:"生者必有死,物之必至也;富贵多士,贫贱寡友,事之固然也。君独不见夫(朝)趣市〔朝〕者乎?①明旦,侧肩争门而入;日暮之后,过市朝者掉臂而不顾。②非好朝而恶暮,所期物忘其中。③今君失位,宾客皆去,不足以怨士而徒绝宾客之路。愿君遇客如故。"孟尝君再拜曰:"敬从命矣。闻先生之言,敢不奉教焉。"

①【索隐】趣音娶。趣,向也。

②【索隐】过音光卧反。朝音潮。谓市之行位有如朝列,因言市朝耳。

③【索隐】按:期物谓入市心中所期之物利,故平明侧肩争门而入,今日暮,所期忘其中。忘者,无也。其中,市朝之中。言日暮物尽,故掉臂不顾也。

太史公曰：吾尝过薛，其俗闾里率多暴桀子弟，与邹、鲁殊。问其故，曰："孟尝君招致天下任侠，奸人入薛中盖六万余家矣。"世之传孟尝君好客自喜，名不虚矣。

【索隐述赞】靖郭之子，威王之孙。既强其国，实高其门。好客喜士，见重平原。鸡鸣狗盗，魏子、冯煖。如何承睫，薛县徒存！

史记卷七十六

平原君虞卿列传第十六

平原君赵胜者,①赵之诸公子也。②诸子中胜最贤,喜宾客,宾客盖至者数千人。平原君相赵惠文王及孝成王,三去相,三复位,封于东武城。③

①【正义】胜,式证反。

②【集解】徐广曰:"魏公子传曰赵惠文王弟。"

③【集解】徐广曰:"属清河。" 【正义】今贝州武城县也。

平原君家楼临民家。民家有躄者,槃散①行汲。平原君美人居楼上,临见,大笑之。明日,躄者至平原君门,请曰:"臣闻君之喜士,士不远千里而至者,以君能贵士而贱妾也。臣不幸有罢癃之病,②而君之后宫临而笑臣,臣愿得笑臣者头。"平原君笑应曰:"诺。"躄者去,平原君笑曰:"观此竖子,乃欲以一笑之故杀吾美人,不亦甚乎!"终不杀。居岁馀,宾客门下舍人稍稍引去者过半。

平原君怪之，曰："胜所以待诸君者未尝敢失礼，而去者何多也？"门下一人前对曰："以君之不杀笑躄者，以君为爱色而贱士，士即去耳。"于是平原君乃斩笑躄者美人头，自造门进躄者，因谢焉。其后门下乃复稍稍来。是时齐有孟尝，魏有信陵，楚有春申，故争相倾以待士。③

①【集解】亦作"跚"。【索隐】躄音壁。散音先寒反，亦作"跚"，同音。【正义】躄，跛也。

②【集解】徐广曰："癃音降。癃，病也。"【索隐】罢音皮。癃音吕宫反。罢癃谓背疾，言腰曲而背隆高也。

③【集解】徐广曰："待，一作'得'。"

秦之围邯郸，①赵使平原君求救，合从于楚，约与食客门下有勇力文武备具者二十人偕。平原君曰："使文能取胜，则善矣。文不能取胜，则歃血于华屋之下，必得定从而还。士不外索，取于食客门下足矣。"得十九人，馀无可取者，无以满二十人。门下有毛遂者，前，自赞于平原君曰："遂闻君将合从于楚，约与食客门下二十人偕，不外索。今少一人，愿君即以遂备员而行矣。"平原君曰："先生处胜之门下几年于此矣？"毛遂曰："三年于此矣。"平原君曰："夫贤士之处世也，譬若锥之处囊中，其末立见。今先生处胜之门下三年于此矣，左右未有所称诵，胜未有所闻，是先生无所有也。先生不能，先生留。"毛遂曰："臣乃今日请处囊中耳。使遂蚤得处囊中，乃颖脱而出，②非特其末见而已。"平原君竟与毛遂偕。十九人相与目笑之而未废也。③

①【正义】赵惠文王九年，秦昭王十五年。

②【索隐】按：郑玄曰"颖，环也"。脱音吐活反。

③【索隐】按：郑玄曰“皆目视而轻笑之，未能即废弃之也”。

毛遂比至楚，与十九人论议，十九人皆服。平原君与楚合从，言其利害，日出而言之，日中不决。十九人谓毛遂曰：“先生上。”毛遂按剑历阶而上，谓平原君曰：“从之利害，两言而决耳。今日出而言从，日中不决，何也？”楚王谓平原君曰：“客何为者也？”平原君曰：“是胜之舍人也。”楚王叱曰：“胡不下！吾乃与而君言，汝何为者也！”毛遂按剑而前曰：“王之所以叱遂者，以楚国之众也。今十步之内，王不得恃楚国之众也，王之命县于遂手。吾君在前，叱者何也？且遂闻汤以七十里之地王天下，文王以百里之壤而臣诸侯，岂其士卒众多哉，诚能据其势而奋其威。今楚地方五千里，持戟百万，此霸王之资也。以楚之强，天下弗能当。白起，小竖子耳，率数万之众，兴师以与楚战，一战而举鄢郢，再战而烧夷陵，三战而辱王之先人。此百世之怨而赵之所羞，而王弗知恶焉。①合从者为楚，非为赵也。吾君在前，叱者何也？”楚王曰：“唯唯，诚若先生之言，谨奉社稷而以从。”毛遂曰：“从定乎？”楚王曰：“定矣。”毛遂谓楚王之左右曰：“取鸡狗马之血来。”②毛遂奉铜槃③而跪进之楚王曰：“王当歃血而定从，次者吾君，次者遂。”遂定从于殿上。毛遂左手持槃血而右手招十九人曰：“公相与歃此血于堂下。④公等录录，⑤所谓因人成事者也。”

①【正义】恶，乌故反。

②【索隐】按：盟之所用牲贵贱不同，天子用牛及马，诸侯用犬及豭，大夫已下用鸡。今此总言盟之用血，故云“取鸡狗马之血来”耳。

③【索隐】奉，敷奉反。若周礼则用珠盘也。

④【索隐】唼此血。音所甲反。

⑤【集解】音禄。【索隐】音禄。按：王劭云“录，借字耳”。又说文云

“录录，随从之貌”。

平原君已定从而归，归至于赵，曰：“胜不敢复相士。胜相士多者千人，寡者百数，自以为不失天下之士，今乃于毛先生而失之也。毛先生一至楚，而使赵重于九鼎大吕。①毛先生以三寸之舌，强于百万之师。胜不敢复相士。”遂以为上客。

①【索隐】九鼎大吕，国之宝器。言毛遂至楚，使赵重于九鼎大吕，言为天下所重也。　【正义】大吕，周庙大钟。

平原君既返赵，楚使春申君将兵赴救赵，魏信陵君亦矫夺晋鄙军往救赵，皆未至。秦急围邯郸，邯郸急，且降，平原君甚患之。邯郸传舍吏子李同①说平原君曰：“君不忧赵亡邪？”平原君曰：“赵亡则胜为虏，何为不忧乎？”李同曰：“邯郸之民，炊骨易子而食，可谓急矣，而君之后宫以百数，婢妾被绮縠，馀粱肉，而民褐衣不完，糟糠不厌。民困兵尽，或剡木为矛矢，而君器物钟磬自若。使秦破赵，君安得有此？使赵得全，君何患无有？今君诚能令夫人以下编于士卒之间，分功而作，家之所有尽散以飨士，士方其危苦之时，易德耳。”②于是平原君从之，得敢死之士三千人。李同遂与三千人赴秦军，秦军为之却三十里。亦会楚、魏救至，秦兵遂罢，邯郸复存。李同战死，封其父为李侯。③

①【正义】名谈，太史公讳改也。

②【正义】言士方危苦之时，易有恩德。

③【集解】徐广曰：“河内成皋有李城。”　【正义】怀州温县，本李城也，李同父所封。隋炀帝从故温城移县于此。

虞卿欲以信陵君之存邯郸为平原君请封。公孙龙闻之，夜驾见平原君曰："龙闻虞卿欲以信陵君之存邯郸为君请封，有之乎？"平原君曰："然。"龙曰："此甚不可。且王举君而相赵者，非以君之智能为赵国无有也。割东武城而封君者，非以君为有功也，而以国人无勋，乃以君为亲戚故也。君受相印不辞无能，割地不言无功者，亦自以为亲戚故也。今信陵君存邯郸而请封，是亲戚受城而国人计功也。①此甚不可。且虞卿操其两权，事成，操右券以责；②事不成，以虚名德君。君必勿听也。"平原君遂不听虞卿。

①【集解】徐广曰："一本'是亲戚受城而以国许人'。"

②【索隐】言虞卿论平原君取封事成，则操其右券以责其报德也。

平原君以赵孝成王十五年卒。①子孙代，后竟与赵俱亡。

①【索隐】按：六国年表及世家并云十四年卒，与此不同。

平原君厚待公孙龙。公孙龙善为坚白之辩，及邹衍过赵①言至道，乃绌公孙龙。②

①【索隐】过音戈。

②【集解】刘向别录曰："齐使邹衍过赵，平原君见公孙龙及其徒綦毋子之属，论'白马非马'之辩，以问邹子。邹子曰：'不可。彼天下之辩有五胜三至，而辞正为下。辩者，别殊类使不相害，序异端使不相乱，杼意通指，明其所谓，使人与知焉，不务相迷也。故胜者不失其所守，不胜者得其所求。若是，故辩可为也。及至烦文以相假，饰辞以相惇，巧譬以相移，引人声使不得及其意。如此，害大道。夫缴纷争言而竞后息，不能无害君子。'坐皆称善。" 【索隐】杼音墅。杼者，舒也。缴音叫。谓缴绕纷乱，争言而竞后息，不能无害也。

虞卿者，游说之士也。蹑跻檐簦①说赵孝成王。一见，赐黄金百镒，白璧一双；再见，为赵上卿，故号为虞卿。②

①【集解】徐广曰："蹻，草履也。簦，长柄笠，音登。笠有柄者谓之簦。" 【索隐】蹻，亦作"屩"，音脚。徐广云："屩，草履也。"

②【集解】谯周曰："食邑于虞。" 【索隐】赵之虞在河东大阳县，今之虞乡县是也。

秦赵战于长平，赵不胜，亡一都尉。赵王召楼昌与虞卿曰："军战不胜，尉復死，①寡人使束甲而趋之，何如？"楼昌曰："无益也，不如发重使为媾。"②虞卿曰："昌言媾者，以为不媾军必破也。而制媾者在秦。且王之论秦也，欲破赵之军乎，不邪？"王曰："秦不遗馀力矣，必且欲破赵军。"虞卿曰："王听臣，发使出重宝以附楚、魏，楚、魏欲得王之重宝，必内吾使。赵使入楚、魏，秦必疑天下之合从，且必恐。如此，则媾乃可为也。"赵王不听，与平阳君为媾，发郑朱入秦。秦内之。赵王召虞卿曰："寡人使平阳君为媾于秦，秦已内郑朱矣，卿以为奚如？"虞卿对曰："王不得媾，军必破矣。天下贺战胜者皆在秦矣。郑朱，贵人也，入秦，秦王与应侯必显重以示天下。楚、魏以赵为媾，必不救王。秦知天下不救王，则媾不可得成也。"应侯果显郑朱以示天下贺战胜者，终不肯媾。长平大败，遂围邯郸，为天下笑。

①【集解】徐广曰："復，一作'係'。"

②【集解】古后反。求和曰媾。 【索隐】古候反。按：求和曰媾。媾亦讲，讲亦和也。

秦既解邯郸围，而赵王入朝，使赵郝①约事于秦，割六县而媾。虞卿谓赵王曰："秦之攻王也，倦而归乎？王以其力尚能进，爱王而弗攻乎？"王曰："秦之攻我也，不遗馀力矣，必以倦而归也。"虞卿曰："秦以其力攻其所不能取，倦而归，王又以其力之所不能取以送之，是助秦自攻也。来年秦复攻王，王无救矣。”王以虞卿之言告赵郝。赵郝曰：“虞卿诚能尽秦力之所至乎？诚知秦力之所不能进，此弹丸之地弗予，令秦来年复攻王，王得无割其内而媾乎？”王曰：“请听子割矣，子能必使来年秦之不复攻我乎？”赵郝对曰：“此非臣之所敢任也。他日三晋之交于秦，相善也。今秦善韩、魏而攻王，王之所以事秦必不如韩、魏也。今臣为足下解负亲之攻，②开关通币，齐交韩、魏，至来年而王独取攻于秦，此王之所以事秦必在韩、魏之后也。此非臣之所敢任也。”

①【集解】音释。徐广曰：“一作‘赦’。” 【索隐】音释。

②【索隐】言为足下解其负檐，而亲自攻之也。

王以告虞卿。虞卿对曰；“郝言‘不媾，来年秦复攻王，王得无割其内而媾乎’。今媾，郝又以不能必秦之不复攻也。今虽割六城，何益！来年复攻，又割其力之所不能取而媾，此自尽之术也，不如无媾。秦虽善攻，不能取六县；赵虽不能守，终不失六城。秦倦而归，兵必罢。我以六城收天下以攻罢秦，是我失之于天下而取偿于秦也。吾国尚利，孰与坐而割地，自弱以强秦哉？今郝曰‘秦善韩、魏而攻赵者，必(以为韩魏不救赵也而王之军必孤有以)王之事秦不如韩、魏也’，是使王岁以六城事秦也，即坐而城尽。来年秦复求割地，王将与之乎？弗与，是弃前功而挑秦祸也；与之，则无地而给之。语曰‘强者善攻，弱者不能守’。今坐而听秦，秦兵不獘而多得地，是强秦而弱赵也。以益强之秦而割愈弱之赵，其计故不止矣。且王之地有尽而秦之求无已，以有尽之地而给无已之求，其势必无赵矣。”

赵王计未定，楼缓从秦来，赵王与楼缓计之，曰：“予秦地(何)

如毋予，孰吉？”缓辞让曰：“此非臣之所能知也。”王曰：“虽然，试言公之私。”①楼缓对曰：“王亦闻夫公甫文伯母乎？②公甫文伯仕于鲁，病死，女子为自杀于房中者二人。其母闻之，弗哭也。其相室曰：③‘焉有子死而弗哭者乎？’其母曰：‘孔子，贤人也，逐于鲁，而是人不随也。今死而妇人为之自杀者二人，若是者必其于长者薄而于妇人厚也。’故从母言之，是为贤母；从妻言之，是必不免为妒妻。故其言一也，言者异则人心变矣。今臣新从秦来而言勿予，则非计也；言予之，恐王以臣为为秦也：故不敢对。使臣得为大王计，不如予之。”王曰：“诺。”

①【索隐】按：私谓私心也。

②【正义】季康子从祖母。文伯名歜，康子从父昆弟。

③【正义】谓傅姆之类也。

虞卿闻之，入见王曰：“此饰说也，王昚①勿予！”楼缓闻之，往见王。王又以虞卿之言告楼缓。楼缓对曰：“不然。虞卿得其一，不得其二。夫秦赵构难而天下皆说，何也？曰‘吾且因强而乘弱矣’。今赵兵困于秦，天下之贺战胜者则必尽在于秦矣。故不如亟割地为和，以疑天下而慰秦之心。不然，天下将因秦之（强）怒，乘赵之獘，瓜分之。赵且亡，何秦之图乎？故曰虞卿得其一，不得其二。愿王以此决之，勿复计也。”

①【集解】徐广曰：“音慎。”

虞卿闻之，往见王曰：“危哉楼子之所以为秦者，是愈疑天下，而何慰秦之心哉？独不言其示天下弱乎？且臣言勿予者，非固勿予而已也。秦索六城于王，而王以六城赂齐。齐，秦之深仇也，得王之六城，并力西击秦，齐之听王，不待辞之毕也。则是王失之于齐而取偿于秦也。而齐、赵之深仇可以报矣,而示天下有能为也。王以此发声,兵未窥于境,臣见秦之重赂至赵而反媾于王也。从秦为媾,韩、魏闻之,必尽重王;重王,必出重宝以先于王。则是王一举而结三国之亲,而与秦易道也。”①赵王曰:“善。”则使虞卿东见齐王,与之谋秦。虞卿未返,秦使者已在赵矣。楼缓闻之,亡去。赵于是封虞卿以一城。

①【正义】前取秦攻,今得赂,是易道也。易音亦。

居顷之,而魏请为从。赵孝成王召虞卿谋。过平原君,①平原君曰:“愿卿之论从也。”虞卿入见王。王曰:“魏请为从。”对曰:“魏过。”②王曰:“寡人固未之许。”对曰:“王过。”王曰:“魏请从,卿曰魏过,寡人未之许,又曰寡人过,然则从终不可乎?”对曰:“臣闻小国之与大国从事也,有利则大国受其福,有败则小国受其祸。今魏以小国请其祸,而王以大国辞其福,臣故曰王过,魏亦过。窃以为从便。”王曰:“善。”乃合魏为从。

①【索隐】过音戈。

②【集解】光卧反。

虞卿既以魏齐之故,不重万户侯卿相之印,与魏齐间行,卒去赵,困于梁。魏齐已死,不得意,乃著书,①上采春秋,下观近世,曰节义、称号、揣摩、政谋,凡八篇。以刺讥国家得失,世传之曰虞氏春秋。②

①【索隐】魏齐,魏相,与应侯有仇,秦求之急,乃抵虞卿。卿弃相印,乃与齐间行亡归梁,以托信陵君。信陵君疑未决,齐自杀。故虞卿失相,乃穷愁而著书也。

②【正义】艺文志云十五篇。

太史公曰：平原君，翩翩浊世之佳公子也，然未睹大体。鄙语曰“利令智昏”，平原君贪冯亭邪说，使赵陷长平兵四十馀万众，邯郸几亡。①虞卿料事揣情，为赵画策，何其工也！及不忍魏齐，卒困于大梁，庸夫且知其不可，况贤人乎？然虞卿非穷愁，亦不能著书以自见于后世云。

①【集解】谯周曰：“长平之陷，乃赵王信间易将之咎，何怨平原受冯亭哉？”

【索隐述赞】翩翩公子，天下奇器。笑姬从戮，义士增气。兵解李同，盟定毛遂。虞卿蹑蹻，受赏料事。及困魏齐，著书见意。

史记卷七十七

魏公子列传第十七

魏公子无忌者，魏昭王少子而魏安釐王异母弟也。昭王薨，安釐王即位，封公子为信陵君。①是时范睢亡魏相秦，以怨魏齐故，秦兵围大梁，破魏华阳下军，走芒卯。魏王及公子患之。

①【索隐】按：地理志无信陵，或是乡邑名也。

公子为人仁而下士，士无贤不肖皆谦而礼交之，不敢以其富贵骄士。士以此方数千里争往归之，致食客三千人。当是时，诸侯以公子贤，多客，不敢加兵谋魏十馀年。

公子与魏王博，而北境传举烽，言"赵寇至，且入界"。①魏王释博，欲召大臣谋。公子止王曰："赵王田猎耳，非为寇也。"②复博如故。王恐，心不在博。居顷，复从北方来传言曰："赵王猎耳，非为寇也。"魏王大惊，曰："公子何以知之？"公子曰："臣之客有能深得赵王阴事③者，赵王所为，客辄以报臣，臣以此知之。"是后魏王畏公子之贤能,不敢任公子以国政。

①【集解】文颖曰:“作高木橹,橹上作桔槔,桔槔头兜零,以薪置其中,谓之烽。常低之,有寇即火然举之以相告。”

②【正义】为,于伪反。

③【索隐】按:谯周作“探得赵王阴事”。

魏有隐士曰侯嬴,①年七十,家贫,为大梁夷门监者。公子闻之,往请,欲厚遗之。不肯受,曰:“臣修身洁行数十年,终不以监门困故而受公子财。”公子于是乃置酒大会宾客。坐定,公子从车骑,虚左,自迎夷门侯生。侯生摄敝衣冠,直上载公子上坐,不让,欲以观公子。公子执辔愈恭。侯生又谓公子曰:“臣有客在市屠中,愿枉车骑过之。”公子引车入市,侯生下见其客朱亥,俾倪,②故久立与其客语,微察公子。公子颜色愈和。当是时,魏将相宗室宾客满堂,待公子举酒。市人皆观公子执辔。从骑皆窃骂侯生。侯生视公子色终不变,乃谢客就车。至家,公子引侯生坐上坐,徧赞宾客,③宾客皆惊。酒酣,公子起,为寿侯生前。侯生因谓公子曰:“今日嬴之为公子亦足矣。④嬴乃夷门抱关者也,而公子亲枉车骑,自迎嬴于众人广坐之中,不宜有所过,今公子故过之。然嬴欲就公子之名,故久立公子车骑市中,过客以观公子,公子愈恭。市人皆以嬴为小人,而以公子为长者能下士也。”于是罢酒,侯生遂为上客。

①【索隐】音盈。又曹植音“嬴瘦”之“嬴”。

②【索隐】上音浦计反,下音五计反。邹诞云又上音匹未反,下音五弟反。【正义】不正视也。

③【索隐】徧音遍。赞者,告也。谓以侯生遍告宾客。

④【集解】徐广曰："为，一作'羞'。"

侯生谓公子曰："臣所过屠者朱亥，此子贤者，世莫能知，故隐屠间耳。"公子往数请之，朱亥故不复谢，公子怪之。

魏安釐王二十年，秦昭王已破赵长平军，又进兵围邯郸。公子姊为赵惠文王弟平原君夫人，数遗魏王及公子书，请救于魏。魏王使将军晋鄙①将十万众救赵。秦王使使者告魏王曰："吾攻赵旦暮且下，而诸侯敢救者，已拔赵，必移兵先击之。"魏王恐，使人止晋鄙，留军壁邺，名为救赵，实持两端以观望。平原君使者冠盖相属于魏，让魏公子曰："胜所以自附为婚姻者，以公子之高义，为能急人之困。今邯郸旦暮降秦而魏救不至，安在公子能急人之困也！且公子纵轻胜，弃之降秦，独不怜公子姊邪？"公子患之，数请魏王，及宾客辩士说王万端。魏王畏秦，终不听公子。公子自度终不能得之于王，计不独生而令赵亡，乃请宾客，约车骑百馀乘，欲以客往赴秦军，与赵俱死。

①【索隐】魏将姓名也。

行过夷门，见侯生，具告所以欲死秦军状。辞决而行，侯生曰："公子勉之矣，老臣不能从。"公子行数里，心不快，曰："吾所以待侯生者备矣，天下莫不闻，今吾且死而侯生曾无一言半辞送我，我岂有所失哉？"复引车还，问侯生。侯生笑曰："臣固知公子之还也。"曰："公子喜士，名闻天下。今有难，无他端而欲赴秦军，譬若以肉投馁虎，何功之有哉？尚安事客？然公子遇臣厚，公子往而臣不送，以是知公子恨之复返也。"公子再拜，因问。侯生乃屏人间语，①曰："嬴闻晋鄙之兵符常在王卧内，而如姬最幸，出入王卧内，力能窃之。嬴闻如姬父为人所杀，如姬资之三年，②自王以下欲求报其父仇,莫能得。如姬为公子泣,公子使客斩其仇头,敬进如姬。如姬之欲为公子死,无所辞,顾未有路耳。公子诚一开口请如姬,如姬必许诺,则得虎符夺晋鄙军,北救赵而西却秦,此五霸之伐也。"公子从其计,请如姬。如姬果盗晋鄙兵符与公子。

①【索隐】间音闲。〔间〕语谓静语也。

②【索隐】旧解资之三年谓服齐衰也。今案:资者,畜也。谓欲为父复仇之资畜于心已得三年矣。

公子行,侯生曰:"将在外,主令有所不受,以便国家。公子即合符,而晋鄙不授公子兵而复请之,事必危矣。臣客屠者朱亥可与俱,此人力士。晋鄙听,大善;不听,可使击之。"于是公子泣。侯生曰:"公子畏死邪?何泣也?"公子曰:"晋鄙嚄唶[①]宿将,往恐不听,必当杀之,是以泣耳,岂畏死哉?"于是公子请朱亥。朱亥笑曰:"臣乃市井鼓刀屠者,而公子亲数存之,所以不报谢者,以为小礼无所用。今公子有急,此乃臣效命之秋也。"遂与公子俱。公子过谢侯生。侯生曰:"臣宜从,老不能。请数公子行日,以至晋鄙军之日,北乡自刭,以送公子。"公子遂行。

①【集解】上音乌百反,下音庄白反。 【索隐】上乌白反,下争格反。案:嚄唶谓多词句也。 【正义】声类云:"嚄,大笑。唶,大呼。"

至邺,矫魏王令代晋鄙。晋鄙合符,疑之,举手视公子曰:"今吾拥十万之众,屯于境上,国之重任,今单车来代之,何如哉?"欲无听。朱亥袖四十斤铁椎,椎杀晋鄙,公子遂将晋鄙军。勒兵下令军中曰:"父子俱在军中,父归;兄弟俱在军中,兄归;独子无兄弟,归养。"得选兵八万人,进兵击秦军。秦军解去,遂救邯郸,存赵。赵王及平原君自迎公子于界,平原君负韊矢[①]为公子先引。赵王再拜曰："自古贤人未有及公子者也。"当此之时，平原君不敢自比于人。公子与侯生决，至军，侯生果北乡自刭。

①【集解】吕忱曰："韊盛弩矢。" 【索隐】韊音兰。谓以盛矢，如今之胡簏而短也。吕姓，忱名，作字林者。言韊盛弩矢之器。

魏王怒公子之盗其兵符，矫杀晋鄙，公子亦自知也。已却秦存赵，使将将其军归魏，而公子独与客留赵。赵孝成王德公子之矫夺晋鄙兵而存赵，乃与平原君计，以五城封公子。公子闻之，意骄矜而有自功之色。客有说公子曰："物有不可忘，或有不可不忘。夫人有德于公子，公子不可忘也；公子有德于人，愿公子忘之也。且矫魏王令，夺晋鄙兵以救赵，于赵则有功矣，于魏则未为忠臣也。公子乃自骄而功之，窃为公子不取也。"于是公子立自责，似若无所容者。赵王埽除自迎，执主人之礼，引公子就西阶。公子侧行辞让，从东阶上。①自言罪过，以负于魏，②无功于赵。赵王侍酒至暮，口不忍献五城，以公子退让也。公子竟留赵。赵王以鄗③为公子汤沐邑，魏亦复以信陵奉公子。公子留赵。

①【集解】礼记曰："主人就东阶，客就西阶。客若降等，则就主人之阶。"

②【索隐】负音佩。

③【索隐】音臛，赵邑名，属常山。

公子闻赵有处士毛公藏于博徒，薛公藏于卖浆家，①公子欲见两人，两人自匿不肯见公子。公子闻所在，乃间步往从此两人游，甚欢。平原君闻之，谓其夫人曰："始吾闻夫人弟公子天下无双，今吾闻之，乃妄从博徒卖浆者游，公子妄人耳。"夫人以告公子。公子乃谢夫人去，曰："始吾闻平原君贤，故负魏王而救赵，以称平原君。平原君之游，徒豪举耳，②不求士也。无忌自在大梁时，常闻此两人贤，至赵，恐不得见。以无忌从之游，尚恐其不我欲也，今平原君乃以为羞，其不足从游。”乃装为去。夫人具以语平原君。平原君乃免冠谢，固留公子。平原君门下闻之，半去平原君归公子，天下士复往归公子，公子倾平原君客。

①【集解】徐广曰：“浆，一作‘醪’。” 【索隐】按：别录云“浆，或作‘醪’字”。

②【索隐】谓豪者举之。举亦音据也。

公子留赵十年不归。秦闻公子在赵，日夜出兵东伐魏。魏王患之，使使往请公子。公子恐其怒之，乃诫门下：“有敢为魏王使通者，死。”宾客皆背魏之赵，莫敢劝公子归。毛公、薛公①两人往见公子曰：“公子所以重于赵，名闻诸侯者，徒以有魏也。今秦攻魏，魏急而公子不恤，使秦破大梁而夷先王之宗庙，公子当何面目立天下乎？”语未及卒，公子立变色，告车趣驾归救魏。

①【索隐】史不记其名。

魏王见公子，相与泣，而以上将军印授公子，公子遂将。魏安釐王三十年，公子使使遍告诸侯。诸侯闻公子将，各遣将将兵救魏。公子率五国之兵破秦军于河外，走蒙骜。遂乘胜逐秦军至函谷关，抑秦兵，①秦兵不敢出。当是时，公子威振天下，诸侯之客进兵法，公子皆名之，②故世俗称魏公子兵法。③

①【索隐】抑音忆。按：抑谓以兵蹙之。

②【索隐】言公子所得进兵法而必称其名，以言其恕也。

③【集解】刘歆七略有魏公子兵法二十一篇，图七卷。

秦王患之，乃行金万斤于魏，求晋鄙客，令毁公子于魏王曰：

"公子亡在外十年矣,今为魏将,诸侯将皆属,诸侯徒闻魏公子,不闻魏王。公子亦欲因此时定南面而王,诸侯畏公子之威,方欲共立之。"秦数使反间,伪贺公子得立为魏王未也。魏王日闻其毁,不能不信,后果使人代公子将。公子自知再以毁废,乃谢病不朝,与宾客为长夜饮,饮醇酒,多近妇女。日夜为乐饮者四岁,竟病酒而卒。其岁,魏安釐王亦薨。

秦闻公子死,使蒙骜攻魏,拔二十城,初置东郡。其后秦稍蚕食魏,十八岁而虏魏王,①屠大梁。

①【索隐】魏王名假。

高祖始微少时,数闻公子贤。及即天子位,每过大梁,常祠公子。高祖十二年,从击黥布还,为公子置守冢五家,世世岁以四时奉祠公子。

太史公曰:吾过大梁之墟,求问其所谓夷门。夷门者,城之东门也。天下诸公子亦有喜士者矣,然信陵君之接岩穴隐者,不耻下交,有以也。名冠诸侯,不虚耳。高祖每过之而令民奉祠不绝也。

【索隐述赞】信陵下士,邻国相倾。以公子故,不敢加兵。颇知朱亥,尽礼侯嬴。遂却晋鄙,终辞赵城。毛、薛见重,万古希声。

史记卷七十八

春申君列传第十八

春申君者，楚人也，名歇，姓黄氏。游学博闻，事楚顷襄王。①顷襄王以歇为辩，使于秦。秦昭王使白起攻韩、魏，败之于华阳，禽魏将芒卯，韩、魏服而事秦。秦昭王方令白起与韩、魏共伐楚，未行，而楚使黄歇适至于秦，闻秦之计。当是之时，秦已前使白起攻楚，取巫、黔中之郡，拔鄢郢，东至竟陵，②楚顷襄王东徙治于陈县。③黄歇见楚怀王之为秦所诱而入朝，遂见欺，留死于秦。顷襄王，其子也，秦轻之，恐壹举兵而灭楚。歇乃上书说秦昭王曰：

①【索隐】名横，考烈王完之父。

②【正义】竟陵属江夏郡也。

③【正义】今陈州也。

天下莫强于秦、楚。今闻大王欲伐楚，此犹两虎相与斗。两虎相与斗而驽犬受其弊，①不如善楚。臣请言其说：臣闻物至则反，冬夏是也；②致至则危，③累棋是也。今大国之地，遍天下有其二垂，④此从生民已来，万乘之地未尝有也。先帝文王、庄王之身，三世不妄接地于齐，以绝从亲之要。⑤今王使盛桥守事于韩，⑥盛桥以其地入秦，是王不用甲，不信威，⑦而得百里之地。王可谓能矣。王又举甲而攻魏，杜大梁之门，举河内，拔燕、酸枣、虚、⑧桃，入邢，⑨魏之兵云翔而不敢救。王之功亦多矣。王休甲息众，二年而后复之；又并蒲、衍、首、垣，⑩以临仁、平丘，⑪黄、济阳婴城⑫而魏氏服；王又割濮磨之北，⑬注齐秦之要，绝楚赵之脊，⑭天下五合六聚而不敢救。王之威亦单矣。⑮

①【索隐】按：谓两虎斗乃受獘于驽犬也。刘氏云受犹承也。

②【正义】至，极也，极则反也。冬至，阴之极；夏至，阳之极。

③【集解】徐广曰："致，或作'安'。"

④【正义】言极东西。

⑤【索隐】音腰。以言山东从，韩、魏是其腰。

⑥【索隐】按：秦使盛桥守事于韩，亦如楚使召滑相赵然也，并内行章义之难。

⑦【索隐】信音申。

⑧【集解】徐广曰："秦始皇五年，取酸枣、燕、虚。苏代曰'决宿胥之口，魏无虚、顿丘'。"

⑨【集解】徐广曰："燕县有桃城，平皋有邢丘。" 【正义】邢丘在怀州武德县东南二十里。

⑩【集解】徐广曰："苏秦云'北有河外、卷、衍'。长垣县有蒲乡。" 【索隐】此蒲在卫之长垣蒲乡也。衍在河南，与卷相近。首盖牛首，垣即长垣，非河东之垣也。垣音圆。

⑪【集解】徐广曰："属陈留。" 【索隐】仁及平丘二县名。谓以兵临此

二县，则黄及济阳等自婴城而守也。按：地理志平丘属陈留，今不知所在。

⑫【集解】徐广曰："苏代云'决白马之口，魏无黄、济阳'。" 【正义】故黄城在曹州考城县东。济阳故城在曹州宛句县西南。婴城，未详。

⑬【集解】徐广曰："濮水北于钜野入济。" 【索隐】地名，盖地近濮也。

⑭【正义】刘伯庄云："言秦得魏地，楚赵之(绝)从〔绝〕。"

⑮【集解】徐广曰："单，亦作'殚'。" 【索隐】单音丹。单者，尽也。言王之威尽行矣。

王若能持功守威，绌攻取之心而肥仁义之地，使无后患，三王不足四，五伯不足六也。王若负人徒之众，仗兵革之强，乘毁魏之威，而欲以力臣天下之主，臣恐其有后患也。诗曰"靡不有初，鲜克有终"。易曰"狐涉水，濡其尾"。①此言始之易，终之难也。何以知其然也？昔智氏见伐赵之利而不知榆次之祸，②吴见伐齐之便而不知干隧之败。③此二国者，非无大功也，没利于前而易患于后也。④吴之信越也，从而伐齐，⑤既胜齐人于艾陵，⑥还为越王禽三渚之浦。⑦智氏之信韩、魏也，从而伐赵，攻晋阳城，⑧胜有日矣，韩、魏叛之，杀智伯瑶于凿台之下。⑨今王妒楚之不毁也，而忘毁楚之强韩、魏也，臣为王虑而不取也。

①【正义】言狐惜其尾，每涉水，举尾不令湿，比至极困，则濡之。譬不可力臣之。

②【索隐】智伯败于榆次也。地理志属太原，有梗阳乡。 【正义】榆次，并州县也。注水经云："榆次县南洞涡水侧有凿台。"

③【索隐】干隧，吴之败处，地名。干，水边也。隧，道路也。 【正义】干隧，吴地名也。出万安山西南一里太湖，即吴王夫差自刭处，在苏州

西北四十里。

④【索隐】谓智伯及吴王没伐赵及伐齐之利于前，而自易其患于后。后即榆次、干隧之难也。

⑤【索隐】从音绝用反。刘氏云："从犹领也。"

⑥【正义】艾山在兖州博县南六十里也。

⑦【集解】战国策曰"三江之浦"。【正义】吴俗传云："越军得子胥梦，从东入伐吴，越王即从三江北岸立坛，杀白马祭子胥，杯动酒尽，乃开渠曰示浦，入破吴王于姑苏，败干隧也。"

⑧【正义】并州城。

⑨【集解】徐广曰："凿台在榆次。"

诗曰"大武远宅而不涉"。①从此观之，楚国，援也；邻国，敌也。诗云"趯趯毚兔，遇犬获之。②他人有心，余忖度之"。今王中道而信韩、魏之善王也，此正吴之信越也。臣闻之，敌不可假，时不可失。臣恐韩、魏卑辞除患而实欲欺大国也。③何则？王无重世之德④于韩、魏，而有累世之怨焉。夫韩、魏父子兄弟接踵而死于秦者将十世矣。本国残，社稷坏，宗庙毁。刳腹绝肠，折颈折颐，⑤首身分离，暴骸骨于草泽，头颅僵仆，相望于境，父子老弱系脰束手为群虏者相及于路。鬼神孤伤，无所血食。人民不聊生，族类离散，流亡为仆妾者，盈满海内矣。故韩、魏之不亡，秦社稷之忧也，今王资之与攻楚，不亦过乎！

①【正义】言大军不远跋涉攻伐。

②【集解】韩婴章句曰："趯趯，往来貌。获，得也。言趯趯之毚兔。谓狡兔数往来逃匿其迹，有时遇犬得之。"毛传曰："毚兔，狡兔也。"郑玄曰："遇犬，犬之驯者，谓田犬。"【索隐】"趯"作"跃"。跃，天历反。

毚音谗。

③【索隐】大国谓秦也。

④【索隐】重世犹累世也。

⑤【集解】徐广曰:“一作‘颠’。” 【索隐】上音拉,下音夷。

且王攻楚将恶出兵?①王将借路于仇雠之韩、魏乎?兵出之日而王忧其不返也,是王以兵资于仇雠之韩、魏也。王若不借路于仇雠之韩、魏,必攻随水右壤。随水右壤,此皆广川大水,山林溪谷,不食之地也,②王虽有之,不为得地。是王有毁楚之名而无得地之实也。

①【正义】恶音乌。

②【索隐】楚都陈,随水之右壤盖在随之西,即今邓州之西,其地多山林者矣。

且王攻楚之日,四国必悉起兵以应王。秦、楚之兵构而不离,魏氏将出而攻留、方与、铚、湖陵、砀、萧、相,故宋必尽。①齐人南面攻楚,泗上必举。②此皆平原四达,膏腴之地,而使独攻。③王破楚以肥韩、魏于中国而劲齐。韩、魏之强,足以校于秦。④齐南以泗水为境,东负海,北倚河,而无后患,天下之国莫强于齐、魏,齐、魏得地葆利而详事下吏,一年之后,为帝未能,其于禁王之为帝有馀矣。⑤

①【正义】徐州西,宋州东,兖州南,并故宋地。

②【正义】此时徐、泗属齐也。

③【索隐】若秦楚构兵不休,则魏尽故宋,齐取泗上,是使齐魏独攻伐而得其利也。

④【索隐】校音教。谓足以与秦为敌也。一云校者,报也,言力能报秦。

⑤【索隐】言齐一年之后,未即能为帝,而能禁秦为帝有馀力矣。然“禁”

字作“楚”者，误也。

夫以王壤土之博，人徒之众，兵革之强，壹举事而树怨于楚，迟令①韩、魏归帝重于齐，是王失计也。②臣为王虑，莫若善楚。秦、楚合而为一以临韩，韩必敛手。王施以东山之险，带以曲河之利，韩必为关内之侯。若是而王以十万戍郑，梁氏寒心，许、鄢陵婴城，而上蔡、召陵不往来也，如此而魏亦关内侯矣。王壹善楚，而关内两万乘之主注地于齐，③齐右壤可拱手而取也。④王之地 经两海，⑤要约天下，是燕、赵无齐、楚，齐、楚无燕、赵也。然后危动燕、赵，直摇齐、楚，此四国者不待痛而服矣。

①【集解】徐广曰：“迟，一作‘还’。” 【索隐】迟音值。值犹乃也。令音力呈反。

②【索隐】谓韩、魏重齐，令归帝号，此秦之计失。

③【索隐】注谓以兵裁之也。

④【正义】右壤谓济州之南北也。

⑤【索隐】谓西海至东海皆是秦地。 【正义】广言横度中国东西也。

昭王曰：“善。”于是乃止白起而谢韩、魏。发使赂楚，约为与国。

黄歇受约归楚，楚使歇与太子完入质于秦，秦留之数年。楚顷襄王病，太子不得归。而楚太子与秦相应侯善，于是黄歇乃说应侯曰：“相国诚善楚太子乎？”应侯曰：“然。”歇曰：“今楚王恐不起疾，秦不如归其太子。太子得立，其事秦必重而德相国无穷，是亲与国而得储万乘也。若不归，则咸阳一布衣耳；楚更立太子，必不事秦。

夫失与国而绝万乘之和，非计也。愿相国孰虑之。”应侯以闻秦王。秦王曰：“令楚太子之傅先往问楚王之疾，返而后图之。”黄歇为楚太子计曰：“秦之留太子也，欲以求利也。今太子力未能有以利秦也，歇忧之甚。而阳文君子二人在中，王若卒大命，太子不在，阳文君子必立为后，太子不得奉宗庙矣。不如亡秦，与使者俱出；臣请止，以死当之。”楚太子因变衣服为楚使者御以出关，而黄歇守舍，常为谢病。度太子已远，秦不能追，歇乃自言秦昭王曰：“楚太子已归，出远矣。歇当死，愿赐死。”昭王大怒，欲听其自杀也。应侯曰：“歇为人臣，出身以徇其主，太子立，必用歇，故不如无罪而归之，以亲楚。”秦因遣黄歇。

歇至楚三月，楚顷襄王卒，①太子完立，是为考烈王。考烈王元年，以黄歇为相，封为春申君，②赐淮北地十二县。后十五岁，黄歇言之楚王曰：“淮北地边齐，其事急，请以为郡便。”因并献淮北十二县，请封于江东。考烈王许之。春申君因城故吴墟，③以自为都邑。

①【集解】徐广曰：“三十六年。”

②【正义】然四君封邑检皆不获，唯平原有地，又非赵境，并盖号谥，而孟尝是谥。

③【正义】墟音虚。(阖闾)今苏州也。〔阖闾〕于城内小城西北别筑城居之，今圮毁也。又大内北渎，四从五横，至今犹存。又改破楚门为昌门。

春申君既相楚，是时齐有孟尝君，赵有平原君，魏有信陵君，方争下士，招致宾客，以相倾夺，辅国持权。

春申君为楚相四年，秦破赵之长平军四十馀万。五年，围邯郸。邯郸告急于楚,楚使春申君将兵往救之,秦兵亦去,春申君归。春申君相楚八年,为楚北伐灭鲁,①以荀卿为兰陵令。当是时,楚复强。

①【索隐】按:年表云八年取鲁,封鲁君于莒,十四年而灭也。

赵平原君使人于春申君,春申君舍之于上舍。赵使欲夸楚,为玳瑁簪,刀剑室以珠玉饰之,请命春申君客。春申君客三千馀人,其上客皆蹑珠履以见赵使,赵使大惭。

春申君相十四年,秦庄襄王立,以吕不韦为相,封为文信侯。取东周。

春申君相二十二年,诸侯患秦攻伐无已时,乃相与合从,西伐秦,①而楚王为从长,春申君用事。至函谷关,秦出兵攻,诸侯兵皆败走。楚考烈王以咎春申君,春申君以此益疏。

①【集解】徐广曰:"始皇六年。"

客有观津人朱英,①谓春申君曰:"人皆以楚为强而君用之弱,其于英不然。先君时善秦二十年而不攻楚,何也?秦逾黾隘之塞而攻楚,②不便;假道于两周,背韩、魏而攻楚,不可。今则不然,魏旦暮亡,不能爱许、鄢陵,其许魏割以与秦。秦兵去陈百六十里,③臣之所观者,见秦、楚之日斗也。"楚于是去陈徙寿春;而秦徙卫野王,作置东郡。④春申君由此就封于吴,行相事。

①【正义】观音馆。今魏州观城县也。

②【正义】黾隘之塞在申州。黾音盲也。

③【集解】徐广曰:"在许东南。"

④【正义】濮、滑州兼河北置东郡。濮州本卫都,而徙野王也。

楚考烈王无子，春申君患之，求妇人宜子者进之，甚众，卒无子。赵人李园持其女弟，欲进之楚王，闻其不宜子，恐久毋宠。李园求事春申君为舍人，已而谒归，故失期。还谒，春申君问之状，对曰："齐王使使求臣之女弟，与其使者饮，故失期。"春申君曰："娉入乎？"对曰："未也。"春申君曰："可得见乎？"曰："可。"于是李园乃进其女弟，即幸于春申君。知其有身，李园乃与其女弟谋。园女弟承间以说春申君曰："楚王之贵幸君，虽兄弟不如也。今君相楚二十馀年，而王无子，即百岁后将更立兄弟，则楚更立君后，亦各贵其故所亲，君又安得长有宠乎？非徒然也，君贵用事久，多失礼于王兄弟，兄弟诚立，祸且及身，何以保相印江东之封乎？今妾自知有身矣，而人莫知。妾幸君未久，诚以君之重而进妾于楚王，王必幸妾；妾赖天有子男，则是君之子为王也，楚国尽可得，孰与身临不测之罪乎？"春申君大然之，乃出李园女弟谨舍，而言之楚王。楚王召入幸之，遂生子男，立为太子，以李园女弟为王后。楚王贵李园，园用事。

李园既入其女弟，立为王后，子为太子，恐春申君语泄而益骄，阴养死士，欲杀春申君以灭口，而国人颇有知之者。

春申君相二十五年，楚考烈王病。朱英谓春申君曰："世有毋望之福，①又有毋望之祸。②今君处毋望之世，③事毋望之主，④安可以无毋望之人乎？"⑤春申君曰："何谓毋望之福？"曰："君相楚二十馀年矣，虽名相国，实楚王也。今楚王病，旦暮且卒，而君相少主，因而代立当国，如伊尹、周公，王长而反政，不即遂南面称孤而有楚国？此所谓毋望之福也。"春申君曰："何谓毋望之祸？"曰："李园不治国而君之仇也，⑥不为兵而养死士之日久矣，楚王卒，李园必先入据权而杀君以灭口。此所谓毋望之祸也。"春申君曰:"何谓毋望之人?"对曰:"君置臣郎中,楚王卒,李园必先入,臣为君杀李园。此所谓毋望之人也。"春申君曰:"足下置之。李园,弱人也,仆又善之,且又何至此!"朱英⑦知言不用,恐祸及身,乃亡去。

①【正义】无望谓不望而忽至也。

②【索隐】周易有无妄卦,其义殊也。

③【正义】谓生死无常。

④【正义】谓喜怒不节也。

⑤【正义】谓吉凶忽(为)〔焉〕。

⑥【索隐】言园是春申之仇也。战国策作"君之舅也",谓为王之舅,意异也。

⑦【索隐】朱亥。即上之朱英也。作"亥"者,史因赵有朱亥误也。

后十七日,楚考烈王卒,李园果先入,伏死士于棘门之内。①春申君入棘门,园死士侠刺春申君,斩其头,投之棘门外。②于是遂使吏尽灭春申君之家。而李园女弟初幸春申君有身而入之王所生子者遂立,是为楚幽王。③

①【正义】寿州城门。

②【正义】楚考烈王二十五年,秦始皇九年。

③【索隐】按:楚捍有母弟犹,犹有庶兄负刍及昌平君,是楚君完非无子,而上文云考烈王无子,误也。

是岁也,秦始皇帝立九年矣。嫪毐亦为乱于秦,觉,夷其三族,而吕不韦废。

太史公曰:吾适楚,观春申君故城,宫室盛矣哉!初,春申君之说秦昭王，及出身遣楚太子归，何其智之明也！后制于李园，旄矣。①语曰："当断不断，反受其乱。"春申君失朱英之谓邪？

①【集解】徐广曰："旄音耄。"

【索隐述赞】黄歇辩智，权略秦、楚。太子获归，身作宰辅。珠炫赵客，邑开吴士。烈王寡胤，李园献女。无妄成灾，朱英徒语。

史记卷七十九

范雎蔡泽列传第十九

范雎者，魏人也，字叔。游说诸侯，欲事魏王，家贫无以自资，乃先事魏中大夫[①]须贾。[②]

①【索隐】按：汉书百官表中大夫，秦官。此魏有中大夫，盖古官也。

②【索隐】须，姓；贾，名也。须氏盖密须之后。

须贾为魏昭王[①]使于齐，范雎从。留数月，未得报。齐襄王[②]闻雎辩口，乃使人赐雎金十斤及牛酒，雎辞谢不敢受。须贾知之，大怒，以为雎持魏国阴事告齐，故得此馈，令雎受其牛酒，还其金。既归，心怒雎，以告魏相。魏相，魏之诸公子，曰魏齐。魏齐大怒，使舍人笞击雎，折胁折齿。[③]雎详死，即卷以箦，[④]置厕中。宾客饮者醉，更溺雎，[⑤]故僇辱以惩后，令无妄言者。雎从箦中谓守者曰："公能出我，我必厚谢公。"守者乃请出弃箦中死人。魏齐醉，曰："可矣。"范雎得出。后魏齐悔，复召求之。魏人郑安平闻之，乃遂操范雎亡，伏匿，更名姓曰张禄。

①【索隐】按：系本昭王名遬，襄王之子也。

②【索隐】名法章。

③【索隐】折音力答反。谓打折其胁而又拉折其齿也。

④【索隐】箦谓苇荻之薄也，用之以裹尸也。

⑤【索隐】更音羹。溺即溲也。溺音年吊反。溲音所留反。　【正义】溺，古“尿”字。

当此时，秦昭王使谒者王稽于魏。郑安平诈为卒，侍王稽。① 王稽问：“魏有贤人可与俱西游者乎？”郑安平曰：“臣里中有张禄先生，欲见君，言天下事。其人有仇，不敢昼见。”王稽曰：“夜与俱来。”郑安平夜与张禄见王稽。语未究，王稽知范雎贤，谓曰：“先生待我于三亭之南。”②与私约而去。

①【正义】卒，祖律反。

②【索隐】按：三亭，亭名，在魏境之边，道亭也，今无其处。一云魏之郊境，总有三亭，皆祖饯之处。与期三亭之南，盖送饯已毕，无人处。

【正义】括地志云：“三亭冈在汴州尉氏县西南三十七里。”按：三亭冈在山部中名也，盖“冈”字误为“南”。

王稽辞魏去，过载范雎入秦。至湖，①望见车骑从西来。范雎曰：“彼来者为谁？”王稽曰：“秦相穰侯东行县邑。”范雎曰：“吾闻穰侯专秦权，恶内诸侯客，②此恐辱我，我宁且匿车中。”有顷，穰侯果至，劳王稽，因立车而语曰：“关东有何变？”曰：“无有。”又谓王稽曰：“谒君得无与诸侯客子俱来乎？无益，徒乱人国耳。”王稽曰：“不敢。”即别去。范雎曰：“吾闻穰侯智士也，其见事迟，乡者疑车中有人，忘索之。”③于是范雎下车走，曰：“此必悔之。”行十馀里，果使骑还索车中，无客，乃已。王稽遂与范雎入咸阳。

①【索隐】按：地理志京兆有湖县，本名胡，武帝更名湖，即今湖城县也。

【正义】今虢州湖城县也。

②【索隐】内音纳，亦如字。内者亦犹入也。

③【索隐】索犹搜也。音栅，又先格反。

已报使，因言曰："魏有张禄先生，天下辩士也。曰'秦王之国危于累卵，①得臣则安。然不可以书传也'。臣故载来。"秦王弗信，使舍食草具。②待命岁馀。

①【正义】按：说苑云"晋灵公造九层之台，费用千金，谓左右曰：'敢有谏者斩。'荀息闻之，上书求见。灵公张弩持矢见之。曰：'臣不敢谏也。臣能累十二博棋，加九鸡子其上。'公曰：'子为寡人作之。'荀息正颜色，定志意，以棋子置下，加九鸡子其上。左右惧慑息，灵公气息不续。公曰：'危哉，危哉！'荀息曰：'此殆不危也，复有危于此者。'公曰：'愿见之。'荀息曰：'九层之台三年不成，男不耕，女不织，国用空虚，邻国谋议将兴，社稷亡灭，君欲何望？'灵公曰：'寡人之过也乃至于此！'即坏九层台也。"

②【索隐】谓亦舍之，而食以下客之具。然草具谓粗食草莱之馔具。

当是时，昭王已立三十六年。南拔楚之鄢郢，楚怀王幽死于秦。秦东破齐。湣王尝称帝，后去之。数困三晋。厌天下辩士，无所信。

穰侯，华阳君，①昭王母宣太后之弟也；而泾阳君、高陵君皆昭王同母弟也。穰侯相，三人者更将，有封邑，以太后故，私家富重于王室。及穰侯为秦将，且欲越韩、魏而伐齐纲寿，欲以广其陶封。范雎乃上书曰：

①【集解】徐广曰："华，一作'叶'。" 【索隐】穰侯谓魏冉，宣太后之异

父弟。穰，县，在南阳。华阳君，芈戎，宣太后之同父弟，亦号为新城君是也。

臣闻明主立政，①有功者不得不赏，有能者不得不官，劳大者其禄厚，功多者其爵尊，能治众者其官大。故无能者不敢当职焉，有能者亦不得蔽隐。使以臣之言为可，愿行而益利其道；以臣之言为不可，久留臣无为也。语曰："庸主赏所爱而罚所恶；明主则不然，赏必加于有功，而刑必断于有罪。"今臣之胸不足以当椹质，②而要不足以待斧钺，岂敢以疑事尝试于王哉！虽以臣为贱人而轻辱，独不重任臣者之无反复于王邪？

①【索隐】按：战国策"立"作"莅"也。

②【索隐】椹音陟林反。按：椹者，莝椹也。质者，锉刃也。腰斩者当椹质也。

且臣闻周有砥砨，宋有结绿，梁有县藜，①楚有和朴，②此四宝者，土之所生，良工之所失也，而为天下名器。然则圣王之所弃者，独不足以厚国家乎？

①【集解】薛综曰："县藜一曰美玉。"

②【正义】县音玄。刘伯庄云珍玉朴也。

臣闻善厚家者取之于国，善厚国者取之于诸侯。天下有明主则诸侯不得擅厚者，何也？为其割荣也。①良医知病人之死生，而圣主明于成败之事，利则行之，害则舍之，疑则少尝之，虽舜禹复生，弗能改已。语之至者，臣不敢载之于书，其浅者又不足听也。意者臣愚而不概②于王心邪？亡其言③臣者贱而不可用乎？自非然者，臣愿得少赐游观之间，望见颜色。一语无效，请伏斧质。

①【集隐】割荣即上之擅厚，谓擅权也。

②【集解】徐广曰："一作'溉'，音同。" 【索隐】按：战国策"概"作"关"，谓关涉于于王心也。徐注"音同"，非也。

③【索隐】亡犹轻蔑也。

于是秦昭王大说，乃谢王稽，使以传车①召范雎。

①【集解】徐广曰："一云'使持车'。" 【索隐】"使持车"，战国策之文也。

于是范雎乃得见于离宫，①详为不知永巷而入其中。②王来而宦者怒，逐之，曰："王至！"范雎缪为曰："秦安得王？秦独有太后、穰侯耳。"欲以感怒昭王。昭王至，闻其与宦者争言，遂延迎，谢曰："寡人宜以身受命久矣，会义渠之事急，寡人旦暮自请太后；今义渠之事已，寡人乃得受命。窃闵然不敏，③敬执宾主之礼。"范雎辞让。是日观范雎之见者，群臣莫不洒然④变色易容者。

①【正义】长安故城本秦离宫，在雍州长安北十三里也。

②【正义】永巷，宫中狱也。

③【索隐】邹诞本作"愍然"，音昏。又云一作"闵"，音敏。闵犹昏暗也。

④【集解】徐广曰："洒，先典反。" 【索隐】郑玄曰"洒然，肃敬之貌"也。

秦王屏左右，宫中虚无人。秦王跽①而请曰："先生何以幸教寡人？"范雎曰："唯唯。"有间，秦王复跽而请曰："先生何以幸教寡人？"范雎曰："唯唯。"若是者三。秦王跽曰："先生卒不幸教寡人邪？"范雎曰："非敢然也。臣闻昔者吕尚之遇文王也，身为渔父而钓于渭滨耳。若是者，交疏也。已说而立为太师，载与俱归者，其言深也。故文王遂收功于吕尚而卒王天下。乡使文王疏吕尚而不与深言，是周无天子之德，而文武无与成其王业也。今臣羁旅之臣也，交疏于王，而所愿陈者皆匡君之事，处人骨肉之间，愿效愚忠而未知王之心也。此所以王三问而不敢对者也。臣非有畏而不敢言也。臣知今日言之于前而明日伏诛于后，然臣不敢避也。大王信行臣之言，死不足以为臣患，亡不足以为臣忧，漆身为厉②被发为狂不足以为臣耻。且以五帝之圣焉而死，三王之仁焉而死，五伯之贤焉而死，乌获、任鄙之力焉而死，成荆、③孟贲、④王庆忌、⑤夏育之勇焉而死。⑥死者，人之所必不免也。处必然之势，可以少有补于秦，此臣之所大愿也，臣又何患哉！伍子胥橐载而出昭关，夜行昼伏，至于陵水，⑦无以糊其口，膝行蒲伏，稽首肉袒，鼓腹吹篪，⑧乞食于吴市，卒兴吴国，阖闾为伯。使臣得尽谋如伍子胥，加之以幽囚，终身不复见，是臣之说行也，臣又何忧？箕子、接舆漆身为厉，被发为狂，无益于主。假使臣得同行于箕子，可以有补于所贤之主，是臣之大荣也，臣有何耻？臣之所恐者，独恐臣死之后，天下见臣之尽忠而身死，因以是杜口裹足，莫肯乡秦耳。足下上畏太后之严，下惑于奸臣之态，⑨居深宫之中，不离阿保之手，终身迷惑，无与昭奸。⑩大者宗庙灭覆，小者身以孤危，此臣之所恐耳。若夫穷辱之事，死亡之患，臣不敢畏也。臣死而秦治，是臣死贤于生。”秦王跽曰：“先生是何言也！夫秦国辟远，寡人愚不肖，先生乃幸辱至于此，是天以寡人慁先生⑪而存先王之宗庙也。寡人得受命于先生，是天所以幸先王，而不弃其孤也。先生奈何而言若是！事无小大，上及太后，下至大臣，愿先生悉以教寡人，无疑寡人也。”范雎拜，秦王亦拜。

①【索隐】音其纪反。跽者，长跪，两膝枝地。

②【索隐】音赖，癞病也。言漆涂身，生疮如病癞。

③【集解】徐广曰：“一作‘羌’。”

④【集解】许慎曰："成荆，古勇士。孟贲，卫人。"

⑤【集解】吴越春秋曰："吴王僚子庆忌。"

⑥【集解】汉书音义曰："或云夏育，卫人，力举千钧。"

⑦【索隐】刘氏云："陵水即栗水也。"按：陵栗声相近，故惑也。

⑧【集解】徐广曰："一作'箫'。"

⑨【索隐】按：态谓奸臣谄诈之志也。

⑩【正义】昭，明也。无与明其奸恶。

⑪【集解】徐广曰："乱先生也。音溷。"【索隐】慁及注"溷"字并胡困反。慁犹汩乱之意。

范雎曰："大王之国，四塞以为固，北有甘泉、谷口，①南带泾、渭，右陇、蜀，左关、阪，奋击百万，战车千乘，利则出攻，不利则入守，此王者之地也。民怯于私斗而勇于公战，此王者之民也。王并此二者而有之。夫以秦卒之勇，车骑之众，以治诸侯，譬若施韩卢而搏蹇兔也，②霸王之业可致也，而群臣莫当其位。至今闭关十五年，不敢窥兵于山东者，是穰侯为秦谋不忠，而大王之计有所失也。"秦王跽曰："寡人愿闻失计。"

①【正义】括地志云："甘泉山一名鼓原，俗名磨石岭，在雍州云阳县西北九十里。关中记云'甘泉宫在甘泉山上，年代永久，无复甘泉之名，失其实也。宫北云有连山，土人为磨石岭'。郊祀志公孙卿言黄帝得仙寒门，寒门者，谷口也。按：九嵕山西谓之谷口，即古寒门也。在雍州醴泉县东北四十里。"

②【索隐】战国策云："韩卢者，天下之壮犬也。"是韩呼卢为犬，谓施韩卢而搏蹇兔，以喻秦强，言取诸侯之易。

然左右多窃听者，范雎恐，未敢言内，先言外事，以观秦王之俯仰。因进曰："夫穰侯越韩、魏而攻齐纲、寿，非计也。少出师则不足以伤齐,多出师则害于秦。臣意王之计,欲少出师而悉韩、魏之兵也,则不义矣。今见与国之不亲也,越人之国而攻,可乎?其于计疏矣。且昔齐湣王南攻楚,破军杀将,再辟地千里,[①]而齐尺寸之地无得焉者,岂不欲得地哉,形势不能有也。诸侯见齐之罢獘,君臣之不和也,兴兵而伐齐,大破之。士辱兵顿,皆咎其王,曰:'谁为此计者乎?'王曰:'文子为之。'[②]大臣作乱,文子出走。故齐所以大破者,以其伐楚而肥韩、魏也。此所谓借贼兵[③]而赍盗粮者也。[④]王不如远交而近攻,得寸则王之寸也,得尺亦王之尺也。今释此而远攻,不亦缪乎!且昔者中山之国地方五百里,赵独吞之,功成名立而利附焉,天下莫之能害也。今夫韩、魏,中国之处而天下之枢也,王其欲霸,必亲中国以为天下枢,以威楚、赵。楚强则附赵,赵强则附楚,楚、赵皆附,齐必惧矣。齐惧,必卑辞重币以事秦。齐附而韩、魏因可虏也。"昭王曰:"吾欲亲魏久矣,而魏多变之国也,寡人不能亲。请问亲魏奈何?"对曰:"王卑词重币以事之;不可,则割地而赂之;不可,因举兵而伐之。"王曰:"寡人敬闻命矣。"乃拜范睢为客卿,谋兵事。卒听范睢谋,使五大夫绾伐魏,拔怀。[⑤]后二岁,拔邢丘。

①【正义】辟,(尺)〔四〕亦反。

②【索隐】谓田文,即孟尝君也。犹战国策谓田肦、田婴为肦子、婴子然也。

③【索隐】借音子夜反。一作"籍",音亦同。

④【索隐】赍音侧奚反。言为盗赍粮也。

⑤【集解】徐广曰:"昭王三十九年。"

客卿范睢复说昭王曰:"秦韩之地形,相错如绣。秦之有韩也,譬如木之有蠹也,[①]人之有心腹之病也。天下无变则已,天下有变，其为秦患者孰大于韩乎？王不如收韩。”昭王曰：“吾固欲收韩，韩不听，为之奈何？”对曰：“韩安得无听乎？王下兵而攻荥阳，则巩、成皋之道不通；②北断太行之道，则上党之师不下。③王一兴兵而攻荥阳，则其国断而为三。④夫韩见必亡，安得不听乎？若韩听，而霸事因可虑矣。”王曰：“善。”且欲发使于韩。

①【正义】音妒，(石)〔蚀〕柱虫。

②【正义】言宜阳、陕、虢之师不得下相救。

③【正义】言泽、潞之师不得下太行相救。

④【正义】新郑已南一，宜阳二，泽、潞三。

范睢日益亲，复说用数年矣，因请閒说曰：“①臣居山东时，闻齐之有田文，不闻其有王也；闻秦之有太后、穰侯、华阳、高陵、泾阳，不闻其有王也。夫擅国之谓王，能利害之谓王，制杀生之威之谓王。今太后擅行不顾，穰侯出使不报，华阳、泾阳等击断无讳，②高陵进退不请。四贵备而国不危者，未之有也。为此四贵者下，乃所谓无王也。然则权安得不倾，令安得从王出乎？臣闻善治国者，乃内固其威而外重其权。穰侯使者操王之重，决制于诸侯，剖符于天下，政適③伐国，莫敢不听。战胜攻取则利归于陶，国獘御于诸侯；④战败则结怨于百姓，而祸归于社稷。诗曰‘木实繁者披其枝，⑤披其枝者伤其心；大其都者危其国，尊其臣者卑其主’。崔杼、淖齿管齐，⑥射王股，擢王筋，⑦县之于庙梁，宿昔而死。李兑管赵，囚主父于沙丘，⑧百日而饿死。今臣闻秦太后、穰侯用事，高陵、华阳、泾阳佐之，卒无秦王，此亦淖齿、李兑之类也。且夫三代所以亡国者，君专授政，纵酒驰骋弋猎，不听政事。其所授者，妒贤嫉能，御下蔽上，以成其私，不为主计，而主不觉悟，故失其国。今自有秩以上至诸大吏，下及王左右，无非相国之人者。见王独立于朝，臣窃为王恐，万世之后，有秦国者非王子孙也。”昭王闻之大惧，曰：“善。”于是废太后，逐穰侯、高陵、华阳、泾阳君于关外。秦王乃拜范睢为相。收穰侯之印，使归陶，因使县官给车牛以徙，千乘有馀。到关，关阅其宝器，宝器珍怪多于王室。

①【正义】閒音闲。

②【集解】讳，畏也。 【索隐】无讳犹无畏也。

③【集解】徐广曰：“音征敌。”

④【索隐】按：檠者，断也。御，制也。言穰侯执权，以制御主断于诸侯也。

⑤【正义】披音片被反。

⑥【索隐】淖，姓也，音泥教反，汉有淖姬是也。高诱曰“管，典也”。言二人典齐权而行弑逆也。 【正义】淖齿，楚人，齐湣王臣。

⑦【索隐】按：言“射王股”，误也。崔杼射庄公之股，淖齿擢湣王之筋，是说二君事也。

⑧【正义】沙丘台在邢州平乡县东北三十里。

秦封范睢以应，①号为应侯。当是时，秦昭王四十一年也。

①【索隐】封范睢于应。案：刘氏云“河东临晋县有应亭”，则秦地有应也。又案：本纪以应为太后养地，解者云“在颍川之应乡”，未知孰是。 【正义】括地志云：“故应城，古应乡，在汝州鲁山县东四十里也。”

范睢既相秦，秦号曰张禄，而魏不知，以为范睢已死久矣。魏闻秦且东伐韩、魏，魏使须贾于秦。范睢闻之，为微行，敝衣閒步之邸，①见须贾。须贾见之而惊曰：“范叔固无恙乎！”范睢曰：“然。”须贾笑曰：“范叔有说于秦邪？”曰：“不也。睢前日得过于魏相，故亡逃至此,安敢说乎!"须贾曰:"今叔何事?"范雎曰:"臣为人庸赁。"须贾意哀之,留与坐饮食,曰:"范叔一寒如此哉!"乃取其一绨袍以赐之。②须贾因问曰:"秦相张君,公知之乎?吾闻幸于王,天下之事皆决于相君。今吾事之去留在张君。孺子③岂有客习于相君者哉?"范雎曰:"主人翁习知之。唯雎亦得谒,雎请为见君于张君。"须贾曰:"吾马病,车轴折,非大车驷马,吾固不出。"范雎曰:"愿为君借大车驷马于主人翁。"

①【正义】刘云"诸国客馆"。

②【索隐】按:绨,厚缯也,音啼,盖今之绝也。【正义】今之粗袍。

③【索隐】刘氏云:"盖谓雎为小子也。"

范雎归取大车驷马,为须贾御之,入秦相府。府中望见,有识者皆避匿。须贾怪之。至相舍门,谓须贾曰:"待我,我为君先入通于相君。"须贾待门下,持车良久,问门下曰:"范叔不出,何也?"门下曰:"无范叔。"须贾曰:"向者与我载而入者。"门下曰:"乃吾相张君也。"须贾大惊,自知见卖,乃肉袒膝行,因门下人谢罪。于是范雎盛帷帐,侍者甚众,见之。须贾顿首言死罪,曰:"贾不意君能自致于青云之上,贾不敢复读天下之书,不敢复与天下之事。贾有汤镬之罪,请自屏于胡貉之地,唯君死生之!"范雎曰:"汝罪有几?"曰:"擢贾之发以续贾之罪,尚未足。"范雎曰:"汝罪有三耳。昔者楚昭王时而申包胥为楚却吴军,楚王封之以荆五千户,包胥辞不受,为丘墓之寄于荆也。今雎之先人丘墓亦在魏,公前以雎为有外心于齐而恶雎于魏齐,公之罪一也。当魏齐辱我于厕中,公不止,罪二也。更醉而溺我,公其何忍乎?罪三矣。然公之所以得无死者,以绨袍恋恋,有故人之意,故释公。"乃谢罢。入言之昭王,罢归须贾。

须贾辞于范睢，范睢大供具，尽请诸侯使，与坐堂上，食饮甚设。而坐须贾于堂下，置莝豆其前，令两黥徒夹而马食之。数曰："为我告魏王，急持魏齐头来！不然者，我且屠大梁。"须贾归，以告魏齐。魏齐恐，亡走赵，匿平原君所。

范睢既相，王稽谓范睢曰："事有不可知者三，有不可奈何者亦三。宫车一日晏驾，①是事之不可知者一也。君卒然捐馆舍，是事之不可知者二也。使臣卒然填沟壑，是事之不可知者三也。宫车一日晏驾，君虽恨于臣，无可奈何。君卒然捐馆舍，君虽恨于臣，亦无可奈何。使臣卒然填沟壑，君虽恨于臣，亦无可奈何。"范睢不怿，乃入言于王曰："非王稽之忠，莫能内臣于函谷关；非大王之贤圣，莫能贵臣。今臣官至于相，爵在列侯，王稽之官尚止于谒者，非其内臣之意也。"昭王召王稽，拜为河东守，三岁不上计。②又任郑安平，昭王以为将军。范睢于是散家财物，尽以报所尝困厄者。一饭之德必偿，睚眦之怨必报。③

①【集解】应劭曰："天子当晨起早作，如方崩殒，故称晏驾。"韦昭曰："凡初崩为'晏驾'者，臣子之心犹谓宫车当驾而晚出。"

②【集解】司马彪曰："凡郡掌治民，进贤，劝功，决讼，检奸。常以春行所至县，劝民农桑，振救乏绝；秋冬遣无害吏案讯问诸囚，平其罪法，论课殿最；岁尽遣吏上计。"

③【索隐】睚音崖卖反，眦音士卖反。又音崖債二音。睚眦谓相嗔而怒目切齿。

范睢相秦二年，秦昭王之四十二年，东伐韩少曲、①高平，拔之。②

①【集解】徐广曰："苏代曰'起少曲，一日而断太行'。"【索隐】按：苏

云“起少曲，一日而断太行”，故刘氏以为盖在太行西南。

②【正义】括地志云：“南韩王故城在怀州河阳县西北四十里。俗谓之韩王城，非也。春秋时周桓王以与郑。纪年云‘郑侯使辰归晋阳向，更名高平，拔之’。则少曲当与高平相近。”

秦昭王闻魏齐在平原君所，欲为范雎必报其仇，乃详为好书遗平原君曰：“寡人闻君之高义，愿与君为布衣之友，君幸过寡人，寡人愿与君为十日之饮。”平原君畏秦，且以为然，而入秦见昭王。昭王与平原君饮数日，昭王谓平原君曰：“昔周文王得吕尚以为太公，齐桓公得管夷吾以为仲父，今范君亦寡人之叔父也。范君之仇在君之家，愿使人归取其头来；不然，吾不出君于关。”平原君曰：“贵而为交者，为贱也；富而为交者，为贫也。①夫魏齐者，胜之友也，在，固不出也，今又不在臣所。”昭王乃遗赵王书曰：“王之弟在秦，范君之仇魏齐在平原君之家。王使人疾持其头来；不然，吾举兵而伐赵，又不出王之弟于关。”赵孝成王乃发卒围平原君家，急，魏齐夜亡出，见赵相虞卿。虞卿度赵王终不可说，乃解其相印，与魏齐亡，间行，念诸侯莫可以急抵者，乃复走大梁，欲因信陵君以走楚。信陵君闻之，畏秦，犹豫未肯见，曰：“虞卿何如人也？”时侯嬴在旁，曰：“人固未易知，知人亦未易也。夫虞卿蹑屩檐簦，一见赵王，赐白璧一双，黄金百镒；再见，拜为上卿；三见，卒受相印，封万户侯。当此之时，天下争知之。夫魏齐穷困过虞卿，虞卿不敢重爵禄之尊，解相印，捐万户侯而间行。急士之穷而归公子，公子曰‘何如人’。人固不易知，知人亦未易也！”信陵君大惭，驾如野迎之。魏齐闻信陵君之初难见之，怒而自刭。赵王闻之，卒取其头予秦。秦昭王乃出平原君归赵。

①【索隐】上“为”音如字，下“为”音于伪反。以言富贵而结交情深者，

为有贫贱之时，不可忘之也。

昭王四十三年，秦攻韩汾陉，[①]拔之，因城河上[②]广武。

①【索隐】陉音刑。陉盖在韩之西界，与汾相近也。　【正义】按：陉庭故城在绛州曲沃县西北二十里汾水之阳。

②【索隐】刘氏云："此河上盖近河之地，本属韩，今秦得而城。"

后五年，昭王用应侯谋，纵反间卖赵，赵以其故，令马服子[①]代廉颇[②]将。秦大破赵于长平，遂围邯郸。已而与武安君白起有隙，言而杀之。[③]任郑安平，使击赵。郑安平为赵所围，急，以兵二万人降赵。应侯席稿请罪。秦之法，任人而所任不善者，各以其罪罪之。于是应侯罪当收三族。秦昭王恐伤应侯之意，乃下令国中："有敢言郑安平事者，以其罪罪之。"而加赐相国应侯食物日益厚，以顺适其意。后二岁，王稽为河东守，与诸侯通，坐法诛。[④]而应侯日益以不怿。

①【索隐】赵括之号也。故虞喜志林云"马，兵之首也。号曰'马服'者，言能服马也"。

②【索隐】邹氏音匹波反。

③【集解】徐广曰："在五十年。"　【索隐】注徐云五十年，据秦本纪及年表而知之也。

④【集解】徐广曰："五十二年。"

昭王临朝叹息，应侯进曰："臣闻'主忧臣辱，主辱臣死'。今大王中朝而忧，臣敢请其罪。"昭王曰："吾闻楚之铁剑利而倡优拙。[①]夫铁剑利则士勇，倡优拙则思虑远。夫以远思虑而御勇士，吾恐楚之图秦也。夫物不素具，不可以应卒，今武安君既死，而郑安平等畔，内无良将而外多敌国，吾是以忧。"欲以激励应侯。[②]应侯惧，不知所出，蔡泽闻之，往入秦也。

①【正义】论士能善卒不战。

②【索隐】激音击。

蔡泽者，燕人也。游学干诸侯①小大甚众，不遇。而从唐举相，②曰："吾闻先生相李兑，曰'百日之内持国秉'，有之乎？"③曰："有之。"曰："若臣者何如？"唐举孰视而笑曰："先生曷鼻，巨肩，④魋颜，蹙齃，⑤膝挛。⑥吾闻圣人不相，殆先生乎？"蔡泽知唐举戏之，乃曰："富贵吾所自有，吾所不知者寿也，愿闻之。"唐举曰："先生之寿，从今以往者四十三岁。"蔡泽笑谢而去，谓其御者曰："吾持粱刺齿肥，⑦跃马疾驱，怀黄金之印，结紫绶于要，揖让人主之前，食肉富贵，四十三年足矣。"去之赵，见逐。之⑧韩、魏，遇夺釜鬲⑨于涂。闻应侯任郑安平、王稽皆负重罪于秦，应侯内惭，蔡泽乃西入秦。

①【正义】不待礼曰干。

②【集解】荀卿曰："梁有唐举。"【索隐】荀卿书作"唐莒"。

③【索隐】按：左传"国子实执齐秉"，服虔曰"秉，权柄也"。

④【集解】徐广曰："曷，一作'偈'。偈，一作'仰'。巨，一作'渠'。"【索隐】曷鼻谓鼻如蝎虫也；巨肩谓肩巨于项也：盖项低而肩竖。偈音其例反。

⑤【索隐】（上）魋音徒回反。魋颜谓颜貌魋回，若魋梧然也。齃音乌曷反。蹙齃谓鼻蹙眉。

⑥【集解】挛，两膝曲也。徐广曰："一作'率'。"【索隐】谓两膝又挛曲也。

⑦【集解】持粱，作饭也。刺齿二字当作"啮"，又作"龇"也。【索隐】持粱谓作粱米饭而持其器以食也。按：刺齿二字字误，当为"啮"字

也。啮肥谓食肥肉也。

⑧【集解】之,一作“入”。

⑨【集解】尔雅曰:“款足者谓之鬲。”郭璞曰:“鼎曲脚。” 【索隐】父历二音。款者,空也。空足是曲足,云见尔雅,郭氏云“鼎曲脚”也。按:以款训曲,故云“曲脚”也。

将见昭王,使人宣言以感怒应侯曰:“燕客蔡泽,天下雄俊弘辩智士也。彼一见秦王,秦王必困君而夺君之位。”应侯闻,曰:“五帝三代之事,百家之说,吾既知之,众口之辩,吾皆摧之,是恶能困我而夺我位乎?”使人召蔡泽。蔡泽入,则揖应侯。应侯固不快,及见之,又倨,应侯因让之曰:“子尝宣言欲代我相秦,宁有之乎?”对曰:“然。”应侯曰:“请闻其说。”蔡泽曰:“吁,君何见之晚也!夫四时之序,成功者去。夫人生百体坚强,手足便利,耳目聪明而心圣智,岂非士之愿与?”应侯曰:“然。”蔡泽曰:“质仁秉义,行道施德,得志于天下,天下怀乐敬爱而尊慕之,皆愿以为君王,岂不辩智之期与?”应侯曰:“然。”蔡泽复曰:“富贵显荣,成理万物,使各得其所;性命寿长,终其天年而不夭伤;天下继其统,守其业,传之无穷;名实纯粹,泽流千里,①世世称之而无绝,与天地终始:岂道德之符而圣人所谓吉祥善事者与?”应侯曰:“然。”

①【集解】徐广曰:“一本无此字。”

蔡泽曰:“若夫秦之商君,楚之吴起,越之大夫种,其卒然亦可愿与?”应侯知蔡泽之欲困己以说,①复谬曰:“何为不可?夫公孙鞅之事孝公也,极身无贰虑,尽公而不顾私;设刀锯以禁奸邪,信赏罚以致治;披腹心,示情素,蒙怨咎,欺旧友,夺魏公子卬,安秦社稷,利百姓,卒为秦禽将破敌,攘地千里。吴起之事悼王也,使私不得害公，谗不得蔽忠，言不取苟合，行不取苟容，不为危易行，行义不辟难，②然为霸主强国，不辞祸凶。大夫种之事越王也，主虽困辱，悉忠而不解，主虽绝亡，尽能而弗离，成功而弗矜，贵富而不骄怠。若此三子者，固义之至也，忠之节也。是故君子以义死难，视死如归；生而辱不如死而荣。士固有杀身以成名，唯义之所在，虽死无所恨。何为不可哉？"

①【集解】式绌反。

②【集解】徐广曰："一云'不困毁訾'。"

蔡泽曰："主圣臣贤，天下之盛福也；君明臣直，国之福也；父慈子孝，夫信妻贞，家之福也。故比干忠而不能存殷，子胥智而不能完吴，申生孝而晋国乱。是皆有忠臣孝子，而国家灭乱者，何也？无明君贤父以听之，故天下以其君父为僇辱而怜其臣子。①今商君、吴起、大夫种之为人臣，是也；其君，非也。故世称三子致功而不见德，岂慕不遇世死乎？夫待死而后可以立忠成名，是微子不足仁，孔子不足圣，管仲不足大也。夫人之立功，岂不期于成全邪？身与名俱全者，上也。名可法而身死者，其次也。名在僇辱而身全者，下也。"于是应侯称善。

①【索隐】言以比干、子胥、申生皆以至忠孝而见诛放，故天下言为其君父之所僇而怜其臣子也。

蔡泽少得间，因曰："夫商君、吴起、大夫种，其为人臣尽忠致功则可愿矣，闳夭事文王，周公辅成王也，岂不亦忠圣乎？以君臣论之，商君、吴起、大夫种其可愿孰与闳夭、周公哉？"应侯曰："商君、吴起、大夫种弗若也。"蔡泽曰："然则君之主慈仁任忠，惇厚旧故，其贤智与有道之士为胶漆，义不倍功臣，孰与秦孝公、楚悼王、越王乎？”应侯曰：“未知何如也。”蔡泽曰：“今主亲忠臣，不过秦孝公、楚悼王、越王，君之设智，能为主安危修政，治乱强兵，批患折难，①广地殖谷，富国足家，强主，尊社稷，显宗庙，天下莫敢欺犯其主，主之威盖震海内，功彰万里之外，声名光辉传于千世，君孰与商君、吴起、大夫种？”应侯曰：“不若。”蔡泽曰：“今主之亲忠臣不忘旧故不若孝公、悼王、句践，而君之功绩爱信亲幸又不若商君、吴起、大夫种，然而君之禄位贵盛，私家之富过于三子，而身不退者，恐患之甚于三子，窃为君危之。语曰‘日中则移，月满则亏’。物盛则衰，天地之常数也。进退盈缩，与时变化，圣人之常道也。故‘国有道则仕，国无道则隐’。圣人曰‘飞龙在天，利见大人’。‘不义而富且贵，于我如浮云’。今君之怨已仇而德已报，意欲至矣，而无变计，窃为君不取也。且夫翠、鹄、犀、象，其处势非不远死也，而所以死者，惑于饵也。苏秦、智伯之智，非不足以辟辱远死也，而所以死者，惑于贪利不止也。是以圣人制礼节欲，取于民有度，使之以时，用之有止，故志不溢，行不骄，常与道俱而不失，故天下承而不绝。昔者齐桓公九合诸侯，一匡天下，至于葵丘之会，有骄矜之志，畔者九国。吴王夫差兵无敌于天下，勇强以轻诸侯，陵齐晋，故遂以杀身亡国。夏育、太史噭②叱呼③骇三军，然而身死于庸夫。④此皆乘至盛而不返道理，不居卑退处俭约之患也。夫商君为秦孝公明法令，禁奸本，尊爵必赏，有罪必罚，平权衡，正度量，调轻重，决裂阡陌，以静生民之业而一其俗，劝民耕农利土，一室无二事，力田稸积，习战陈之事，是以兵动而地广，兵休而国富，故秦无敌于天下，立威诸侯，成秦国之业。功已成矣，而遂以车裂。楚地方数千里，持戟百万，白起率数万之师以与楚战，一战举鄢郢以烧夷陵，再战南并蜀汉。又越韩、魏而攻强赵，北阬马服，诛屠四十馀万之众，尽之于长平之下，流血成川，沸声若雷，遂入围邯郸，使秦有帝业。楚、赵天下之强国而秦之仇敌也，自是之后，楚、赵皆慑伏不敢攻秦者，白起之势也。身所服者七十馀城，功已成矣，而遂赐剑死于杜邮。吴起为楚悼王立法，卑减大臣之威重，罢无能，废无用，损不急之官，塞私门之请，一楚国之俗，禁游客之民，精耕战之士，南收杨越，北并陈、蔡，破横散从，使驰说之士无所开其口，禁朋党以励百姓，定楚国之政，兵震天下，威服诸侯。功已成矣，而卒枝解。大夫种为越王深谋远计，免会稽之危，以亡为存，因辱为荣，垦草入邑，⑤辟地殖谷，率四方之士，专上下之力，辅句践之贤，报夫差之仇，卒擒劲吴，令越成霸。功已彰而信矣，句践终负而杀之。此四子者，功成不去，祸至于此。此所谓信而不能诎，⑥往而不能返者也。范蠡知之，超然辟世，长为陶朱公。君独不观夫博者乎？或欲大投，或欲分功，⑦此皆君之所明知也。今君相秦，计不下席，谋不出廊庙，坐制诸侯，利施三川，以实宜阳，⑧决羊肠之险，塞太行之道，又斩范、中行之涂，六国不得合从，栈道千里，通于蜀汉，使天下皆畏秦，秦之欲得矣，君之功极矣，此亦秦之分功之时也。如是而不退，则商君、白公、⑨吴起、大夫种是也。吾闻之，'鉴于水者见面之容，鉴于人者知吉与凶'。书曰'成功之下，不可久处'。四子之祸，君何居焉？君何不以此时归相印，让贤者而授之，退而岩居川观，必有伯夷之廉，长为应侯，世世称孤，而有许由、延陵季子之让，乔松之寿，孰与以祸终哉？即君何居焉？忍不能自离，疑不能自决，必有四子之祸矣。易曰'亢龙有悔'，此言上而不能下，信而不能诎，往而不能自返者也。愿君孰计之！"应侯曰："善。吾闻'欲而不知(止)〔足〕,失其所以欲;有而不知(足)〔止〕,失其所以有'。先生幸教,睢敬受命。"于是乃延入坐,为上客。

①【索隐】批,白结反,又音丰鸡反。批患谓击而却之。折音之列反。

②【索隐】二人勇者,夏育、贲育也。噭音皎。

③【集解】徐广曰:"呼,一作'喑'。" 【正义】呼,火故反。

④【索隐】按:高诱云"夏育为田搏所杀"。然太史噭未知为谁所杀,恐非齐襄王时太史也。

⑤【索隐】刘氏云:"入犹充也。谓招携离散,充满城邑也。"

⑥【索隐】信音申。诎音屈。谓志已展而不退。

⑦【集解】班固弈指曰:"博县于投,不必在行。"骃谓投,投琼也。【索隐】言夫博弈,或欲大投其琼以致胜,或欲分功者,谓观其势弱,则投地而分功以远救也,事具小尔雅也。按:方言云"所以投博谓之枰"。音平,局也。

⑧【正义】施犹展也,言伐得三川之地。以实宜阳,言展开三川,实宜阳。

⑨【集解】徐广曰:"白起。"

后数日,入朝,言于秦昭王曰:"客新有从山东来者曰蔡泽,其人辩士,明于三王之事,五伯之业,世俗之变,足以寄秦国之政。臣之见人甚众,莫及,臣不如也。臣敢以闻。"秦昭王召见,与语,大说之,拜为客卿。应侯因谢病请归相印。昭王强起应侯,应侯遂称病笃。范睢免相,昭王新说蔡泽计画,遂拜为秦相,东收周室。

蔡泽相秦数月,人或恶之,惧诛,乃谢病归相印,号为纲成君。居秦十馀年,事昭王、孝文王、庄襄王。卒事始皇帝,为秦使于燕,三年而燕使太子丹入质于秦。

太史公曰:韩子称"长袖善舞,多钱善贾",信哉是言也!范睢、蔡泽世所谓一切辩士，然游说诸侯至白首无所遇者，非计策之拙，所为说力少也。及二人羁旅入秦，继踵取卿相，垂功于天下者，固强弱之势异也。然士亦有偶合，贤者多如此二子，不得尽意，岂可胜道哉！然二子不困厄，恶能激乎？①

①【索隐】二子，范睢、蔡泽也。睢厄于魏齐，折胁折齿；泽困于赵，被逐弃鬲是也。恶音乌，激音击也。

【索隐述赞】应侯始困，托载而西。说行计立。贵平宠稽。倚秦市赵，卒报魏齐。纲成辩智，范睢招携。势利倾夺，一言成蹊。

史记卷八十

乐毅列传第二十

乐毅者，其先祖曰乐羊。乐羊为魏文侯将，伐取中山，①魏文侯封乐羊以灵寿。②乐羊死，葬于灵寿，其后子孙因家焉。中山复国，至赵武灵王时复灭中山，③而乐氏后有乐毅。

①【正义】今定州。

②【集解】徐广曰："属常山。"【索隐】地理志常山有灵寿县，中山桓公所都也。【正义】今镇州灵寿。

③【索隐】中山，魏虽灭之，尚不绝祀，故后更复国，至赵武灵王又灭之也。

乐毅贤，好兵，赵人举之。及武灵王有沙丘之乱，①乃去赵适魏。闻燕昭王以子之之乱而齐大败燕，燕昭王怨齐，未尝一日而忘报齐也。燕国小，辟远，力不能制，于是屈身下士，先礼郭隗②以招贤者。乐毅于是为魏昭王使于燕，燕王以客礼待之。乐毅辞让，遂委质为臣，燕昭王以为亚卿，久之。

①【集解】徐广曰："赵有沙丘宫，近钜鹿。"

②【正义】说苑云："燕昭王问于隗曰：'寡人地狭民寡，齐人取蓟八城，匈奴驱驰楼烦之下。以孤之不肖，得承宗庙，恐社稷危，存之有道乎？'隗曰：'帝者之臣，其名臣，其实师；王者之臣，其名臣，其实友；霸者之臣，其名臣，其实仆；危困国之臣，其名臣，其实虏。今王将自东面目指气使以求臣，则厮役之才至矣；南面听朝，不失揖让之理以求臣，则人臣之才至矣；北面等礼，不乘之以势以求臣，则朋友之才至矣；西面逡巡以求臣，则师傅之才至矣。诚欲与王霸同道，隗请为天下之士开路。"于是常置隗为上客。"

当是时，齐湣王强，南败楚相唐昧[①]于重丘，[②]西摧三晋于观津，[③]遂与三晋击秦，助赵灭中山，破宋，广地千馀里。与秦昭王争重为帝，已而复归之。诸侯皆欲背秦而服于齐。湣王自矜，百姓弗堪。于是燕昭王问伐齐之事。乐毅对曰："齐，霸国之馀业也，地大人众，未易独攻也。王必欲伐之，莫如与赵及楚、魏。"于是使乐毅约赵惠文王，别使连楚、魏，令赵嚪说秦[④]以伐齐之利。诸侯害齐湣王之骄暴，皆争合从与燕伐齐。乐毅还报，燕昭王悉起兵，使乐毅为上将军，赵惠文王以相国印授乐毅。乐毅于是并护[⑤]赵、楚、韩、魏、燕之兵以伐齐，破之济西。诸侯兵罢归，而燕军乐毅独追，至于临菑。齐湣王之败济西，亡走，保于莒。乐毅独留徇齐，齐皆城守。乐毅攻入临菑，尽取齐宝财物祭器输之燕。燕昭王大说，亲至济上劳军，行赏飨士，封乐毅于昌国，[⑥]号为昌国君。于是燕昭王收齐卤获以归，而使乐毅复以兵平齐城之不下者。

①【索隐】莫葛反。

②【索隐】地理志县名，属平原。【正义】在冀州城武县界。

③【索隐】地理志观津，县名，属信都，汉初属清河也。【正义】在冀州武邑县东南二十五里。

④【集解】徐广曰："嚪，进说之意。"【索隐】嚪音田滥反，字与"啖"字同也。

⑤【索隐】护谓总领之也。

⑥【集解】徐广曰："属齐。"【索隐】地理志县名，属齐郡。【正义】故昌城在淄州淄川县东北四十里也。

乐毅留徇齐五岁，下齐七十馀城，皆为郡县以属燕，唯独莒、即墨未服。①会燕昭王死，子立为燕惠王。惠王自为太子时尝不快于乐毅，及即位，齐之田单闻之，乃纵反间于燕，曰："齐城不下者两城耳。然所以不早拔者，闻乐毅与燕新王有隙，欲连兵且留齐，南面而王齐。齐之所患，唯恐他将之来。"于是燕惠王固已疑乐毅，得齐反间，乃使骑劫②代将，而召乐毅。乐毅知燕惠王之不善代之，畏诛，遂西降赵。赵封乐毅于观津，号曰望诸君。③尊宠乐毅以警动于燕、齐。

①【正义】即墨今莱州。

②【索隐】燕将姓名也。

③【索隐】望诸，泽名，在齐。盖赵有之，故号焉。战国策"望"作"蓝"也。

齐田单后与骑劫战，果设诈诳燕军，遂破骑劫于即墨下，而转战逐燕，北至河上，①尽复得齐城，而迎襄王于莒，入于临菑。

①【正义】沧德二州之北河。

燕惠王后悔使骑劫代乐毅，以故破军亡将失齐；又怨乐毅之降赵，恐赵用乐毅而乘燕之獘以伐燕。燕惠王乃使人让乐毅，且谢之曰："先王举国而委将军，将军为燕破齐，报先王之仇，天下莫不震动，寡人岂敢一日而忘将军之功哉！会先王弃群臣，寡人新即位，左右误寡人。寡人之使骑劫代将军，为将军久暴露于外，故召将军且休，计事。将军过听，以与寡人有隙，遂捐燕归赵。将军自为计则可矣，而亦何以报先王之所以遇将军之意乎？"乐毅报遗燕惠王书曰：

臣不佞，不能奉承王命，以顺左右之心，恐伤先王之明，有害足下之义，故遁逃走赵。今足下使人数之以罪，臣恐侍御者不察先王之所以畜幸臣之理，又不白臣之所以事先王之心，故敢以书对。

臣闻贤圣之君不以禄私亲，其功多者赏之，其能当者处之。故察能而授官者，成功之君也；论行而结交者，立名之士也。臣窃观先王之举也，见有高世主之心，①故假节于魏，以身得察于燕。先王过举，厕之宾客之中，立之群臣之上，不谋父兄，②以为亚卿。臣窃不自知，自以为奉令承教，可幸无罪，故受令而不辞。

①【正义】乐毅见燕昭王有自高尊世上人主之心，故假魏节使燕。

②【正义】杜预云："父兄，同姓群臣也。"

先王命之曰："我有积怨深怒于齐，不量轻弱，而欲以齐为事。"臣曰："夫齐，霸国之馀业而最胜之遗事也。练于兵甲，习于战攻。王若欲伐之，必与天下图之。与天下图之，莫若结于赵。且又淮北、宋地，楚魏之所欲也，赵若许而约，四国攻之，齐可大破也。"先王以为然，具符节南使臣于赵。顾反命，起兵击齐。以天之道，先王之灵，河北之地随先王而举之济上。①济上之军受命击齐，大败齐人。轻卒锐兵，长驱至国。齐王遁而走莒，仅以身免；珠玉财宝车甲珍器尽收入于燕。齐器设于宁台，②大吕陈于元英，③故鼎反乎磿室，④蓟丘之植植于汶篁，⑤自五伯已来，功未有及先王者也。先王以为慊于志，⑥故裂地而封之，使得比小国诸侯。臣窃不自知，自以为奉命承教，可幸无罪，是以受命不辞。

①【正义】济上在济水之上。

②【索隐】燕台也。【正义】括地志云："燕元英、磿室二宫，皆燕宫，在幽州蓟县西四里宁台之下。"

③【索隐】大吕，齐钟名。元英，燕宫殿名也。

④【集解】徐广曰："磿，历也。"【索隐】燕鼎前输于齐，今反入于磿室。磿室亦宫名，战国策作"历室"也。【正义】括地志云："历室，燕宫名也。"高诱云："燕哙乱，齐伐燕，杀哙，得鼎，今反归燕故鼎。"

⑤【集解】徐广曰："竹田曰篁。谓燕之疆界移于齐之汶水。"【索隐】蓟丘，燕所都之地也。言燕之蓟丘所植，皆植齐王汶上之竹也。徐注非也。【正义】幽州蓟地西北隅有蓟丘。又汶水源出兖州博城县东北原山，西南入泲。

⑥【索隐】按：慊音苦簟反。作"嗛"，嗛者，常慊然而不惬其志也。

臣闻贤圣之君，功立而不废，故著于春秋；蚤知之士，名成而不毁，故称于后世。若先王之报怨雪耻，夷万乘之强国，收八百岁之蓄积，及至弃群臣之日，馀教未衰，执政任事之臣，修法令，慎庶孽，施及乎萌隶，皆可以教后世。

臣闻之，善作者不必善成，善始者不必善终。昔伍子胥说听于阖闾，而吴王远迹至郢；夫差弗是也，赐之鸱夷而浮之江。吴王不寤先论之可以立功，故沈子胥而不悔；子胥不蚤见主之不同量，是以至于入江而不化。①

①【索隐】言子胥怀恨，故虽投江而神不化，犹为波涛之神也。

夫免身立功，以明先王之迹，臣之上计也。离毁辱之诽谤，①堕先王之名，②臣之所大恐也。临不测之罪，以幸为利，义之所不敢出也。③

①【索隐】诽音方味反。

②【索隐】堕音许规反。

③【索隐】谓既临不测之罪，以幸免为利，今我仍义先王之恩，虽身托外国，而心亦不敢出也。

臣闻古之君子，交绝不出恶声；①忠臣去国，不洁其名。②臣虽不佞，③数奉教于君子矣。④恐侍御者之亲左右之说，不察疏远之行，故敢献书以闻，唯君王之留意焉。⑤

①【正义】言君子之人，交绝不说己长而谈彼短。

②【索隐】言忠臣去离本国，不自洁其名，云己无罪，故礼曰“大夫去其国，不说人以无罪”是也。　【正义】言不洁己名行而咎于君，若箕子不忍言殷恶是也。

③【索隐】不佞犹不才也。

④【索隐】上“数”音朔。言我已数经奉教令于君子。君子即识礼之人。谓己在外，犹云己罪，不说王之有非，故下云“不察疏远之行”，斯亦忠臣之节也。

⑤【集解】夏侯玄曰：“观乐生遗燕惠王书，其殆庶乎知机合道，以礼始终者与！又其喻昭王曰：‘伊尹放太甲而不疑，太甲受放而不怨，是存大业于至公而以天下为心者也。’夫欲极道德之量，务以天下为心者，必致其主于盛隆，合其趣于先王，苟君臣同符，则大业定矣。于斯时也，乐生之志，千载一遇。夫千载一遇之世，亦将行千载一隆之道，岂其

局迹当时，止于兼并而已哉！夫兼并者，非乐生之所屑；强燕而废道，又非乐生之所求。不屑苟利，心无近事，不求小成，斯意兼天下者也。则举齐之事，所以运其机而动四海也。夫讨齐以明燕王之义，此兵不兴于为利矣。围城而害不加于百姓，此仁心著于遐迩矣。举国不谋其功，除暴不以威力，此至德全于天下矣。迈全德以率列国，则几于汤武之事矣。乐生方恢大纲以纵二城，收民明信以待其弊，将使即墨、莒人顾仇其上，愿释干戈赖我，犹亲善守之，智无所施之。然则求仁得仁，即墨大夫之义；仕穷则徙，微子适周之道。开弥广之路，以待田单之徒；长容善之风，以申齐士之志。使夫忠者遂节，勇者义著，昭之东海，属之华裔，我泽如春，民应如草，道光宇宙，贤智托心，邻国倾慕，四海延颈，思戴燕主，仰望风声，二城必从，则王业隆矣。虽淹留于两邑，乃致速于天下也。不幸之变，世所不图，败于垂成，时运固然。若乃逼之以威，劫之以兵，攻取之事，求欲速之功，使燕齐之士流血于二城之下，奓杀伤之残以示四海之人，是纵暴易乱以成其私，邻国望之，其犹豺虎。既大堕称兵之义，而丧济溺之仁，且亏齐士之节，废廉善之风，掩宏通之度，弃王德之隆，虽二城几于可拔，霸王之事逝其远矣。然则燕虽兼齐，其与世主何以殊哉？其与邻国何以相倾？乐生岂不知拔二城之速了哉，顾城拔而业乖也。岂不虑不速之致变哉，顾业乖与变同。繇是观之，乐生之不屠二城，未可量也。”

于是燕王复以乐毅子乐閒①为昌国君；而乐毅往来复通燕，燕、赵以为客卿。乐毅卒于赵。②

①【索隐】音纪闲反，乐毅之子也。

②【集解】张华曰：“望诸君冢在邯郸西数里。”

乐閒居燕三十馀年，燕王喜用其相栗腹之计，①欲攻赵，而问昌国君乐閒。乐閒曰：“赵，四战之国也，②其民习兵，伐之不可。”燕王不听，遂伐赵。赵使廉颇击之，大破栗腹之军于鄗，禽栗腹、乐乘。乐乘者，乐閒之宗也。于是乐閒奔赵，赵遂围燕。燕重割地以与赵和，赵乃解而去。

①【索隐】栗，姓；腹，名也。汉有栗姬。

②【索隐】言赵数距四方之敌，故云"四战之国"。　【正义】东邻燕、齐，西边秦、楼烦，南界韩、魏，北迫匈奴。

燕王恨不用乐閒，乐閒既在赵，乃遗乐閒书曰："纣之时，箕子不用，犯谏不怠，以冀其听；商容不达，身只辱焉，以冀其变。及民志不入，狱囚自出，①然后二子退隐。故纣负桀暴之累，二子不失忠圣之名。何者？其忧患之尽矣。今寡人虽愚，不若纣之暴也；燕民虽乱，不若殷民之甚也。室有语，不相尽以告怜里。②二者，寡人不为君取也。"③

①【索隐】民志不入谓国乱而人离心向外，故云"不入"。又狱囚自出，是政乱而士师不为守法也。

②【正义】言家室有忿争不决，必告怜里，今故以书相告也。

③【正义】二者，谓燕君未如纣，燕民未如殷民。复相告子反燕以疑君民之恶，是寡人不为君取之。

乐閒、乐乘怨燕不听其计，二人卒留赵。赵封乐乘为武襄君。①

①【索隐】乐乘，乐毅之宗人也。

其明年，乐乘、廉颇为赵围燕，燕重礼以和，乃解。后五岁，赵孝成王卒。襄王使乐乘代廉颇。廉颇攻乐乘，乐乘走，廉颇亡入魏。其后十六年而秦灭赵。

其后二十馀年，高帝过赵，问："乐毅有后世乎？"对曰："有乐叔。"高帝封之乐卿，①号曰华成君。华成君，乐毅之孙也。而乐氏之族有乐瑕公、乐臣公，②赵且为秦所灭，亡之齐高密。乐臣公善修黄帝、老子之言，显闻于齐，称贤师。

①【集解】徐广曰："在北新城。"【正义】地理志云信都有乐卿县。

②【集解】一作"巨公"。

太史公曰：始齐之蒯通及主父偃读乐毅之报燕王书，未尝不废书而泣也。乐臣公学黄帝、老子，其本师号曰河上丈人，不知其所出。河上丈人教安期生，安期生教毛翕公，毛翕公教乐瑕公，乐瑕公教乐臣公，①乐臣公教盖公。②盖公教于齐高密、胶西，为曹相国师。

①【索隐】本亦作"巨公"也。

②【索隐】盖音古阖反。盖公，史不记名。

【索隐述赞】昌国忠说，人臣所无。连兵五国，济西为墟。燕王受间，空闻报书。义士慷慨，明君轼闾。閒、乘继将，芳规不渝。

史记卷八十一

廉颇蔺相如列传第二十一

廉颇者，赵之良将也。赵惠文王十六年，廉颇为赵将伐齐，大破之，取阳晋，①拜为上卿，以勇气闻于诸侯。蔺相如者，赵人也，为赵宦者令缪贤舍人。

①【索隐】按：阳晋，卫地，后属齐，今赵取之。司马彪郡国志曰今卫国阳晋城是也。有本作"晋阳"，非也。晋阳在太原，虽亦赵地，非齐所取。【正义】故城在今曹州乘氏县西北四十七里也。

赵惠文王时，得楚和氏璧。秦昭王闻之，使人遗赵王书，愿以十五城请易璧。赵王与大将军廉颇诸大臣谋：欲予秦，秦城恐不可得，徒见欺；欲勿予，即患秦兵之来。计未定，求人可使报秦者，未得。宦者令缪贤曰："臣舍人蔺相如可使。"王问："何以知之？"对曰："臣尝有罪，窃计欲亡走燕，臣舍人相如止臣，曰：'君何以知燕王？'臣语曰：'臣尝从大王与燕王会境上，燕王私握臣手，曰"愿结友”。以此知之，故欲往。’相如谓臣曰：‘夫赵强而燕弱，而君幸于赵王，故燕王欲结于君。今君乃亡赵走燕，燕畏赵，其势必不敢留君，而束君归赵矣。君不如肉袒伏斧质请罪，则幸得脱矣。’臣从其计，大王亦幸赦臣。臣窃以为其人勇士，有智谋，宜可使。”于是王召见，问蔺相如曰：“秦王以十五城请易寡人之璧，可予不？”相如曰：“秦强而赵弱，不可不许。”王曰：“取吾璧，不予我城，奈何？”相如曰：“秦以城求璧而赵不许，曲在赵。赵予璧而秦不予赵城，曲在秦。均之二策，宁许以负秦曲。”王曰：“谁可使者？”相如曰：“王必无人，臣愿奉璧往使。城入赵而璧留秦；城不入，臣请完璧归赵。”赵王于是遂遣相如奉璧西入秦。

秦王坐章台见相如，相如奉璧奏秦王。秦王大喜，传以示美人及左右，左右皆呼万岁。相如视秦王无意偿赵城，乃前曰：“璧有瑕，请指示王。”王授璧，相如因持璧却立，倚柱，怒发上冲冠，谓秦王曰：“大王欲得璧，使人发书至赵王，赵王悉召群臣议，皆曰‘秦贪，负其强，以空言求璧，偿城恐不可得’。议不欲予秦璧。臣以为布衣之交尚不相欺，况大国乎！且以一璧之故逆强秦之欢，不可。于是赵王乃斋戒五日，使臣奉璧，拜送书于庭。何者？严大国之威以修敬也。今臣至，大王见臣列观，礼节甚倨；得璧，传之美人，以戏弄臣。臣观大王无意偿赵王城邑，故臣复取璧。大王必欲急臣，臣头今与璧俱碎于柱矣！”相如持其璧睨柱，欲以击柱。秦王恐其破璧，乃辞谢固请，召有司案图，指从此以往十五都予赵。相如度秦王特以诈详为予赵城，实不可得，乃谓秦王曰：“和氏璧，天下所共传宝也，赵王恐，不敢不献。赵王送璧时，斋戒五日，今大王亦宜斋戒五日，设九宾于廷，①臣乃敢上璧。”秦王度之，终不可强夺，遂许斋五日，舍相如广成传。②相如度秦王虽斋，决负约不偿城，乃使其从者衣褐，怀其璧，从径道亡，归璧于赵。

①【集解】韦昭曰："九宾则周礼九仪。" 【索隐】周礼大行人别九宾，谓九服之宾客也。列士传云设九牢也。 【正义】刘伯庄云："九宾者，周王备之礼，天子临轩，九服同会。秦、赵何得九宾？但亦陈设车辂文物耳。"

②【索隐】广成是传舍之名。传音张恋反。

秦王斋五日后，乃设九宾礼于廷，引赵使者蔺相如。相如至，谓秦王曰："秦自缪公以来二十馀君，未尝有坚明约束者也。臣诚恐见欺于王而负赵，故令人持璧归，间至赵矣。且秦强而赵弱，大王遣一介之使至赵，赵立奉璧来。今以秦之强而先割十五都予赵，赵岂敢留璧而得罪于大王乎？臣知欺大王之罪当诛，臣请就汤镬，唯大王与群臣孰计议之。"秦王与群臣相视而嘻。①左右或欲引相如去，秦王因曰："今杀相如，终不能得璧也，而绝秦赵之欢，不如因而厚遇之，使归赵，赵王岂以一璧之故欺秦邪！"卒廷见相如，毕礼而归之。

①【索隐】音希。乃惊而怒之辞也。

相如既归，赵王以为贤大夫使不辱于诸侯，拜相如为上大夫。秦亦不以城予赵，赵亦终不予秦璧。

其后秦伐赵，拔石城。①明年，复攻赵，杀二万人。

①【集解】徐广曰："惠文王十八年。" 【索隐】刘氏云盖谓石邑。【正义】故石城在相州林虑县南九十里也。

秦王使使者告赵王，欲与王为好会于西河外渑池。①赵王畏秦，欲毋行。廉颇、蔺相如计曰："王不行，示赵弱且怯也。"赵王遂行，相如从。廉颇送至境，与王诀曰：“王行，度道里会遇之礼毕，还，不过三十日。三十日不还，则请立太子为王，以绝秦望。”王许之，遂与秦王会渑池。②秦王饮酒酣，曰：“寡人窃闻赵王好音，请奏瑟。”赵王鼓瑟。秦御史前书曰“某年月日，秦王与赵王会饮，令赵王鼓瑟”。蔺相如前曰：“赵王窃闻秦王善为秦声，请奏盆缻秦王，以相娱乐。”③秦王怒，不许。于是相如前进缻，因跪请秦王。秦王不肯击缻。相如曰：“五步之内，相如请得以颈血溅大王矣！”④左右欲刃相如，相如张目叱之，左右皆靡。于是秦王不怿，为一击缻。相如顾召赵御史书曰“某年月日，秦王为赵王击缻”。秦之群臣曰：“请以赵十五城为秦王寿。”蔺相如亦曰：“请以秦之咸阳为赵王寿。”秦王竟酒，终不能加胜于赵。赵亦盛设兵以待秦，秦不敢动。

①【索隐】在西河之南，故云“外”。案：表在赵惠文王二十年也。

②【集解】徐广曰：“二十年。”

③【集解】风俗通义曰：“缶者，瓦器，所以盛酒浆，秦人鼓之以节歌也。”【索隐】缻音缶。【正义】缻音缾。

④【正义】溅音赞。

既罢归国，以相如功大，拜为上卿，位在廉颇之右。①廉颇曰：“我为赵将，有攻城野战之大功，而蔺相如徒以口舌为劳，而位居我上，且相如素贱人，吾羞，不忍为之下。”宣言曰：“我见相如，必辱之。”相如闻，不肯与会。相如每朝时，常称病，不欲与廉颇争列。已而相如出，望见廉颇，相如引车避匿。于是舍人相与谏曰：“臣所以去亲戚而事君者，徒慕君之高义也。今君与廉颇同列，廉君宣恶言而君畏匿之，恐惧殊甚，且庸人尚羞之，况于将相乎！臣等不肖，请辞去。”蔺相如固止之，曰：“公之视廉将军孰与秦王？”曰：“不若也。”相如曰：“夫以秦王之威，而相如廷叱之，辱其群臣，相如虽驽，独畏廉将军哉？顾吾念之，强秦之所以不敢加兵于赵者，徒以吾两人在也。今两虎共斗，其势不俱生。吾所以为此者，以先国家之急而后私仇也。”廉颇闻之，肉袒负荆，②因宾客至蔺相如门谢罪。曰：“鄙贱之人，不知将军宽之至此也。”卒相与欢，为刎颈之交。③

①【索隐】王劭按：董勋答礼曰“职高者名录在上，于人为右；职卑者名录在下，于人为左，是以谓下迁为左。”【正义】秦汉以前用右为上。

②【索隐】肉袒者，谓袒衣而露肉也。负荆者，荆，楚也，可以为鞭。

③【索隐】崔浩云：“言要齐生死而刎颈无悔也。”

是岁，廉颇东攻齐，破其一军。居二年，廉颇复伐齐幾，拔之。①后三年，廉颇攻魏之防陵、②安阳，拔之。后四年，蔺相如将而攻齐，至平邑而罢。③其明年，赵奢破秦军阏与下。

①【集解】徐广曰：“幾，邑名也。”案：赵世家惠文王二十三年，颇将攻魏之幾邑，取之，而齐世家及年表无“伐齐幾，拔之”事，疑幾是邑名，而或属齐或属魏耳。田单在齐，不得至于拔也。【索隐】世家云惠文王二十三年，颇将攻魏之幾邑，取之，与此列传合。战国策云秦败阏与及攻魏幾。幾亦属魏。而裴骃引齐世家及年表无“伐齐拔幾”之事，疑其幾是故邑，或属齐、魏故耳。【正义】幾音祈。在相潞之间。

②【集解】徐广曰：“一作‘房子’。”【索隐】案：防陵在楚之西，属汉中郡。魏有房子，盖“陵”字误也。【正义】城在相州安阳县南二十里，因防水为名。

③【正义】故城在魏州昌乐县东北三十里。

赵奢者，赵之田部吏也。收租税而平原君家不肯出租，奢以法治之，杀平原君用事者九人。平原君怒，将杀奢。奢因说曰："君于赵为贵公子，今纵君家而不奉公则法削，法削则国弱，国弱则诸侯加兵，诸侯加兵是无赵也，君安得有此富乎？以君之贵，奉公如法则上下平，上下平则国强，国强则赵固，而君为贵戚，岂轻于天下邪？"平原君以为贤，言之于王。王用之治国赋，国赋大平，民富而府库实。

秦伐韩，军于阏與。王召廉颇而问曰："可救不？"对曰："道远险狭，难救。"又召乐乘而问焉，乐乘对如廉颇言。又召问赵奢，奢对曰："其道远险狭，譬之犹两鼠斗于穴中，将勇者胜。"王乃令赵奢将，救之。

兵去邯郸三十里，而令军中曰："有以军事谏者死。"秦军军武安西，[①]秦军鼓噪勒兵，武安屋瓦尽振。军中候有一人言急救武安，赵奢立斩之。坚壁，留二十八日不行，复益增垒。秦间来入，赵奢善食而遣之。间以报秦将，秦将大喜曰："夫去国三十里[②]而军不行，乃增垒，阏與非赵地也。"赵奢既已遣秦间，乃卷甲而趋之，二日一夜至，令善射者去阏與五十里而军。军垒成，秦人闻之，悉甲而至。军士许历请以军事谏，赵奢曰："内之。"许历曰："秦人不意赵师至此，其来气盛，将军必厚集其阵以待之。不然，必败。"赵奢曰："请受令。"许历曰："请就𫓧质之诛。"赵奢曰："胥后令[③]邯郸。"许历复请谏，[④]曰："先据北山上者胜，[⑤]后至者败。"赵奢许诺，即发万人趋之。秦兵后至，争山不得上，赵奢纵兵击之，大破秦军。秦军解而走，遂解阏與之围而归。

①【集解】徐广曰："属魏郡，在邯郸西。"

②【正义】国谓邯郸，赵之都也。

③【索隐】案:“胥”“须”古人通用。今者“胥后令”,谓“胥”为“须”,须者,待也,待后令。谓许历之言更不拟诛之,故更待后令也。【正义】胥犹须也。军去城都三十里而不行,未有计过险狭,恐人谏令急救武安,乃出此令。今垂战须得谋策,不用前令,故云“须后令”也。

④【索隐】按:“邯郸”二字当为“欲战”,谓临战之时,许历复谏也。王粲诗云“许历为完士,一言犹败秦”,是言赵奢用其计,遂破秦军也。江遂曰“汉令称完而不髡曰耐,是完士未免从军也”。

⑤【正义】阏與山在洺州武安县西南五十里,赵奢拒秦军于阏與,即此山也。案:括地志云“言拒秦军在此山”,疑其太近洺州。既去邯郸三十里而军,又云趋之二日一夜,至阏與五十里而军垒成,据今洺州去潞州三百里间而隔相州,恐潞州阏與聚城是所拒据处。

赵惠文王赐奢号为马服君,以许历为国尉。赵奢于是与廉颇、蔺相如同位。

后四年,赵惠文王卒,子孝成王立。七年,秦与赵兵相距长平,时赵奢已死,①而蔺相如病笃,赵使廉颇将攻秦,秦数败赵军,赵军固壁不战。秦数挑战,廉颇不肯。赵王信秦之间。秦之间言曰:“秦之所恶,独畏马服君赵奢之子赵括为将耳。”赵王因以括为将,代廉颇。蔺相如曰:“王以名使括,若胶柱而鼓瑟耳。括徒能读其父书传,不知合变也。”赵王不听,遂将之。

①【集解】张华曰:“赵奢冢在邯郸界西山上,谓之马服山。”

赵括自少时学兵法,言兵事,以天下莫能当。尝与其父奢言兵事,奢不能难,然不谓善。括母问奢其故,奢曰:“兵,死地也,而括易言之。使赵不将括即已,若必将之,破赵军者必括也。”及括将行,其母上书言于王曰:“括不可使将。”王曰:“何以?”对曰:“始妾事其父,时为将,身所奉饭饮而进食者以十数,①所友者以百数,大王及宗室所赏赐者尽以予军吏士大夫，受命之日，不问家事。今括一旦为将，东向而朝，军吏无敢仰视之者，王所赐金帛，归藏于家，而日视便利田宅可买者买之。王以为何如其父？父子异心，愿王勿遣。”王曰：“母置之，吾已决矣。”括母因曰：“王终遣之，即有如不称，妾得无随坐乎？”王许诺。

①【正义】奉音捧。

赵括既代廉颇，悉更约束，易置军吏。秦将白起闻之，纵奇兵，详败走，而绝其粮道，分断其军为二，士卒离心。四十馀日，军饿，赵括出锐卒自博战，秦军射杀赵括。括军败，数十万之众遂降秦，秦悉坑之。赵前后所亡凡四十五万。明年，秦兵遂围邯郸，岁馀，几不得脱。赖楚、魏诸侯来救，乃得解邯郸之围。赵王亦以括母先言，竟不诛也。

自邯郸围解五年，而燕用栗腹之谋，曰“赵壮者尽于长平，其孤未壮”，举兵击赵。赵使廉颇将，击，大破燕军于鄗，杀栗腹，遂围燕。燕割五城请和，乃听之。赵以尉文①封廉颇为信平君，②为假相国。

①【集解】徐广曰：“邑名也。”

②【索隐】信平，号也。徐广云：“尉文，邑名。”按：汉书表有“尉文节侯”，云在南郡。盖尉，官也；文，名也。谓取尉文所食之邑复以封颇，而后号为信平君。

廉颇之免长平归也，失势之时，故客尽去。及复用为将，客又复至。廉颇曰：“客退矣！”客曰：“吁！君何见之晚也？夫天下以市道交，君有势，我则从君，君无势则去，此固其理也，有何怨乎？”

居六年，赵使廉颇伐魏之繁阳，①拔之。

①【集解】徐广曰："属魏郡。" 【正义】在相州内黄县东北也。

赵孝成王卒，子悼襄王立，使乐乘代廉颇。廉颇怒，攻乐乘，乐乘走。廉颇遂奔魏之大梁。其明年，赵乃以李牧为将而攻燕，拔武遂、方城。①

①【索隐】按：地理志武遂属河间国，方城属广阳也。 【正义】武遂，易州遂城也。方城，幽州固安县南十里。

廉颇居梁久之，魏不能信用。赵以数困于秦兵，赵王思复得廉颇，廉颇亦思复用于赵。赵王使使者视廉颇尚可用否。廉颇之仇郭开多与使者金，令毁之。赵使者既见廉颇，廉颇为之一饭斗米，肉十斤，被甲上马，以示尚可用。赵使还报王曰："廉将军虽老，尚善饭，然与臣坐，顷之三遗矢矣。"①赵王以为老，遂不召。

①【索隐】谓数起便也。矢，一作"屎"。

楚闻廉颇在魏，阴使人迎之。廉颇一为楚将，无功，曰："我思用赵人。"廉颇卒死于寿春。①

①【正义】廉颇墓在寿州寿春县北四里。蔺相如墓在邯郸西南六里。

李牧者，赵之北边良将也。常居代雁门，备匈奴。①以便宜置吏，市租皆输入莫府，②为士卒费。日击数牛飨士，习射骑，谨烽火，多间谍，③厚遇战士。为约曰："匈奴即入盗，急入收保，有敢捕虏者斩。"匈奴每入，烽火谨，辄入收保，不敢战。如是数岁，亦不亡失。然匈奴以李牧为怯，虽赵边兵亦以为吾将怯。赵王让李牧，李牧如故。赵王怒，召之，使他人代将。

①【正义】今雁门县在代地，故云代雁门也。

②【集解】如淳曰："将军征行无常处，所在为治，故言'莫府'。莫，大也。"【索隐】按：注如淳解"莫，大也"云云。又崔浩云"古者出征为将帅，军还则罢，理无常处，以幕帟为府署，故曰'莫府'"。则"莫"当作"幕"，字之讹耳。

③【索隐】上纪苋反，下音牒。

岁馀，匈奴每来，出战。出战，数不利，失亡多，边不得田畜。①复请李牧。牧杜门不出，固称疾。赵王乃复强起使将兵。牧曰："王必用臣，臣如前，乃敢奉令。"王许之。

①【正义】许六反。

李牧至，如故约。匈奴数岁无所得。终以为怯。边士日得赏赐而不用，皆愿一战。于是乃具选车得千三百乘，选骑得万三千匹，百金之士五万人，①彀者十万人，②悉勒习战。大纵畜牧，人民满野。匈奴小入，详北不胜，以数千人委之。③单于闻之，大率众来入。李牧多为奇陈，张左右翼击之，大破杀匈奴十馀万骑。灭襜褴，④破东胡，降林胡，单于奔走。其后十馀岁，匈奴不敢近赵边城。

①【集解】管子曰："能破敌擒将者赏百金。"

②【索隐】彀音古候反。彀谓能射也。

③【索隐】委谓弃之，恣其杀略也。

④【集解】襜，都甘反。褴，路谈反。徐广曰："一作'临'。"骃又案：如淳曰"胡名也，在代北"。【索隐】上音都甘反，下音路郯反。如淳云"胡名也"。

赵悼襄王元年，廉颇既亡入魏，赵使李牧攻燕，拔武遂、方城。居二年，庞煖破燕军，①杀剧辛。②后七年，秦破杀赵将扈辄③于武遂，④斩首十万。赵乃以李牧为大将军，击秦军于宜安，⑤大破秦军，走秦将桓齮。⑥封李牧为武安君。居三年，秦攻番吾，⑦李牧击破秦军，南距韩、魏。

①【索隐】按：嫚即冯嫚也。庞音皮江反。嫚音况远反，亦音喧。

②【索隐】本赵人，仕燕者。

③【索隐】扈，氏；辄，名。汉张耳时别有扈辄。

④【索隐】按：刘氏云“武遂本韩地，在赵西，恐非地理志河间武遂也”。

⑤【正义】在桓州槁城县西南二十里。

⑥【索隐】音蚁。

⑦【索隐】县名。地理志在常山。音婆，又音盘。　【正义】在相州房山县东二十里也。

赵王迁七年，秦使王翦攻赵，赵使李牧、司马尚御之。秦多与赵王宠臣郭开金，为反间，言李牧、司马尚欲反。赵王乃使赵葱及齐将颜聚代李牧。李牧不受命，赵使人微捕得李牧，斩之。废司马尚。后三月，王翦因急击赵，大破杀赵葱，虏赵王迁及其将颜聚，遂灭赵。

太史公曰：知死必勇，非死者难也，处死者难。方蔺相如引璧睨柱，及叱秦王左右，势不过诛，然士或怯懦①而不敢发。相如一奋其气，威信敌国，②退而让颇，名重太山，其处智勇，可谓兼之矣！

①【集解】徐广曰：“一作‘掘懦’。”

②【索隐】信音伸。

【索隐述赞】清飙凛凛，壮气熊熊。各竭诚义，递为雌雄。和璧聘返，渑池好通。负荆知惧，屈节推工。安边定策，颇、牧之功。

史记卷八十二

田单列传第二十二

田单者,①齐诸田疏属也。湣王时,单为临菑市掾,不见知。及燕使乐毅伐破齐,齐湣王出奔,已而保莒城。燕师长驱平齐,而田单走安平,②令其宗人尽断其车轴末③而傅铁笼。④已而燕军攻安平,城坏,齐人走,争涂,以轊折车败,⑤为燕所虏,唯田单宗人以铁笼故得脱,东保即墨。燕既尽降齐城,唯独莒、即墨不下。燕军闻齐王在莒,并兵攻之。淖齿⑥既杀湣王于莒,因坚守,距燕军,数年不下。燕引兵东围即墨,即墨大夫出与战,败死。城中相与推田单,曰:"安平之战,田单宗人以铁笼得全,习兵。"立以为将军,以即墨距燕。

①【索隐】单音丹。

②【集解】徐广曰:"今之东安平也,在青州临菑县东十九里。古纪之酅邑,齐改为安平,秦灭齐,改为东安平县,属齐郡,以定州有安平,故加

'东'字。" 【索隐】按:地理志东安平属淄川国也。

③【索隐】断音都缓反。断其轴,恐长相拔也。以铁裹轴头,坚而易进也。

④【集解】徐广曰:"傅音附。" 【索隐】傅音附。按:截其轴与毂齐,以铁鍱附轴末,施辖于铁中以制毂也。又方言曰"车軎,齐谓之笼"。郭璞云"车轴也"。

⑤【集解】徐广曰:"軎,车轴头也。音卫。"

⑥【集解】徐广曰:"多作'悼齿'也。"

顷之,燕昭王卒,惠王立,与乐毅有隙。田单闻之,乃纵反间于燕,宣言曰:"齐王已死,城之不拔者二耳。乐毅畏诛而不敢归,以伐齐为名,实欲连兵南面而王齐。齐人未附,故且缓攻即墨以待其事。齐人所惧,唯恐他将之来,即墨残矣。"燕王以为然,使骑劫代乐毅。

乐毅因归赵,燕人士卒忿。而田单乃令城中人食必祭其先祖于庭,飞鸟悉翔舞城中下食。燕人怪之。田单因宣言曰:"神来下教我。"乃令城中人曰:"当有神人为我师。"有一卒曰:"臣可以为师乎?"因反走。田单乃起,引还,东乡坐,师事之。卒曰:"臣欺君,诚无能也。"田单曰:"子勿言也!"因师之。每出约束,必称神师。乃宣言曰:"吾唯惧燕军之劓所得齐卒,置之前行,①与我战,即墨败矣。"燕人闻之,如其言。城中人见齐诸降者尽劓,皆怒,坚守,唯恐见得。单又纵反间曰:"吾惧燕人掘吾城外冢墓,僇先人,可为寒心。"燕军尽掘垄墓,烧死人。即墨人从城上望见,皆涕泣,俱欲出战,怒自十倍。

①【正义】胡郎反。

田单知士卒之可用，乃身操版插，①与士卒分功，妻妾编于行伍之间，尽散饮食飨士。令甲卒皆伏，使老弱女子乘城，遣使约降于燕，燕军皆呼万岁。田单又收民金，得千溢，令即墨富豪遗燕将，曰："即墨即降，愿无虏掠吾族家妻妾，令安堵。"燕将大喜，许之。燕军由此益懈。

①【索隐】操音七高反。插音初洽反。　【正义】古之军行，常负版插也。

田单乃收城中得千馀牛，为绛缯衣，画以五彩龙文，束兵刃于其角，而灌脂束苇于尾，烧其端。凿城数十穴，夜纵牛，壮士五千人随其后。牛尾热，怒而奔燕军，燕军夜大惊。牛尾炬火光明炫耀，燕军视之皆龙文，所触尽死伤。五千人因衔枚击之，而城中鼓噪从之，老弱皆击铜器为声，声动天地。燕军大骇，败走。齐人遂夷杀其将骑劫。燕军扰乱奔走，齐人追亡逐北，所过城邑皆畔燕而归田单，兵日益多，乘胜，燕日败亡，卒至河上，①而齐七十馀城皆复为齐。乃迎襄王于莒，入临菑而听政。

①【索隐】河上即齐之北界，近河东，齐之旧地。

襄王封田单，号曰安平君。①

①【索隐】以单初起安平，故以为号。

太史公曰：兵以正合，以奇胜。①善之者，②出奇无穷。③奇正还相生，④如环之无端。⑤夫始如处女，⑥适人开户；⑦后如脱兔，适不及距：⑧其田单之谓邪！

①【集解】魏武帝曰："先出合战为正，后出为奇也。正者当敌，奇兵击不备。"【集解】按：奇谓权诈也。注引魏武，盖亦军令也。

②【索隐】兵不厌诈，故云"善之"。

③【索隐】谓权变多也。

④【正义】犹当合也。言正兵当阵，张左右翼掩其不备，则奇正合败敌也。

⑤【索隐】言用兵之术，或用正法，或用奇计，使前敌不可测量，如寻环中不知端际也。

⑥【索隐】言兵之始，如处女之软弱也。

⑦【集解】徐广曰："适音敌。" 【索隐】适音敌。若我如处女之弱，则敌人轻侮，开户不为备也。 【正义】敌人谓燕军也。言燕军被田单反间，易将及劓卒烧垄墓，而令齐卒甚怒，是敌人为单开门户也。

⑧【集解】魏武帝曰："如女示弱，脱兔往疾也。" 【索隐】言克敌之后，卷甲而趋，如兔之得脱而走疾也。敌不及距者，若脱兔忽过，而敌忘其所距也。

初，淖齿之杀湣王也，莒人求湣王子法章，得之太史嬓之家，[①]为人灌园。嬓女怜而善遇之。后法章私以情告女，女遂与通。及莒人共立法章为齐王，以莒距燕，而太史氏女遂为后，所谓"君王后"也。

①【正义】嬓音皎。

燕之初入齐，闻画邑人王蠋贤，[①]令军中曰"环画邑三十里无入"，以王蠋之故。已而使人谓蠋曰："齐人多高子之义，吾以子为将，封子万家。"蠋固谢。燕人曰："子不听，吾引三军而屠画邑。"王蠋曰："忠臣不事二君，贞女不更二夫。齐王不听吾谏，故退而耕于野。国既破亡，吾不能存；今又劫之以兵为君将，是助桀为暴也。与其生而无义，固不如烹！"遂经其颈[②]于树枝，自奋绝脰而死。[③]齐亡大夫闻之，曰："王蠋，布衣也，义不北面于燕，况在位食禄者乎！"乃相聚如莒，求诸子，立为襄王。

①【集解】刘熙曰:“齐西南近邑。画音获。” 【索隐】画,一音获,又音胡卦反。刘熙云:“齐西南近邑。”蠋音触,又音歜。 【正义】括地志云:“戟里城在临淄西北三十里,春秋时棘邑,又云澅邑。”蠋所居即此邑,因澅水为名也。

②【索隐】按:经犹系也。

③【索隐】何休云:“脰,颈,齐语也。音豆。”

【索隐述赞】军法以正,实尚奇兵。断轴自免,反间先行。群鸟或众,五牛扬旌。卒破骑劫,皆复齐城。襄王嗣位,乃封安平。

史记卷八十三

鲁仲连邹阳列传第二十三

鲁仲连者，齐人也。好奇伟俶傥之画策，①而不肯仕宦任职，好持高节。游于赵。

①【索隐】按：广雅云"俶傥，卓异也"。【正义】俶，天历反。鲁仲连子云："齐辩士田巴，服狙丘，议稷下，毁五帝，罪三王，服五伯，离坚白，合同异，一日服千人。有徐劫者，其弟子曰鲁仲连，年十二，号'千里驹'，往请田巴曰：'臣闻堂上不奋，郊草不芸，白刃交前，不救流矢，急不暇缓也。今楚军南阳，赵伐高唐，燕人十万，聊城不去，国亡在旦夕，先生奈之何？若不能者，先生之言有似枭鸣，出城而人恶之。愿先生勿复言。'田巴曰：'谨闻命矣。'巴谓徐劫曰：'先生乃飞兔也，岂直千里驹！'巴终身不谈。"

赵孝成王时，而秦王使白起破赵长平之军前后四十馀万，秦兵遂东围邯郸。赵王恐，诸侯之救兵莫敢击秦军。魏安釐王使将军晋鄙救赵，畏秦，止于荡阴不进。①魏王使客将军新垣衍②间入邯郸，因平原君谓赵王曰："秦所为急围赵者，前与齐湣王争强为帝，已而复归帝；今齐(湣王)已益弱，方今唯秦雄天下，此非必贪邯郸，其意欲复求为帝。赵诚发使尊秦昭王为帝，秦必喜，罢兵去。"平原君犹预未有所决。

①【集解】地理志河内有荡阴县。　【正义】荡，天郎反，相州县。

②【索隐】新垣，姓；衍，名也。为梁将。故汉有新垣平。

此时鲁仲连适游赵，会秦围赵，闻魏将欲令赵尊秦为帝，乃见平原君曰："事将奈何？"平原君曰："胜也何敢言事！前亡四十万之众于外，今又内围邯郸而不能去。魏王使客将军新垣衍令赵帝秦，①今其人在是。胜也何敢言事！"鲁仲连曰："吾始以君为天下之贤公子也，吾乃今然后知君非天下之贤公子也。梁客新垣衍安在？吾请为君责而归之。"平原君曰："胜请为绍介②而见之于先生。"平原君遂见新垣衍曰："东国有鲁仲连先生者，今其人在此，胜请为绍介，交之于将军。"新垣衍曰："吾闻鲁仲连先生，齐国之高士也。衍，人臣也，使事有职，吾不愿见鲁仲连先生。"平原君曰："胜既已泄之矣。"新垣衍许诺。

①【索隐】新垣衍欲令赵尊秦为帝也。

②【集解】郭璞曰："绍介，相佑助者。"　【索隐】按：绍介犹媒介也。且礼，宾至必因介以传辞。绍者，继也。介不一人，故礼云"介绍而传命"是也。

鲁连见新垣衍而无言。新垣衍曰："吾视居此围城之中者，皆有求于平原君者也；今吾观先生之玉貌，非有求于平原君者也，曷为久居此围城之中而不去？"鲁仲连曰："世以鲍焦为无从颂而死者，皆非也。①众人不知，则为一身。②彼秦者，弃礼义而上首功之国也，③权使其士，虏使其民。④彼即肆然而为帝，⑤过⑥而为政于天下，⑦则连有蹈东海而死耳，吾不忍为之民也。⑧所为见将军者，欲以助赵也。"

①【集解】鲍焦，周之介士也。见庄子。　【索隐】从颂者，从容也。世人见鲍焦之死，皆以为不能自宽容而取死，此言非也。　【正义】韩诗外传云："姓鲍，名焦，周时隐者也。饰行非世，廉洁而守，荷担采樵，拾橡充食，故无子胤，不臣天子，不友诸侯。子贡遇之，谓之曰：'吾闻非其政者不履其地，污其君者不受其利。今子履其地，食其利，其可乎？'鲍焦曰：'吾闻廉士重进而轻退，贤人易愧而轻死。'遂抱木立枯焉。"按：鲁仲连留赵不去者，非为一身。

②【索隐】言众人不识鲍焦之意，焦以耻居浊世而避之，非是自为一身而忧死。事见庄子也。

③【集解】谯周曰："秦用卫鞅计，制爵二十等，以战获首级者计而受爵。是以秦人每战胜，老弱妇人皆死，计功赏至万数。天下谓之'上首功之国'，皆以恶之也。"　【索隐】秦法，斩首多为上功。谓斩一人首赐爵一级，故谓秦为"首功之国"也。

④【索隐】言秦人以权诈使其战士，以怒虏使其人。言无恩以恤下。

⑤【索隐】肆然犹肆志也。

⑥【正义】至"过"字为绝句。肆然其志意也。言秦得肆志为帝，恐有烹醢纳筦，遍行天子之礼。过，失也。

⑦【索隐】谓以过恶而为政也。

⑧【正义】若赵、魏帝秦，得行政教于天下，鲁连蹈东海而溺死，不忍为秦百姓。

新垣衍曰："先生助之将奈何？"鲁连曰："吾将使梁及燕助之，齐、楚则固助之矣。"新垣衍曰："燕则吾请以从矣；若乃梁者，则吾乃梁人也，先生恶能使梁助之？”鲁连曰：“梁未睹秦称帝之害故耳。使梁睹秦称帝之害，则必助赵矣。”

新垣衍曰：“秦称帝之害何如？”鲁连曰：“昔者齐威王尝为仁义矣，率天下诸侯而朝周。周贫且微，诸侯莫朝，而齐独朝之。居岁馀，周烈王崩，①齐后往，周怒，赴于齐②曰：‘天崩地坼，天子下席。③东藩之臣因齐后至，则斮。’④齐威王勃然怒曰：‘叱嗟，而母婢也！’⑤卒为天下笑。故生则朝周，死则叱之，诚不忍其求也。彼天子固然，其无足怪。”

①【集解】徐广曰：“烈王十年崩，威王之七年。” 【正义】周本纪及年表云烈王七年崩，齐威王十年也，与徐不同。

②【正义】郑玄云：“赴，告也。”今文“赴”作“讣”。

③【索隐】按：谓烈王太子安王骄也。下席，言其寝苫居庐。

④【集解】公羊传曰：“欺三军者其法斮。”何休曰：“斮，斩也。”

⑤【正义】骂烈王后也。

新垣衍曰：“先生独不见夫仆乎？十人而从一人者，宁力不胜而智不若邪？畏之也。”①鲁仲连曰：“呜呼！梁之比于秦若仆邪？”新垣衍曰：“然。”鲁仲连曰：“吾将使秦王烹醢梁王。”新垣衍快然不悦，曰：②“噫嘻，③亦太甚矣先生之言也！先生又恶能使秦王烹醢梁王？”鲁仲连曰：“固也，吾将言之。昔者九侯、鄂侯、④文王，纣之三公也。九侯有子而好，献之于纣，纣以为恶，醢九侯。鄂侯争之强，辩之疾，故脯鄂侯。文王闻之，喟然而叹，故拘之牖里之库百日，⑤欲令之死。曷为与人俱称王，卒就脯醢之地？齐湣王之鲁，夷维子⑥为执策而从，谓鲁人曰：‘子将何以待吾君？’鲁人曰：‘吾将以十太牢待子之君。’夷维子曰：‘子安取礼而来〔待〕吾君？彼吾君者，天子也。天子巡狩，诸侯辟舍，⑦纳筦籥，⑧摄衽抱机，⑨

视膳于堂下，天子已食，乃退而听朝也。’鲁人投其籥，不果纳。[10]不得入于鲁，将之薛，[11]假途于邹。当是时，邹君死，湣王欲入吊，夷维子谓邹之孤曰：‘天子吊，主人必将倍殡棺，设北面于南方，然后天子南面吊也。’[12]邹之群臣曰：‘必若此，吾将伏剑而死。’固不敢入于邹。邹、鲁之臣，生则不得事养，死则不得赙襚，[13]然且欲行天子之礼于邹、鲁，邹、鲁之臣不果纳。[14]今秦万乘之国也，梁亦万乘之国也。俱据万乘之国，各有称王之名，睹其一战而胜，欲从而帝之，是使三晋之大臣不如邹、鲁之仆妾也。且秦无已而帝，则且变易诸侯之大臣。彼将夺其所不肖而与其所贤，夺其所憎而与其所爱。彼又将使其子女谗妾为诸侯妃姬，处梁之宫。梁王安得晏然而已乎？而将军又何以得故宠乎？”

①【索隐】言仆夫十人而从一人者，宁是力不胜，亦非智不如，正是畏惧其主耳。

②【正义】怏，于尚反。

③【索隐】上音依。噫者，不平之声。下音僖。嘻者，惊恨之声。

④【集解】徐广曰：“邺县有九侯城。九，一作‘鬼’。鄂，一作‘邘’。”

【正义】九侯城在相州滏阳县西南五十里。

⑤【正义】相州荡阴县北九里有羑城。

⑥【索隐】按：维，东莱之邑，其居夷也，号夷维子。故晏子为莱之夷维人是也。

【正义】密州高密县，古夷安城。应劭云“故莱夷维邑也”。盖因邑为姓。子者，男子之美号。又云子，爵也。

⑦【索隐】辟音避。避正寝。案：礼“天子适诸侯，必舍(于)〔其〕祖庙”。

⑧【索隐】音管药。

⑨【索隐】音纪。【正义】衽音而甚反。

⑩【索隐】谓阖内门不入齐君。【正义】籥即钥匙也。投钥匙于地。

⑪【正义】薛侯故城在徐州滕县界也。

⑫【索隐】倍音佩。谓主人不在殡东，将背其殡棺立西阶上，北面哭，是背也。天子乃于阼阶上，南面而吊之也。

⑬【正义】衣服曰襚，货财曰赙，皆助生送死之礼。

⑭【索隐】谓时君弱臣强，故邹、鲁君生时臣并不得尽事养，死亦不得行赙襚之礼。然齐欲行天子礼于邹、鲁，邹、鲁之臣皆不果纳之，是犹秉礼而存大体。

于是新垣衍起，再拜谢曰："始以先生为庸人，吾乃今日知先生为天下之士也。吾请出，不敢复言帝秦。"秦将闻之，为却军五十里。适会魏公子无忌夺晋鄙军以救赵，击秦军，秦军遂引而去。

于是平原君欲封鲁连，鲁连辞让(使)者三，终不肯受。平原君乃置酒，酒酣起前，以千金为鲁连寿。鲁连笑曰："所贵于天下之士者，为人排患释难解纷乱而无取也。即有取者，是商贾之事也，而连不忍为也。"遂辞平原君而去，终身不复见。

其后二十馀年，燕将攻下聊城，①聊城人或谗之燕，燕将惧诛，因保守聊城，不敢归。齐田单攻聊城②岁馀，士卒多死而聊城不下。鲁连乃为书，约之矢以射城中，遗燕将。书曰：

①【正义】今博州县也。

②【集解】徐广曰："案年表，田单攻聊城在长平后十馀年也。"【索隐】按：徐广据年表，以为田单攻聊城在长平后十馀年耳，言"三十馀年"，误也。

吾闻之，智者不倍时而弃利，勇士不却死而灭名，①忠臣不先身而后君。今公行一朝之忿，不顾燕王之无臣，非忠也；杀身亡聊城，而威不信于齐，非勇也；功败名灭，后世无称焉，非智也。三者世主不臣，说士不载，故智者不再计，勇士不怯死。今死生荣辱，贵贱尊卑，此时不再至，愿公详计而无与俗同。

①【索隐】却死犹避死也。

且楚攻齐之南阳，[①]魏攻平陆，[②]而齐无南面之心，以为亡南阳之害小，不如得济北之利大，[③]故定计审处之。今秦人下兵，魏不敢东面；衡秦之势成，[④]楚国之形危；齐弃南阳，[⑤]断右壤，[⑥]定济北，[⑦]计犹且为之也。且夫齐之必决于聊城，公勿再计。今楚魏交退于齐，而燕救不至。[⑧]以全齐之兵，无天下之规，与聊城共据期年之敝，则臣见公之不能得也。且燕国大乱，君臣失计，上下迷惑，栗腹以十万之众五折于外，[⑨]以万乘之国被围于赵，壤削主困，为天下僇笑。国敝而祸多，民无所归心。今公又以敝聊之民距全齐之兵，是墨翟之守也。[⑩]食人炊骨，士无反外之心，是孙膑之兵也。[⑪]能见于天下。虽然，为公计者，不如全车甲以报于燕。车甲全而归燕，燕王必喜；身全而归于国，士民如见父母，交游攘臂而议于世，功业可明。上辅孤主以制群臣，下养百姓以资说士，[⑫]矫国更俗，[⑬]功名可立也。亡意亦捐燕弃世，东游于齐乎？[⑭]裂地定封，富比乎陶、卫，[⑮]世世称孤，与齐久存，又一计也。此两计者，显名厚实也，愿公详计而审处一焉。

①【索隐】即齐之淮北、泗上之地也。

②【索隐】平陆，邑名，在西界。　【正义】兖州县也。

③【索隐】即聊城之地也。　【正义】言齐无南面攻楚、魏之心，以为南阳、平陆之害小，不如聊城之利大，言必攻之也。

④【索隐】此时秦与齐和，故云“衡秦之势成”也。

⑤【索隐】弃楚所攻之泗上也。

⑥【索隐】又断绝魏之所攻齐右壤之地平陆是也。言右壤断弃而不救也。

⑦【索隐】志在攻聊城而定济北也。

⑧【索隐】按:交者,俱也。前时楚攻南阳,魏攻平陆,今二国之兵俱退,而燕救又不至,是势危也。

⑨【集解】徐广曰:"此事去长平十年。"

⑩【正义】如墨翟守宋,却楚军。

⑪【正义】言孙膑能抚士卒,士卒无二心也。

⑫【索隐】言既养百姓,又资说士,终拟强国也。刘氏云读"说士"为"锐士",意虽亦便,不如依字。

⑬【索隐】欲令燕将归燕,矫正国事,改更弊俗也。

⑭【索隐】亡音无。言若必无还燕意,则捐燕而东游于齐乎。

⑮【索隐】按:延笃注战国策云"陶,陶朱公也;卫,卫公子荆",非也。王劭云"魏冉封陶,商君姓卫"。富比陶、卫,谓此也。

且吾闻之,规小节者不能成荣名,恶小耻者不能立大功。昔者管夷吾射桓公中其钩,篡也;遗公子纠不能死,怯也;①束缚桎梏,辱也。若此三行者,世主不臣而乡里不通。乡使管子幽囚而不出,身死而不反于齐,则亦名不免为辱人贱行矣。臧获且羞与之同名矣,②况世俗乎!故管子不耻身在缧绁之中而耻天下之不治,不耻不死公子纠而耻威之不信于诸侯,故兼三行之过而为五霸首,③名高天下而光烛邻国。曹子④为鲁将,三战三北,而亡地五百里。乡使曹子计不反顾,议不还踵,刎颈而死,则亦名不免为败军禽将矣。曹子弃三北之耻,而退与鲁君计。桓公朝天下,会诸侯,曹子以一剑之任,枝桓公之心⑤于坛坫之上，颜色不变，辞气不悖，三战之所亡一朝而复之，天下震动，诸侯惊骇，威加吴、越。若此二士者，非不能成小廉而行小节也，以为杀身亡躯，绝世灭后，功名不立，非智也。故去感忿之怨，立终身之名；弃忿悁之节，⑥定累世之功。是以业与三王争流，而名与天壤相獘也。愿公择一而行之。

①【索隐】遗，弃也。谓弃子纠而事小白也。 【正义】管仲傅子纠而鲁杀之，不能随子纠死，是怯懦畏死。

②【集解】方言曰："荆、淮、海、岱、燕、齐之间骂奴曰臧，骂婢曰获。"

③【正义】按：齐桓最初得周襄王赐文武胙、彤弓矢、大辂，故为五伯首也。

④【索隐】鲁将曹昧是也。

⑤【索隐】按：枝犹拟也。

⑥【正义】忿，敷粉反。悁，於缘反。

燕将见鲁连书，泣三日，犹豫不能自决。欲归燕，已有隙，恐诛；欲降齐，所杀虏于齐甚众，恐已降而后见辱。喟然叹曰："与人刃我，宁自刃。"乃自杀。聊城乱，田单遂屠聊城。归而言鲁连，欲爵之。鲁连逃隐于海上，曰："吾与富贵而诎于人，宁贫贱而轻世肆志焉。"①

①【索隐】肆犹放也。

邹阳者，齐人也。游于梁，与故吴人庄忌夫子、①淮阴枚生②之徒交。上书而介于羊胜、公孙诡之间。③胜等嫉邹阳，恶之梁孝王。孝王怒，下之吏，将欲杀之。邹阳客游，以谗见禽，恐死而负累，④乃从狱中上书曰：

①【索隐】忌，会稽人，姓庄氏，字夫子。后避汉明帝讳，改姓曰严。

②【索隐】名乘，字叔，其子皋，汉书并有传。盖以衔枚氏而得姓也。

③【索隐】言邹阳上书自达，而游于二人之间，或往彼，或往此。介者，言有隔于其间，故杜预曰"介犹间也"。

④【正义】诸不以罪为累。

臣闻忠无不报，信不见疑，臣常以为然，徒虚语耳。昔者荆轲慕燕丹之义，白虹贯日，太子畏之；①卫先生为秦画长平之事，太白蚀昴，而昭王疑之。②夫精变天地而信不喻两主，岂不哀哉！今臣尽忠竭诚，毕议愿知，③左右不明，④卒从吏讯，为世所疑，是使荆轲、卫先生复起，而燕、秦不悟也。愿大王孰察之。

①【集解】应劭曰："燕太子丹质于秦，始皇遇之无礼，丹亡去，故厚养荆轲，令西刺秦王。精诚感天，白虹为之贯日也。"如淳曰："白虹，兵象。日为君。"烈士传曰："荆轲发后，太子自相气，见虹贯日不彻，曰：'吾事不成矣。'后闻轲死，事不立，曰：'吾知其然也。'"【索隐】烈士传曰："荆轲发后，太子自相气，见虹贯日不彻，曰'吾事不成'。后闻轲死，事不就，曰'吾知其然'。"是畏也。又王劭云"轲将入秦，待其客未发，太子丹疑其畏惧，故曰畏之"，其解不如见虹贯日不彻也。战国策又云聂政刺韩傀，亦曰"白虹贯日"也。

②【集解】苏林曰："白起为秦伐赵，破长平军，欲遂灭赵，遣卫先生说昭王益兵粮，乃为应侯所害，事用不成。其精诚上达于天，故太白为之蚀昴。昴，赵地分野。将有兵，故太白食昴。食，干历之也。"如淳曰："太白乃天之将军也。"【索隐】服虔云："卫先生，秦人。白起攻赵军于长平，遣卫先生说昭王请益兵粮，为穰侯所害，事不成。精诚感天，故太白食昴。昴，赵分也。"如淳云："太白主西方，秦在西，败赵之兆也。食谓干历之也。"又王充云："夫言白虹贯日，太白食昴，实也。言荆轲之谋，卫先生之策，感动皇天而贯日食昴，是虚也。"

③【集解】张晏曰："尽其计议，愿王知之也。"

④【索隐】言左右之不明，不欲斥王。

昔卞和献宝，楚王刖之；①李斯竭忠，胡亥极刑。是以箕子详狂，②接舆辟世，③恐遭此患也。愿大王孰察卞和、李斯之意，而后楚王、胡亥之听，④无使臣为箕子、接舆所笑。臣闻比干剖心，子胥鸱夷，⑤臣始不信，乃今知之。愿大王孰察，少加怜焉。

①【集解】应劭曰："卞和得玉璞，献之武王。武王示玉人，玉人曰'石也'。刖右足。武王没，复献文王，玉人复曰'石也'。刖其左足。至成王时，卞和抱璞哭于郊，乃使玉尹攻之，果得宝玉。"【索隐】楚人卞和得玉璞事见国语及吕氏春秋。案世家，楚武王名熊通。文王名赀，武王子也。成王，文王子也，名恽。

②【索隐】详音阳。谓诈为狂也。司马彪曰"箕子名胥馀"是也。

③【集解】张晏曰："楚贤人，详狂避世也。"【索隐】张晏曰"楚贤人"。高士传曰"楚人陆通，字接舆"是也。

④【索隐】谓以楚王、胡亥之听为谬，故后之而不用。后犹下也。

⑤【索隐】按：韦昭云"以皮作鸱鸟形，名曰'鸱夷'。鸱夷，皮榼也"。服虔曰"用马革作囊也，以裹尸，投之于江"。

谚曰："有白头如新，①倾盖如故。"②何则？知与不知也。③故昔樊於期逃秦之燕，藉荆轲首以奉丹之事；④王奢去齐之魏，临城自刭以却齐而存魏。⑤夫王奢、樊於期非新于齐、秦而故于燕、魏也，所以去二国死两君者，行合于志而慕义无穷也。是以苏秦不信于天下，而为燕尾生；⑥白圭战亡六城，为魏取中山。⑦何则？诚有以相知也。苏秦相燕，燕人恶之于王，王按剑而怒，食以駃騠；⑧白圭显于中山，中山人恶之魏文侯，文侯投之以夜光之璧。何则？两主二臣，剖心拆肝相信，岂移于浮辞哉！

①【索隐】案：服虔云“人不相知，自初交至白头，犹如新也”。

②【索隐】服虔云：“如吴札、郑侨也。”按：家语“孔子遇程子于途，倾盖而语”。又志林云“倾盖者，道行相遇，軿车对语，两盖相切，小欹之，故曰倾也”。

③【集解】桓谭新论曰：“言内有以相知与否，不在新故也。”

④【索隐】藉音子夜反。韦昭云：“谓於期逃秦之燕，以头与轲，使入秦以示信也。”

⑤【集解】汉书音义曰：“王奢，齐人也，亡至魏。其后齐伐魏，奢登城谓齐将曰：‘今君之来，不过以奢之故也。夫义不苟生以为魏累。’遂自到也。”

⑥【索隐】服虔云：“苏秦于齐不出其信，于燕则出尾生之信。”韦昭云：“尾生守信而死者。”案：言苏秦于燕独守信如尾生，故云“为燕之尾生”也。

⑦【集解】张晏曰：“白圭为中山将，亡六城，君欲杀之，亡入魏，文侯厚遇之，还拔中山。” 【索隐】案：事见战国策及吕氏春秋也。

⑧【集解】汉书音义曰：“駃騠，骏马也，生七日而超其母。敬重苏秦，虽有谗谤，而更膳以珍奇之味。” 【索隐】案：字林云“决啼二音，北狄之良马也，马父蠃母”。 【正义】食音寺。駃騠音决蹄。北狄良马也。

故女无美恶，入宫见妒；士无贤不肖，入朝见嫉。昔者司马喜髌脚于宋，卒相中山；①范睢摺胁折齿②于魏，卒为应侯。此二人者，皆信必然之画，捐朋党之私，挟孤独之位，故不能自免于嫉妒之人也。是以申徒狄自沈于河，③徐衍负石入海。④不容于世，义不苟取，比周于朝，以移主上之心。故百里奚乞食于路，缪公委之以政；宁戚饭牛车下，而桓公任之以国。⑤此二人者，岂借宦于朝，假誉于左右，然后二主用之哉？感于心，合于行，亲于胶漆，昆弟不能离，岂惑于众口哉？故偏听生奸，独任成乱。昔者鲁听季孙之说而逐孔子，⑥宋信子罕之计而囚墨翟。⑦夫以孔、墨之辩，不能自免于谗谀，而二国以危。何则？众口铄金，⑧积毁销骨也。⑨是以秦用戎人由余而霸中国，齐用越人蒙而强威、宣。⑩此二国，岂拘于俗，牵于世，系阿偏之辞哉？公听并观，垂名当世。⑪故意合则胡越为昆弟，由余、越人蒙是矣；不合，则骨肉出逐不收，朱、象、管、蔡是矣。今人主诚能用齐、秦之义，后宋、鲁之听，则五伯不足称，三王易为也。

①【集解】晋灼曰："司马喜三相中山。"苏林曰："六国时人，被此刑也。"【索隐】事见战国策及吕氏春秋。苏林云："六国时人，相中山也。"

②【索隐】案：应侯传作"折胁摺齿"是也。说文"拉，摧也"，音力答反。

③【集解】汉书音义曰："殷之末世人。"【索隐】申屠狄。按：庄子"申屠狄谏而不用，负石自投河"。韦昭云"六国时人"。汉书云自沈于雍河，服虔曰雍州之河，又新序作"抱瓮自沈于河"，不同也。

④【集解】列士传曰："周之末世人。"【索隐】亦见庄子。张晏曰"负石欲沈"。

⑤【集解】应劭曰："齐桓公夜出迎客，而宁戚疾击其牛角商歌曰：'南山矸，白石烂，生不遭尧与舜禅。短布单衣适至骭，从昏饭牛薄夜半，长夜曼曼何时旦？'公召与语，说之，以为大夫。"【索隐】事见吕氏春秋。商歌谓为商声而歌也，或云商旅人歌也，二说并通。矸音公弹反。矸者，白净貌也。顾野王又作岸音也。禅音膳，如字读，协韵失之故也。埤苍云"骭，胫也"。字林音下谏反。

⑥【索隐】论语"齐人归女乐，季桓子受之，三日不朝，孔子行"也。

⑦【索隐】案左氏，司城子罕姓乐名喜，乃宋之贤臣也。汉书作"子冉"。

不知子幵是何人。文颖曰"子幵,子罕也"。又按:荀卿传云"墨翟,孔子时人,或云在孔子后"。又襄二十九年左传"宋饥,子罕请出粟"。按:时孔子适八岁,则墨翟与子罕不得相辈,或以子幵为是也。

⑧【索隐】案:国语云"众心成城,众口铄金"。贾逵云"铄,消也。众口所恶,虽金亦为之消亡"。又风俗通云"或说有美金于此,众人或共诋讹,言其不纯金,卖者欲其必售,因取锻烧以见其真,是为众口铄金也"。

⑨【索隐】大颜云:"谗人积久谮毁,则父兄伯叔自相诛戮,骨肉为之消灭也。"

⑩【索隐】越人蒙未见所出。汉书作"子臧"。又张晏云"子臧,越人"。或蒙之字也。

⑪【索隐】小颜云:"公听,言不私;并观,所见齐同也。"

是以圣王觉寤,捐子之之心,①而能不说于田常之贤;②封比干之后,修孕妇之墓,③故功业复就于天下。何则?欲善无厌也。夫晋文公亲其仇,强霸诸侯;齐桓公用其仇,而一匡天下。④何则,慈仁殷勤,诚加于心,不可以虚辞借也。

①【集解】徐广曰:"燕王让国于其大臣子之也。"

②【集解】应劭曰:"田常事齐简公,简公说之,而杀简公。使人君去此心,则国家安全也。"

③【集解】应劭曰:"纣刳妊者,观其胎产也。"【索隐】案:比干之后,后谓子也,不见其文。尚书封比干之墓,又惟云刳剔孕妇,则武王虽反商政,亦未必修孕妇之墓也。

④【集解】谓晋寺人勃鞮、齐管仲也。

至夫秦用商鞅之法,东弱韩、魏,兵强天下,而卒车裂之;越用大夫种之谋,禽劲吴,霸中国,而卒诛其身。是以孙叔敖三去相而不悔,①於陵子仲辞三公为人灌园。②今人主诚能去骄慠之心,怀可报之意,披心腹,见情素,堕肝胆,施德厚,终与之穷达,无爱于士,则桀之狗可使吠尧,③而蹠之客可使刺由;④况因万乘之权,假圣王之资乎?然则荆轲之湛七族,⑤要离之烧妻子,⑥岂足道哉!

①【索隐】案:三得相不喜,知其才之自得也;三去相不悔,知非己之罪也。

②【集解】列士传曰:"楚於陵子仲,楚王欲以为相,而不许,为人灌园。"【索隐】案:孟子云陈仲子,齐陈氏之族。兄为齐卿,仲子以为不义,乃适楚,居于於陵,自谓於陵子仲。楚王聘以为相,子仲遂夫妻相与逃,为人灌园。烈士传云字子终。

③【集解】韦昭曰:"言恩厚无不使也。"【索隐】及下"跖之客可使刺由",此并见战国策。服虔云仲由也。应劭云许由也。

④【集解】应劭曰:"跖之客为其人使刺由。由,许由也。跖,盗跖也。"

⑤【集解】应劭曰:"荆轲为燕刺秦始皇,不成而死,其族坐之湛没。吴王阖闾欲杀王子庆忌,要离诈以罪亡,令吴王燔其妻子,要离走见庆忌,以剑刺之。"张晏曰:"七族,上至会祖,下至曾孙。"【索隐】湛音沈。张晏云"七族,上至曾祖,下至元孙"。又一说云,父之族,一也;姑之子,二也;姊妹之子,三也;女子之子,四也;母之族,五也;从子,六也;及妻父母凡七。

⑥【索隐】事见吕氏春秋。

臣闻明月之珠,夜光之璧,以暗投人于道路,人无不按剑相眄者。何则?无因而至前也。蟠木根柢,轮囷①离诡,②而为万乘器者。何则?以左右先为之容也。③故无因至前,虽出随侯之珠,夜光之璧,犹结怨而不见德。故有人先谈,则以枯木朽株树功而不忘。今夫天下布衣穷居之士,身在贫贱,虽蒙尧、舜之术，[4]挟伊、管之辩，怀龙逢、比干之意，欲尽忠当世之君，而素无根柢之容，虽竭精思，欲开忠信，辅人主之治，则人主必有按剑相眄之迹，是使布衣不得为枯木朽株之资也。

①【索隐】孟康云："蟠结之木也。"晋灼云："槃柢，木根也。"

②【集解】张晏曰："根柢，下本也。轮囷离诡，委曲槃戾也。"

③【索隐】谓左右先加雕刻，是为之容饰也。

④【索隐】案：言虽蒙被尧、舜之道。

是以圣王制世御俗，独化于陶钧之上，[1]而不牵于卑乱之语，不夺于众多之口。故秦皇帝任中庶子蒙嘉之言，以信荆轲之说，而匕首窃发；[2]周文王猎泾、渭，载吕尚而归，以王天下。故秦信左右而杀，周用乌集而王。[3]何则？以其能越挛拘之语，驰域外之议，独观于昭旷之道也。

①【集解】汉书音义曰："陶家名模下圆转者为钧，以其能制器为大小，比之于天。"【索隐】张晏云："陶，冶；钧，范也。作器，下所转者名钧。"韦昭曰："陶，烧瓦之灶。钧，木长七尺，有弦，所以调为器具也。"崔浩云："以钧制器万殊，故如造化也。"

②【索隐】案：通俗文云"其头类匕，故曰匕首，短而便用也"。

③【集解】汉书音义曰："太公望涂觏卒遇，共成王功，若乌鸟之暴集也。"【索隐】韦昭云："吕尚适周，如乌之集。"

今人主沈于谄谀之辞，牵于帷裳之制，[1]使不羁之士与牛骥同皂，[2]此鲍焦所以忿于世而不留富贵之乐也。[3]

①【集解】汉书音义曰："言为左右便辟侍帷裳臣妾所见牵制。"

②【集解】汉书音义曰："食牛马器，以木作，如槽也。"【索隐】案：言骏足不可羁绊，以比逸才之人。应劭云"皂，枥也"。韦昭云"皂，养马之官，下士也"。案：养马之官，其衣皂也。又郭璞云"皂，养马器也"。

【正义】颜云:“不羁,言才识高远,不可羁系。皂,在早反。方言云‘梁、宋、齐、楚、燕之间谓枥曰皂’。”

③【集解】如淳曰:“庄子云鲍焦饰行非世,抱木而死。” 【索隐】晋灼云:“列士传鲍焦怨世不用己,采蔬于道。子贡难曰:‘非其代而采其蔬,此焦之有哉?’弃其蔬,乃立枯洛水之上。”案:此事见庄子及说苑、韩诗外传,小有不同耳。

臣闻盛饰入朝者不以利污义,砥厉名号者不以欲伤行,故县名胜母①而曾子不入,②邑号朝歌而墨子回车。③今欲使天下寥廓之士,摄于威重之权,主于位势之贵,故回面④污行以事谄谀之人而求亲近于左右,则士伏死堀穴岩(岩)〔薮〕之中耳,⑤安肯有尽忠信而趋阙下者哉!

①【集解】汉书云里名胜母也。 【正义】盐铁论皆云里名,尸子及此传云县名,未详也。

②【索隐】按:淮南子及盐铁论并云里名胜母,曾子不入,盖以名不顺故也。尸子以为孔子至胜母县,暮而不宿,则不同也。

③【集解】晋灼曰:“朝歌者,不时也。” 【正义】朝歌,今卫州县也。

④【索隐】杜预云:“回,邪也。”

⑤【集解】诗云:“节彼南山,维石岩岩。”

书奏梁孝王,孝王使人出之,卒为上客。

太史公曰:鲁连其指意虽不合大义,然余多其在布衣之位,荡然肆志,不诎于诸侯,谈说于当世,折卿相之权。邹阳辞虽不逊,然其比物连类,有足悲者,亦可谓抗直不桡矣,吾是以附之列传焉。

【索隐述赞】鲁连达士,高才远致。释难解纷,辞禄肆志。齐将挫辩,燕军沮气。邹子遇谗,见诋狱吏。慷慨献说,时王所器。